中国考古学概論

飯島武次 著

同成社
2003

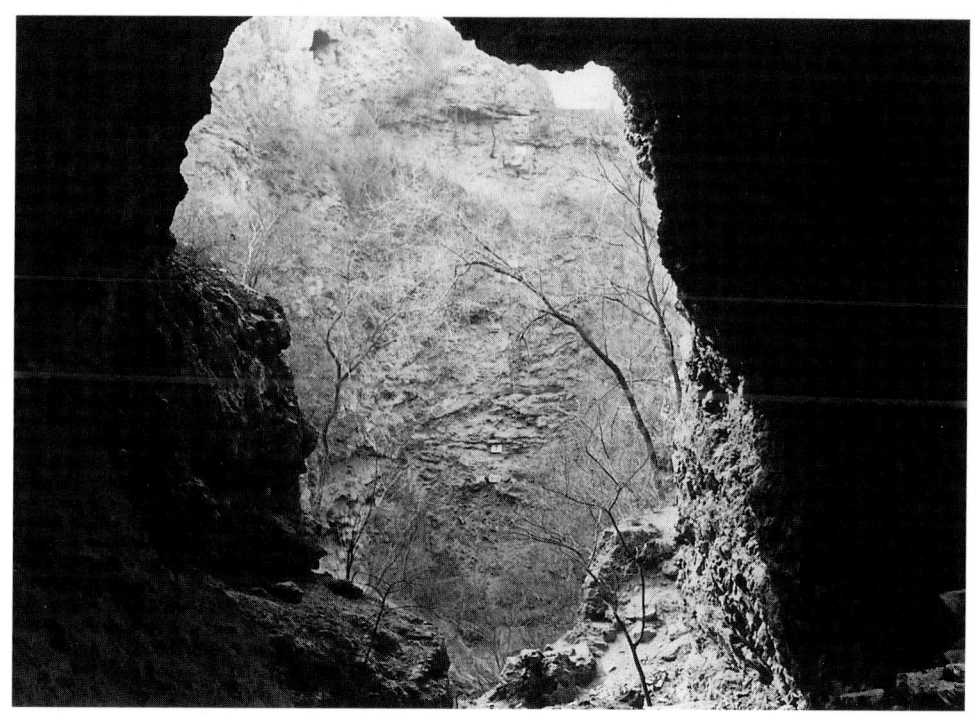

図版 1-1　周口店鴿子堂洞

図版 1-2　周口店山頂洞

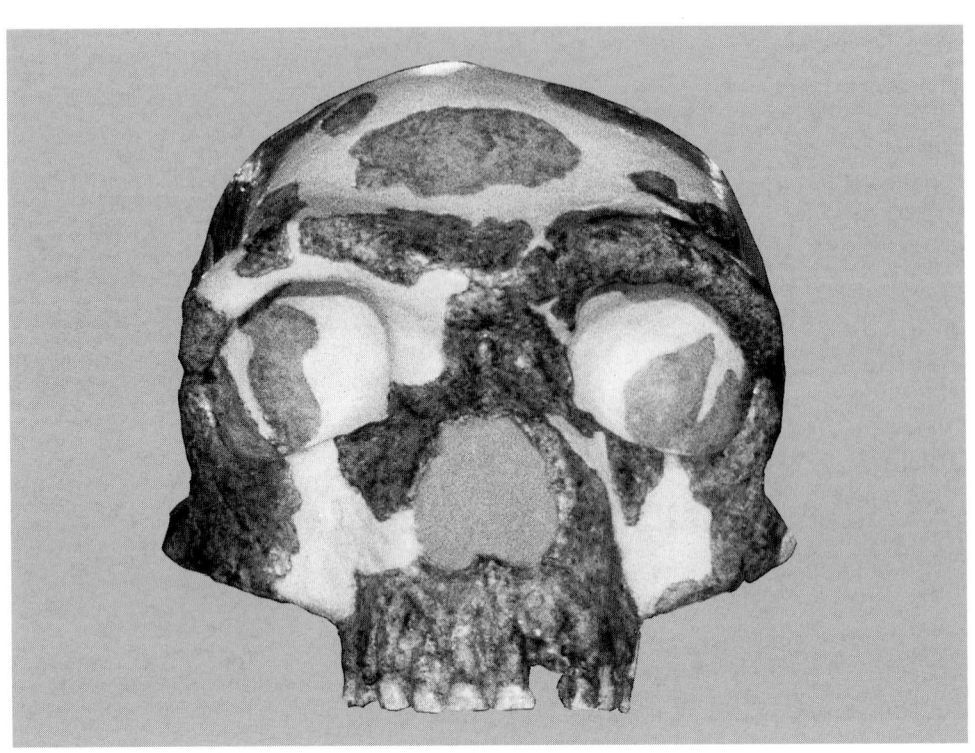

図版2-1　金牛山人頭骨正面（模型）

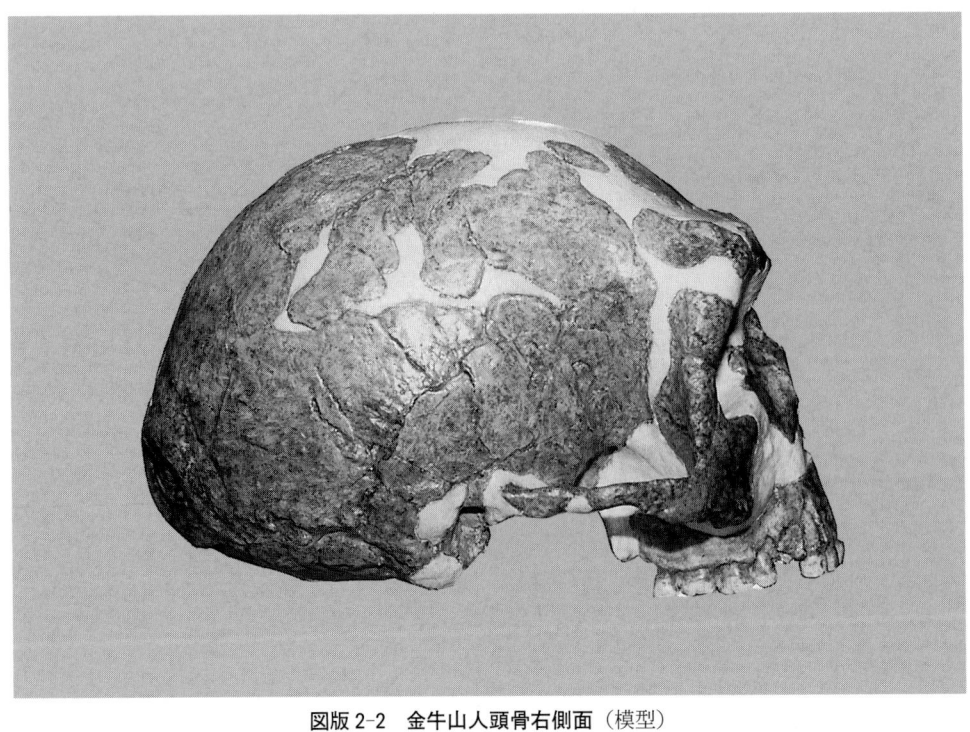

図版2-2　金牛山人頭骨右側面（模型）

図版3　石器　旧石器時代中期、1～4・9大型三稜尖頭器、5石球、6～8削器（1～6丁村、7～9灃県）

図版4 土器と石器 新石器時代前期、1・2三足壺、3盂、4三足盤、5五徳、6石鎌、7石皿・石棒、8石鏟 (1・2・6・7・8裴李崗遺跡出土、3・4・5磁山遺跡出土)

図版5　土器　新石器時代前期、1罐、2罐、3壺、4釜、5灶・釜、6盆、7盆、8鉢（1仙人洞、2・3彭頭山、4〜8河姆渡）

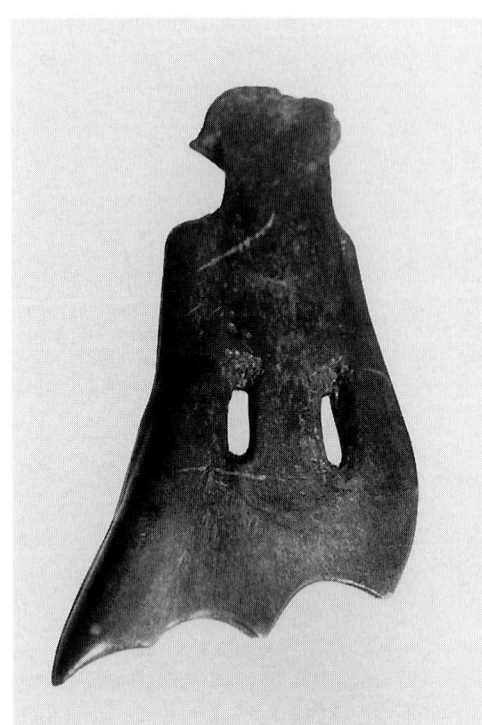

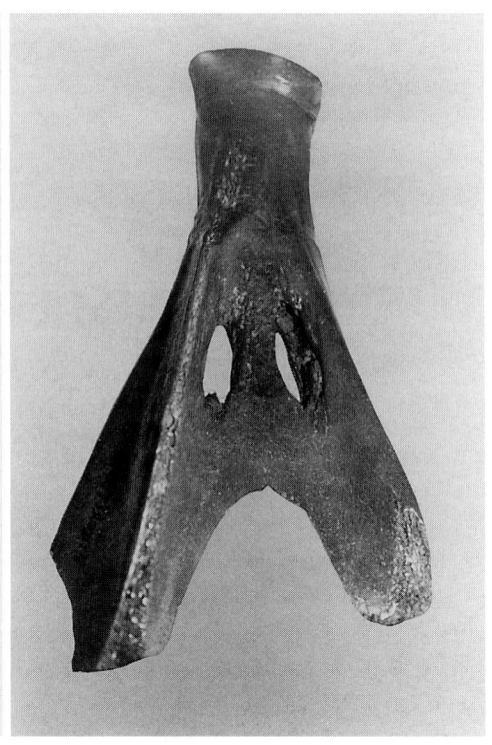

図版 6-1　骨耜　河姆渡遺跡出土

図版 6-2　仰韶遺跡　河南省澠池県

図版 7-1　半坡博物館　陝西省西安市

図版 7-2　北首嶺遺跡　陝西省宝鶏市

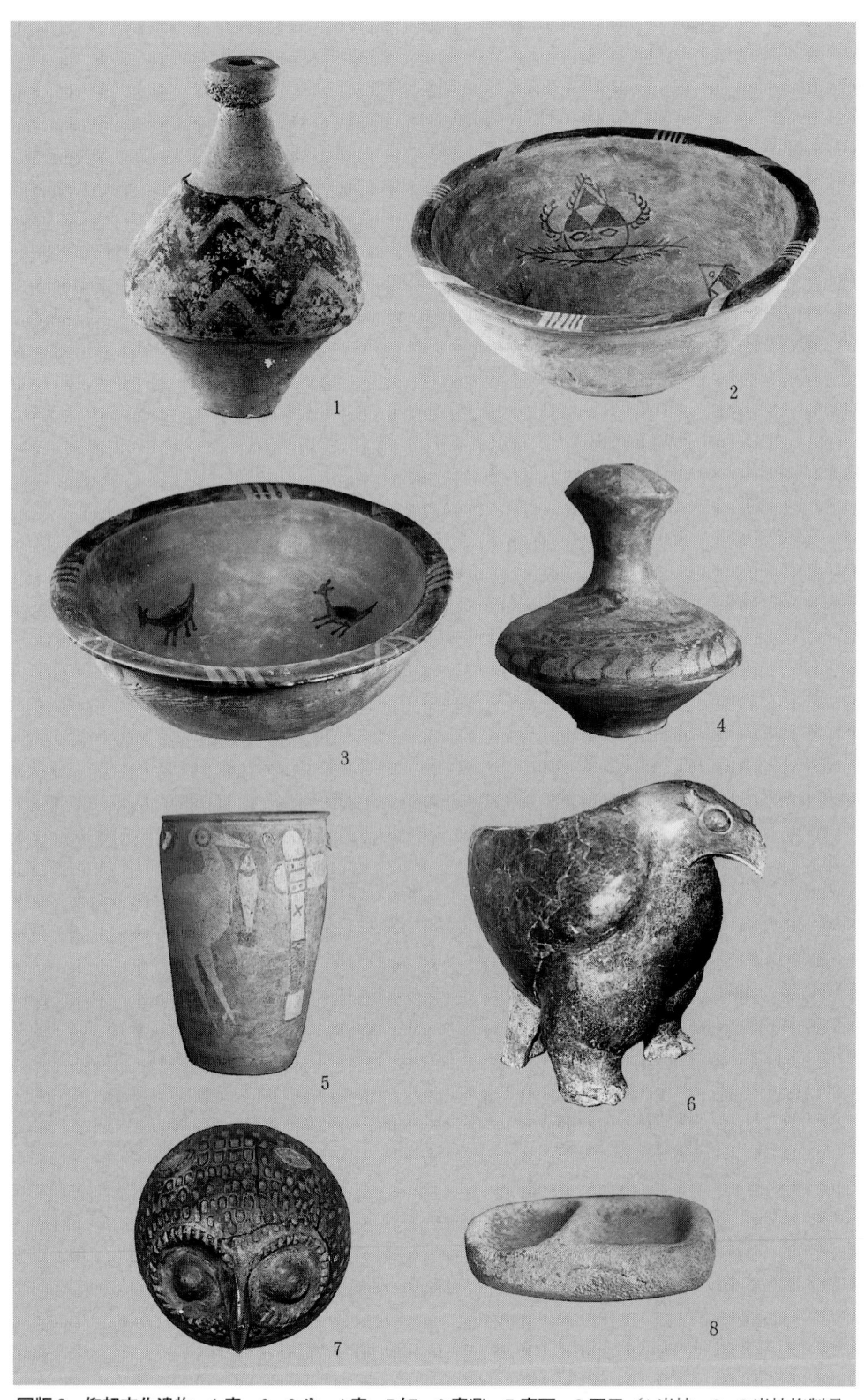

図版8 仰韶文化遺物 1壺、2・3盆、4壺、5缸、6鷹鼎、7鷹面、8石皿（1半坡、2・3半坡複製品、4北首嶺、5閻村、6太平荘、7柳子鎮、8北首嶺）

図版9 彩陶 甘粛仰韶文化、1盆、2豆、3・4盆、5〜8壺（1半坡類型、2〜4馬家窯類型、5〜8半山・馬廠類型、東京国立博物館蔵）

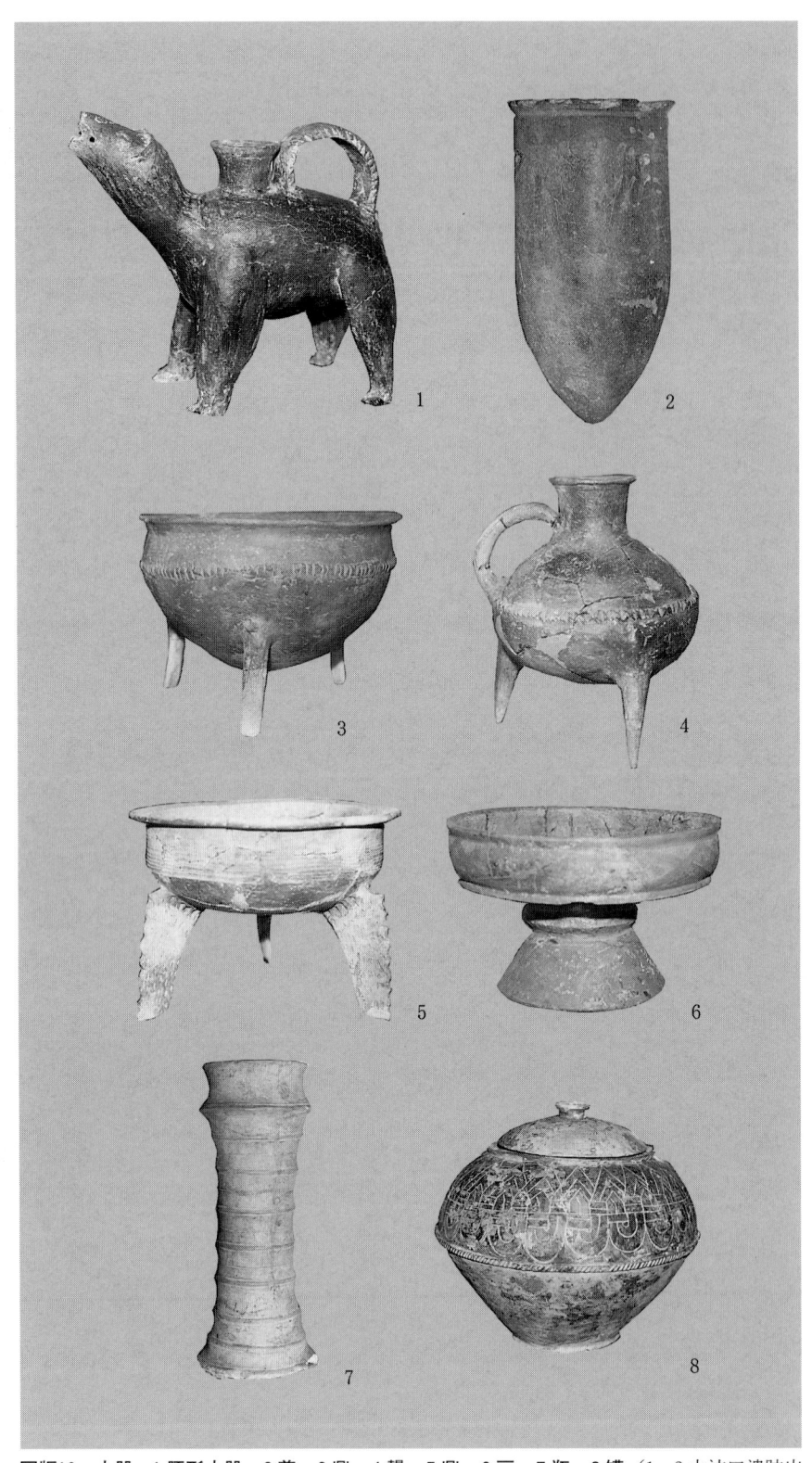

図版10　土器　1豚形土器、2尊、3鼎、4鬹、5鼎、6豆、7瓶、8罐（1・2大汶口遺跡出土、3・4北荘遺跡出土、5～8崧澤遺跡出土、1～4大汶口文化、5～8崧澤類型）

図版11-1　王湾遺跡　河南省洛陽市

図版11-2　城子崖遺跡　山東省章丘県

図版12　土器　1竈・釜、2鼎、3把手壺、4鼎、5鬹、6盆、7甕、8壺、9豆、10鬹、11壺、12杯
（1・2廟底溝第2期文化、3〜6河南龍山文化、7〜9山東龍山文化、10〜12良渚文化）

図版13　石斧　龍山文化時代

図版14-1　王城岡遺跡　河南省登封県

図版14-2　二里頭遺跡　河南省偃師県

図版15-1　鄭州殷故城城壁断面

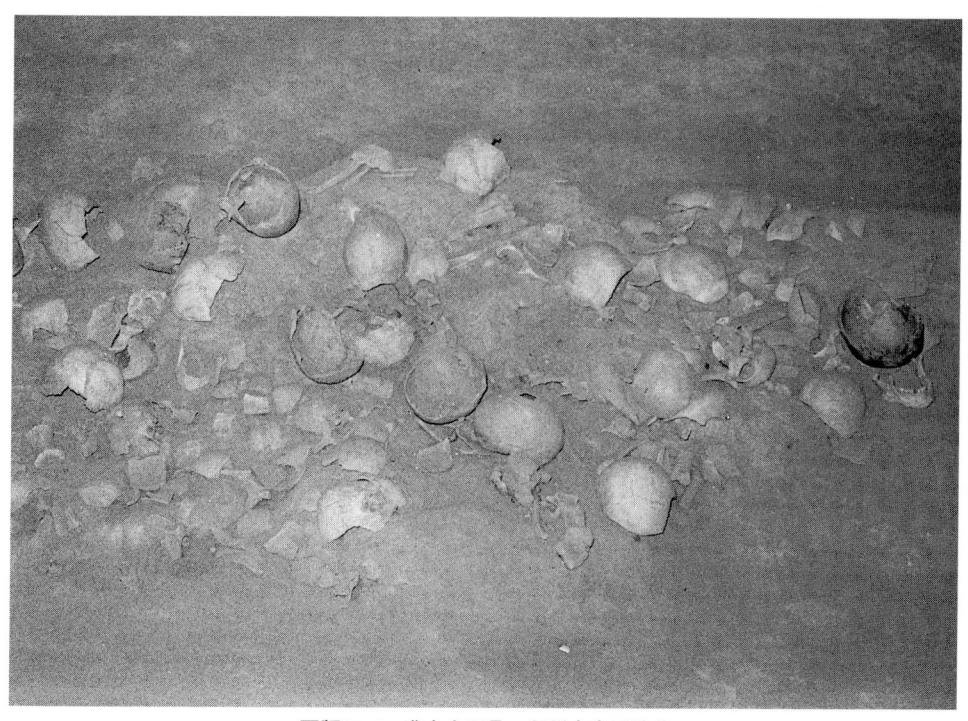

図版15-2　溝内人頭骨　鄭州市東里路北

図版16 青銅器 二里岡文化、1鼎、2方鼎、3・4斝、5・6・7斚、8・9爵、10・11罍、11瓿 (1・2・3・10・11鄭州、4・6・12北京故宮、5・7・12上海博、8東博)

図版17-1　洹河　河南省安陽市殷墟

図版17-2　殷墟　河南省安陽市小屯村

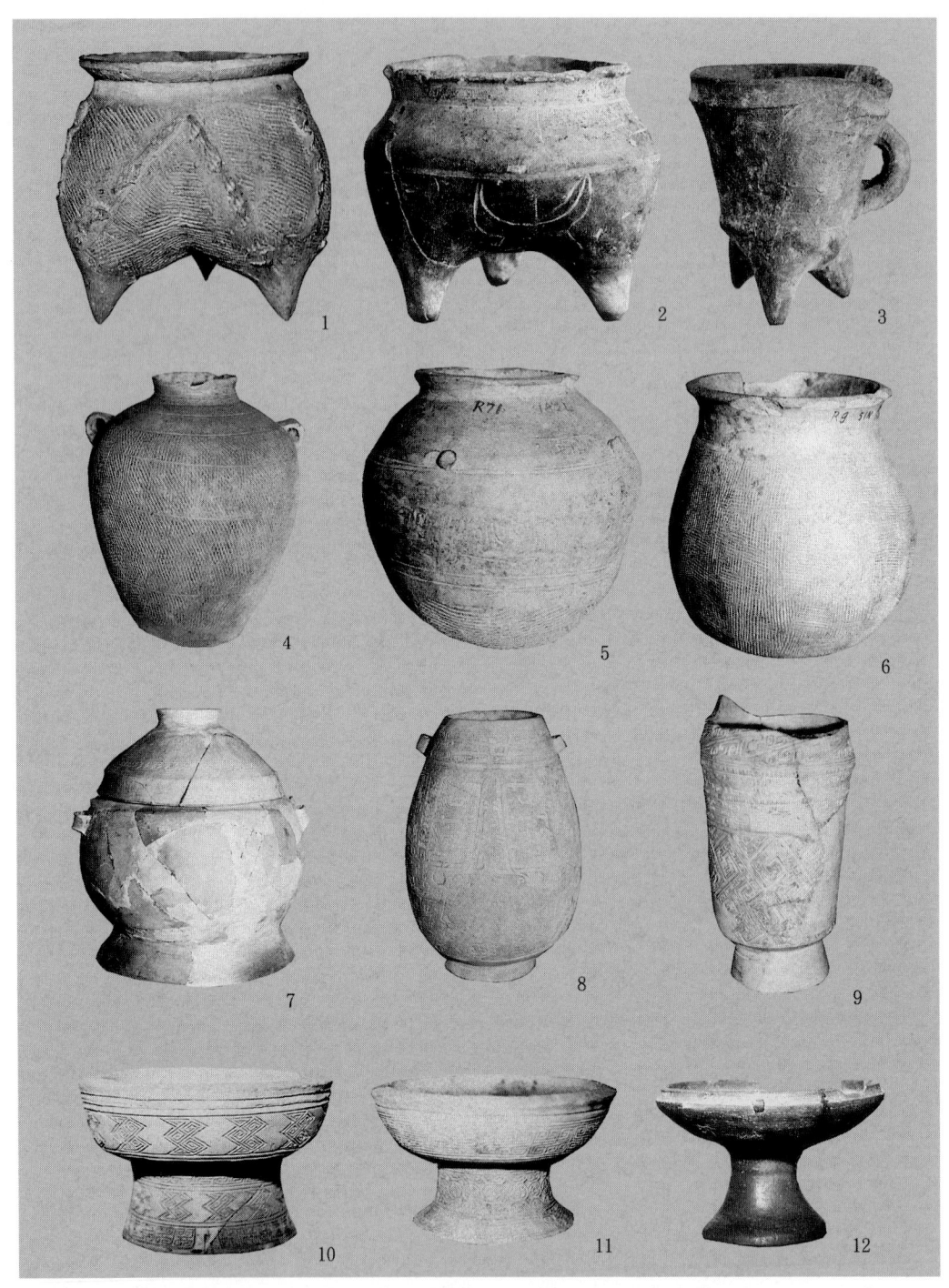

図版18　土器　殷墟文化、1・2鬲、3爵、4双耳壺、5・6罐、7瓿、8壺、9尊、10・11・12豆（1〜6灰陶、7〜11白陶、12灰釉陶、1東博、2・3東大、4〜7・10・12中央研究院、8・11北京故宮、9上海博）

図版19　青銅器　殷墟文化、1 三連甗、2 甗、3 方彝、4 鴞尊、5 鼎、6 尊、7 卣、8 斝、9 爵、10 觚（1〜4 婦好墓、5〜8 上海博、9・10 殷墟）

図版20-1　周城斉家溝　陝西省扶風・岐山県

図版20-2　雲塘F1建築址　陝西省扶風県

図版21-1　青銅器　先周、1爵、2觚、3杯（1・2岐山京当、3美陽、周原二里岡上層・殷墟文化併存）

21-2　灃河　西安市長安県

図版22-1　車馬坑　西安市長安県張家坡

図版22-2　曲村西周墓の発掘　山西省曲沃県曲村

図版23　青銅器　西周、1～3鼎、4鬲、5・6簋（天馬曲村遺跡 M6195号墓出土）

図版24 土器 西周、1鬲、2簋、3盉、4罐、5杯、6・7罍（天馬曲村遺跡 M6214号墓出土）

図版25-1　臨淄齊故城排水溝

図版25-2　龍台　邯鄲趙王城

図版26-1　秦公1号墓　陝西省宝鶏市鳳翔県

図版26-2　燕下都九女台墓区

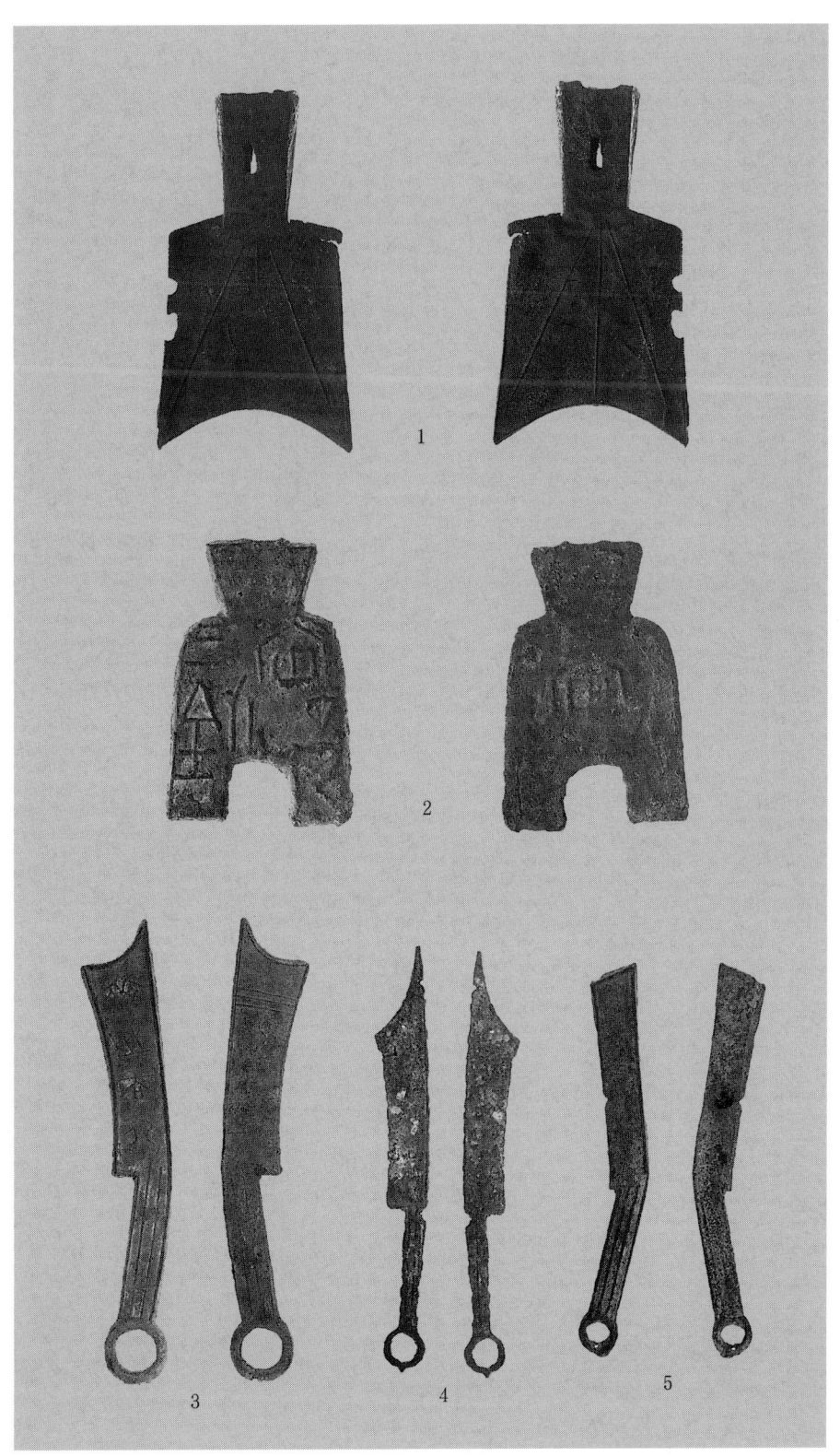

図版27　青銅貨幣　東周、1斜肩弯足空首布．周、2円肩方足布．魏、3齊之法化．齊、4尖首刀．燕・山戎、5明刀．燕

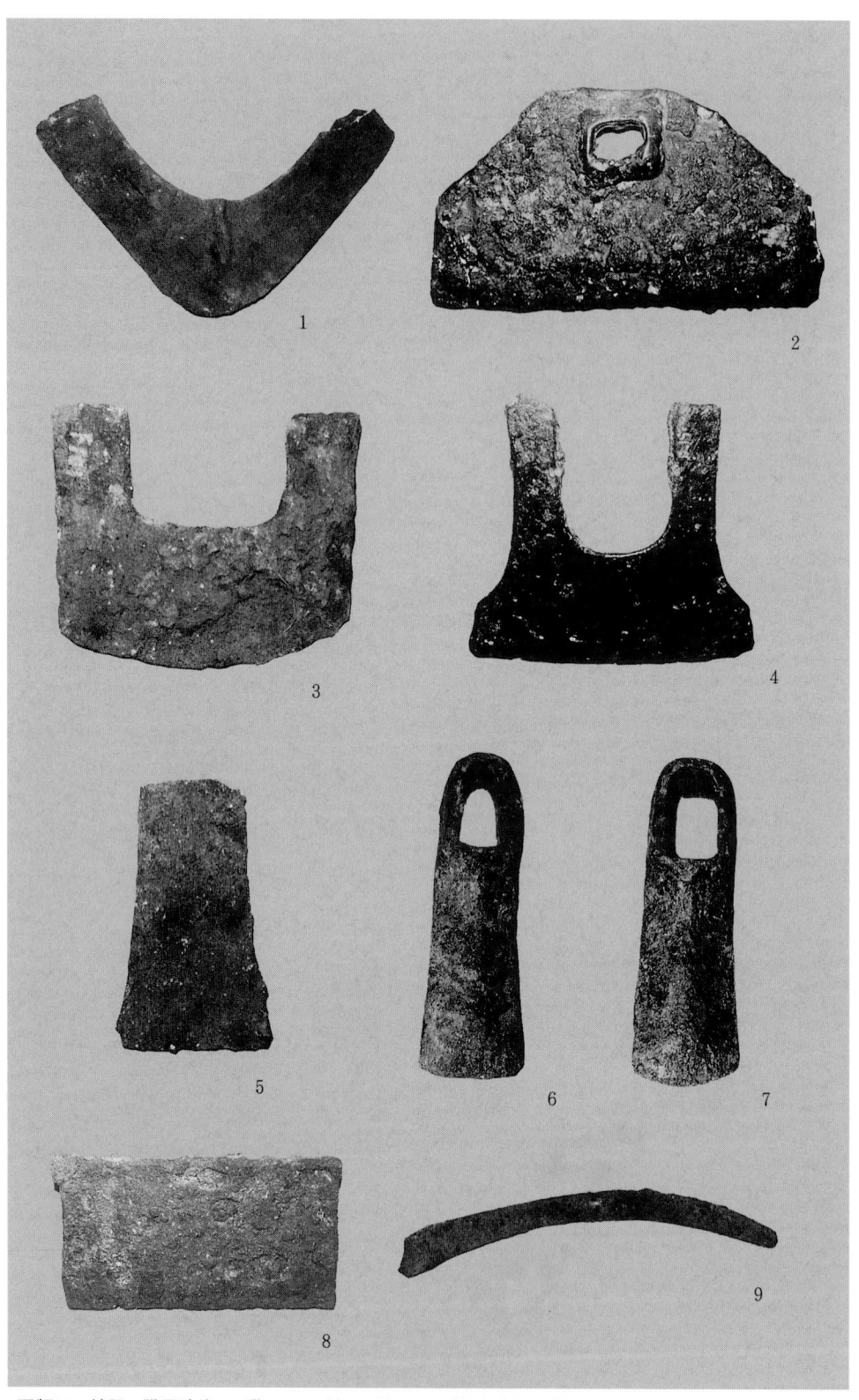

図版28　鉄器　戦国時代、1 犂、2〜4 鋤、5 鏟、6・7 钁、8 锸、9 鎌（1・3〜8 輝県、2 長沙、9 新鄭）

図版29-1　咸陽1号宮殿址

図版29-2　阿房宮前殿版築基壇　西安市三橋古城村

図版30-1　秦始皇陵墳丘　西安市臨潼区

図版30-2　1号兵馬俑坑　西安市臨潼区秦始皇陵

図版31 瓦當 秦時代、1〜6 咸陽宮、7・8 始皇陵

図版32-1　漢長安城南城壁

図版32-2　武帝茂陵　陝西省興平県

図版33-1　黄腸題湊　大葆台1号漢墓

図版33-2　泥郢版　象鼻嘴1号漢墓

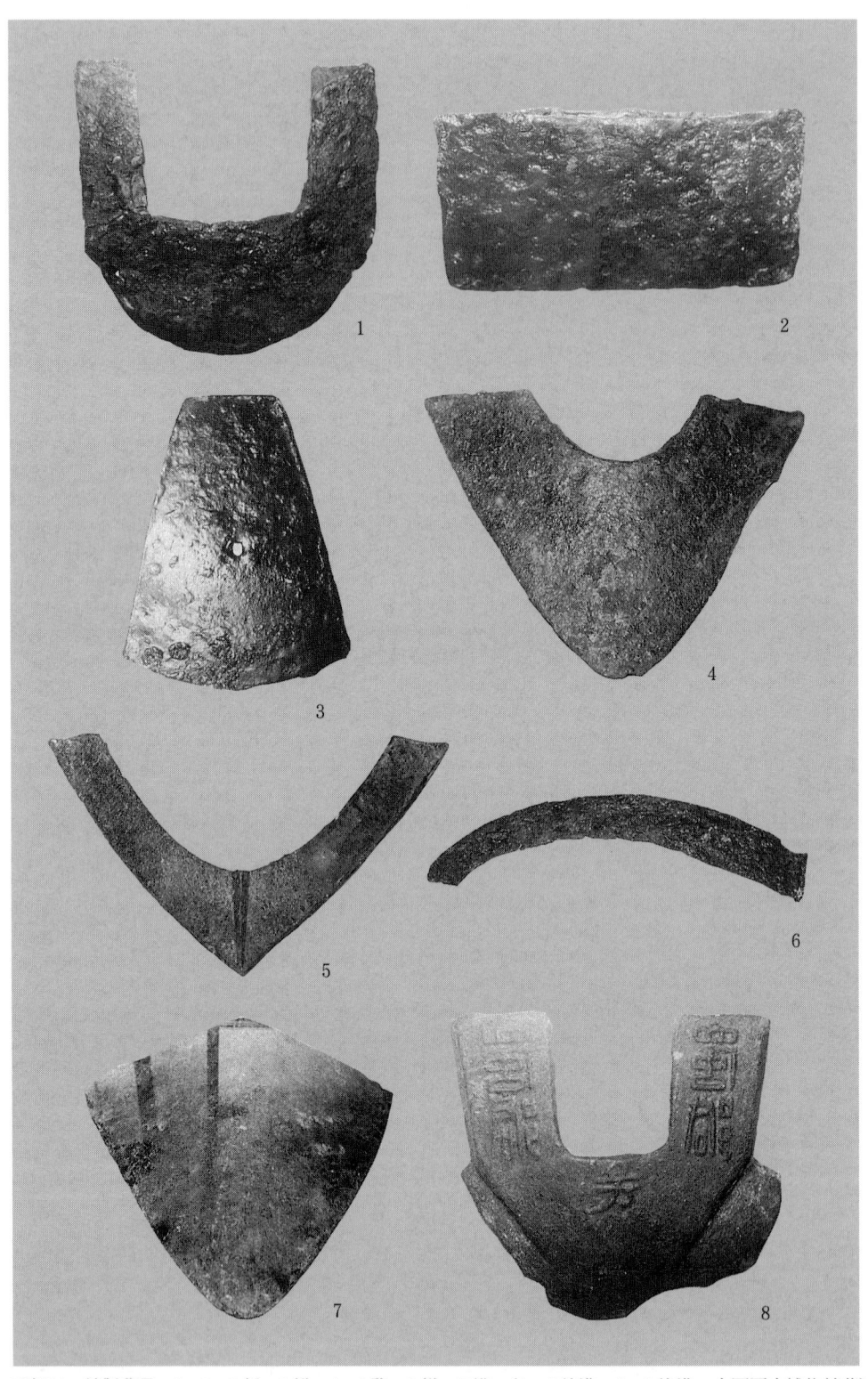

図版34　鉄製農具　1・2・8錘、3鍬、4・5犂、6鎌、7鏵　（1〜6前漢、7・8後漢、中国歴史博物館蔵）

序

　中国における近20年間の考古学発掘成果は著しいものがあり、新発見資料の増加とともに研究者の研究内容がより専門的となってきている。筆者は1980年に駒澤大学文学部に奉職したが、以来20年以上にわたって「考古学概説Ⅱ」と題する『中国考古学概論』の講義を行ってきた。中国考古学概論の講義ノートも分厚いものとなってきた。そのような中で中国考古学概論の講義内容を著書にまとめてみたいと思うと同時に、考古資料から中国古代史を記述したいとも考えた。

　1985年に山川出版社から『夏殷文化の考古学研究』（引用文献目録No. 14）を出版し、1991年に『中国新石器文化研究』（引用文献目録No. 18）を出版し、1998には同成社から『中国周文化考古学研究』（引用文献目録No. 24）を出版した。新石器時代開始から東周時代に至る研究を三冊の本にまとめたわけであるが、それぞれの著書は、過去に発表した時代別・文化別の論文を手直しし、一部書き下ろしの文章を加え、専門的な著書として出版したものであった。決して中国における原始・古代の通史的な内容を考古学的方法論によってまとめたわけではなかった。『中国周文化考古学研究』を出版して以来、すでに5年の歳月が流れたが、この間筆者は常々考古学的な遺跡・遺物の上から中国原始・古代史を記述してみたい欲望にかられてきた。すでに出版された『中国の考古学』（引用文献目録No. 46）などの概説的な著書はいくつか存在するが、多くの場合複数の執筆者が記述していて、通史としての統一性がない。概説書と通史は別ともいえるが、筆者は、1人の著者が記述する概説書こそ、その研究者が中国原始・古代史をいかに見ているかを著すことのできる仕事であると思っている。

　ここ5年間は主として中国考古学概論を著書にまとめる仕事に時間を割いてきた。中国考古学概論を取りまとめる作業はたいへん労力のいる仕事であったが、また愉快な仕事でもあった。授業の講義ノートを元に概論を著書として記述していくと、重要な多くの研究課題を欠いて講義をしていたことに気がつきだした。たとえば春秋戦国時代では、ノートに鉄生産に関する記述や漆器に関しての記述がまったくなかった。それらに関しては新たに書き下ろす必要もあった。

　旧石器時代に関して、筆者は素人に等しい。概論を書くためには、新たに勉強し直す有様であったが、中国旧石器時代に関する記述を進めていたそのころ日本の旧石器文化の前期・中期に属するとされた遺跡・遺物に対する捏造事件が伝えられた。専門外ではあったが、筆者は過去にたびたび北京市房山区の周口店遺跡を訪れる機会をもち、第1地点の厚い文化堆積層を何度か目にしていた。また山西省襄汾県の丁村遺跡なども訪れたこともあった。筆者の中国における旧石器文化に対する常識からは、日本における旧石器文化前期・中期の遺跡・遺物に対する過去の考え方は受け入れがたいものがあった。この受け入れがたい気持ちというのは、かならずしも遺跡・遺物を細かく検証した結果によるものではなかったが、中国旧石器文化の遺物をたびたび見る機会をもった者の勘のようなものであった。筆者のように青銅器時代を専門とする者にとって、旧石器文化研究はき

わめて遠い存在ではあるが、わが国における旧石器捏造事件は、すべての時代・文化に対しての幅広い考古学的常識の必要性を改めて認識させられる事件であった。

　新石器時代資料の増加は、とくに近10年の間に著しいものがある。10年前に著した『中国新石器文化研究』の内容を改める必要のある新たな考古学的発見が無数にある。とくに稲作の栽培開始時期に関しては、かつては河姆渡文化を中心に記述すればよかったが、今では前5000年からさらに2000年・3000年とさかのぼる必要がある。近年、長江流域の新石器時代遺跡の研究が進み、その成果に関しても紹介する必要がある。東北地方の紅山文化に関する研究も著しいものがある。これら長江流域・東北の新石器文化に関係する『宜都城背溪』(引用文献目録 No. 190)、『肖家屋脊』(引用文献目録 No. 177)、『大南溝——后紅山文化墓地発掘報告』(引用文献目録 No. 614) など大部の発掘報告書も相次いで出版されている。龍山文化の認識も、過去とは大きく変わり、龍山文化中に王権を認める議論に同調しないにしても、龍山文化時代の都城や王権に関する議論を無視して通る訳にはいかなくなっている。

　1980年代以降、中国においては夏王朝の存在を認める考えが一般化しているが、この概論においても夏の問題は避けて通れない。夏の存在を認めるか否かと、C14（放射性炭素）年代測定および樹輪校正年代の問題は密接な関係をもっている。筆者は20年来夏王朝の存在を認めなかったが、樹輪校正年代が示す二里頭文化の年代は、先夏文化あるいは夏王朝の時代を認める方向で、王湾類型や二里頭文化を再認識する必要性があった。殷の初年に関しても従来の考えを大きく改め、二里岡下層文化期に殷の初年をあてた。中国の殷周時代以降の遺跡・遺物に関しては、古典文献史料にその時代の記述が比較的多く残り、さらにその時代の生の文献史料でもある甲骨文・金文が出土し、それらと考古学的な資料である遺跡・遺物を結びつけた研究が可能である。殷周時代は、古典考古学的研究の醍醐味を最も顕著に味わうことのできる時代でもある。また西周と東周の両周時代は、文化的にも複雑な要素を有し、考古学的な研究対象が多岐にわたっている。新石器時代以前の考古学研究対象はきわめて大雑把にいえば、土器・石器・集落・墓などに限られてくる。しかし、両周時代の考古学的研究対象は、大雑把に見ても、遺物に土器・青銅器・鉄器・玉石器・漆器類・出土文字資料があり、遺構には建築・都城・集落・生産遺跡・祭祀遺跡・墓などをあげることが可能になってくる。

　先学による中国考古学に関する研究は決して少なくはない。しかしわが国における先学による研究の多くは、青銅器や玉器など殷周時代の遺物に関する個別的・専門的研究が多く、中国の遺跡・遺物の全体を見渡しての研究は従来あまり行われていない。

　筆者は、東京大学大学院の修士論文で東周時代の副葬陶器を取り扱い「東周における副葬陶器の研究」の論題で論文を提出した。東大紛争最中の1968・1969年に執筆した論文で、紛争の狭間にあっての研究活動であった。資料のみは網羅したが、中国の遺跡や発掘現場をまったく知らない中での執筆であった。当時はまだ自由に中国に行けるわけではく、中国考古学を専攻する筆者にとって西安・洛陽・安陽の遺跡を訪れることは夢とあこがれであった。一生の間にせめて一度でよいから訪れてみたいと思うだけであった。しかし1972年に日中間の国交が正常化され、やがて訪中することが可能になった。筆者が初めて中国に出かけたのは1977年のことである。中国へ出かけたと

いっても自由に博物館を見学したり、遺跡を訪ねたりできるわけではなかった。故宮博物院などの一部の博物館以外は、人民公社や学校などを見学するだけの参観旅行であった。比較的自由に中国旅行をすることが可能になったのは、1984年頃からで、筆者が個人的に1人で中国を歩いたのは1985年が最初のことである。その時に北京大学考古学系（当時）を訪れ、鄒衡教授・李伯謙講師（当時）の歓迎を受けた記憶はまだ新しい。その翌年の1986年には在外研究員として北京大学に滞在することになったが、以後今日に至るまで、北京大学考古文博学院の諸先生には親しくご指導いただいている。

　中国の遺跡発掘の現場に出向くことが可能になったのも最近15年ほどのことであるが、1986年10月に山西省曲沃県の天馬曲村遺跡を北京大学考古学系の旅行として訪れたのが、筆者が中国の発掘現場を目にした最初である。1988年に中国の大学の考古学系・考古専業に高級進修生として留学した学生に対して発掘参加の機会が与えられるようになり、日本や欧米の北京大学考古学系留学生（高級進修生）が、初めて正式に発掘に参加するようになった。このような研究条件の変化によって、従来の遺物研究と違った遺跡を踏まえての研究が可能になってきているともいえる。今日では、中国考古学を専攻する大学院生にとって中国留学は当たり前のことであり、中国国内で行われている発掘調査に参加できる機会も多くなっている。わが駒澤大学の2001・2002年度の発掘実習を、陝西省高陵県の陽陵邑遺跡で行ったが、毎年30名前後の学生が参加している。

　毎日大学で中国考古学に関する講義を担当して、22年間がすぎた。わが駒澤大学では考古学概説のほか、考古学特講や演習を担当し、それらの講義内容も中国考古学研究に関係するものとなっている。ここ数年、考古学概説は別として、考古学特講や演習は殷周および秦漢に関する講義をつづけている。先記したように22年間にわたって講義してきた中国考古学概論の内容をまとめ、自分なりの考古学的歴史観を示したのが本書である。

　2002年9月30日

　　　　　　　　　　　　　　　　　　　　　　　　　　　　　　　　　　　　　　飯島武次

中国考古学概論　目次

序 ……………………………………………………………………………………………… i

第1章　中国考古学研究 ……………………………………………………………………3

第1節　中国の人文地理 ……………………………………………………………………3

第2節　中国考古学研究史 …………………………………………………………………8

（1）はじめに　（2）漢代から唐代に至る古物に対する関心　（3）宋代の金石学　（4）清朝の金石学　（5）甲骨学の発展　（6）外国人による考古学調査の開始　（7）中国における近代考古学の発展　（8）解放前の日本人による考古学調査　（9）解放後の中国考古学

第3節　中国の考古学的遺物 ……………………………………………………………27

（1）遺物の種類　（2）青銅器　（3）玉器　（4）土器

第2章　中国の旧石器文化研究 …………………………………………………………56

第1節　中国における旧石器文化研究 …………………………………………………56

第2節　旧石器時代前期 …………………………………………………………………58

第3節　旧石器時代中期 …………………………………………………………………65

第4節　旧石器時代後期 …………………………………………………………………69

第5節　中国旧石器文化のまとめ ………………………………………………………75

第3章　新石器時代 …………………………………………………………………………77

第1節　中国における新石器文化研究 …………………………………………………77

第2節　新石器時代前期文化 ……………………………………………………………79

（1）新石器時代前期前半の文化　（2）新石器時代前期後半の文化

第3節　黄河中・上流域の新石器時代中期文化 ………………………………………92

（1）仰韶文化について　（2）半坡遺跡　（3）半坡類型の遺跡　（4）廟底溝類型の遺跡　（5）西王村類型　（6）仰韶文化諸類型の編年　（7）黄河上流域の仰韶文化

第4節　黄河下流域の新石器時代中期文化 ……………………………………………105

（1）はじめに　（2）大汶口遺跡　（3）大汶口文化について

第5節　長江流域の新石器時代中期文化 ………………………………………………110

　　　　(1) はじめに　(2) 馬家浜文化　(3) 北陰陽営文化　(4) 大溪文化　(5) 屈家嶺文化

　　第6節　黄河流域の新石器時代後期文化……………………………………………117

　　　　(1) 龍山文化について　(2) 廟底溝第2期文化と案板第3期文化　(3) 河南龍山文化について　(4) 陝西龍山文化について　(5) 山西龍山文化　(6) 黄河下流域の龍山文化　(7) 黄河上流域の龍山時代文化

　　第7節　長江流域以南の新石器時代後期文化……………………………………134

　　　　(1) 良渚文化　(2) 石家河文化　(3) 石峡文化　(4) 曇石山文化

　　第8節　中国新石器文化研究のまとめ……………………………………………145

第4章　青銅器時代Ⅰ（夏殷時代）……………………………………………152

　　第1節　夏文化に関して……………………………………………………………152

　　　　(1) 青銅器時代　(2) 研究用語としての夏文化と夏王朝　(3) 夏王朝の年代　(4) 文献に見える夏王朝の地名　(5) 考古学的な文化名称と夏文化　(6) 草創期の金属器文化　(7) 草創期金属器を伴出する遺跡と「夏」の伝承

　　第2節　二里頭文化…………………………………………………………………173

　　　　(1) 二里頭文化の設定　(2) 二里頭文化の大型建築址　(3) 二里頭文化の土器　(4) 二里頭文化の青銅器　(5) 二里頭文化と夏王朝・殷王朝の関係

　　第3節　殷王朝の実証と年代………………………………………………………190

　　　　(1) 殷王朝実在の証明　(2) 殷王朝の年代

　　第4節　殷代二里岡文化……………………………………………………………193

　　　　(1) 二里岡文化　(2) 二里岡文化の城郭遺跡　(3) 二里岡文化の大型建築址　(4) 二里岡文化の土器　(5) 二里岡文化の青銅器　(6) 二里岡文化のまとめ

　　第5節　殷墟文化……………………………………………………………………206

　　　　(1) 殷墟文化　(2) 殷墟文化の墓　(3) 殷墟遺跡の建築遺跡　(4) 殷墟文化の土器　(5) 殷墟文化の青銅器　(6) 殷墟文化の玉・石器　(7) 殷墟文化の甲骨文と文字資料

　　第6節　殷墟文化期の地方文化……………………………………………………218

　　　　(1) 三星堆文化　(2) 新干大洋洲の青銅器文化　(3) 先周文化

　　第7節　夏文化と殷王朝文化のまとめ……………………………………………227

　　　　(1) 夏文化と文明の成立　(2) 殷王朝文化　(3) おわりに

第5章　青銅器時代Ⅱ（西周時代）……………………………………………232

　　第1節　西周文化……………………………………………………………………232

(1) はじめに　(2) 西周の年代
　第2節　西周都城研究……………………………………………………………237
　　　(1) 西周の都城　(2) 鎬京　(3) 東都雒邑成周・王城について　(4) 西周成周・王城のまとめ
　第3節　西周時代墓……………………………………………………………246
　　　(1) 西周時代の墓　(2) 晋侯墓地　(3) 西周時代の大墓　(4) 西周時代併存の土墩墓
　第4節　西周時代の土器………………………………………………………260
　　　(1) 西周文化の土器　(2) 豊鎬地区出土土器研究史　(3) 豊鎬地区西周土器の編年　(4) 洛陽地区出土の灰釉陶器
　第5節　西周青銅器……………………………………………………………272
　　　(1) 西周青銅器　(2) 西周第1・2期の青銅器　(3) 西周第3・4・5期の青銅器　(4) おわりに
　第6節　西周考古学のまとめ…………………………………………………282

第6章　青銅器時代Ⅲ（春秋時代）から鉄器時代Ⅰ（戦国時代）へ……285
　第1節　春秋戦国時代（東周時代）の考古学的時代区分……………………285
　第2節　東周都城研究…………………………………………………………286
　　　(1) はじめに　(2) 春秋時代の都城　(3) 戦国時代の都城　(4) 東周時代都城遺跡に関する考察
　第3節　東周墓研究……………………………………………………………305
　　　(1) 東周時代の墳墓　(2) 黄河流域の東周時代墓　(3) 長江流域の墳丘を有する墳墓　(4) 東周時代墳墓のまとめ
　第4節　春秋戦国時代の土器・陶器…………………………………………320
　　　(1) はじめに　(2) 洛陽・三晋地区の土器　(3) 中山王𗊷墓の黒陶　(4) 燕・齊の土器　(5) 秦の土器　(6) 楚の土器・陶器　(7) 呉・越の土器・陶器　(8) 春秋戦国時代の土器・陶器の性格
　第5節　春秋戦国時代の瓦當…………………………………………………331
　　　(1) はじめに　(2) 洛陽地区の半瓦當　(3) 燕・齊の半瓦當　(4) 東周時代秦の瓦當　(5) まとめ
　第6節　春秋戦国時代の青銅器………………………………………………338
　　　(1) 春秋時代と戦国時代の青銅器　(2) 青銅器文化の終焉とその意味

第 7 節　春秋戦国時代の鉄器……………………………………………349
　　　（1）はじめに　（2）春秋時代の鉄器　（3）戦国時代の鉄器　（4）まとめ
　　第 8 節　戦国時代の漆器………………………………………………………354
　　第 9 節　春秋戦国時代考古学のまとめ………………………………………357

第 7 章　鉄器時代 II（秦漢時代）…………………………………………360
　　第 1 節　黄河長江文明の終焉と秦漢時代の到来……………………………360
　　第 2 節　秦咸陽城と漢長安城…………………………………………………362
　　　（1）秦咸陽城　（2）漢長安城
　　第 3 節　秦始皇陵と兵馬俑坑…………………………………………………369
　　第 4 節　漢の王陵………………………………………………………………373
　　第 5 節　秦漢時代の遺物・文化・考古学……………………………………383
　　　（1）はじめに　（2）文字資料　（3）貨幣　（4）量権　（5）鉄器　（6）瓦當　（7）陶俑
　　　（8）土器　（9）漆器　（10）漢代の食生活　（11）漢代の農業技術　（12）秦漢の文化と
　　　考古学

第 8 章　中国考古学のまとめ………………………………………………401
　　第 1 節　旧石器文化・新石器文化のまとめ…………………………………401
　　第 2 節　中国古代文明…………………………………………………………405
　　第 3 節　中国考古学の諸問題…………………………………………………417

　後　記……………………………………………………………………………423
　　図版・挿図出典目録……………………………………………………………427
　　引用文献目録……………………………………………………………………439
　　索　引……………………………………………………………………………459
　　附　中文概要……………………………………………………………………469
　　　　英文概要……………………………………………………………………481

図　版　目　次

- 図版1-1　周口店鴿子堂洞
- 　　　2　周口店山頂洞
- 図版2-1　金牛山人頭骨正面（模型）
- 　　　2　金牛山人頭骨右側面（模型）
- 図版3　　石器　旧石器時代中期、1〜4・9大型三稜尖頭器、5石球、6〜8削器（1〜6丁村、7〜9澧県）
- 図版4　　土器と石器　新石器時代前期、1・2三足壺、3盂、4三足盤、5五徳、6石鎌、7石皿・石棒、8石鏟（1・2・6・7・8裴李崗遺跡出土、3・4・5磁山遺跡出土）
- 図版5　　土器　新石器時代前期、1罐、2罐、3壺、4釜、5灶・釜、6盆、7盆、8鉢（1仙人洞、2・3彭頭山、4〜8河姆渡）
- 図版6-1　骨耜　河姆渡遺跡出土
- 　　　2　仰韶遺跡　河南省澠池県
- 図版7-1　半坡博物館　陝西省西安市
- 　　　2　北首嶺遺跡　陝西省宝鶏市
- 図版8　　仰韶文化遺物　1壺、2・3盆、4壺、5缸、6鷹鼎、7鷹面、8石皿（1半坡、2・3半坡複製品、4北首嶺、5閻村、6太平荘、7柳子鎮、8北首嶺）
- 図版9　　彩陶　甘粛仰韶文化、1盆、2豆、3・4盆、5〜8壺（1半坡類型、2〜4馬家窯類型、5〜8半山・馬廠類型、東京国立博物館蔵）
- 図版10　 土器　1豚形土器、2尊、3鼎、4鬹、5鼎、6豆、7瓶、8罐（1・2大汶口遺跡出土、3・4北荘遺跡出土、5〜8崧澤遺跡出土、1〜4大汶口文化、5〜8崧澤類型）
- 図版11-1　王湾遺跡　河南省洛陽市
- 　　　2　城子崖遺跡　山東省章丘県
- 図版12　 土器　1灶・釜、2鼎、3把手壺、4鼎、5鬹、6盆、7甕、8壺、9豆、10鬹、11壺、12杯（1・2廟底溝第2期文化、3〜6河南龍山文化、7〜9山東龍山文化、10〜12良渚文化）
- 図版13　 石斧　龍山文化時代
- 図版14-1　王城岡遺跡　河南省登封県
- 　　　2　二里頭遺跡　河南省偃師県
- 図版15-1　鄭州殷故城城壁断面
- 　　　2　溝内人頭骨　鄭州市東里路北
- 図版16　 青銅器　二里岡文化、1鼎、2方鼎、3・4盉、5・6・7斝、8・9爵、10・11罍、11觚（1・2・3・10・11鄭州、4・6・12北京故宮、5・7・12上海博、8東博）
- 図版17-1　洹河　河南省安陽市殷墟
- 　　　2　殷墟　河南省安陽市小屯村
- 図版18　 土器　殷墟文化、1・2鬲、3爵、4双耳壺、5・6罐、7瓿、8壺、9尊、10・11・12豆（1〜6灰陶、7〜11白陶、12灰釉陶、1東博、2・3東大、4〜7・10・12中央研究院、8・11北京故宮、9上海博）

図版19　青銅器　殷墟文化、1三連甗、2甗、3方彝、4鴞尊、5鼎、6尊、7卣、8斝、9爵、10觚（1〜4婦好墓、5〜8上海博、9・10殷墟）
図版20-1　周城斉家溝　陝西省扶風・岐山県
　　　2　雲塘F1建築址　陝西省扶風県
図版21-1　青銅器　先周、1爵、2觚、3杯（1・2岐山京当、3美陽、周原二里岡上層・殷墟文化併存）
　　　2　灃河　西安市長安県
図版22-1　車馬坑　西安市長安県張家坡
　　　2　曲村西周墓の発掘　山西省曲沃県曲村
図版23　青銅器　西周、1〜3鼎、4鬲、5・6簋（天馬曲村遺跡M6195号墓出土）
図版24　土器　西周、1鬲、2簋、3盉、4罐、5杯、6・7罍（天馬曲村遺跡M6214号墓出土）
図版25-1　臨淄齊故城排水溝
　　　2　龍台　邯鄲趙王城
図版26-1　秦公1号墓　陝西省宝鶏市鳳翔県
　　　2　燕下都九女台墓区
図版27　青銅貨幣　東周、1斜肩弯足空首布.周、2円肩方足布.魏、3齊之法化.齊、4尖首刀.燕・山戎、5明刀.燕
図版28　鉄器　戦国時代、1犂、2〜4鋤、5鏟、6・7钁、8錛、9鎌（1・3〜8輝県、2長沙、9新鄭）
図版29-1　咸陽1号宮殿址
　　　2　阿房宮前殿版築基壇　西安市三橋古城村
図版30-1　秦始皇陵墳丘　西安市臨潼区
　　　2　1号兵馬俑坑　西安市臨潼区秦始皇陵
図版31　瓦當　秦時代、1〜6咸陽宮、7・8始皇陵
図版32-1　漢長安城南城壁
　　　2　武帝茂陵　陝西省興平県
図版33-1　黄腸題湊　大葆台1号漢墓
　　　2　泥郢版　象鼻嘴1号漢墓
図版34　鉄製農具　1・2・8錛、3鍬、4・5犂、6鎌、7鏵（1〜6前漢、7・8後漢、中国歴史博物館蔵）

挿 図 目 次

第 1 図	中国地図	4
第 2 図	黄土台地　河南省澠池県仰韶溝	5
第 3 図	運河と鵜飼　湖北省荊州市江陵付近	5
第 4 図	初冬の黒龍江省の景観　寧安県東京城	6
第 5 図	夏の内蒙古自治区	6
第 6 図	汰（タイ）族の村　雲南省西双版納	7
第 7 図	砂漠の遺跡　新疆維吾爾自治区吐魯番高昌故城	7
第 8 図	『考古図』『博古図録』	10
第 9 図	劉鉄雲	11
第10図	アンダーソン	13
第11図	李済	14
第12図	夏鼐	16
第13図	蘇秉琦	16
第14図	浜田耕作	18
第15図	原田淑人	18
第16図	駒井和愛	18
第17図	中国社会科学院考古研究所	19
第18図	北京大学考古文博学院の校友大会	19
第19図	中央研究院歴史語言研究所　台北	23
第20図	青銅器の器形名称（1～3）	29・30・31
第21図	青銅武器名称	32
第22図	青銅器の紋様（1・2）	38・39
第23図	金文　史墻盤銘文拓本	42
第24図	玉器の器形名称	44
第25図	土器の器形名称（1・2）	50・51
第26図	土器の紋様	54
第27図	炭化遺物　雲南省元謀遺跡出土	59
第28図	左．藍田原人頭骨（複製）、右．石球（藍田遺跡）	61
第29図	石器　藍田遺跡出土	61
第30図	周口店遺跡　北京市房山区	62
第31図	第1地点（猿人洞）　北京市房山区周口店	62
第32図	北京原人5号頭蓋骨	63
第33図	石器　周口店第1地点出土	64
第34図	大荔人頭骨（複製）	66
第35図	丁村遺跡　山西省襄汾県	66
第36図	石器　丁村遺跡出土	67

第37図	石器	許家窯遺跡出土	68
第38図	石器	峙峪遺跡出土	70
第39図	石器	小南海洞穴出土	72
第40図	遺物	山頂洞出土	73
第41図	石器	下川文化	74
第42図	水洞溝遺跡	寧夏回族自治区霊武県	75
第43図	土器片	仙人洞洞穴出土	81
第44図	土器	磁山遺跡出土	82
第45図	土器	裴李崗遺跡出土	83
第46図	土器	彭頭山遺跡出土	86
第47図	石磨盤・磨棒	賈湖遺跡出土	87
第48図	骨鏟・石鎌	賈湖遺跡出土	87
第49図	骨耜・叉形骨器	賈湖遺跡出土	87
第50図	骨笛	賈湖遺跡出土	88
第51図	亀甲と小石	賈湖遺跡出土	89
第52図	土器	河姆渡遺跡第4層出土	90
第53図	半坡集落模型	中国歴史博物館	93
第54図	22号平地住居址	半坡遺跡	94
第55図	22号平地住居址復元図	半坡遺跡	94
第56図	土器	半坡類型前期、半坡遺跡出土	95
第57図	土器	半坡類型後期、半坡遺跡出土	96
第58図	集落址	姜寨遺跡（半坡類型）	99
第59図	墓地	半坡類型、元君廟遺跡M441号墓	99
第60図	土器	廟底溝類型、廟底溝遺跡出土	100
第61図	土器	大汶口文化、大汶口遺跡出土	106
第62図	象牙製品	左．櫛、右．筒形器、大汶口遺跡出土	107
第63図	図画紋（図象記号）	大汶口文化、1～4・6陵陽河、5前寨	109
第64図	土器	馬家浜類型、1～7草鞋山遺跡、8・10・11圩墩遺跡、9崧澤遺跡	111
第65図	土器	崧澤類型、1～14崧澤遺跡、15草鞋山遺跡	112
第66図	石鉞	薛家岡遺跡出土	113
第67図	土器	大溪文化、関廟山遺跡出土、A第1期、B第2期、C第3期、D第4期	114
第68図	土器	屈家嶺文化、屈家嶺遺跡出土	116
第69図	住居址実測図	廟底溝第2期文化551号住居址	119
第70図	住居址復原図	廟底溝第2期文化551号住居址	119
第71図	灰坑	扶風県案板下河遺跡	119
第72図	土器	廟底溝第2期文化、1～11廟底溝遺跡、12～23大河村遺跡	120
第73図	土器	王湾類型第2・3期（煤山遺跡第2期）、煤山遺跡出土	122
第74図	白灰面	西安市臨潼区康家遺跡	124
第75図	土器	陝西龍山文化、客省荘遺跡出土	124
第76図	土器	山西龍山文化陶寺類型前期	125

第 77 図	土器	山西龍山文化陶寺類型後期	126
第 78 図	紋様	1・2 石錛、3 黒陶片、両城鎮遺跡出土	127
第 79 図	土器	山東龍山文化	128
第 80 図	土器	斉家文化	131
第 81 図	玉斂葬	寺墩 M3 号墓	135
第 82 図	土器	良渚文化前期、張陵山遺跡出土	136
第 83 図	土器	良渚文化後期、馬橋遺跡出土	137
第 84 図	玉琮	草鞋山 M198 号墓出土	138
第 85 図	土器	石家河文化、肖家屋脊遺跡出土	139
第 86 図	土器	石峡遺跡出土	141
第 87 図	土器	曇石山遺跡出土	143
第 88 図	王城岡遺跡遠景	河南省登封県	159
第 89 図	王城岡土塁遺跡	河南省登封県告成鎮	159
第 90 図	陶寺遺跡	山西省襄汾県	160
第 91 図	頭骨	山西省襄汾県陶寺遺跡	160
第 92 図	草創期の金属器	1 王城岡遺跡出土、2 下王岡遺跡出土	165
第 93 図	初期金属器出土遺跡分布図		168
第 94 図	1 号宮殿址	二里頭遺跡	177
第 95 図	二里頭遺跡 1 号宮殿址模型	二里頭文化	177
第 96 図	2 号宮殿址	二里頭遺跡	179
第 97 図	土器	二里頭類型前期（二里頭類型第 2 期）、二里頭遺跡出土	181
第 98 図	土器	二里頭類型中期（二里頭類型第 3 期）、二里頭遺跡・煤山遺跡出土	182
第 99 図	土器	二里頭類型後期（二里頭類型第 4 期）、二里頭遺跡出土	184
第 100 図	青銅器	二里頭文化、1・2 爵、3・4 牌飾、5 鼎、6 斝、7 鈴、8・9 戈、10 鉞（二里頭遺跡出土）	186
第 101 図	鄭州殷故城平面図		195
第 102 図	偃師殷故城平面図		196
第 103 図	盤龍城 F1 大型建築址復元図		198
第 104 図	土器	二里岡文化、1〜8 下層、9〜16 上層	200
第 105 図	陶器	二里岡上層、1・2 灰釉陶器大口尊、3 黒陶罍（1 鄭州、2 銘功路 M2 号墓、3 鄭州）	200
第 106 図	二里岡文化青銅器編年図		202
第 107 図	殷墟遺跡地図	河南省安陽市	207
第 108 図	殷墟	河南省安陽市小屯	207
第 109 図	小屯発掘景観		207
第 110 図	車馬	孝民屯出土	208
第 111 図	安陽市西北岡大墓と祭祀坑平面図		209
第 112 図	甲組建築址群	殷墟小屯	210
第 113 図	土器	殷墟文化（殷後期）	212
第 114 図	白陶	殷墟文化（中央研究院蔵）	212

第115図	陶范　河南省安陽市苗圃北地遺跡	214
第116図	玉器・石器　殷墟 M5 号墓	215
第117図	獣骨　殷墟文化　（東京大学文学部蔵）	216
第118図	甲骨文拓本　乙 867、小屯 YH127 坑出土　（中央研究院蔵）	217
第119図	青銅仮面　三星堆遺跡	220
第120図	青銅器　1 人頭形青銅器、2 鎛、大洋洲遺跡	222
第121図	扶風・岐山県遺跡分布図	224
第122図	甲組建築址　陝西省岐山県鳳雛村	225
第123図	召陳建築址　陝西省扶風県	225
第124図	土器散布　西安市長安県張家坡遺跡	226
第125図	洛陽市付近西周時代遺跡分布図	240
第126図	琉璃河遺跡　北京市房山区	247
第127図	晋侯墓分布図　山西省曲沃県北趙村	249
第128図	西周晋侯墓地　山西省曲沃県北趙村	249
第129図	M8 号墓　晋侯墓地	251
第130図	晋侯蘇鼎	252
第131図	晋侯蘇鼎図・拓本	252
第132図	金帯金具　晋侯墓地 M8 号墓	253
第133図	M93 号墓　晋侯墓地	254
第134図	玉覆面　晋侯墓地 M93 号墓	254
第135図	西周時代大墓　1 辛村 1 号墓、2 張家坡 157 号墓、3 琉璃河 202 号墓、4 琉璃河 1193 号墓	255
第136図	西周土器編年図　豊鎬地区	264
第137図	灰釉陶器　西周時代、1 罍、2 尊、3・4 簋、5・6 甕、7・8 豆　（洛陽龐家溝西周墓出土）	269
第138図	青銅簋　1 利簋、2 宜侯夨簋	274
第139図	西周青銅器　1 何尊、2 父庚觶	274
第140図	青銅鼎　1 尹丞鼎、2 雷紋鼎、3 趙曹鼎、4 大克鼎	275
第141図	青銅鼎　長由墓出土	276
第142図	陶范　洛陽市北窯鋳銅遺跡	277
第143図	犠尊　1 盠駒尊　2 鄧仲犠尊	279
第144図	西周青銅器　1 史墻盤　2 豊尊	279
第145図	洛陽東周王城・漢河南県城	287
第146図	東周王城城壁版築　洛陽市	288
第147図	陶文拓本　漢河南県城出土	288
第148図	曲阜魯国故城	291
第149図	秦雍城	293
第150図	蘄年宮當瓦當	294
第151図	雍城馬家荘 1 号建築址	294
第152図	鄭韓故城	295

第 153 図	臨淄齊国故城	296
第 154 図	晋国新田　山西省侯馬市	298
第 155 図	趙国邯鄲故城	300
第 156 図	燕国下都	301
第 157 図	紀南城（楚郢都）　湖北省荊州市江陵	302
第 158 図	秦公1号墓平面図　陝西省宝鶏市鳳翔県	308
第 159 図	秦公1号墓　陝西省宝鶏市鳳翔県	308
第 160 図	輝県固囲村戦国墓分布図	309
第 161 図	固囲村2号墓	310
第 162 図	固囲村3号墓	311
第 163 図	中山王嚳墓兆域図青銅板	314
第 164 図	兆域図模写	314
第 165 図	中山王陵陵園復原図	314
第 166 図	燕下都16号墓	316
第 167 図	齊四王冢　山東省臨博市	316
第 168 図	東周時代土器編年図　洛陽市	322
第 169 図	東周時代土器　1〜4周国（洛陽博物館蔵）、5・6燕国（5東京大学文学部蔵、6中国歴史博物館蔵）	323
第 170 図	彩絵陶　邯鄲百家村	324
第 171 図	黒陶　中山王嚳墓出土	325
第 172 図	東周時代土器　秦国（1・6早稲田大学文学部蔵、2・4・5咸陽博物館蔵、3秦咸陽宮博物館蔵）	326
第 173 図	東周時代土器　楚国（北京大学賽克勒考古与芸術博物館蔵）	327
第 174 図	東周時代灰釉陶器　呉越（上海博物館蔵）	329
第 175 図	半瓦當　東周時代（洛陽東周故城出土）	332
第 176 図	半瓦當　戦国時代、1〜6燕、7・8齊	333
第 177 図	縄紋半瓦當　秦雍城出土	334
第 178 図	秦瓦當拓本　秦雍城出土	335
第 179 図	秦葵紋瓦當	336
第 180 図	青銅器　春秋前期、1鼎、2簋、3豆、4獣形豆（虢国墓地出土、1〜3. M1052号墓、4. M1704号墓）	339
第 181 図	秦公鎛・秦公鐘	339
第 182 図	青銅器　東周時代、1方壺、2罍、3鼎、4簋、5豆、6尊盤、7鼎、8器座（1・2新鄭、3寿県、4天水、5・6随州、7・8平山県出土）	341
第 183 図	編鐘　曾侯乙墓出土	343
第 184 図	青銅器　戦国中・後期、長治分水嶺M25号墓出土	343
第 185 図	戦国鏡　1四虎紋鏡、2三龍紋鏡、3蟠螭紋鏡、4羽状紋鏡、5四山紋鏡、6金銀緑松石象嵌銅鏡	344
第 186 図	円銭　戦国時代	346
第 187 図	楚貨幣　戦国時代、1〜4蟻鼻銭、5楚金版	346

第 188 図	齊刀陶范　戦国時代　（東京大学文学部蔵）	347
第 189 図	鉄剣　戦国時代、長沙楚墓出土	351
第 190 図	鉄范　1钁范、2鎌范、3車具范、4鍬范、河北省興隆県出土	352
第 191 図	漆器　1箱、2盒、3座屏、4耳杯、5・6豆、7・8奩（1・2曽侯乙墓、3望山1号墓、4望山2号墓、5包山2号墓、6雨台山18号墓、7長沙、8睡虎地7号墓出土、1〜7戦国、8秦）	355
第 192 図	咸陽1号宮殿址模型	364
第 193 図	陶文　秦咸陽故城出土	364
第 194 図	阿房宮前殿版築基壇　西安市三橋古城村	366
第 195 図	漢長安城址図	366
第 196 図	漢長安城宮殿位置図	367
第 197 図	漢長安城南壁版築	367
第 198 図	未央宮前殿址　漢長安城	367
第 199 図	漢代辟雍建築址　西安市	368
第 200 図	辟雍復元図	368
第 201 図	秦始皇陵陵区図	370
第 202 図	秦始皇陵墳丘　西安市臨潼区	370
第 203 図	1号兵馬俑坑　西安市臨潼区秦始皇陵	372
第 204 図	兵士俑　始皇陵1号兵馬俑坑	372
第 205 図	劉邦長陵　陝西省咸陽市	374
第 206 図	景帝陽陵　陝西省咸陽市	374
第 207 図	漢陽陵陵区平面図	374
第 208 図	羅經石（禮制建築中心礎石）　陽陵	375
第 209 図	武帝茂陵と李夫人墓　陝西省興平県	375
第 210 図	大葆台1号漢墓　北京市	377
第 211 図	黄腸題湊　大葆台1号漢墓	377
第 212 図	象鼻嘴1号漢墓墓壙　湖南省長沙市	377
第 213 図	馬王堆1号漢墓墳丘　湖南省長沙市	378
第 214 図	前漢墓平面図　1南越王墓、2合浦漢墓、3満城1号漢墓、4象鼻嘴1号漢墓、5大葆台1号漢墓、6馬王堆1号漢墓	378
第 215 図	金縷玉衣　上．満城1号漢墓、下．満城2号漢墓	380
第 216 図	長信宮灯　満城2号漢墓	380
第 217 図	金鍍金青銅壺　満城1号漢墓	381
第 218 図	方枡と権　上．秦始皇帝廿六（前221）年枡、下．秦二世元（前209）年権	384
第 219 図	文帝行璽金印　南越王墓出土	384
第 220 図	封泥　南越王墓出土	384
第 221 図	半両銭　統一秦（直径3.4cm、重8g）	385
第 222 図	四銖半両　前漢文帝	385
第 223 図	漢鋳大型半両銭　前漢（直径4.55cm、重18.1g）	385
第 224 図	五銖銭　前漢武帝	386

第 225 図　五銖銭母范（東京大学文学部蔵）……………………………………………386
第 226 図　犂鏵　1 醴泉県出土（後漢）、2 咸陽市出土（前漢時代）……………388
第 227 図　画像石牛耕図　後漢……………………………………………………388
第 228 図　瓦當　秦始皇陵出土……………………………………………………389
第 229 図　文字瓦當　前漢（陝西歴史博物館）…………………………………390
第 230 図　瓦當　前漢、1・2 出土地不詳、3・4 曲阜魯国故城（東京大学蔵）……391
第 231 図　騎兵俑　楊家湾出土……………………………………………………393
第 232 図　武人俑　楊家湾出土……………………………………………………393
第 233 図　陶俑　後漢………………………………………………………………393
第 234 図　副葬陶器　前漢、曲村出土……………………………………………394
第 235 図　副葬陶器　前漢、洛陽市焼溝出土……………………………………394
第 236 図　漆器　前漢、1・2 盤、3 匜、4 耳杯、5 盒と耳杯、6 奩、馬王堆 1 漢墓出土……395

表　目　次

第 1 表　旧石器関係用語　中国語・日本語対比表………………………………57
第 2 表　主要新石器文化・遺跡年代表（経樹輪校正年代）……………………150
第 3 表　初期金属器出土遺跡表……………………………………………………163
第 4 表　西周大墓一覧表……………………………………………………………256

中国考古学概論

THE ARCHAEOLOGY OF CHINA

第1章　中国考古学研究

第1節　中国の人文地理

　考古学や歴史を学ぶにあたっては、まずその地域の地理を理解しておく必要がある。中国考古学の概論を学んでいくにあたっても、最初に遺跡が所在する中国の人文地理について理解しておくことが必要となってくる。われわれ日本人が、通称「中国」と呼んでいる国の正式の国名は、「中華人民共和国」である。中国の名称は、世界の中央を意味し、「中華」あるいは「華夏」とも自称している。日本では、中国のことを「漢」「唐」「支那」と呼ぶこともあったが、今では「中国」の名称に一般化している。この国は、古代国家の出現時期から数えても約4000年の長い歴史を有する国である。近代に至って中華人民共和国が成立したのは、1949年10月のことで、すでに国家成立後50年以上が経過している。今日においては総人口、国土の面積、文化水準、経済活動などにおいて世界を代表する社会主義大国となっている。

　中国の総面積は 9,590,000km² （台湾含む）で、この国土の面積は、ロシア、カナダに次いで世界第3位にあたる。中国の人口は、2000年の資料によると 1,265,830,000 人、ざっと12億2700万人で、一国の人口としては世界第1位である。この広大な面積と膨大な人口を有する中国の地理的な環境は、きわめて複雑である。

　中国文化を考古学的に考える上での中国の概略的な範囲は、緯度の上で北は黒龍江省漠河県烏蘇里村付近の北緯約53度を北限とし、南は海南島の南端の北緯約18度を南限としていると考えてよいであろう。また経度の上で、西は新疆維吾爾自治区客什（カシュガル）市の西約200kmの東経約73度を西限とし、東は黒龍江と烏蘇里江の合流点付近の東経約135度を東限としている。つまり中国の大きさは、南北約4000km、東西約5000kmの範囲で、時差にして4時間の差があり、アジア大陸の東南部を占めている（第1図）。

　この広大な大陸の中央には、青海省に源を発し西から東に流れる全長 5464km の黄河と、同じく青海省に源を発して西から東に流れる全長 6380km の長江が存在する。さらに北にはロシアとの国境を流れる黒龍江があり、黄河と長江の間には淮河があり、長江のはるか南には紅水河（西江）があり、いずれも西に水源をもち東の海に向かって流れ出ている。黄河以北の河川は夏季に流水量が多く、冬季に流水量が少なくなり、一般に土砂の含有量が多く、天井川となって氾濫する河川もある。長江以南の河川は、季節による流水量の変化は少なく、総じて水量が多く、雨期に氾濫する河川も多い。

第1図　中国地図

　黄河と長江の間には、秦嶺山脈が存在し、西は崑崙山脈に連なり、東は淮陽丘陵に連なって中国の大地を南北に分けているが、これを秦嶺・淮河線と呼ぶことがある。この線以南では、気候は比較的温暖、多雨、湿潤である。秦嶺・淮河線以北は、高原や大平原が多く、気候は比較的寒冷で、乾燥している。中国を東西に分けるのは、興安嶺線である。興安嶺線は興安嶺から南に下がり太行山脈から貴州高原の東辺に達している。この線は、地形の上で重要な意味をもつ地裂線である。この線以西には、高原・山脈・盆地・高原が多く、以東には平野や低い丘陵が多い。

　万里の長城を基線とする長城線以北は、興安嶺線で東西に分けられるが、その東が東北地区つまり東北平野で、西が蒙古高原である。長城線以南、秦嶺線以北は、黄河流域である。黄河流域の西の黄土高原は、東の太行山脈と南の秦嶺山脈が屛風の役割をはたし、夏の東南からの湿潤な季節風を遮るため、雨量は少なく、大陸内陸という地理的条件も重なって乾燥している。黄河流域の東は華北平原である。浙江省から貴州省に至る南嶺線は、浙江省の天目山から、黄山・九連山・五嶺を経て貴州高原に達する線である。この南嶺線以北は長江水系で、以南は浙江・福建・広東東部の諸水系と、珠江水系となっている。

　黄河中流域の黄土高原には厚さにして平均100m以上の黄土堆積があり、厚い地域では200mから400mもあるといわれている。河南省から山西省・陝西省にかけての黄土高原では何本もの溝と呼ばれる谷が黄土の台地を切り込み、黄土台地を形づくっている。この地域は早くから文明の出現

した地域で、有名な仰韶遺跡は、仰韶溝と呼ばれる谷に臨む階段状の黄土台地上に位置している（第2図）。秦嶺・淮河線以北そして太行山脈以西の黄土高原は乾燥しているため、灌漑が重要で、麦や粟、その他の雑穀の栽培が盛んである。この黄河流域の大部分は温帯に属している。

秦嶺・淮河線以南、南嶺線の北側、長江中流・下流域は、大平野を形成し、長江から延びる大小の水路によって水上交通の発達した地域である（第3図）。長江の流域は、稲栽培が盛んで、世界的にも早くから水稲栽培の出現した地域である。さらに南嶺線の南においても当然農業の主体は稲栽培で、この地域の稲栽培の歴史も古い。また秦嶺線に沿って茶の栽培が盛んに行われている。長江流域以南の大部分は亜熱帯に属し、その南辺は熱帯となっている。

第2図　黄土台地　河南省澠池県仰韶溝

第3図　運河と鵜飼　湖北省荊州市江陵付近

このように中国の南北を貫く軸線となる興安嶺線につづく太行山脈の東では、おおざっぱに見て、南船北馬といわれるように、南は船を利用できる水路が発達し、北は馬で行く陸路が発達している。

中国の北辺は黒龍江とその上流の額爾古納河をロシアとの国境としている。この付近は、中国とロシアに挟まれたモンゴルの北限よりも北にあたり、一部は冷帯に属してる。中国北辺の地域ではあるが、興安嶺線の東に広がる哈爾濱付近の東北平野は、穀倉地帯でもある。黒龍江省の北辺には興安嶺山脈の森林地帯と草原地帯が広がり、冬は長く冬季は氷雪地帯である（第4図）。長城線の北側、興安嶺線の西は、蒙古高原で陰山山脈の北には大草原と砂漠が広がり、羊や馬の遊牧が行われ、牧畜が盛んである（第5図）。

中国文化や民族の分布の上からは、先に紹介したように中国の南端を海南島三亜付近の北緯18度に考えるのが合理的である。しかし、1987年出版の『中華人民共和国分省地図』によれば、中国

第4図　初冬の黒龍江省の景観　寧安県東京城

第5図　夏の内蒙古自治区

国境の南端は、南沙諸島最南端、曽母暗沙島の南、北緯3度30分付近に標記され、これが中国政府の公式見解である。わが国の地図においては、西沙諸島・南沙諸島を中国領と記述している地図帳と海南島以南の海上の国境線を明記していない地図帳と海南島の南に国境線のある地図帳などがある。中国の南限に関する領有権の問題は別として、考古学的な研究対象となる遺跡・遺物の多く残る地としての南限は、北緯18度ないしは21度の線を考えてよいであろう。先に述べた北緯18度の海南島三亜付近は、ヴェトナムのハノイ市よりもはるか南である。海南島は、わが国の九州ほどの面積の島であるが常夏の島と呼んでもよい自然環境で、熱帯に位置する。椰子の木が茂り、バナナ・パパイヤなどの栽培が行われ、黄河流域の中国の景観とはまったく異なっている。海南島は南海（南支那海）の島であるが、大陸内部における最南端は、雲南省西双版納のラオスとの国境地帯の北緯21度付近で、ここも熱帯に属する。瀾滄江（メコン河）の流域のジャングル地帯には、版納象や孔雀も生息し、付近の山岳地帯には椰子の木が茂り、バナナ・パイナップル・マンゴーなどの栽培が行われ、低地には水田が広がり、汰（タイ）族の集落などには高床の住居が存在している（第6図）。西双版納には野生種の稲が残り、一部の日本の学者が、わが国の稲の起源を雲南に求めたこともある。

　中国の西は乾燥地帯である。中国の西限にあたる東経73度付近は、新疆維吾爾自治区客什市の西方約200kmの昆侖山脈と天山山脈のぶつかる地点になる。新疆維吾爾自治区の中央には天山山脈が東西に延び、新疆維吾爾自治区の南辺にそって昆侖山脈が延び、この2つの山脈に挟まれた広大な地域がタリム（塔里木）盆地で、そこにはタクラカマン（塔克拉瑪干）砂漠が広がる。天山山脈の南側にはトルファン（吐魯番）盆地があり、そこの最低地点は－154mである（第7図）。一方、

昆侖山脈の西側の端は青海高原に連なり、その南側は、チベット（西蔵）高原が広がり、西南辺縁にはヒマラヤ山脈が連なる。青海高原・チベット高原は海抜3000mから5000mの高地を形成しているが、その最高峰はエベレスト（珠穆朗瑪）山の8848mである。したがって中国の最高海抜と最低海抜の差はなんと9000mに達していることになる。青海・チベットの高原草地では、ヤクなどの放牧が盛んである。

中国の東は基本的には、東支那海（東海）・南支那海（南海）などの海に臨む海岸である。しかし中国の東端は、先記したように内陸部の黒龍江省撫遠県の東50kmの東経135度付近である。この東経135度線は、神戸とほぼ同じ経度にあたり、あらためて中国の広さと、国土の多様性を感じさせる。

この広い中国の気温を一口で

第6図　汰（タイ）族の村　雲南省西双版納

第7図　砂漠の遺跡　新疆維吾爾自治区吐魯番高昌故城

説明するのは困難であるが、ちなみに北京の平均気温は1月が－4.7度、7月が26.1度で、哈爾濱の平均気温は1月が－20.1度、7月が23.3度で、広州の平均気温は1月が13.6度、7月が28.8度である。広い中国国土は、南東部の一部をのぞき日本と比較するときわめて乾燥しているといえる。東京の降雨量は、年平均1503mmほどであるが、北京の降雨量は年平均683mmで、乾燥地帯の新疆維吾爾自治区政府所在地の烏魯木斉市の年平均降雨量は292mm、新疆維吾爾自治区哈密市の年平均降雨量はなんと33mmである。哈密市の33mmはいうまでもないが、烏魯木斉市の292mmでさえ、わが国の梅雨時の豪雨では、一日で降りかねない降雨量である。しかしながら、中国は、世界第4位の耕地面積と世界第3位の天然草地面積を有し、ここまで述べてきたように、華北では粟・黍・麦・玉蜀黍などの穀類栽培が行われ、長江流域以南の華南では、水稲を中心とした穀物栽培が行われている。また、蒙古・青海・チベット高原を中心とした天然草地では、羊・ヤク・馬などの飼育を中心とした牧畜が行われている。

中国は本来社会主義国であったが、香港と澳門の返還にともない一国二制度のもとに香港・澳門では返還後も自由経済が行われ、本来の社会主義経済地域は、4つの直轄市、23カ所の省、5つの自治区に分けられ、返還された地域は2つの特別行政区の行政単位に分けられている。4直轄市は北京市・天津市・上海市・重慶市で、5自治区は内蒙古自治区・広西壮族自治区・西蔵自治区・寧夏回族自治区・新疆維吾爾自治区で、2つの特別行政区は先記した香港と澳門である。また中国は多民族国家で、公式には56民族からなるといわれている。そのために各民族の自治権を認め、先の自治区のほか省・自治区の下にさらに124カ所の自治州・自治県がある。

　中国は多民族国家であるが、一部の維吾爾族などトルコ系民族をのぞき、中国の多くの民族は、淡褐色の皮膚、黒褐色の直毛、黒褐色の虹彩、蒙古斑をもつことなど身体的共通点を有している。中国で最多の人口を有するのは漢族で、現在のところ約11億2200万人を越えていると想定される。漢族以外の少数民族で、比較的人口の多いのは、壮族が約1550万人、回族が約860万人、維吾爾族が約721万人、満族が約430万人、チベット族が約459万人、蒙古族が約480万人、朝鮮族が約176万人などである。

　このように多数の民族から構成されている中国では、また多数の言語が用いられている。漢語は、面積にして中国全土の50～60％で用いられ、全人口の94％が使用している。したがって、公式の公用語としては普通話とよばれる漢語の標準語が用いられ、中国政府は普通話の普及に努力している。中国政府は、同時に各民族の言語の保護にもつとめ、言語・文字を通じて少数民族の文化と伝統を守ることに現在尽力している。

　民族と言語の問題は、中国考古学を研究する上でつねにつきまとう大きな問題である。年代的に併存する考古遺物の違いを、民族の違いとしてとらえようとする試みは、つねに見られる傾向である。そこに出てくる民族名はかならずしも現存する少数民族の名称ではなく、歴史史料中に見られる民族名で、それだけに実体がわかりにくいことが多い。紀元前にさかのぼる出土文字史料の多くは、漢字の起源となる資料であるが、紀元後・漢代以降の資料では、漢語以外の文字資料の出土も少なくない。

　中国の人文地理的な環境はきわめて複雑かつ多様であるが、この『中国考古学概論』の中で取り扱う地域は、黄河流域と長江流域の大部分で、伝統的にいわゆる漢族が歴史を残した場所である。本書で取り扱った考古学的な遺跡の多くは、広い中国国土の中央部からおおむね東半分にあたる黄土高原・華北平野・東北平野・蒙古高原・長江中下流平野・四川盆地・雲南高原を中心に分布している。

第2節　中国考古学研究史

(1)　はじめに

　中国における科学的な研究方法にもとづく本格的な考古学研究の開始は、1920年代に入ってからといってよいであろう。しかし、中国においては、清朝末の漢学者たちが青銅器に鋳造された文字

や亀甲に刻まれた甲骨文に関心を寄せたことはもとより、はるか 2000 年以前の漢代から、古物に対する関心は高く、青銅の鼎が出土したために、年号を改めたり、出土した古物を王室の収蔵庫つまり宗廟に納めたりもした。また古墓から出土した竹簡や木簡を編集し、書物として後世に残す仕事も行われている。

　中国の近代考古学は、中国考古者自からが欧米流の考古学の中に、宋代に隆盛した金石学研究、それ以降の金石学研究、清朝の古文字学、清朝の諸古物学研究などを取り込んで確立した学問と見ることができる。

（2）　漢代から唐代に至る古物に対する関心

　前漢の武帝の時、前 116 年の夏に汾陰で「鼎」を得、このためにこの年を「元鼎元年」と改め、その鼎を甘泉に迎え入れ、その後、長安の祖廟に納めている(1)。これに類似した話は多く、前漢の宣帝の時には、未央宮に四祠を設け宝剣・宝玉璧・周康宝鼎を納めた記録も見られる(2)。これらの古物の収集・収蔵は、皇帝が政治的に利用して吉兆を求めることにあったので、決して学問的関心のもとに収集されたわけではない。中国における、このような古物に対して深い関心をもつ伝統は、漢代以降西晋・南北朝時代にも引き継がれている。

　西晋武帝の太康元（280）年前後に、戦国時代の魏王墓から竹書つまり竹簡が大量に出土したと伝えられている。この時、『逸周書』や『穆天子伝』などとともに出土した『竹書紀年』は、中国考古学や東洋史においてはしばしば史料として用いられているが、その内容は黄帝から周末隠王までの記録で（夏～魏安釐王まで以外は後の付け足しともいわれる）、晋武帝（265～290 年）の命で秘閣（天子の書籍を蔵する庫）において校讐（ほかの異本などと引き合わせて誤りや異同を正すこと）したものといわれている。『竹書紀年』の校讐に関していえば、出土資料としての木簡や竹簡を整理する作業であり、仕事として見れば今日われわれが執り行っている考古学の整理作業に相通ずる作業である。

　北魏時代の酈道元（469～527 年）の『水経注』は、3 世紀頃の作といわれる『水経』の註であるが、酈道元は自ら華北の各地を遍歴して得た地理学的知識を駆逐して、北魏時代に残る遺跡を照合し、歴史・考古・民俗に及ぶ内容を記述し、歴史地理学的な書物として著している。その後も歴史地理学的な書物を著す伝統は唐代に引き継がれていく。

　唐代の『元和郡県志』は李吉甫の撰になる元和年間の郡県志で、古跡に関する記述を残しているが、とくに唐代の『括地志』は、濮王泰らの撰になり、いたるところに故城・亭石・宮殿・祠廟などに関する古跡の解説が見られる。『括地志』の古跡に関する解説からは、今日の考古学研究に合い通じる研究内容を読みとることができる。

（3）　宋代の金石学

　その後、宋代に入ると古物を政治的に利用する伝統と合わせて、それを学問的な見地から見る見識が出現し、おびただしい古物に関する著録が著され、金石学と呼ばれる学問が発達をとげた。

　金石学は、青銅器に鋳込まれた金文と呼ばれる銘文や、石碑などに刻まれた石刻文を研究し、文

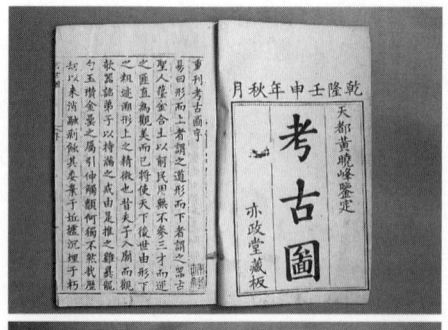

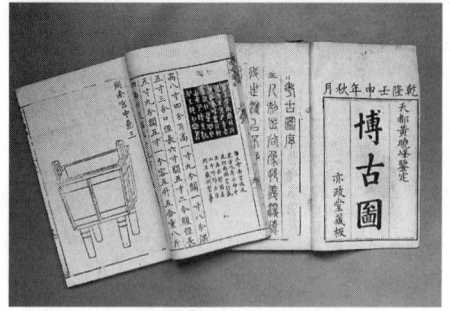

献史料の経籍において十分に知りえない歴史的事実を研究する学問である。金石学は古文字学と密接な関係があり、宋代に盛んになり、清代に至って考証学の重要な一翼を担う学問となった。その後、1900年代に入ってからは、甲骨文・封泥・簡牘の発見などの出土文字資料の類も金石学に含まれるようになる。しかし、今日では金石学の用語はすたれ、甲骨学・金文学などの用語が多用される傾向が強くなっている。

宋代に入って金石学は著しい発達をとげた。北宋の欧陽脩は『集古録跋尾』(1063年)を著し、『新唐書』や『新五代史』の編纂にあたっては、石碑なども史料として利用している。また劉敞は『先秦古器記』を著し、それは青銅器の器形と銘文の模本を石に刻して、その拓本を取ったものと伝えられるが、現物は散佚して残らない。

第8図　『考古図』『博古図録』

その後、呂大臨の『考古図』、王黼の『博古図録』、紹興(1131～1162)年間の書といわれる『続考古図』、薛尚功の『歴代鐘鼎彝器款識法帖』、王俅の『嘯堂集古録』、王厚之の『鐘鼎款識』、趙明誠の『金石録』などが随時著された(第8図)。この中で天祐七(1092)年に著された呂大臨の『考古図』は、宮中府中、個人の収蔵品を収集し、青銅器211点、玉器13点にわたって、王朝別に分け、出土地、所蔵、見取り図などを示し、銘文と時代を考証している。呂大臨は銘文中の器に対する呼び方にしたがって青銅器の器種名を定めているが、これは青銅器の器形学的研究に大きな貢献をした研究で、後世の容庚の『商周彝器通考』の分類も基本的には呂大臨の分類を踏襲している。『博古図録』は、『考古図』につぐ古い青銅器の図録で、20類・839器の器物を載せて考証を加えている。『博古図録』は、容庚の研究によると宣和五(1123)年に王黼によって著されたものであるという。『博古図録』は『考古図』に比較すると、器形研究において数段の進歩が認められるほか、青銅器の紋様の研究を開拓していることが注目される。今日の中国考古学研究で用いられる饕餮紋・夔龍紋・蟠夔紋・雷紋・雲紋・方紋・魚紋などの考古学用語は、『博古図録』によるものが多い。

古銭を集めた洪遵の『泉志』や、『禮記』『儀禮』『周禮』の古書に見える器物を図解した聶崇義の『三禮図』、古代宮殿建築址に関する李誡の『営造方式』、歴史地理学的研究書である王象之『輿地記勝』なども宋代に著された今日的にいえば考古学的な書物である。

元明時代に入ると金石学は、宋代ほどの隆盛が見られなくなるが、朱徳潤が元の至正元(1341)年に著した『古玉図』が有名である。『古玉図』は『考古図』『博古図録』とともに三古図のひとつに数えられている。

(4) 清朝の金石学

　清朝時代に入るとふたたび金石学の研究が盛んになり、宋代以来の青銅器・石刻に対する研究のほか、鏡・貨幣・兵器・印章・玉器・陶文・封泥・瓦などの研究も以前にまして盛んに行われるようになった。顧炎武（1613～1683 年）は、宋の欧陽脩『集古録跋尾』を読み、金石文が経典史料の補助資料として重要なことを悟り『金石文字記』を著しているが、清朝時代における金石学の発展の直接的気運は、乾隆帝の奨励によるところが大であった。帝の勅命によって乾隆二十（1755）年に『西清古鑑』が出たのをはじめとして、『寧寿鑑古』『西清続鑑甲編・乙編』が編集されている。『西清古鑑』は、『博古図録』を模範として内府の青銅器約 1500 点を集録し、体裁はすこぶる整ってはいるが、その 3 分の 1 は明代以降の仿製の器であるともいわれ、『寧寿鑑古』『西清続鑑甲編・乙編』も同じ欠点がある。しかしながら、これらの著録が学会に与えた影響は絶大なものがあったといえ、これを起点として金石学の研究が再度隆盛を迎える。著録を著した金石学研究のほか乾隆帝時代の畢沅は、地誌的研究を行い、漢の帝陵、唐の帝陵に被葬者の名前を比定してその名を刻んだ石碑を建てている。

　清朝乾隆帝以降に刊行された金石学関係の書はきわめて多く、すべてを系統的に述べることは、朱剣心の『金石学』などの専門書にゆずることにして、先の『西清古鑑』『寧寿鑑古』『西清続鑑甲編・乙編』のほか、代表的な著書をいくつかとりあげてみると、阮元の『積古斎鐘鼎彝器款識』、王昶の『金石萃編』、馮雲鵬の『金石索』、呉雲の『両罍軒彝器図釋』、呉大澂の『恆軒所見所蔵吉金録』、孫詒讓の『古籀拾遺』、端方の『陶斎吉金録』などがある。このほか呉大澂は『古玉図巧』を著し、確実な考証を試みて一応の成果を上げている。

(5) 甲骨学の発展

　このような金石学研究の隆盛を迎えた中で清朝末期の 1898・1899 年頃、河南省安陽市西北の小屯村付近から殷代卜辞としての亀甲および獣骨の出土があった。清の国子監祭酒で金石を収集していた王懿栄は、1899 年の秋に 12 枚の甲骨文を入手したのを手始めに翌年にも多数の甲骨を入手している。王懿栄は義和団の乱の中で 1900 年に非業の死を遂げるが、彼の食客であった劉鉄雲が（第 9 図）、その甲骨を入手し、光緒二十九（1903）年に甲骨文の初めての著録である『鉄雲蔵亀』を著している。ここで劉鉄雲は、1058 片の甲骨拓本を石版印刷で示し、その中で彼は、甲骨文が殷に関係する遺物である可能性を示唆している。しかし、出土地に関しては河南湯陰県牖里城と述べ、甲骨文の真の出土地である安陽県小屯村の地名を知らない。

　甲骨文を初めて学問的に研究し、本格的に解読したのは孫詒讓である。彼は、1904 年に『契文舉例』二巻を書き上げ、その本は羅振玉によって 1917 年に出版されている。ここで孫詒讓

第 9 図　劉鉄雲

は甲骨の文字を解読し、その内容が古代の祭祀・狩猟・軍旅などに関する卜辞であることを明らかにしたが、彼は甲骨学の創始者ともいわれている。日本では、1909年に林泰輔が、「清国河南省湯陰県発見の亀甲牛骨に就きて」において、甲骨文を殷王朝の遺物と断定している。翌年の1910には、清王朝の大官僚であった羅振玉が『殷墟貞卜文字巧』を著し、甲骨が安陽県の小屯村より出土することを述べ、また、『史記』殷本紀の殷王室世系の誤りを甲骨文によって正し、実質的に殷王朝の存在を実証する。その後、王国維は羅振玉の研究を引き継ぎ甲骨文に見える王名の比定を行い、あわせて殷都に関して歴史地理学的な研究を行っている。王国維は、満族が打ち立てた清朝が辛亥革命によって倒れたことを憂慮し、1927年に北京市の西北にある頤和園の昆明池で入水自殺をした。王国維の自殺によって、ここに殷代甲骨文研究の区切りがついたと見ることもできるが、その翌年の1928年から殷墟遺跡の発掘が開始されているのは、あまりにも皮肉な歴史のいたずらであった。

(6) 外国人による考古学調査の開始

甲骨文の研究が進んだ時代は、義和団事件・日露戦争・辛亥革命から蔣介石台頭の時期にあたるが、ちょうどこの時期に外国人による中央アジア探検とそれにつづいて中国の遺跡に対する考古学的な諸調査が開始されている。

本格的な考古学調査が開始される以前の1870年代から1900年代に入ると、欧米列国と日本による中央アジア（東トルキスタン・内蒙古・チベット・甘粛敦煌）への探検が盛んに行われた。その先駆けとなったのは、ロシアのニコライ＝ミハイロウィッチ＝ブルジェワルスキー（Prjbalski, M.）によって1870年から1885年に4次にわたって行われた内蒙古・東トルキスタン（ゴビ砂漠・タクラマカン砂漠）・チベット（西蔵）への調査探検である。ブルジェワルスキーの調査は、生物学的・地理学的・気象学的関心に重きが置かれ、多くの動植物の標本を採集した。これらの調査探検は5冊の報告書にまとめられているが、かれの探検とその報告が、その後の中央アジア探検に与えた影響はきわめて大きい。

スウェーデンの地理学者であるスウェン＝ヘディン（Hedin, S.）は、1893年以降1935年までにタリム盆地・チベット地区の調査探検を5次にわたって行い、報告をまとめている。またイギリスの東洋史学者であるオーレル＝スタイン（Stein, M. A.）は1900年から1916年にかけてタリム盆地・敦煌・蒙古高原の調査探検を3次にわたって行い、1907年敦煌に至り、翌年敦煌文書を入手しイギリスに送っている。ドイツは1902年から4次にわたって、考古学者アルバート＝グリュンヴェーデル（Grunwedel, A.）と東洋学者ル＝コック（Le Coq）を主任にトルファン（吐魯番）、クチャ地方の調査を行っている。わが国の大谷瑞光らは欧米の調査探検に影響を受け、1902年以降1914年に至るまでに計3回にわたって天山南路・北路の調査を行っている。またフランスの東洋学者であるパウル＝ペリオ（Pelliot, P.）は、1906年から1909年にかけて甘粛西部、トルファン、クチャの調査を行い、1908年3月敦煌にて古文書・古写本など多くの文書を入手し、1909年9月パリにもどっている。その後、敦煌千仏洞の報告をまとめ、パリ大学大学院などで講義を行っている。

上記の中央アジアの探検とは別に、1900年代に入ると、外国人による考古学的な調査が開始されている。この欧米人・日本人による考古学調査は、当然のこととして中国で伝統的に行われていた

金石学研究や考証学の流れとは別のものであった。

スウェーデンの考古学者、アンダーソン(11)(J. G. Andersson)は(第10図)、1914年に中国にわたり、1921年6月に遼寧省錦西県の沙鍋屯遺跡の調査をしたのを皮切りに、1921年10月には河南省三門峡市澠池県の仰韶遺跡の発掘を行い、1923・1924年と甘粛省の遺跡調査を行っている。仰韶遺跡は、今日の考古学的見地から見ると、龍山文化前期の廟底溝第2期文化を主体とする遺跡であるが、出土した彩陶が注目され、その結果、中国彩陶文化の別名として「仰韶文化」の名称が使用されてきた。今日用いられている仰韶文化の意味は、新石器時代中期の彩陶文化を示している。甘粛において行った諸遺跡の調査報告は、後に甘粛六期編年として著された(12)。また、アンダーソンは、1921年に旧石器時代の遺跡である周口店遺跡を発見している。アンダーソンは、中国考古学黎明期の基礎的な調査のきっかけを多数つくって、スウェーデンへ帰国した。その後、周口店遺跡においては、1927年から1937年にかけて本格的な調査が行われ、1929年12月に裴文中によってはじめて北京原人の頭蓋骨が発見されている(13)。

第10図　アンダーソン

天津北疆博物院のエミール=リサン(Licent, Emil)は、1922年にオルドスへ出かけ内蒙古自治区烏審旗のシャラ・オソ・ゴル遺跡に至り、石器と第四紀の哺乳類動物化石を採集している。翌年エミール=リサンは、パリのカソリック学院のテイヤール=ド=シャルダン(Teihard de Chardin)とともにふたたびオルドス地方の探検旅行に出かけ、寧夏回族自治区霊武県にある水洞溝遺跡やシャラ・オソ・ゴル遺跡の調査を行い、旧石器時代の遺物を入手している。

1895年以降は、わが国の鳥居龍蔵(14)や浜田耕作(15)らによる調査も行われていた。鳥居龍蔵は、1895年に人類学調査のために中国東北地方を旅行したが、その後、1905・1909年にはふたたび中国東北地区の調査を行っている。浜田耕作は日露戦争後の旅順区に入り1910・1912年に旅順の刁家屯古墳の調査を行っている。その後、1926年6月、東京帝国大学・京都帝国大学の考古学者らは、北京大学に参集し、北京大学考古学会と連合して東方考古学協会を発足させて、翌年の1927年に日本において、大陸での考古学調査を意図とする東亜考古学会を設立している。そのような動きの中で東方考古学協会は、かねてから考古学者間の話題になっていた安陽殷墟遺跡の発掘を企画したが、これは実現しなかった(16)。

19世紀末から20世紀初頭の欧米人を中心とした中央アジアの探検、アンダーソンら欧米人による考古調査、そして日本人による東北地区における考古調査が、中国人に中国の歴史は中国人によって研究されるべきだとの認識を与えた。

(7)　中国における近代考古学の発展

中国人による甲骨文や金文研究とは別に、20世紀に入ると河川の氾濫・浸食や盗掘による青銅器などの古物の出土が知られている。1901年には陝西省宝鶏県で柉禁と呼ばれる台に乗った一群の青銅器が出土したと伝えられているが、出土のようすは明らかでなく、この青銅器は現在米国のメト

ロポリタン博物館の中国展示室にならんでいる。このほか1923年1月には山西省渾源県李峪村で大雨によって多数の春秋時代から戦国時代にかかる青銅器が出土し、同じ年の8月から9月に河南省新鄭県で100余点の春秋時代青銅器が発見されている。またこのような情況の中で、さきに紹介した外国人学者による甘粛省や東北地区における考古調査は、中国人の民族意識を少なからず刺激したと思われる。

1926年になると、李済によって中国における中国人による最初の考古学的調査ともいうべき山西省夏県の西陰村遺跡の発掘が行われる（第11図）。西陰村遺跡は今日の知識でいえば仰韶文化を中心としている遺跡であるが、この遺跡の発掘は2m方眼のグリッドを組み、三次元記載法で遺物を取り上げるなど李済がアメリカで学んだ科学的な考古学の発掘方法を用いた調査であった。新しい学問である考古学の中国への波及が、中国人自らの手で中国の遺跡発掘を行うことの必要性を自覚させた。そして、中国で最も重要な遺跡のひとつである殷墟遺跡の発掘を中国人研究者に企画させた。1928年に中央研究院歴史語言研究所が設立され傅斯年が初代所長となった。その年の10月に中央研究院歴史語言研究所から派遣された董作賓が殷墟の第1次の発掘を開始するのである。中央研究院歴史語言研究所は、1929年春の第2次調査から李済を呼び寄せ、考古組主任として殷墟に派遣した。李済が加わったことにより、遺跡測量や写真記録を行う科学的な発掘が行われるようになった。

1930年には、ハーバード大学の留学からもどった梁思永が考古組に加わり、1931年からは殷墟の発掘に参加する。中央研究院歴史語言研究所による殷墟遺跡の発掘は、蘆溝橋事件が起こり日中戦争が開始された1937年まで15次にわたって行われている。小屯村付近で宗廟を含むと推定される大型宮殿址群を発見したほか、洹河の北岸の侯家荘付近では殷王墓と推定される12基の大墓（亜字形墓8基、中字形墓3基、甲字形墓1基）の発掘調査が行われた。その成果は、『安陽発掘報告』第1〜4期、あるいは後に石璋如らによって『中国考古報告集之二・小屯』『中国考古報告集之三・侯家荘』のシリーズとして公にされている。

中央研究院歴史語言研究所が行った重要な考古調査には、殷墟遺跡のほかに山東省章丘県龍山鎮の城子崖遺跡や河南省濬県の辛村遺跡の調査がある。中央研究院歴史語言研究所は、1928年秋以来殷墟遺跡の発掘に取り組んでいたが、1929年の秋になって、歴史語言研究所と河南省地方政府との間に紛争が起こり、安陽殷墟の発掘調査が一時中断され、殷墟遺跡の代わりとして、山東省章丘県龍山鎮に位置する城子崖遺跡の発掘調査が実行されたのである。歴史語言研究所は、1930年11月7日から12月7日まで、李済・董作賓・郭宝鈞らを派遣して第1次の城子崖遺跡の発掘調査を行っている。1931年に入ると、殷墟遺跡の発掘も再開されるが、1931年10月9日から同月31日まで第2次の城子崖遺跡の発掘が行われている。第2次の発掘は、梁思永が担当した。城子崖遺跡の第2次の発掘では上層・下層の2層が確認され、上層は戦国時代の齊国の文化層であった。下層からは灰陶・黒陶・橙黄陶の三種類の土器が出土している。灰陶は量も多く鬲や甗の器形があり、黒陶には

第11図　李済

鉢・盤・筒形杯・豆・三足盤などの器形があり、橙黄陶の器形は鬹一種のみであった。石器には磨製石斧・有孔石斧・石鑿・石鎌・石刀などがあった。城子崖遺跡下層からは青銅器の出土はなく、また出土した石器類は、それ以前の1921〜1924年にアンダーソンが調査していた仰韶文化のそれとあまり変わりはなかった。城子崖遺跡下層文化の発見は、彩陶と黒陶の差は年代差なのか、地域差なのか、あるいは殷文化といかに結びつくのか、このような問題をあらたに提起した。

河南省安陽市の后岡遺跡の発掘調査が、梁思永を主任として1931年4月16日から5月12日と同年11月10日から12月4日の2回にわたって行われている。后岡遺跡は、安陽市の北西4km、小屯村の南東、洹河の南岸に位置し、殷墟遺跡の一部に含まれる。第2回目の発掘では、3層の文化層が発見され、上層からは殷代の文化層から出土する灰陶・白陶が出土し、中層からは黒陶が出土し、下層からは彩陶が出土した。これによって、彩陶文化（仰韶文化）が最も古く、黒陶文化（龍山文化）が中間に位置し、灰陶・白陶の文化（殷墟文化）が最も新しいことが判明した。また梁思永は、后岡遺跡出土の彩陶が仰韶遺跡出土の彩陶より古い可能性があることも指摘しているが、これは正しかった。

1931年に濬県の古墓が盗掘されたことがきっかけで、中央研究院歴史語言研究所は、1932年から1933年にかけて郭宝鈞・劉燿らを派遣して、濬県辛村の遺跡の衛国貴族墓地を4次にわたって発掘している。この4次にわたる調査で80余基の西周墓を発掘しているが、とくに注目されるのは、8基の大型墓である。この8基の大型墓の内訳は、5基の中字形墓と3基の甲字形墓からなっていたと推定される。辛村における大墓発掘の経験は、1934年以降の殷墟侯家荘遺跡における殷の大墓発掘におおいに役だったといわれている。

1932年に石璋如氏は、古典に記載される先周・西周時代の都である漆・邠・岐・豊・鎬の地と推定される地の考古学的一般調査を行っている。

中央研究院歴史語言研究所は、日中戦争の最中の1944年5月、夏鼐（第12図）を甘粛に派遣し、和政県陽窪湾の斉家文化の墓地を発掘している。その結果、アンダーソンが最も古いと考えた斉家文化が前2000年をさかのぼらない文化で、また甘粛の仰韶文化が新石器文である河南の仰韶文化と年代的に一致するとの予測を明らかにした。夏鼐の研究は、外国人であるアンダーソンが示した甘粛六期編年を中国人自らの研究で訂正したという大きな意味があった。

中央研究院歴史語言研究所とならんで重要な研究機関に北平研究院がある。1929年に国民政府直轄の国立機関として北京に開設され、物理学・生物学・化学・地質学などの研究所をもっていたが、また史学研究会などの人文系の研究組織も設置されていた。1929年に北平研究院史学研究会が発足し、徐旭生が主任となった。1934に史学組ができ、史学組には徐旭生のほか、蘇秉琦などがいた。1936に至って北平研究院史学研究所が開設され、初代所長は徐旭生であった。1949年に新中国が成立して、北平研究院史学研究所は中国科学院に接収されている。北平研究院史学研究所の行った重要な考古発掘調査には、蘇秉琦（第13図）を派遣して1934〜1937年の間に行った陝西省宝鶏市の闘鶏台遺跡の調査があった。この調査の過程で蘇秉琦によってまとめられた西周土器の研究は、その後の研究の基礎となるものであった。

1928年に洛陽金村の8基の戦国墓が盗掘され、それらの遺物が世界に流出するという事件が起こ

り、また 1932 年には、安徽省寿県の朱家集李三孤堆付近の戦国墓群が盗掘されたが、それに関しては李景聃によるその経緯報告と調査報告がある。東周時代の墓に対する古い調査例としては、1935 年に郭宝鈞らによって河南省汲県の山彪鎮の春秋戦国墓が調査され、また 1935〜1937 年には同じく郭宝鈞らによって河南省輝県市の琉璃閣の戦国墓が調査されている。また、東周時代の都城址の調査では、1929 年頃から北京大学と国立北平研究院が河北省易県の燕下都の一般調査を開始し、1930 年に至って馬衡らによって燕下都老姆台の発掘が行われている。

1927 年から 1930 年にかけは、ヘディンらによる西北科学考査団が編成され、そこで中国人による調査も行われ、黄文弼が内蒙古、新疆の調査旅行を行っている。黄文弼は、この足掛け 4 年間の調査旅行の間に、内蒙古自治区包頭から居延・哈密・トルファン（吐魯番）・烏魯木斉に至り、さらに、阿克蘇・沙雅・于田・喀什を経て烏魯木斉にもどっている。

中国人組織による旧石器文化研究が本格化するのは、中華人民共和国成立後であるが、周口店遺跡の発掘に参加し、周口店発掘事務所主任を務めた裴文中は、北京大学地質系を卒業した後に、フランスに留学し、ブルイュ（Breuil H. E. P.）のもとで旧石器時代の考古学を学び、1937 年にパリ大学より博士号の学位を取得している。裴文中は、北京大学・燕京大学にて旧石器文化の講義を行い、また中国科学院古脊椎動物与古人類研究所研究員や中国考古学会副理事を務めるなど、中国の解放前・解放後の旧石器文化研究に与えた影響は計り知れない。したがって中国における初期の旧石器文化研究は、フランス流の旧石器文化研究であったと考えてよいであろう。

1928 年から 1937 年の 10 年間は、中国考古学の中国人自身による研究調査の開始時期ともいえる。欧米で発達した科学的な考古学の研究法が、アンダーソン・李済・梁思永らによって中国にもたらされた直後でもあり、残された報告書の内容も十分でないものが多く、調査自体は、萌芽期的な未熟さを感じさせるが、中国の歴史を中国人自らによって明らかにしようとする意欲が感じられる。ことに、日中戦争さなかにおける夏鼐の甘粛調査などは、その意欲に頭の下がる思いがする。

新中国成立以前の 1900 年から 1943 年に至る間、中国で刊行された中国考古学関係の文献に関しての目録が、北京大学考古学系によって『中国考古学文献目録　1900〜1949 年』として取りまとめられていて便利である。

第 12 図　夏鼐

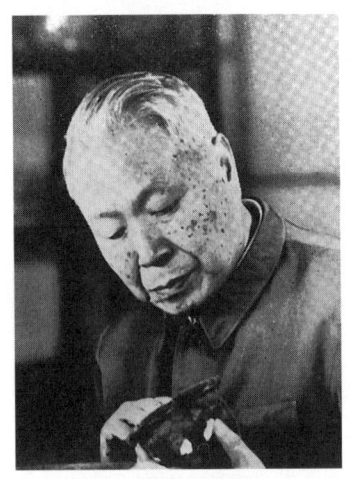

第 13 図　蘇秉琦

(8) 解放前の日本人による考古学調査

　日本人による中国の調査旅行や発掘調査は、1894年から1895年の日清戦争後に開始されている。先に「外国人による考古学調査の開始」として日本人による調査活動の一部を紹介したが、鳥居龍蔵は、1895年に人類学・考古学調査のためにはじめて中国東北地方（旧南満州）に出張している。そして1904・1905年の日露戦争後にふたたび、1905年および1909年と調査をつづけ1910年に『南満洲調査報告』を刊行している。これは日本人による東アジア考古学最初の報告書といえる。
　浜田耕作（第14図）は、1910年と1912年の2回にわたって遼寧省旅大市旅順区の刁家屯古墳と牧羊城の発掘調査を行っている。日本人による漢代塼室墓の最初の調査例となっている。
　足立喜六は1906年から1910年の間に、西安市付近の前漢王陵群・唐王陵群、漢長安城・唐長安城などの諸遺跡の調査を行い、ガラス乾板による数多くの写真撮影を行っている。足立喜六は1898年に東京高等師範学校を卒業し、1906年に中国にわたり西安で教職についた。足立の専門は数学・物理学であったが職務の教鞭の余暇に西安付近の史跡調査を行った。今日においても足立が歩いた西安市の遺跡を踏査することは容易でない。1900年代の初頭に暗箱・ガラス乾板を携えてひろく西安市付近の遺跡を踏査し、計測することは容易なことではなかったと思われる。足立の調査原稿は、桑原隲蔵と那波利貞らの校閲を得て、1933年になって『長安史跡の研究』として東洋文庫より出版されている。1970年代に入るまで『長安史跡の研究』は、西安市付近の遺跡を詳しく紹介する重要な書籍であった。筆者は足立の業績をきわめて高く評価し、絶賛したいと思っているが、『長安史跡の研究』は過去においてかならずしも正当に評価されてきたとはいいがたい。
　大正年間にあたる1910年代から1920年代にかけては、石窟や古建築の調査を別として考古学的発掘調査は、朝鮮半島内の遺跡に主力がおかれていたように見受けられる。漢文化に関係する遺跡の調査としては、1916年に平壌楽浪2号墓の発掘が行われたほか、1925年には、原田淑人によって楽浪の王盱墓が精密に調査されて、後に『楽浪』として報告されている。
　すでに述べたところであるが、1926年6月、東京帝国大学・京都帝国大学の考古学者らは、北京大学に参集し北京大学考古学会と連合して東方考古学協会を発足させている。そして翌年の1927年3月には日本において、大陸での考古学調査を意図とする東亜考古学会が成立している。東亜考古学会の発掘調査・報告書出版などの活動は、外務省文化事業部の助成のもとに行われ、当初、東亜考古学会の代表は島村孝三郎幹事であったが、1929年からは侯爵・細川護立が会長となっている。1927年の東亜考古学会の第1回の共同発掘地点に選ばれたのは、遼寧省碧流河左岸・河口近く、貔子窩邑の東北16km余りに位置している単砣子と高麗寨の2地点の遺跡であった。貔子窩遺跡の調査主任は京都大学教授の浜田耕作で、東京大学助教授であった原田淑人（第15図）のほか島村孝三郎・島田貞彦らが参加し、中国側からは北京大学教授の馬衡と沈兼士らが参加した。貔子窩遺跡の単砣子地点は、新石器時代後期の遺跡で伸展葬の遺構が発見され、彩陶や研磨土器のほか磨製石斧・石刀などが出土している。高麗寨地点からは新石器後期から戦国漢代に至る遺物が発見されている。貔子窩遺跡の発掘は、当時としては比較的規模の大きな日中共同の組織的な調査であったため、中国側・日本側双方の関心を呼んだ。それ以後、東亜考古学会を主力とする考古発掘が毎

第14図　浜田耕作　　　　　第15図　原田淑人　　　　　第16図　駒井和愛

年のように行われるようになっている。東亜考古学会は、1928年に第2回目の発掘として、遼寧省の遼東半島・旅順区の老鉄山北西麓に位置する牧羊城遺跡を調査し、主任は浜田耕作で、原田淑人のほか、東京帝国大学の副手であった駒井和愛(37)（第16図）も参加している(38)。引きつづいて東亜考古学会は、1929年には遼寧省遼東半島の南山裡遺跡を調査し(39)、1931年には同じく遼東半島の営城子において後漢の塼室墓を調査し(40)、1932・33年には黒龍江省寧安県東京城において渤海の上京龍泉府の遺跡を発掘し(41)、1935年には内蒙古自治区赤峰市の新石器時代・青銅器時代の紅山遺跡の発掘調査を行っている(42)。また1937年7月には内蒙古自治区察哈爾盟多倫の西北に位置する元上都遺跡の調査を行っている(43)。その後、1940年8・9月には河北省邯鄲の戦国時代趙王城の調査を(44)、1942年9〜11月には山西省陽高県古城堡漢墓の調査を行っている(45)。

　このように東亜考古学会・東方考古学協会による考古学調査はきわめて大きな成果をあげている。しかし、日本人研究者による1910年代の遼東半島における調査、および1920年代後半以降の東亜考古学会・東方考古学協会による考古学調査が可能であった背景には、個々の研究者の研究に対する情熱と善意は別として、歴史的にみると、日露戦争によって1905年に得た旅順・大連の租借権にはじまって、満州国の建国から日中戦争に至る歴史と密接な関係があるといえる(46)。1910年代とくに、1920年代後半に入ってからの貔子窩・牧羊城・南山裡・営城子遺跡の調査は日本が旧南満州の権益を求め、張作霖爆殺事件から満州事変に至る間におおむね重なっている。そして東京城や赤峰紅山遺跡の調査は、さらに1932年の満州国建国の時期に重なるのである。1937年の上都調査の年は、7月に北京南西の永定河で蘆溝橋事件が起こり、上都の調査終了の1カ月後には関東軍のいわゆる東条兵団が張家口から内蒙古に侵攻し、10月に上都遺跡のはるか西方の包頭まで侵攻した年である。

　日中戦争以前の中国大陸における日本の考古活動が、個々の考古学者の純粋な学問的意図と学問的熱意とは別に、結果的に日中戦争前の日本政府および日本陸軍の中国侵攻と密接な関係をもち、日本の中国における勢力の拡大とともに調査地域が拡大している事実を認めざるをえない。今日ふたたび中国における日中間の共同調査や共同研究が開始されている。1945年以前の日中間の軍事

的、外交的な関係と、今日の日中間の外交関係はまったく異なり、今日は平和的かつ友好的な関係の中で、日中の学者が共同調査や研究を行っている。しかし、中国の考古学者は彼らが受けた教育によって、かつての日本の考古学調査が中国に対する侵攻とともに入り込んできた事実をよく知っている。そして時にはそれを強く意識している。これから中国考古学を学ぼうとしている日本の若い研究者は、日中間の近代の歴史を学んで中国側の歴史認識を十分に理解しておく必要がある。

（9） 解放後の中国考古学

1949年10月に新中国が成立し、翌年から考古学調査の様相も一転する。1949年11月に文物事業管理局（現在の国家文物局）が設けられ、組織的には、多くの内部的な改変はあったが、以降50年間に及んで中国国内の文物の管理を行い、文物行政の中心的役割をはたし、文物事業管理局の指導のもとに多くの発掘調査が行われてきている。それとは別に、1950年8月には北平研究院史学研究所と中央研究院歴史語言研究所の一部が合体した中国科学院考古研究所（現在の中国社会科学院考古研究所）が成立し、初代所長には鄭振鐸が就任し、副所長の任には梁思永・夏鼐があたった（第17図）。中国科学院考古研究所が成立すると、さっそく1937年以来中断していた殷墟遺跡の調査が開始され、安陽市には考古研究所の安陽工作站と陳列館が設けられた。また西安市にも考古研究所の西安分室が、洛陽市には洛陽工作站がおかれた。中国科学院考古研究所は、1950年以降、中国全土で旧石器時代から明清時代に至る諸遺跡の考古発掘と研究を行った。北京大学は、1922年に国学部門に考古学研究室を設置し、以来、考古学の研究と人材を養成してきたが、新中国成立後の1952年に至って大学の改組・改編が行われ、北京大学歴史系考古専業が設置され、あわせて考古教研室が置かれた（第18図）。また、中国科学院の中に1952年、古脊椎動物研究

第17図　中国社会科学院考古研究所

第18図　北京大学考古文博学院の校友大会

所が組織され、その後1959年に古脊椎動物与古人類研究所と名称が改められた。古脊椎動物与古人類研究所は、周口店遺跡をはじめとし、丁村遺跡などの旧石器関係の調査研究を行って、今日に至っている。1966年の文化大革命開始時期までは、おおむねこれらの4つの組織が、考古学研究と遺跡調査の中心的な組織として活動していた。

　文化大革命の混乱期には実質的に考古調査はほとんど行われなくなる。文化大革命が終了に向かう1972年以降になると、ふたたび考古調査・発掘が開始される。1976年の文革終了後は、中国科学院考古研究所や文物管理委員会による考古発掘に加えて、北京大学や西北大学の歴史系考古専業や、各省・自治区の文物研究所・考古研究所の調査・発掘が盛んとなる。1977年に中国社会科学院が成立すると、考古研究所は中国社会科学院の一研究機関となり、名称が中国社会科学院考古研究所に改変されている。北京大学歴史系考古専業は、1983年7月に北京大学考古系に格上げされ、さらに1998年4月には北京大学考古文博院に名称を改めあわせて組織替えになり、2002年には北京大学考古文博学院となっている。

　文化大革命以前、見るべき報告書や学術雑誌は、中国科学院考古研究所刊行の『考古学専刊』『考古学報』『考古（考古通訊）』と国家文物局下の文物編輯委員会の『文物（文物参考資料）』に限られていたといっても過言ではない。しかし、文革後の1980年代に入ると前記した刊行物のほか、各省の考古研究所刊行の雑誌や各大学・博物館刊行の発掘報告書や雑誌が著しく増加し、考古学研究の裾野が大きく広がっている。そのような刊行物には、1980年に刊行が開始された陝西省考古研究所の『考古与文物』、1981年に刊行が開始された河南省関係の『中原文物』、同じく1981年に刊行が開始された江西省農業考古研究所刊行の『農業考古』などがある。

　1949年の新中国成立から文革に至る間の考古調査研究は、大規模な発掘調査のほか基礎的な試掘を含め膨大な数にのぼるが、総括的に見ると、第一に中国考古学の基礎が確立した時期であり、第二に考古学の調査研究が中国全土に及んだ時期と見ることができる。1976年の文革終了時期から今日に至る間は、中国考古学の黄金時代ともいわれるように想像をこえる多くの新事実が明らかになっているが、近20数年間のことなので研究史的評価はむずかしい。

　1949年から1966年までの新石器時代研究に関しては、まず西安市の半坡遺跡の調査と河南省三門峡市廟底溝遺跡の調査を取り上げる必要がある。半坡遺跡の発掘調査は、1954年秋から1957年夏にかけて行われ、また廟底溝遺跡下層文化の発掘調査は、1956・1957年に行われている。この2つの調査で黄河中流域の新石器時代中期の彩陶文化を仰韶文化と呼ぶ認識が共通のものとなった。

　龍山文化に関しては、廟底溝遺跡において発掘された上層文化を廟底溝第2期文化と呼び、この文化は仰韶文化から発展した文化でありながら土器に灰陶の鼎・斝の器形が存在し、紋様に籃紋・附加堆紋が存在するなど、龍山文化の要素が芽生えていることが明らかになり、廟底溝第2期文化を龍山文化前期の文化と認識するようになった。また、李済らが調査した山東省章丘県龍山鎮の城子崖遺跡発見の龍山文化は、黄河流域の龍山文化の中で、山東地域に分布する地方類型と認識されるようになり、山東龍山文化の名称で呼ばれるようになった。さらに龍山文化は地域ごとに類型の細分が行われ、河南省安陽市の后岡遺跡第2期文化を標準とする河南龍山文化、陝西省長安県の客省荘遺跡第2期文化を標準とする陝西龍山文化、甘粛省広河県斉家坪遺跡を標準とする甘粛龍山文

化などの文化名称が使われるようになった。

　1937年の殷墟発掘中断までの殷文化研究は、殷後期に属する殷墟遺跡を中心としたものであったが、1950年から1966年にかけての殷代遺跡に対する研究は、殷文化に属する広範囲な遺跡の調査と、殷前期・殷中期の遺跡の設定に主眼が置かれていたといってよいであろう。鄭州市人民公園遺跡と二里岡遺跡の発掘によって、二里岡下層・二里岡上層の堆積の上に人民公園上層が堆積していること、この人民公園上層が殷墟文化に対応することが明らかになり、二里岡文化つまり殷前期あるいは中期の認識が生まれた。また河南省偃師県二里頭遺跡の発掘によって、青銅器出現期の中国文明の姿が明らかになり、1960年代においては二里頭類型第3・4期を殷前期とする認識が生まれた。発掘開始当初の1960年代には、このように二里頭類型第3・4期を殷前期とする説が有力であったが、1980年代に入ると、この時期全体あるいは一部を夏王朝の文化とする考えが支配的になってくる。またあわせて1980年代に入ると河南省偃師県の、偃師殷故城（偃師商城）の調査が進み、二里岡文化に属する偃師殷故城を殷湯王の亳都とする考えが提言される。

　1940年以前の西周時代考古学は、青銅器研究が中心で、土器や遺跡に関する研究はほとんどなかった。しかし、1950年の中国科学院考古研究所の成立以降、同研究所は周の都であった豊京あるいは鎬京の地の発掘調査を積極的に行い、その結果、陝西省長安県灃西の客省荘遺跡・張家坡遺跡出土の土器を中心とする西周土器の基本的編年が確立した。この灃西西周土器編年はその後の西周考古学の時代決定の基本的目安となるものであった。中国科学院考古研究所によって、1954・1955年に行われた洛陽中州路の発掘で出土した東周時代の土器の編年は、灃西の西周土器編年に引きつづいて東周時代研究における時代決定の基準となる研究であった。いずれも長安県あるいは洛陽市という限られた地域内の研究ではあったが、西周時代と東周時代の土器編年の出発点となる成果であった。1950年から3次にわたって行われた河南省輝県市における固囲村の三大墓を含む発掘は、1956年に科学出版社より『輝県発掘報告』として出版されたが、それは新中国成立後の最初のまとまった仕事であった。その報告書はB4版の大型の本で当時の中国科学院考古研究所の意気込みの深さがうかがわれる。

　1953年に洛陽市の焼溝地区の225基の漢墓の発掘調査が行われている。この調査の結果は中原地区の漢墓の構造と漢代明器の発展と変化を知る上での基準となるもので、前漢を3期、後漢を3期に分けている。1956年の秋から、西安市に遺跡が残る漢長安城の調査と南郊にあった禮制建築遺跡の調査が長期的計画のもとにも行われるようになり、その結果、漢代都城址と建築址の認識を新たなものとした。1949年以前の漢長安城に対する調査は、足立喜六らによる一般調査の報告のみであったが、1956年からは宣平門・霸城門・西安門・直城門などの発掘が開始されている。河南省鞏県で発見された漢代鉄生溝遺跡の発掘は、中国古代における鉄生産の実態を初めて考古学的な発掘によって明らかにした調査で、わが国のたたら研究に与えた影響も大きかった。

　1950年代以降は、隋唐の長安城の一般調査と一部の発掘も進んだ。唐長安城に関しては、西城壁の金光門・延平門、南城壁の安化門・明徳門・啓夏門、東城壁の延興門・春明門などの位置が明らかになり、このことによって唐長安城の外郭の形状と条坊・市の基本的配置が明らかとなった。また長安城の北東に突出していた大明宮の含元殿と麟徳殿の発掘が大きな成果をあげ、唐代宮殿建築

の姿がしだいに明らかとなった。(57)

　1950年から1960年にかけての発掘と研究成果をまとめたものに、1962年に中国科学院考古研究所から刊行された『新中国的考古収穫』がある。この本は、新中国成立後の約10年間の考古学成果を、社会主義思想に即して解釈し、編集した意図がうかがわれるが、思想的立場を別にして、考古学的成果の概観を理解する上できわめてすぐれた著書で、当時の考古学成果を手際よくまとめている。この著書を引き継ぐものとして文革後の1984年に中国社会科学院考古研究所から『新中国的考古発現和研究』が刊行されている。この著書の前言で夏鼐は、考古学研究の標識をマルクス・レーニン主義と毛沢東思想の中に基本理論を求めたとの主旨を述べているが、むしろ1962年刊行の『新中国的考古収穫』の編集思想にマルクス・レーニン主義と毛沢東思想の理論が強く生かされているように思われる。『新中国的考古発現和研究』の方は1982年頃までの考古学的調査事実を思想抜きで集大成した著書ともいえる。いずれにしろこの時期のこの種の概論を読むにあたっては、編集思想の根底に社会主義理論があることを忘れずに読む必要がある。(58)

　すでに紹介したように北京大学は、1922年に国学部門に考古学研究室を設置し、以来、考古学の研究と人材を養成してきたが、新中国成立後の1952年に至って大学の改組・改編が行われ、北京大学歴史系考古専業が設置され、あわせて考古教研室が置かれた（第18図）。この北京大学歴史系考古専業は、先に紹介したように1983年になって北京大学考古系に格上げされ、現在は北京大学考古文博学院となっている。1952年以降北京大学の歴史系考古専業で学んだ多くの研究者が、文化大革命後の中国考古学会で指導的役割を果たすようになっている。たとえば、中国歴史博物館館長となった兪偉超氏は1954年7月の卒業で、中国社会科学院考古研究所所長を務めた徐苹芳氏は1955年7月卒業で、故宮博物院院長を務めた張忠培氏は1956年の卒業である。北京大学考古系主任を勤めた厳文明氏は1958年7月の卒業である。各省の考古研究所・文物研究所においても1970年代・1980年代は北京大学歴史系考古専業の卒業生の果たす役割が大きかった。

　しかし、文化大革命終了後、1970年代後半に入ると、吉林大学・山東大学・西北大学など各大学の歴史系考古専業で考古学を学んで卒業する学生がしだいに増え、やがて1980年代から1990年代に入ると、彼らが中央や各地方機関の研究者として活躍を始めるようになった。近年は、各大学の考古専業を卒業した若手研究者の活躍がめざましい。21世紀に入った考古学界の足音が聞こえるようである。

　中央研究院歴史語言研究所は、内戦によって1948年の暮れに国民党政府とともに台湾に移り、1955年からは李済が所長となる。台湾に移ってからの中央研究院の仕事は、理化学と社会科学方面の研究が中心となるが、1937年以前に行った殷墟遺跡の発掘報告を『中国考古報告集之二・小屯』『中国考古報告集之三・侯家荘』などとして順次刊行している。現在台北市内東郊の中央研究院敷地内には、歴史語言研究所の建物があり、その中に陳列室が設けられ、城子崖遺跡・殷墟遺跡・辛村遺跡の出土遺物が展示されている（第19図）。

　新中国成立後に中国で発表された中国考古学の文献に関しては、『中国考古学文献目録』として中国社会科学院考古研究所によって順次まとめられている。(59)

　文化大革命終了後の1972年以後は、中国においても放射性炭素の半減期を用いたC14（放射性炭素）年代測定が行われるようになった。C14年代測定の結果に関しては、逐次『考古』や『文物』な

どの専門雑誌に発表されているが、それらを取りまとめたC14年代測定の数値集が刊行されている。C14の半減期の数値には、5730年と5568年があり、国際的には5568年が採用されているが、中国ではより正確な数値とされている半減期5730年を採用している。C14年代測定の数値は、実年代の分かっている樹木の年輪などを用いて測定した結果が実年代に合わないことから、C14年代測定の数値をそのまま実年代と見るのは誤りと考えるのが一般的になっている。このC14年代測定の数値の誤差を補正するために、樹木年輪のC14年代測定数値と年輪実年代の関係から樹輪校正表（Damon表）が作成され、1988年以降、中国では「高精度樹輪年代表」が採用されている。日本では、樹木年輪やサンゴの年輪によって補正した数値を、「樹輪補正年代」あるいは「較正暦年代」などの名称で呼ぶこともあるようである。中国と日本とでは測定の方法や基準となる数値の違いもあり、本書では中国において樹輪校正年代として示された数値に関しては、そのまま「樹輪校正年代」の名称で呼んでおく。

第19図　中央研究院歴史語言研究所　台北

　1949年に新中国が成立し、日本人による中国考古学研究の様相は大きく変わった。中国における東亜考古学会の活動は中断し、この学会の活動は基本的にここに終了したといえる。日本における1949年から1980年までの中国考古学研究は、中国側が発表した報告書・論文に目を通すことと日本や欧米に存在する考古遺物を研究することであった。1966年から1971年までは文化大革命の影響で中国からの考古学文献が途絶え、日本における中国考古学研究は低迷する。1972年以降、ふたたび中国から新発見の考古学情報が届くようになり、『考古』『考古学報』『文物』などの雑誌も届くようになる。1980年9月になって戦後初めて北京大学歴史系考古専業へ留学生が派遣されることになった。以後、北京大学・西北大学・山東大学などの歴史系考古専業あるいは考古系・考古文博学院で毎年多数の日本人留学生が中国考古学を学ぶようになっている。現在は日本の研究者にとっても、1949年から1980年に至る間の文献考古学的な中国考古学研究体制とはまったく異なった野外考古学研究をともなう研究活動が可能な状況が出現している。日本国内における中国考古学研究の学会としては、1990年9月に「日本中国考古学会」が成立し、日本において中国考古学を研究する研究者が協力して研究を進め、あわせて中国の研究者と交流を図っている。

註
（1）『史記』孝武本紀、「其夏六月中、汾陰巫錦、……得鼎、……迎鼎至甘泉、……鼎宜見於祖祢」『漢書』武帝紀、「元鼎元年五月……得鼎汾水上」
（2）『漢書』郊祀志、「以方士言、為随侯、剣寶玉寶璧、周康寶鼎、立四祀於未央宮中」
（3）宋代の金文学に関しては、47 貝塚茂樹、1946、『中国古代史学の発展』（弘文堂書房、東京）が詳しい。

（４）　560 容庚、1941、『商周彝器通考』（『燕京学報専号之十七』北京）。

（５）　235 朱剣心、1970、『金石学』（香港）。

（６）　606 劉鉄雲、1903、『鉄雲蔵亀』（北京）。

（７）　341 孫詒譲、1904、『契文挙例』（『吉石盦叢書』1917 年）。

（８）　507 林泰輔、1909、「清国河南省湯陰県発見の亀甲獣骨に就きて」（『史学雑誌』 第 29 巻第 8・9・10 号）。

（９）　582 羅振玉、1910、『殷墟貞卜文字巧』（北京）。

（10）　39 王国維、1940、『観堂集林』（『民国叢書』）。

（11）「アンダーソン、Andersson, Johan Gunnar」考古学者、地質学者。1874 年 7 月 3 日にスウェーデン、ケニスターアに生まれ、ウプサアラ大学を卒業後、1902 年に博士の学位を得ている。青年時代には南極・北極の探検にも参加している。1914 年に中国に渡り、その後 1924 年まで中国北洋政府農商部中国地質調査所鉱政顧問を務める。北京市近郊の周口店遺跡の発見によって世界にその名が知られた。また、河南省三門峡市渑池県の仰韶遺跡や甘粛省内の彩陶文化研究おいても偉大な業績を残した。1925 年にスウェーデンに帰国し、1926 年から 1939 年までスウェーデンの遠東古物館館長の任にあたる。帰国後は、1937 年に香港の東湾遺跡などにおいて短期の調査を行っているが、中国において再度本格的な考古学調査を行うことはなかった。1939 年に遠東古物館館長を退職した後は、研究活動に入り、中国考古学関係の多くの著作を著した。とくに彼が 1925 年に発表した「甘粛六期編年」は研究史上きわめて有名な業績となった。1960 年 10 月 29 日にストックホルムで亡くなっている。第 10 図。

（12）　619 J. G. Andersson, 1925.「甘粛考古記」（『地質専報』甲種第五号）。アンダーソンの甘粛六期編年は、古い時代から新しい時代に向かって順次、1. 斉家期、2. 仰韶期、3. 馬廠期、4. 辛店期、5. 寺窪期、6. 沙井期の順番になっている。アンダーソンは、自らの調査の結果として、前者 3 時期の遺物に青銅器が含まれていなかったため、斉家期・仰韶期・馬廠期を新石器時代後期あるいは金石併用時代と考えた。また、後者 3 時期の遺物に青銅器が含まれていたので青銅器時代に比定した。しかし、今日の見解では斉家文化は龍山文化後期併存期の初期金属器をもつ文化と認識されている。また、馬廠期は甘粛仰韶文化の一類型と考えられるに至っている。アンダーソンの晩年には、斉家文化が龍山文化後期の金属をともなう文化であることは、動かしがたい事実となっていたが、彼は最後まで自説を曲げなかったと伝えられている。

（13）「裴文中」考古学者、古生物学者。1904 年 1 月 19 日、河北省に生まれる。1927 年、北京大学地質学系を卒業。フランスに留学して旧石器考古学を学ぶ。周口店遺跡の発掘に従事し、1929 年 12 月、初めて北京原人頭蓋骨を発掘する。1933・1934 年山頂洞遺跡の発掘にあたる。1937 年パリ大学で博士号を取得。中華人民共和国成立後は、中国科学院古脊椎動物与古人類研究所研究員を務め、1982 年 9 月 18 日、北京にて没する。

（14）「鳥居龍蔵」考古学者、民俗学者、人類学者。1870 年、徳島県船橋町で生まれる。上京して、当時の東京帝国大学理学科大学人類学教室の標本係となり、独学で人類学を学ぶ。1905 年東京帝国大学理学科大学講師となる。1921 年に文学博士の学位を取り、助教授となる。1939 年、招かれて北京に渡り、燕京大学客員教授となるが、燕京大学時代の教え子には安志敏氏がいる。新中国成立後の 1951 年に帰国するが、1953 年に亡くなる。中国東北地区、朝鮮半島、モンゴルを中心にたびたび調査旅行を行い、東アジアにおける人類学、考古学の基礎を開拓した。

（15）「浜田耕作」考古学者。号は青陵。1881 年、大阪府岸和田で生まれる。1905 年、東京帝国大学文科大学史学科を卒業、専攻は西洋史。1909 年、京都帝国大学文科大学講師として京都に移り、考古学研究室

を創設した。1917 年教授となり、文学博士の学位を受ける。1937 年、京都大学総長となるが、1938 年に病死する。早くに『通論考古学』を著し、わが国に欧米流の科学的な考古学を導入した。1927 年に東亜考古学会を創立し、外務省文化事業部の助成の元に、中国東北地方の遺跡調査を促進し、475『貔子窩』(『東方考古学叢刊』甲種第一冊、1929 年）など多くの報告書を著した。第 14 図。

(16)　554 水野清一、1948、『東亜考古学の発達』(『古文化叢刊』7、京都)。

(17)　「李済」考古学者。1896 年 7 月 12 日に湖北省鐘祥県に生まれ、1918 年清華大学を卒業した後、米国に留学し、ハーバード大学で人類学を学び、1923 年に帰国し、1925 年に清華大学の人類学の講師となった。1926 年に、李済が行った山西省夏県の西陰村遺跡の発掘調査は、中国人が自ら中国国内で行った最初の考古発掘であった。1948 年の末に中華民国政府の台湾移転とともに台湾に渡り台湾大学教授や中央研究院歴史研究所所長などを務め、1979 年に亡くなっている。第 11 図。

(18)　「梁思永」考古学者。1904 年 11 月 13 日に日本横浜に生まれ、1923 年に清華学校を卒業し、ハーバード大学で考古学と人類学を専攻し、1930 年に修士の学位を得ている。帰国後は中央研究院歴史語言研究所考古組に所属し、昂昂渓遺跡・城子崖遺跡・両城鎮遺跡・殷墟侯家荘遺跡・殷墟后岡遺跡の発掘などに参加した。新中国成立後は、中国科学院考古研究所副所長の役職を勤めた。1954 年 4 月 2 日に北京で亡くなっている。

(19)　586 李済、1934、『城子崖』(『中国考古報告集之一』)。51 郭宝鈞、1936、「濬県辛村古残墓之清理」(『田野考古報告』第一冊)。

(20)　609・610 梁思永、1959、「后岡発掘小記」「小屯龍山与仰韶」(『梁思永考古論文集』『考古学専刊』甲種第五号)。

(21)　「郭宝鈞」考古学者。1893 年に河南省南陽県で生まれ、激動の時代を生きた考古学者である。1922 年に北京師範大学の国文系を卒業し、その後 1928 年から河南省教育庁に勤務し、中央研究院が行った殷墟遺跡の発掘に参加した。中華人民共和国成立後は、中国科学院考古研究所研究員や北京大学歴史系教授などを歴任し、1971 年 11 月 1 日、北京で 78 歳で亡くなっている。

(22)　270 石璋如、1949、「伝説中周都的実地考察」(『国立中央研究院歴史語言研究所集刊』第二十本下冊)。

(23)　「夏鼐」考古学者。1910 年 2 月 7 日、浙江省温州で生まれる。1934 年、清華大学歴史系を卒業、1935 年ンドン大学に留学、帰国後、1943 年から中央研究院歴史語言研究所に務める。1950 年中国科学院考古研究所研究員となり、その後、副所長・所長を務め、1985 年 6 月 19 日北京にて亡くなる。第 12 図。

(24)　60 夏鼐、1948、「斉家期墓葬的新発現及其年代的改訂」(『中国考古学報』第三冊)。

(25)　「蘇秉琦」考古学者。1909 年 10 月 4 日、河北省高陽県で生まれる。1934 年北平師範大学歴史系を卒業。1934 年から 1949 年の間、北平研究院史学研究所副研究員を務める。この間に行った陝西省宝鶏県闘鶏台遺跡の調査研究は、周代・秦代の陶鬲研究の基礎となる研究となった。1949 年以降、中国社会研究院考古研究所研究員を務め、1952 年からは北京大学歴史系考古専業教授を兼務する。1997 年 6 月 30 日、北京にて亡くなる。第 13 図。

(26)　338 蘇秉琦、1948、『闘鶏台溝東区墓葬』(『国立北平研究院史学研究所陝西考古発掘報告』第一種第一号)。

(27)　585 李景聰、1936、「寿県楚墓調査報告」(『田野考古報告』第一冊)。

(28)　55 郭宝鈞、1959、『山彪鎮与琉璃閣』(『考古学専刊』乙種第十一号)。

(29)　524 傅振倫、1932、「燕下都発掘報告」(『国学季刊』第 3 巻第 1 号)。525 傅振倫、1955、「燕下都発掘品的初歩整理与研究」(『考古通訊』1955 年第 4 期)。

(30)　「黄文弼」考古学者。1893 年 4 月 23 日、湖北省漢川県に生まれる。1918 年北京大学哲学系を卒業。

1927 年から 1930 年西北科学考察団の内蒙古新疆調査に参加。西北大学歴史系主任・北平研究院史学研究所研究員・中国科学院考古研究所研究員などを歴任。1966 年 12 月 18 日北京にて亡くなる。

(31)　542 北京大学考古系資料室、1991、『中国考古学文献目録　1900-1949』（文物出版社、北京）。

(32)　506 浜田耕作、1943、『東亜考古学研究』（荻原星文館、東京）。

(33)　1 足立喜六、1933、『長安史跡の研究』（『東洋文庫論叢』二十之一、東京）。

(34)　514 原田淑人、1930、『楽浪』（東京）。

(35)　「原田淑人」考古学者。1885 年 4 月 5 日、東京都千代田区神田小川町に生まれる。1908 年、東京帝国大学文科大学史学科卒業。1913 年、東京帝国大学文科大学副手となる。翌年、東京帝国大学文科大学講師となり、助教授を経て、1936 年、東京帝国大学教授となり、翌年文学博士の学位を得る。1946 年、東京大学を定年退職する。1927 年に貔子窩遺跡の調査に参加し、牧羊城遺跡・渤海上京龍泉府遺跡・邯鄲趙王城・曲阜魯城遺跡など中国の諸遺跡の調査を行っている。1974 年 12 月 23 日没する。第 15 図。

(36)　475 東亜考古学会・浜田耕作、1929、『貔子窩』（『東方考古学叢刊』甲種第一冊）。

(37)　「駒井和愛」考古学者。1905 年 1 月 2 日、東京都に生まれる。1927 年、早稲田大学文学部東洋史学科卒業。同年、東京帝国大学文科大学副手となり、その後、講師、助教授を経て、1951 年に東京大学文学部教授となる。その間の 1946 年に文学博士の学位を取得。1965 年、東京大学定年退職する。原田淑人との中国における共同調査、共著が多い。1927 年、原田淑人とともに東亜考古学会主催の貔子窩の遺跡の発掘調査に参加して以降、牧羊城・渤海上京龍泉府遺跡・上都遺跡などの遺跡調査に従事する。1971 年 11 月 23 日、東京で没する。第 16 図。

(38)　467 東亜考古学会、1931、『牧羊城』（『東方考古学叢刊』甲種第二冊）。

(39)　468 東亜考古学会、1933、『南山裡』（『東方考古学叢刊』甲種第三冊）。

(40)　114 関東庁博物館、1934、『営城子』（『東方考古学叢刊』甲種第四冊）。

(41)　515 原田淑人・駒井和愛、1939、『東京城──渤海国上京龍泉府址の発掘調査』（『東方考古学叢刊』甲種第五冊、東亜考古学会）。

(42)　470 東亜考古学会、1938、『赤峰紅山後』（『東方考古学叢刊』甲種第六冊）。

(43)　471 東亜考古学会、1941、『上都』（『東方考古学叢刊』乙種第二冊）。

(44)　474 東亜考古学会、1954、『邯鄲』（『東方考古学叢刊』乙種第七冊）。

(45)　484 東方考古学会、1990、『陽高古城堡』（『東方考古学叢刊』乙種第八冊）。

(46)　ここでは触れなかったが、1910 年代には朝鮮半島において数多くの発掘調査が実施されているが、この情況は 1910 年の韓国併合と無関係ではない。

(47)　363 中国科学院考古研究所・陝西省西安市半坡博物館、1963、『西安半坡』（『中国田野考古報告集』考古学専刊丁種第十四号）。352 中国科学院考古研究所、1959、『廟底溝与三里橋』（『中国田野考古報告集』考古学専刊丁種第九号）。

(48)　70 河南省文化局文物工作隊、1959、『鄭州二里岡』（『中国田野考古報告集』考古学専刊丁種第七号）。

(49)　391 中国社会科学院考古研究所、1999、『偃師二里頭　1959 年〜1978 年考古発掘報告』（『中国田野考古報告集』考古学専刊丁種第五十九号）。

(50)　398 中国社会科学院考古研究所河南二隊、1984、「1983 年秋季河南偃師商城発掘簡報」（『考古』1984 年第 10 期）。

(51)　353 中国科学院考古研究所、1962、『灃西発掘報告』（『中国田野考古報告集』考古学専刊丁種第十二号）。

(52)　348 中国科学院考古研究所、1959、『洛陽中州路』（『中国田野考古報告集』考古学専刊丁種第四号）。

(53) 346 中国科学院考古研究所、1956、『輝県発掘報告』(『中国田野考古報告集』第一号)。
(54) 351 中国科学院考古研究所、1959、『洛陽焼溝漢墓』(『中国田野考古報告集』考古学専刊丁種第六号)。
(55) 354 中国科学院考古研究所、1962、『新中国的考古収穫』(『考古学専刊』甲種第六号)。
(56) 71 河南省文化局文物工作隊、1962、『鞏県鉄生溝』(『中国田野考古報告集』考古学専刊丁種第十三号)。
(57) 323 陝西省文物管理委員会、1958、「唐長安城地基初歩探測」(『考古学報』1958年第3期)。350 中国科学院考古研究所、1959、『唐長安大明宮』(『中国田野考古報告集』考古学専刊丁種第十一号)。504 馬得志、1961、「1959〜1960年唐大明宮発掘簡報」(『考古』1961年第7期)。
(58) 354 中国科学院考古研究所、1962、『新中国的考古収穫』(『考古学専刊』甲種第六号)。373 中国社会科学院考古研究所、1984、『新中国的考古発現和研究』(『考古学専刊』甲種第十七号)。
(59) 409 中国社会科学院考古研究所資料室、1978、『中国考古学文献目録 1949-1966』(文物出版社、北京)。410 中国社会科学院考古研究所資料信息中心、1998、『中国考古学文献目録 1971-1982』(文物出版社、北京)。411 中国社会科学院考古研究所資料信息中心、2001、『中国考古学文献目録 1983-1990』(文物出版社、北京)。
(60) 372 中国社会科学院考古研究所、1983、『中国考古学中碳十四年代数据集 1965-1981』(『考古学専刊』乙種第二十一号)。380 中国社会科学院考古研究所、1991、『中国考古学中碳十四年代数据集 1965-1991』(『考古学専刊』乙種第二十八号)。
(61) 本著書では、とくにことわりのない場合、C14の半減期として中国で採用している5730年の数値を用いることにした。
(62) 370 中国社会科学院考古研究所、1982、『考古工作手冊』(文物出版社、北京)。380 中国社会科学院考古研究所、1991、『中国考古学中碳十四年代数据集 1965-1991』(『考古学専刊』乙種第二十八号)。後者の380『中国考古学中碳十四年代数据集 1965-1991』においては、樹輪校正年代として「高精度樹輪校正年代」を採用し標準誤差の最大数値から最小数値の年代を示している。

第3節　中国の考古学的遺物

(1) 遺物の種類

　中国考古学の調査研究の中で取り扱われる遺物も、過去の人類が残した遺物という点ではほかの地域の考古遺物と、とくに変わっているわけではない。しかし、当然のこととして中国的な特色の強い遺物も少なくない。中国の考古遺物としても、石器・土器・青銅器・鉄器・玉器・瓦塼類・漆器・織物類などが存在する。その中で青銅器・玉器・漆器の類は、中国考古学の特徴的な遺物と見ることができる。青銅器・玉器・漆器は、考古学の遺物として中国以外の世界各地に見られる遺物ではあるが、中国においてはこれらの遺物が著しい発展を遂げ、美術工芸的にも高い水準に達し、とくに青銅器は特異な形状・形式をもつようになった。

(2) 青銅器

1. 青銅器器形
中国の青銅器文化は、世界の他の地域に見られない高度に発展した青銅鋳造技術を用いて多くの

青銅遺物を今日に残している。中国における紅銅などの金属の使用開始は、前 2000 年以前にまでさかのぼる可能性が高いが、中国青銅器文化の中心的時代は、殷代と周代である。殷周時代に鋳造された青銅器の類には、一般的な道具としての農工具や武器も多く含まれているが、禮器とよばれる特殊な容器と楽器が大多数を占めている。それらの器形には、鼎・簋・壺・方彝・尊・瓿・爵・罍・盉・觶・觚・盤・鑑などの容器類と、鐘・鎛・鼓などの楽器の類が存在する。いずれの器形名称も、中国古来の名称で難解な名称が多い。青銅器の器形と模様に関する基本的な文献としては、容庚の『商周彝器通巧』があり[1]、参照することを勧めたい。

これらのうち青銅容器と楽器は、宗廟で用いる禮の器として宗廟につねに置かれた道具で彝器とも呼ばれている。殷周時代の禮の制度を一口で説明するのはむずかしいが、それは、国家の法制であり、祖先に対する占いと儀式・葬儀であり、貴賤上下の区別であり、身を修める作法でもあった。禮は中国思想の一翼を担う儒教思想の基本で、古代青銅器はその禮の道具として鋳造された遺物である。彝器としての古代青銅器を用途別に分類すると、食器として、烹熟（煮炊）用に鼎・鬲・甗が、盛食用に簋・盂・盨・簠・敦・豆があり、酒器として、盛酒用に尊・鳥獣尊・方彝・卣・罍・壺・瓿・兕觥・鍾・鈁が、温酒用に爵・角・罍・盉が、飲酒用に觚・觶・杯があり、水器として、盛水用に盤・鑑・盂・洗が、注水用に匜があり、楽器としては、鐘・鎛・鐃・鉦・鐸・錞・鈴・鼓などがある（第 20 図）。

また禮器・彝器のほかに武器・武具としての、戈・戟・矛・鉞・刀・剣・鏃・弩などがある（第 21 図）。そのほかの工具としては、斧・錛・鑿・錐・刀子などがあり、農具としては、鏟・鎌などが知られる。さらに、殷周時代の車具・馬具類の金属部分や、鏡・貨幣の類も基本的には青銅製品である。

彝器・武器の類を器形ごとに説明する。

鼎（てい）

　彝器の中で、禮器の中心的な役割を果たす肉類を煮る三足または四足の容器で、口縁部には対の直立する耳が付く。方形で四足のものを方鼎、円形で三足のものを円鼎と呼んでいる。鼎には肉類を入れたといわれ、墓から副葬品として出土する場合には肉類が盛られた痕跡を示す鳥獣の骨が残っている例もある。墓に副葬された鼎の数はしばしば被葬者の身分階級を示し、考古学的な発掘資料と一致するわけではないが、天子の墓には 9 個の鼎を、諸侯の墓には 7 個の鼎を、卿大夫の墓には 5 個の鼎を、士の墓には 3 個の鼎を副葬する決まりになっているとの記述が『春秋公羊傳』の漢何休の注に見られる。

鬲（れき）

　容器内に水を入れ火にかけて加熱し、穀物を煮・蒸すための三足または四足の煮沸用具である。鼎の足が柱状であるのに対して鬲の足は袋足である。袋足の先端が実足となる鬲鼎と称される遺物も多い。青銅鬲の器形は、実用具としての土器製鬲の器形をうつしたものと思われる。

甗（げん）

　下部の鬲と上部の甑が結合した器形で、鬲部に水を入れ、甑部に穀物を入れ、鬲の水を加熱し蒸気をたて穀物を蒸す用具である。三足の甗と四足の甗がある。

| 鼎 | 方鼎 | 鬲 | 甗 |

| 簋 | 簋 | 盂 |

| 盨 | 簠 | 敦 |

| 豆 | 爵 | 斝 | 角 |

第 20 図　青銅器の器形名称（1）

盉	觚形尊	有肩尊	方彝
瓿	瓿		鳥獣尊
卣	罍	罍	兕觥
壺	方壺	鍾	鈁

第 20 図　青銅器の器形名称 (2)

第 1 章　中国考古学研究　31

| 觚 | 觚 | 罇 | 杯 |

| 匜 | 鑑 | 盤 |

| 盤 | 杯 | 洗 |

| 鐘 | 鎛 | 鐃 | 鼓 |

第 20 図　青銅器の器形名称 (3)

戈

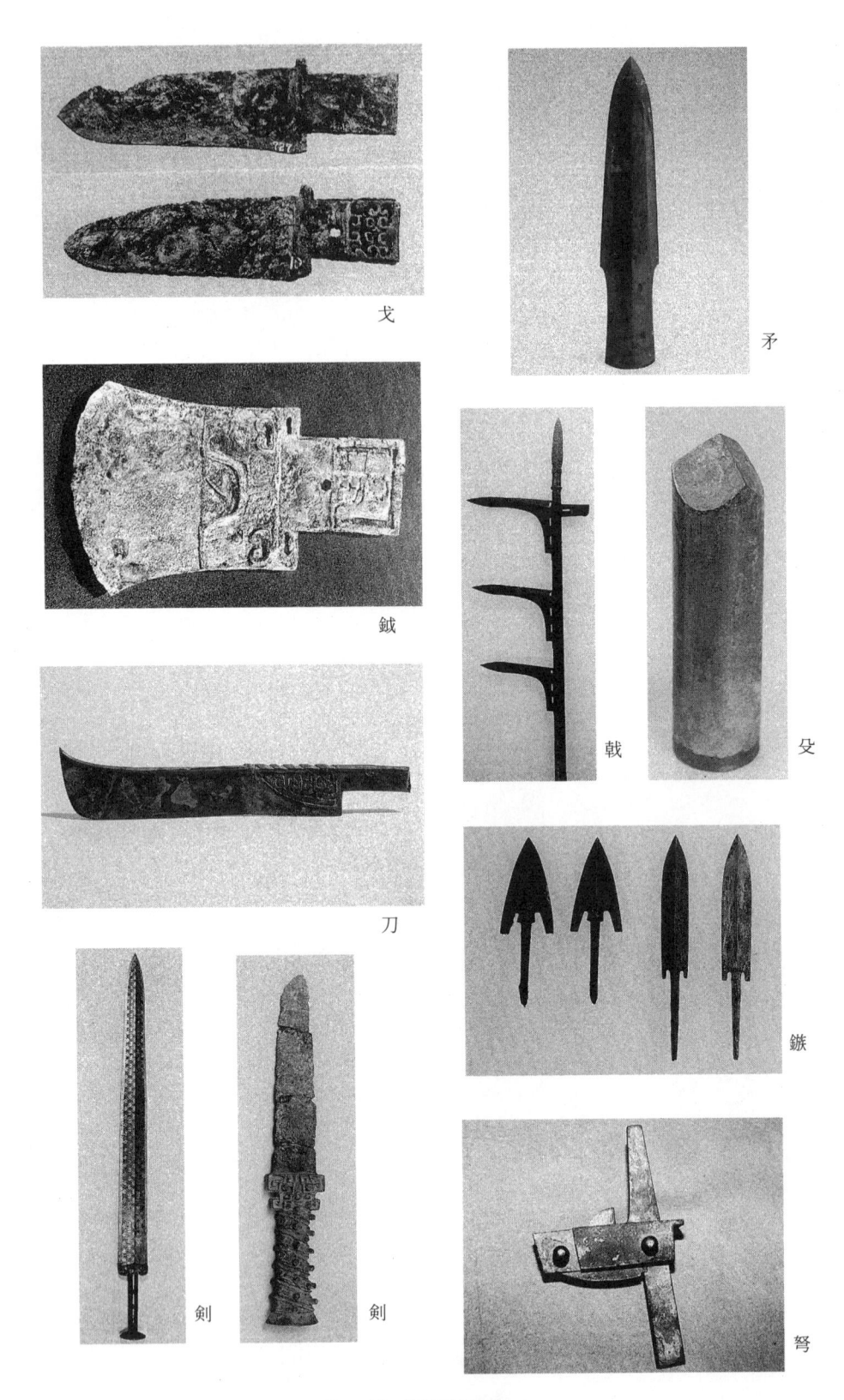

矛

鉞

戟　殳

刀

鏃

剣　剣

弩

第21図　青銅武器名称

簋（き）
　　鼎についで彝器の中で、禮器の中心的な役割をはたす容器である。黍稷を盛るための器身の深い容器で、対になる把手を有し、圏足と蓋が付く。圏足下に三足や方台のあるものもある。墓に副葬された簋の数は鼎とならんでしばしば被葬者の身分階級を示している。

盂（う）
　　盛飯の器で、深鉢状の器身に対の把手と圏足が付き、腹壁は直立し、口縁は外反する。簋や鑑と区別の困難な器形も多い。

盨（しゅ）
　　簋の器身の横断面円形の形を隅丸長方形にした器形で、圏足を有し、有蓋の穀物を盛る青銅容器である。

簠（ほ）
　　盨の器身の横断面隅丸長方形の形を長方形にした器形で、身と蓋が同形のものが多く、切り込みのある方台と左右対称の耳が付く。

敦（たい）
　　黍稷を盛る容器で、半球形あるいは半卵形の身と蓋からなる。身には三足が、蓋には三鈕が付く。

豆（とう）
　　有蓋の高杯で、深い器身と高い圏足を有している。豆には脾析などと呼ばれる肉・貝・野菜などの塩漬けや、棗・栗・干肉などの乾物を盛ったという。

尊（そん）
　　酒を入れる大型の容器である。口が大きく開き、胴が張り出し、高い圏足が付く。胴が大きく膨れ肩が張る有肩尊と、筒形の筒形尊や觚形尊、さらに胴と頸部に界がなく胴部下部が膨れる觶形尊の3種類の器形がある。鳥獣の形を呈した尊も酒を蓄える容器で、鳥獣尊と呼ばれる。鳥獣尊には、梟・象・犀・牛・羊などの姿を写した器形がある。

方彝（ほうい）
　　箱形の器身と屋根形の蓋を有する酒を蓄える容器で、方形の尊の一種ともいえる。器身の四隅にはしばしば稜飾が付き、方台の中央に切り込みのあるものが多い。

卣（ゆう）
　　壺形を呈し、提梁と蓋を有する酒を入れる容器である。器身の下腹部が膨らみ、圏足が付き、しばしば提梁に犠首がみられ、蓋に鈕が付く。

罍（らい）
　　水や酒を入れる壺形に近い容器で、肩部近くに最大径があり、肩部に半環形の把手が付き、圏足を有する器形が多く、蓋のあるものもある。

壺（こ）
　　彝器における壺は、胴部が膨らみ、頸部が細まり、底部に圏足の付く酒を入れる青銅容器である。蓋が付き、肩部に鋪首・耳環の付くものも多い。腹部・頸部の横断面が方形を呈するものを

方壺と呼んでいる。

瓿（ほう）

　この容器も酒や水を入れる容器で、広口・鼓腹で肩が張出り、ずんぐりした器形をしている。多くは圏足を有し、肩部に犠首や獣耳が付く。瓿と呼ばれる器形には罍や壺に近い器形の遺物も見られる。

鍾（しょう）

　壺のなかで腹部の横断面が円形の容器の名称である。頸部がつぼまり、鼓腹で、肩部に鋪首と底部に圏足が付く。漢代の円形壺をこの名称で呼ぶ。

鈁（ほう）

　壺のなかで腹部の横断面が方形の容器の名称である。頸部がつぼまり、腹部が太く、肩部に鋪首と底部に方台が付く。漢代の方壺をこの名称で呼ぶ。

兕觥（じこう）

　注口と把手を有する怪獣形で有蓋の容器である。注口のある器に、象・虎・有角獣などの怪獣形の蓋をつけた器形と考えればよい。

爵（しゃく）

　酒を暖め、飲むための三足器である。相対する注口と尖った尾を有し、口縁部に柱が、肩部から腰部に掛かる把手が付く。二里頭文化に出現した中国最初の鋳造青銅禮器でもある。殷代に盛んにつくられ、底部が平らな器形は、平底爵と呼ばれている。

角（かく）

　爵に類似した三足の酒器であるが、口縁部が両方向に尾状に突出し、把手が付く。蓋を有するものもあるが、柱と注口をもたない。

斝（か）

　酒を暖める三足器であるが、その器形は爵から注口と尾をなくした器形である。一般に口縁は平らで平底を基本とする。

盉（か）

　筒状の注口を有する三足ないしは四足の温酒器である。土器の鬶の器形から変化した器形と考えられ、鬶の樋状注口が筒状注口に変わっている。一般に把手と蓋を有し、圏足を有する器形もある。

觚（こ）

　コップ形の器に圏足の付いた器形である。口がラッパ状に大きく開き、胴部から底部が細く、圏足部は開いている。

觯（し）

　尊形の飲酒器である。器身の横断面が楕円形を呈し、口が開き、圏足が付く。

杯（はい）

　飲酒器の例に入れたが青銅器の資料例は多くない。平面が楕円形を呈する秦漢時代の鉢形の器をしばしば杯と呼んでいる。また円錐形杯と呼ばれるガラスコップ形・ワイングラス形・コー

ヒーカップ形の青銅器もある。

盤（ばん）

平たく大円形で圏足の付く器である。手を洗うのに用い、匜で水を注ぎ盤で受けた。

鑑（かん）

大型の鉢形の容器で、一般に圏足と2つないしは4つの把手が付く。

洗（せん）

大型の盆形の容器で、口縁部が外折している。対の把手が付き、底部に盤龍紋や亀魚紋などの紋様や銘文がしばしば見られる。

匜（い）

注水の道具である。長軸方向に片口の注口が付き、反対側には把手がある。四足をもつ遺物が多いが、圏足の付く遺物もある。

鐘（しょう）

楕円筒形で「舞」と呼ばれる天井部に円柱状あるいはコ字形の吊り手の付く打楽器である。前者を甬鐘、後者を鈕鐘と呼んでいる。相似形を呈する複数の鐘を大から小へ順次ならべ、音階を組み合わせて奏で、これを編鐘と称している。

鎛（はく）

甬鐘や鈕鐘を大型にした打楽器で、単独で用いられる。

鉦・鐃（しょう・どう）

外形が鐘に似ていて、棒状の柄が付いている。柄を握り、かねの部分を上に向けて、槌で叩いて鳴らす打楽器である。春秋時代以降のものを鉦と呼び、殷代から西周初期の中空柄を有し小型のものを鐃と呼ぶことがある。

鐸（たく）

鉦または鐘に似た形を呈するが、舌がある。鉦や鐘が槌や棒で叩くのに対して、鐸は柄をもって、振り鳴らす。

錞（じゅん）

打楽器である。筒形で底がなく、上部が太く肩が張っている。上面は平らで虎形などの鈕が付く。

鈴（れい）

鈴も鐸も内側に舌があり、揺れると器身と舌がぶつかり音を発する。鈴は上に鈕があり紐で吊るし、鐸は上に柄があり打ち振る楽器である。

鼓（こ）

青銅の鼓は、木製皮張り太鼓の模造と考えられる。青銅鼓の打面部に鰐皮を表現したものがあるが、龍山文化の太鼓には鰐皮を張った陶製太鼓がある。いずれにしろ青銅の鼓は、象徴的な道具で実用品とは思えない。

戈（か）

戈は句兵の武器で、剣形の刃に木柄を装着した形は鎌形となり、引っかけることにより相手に

打撃を加える。刃部を「援」と呼び、柄の装着部を「内」と呼ぶ。援の先端は鋭い鋒形で、援部は両刃となっている。二里頭文化中期に出現し、漢代まで見られる。

戟（げき）

　一般には句兵である「戈」と刺突具である「矛」を組み合わせ、木柄を付けた武器を戟と呼んでいる。西周時代以降漢代まで見られる。戈と矛を合鋳した一体型のものと、戈と矛が別個体のものがある。戦国時代前期とされる曽侯乙墓からは1本の木柄に3つあるいは2つの戈を装着し、矛のないものに「戟」の銘がみられる。これにより、戟にはかならずしも刺突具である矛をともなわないとする説が有力になりつつある。

矛（ほこ）

　槍のごとく刺突して攻撃する中国古代の武器。切っ先は鋒形を呈し、柄が装着される元には袋状の穴がある。殷代から漢代に多く使用された。

鉞（えつ）

　殷周時代の大型斧の別名。新石器時代の大型の有孔玉斧・有孔石斧もこの名称で呼ばれる。犠牲・捕虜・罪人などの首や腰を切るのに用いた。刃の幅が広く、刃と平行に柄を付ける。天子が将軍に与えた統帥権を象徴する器具ともいわれている。

殳（しゅ）

　杖の先端に筒状の被金具の付いた武器。殳は竹材を貼り合わせてつくり、八角であるともいう。始皇陵3号兵馬俑坑からは、長さ10cmほどの殳の被金具が出土しているが、この被金具のみを「殳」と呼ぶこともある。

刀（とう）

　庖丁形あるいは鉈形の武器。「刀」の名称で呼ばれる青銅武器や工具・調理用具には各種の形があり、それぞれ異なった用途に用いられたと思われ内容は複雑である。二里頭文化に小型の刀子（とうす）形の遺物が出現しているが、殷墟文化のものには大型の刀があり、料理用具とも考えられているが武器としても役立つものである。また殷西周期には長刀と呼ばれる木柄を装着して、ナギナタのごとく用いたと思われる武器も存在する。殷墟遺跡からは小型の内湾刀が出土し、武器であると同時に犠牲を削く道具であったと考えられ、同種の内湾刀はオルドス青銅器と呼ばれる北方草原地帯の青銅器中にも見られる。春秋戦国時代にも小型の内湾刀が存在するがこれは木簡を削る文房具であったかもしれない。

剣（けん）

　切っ先が尖り、両刃で、握り柄の付く武器で、鞘をともなう。青銅剣は、西周時代に出現し、春秋戦国時代に盛行している。春秋戦国時代の長身で柄が円柱の青銅剣を『周禮』考工記に見られる桃氏剣にあてることがある。漢代以降は鉄剣となる。

鏃（ぞく）

　矢尻のこと。矢の先につける利器。青銅の鏃は、二里頭文化に出現し、殷周時代に広く用いられた。

弩（ど）

弓の一種で、弩弓と称されることもある。弓の中央に臂が直角に着き、臂の後端には引き金である弩機が装着される。臂に刻まれた溝に矢をおいて、弩機と弦によって矢を発射する。引き金の弩機を「弩」と称することもある。戦国時代から漢代に盛行する。

これらの青銅器は、時代によって用いられた器形が若干異なるものの、殷周時代を通じて王侯貴族のきわめて大切な道具であった。青銅容器や楽器の多くは、禮楽の道具として宗廟で用いられるものではあったが、今日において発見される場合、多くは墓の中から副葬品として出土してくる。また時には窖穴と呼ばれる貯蔵穴に埋設された状態でも発見され、窖蔵青銅器と呼ばれている。

2. 青銅器紋様

中国古代の青銅器には饕餮紋・夔龍紋・夔鳳紋・竊曲紋・環帯紋（波帯紋）・蟠螭紋・羽状紋・雷紋・鱗紋・重環紋・蝉紋・四弁花紋・円渦紋・円圏紋・虺紋・盤龍紋などの独特の各種紋様が施されている（第22図）。饕餮紋・夔龍紋など中国古代青銅器の代表的な紋様のいくつかに関しては、以下にとくに説明を加えておく。

饕餮紋（とうてつもん）

　この紋様は、しばしば獣面紋と呼ばれるように、正面から見ると中央に大きな鼻があり左右に巨眼が配置された獣面の様相を呈している。巨眼の上には角があり、巨眼の左右に耳が描かれる場合もある。これらの鼻・巨眼・角・耳の間の空間は雷紋と呼ばれる細い渦巻き紋で埋められていることが多い。饕餮紋の鼻を中心に左右に分けると怪獣の側面を表現している場合も多く、この怪獣の姿を夔龍と呼ぶこともある。饕餮紋の起源は、新石器時代後期末の玉器や土器に表現された獣面紋ではないかと推定されるが、定説はない。

　「饕餮」の名称は『呂氏春秋』や『春秋左傳』などの東周時代の古典の中に見えている。饕餮紋の意味については、そこに表現された巨眼を邪視と考え、しばしば魔除けであるといわれているが、確かではない。また饕餮紋に関しては、これを貪婪な悪獣である饕餮の形とする説もあるがこれも定かではない。また饕餮を殷代の自然神・遠祖神の姿と考える説がありこれは確実性が高いようにも思える。いずれにしろ饕餮の名称は、『呂氏春秋』に「周の鼎に饕餮を著す。首あって身なし。人を食らいて未だ呑まざるに、害其の身に及ぶ」とあることによって、宋代の学者が青銅器に鋳造された獣面紋に対して名付けた名称である。宋代はもとより春秋戦国時代でさえ、饕餮紋はすでに廃れ、殷代・西周時代に盛行した饕餮の意味は曖昧になっていたのである。安徽省阜南市朱砦潤河より出土した殷墟文化期の青銅尊の肩部には、虎が大口を開け人を呑み込まんとし、いまだ呑み込まざる姿が鋳造されているが、ことによるとこの虎の顔面などが本来の饕餮かもしれない。

夔龍紋（きりゅうもん）

　龍頭に似た頭をもつ怪獣の側面を表現した紋様。夔は一足の物の怪であるといわれ、殷代・西周時代の青銅器によく見られる紋様で、夔龍紋の地紋には雷紋が施されることが多い。単独の夔龍紋は、大きく開いた口をもつ龍頭から胸と胴が伸び、尾は後方でまき上がっているが、実際に青銅器に描かれている夔龍は一足とはかぎらない。細身の夔龍が頭を反転させ、尾を下方に巻き込むものや両頭を有しS字形の身をもつものなどもある。2匹の夔龍が向き合ってひとつの紋様

38

饕餮紋

竊曲紋

環帯紋

夔龍紋

重環紋

鱗紋

夔鳳紋

第22図　青銅器の紋様（1）

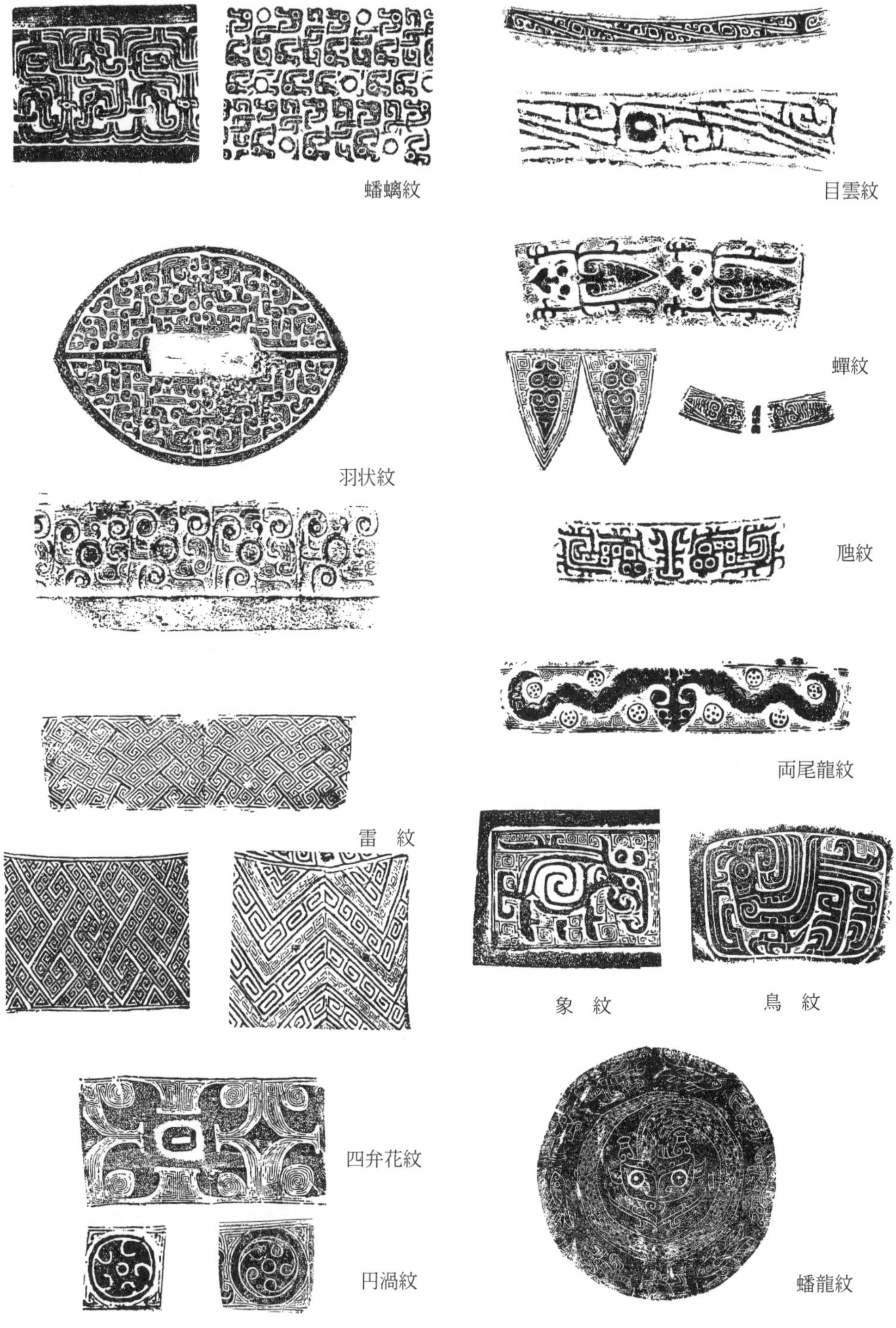

蟠螭紋　　　　　　　　　　　　　目雲紋

　　　　　　　　　　　　　　　　蟬紋

羽状紋　　　　　　　　　　　　　虺紋

　　　　　　　　　　　　　　　両尾龍紋

雷紋

　　　　　　　　　　　象紋　　　鳥紋

四弁花紋

円渦紋　　　　　　　　　　　　　蟠龍紋

第 22 図　青銅器の紋様（2）

を構成し、獣面紋としての饕餮紋を形成していることがしばしばある。夔龍紋が退化し、変化すると竊曲紋になり、退化した夔龍が連続して絡み合うと蟠螭紋となる。

夔鳳紋（きほうもん）
　　夔鳳は一足の鳳凰である。鳥頭で長身の怪獣を側面から描いた殷周青銅器の紋様であるが、実際に描かれている夔鳳は一足とはかぎらない。龍頭をもつ夔を夔鳳紋で総称することがあるが、龍頭の夔は夔龍紋と呼ぶべきであろう。また写実的な鳥形の紋様を鳥紋と呼ぶことがある。夔鳳紋の夔鳳は頭に冠があり、目・嘴・翼・尾などが表現され、地紋には雷紋が施される。

竊曲紋（せっきょくもん）
　　Ｓ字形の夔龍紋の頭部が退化した紋様である。Ｓ字形に身が展開し、Ｓ字の要部分には巨眼が表現されることが多く、地紋には雷紋が見られる。

環帯紋（かんたいもん）
　　波状の横帯紋で波帯紋と呼ばれることもある。竊曲紋が変化し、連続して波状を描いている紋様もあり、この場合は波状の中央に巨眼や段が残っている。波状紋の空間は、竊曲紋・羽状紋・重環紋などで埋められる。西周中期（第２・３期）から春秋中期に盛行し、鼎・壺・盂などの横帯に見られる。

重環紋（じゅうかんもん）
　　Ｄ字形鱗状の紋様が横に連なり、横帯を形成する紋様。おおよそ西周第２・３期から春秋中期までの鼎・壺・盤などに類例が見られる。

鱗紋（りんもん）
　　Ｄ字形鱗状の紋様を縦方向あるいは横方向に重ねならべた紋様。縦方向のものは垂鱗紋とも呼ばれることもある。おおよそ西周第３・４期から春秋中期までの罍・方鼎などに類例が見られる。

蟠螭紋（ばんちもん）
　　折曲して絡み合った細かな夔龍が連続する紋様。細身の夔龍が頭を反転させ、尾を巻き込み、身をＳ字に湾曲し、連続して複雑に絡み合うのが蟠螭紋である。蟠螭紋の夔龍には、頭・目・口が表現されていることが多いが、蟠螭紋から変化発展したと考えられる羽状紋や穀粒紋になると頭や目は退化して見られなくなる。蟠螭紋は、西周第３・４・５期に出現し春秋戦国時代に盛行する。

羽状紋（うじょうもん）
　　蟠螭紋の夔龍が退化し、頭が小円形に変化し、短身が湾曲して絡み合う紋様。戦国時代の青銅器容器のほか、戦国鏡にも類例がある。

雷紋（らいもん）
　　中国で最も好んで用いられている鉤形の渦紋。殷周青銅器の地紋としての雷紋は、方形あるいはＳ字形の渦巻紋が連続して紋様を構成する。雷紋は地紋として用いられるほか、太い雷紋自体が主紋として用いられることもある。雷紋は青銅器のほか、土器・漆器・骨角器などにも見られる中国の伝統的幾何学紋である。

四弁花紋（しべんかもん）
　　巨眼を中心に置き、対角の四方向に花弁を配した紋様。井紋や円渦紋の名称で呼ばれることが

あるが、円渦紋は第22図の四弁花紋下段の円形の紋様に限るべきで、典型的な四弁花紋を円渦紋と呼ぶのは適切ではない。

円渦紋（えんかもん）

　殷周青銅器に見られる円形の紋様。外周の円から中心に向かって4本ないし5本の蕨手が伸び、中心には乳状の小円紋がある。複数の円渦紋が一定間隔を置いてならぶ場合が多い。

目雲紋（もくうんもん）

　Z字ないしはS字紋の両端あるいは中央に巨眼を配した連続横帯紋。殷代二里岡文化に出現し、殷墟文化の青銅器や白陶に受け継がれている。

蟬紋（ぜんもん）

　蟬形の紋様で殷周青銅器や白陶に施される。蟬を意識した紋様と思われ、扁平な頭と2つの目、三角形の身、両翼が表現される。複数の蟬紋が横方向に連続して横帯紋を形成する場合や、単独の蟬紋が縦に位置して表現される場合がある。

虺紋（きもん）

　虺を表現した殷周青銅器の紋様。虺は足も角もない蛇である。顔・身・尾が表現され、身は鉤状に湾曲する。

両尾龍紋（りょうびりゅうもん）

　一頭・両身・両尾の龍紋。一頭で首から身が左右に分かれ、頭を中心に対称形を描く。夏代二里頭文化の土器にその初源が見られるが、殷墟文化から西周文化の青銅方鼎・方彝などに施されている。

象紋（ぞうもん）

　像を表現した殷周青銅器の紋様。一般には側面から見た象を表現する。

鳥紋（ちょうもん）

　鳥を表現した殷周青銅器の紋様。夔鳳紋に比較してより写実的な紋様で、単独で表現される場合も多い。鳳凰の表現かもしれない。一般には側面から見た鳥や鳳凰を表す。

蟠龍紋（ばんりゅうもん）

　頭を中心に円形に表現された蟠龍の紋様。盤龍と表されることもある。蟠龍はとぐろを巻き、まだ天に登らない龍である。殷・西周時代の青銅盤の内底などに描かれ、中心に目・角・耳などから表現される顔を配置し、その顔の周囲にとぐろを巻く身を表す。

3. 金文

　中国古代の青銅器には、紋様のほかに「金文」と呼ばれる古代文字あるいは銘文が鋳造されている。一般に殷周時代の青銅器に鋳造された銘文を金文と呼んでいる。青銅器時代初頭の二里頭文化の青銅器には銘文はない。殷代二里岡文化に入ると絵画的要素は強いものの、図象銘・族記号などと呼ばれる文字記号に近い図案が出現してくる。殷後期の殷墟文化に入るとこれらの図象銘・族記号は文字的要素が強くなり、さらに殷墟第4期には文章をなす銘文が青銅器に見られるようになる。殷末から西周時代に入ると王室が諸侯や臣下に貝や青銅を賜与し、あるいは冊命を行ったことを文章として記する遺物が出現する。西周時代の金文の大部分はそのような内容である（第23図）。

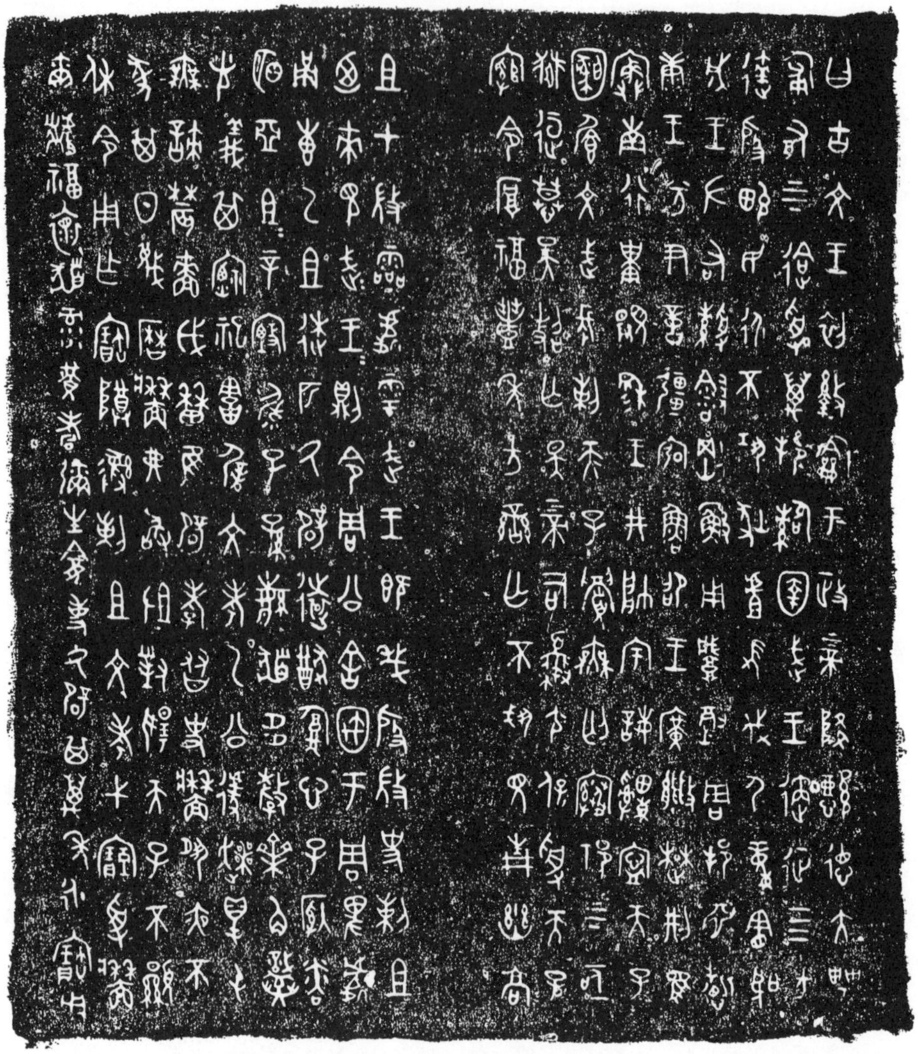

第23図　金文　史墻盤銘文拓本

　西周第2期以降西周第5期には冊命の内容を克明に記載し、文章を飾り、文字数が数百字に及ぶものも見られる。西周時代金文の文字には時代的な変化は認められるが、地方的な差はほとんどないといっても過言ではない。春秋戦国時代に入ると周室の賞賜や冊命を記す金文は見られなくなり、諸侯が自らその青銅器をつくったことを記するいわゆる自作器が増大する。また楚の領域で使われた鳥書や秦系の文字としての大篆など地方色を示す文字が出現してくる。

　甲骨学や金文学は、中国考古学を研究するにあたって必要な素養ではあるが、これらの学問は考古学とは別の古文字学の分野である。古文字学は、東洋史や中国哲学の専門家が研究に取り組む場合が多い。中国考古学の研究者が、金文や甲骨文を専門的に研究することはたいへん喜ばしいが、古文字学の難解な壁を越えることは容易でない。この分野の概説書としては、北京大学考古文博学院の高明氏の『中国古文字学通論』(3)や北京大学歴史系の裘錫圭氏の『文字学概要』(4)などがある。中国考古学を学ぶ以上、甲骨文・金文・陶文・竹木簡・印章など、古文字の素養は必要である。

（3）玉　器

　　中国古代における玉器は、軟玉を用いて製作した遺物である。軟玉はカルシュウムとマグネシウムの珪酸塩からなる角閃石の類で、硬度6〜6.5、比重2.9〜3.1の鉱物である。乳白色のものが多いが、緑色・黄色・紅色のものもある。したがって、中国における玉器の意味は、わが国における丸いものを玉（たま）と呼んだり、宝玉石の総称として玉（たま）と称するのとは異なる。玉器は、新石器時代前期にすでに出現しているが、長江下流域の良渚文化や東北の紅山文化に多数の玉器が存在し、殷周時代、漢代を経て近代に至るまで宝物として珍重されている。

　　玉器の器形名称は、青銅器以上に難解で、時には報告書によって同形の玉器を別名で呼んでいることもある。玉器の名称には、古典文献などに見られる名称を遺物に与えた場合と、玉器の器形に即した名称を作成して用いている場合がある。しばしば報告書や論文中に使われている玉器名称を説明しておく（第24図）。

圭（けい）
　　左右対称で、上端が尖った玉器といわれるが、先端の円いものもあり、長軸を中心に左右対称の板状の各種玉器に圭の名称を与えている。後述する柄形飾は大圭と呼ばれた圭の一種と思われ、また玉斧や玉戈のなかで左右あるいは上下対称のものも圭に含まれる。

璋（しょう）
　　板状の長細い玉器の一端が斜めにそがれた形の各種玉器。農耕具の鋤の器形を写した玉器を牙璋と呼び、石庖丁形の玉器を璋邸射と呼んでいる。

璧（へき）
　　円形板状で環形の玉器を璧と呼ぶ。類似した環形の玉器名称として「環」「瑗」などの名称がある。瑞玉・祭玉の一種で、瑞玉・祭玉の中でも最も重要な玉器である。天円を祭るのに用いるともいい、また諸侯が天子を享するのに用いるともいう。

琮（そう）
　　外形は方柱状を呈し、長軸にそって円形の穴が貫通する枡形あるいは方柱形の玉器。外壁面には、獣面紋あるいは巨眼が紋様として刻まれる遺物も多い。璧と同じく瑞玉・祭玉の一種で、地方を祭るのに用いるともいう。また諸侯が皇后を享するのに用いるともいう。良渚文化に出現しこの時期の出土遺物も多く、殷周時代にも見られる。

璜（こう）
　　璧を2分の1あるいは3分の1ほどに切断した弧形の玉器。璜形の玉器は新石器時代の馬家浜文化に見られ以降戦国時代までこの形の玉器が存在する。

玉鉞（ぎょくえつ）
　　大型の斧の形を呈する玉器。有孔石斧形の玉鉞は新石器時代から見られるが、璧に刃部と牙飾をつけた璧形玉鉞は殷代から西周期に多い。実用に使われた大斧ではなく、禮楽の器の一種である。両側に牙飾のあることから『周禮』典瑞に見られる駔璧にあてはめる説がある。

玉斧（ぎょくふ）

44

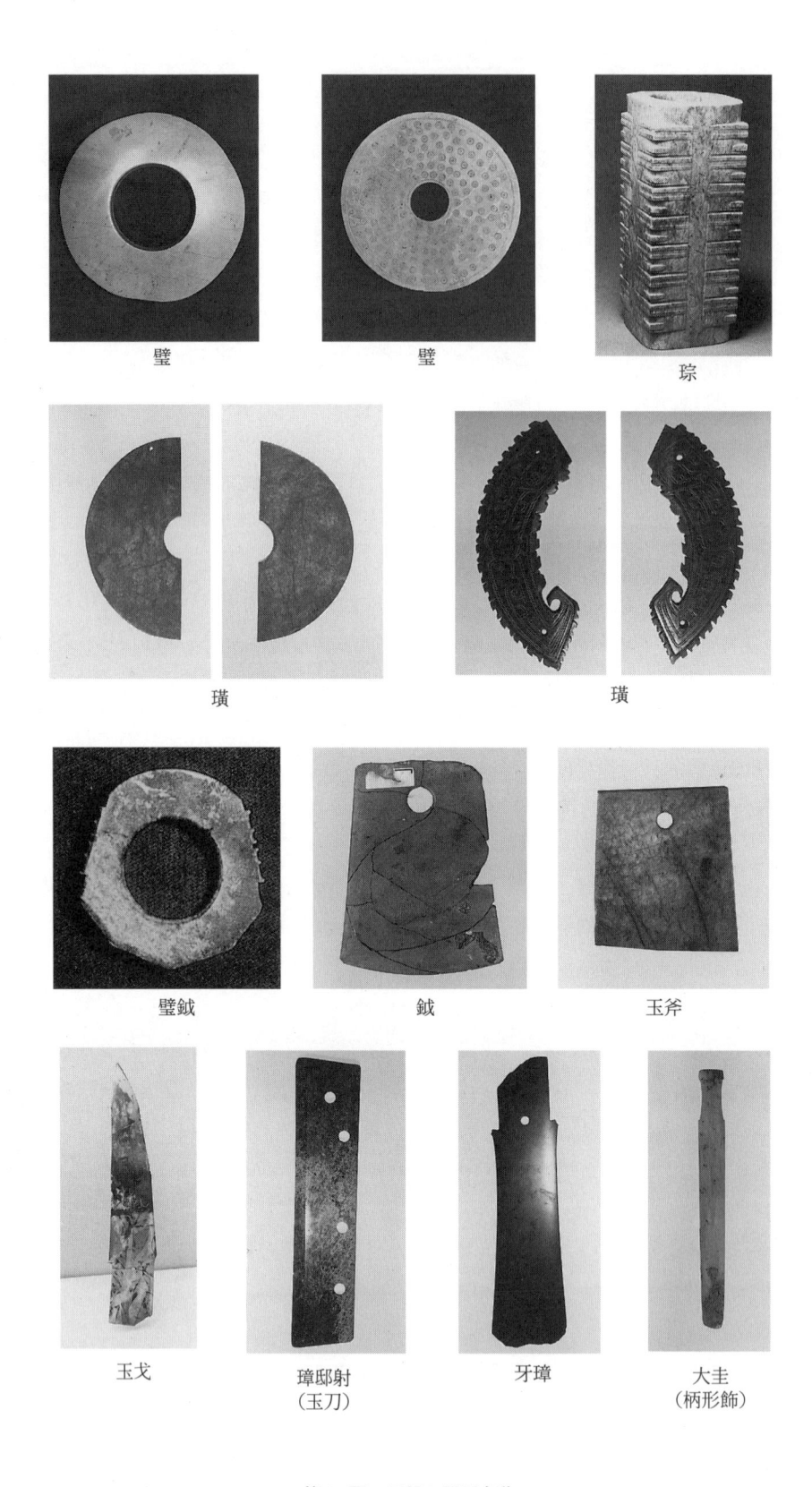

璧　　　　　　　璧　　　　　　　琮

璜　　　　　　　　　　璜

璧鉞　　　　　鉞　　　　玉斧

玉戈　　　璋邸射　　　牙璋　　　大圭
　　　　　（玉刀）　　　　　　（柄形飾）

第24図　玉器の器形名称

磨製石斧に類似する玉製の斧。有孔のものも多い。良渚文化・龍山文化に多く見られるが、殷代の遺物も少なくない。実用に使われた斧ではなく、禮楽の器の一種である。

玉戈（ぎょくか）

　青銅戈の形を模倣した玉製の戈。殷代・西周期に多く見られるが、春秋時代に至るまで用いられた。『周禮』考工記に見られる琰圭と呼ばれる玉器にあてはめる説がある。

玉刀（ぎょくとう）

　石庖丁形の玉器。新石器時代に出現して、殷代に多く見られる。実用の収穫具ではなく、禮楽の器の一種と思われる。玉刀を『周禮』考工記に見られる璋邸射にあてはめる説がある。

牙璋（がしょう）

　この玉器の器形は上方の柄部と下方の身部からなる。柄部は長方形を呈し中央にひとつの小円孔があく。柄部と身部の境の両側に鋸歯状の牙飾の付くものが多い。下端は斜めに削がれた刃部となっている。骨耜あるいは骨鏟と呼ばれた鋤形の骨製農耕具を写した玉器と推定され、禮楽の器である。牙璋の名称は『周禮』考工記に見られる。

柄形飾（へいけいしょく）

　細長の玉器で、頭部に凹み状の抉りがある。この玉器が柄形飾と呼ばれる理由は、この器が何かの柄の形状に似ているからであるが、琴撥あるいは剣形小石器などの名称で呼ばれることもある。この玉器を『周禮』典瑞に見られる大圭にあてはめる説がある。

（4）　土　器

1．土器の種類

　中国の土器は、焼成と胎土の状況および器形や紋様によってきわめて特異な名称が用いられる（第25・26図）。焼成と胎土の状況によって、紅陶・灰陶・黒陶・卵殻黒陶・白陶・橙黄陶・硬陶などの名称がある。紋様によって、彩陶や印紋陶の名称が用いられる。土器の器形や紋様の名称は、青銅器の器形に準じる名称も多いが、土器独自の器形や紋様の名称も少なくない。まず焼成と胎土による分類名称を説明し、次に器形と紋様について述べる。

紅陶（こうとう）

　中国の新石器時代の紅褐色土器の総称。紅陶は酸化焰で焼成された土器で、灰陶類に比較して、空気を自由に流通させ、比較的低温度で焼成している。泥質紅陶と呼ばれる胎土の細密な土器と夾砂紅陶と呼ばれる多少胎土の荒い土器に分類され、いずれも胎土は若干軟質で、吸水性がある。泥質紅陶と呼ばれる土器は、中国新石器文化前期初頭段階の遺跡である広西壮族自治区桂林の甑皮岩洞窟の遺物中にすでに見られる。また新石器文化前期の河北省武安県の磁山遺跡出土の土器では、泥質紅陶・夾砂紅陶が主体となっている。仰韶文化の彩陶も、彩色を施した地の土器は良質の泥質紅陶である。紅陶系の土器は、全時代的にまた全国的に見られるが、とくに紅陶は仰韶文化を代表する土器で、鉢・碗・盆・壺・瓶・罐・甕・器蓋などの器形が存在する。龍山文化に入ると灰陶や黒陶が広まり、土器の圧倒的多数が、紅陶から泥質灰陶・夾砂灰陶に変わる。しかし、龍山文化以降においても紅陶は見られ、ことに甘粛省の斉家文化においては夾砂紅陶・泥質

紅陶の占める割合が高く、双耳罐・長頸双耳罐などの器形が知られる。紅陶は、殷周時代にも見られ、戦国漢代に至っても、紅色の土器は存在する。

灰陶（かいとう）

　　中国で龍山文化から殷周時代にかけて広く用いられた比較的硬い灰色土器の総称。灰陶は還元焔で焼成された土器で、紅陶類に比較して、空気の流通を少なくして、比較的低温度で焼成している。泥質灰陶と呼ばれる胎土の細密な土器と夾砂灰陶と呼ばれる多少胎土の荒い土器に分類され、いずれも胎土は若干硬質で、吸水性は低い。泥質灰陶と呼ばれる土器は、仰韶文化末期の遺跡ですでに見られるが、龍山文化に入ると灰陶系の土器が広まり、河南省三門峡市陝県の廟底溝第2期文化を龍山文化と考える説の根拠のひとつは、出土する土器の圧倒的多数が、紅陶から泥質灰陶・夾砂灰陶に変わっている点である。灰陶は、龍山文化・殷周文化を代表する土器で、鬲・鼎・甑・甗・豆・爵・盉・壺・罐・尊・盆・盤・碗・器蓋などの器形が存在し、灰陶の地紋には、籃紋・縄紋・方格紋の類が施されている。

黒陶（こくとう）

　　黒色の研磨土器で龍山文化を特色づける。李済と梁思永が、1930・1931年に行った山東省章丘県龍山鎮城子崖遺跡と河南省安陽市后岡遺跡の調査によって新石器時代後期に属する龍山文化を特徴づける黒陶の存在が明らかとなった。黒陶には比較的厚手の泥質黒陶と卵殻黒陶と呼ばれる超薄手のものがある。後者は胎土も黒色であるが、前者の胎土は灰褐色ないしは白褐色で灰陶に近いものもある。研磨した土器を、焼成終了近くに至ったとき窯の焚口を閉じ、水をたらし燻して、煙を出し、黒色に仕上げたものと考えられている。卵殻黒陶と呼ばれる黒陶は山東龍山文化の遺物にかぎられるが、厚手の黒陶は、山東・河北・河南・陝西・山西・湖北・甘粛省内の龍山文化に広く見られる。器形には、壺・罍・豆・盤・杯などがあり、素紋の遺物が多いが籃紋や弦紋の施された遺物もある。

卵殻黒陶（らんかくこくとう）

　　山東龍山文化に見られる超薄手の黒陶を卵殻土器あるいは卵殻黒陶と呼ぶ。中国では蛋殻陶あるいは蛋殻黒陶と書く。一般に黒陶と呼ばれる土器の多くは、多少厚手の泥質黒陶の類であるが、山東龍山文化の黒陶の中には、陶土を用いて、高い温度で焼成し、胎土の厚さが0.5から0.2mmのきわめて薄い土器が存在する。この種の黒陶はその胎土の薄さと表面の光沢を、卵の殻にたとえて卵殻黒陶と呼び、器形には、罍・豆・杯・鼎などがある。考古学的な発掘では、卵殻黒陶のすべてが墓の副葬品として割れた状態で出土している。そのために、中国の考古学者は、海外に流出した遺物の中に見られる完形品は贋作である可能性が高いという。

白陶（はくとう）

　　陶土を用いた白色の土器を白陶と呼ぶ。一般的には、鉄分の少ない良質の陶土を用い、1100度前後で焼成された殷代後期の白色硬質土器が白陶の代表例となっている。殷代の白陶は大型墓・中型墓の副葬品として出土するが、殷墟の侯家荘大墓や武官村大墓から出土した遺物が有名で、今日知られる遺物の多くが殷墟遺跡からの出土遺物である。殷代白陶の器形は、その時代の青銅彝器の器形に準じ、禮器の一種としてつくられたものと推定され、その器形には、尊・甗・壺・

罍・豆・盤・爵・鼎・卣などの各種が存在する。また白陶の紋様としては、青銅器の紋様と同じ饕餮紋・夔龍紋・雷紋・蝉紋などがあるほか、殷代の灰陶と同様の縄紋や刻線紋を施した土器もある。山東省や河南省の龍山文化の中にも鬶や爵に白陶と称される白色の土器が存在するが、これらの土器は殷代白陶に先行する陶土を用いた遺物と考えられている。

橙黄陶（とうこうとう）

　陶土を用いた土器で、表面の色彩が白色より橙色に近い色の土器を橙黄陶と呼ぶことがある。二里頭類型第2期の鬶・盉など三足土器に顕著に見られ、白陶の原始的な形態とも考えられる。

硬陶（こうとう）

　中国の新石器後期から漢代にかけて存在する硬質土器の総称。焼成温度が比較的高く、よく焼け締まり、吸水性はきわめて低く、叩くと金属音がする。中原地区においては、殷周時代の土器に硬質土器があり、あるものは細方格紋などが施され、またあるものは帯釉している。器形には瓿・尊・壺などがあるが、帯釉しているものをとくに原始瓷器あるいは原始青瓷と呼ぶことがある。東南海沿岸地区には、土器の表面に拍打法によって印紋の施されたものが多数存在し、これをとくに印紋硬陶と呼んでいる。江蘇省南部・浙江省北部地区や嶺南地区では新石器時代後期に印紋硬陶が出現し、その後継続してみられ、東周時代には幾何学印紋硬陶が発展している。漢代南越王墓出土の土器は50％近くが、白灰色の泥質硬陶である。この種の土器は、陶土に少量の細砂を加え、水でこねた後、粘土紐を巻き上げ、叩き板で叩き、器形をつくりあげ、底部を貼り付け、さらに耳などの付属物を貼り付けている。硬度は高く、モース硬度で3～5度で6度に達するものもある。器形としては、各種甕・罐・瓿・樽・鼎などがあり、これらの硬陶には、細方格紋・米字形紋・三角紋・菱形紋などが印紋で施されている。

粗陶（そとう）

　中国において、砂混じりの粗い粘土によって焼成された土器。粗質土器あるいは粗製土器と呼ばれることもある。中国新石器時代の土器は、大きく紅陶と灰陶に区分されるが、それらの土器はさらにそれぞれ泥質陶と夾砂陶に区分され、その結果、夾砂紅陶・夾砂灰陶と呼ばれる土器群があり、この夾砂紅陶・夾砂灰陶中の粗製土器が粗陶である。西安市の半坡遺跡においては、精製された彩色のある土器と無彩色の土器が存在し、前者は泥質紅陶系の彩陶で、後者のあるものは夾砂系の粗製土器つまり粗陶であった。粗陶の器形には、皿・鉢・杯・壺・甕・鼎・甑などがあった。

細泥陶（さいでいとう）

　胎土が、細密な泥質陶の名称。泥質陶は新石器文化前期の裴李崗文化の土器中にすでに見られるが、新石器文化の泥質系の土器には、泥質紅陶・泥質灰陶・泥質黒陶・泥質黒衣陶などが存在する。細泥陶は、細かな砂を混ぜた夾砂陶と異なり、陶土の水洗を行い細かい粒子の陶土を用いている。西安市の仰韶文化半坡遺跡出土の鉢・碗・盆類は、ほとんどが細泥陶である。山東省兗州西呉寺遺跡の龍山文化土器は、夾砂陶と泥質陶に分類され、泥質陶はすべて細泥陶であった。西呉寺遺跡の細泥陶は、粘土質が細かく、夾雑物は少なく、焼成温度は高く、陶質は硬く、表面は黒く光り、この種の土器の典型的な遺物は、いわゆる卵殻黒陶である。

彩陶（さいとう）

　　良質な紅陶の表面に彩色を施した土器。中国新石器時代中期・仰韶文化の土器を代表とする。しかし、紅陶に彩色を施した土器は長期にわたって使用され、仰韶文化のみならず、龍山文化から遼代に至るまでその存在が知られるし、また地域的にも中国全土にわたって分布している。仰韶文化の彩陶は黒色・赤色・こげ茶色・白色などの彩色が多く、一般には筆で彩色を施しているが、焼成後に紋様を描いた土器もある。彩陶の紋様としては、人・鹿・鳥・蛇・魚などの動物紋や植物紋のほか三角紋・鋸歯紋・網目紋・花弁紋・幾何学紋・渦紋などがある。関中・中原地区においては、新石器時代前期の紅陶の中から彩陶が出現してくるが、新石器時代中期の仰韶文化に入ってからは、おおむね半坡類型・廟底溝類型・西王村類型あるいは大河村類型の変遷をたどることが可能で、龍山文化前期の廟底溝第2期文化の彩陶につながっていく。黄河中流域仰韶文化の彩陶の器形としては、鉢・盆・碗・壺・瓶・罐などの器形がある。黄河上流域の甘粛仰韶文化では石嶺下類型・馬家窯類型・半山類型・馬廠類型の変遷をたどり、この地の彩陶には、渦巻紋や網目紋を施した瓶・盆・壺・双耳罐などが存在し、甘粛仰韶文化の名称で呼ばれている。黄河下流域には大汶口文化と呼ばれる新石器中期文化が存在し、また長江下流域には馬家浜文化と呼ばれる新石器中期文化が存在するが、いずれの文化にも花弁紋や波状紋を施した盆・壺・豆などの彩陶の類が見られる。中国の彩陶に関しては、西方からの渡来とする説もあるが、中国の研究者の間では中国独自の発祥とする考えが一般的で、妥当な考え方である。

彩絵陶（さいかいとう）

　　泥質灰陶系土器や泥質紅陶系土器の表面に、白色、紅色、黒色などの顔料で彩色を施した東周時代の副葬陶器。加彩陶の名称で呼ばれることもある。多くは青銅器の器形を模倣した土器の表面に、青銅器の紋様に類似した弦紋・雷紋・渦紋・円圏紋・三角紋・爪形紋などの紋様を施している。「彩陶」の用語は基本的に新石器時代の土器に用いられるが、「彩絵陶・加彩陶」の用語は東周時代以降の土器に用いられる。

縄紋土器・縄蓆紋土器（じょうもんどき・じょうせきもんどき）

　　表面に縄目による紋様が施されている土器。縄紋土器の名称は日本の縄文土器と同じであるが施紋の方法は異なるので別の土器と考えるべきである。叩板に撚目のある紐を巻き、それを用いて土器の表面をたたき整形を行い、その結果、土器の表面に縄目紋様が付いた土器である。拍打法によって縄目の付いたこの種の土器紋様を、中国では「縄紋」と呼んでいるが、中国の縄紋にも撚紐を回転した紋様があるともいわれている。わが国では中国の縄紋土器を日本の縄文土器と区別して「縄蓆紋土器」の名称で呼ぶことがある。中国では、荒い縄蓆紋を粗縄紋、細かな縄蓆紋を細縄紋と呼んでいる。新石器時代前期の仙人洞遺跡の土器にすでに縄文が見られ、仰韶文化の紅陶類にも多くの縄紋土器があり、龍山文化の灰陶類にも方格紋とならんで縄紋が施された縄紋土器が大量にある。また殷周時代の鬲や罐の多くに縄紋が施されるが、漢代に至っても縄紋土器は存在している。

印紋陶（いんもんとう）

　　中国の東南海沿岸地帯の土器の中で表面に印紋の施された土器を印紋陶と呼ぶ。印紋は叩板に

彫られた紋様が土器の表面に反転して刻まれた紋様である。東南海沿岸地域においては新石器時代後期から漢代に至る長期にわたって、土器の表面に方格紋・渦紋・米字形紋・葉脈紋・F字形紋・波状紋などの各種印紋を施した罐・甕・瓿・壺などの土器がみられ、印紋に幾何学的な紋様が多いため、幾何学印紋土器とも呼ばれている。地域と時代によって器形・紋様・胎土は各種各様であるが、これらの土器は焼成温度の差からくる土器の硬軟によって、それぞれ印紋軟陶・印紋硬陶と呼ばれている。泥質紅陶で印紋のある土器が印紋軟陶で、灰褐色・灰白色で印紋のある土器が印紋硬陶であるが、帯釉している土器もある。層位的には印紋軟陶が印紋硬陶に先行するともいわれるが、共存する例も多い。浙江北部・江蘇南部地域では、印紋硬陶文化が良渚文化に代わり、江蘇北部・安徽南部では湖熟文化に影響を与え、やがて印紋硬陶が広まる。東周時代の呉越墓や土墩墓からは、灰釉陶器にまじって印紋硬陶・印紋軟陶の出土がある。嶺南地区では新石器時代後期の遺跡から精美な印紋硬陶が出土し、東周時代には印紋硬陶が発展し、前漢時代に至っている。印紋陶の起源を、雷紋や夔龍紋などの中原の青銅器的な紋様の存在によって中原の青銅器文化に求める考えもあるが、印紋陶の文化的伝統の中心地を考慮すると、その起源は東南海沿岸地帯にあると考えるべきであろう。また中原地域の龍山文化から殷周時代の土器にも籃紋・方格紋・雷紋など拍打法によって紋様を施した土器は多いが、東南海沿岸地帯の印紋陶とは一応のところ区別したい。

2. 土器の器形

中国の土器名称では、しばしばわれわれがふだん聞きなれない土器の器形名称が出てくる。中国の土器の器形名称は、2種類の起源をもっていると見ることができる。そのひとつは今日の日常用具としての容器の名称をそのまま用いている場合である。その2は古代青銅器の器形名称を利用して、類似した器形の土器の名称として用いる場合である。後者の名称に難解なものが多い。また、いずれの場合も時代や地域の差によって相当に異なった器形に同一の名称を用いるため混乱と誤解を生じることも少なくない。中国考古学を学ぶときしばしば目にする代表的な土器の器形名称を以下に解説しておく（第25図）。以下に説明を加えている器形名称には、すでに青銅器の器形名称として説明した同一名称が出てくるが、ここで説明を加える名称はあくまでも土器を対象に述べたものである。

鼎（てい・カナエ）

　釜・罐・鉢形の器身に三足（3脚）の付いた容器である。殷周時代青銅鼎の器形に類似した土器器形を鼎の名称で呼ぶことが多い（第25図の1・2）。

鬲（れき）

　袋状の三足を有する容器で、穀類の煮沸に用いられたと考えられる。鬲の上に甑をのせ穀類を蒸す場合も多かったと推定される。時代と地域によって各種の器形があり、把手を有するものも存在する（第25図の3・4）。

斝（か）

　鬲と同じに袋足状の三足を有する容器。器身に3本の足を取り付けた形で、殷代以降は把手を有する器形が一般的である。斝の名称は青銅器の器形名称から出ているが、新石器時代土器にお

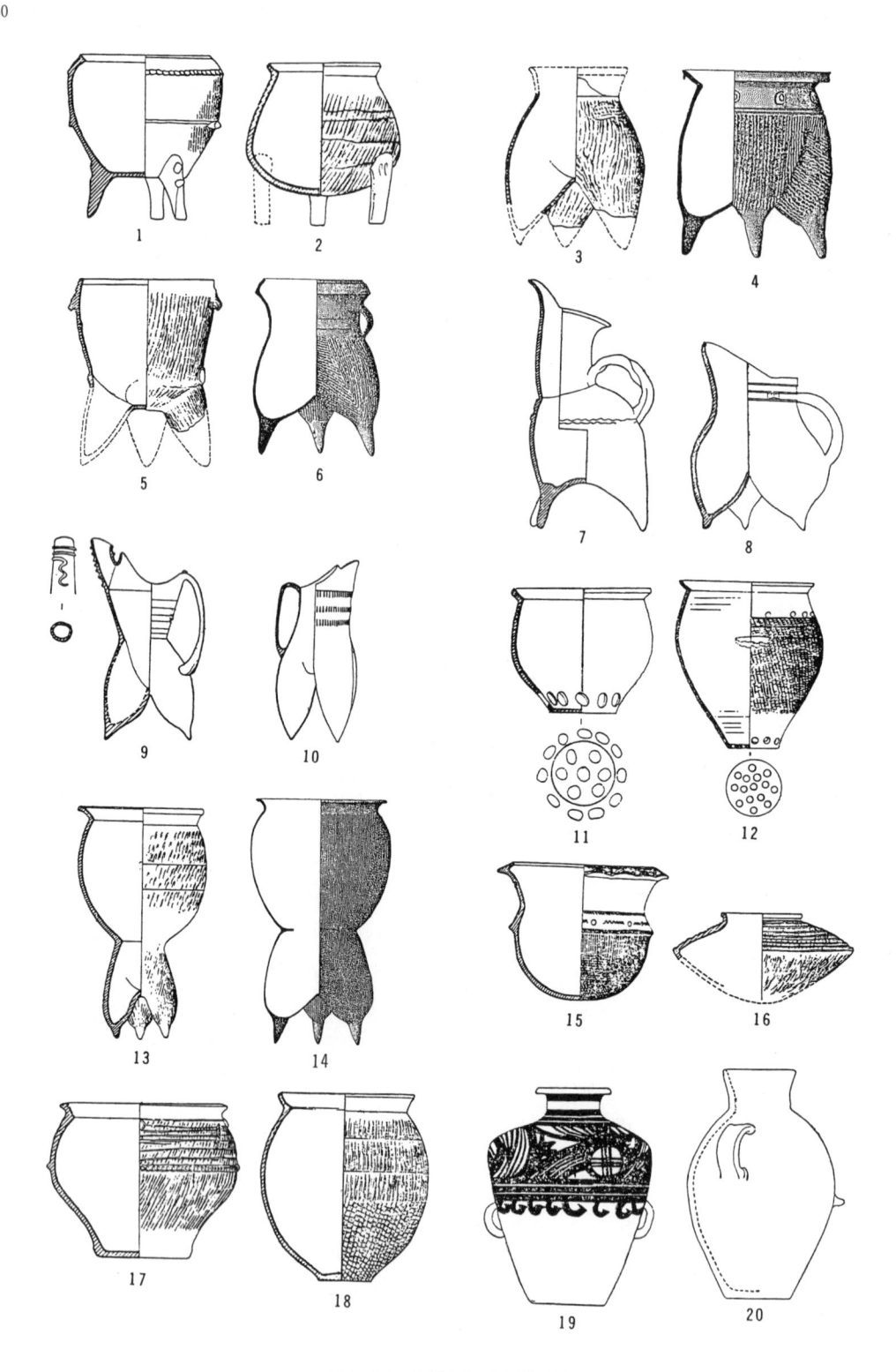

第25図　土器の器形名称（1）

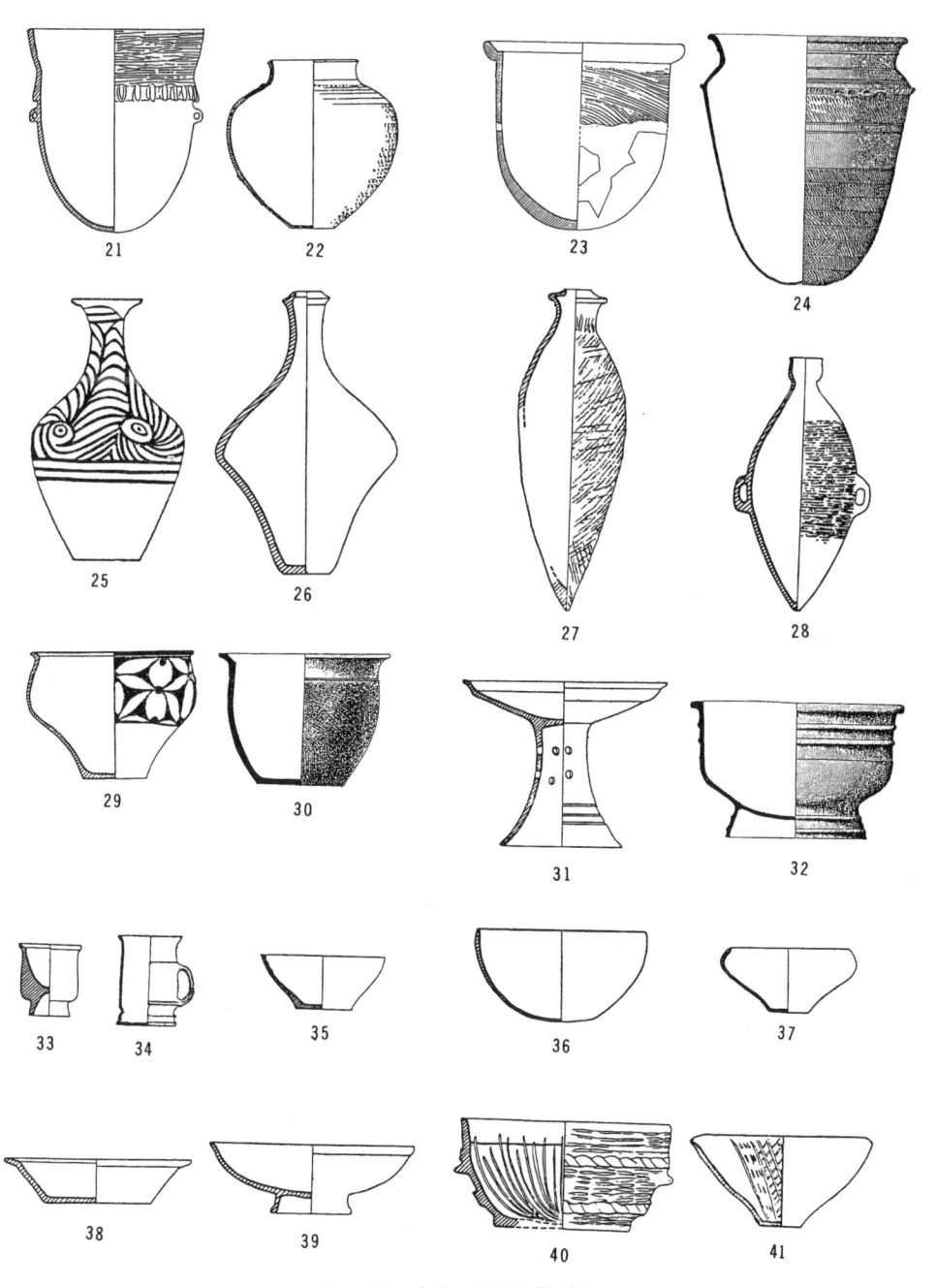

第 1 章　中国考古学研究　51

第 25 図　土器の器形名称 (2)

　ける斝の器形には、殷代青銅斝とは相当に異なった器形も含まれ、鬲に近い器形も多い（第 25 図の 5・6）。

鬶（き）
　鬲形袋状の三足を有し、把手と樋状の注口が付く容器。盉の祖形とも考えられる（第 25 図の 7・8）。

盉（か）

鬲形袋状の三足を有し、把手と筒形の注口が付く容器。盉は鬶の器形が発展変化して出現した器形と考えられる。中国古代の注口・把手・袋足を有する青銅器の名称から、類似した器形の土器に与えた名称である（第25図の9・10）。

甑（そう・コシキ）
　盆あるいは罐形土器の底部に孔のある器形。鬲や釜と組み合わせ、主として粟や米などの穀類を蒸す。わが国のコシキと同じ役目をはたす（第25図の11・12）。

甗（げん）
　下部が袋足状の三足ないしは四足で、下部の鬲と上部の甑をひとつに連結した煮沸器。器形によっては下部が鼎形を呈するものもある。穀類を蒸すのに用いる（第25図の13・14）。

釜（ふ・カマ）
　鉢形円底の容器で、穀類、その他食物の煮沸に用いる。灶にのせて用いたと推定される。（第25図の15・16）。

罐（かん）
　大口で口縁がつぼまる。鼓腹、深腹のツボ形あるいはカメ形の各種容器の名称。一般には平底であるが円底の器形も存在し、単耳あるいは双耳のものもある。罐の名称で呼ばれる器形は多種で、かならずしも一定しない（第25図の17・18）。

壺（こ・ツボ）
　小口・長頚・短径で鼓腹のツボ形容器。各種の器形が存在し、双耳のものも存在する。壺の器形は多種で、かならずしも一定ではない（第25図の19・20）。

缸（こう）
　大口のカメ。尊の器形に類似する（第25図の21）。

甕（よう・カメ）
　広口のツボ形器。円肩、鼓腹である。器形は一定でない（第25図の22）。

尊（そん）
　大口のカメ形容器。殷代前期の缸・甕の器形に類似する（第25図の23）。

大口尊（だいこうそん）
　殷代・西周期に見られる超大口の甕形容器。殷代のものは円底で、西周期のものは平底である（第25図の24）。

瓶（びん）
　細口、長頚、鼓腹のツボ形容器。壺の器形に類似するが、頚が細長い点が特色である（第25図の25・26）。

尖底瓶（せんていびん）
　細口、尖底で器身の長い、ツボ形の容器で肩部あるいは腹部に双耳が付く器形が一般的であるが、耳のないものもある。仰韶文化の特徴的器形である（第25図の27・28）。

盆（ぼん）
　大口で器身の浅いハチ形容器（第25図の29・30）。

豆（とう）
　高杯（たかつき）形の器形で、皿と脚部（圏足部）からなる（第 25 図の 31）。
簋（き）
　盆あるいは鑑に圏足の付いた器形である。殷周時代の青銅器の簋形に類似する（第 25 図の 32）。
杯（はい・ツキ）
　カップ状の小型容器。わが国の茶碗状の器形とは異なり、一般に側壁が直立し、平底の器形を杯の名称で呼んでいる。把手や圏足の付くものもある（第 25 図の 33・34）。
碗（わん）
　茶碗状の小型容器（第 25 図の 35）。
鉢（はつ・ハチ）
　わが国のハチ形容器に類似する器形。大口で、平底や円底の器形がある（第 25 図の 36・37）。
盤（ばん）
　大口で、浅腹の容器。平底が一般的で、圏足を有する圏足盤や三足を有する三足盤も存在する。わが国の盆（ボン）の器形に類似する（第 25 図の 38・39）。
澄濾器（ちょうろき・スリバチ）
　ハチ形器の内壁に細い縦溝を放射状に刻んだ容器。一般に平底で、片口の注口を有するものも存在する。用途は擂鉢（スリバチ）で、わが国の擂鉢の器形に類似するものも見られる（第 25 の 40・41）。

3. 土器の紋様

　土器の紋様に関して用いられる用語にも特殊なものがある。また、「縄紋」の例のように、中国と日本で同一の漢字を利用していても、意味するところの紋様の性格が異なっている場合もある。第 26 図に示した紋様は、中国の新石器時代、殷周時代の土器に施された基本的な紋様であるが、このほかにも紋様の名称は多い。
縄紋（じょうもん）
　縄目状の紋様。叩板に紐を巻き、それを用いて土器の表面をたたくことによって形成された紋様。中国の新石器時代、殷周時代の土器に最も一般的に見られる地紋。荒い縄紋を粗縄紋、細かな縄紋を細縄紋とも呼ぶ。この紋様は縄蓆紋の名称で呼ばれることもある。わが国のジョウモンに類似するが、縄を回転して付けた紋様ではない。しかし、中国の土器においてもまれな例として縄を回転した紋様もあるといわれている（第 26 図の 1・2）。
籃紋（らんもん）
　籠目状の紋様。叩板に平行の沈線を刻み、それを用いて土器を整形したためにできた紋様。龍山文化の土器の地紋として顕著に見られる（第 2 図の 3・4）。
方格紋（ほうかくもん）
　格子目状の紋様。格子が突出し、方形部が凹む。叩板に刻まれた紋様が反転して土器に残っている。龍山文化から二里頭文化の土器の地紋として顕著に見かけるが、方格がきわめて細長い紋

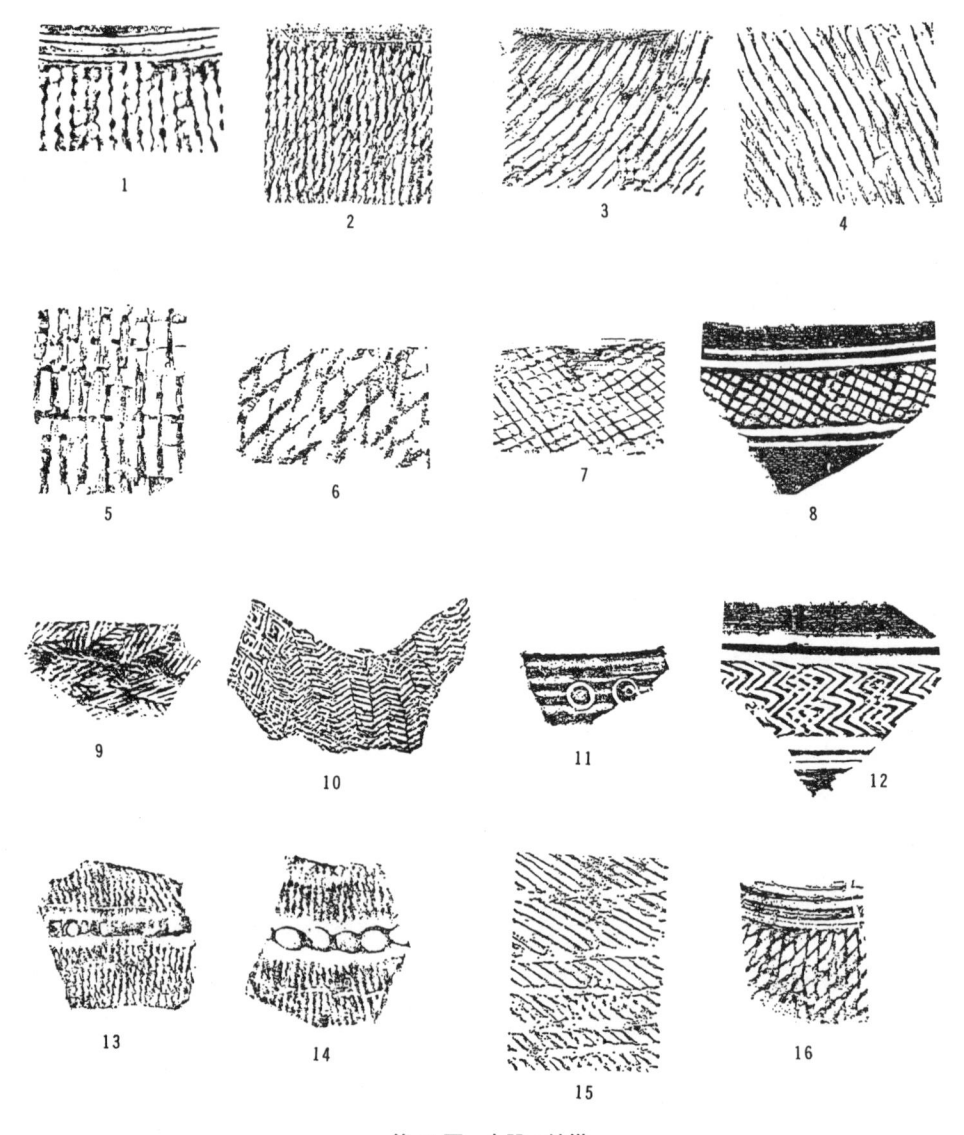

第 26 図　土器の紋様

様を細長方格紋と呼ぶこともある（第26図5〜8）。

葉脈紋（ようみゃくもん）

　　葉脈状の紋様。華南以南の印紋陶系の土器に比較的多い紋様である（第26図の9・10）。

円圏紋（えんけんもん）

　　竹などの円管を縦に押して付けた紋様。連続並列させる場合が多い（第26図の11）。

折曲紋（せっきょくもん）

　　W・M字状あるいはZ字状の刻線紋（第26図の12）。

附加堆紋（ふかたいもん）

　　器壁上に粘土紐を張り付け、粘土紐の上を器具あるいは指を用いて押圧した紋様。龍山文化土器の特徴を示す紋様でもある（第26図の13・14）。

弦紋（げんもん）
　横方向に刻まれた沈線。一般には平行沈線を形成するものが多い（第26図の15・16）。

　以上のほかにも各種の紋様名称が用いられているが、名称が統一的でなく、同一の紋様を別名で呼ぶことも多く、説明が煩雑になるので代表的な紋様名称の説明にとどめた。また殷周時代の土器には雷紋や饕餮紋など青銅器の紋様と同一の紋様が施される場合もあるが、この方は青銅器と同じ説明になるので省略した。

註

（１）　560 容庚、1941、『商周彝器通考』（『燕京学報専号之十七』北京）。
（２）　『呂氏春秋』先識覧に「周鼎著饕餮、有首無身、食人未咽、害及其身」とある。
（３）　148 高明、1987、『中国古文字学通論』（文物出版社、北京）。
（４）　121 裘錫圭、1988、『文字学概要』（商務印書館、北京）。

第2章　中国の旧石器文化研究

第1節　中国における旧石器文化研究

　旧石器文化の考古学的基準は、利器として打製石器を用いていることである。世界の各地における石器時代文化において、利器に磨製石器がなく、もっぱら打製石器を用いていた時代を旧石器時代と呼んでいる。中国においても旧石器文化の基準はまったく同じで、250万年から1万年以前がその対象となる時代である。東アジアにおける人類の歴史を仮に250万年間と仮定すると、その大部分の約249万年間が旧石器時代ということになる。

　中国の旧石器時代研究は、1920年代初頭に欧米の学者によって開始された。1921年の夏にスウェーデンの考古学者であるアンダーソン（J.G. Andersson）[1]は、周口店の老牛溝を調査し、多くの哺乳類動物化石を入手したが、これがきっかけとなって1927〜1937年に「猿人洞」[2]と周口店の各地点において本格的な考古調査が行われることとなった。この間、1929年12月2日には、裴文中によって初めて北京原人の頭蓋骨が発見され、また1933・1934年には猿人洞の上方にある旧石器時代後期の山頂洞が調査された。1923・1924年にはフランス人宣教師のエミール＝リサン（Licent, Emile）とフランス、パリのカソリック学院古生物学教授のテイヤール＝ド＝シャルダン（Teilhard de Chardin）がオルドス高原に出かけ、旧石器時代後期に属する寧夏回族自治区霊武県の水洞溝遺跡や内蒙古自治区伊克昭盟烏審旗のシャラ・オソ・ゴル遺跡などの調査を行っている。

　周口店の発掘調査は、蘆溝橋事件とそれにつづく日中戦争のために1937年7月から1948年まで発掘作業が中止したが、新中国が成立した1949年の暮れには荒れた現場の整理が行われ、調査が再開された。1950年以降は周口店のほか、中国各地で旧石器関係の遺跡が調査され、多数の遺跡の存在が知られるようになった。それらには、雲南省の元謀遺跡[3]、山西省芮城県の西侯度遺跡[4]、陝西省藍田県の藍田遺跡[5]、陝西省大荔県の大荔遺跡[6]、山西省襄汾県の丁村遺跡[7]、山西省陽高県の許家窰遺跡[8]、河南省安陽市の小南海遺跡[9]、山西省沁水県の下川遺跡[10]などが知られている。

　中国と日本における石器の名称や、石器製作に関する技術用語はかならずしも一致せず、不統一である。また同一の用語でも、同じ事項を意味しているとはかぎらない。中国で用いられている用語を日本で用いられている考古学用語に翻訳することはかならずしも不可能ではないが、困難な場合も少なくない。本書の中では、原則として日本語の用語を用いたが、一部、中国の漢字をそのまま用いたところもある。第1表「旧石器関係用語　中国語・日本語対比表」に中国語と日本語の石器名称と石器製作技術用語を対照して示しておく。

旧石器時代は、先記したように考古学的には人類が利器としてもっぱら打製石器を用いていた時代であるが、地質学的な年代に対応していうと、旧石器時代の大部分の時代は更新世（洪積世）の時期にあたる。この地質学でいう更新世は、地球の歴史区分でいうと新生代第四紀の前半に属している。第四紀の後半は完新世（沖積世）と呼ばれ、おおむね考古学でいうところの新石器時代以後にあたる。第四紀更新世の直前は、地質学の上で新第三紀鮮新世と呼ばれている。人類の発祥に関しては近年まで一般的に第四紀更新世に入ってからのことといわれてきたが、今

第1表　旧石器関係用語　中国語・日本語対比表

中　国　名	日　本　名
圧製法	押圧剥離
円刮削器・盤状刮削器	円形削器
猿人	原人・猿人
円頭刮削器	縦形削器・エンド＝スクレイパー
扇形石核	舟底形石核
刮削器	削器・スクレイパー
砍砸器	礫器
窄長小石片・小石片	小型石刃・細石刃
三棱大尖状器	三棱大型尖頭器
手斧	握斧・石斧
錘撃法	直接打法
石錘	敲石
石砧	台石
石片	剥片
石葉	石槍
尖状器	尖頭器
台面	打面・打撃面
雕刻器	彫刻器
碰砧法	台石打法

日では新第三紀鮮新世にまでさかのぼる可能性も高いと考えられている。現にアフリカや中国においては、170万年前以前の地層において新第三紀鮮新世に比定される化石人骨の発見が相次いでいる。

　中国における旧石器文化は、現在のところ前期（鮮新世・更新世前期・中期）・中期（更新世後期前半）・後期（更新世後期後半）の3時期に分けて考えられているが、この区分はアフリカやヨーロッパの時代区分におおむね対応している。

　また中国の旧石器文化の時代を、龍川氷河期・鄱陽氷河期・大姑氷河期・廬山氷河期・大理氷河期など中国に存在した氷河で表すことがあるが、それぞれ以下のヨーロッパアルプスの氷河期に対応すると考えられている。

　　龍川氷河期＝ドナウ氷河期

　　鄱陽氷河期＝ギュンツ氷河期

　　大姑氷河期＝ミンデル氷河期

　　廬山氷河期＝リス氷河期

　　大理氷河期＝ヴュルム氷河期

　このような地質学的な時代区分に対応させた旧石器時代の時代区分とは別に、わが国の中国旧石器文化研究者である加藤真二氏は、石器の器種組成と製作技術の変遷からの編年と研究を行っている[11]。しかしながら中国で出版された『新中国的考古発現与研究』や『新中国考古五十年』などにおける旧石器文化関係の記述においては[12]、更新世の各時期に対応した旧石器時代前・中・後期の時代区分が用いられているので、本書においても旧石器時代前期・中期・後期の時代区分に分けて説明する。

註

（1）　アンダーソン（Andersson, Johan Gunnar, 1874～1960）　スウェーデンの地質学者・考古学者。本書「第1章、第2節　中国考古学研究史」参照。
（2）　「猿人洞」の名称に関して。北京原人の化石が出土した洞であるから原人洞と呼ぶべきであるかもしれないが、中国における遺跡地点名であるため、そのままの「猿人洞」の名称を用いておく。なお日本語の「原人」を、中国語では「猿人」と表現するのが一般的である。
（3）　234 周国興・張興永、1984、『元謀人』（雲南人民出版社、雲南省）。
（4）　100 賈蘭坡・王建、1978、『西侯度』（文物出版社、北京）。
（5）　343 戴爾倹・許春華、1973、「藍田旧石器的新材料和藍田猿人文化」（『考古学報』1973年第2期）。
（6）　315 陝西省考古研究所・大茘県文物管理委員会、1996、『大茘——蒲城旧石器』（文物出版社、北京）。
（7）　500 裴文中、1958、『山西襄汾県丁村旧石器時代遺址発掘報告』（『甲種専刊』第二号、中国科学院古脊椎動物研究所）。
（8）　99 賈蘭坡・衛奇、1976、「陽高許家窰旧石器時代文化遺址」（『考古学報』1976年第2期）。
（9）　8 安志敏、1965、「河南安陽小南海旧石器時代洞穴堆積的試掘」（『考古学報』1965年第1期）。
（10）　38 王建・王向前・陳哲英、1978、「下川文化——山西下川遺址調査報告」（『考古学報』1978年第3期）。
（11）　62 加藤真二、2000、『中国北部の旧石器文化』（同成社、東京）。
（12）　373 中国社会科学院考古研究所、1984、『新中国的考古発現和研究』（『考古学専刊』甲種第十七号）。528 文物出版社、1999、『新中国考古五十年』（文物出版社、北京）。

第2節　旧石器時代前期

　旧石器時代前期は地質学年代の新第三紀鮮新世末から更新世の前期と中期に対応し、中国における旧石器時代前期の年代としては、250万年前から15万年前の非常に長い期間が考えられている。この時期は、中国の龍川氷河期・鄱陽氷河期・大姑氷河期・廬山氷河期にあたり、寒冷な気候と温暖な気候が交互にくり返されている。しかし、最近の研究では、中国における人類の発祥が、250万年以前にさかのぼる可能性もあるといわれている。
　地球上に人類が出現した時期と場所に関しては、いくつかの議論があるが、現在のところ一般的にはアフリカで発見された400万年から170万年前にさかのぼるアウストラロピテクス（Australopithecus）やホモ＝ハビリス（Homo habilis）などの猿人群が最古であるといわれている。彼らが直立歩行し、単純な打製石器である礫器を使用していたことも確認されている。その時期は、地質学的年代の上では新第三紀鮮新生末から第四紀更新世前期に属すると推定されている。アウストラロピテクスやホモ＝ハビリスの発見によって人類の発祥の地をアフリカに考える説もあるが、中国においても、更新世前期あるいはそれ以前にさかのぼるいくつかの化石人類が確認されている。
　1984年以来発掘調査が進められている四川省重慶市巫山県廟宇鎮の巫山龍骨坡遺跡で化石人骨が発見され、巫山人の名で呼ばれている。巫山龍骨坡遺跡には、更新世前期に属する堆積層があり、そこから化石人類の門歯・下顎骨、打製石器が発掘されている。その年代に関しては、248万年前から180万年前という数字が与えられている。巫山人も化石人類としては最古の一群に属し、猿人な

いしは猿人から原人への中間型と推定され、
新第三紀鮮新世にまでさかのぼる可能性もある。

1965年5月に雲南省元謀県の南東で、元謀人と呼ばれることになる古人類の門歯の化石が発見された。この歯は、基本的に北京原人の歯と異なるが、部分的には類似する点もあり、直立歩行可能な化石人類の歯であるという。その後、1971年から1976年の発掘では、

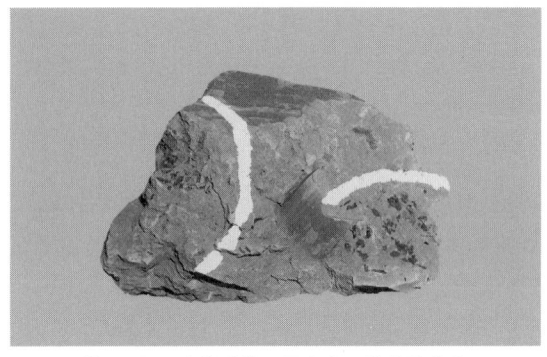

第27図　炭化遺物　雲南省元謀遺跡出土

元謀人の門歯発見地点の同一層から、いくつかの打製石器が発見されている。打製石器には石英製の削器や尖頭器がある。また同一層からは炭屑や焼けた哺乳類動物の骨の出土も確認されていて、元謀人による火の使用を推定する意見もある（第27図）。元謀人の年代に関しては、更新世前期とする説が通説で、170万年から160万年前の間といわれている。元謀人は、中国の化石人類としては最古の一群に属し、猿人ないしは猿人から原人への中間型と推定してよいであろう。

中国においては新第三紀鮮新世から第四紀更新世前期に至る時期の石器の発見も伝えられている。1999年の日本考古学協会第65会総会において黄慰文氏が行った講演の中で、中国安徽省繁昌県の人字洞遺跡の紹介があった。この人字洞遺跡からは、非常に古い哺乳類動物の化石が出土しているが、ほとんどが絶滅種で、しかも新第三紀の残存種が約30％を占めている。これらの哺乳類動物化石とともに人工遺物と考えられる数十点の石器が伴出し、それらの石器には石核・剝片・削器があり、その年代は240万年前から200万年前と推定されていると述べている。これらの石塊・剝片を遺物としての石器と見ることに疑問をもつ研究者もいるが、もしこれらが人工的な遺物であれば、間違いなく中国で知りうる最古の石器となる。

山西省芮城県の西侯度遺跡では更新世前期後葉の文化堆積が発見されている。西侯度遺跡の石器は、まず1960年に更新世前期に属する砂礫層中から発見されている。その後1961・1962年に河川によって形成されたと推定される砂礫層の中から30点余りの石器が発見されている。大部分の石器は流水によって大なり小なり磨耗されているが、すべて人工的な石器製作による打撃を受けている。石材は、石英系の石を用いたものが多く、石核・剝片・削器・礫器がある。石器とともに発見された哺乳類動物の化石には、剣歯象・山西四不象・山西アキシス鹿・古中国野牛・山西毛犀などがあり、現生種はまったく含まれていない。西侯度遺跡の地層関係と出土した哺乳類動物化石によって石器の属する地質学的年代は更新世前期に属していると確認されている。

元謀人と巫山人の化石人骨の発見、そして人字洞遺跡の人工遺物の発見や西侯度遺跡における多数の石器の発見は、東アジアで知りうる更新世前期以前に属する最古の化石人骨と石器の発見であった。このような情況は、人類の起源がかならずしもアフリカのみでなく東アジアにもその可能性があることを示している。すくなくとも更新世前期の後葉には、現在の中国の領域で、初期の原人段階の化石人類が石器を利用して広く活動していたことが明確になっている。

旧石器時代前期の更新世中期に属する遺跡は比較的数が多いが、なかでも藍田原人化石が出土し

た陝西省藍田県の藍田遺跡と北京原人化石が出土した周口店第1地点（猿人洞）は有名である。

　藍田県は、陝西省西安市の南東約40kmにあり、藍田県の陳家窩遺跡や公王嶺遺跡において化石人骨や石器が発見されている。1963年には藍田県北側の陳家窩遺跡において藍田原人の下顎骨が発見され(6)、翌1964年には藍田県の東方の公王嶺遺跡においても頭蓋骨が発見されている(7)。そして、1965・1966年には公王嶺とその付近で藍田原人と同時代の打製石器が発見されているほか(8)、その後の調査でも毎年、多数の哺乳類動物の化石が発見されている。

　陳家窩で発見された下顎骨は全体がよく残り、老年の女性の骨と考えられている。歯の磨耗は著しく、下顎骨の前部傾斜角は55度と、すでに知られているいかなる北京原人よりも小さい。この藍田原人女性の歯は北京原人女性の歯よりも大きく、北京原人男性の歯よりも小さい。公王嶺発見の頭蓋骨は、年齢30歳ぐらいの女性の骨と思われ、眉上隆起は著しく高く、1本の横に延びる骨脊となっている。両側端が外側に延び、後方が顕著に収縮し、眼窩周囲は方形を呈している。藍田原人の脳量は約780ccと比較的小さく、額部は低平で後方に傾斜し、頭骨壁は厚く、その平均の厚さは北京原人頭骨壁の厚さの上限を越えるほどである。藍田原人の頭骨化石を北京原人のそれと比較すると、多くの点において原始的であるといえる（第28図の左）。

　公王嶺遺跡発見の石器には、礫器・大尖頭器・削器・石球・石核・剥片などがあり、石材は、主として石英系の石が用いられている。石器の製作技法はことごとく直接打法によっていて、石材の利用率は相当に低く、片面加工が主体で、製作技術は単純で粗雑にも見える。また多くの剥片は二次加工を施さないままに使用され、形も不揃いである。石器に見られるこのような状況は、藍田原人の文化がまだ原始的な要素をもちつづけていることを意味している。しかし、別の側面では、石器の器形から見て、石器類は用途によってそれぞれの器形をかたち造っていると推定される（第28図の右、第29図）。

　公王嶺遺跡で発見された木炭粒は流水で運ばれたものと推定されているが、藍田原人が火を使用した可能性を示している。まだ焼土層などの発見はなく、確証に至っていない。

　公王嶺遺跡発見の哺乳類動物化石は、森林動物が比較的多く、パンダ・東方剣歯象・剣歯虎・中国バク・毛冠鹿・大角鹿などが認められる。これらは、華南の温帯・熱帯でよく発見される動物化石群で、藍田原人が活躍していた時代の気候が比較的温暖で、この地方に比較的湿潤な森林や草原が存在していたことを示している。またこれらの動物化石群から時代を推定すると更新世中期の前葉ぐらいの年代が適当と考えられ、約85万年前から約67万年前といわれている。

　藍田原人につづく化石人類として、北京原人が知られている。北京原人の化石人骨は、北京市房山区の周口店遺跡で発見されている。周口店は、北京市街の西南約54kmの太行山脈の北西縁にあたるが、この付近の基盤には、石灰岩層が広がり、その石灰岩は、浸食によって多くの裂け目と洞穴を生じている（図版1-1、第30・31図）。周口店の各遺物出土地点は、龍骨山の東に開ける海抜150mほどの緩やかな斜面を中心に分布する。北京原人の化石が発見された周口店第1地点（猿人洞）は、石灰岩の岩盤に開いた洞穴のひとつで、龍骨山の北東斜面の海抜約120mから140m付近に位置している。周口店遺跡は1921年にアンダーソンらによって発見され、1927年から1937年に解放前の本格的な調査が行われ、また新中国成立後は今日に至るまで発掘が引きつづいて行われて

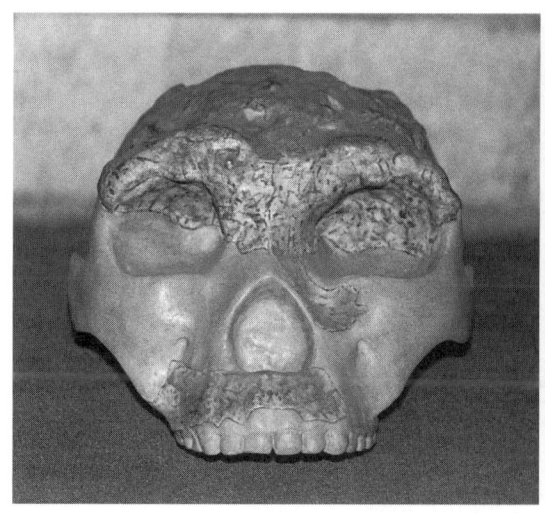

第28図　左．藍田原人頭骨（複製）、右．石球（藍田遺跡）

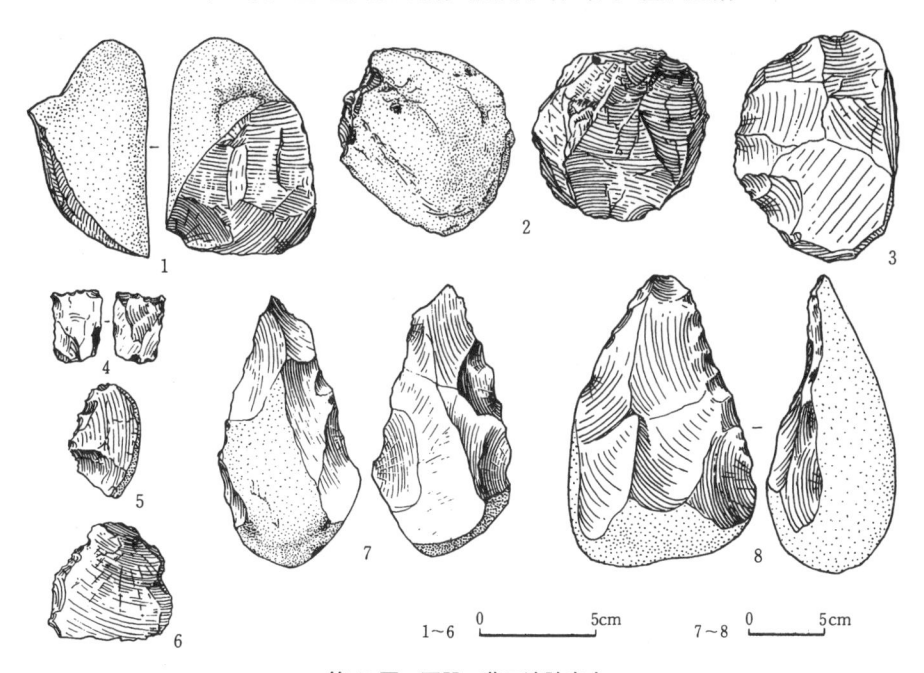

第29図　石器　藍田遺跡出土

いる。
(9)
　周口店遺跡第1地点においては1929年に裴文中によってはじめてほぼ完全な北京原人の頭蓋骨が発見され、翌1930年には原人の下顎骨が、1931年には下顎骨・鎖骨・頭蓋骨などが発見され、この間に北京原人が使用したと思われる石器も多数発見された。新中国成立後の調査では、1966年に、1934年に発見された5号北京原人頭蓋骨に接合する骨が発見されたほか、多くの哺乳動物化石と打製石器が発見されている（第32図）。
　北京原人の骨の一般的な特色としては、頭蓋が偏平で、眉上隆起が著しく発達し、左右が連結して骨脊稜となっている。下顎骨は頑丈で、前部が後退し、歯が粗大で、現代人よりも類人猿に近い

第30図　周口店遺跡　北京市房山区

第31図　第1地点（猿人洞）　北京市房山区周口店

ことなどが指摘されている。しかし、北京原人の下肢骨は現代人とあまり変わりはなく、長期の直立歩行が可能であったと推定されている。北京原人の頭蓋容積（脳量）は平均1075ccで、これは現代人の1400ccよりはるかに小さいが、音節のある言語をもち、右手利きを原則にしたとも推定されているが、確かなことは不明である。

周口店第1地点の堆積の厚さは約40mあるが、現在ではその堆積を13層に区分するに至っている。すでに10万点以上の石器が出土しているといわれているが、それらの石器の原料は大部分が石英脈岩・燧石・緑色砂岩である。石器は第13層から第1層へ漸次進歩しているが、第1地点の文化層の区分に関しては見解が分かれ各説があり、きわめて複雑である。裴文中の1955年の説によれば、石器を第5層以上と第5層以下に分け、それぞれ上部文化層と下部文化層と呼んでいる。『新中国的考古発現和研究』に示された別の説によると、13枚の層を3時期に分けることができるともいう。底部の最も古い時期は第13層から第11層で、発見された石器はきわめて少なく、更新世中期の前葉に比定される。中部は第10層から第4層で、大量の化石人骨と石器が包含され、哺乳類動物の化石に対する観察から更新世中期中葉に属すると考えられている。上部は洞窟の天井が崩れた後の堆積である第3層から第1層で、石器には一定の進歩が認められ更新世中期の後葉から末と考えられている。全体的に見て周口店第1地点の堆積は、約70万年前から約20万年前までの長きにわたる継続した堆積と考えられ、北京原人は50万年前からここで生活を開始し、その活動は前後30万年間にわたると推定される。

北京原人の石器は、その材料と製作技法においてひとつの伝統を有しており、長年にわたる石器は共通性をもっているが、第7層を境に変化が明瞭で、第1～7層の後期と、第8～13層以下の前期に大別する説もある。石材の上では、前期から後期にかけて軟質砂岩がしだいに減少し、良質の石材がしだいに増加し、上部の堆積においては多量の燧石が用いられるようになっている。石器製作の技法として、直接打法と両端打法を普遍的に用いており、二次加工は背面加工を主としている。多くは剥片石器で、二次加工がなく使用痕のある剥片も多い。両端打法によって剥離された両極剥

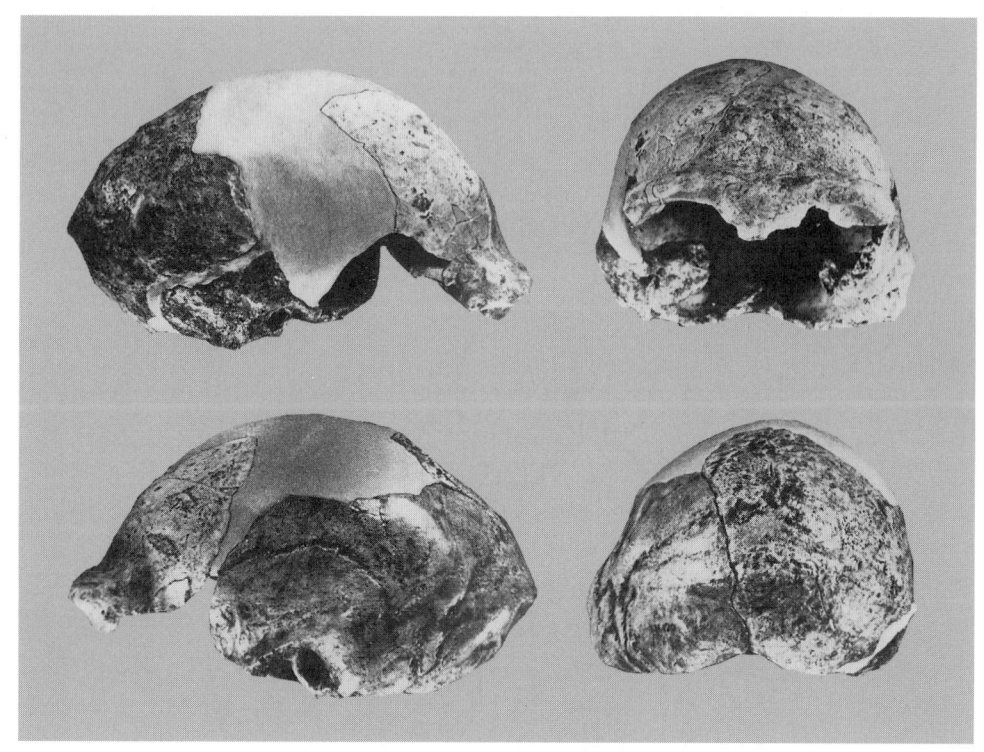

第32図　北京原人5号頭蓋骨

片は前期から後期に向かってしだいに増加している。交互剥離の技法は、前期にはきわめて少なく、後期には多くなっている。小型で加工の細かな石器は、前期よりも後期に多い。

　石器の器形には、削器・尖頭器・礫器・彫刻器・石錐・石球などがある。前期の石器の主なものは、削器と礫器であるが、第6層から上になると尖頭器と彫刻器がしだいに増加し、石錐も出現する。第4層になると円形削器が出現するなど、北京原人の石器は製作と機能の面において漸次発展進歩している（第33図）。

　花粉や脊椎動物化石の研究によれば、北京原人が活躍していた時代の気候と環境は、標準的な温帯気候であったと推定され、四季も明確で、温暖ではあるが比較的乾燥していたと考えられている。花粉や脊椎動物化石を総合的に見て、間氷期の気候に位置することは間違いなく、おおむね大姑氷河期と廬山氷河期の間と考えられ、今日の北京一帯の気候と大差はなかったと推定されている。

　藍田原人や北京原人のほかにも比較的多くの原人段階の化石人骨が発見されている。1989年と1990年に湖北省鄖県で発見された2つの頭骨化石は鄖県原人と呼ばれ、眉上隆起が大きく、額が後方にたおれるなど原始的な形態を有し、80数万年前にさかのぼる化石原人骨とされている[12]。1993・1994年に、南京市江寧県湯山鎮の葫蘆洞と呼ばれる石灰岩洞窟で発掘された2体の南京人は原人段階の化石人骨である[13]。南京原人の頭骨は頭蓋が低く、眉上隆起が比較的大きく、額が後退し、眉骨と額骨の間が溝状になるなど原人骨の特色を備えている。報告書である『南京人化石地点』では「南京直立人」と呼んでいる。

　1984年9月に北京大学考古学系が、遼寧省営口県の金牛山A地点洞穴の堆積中から1体の化石

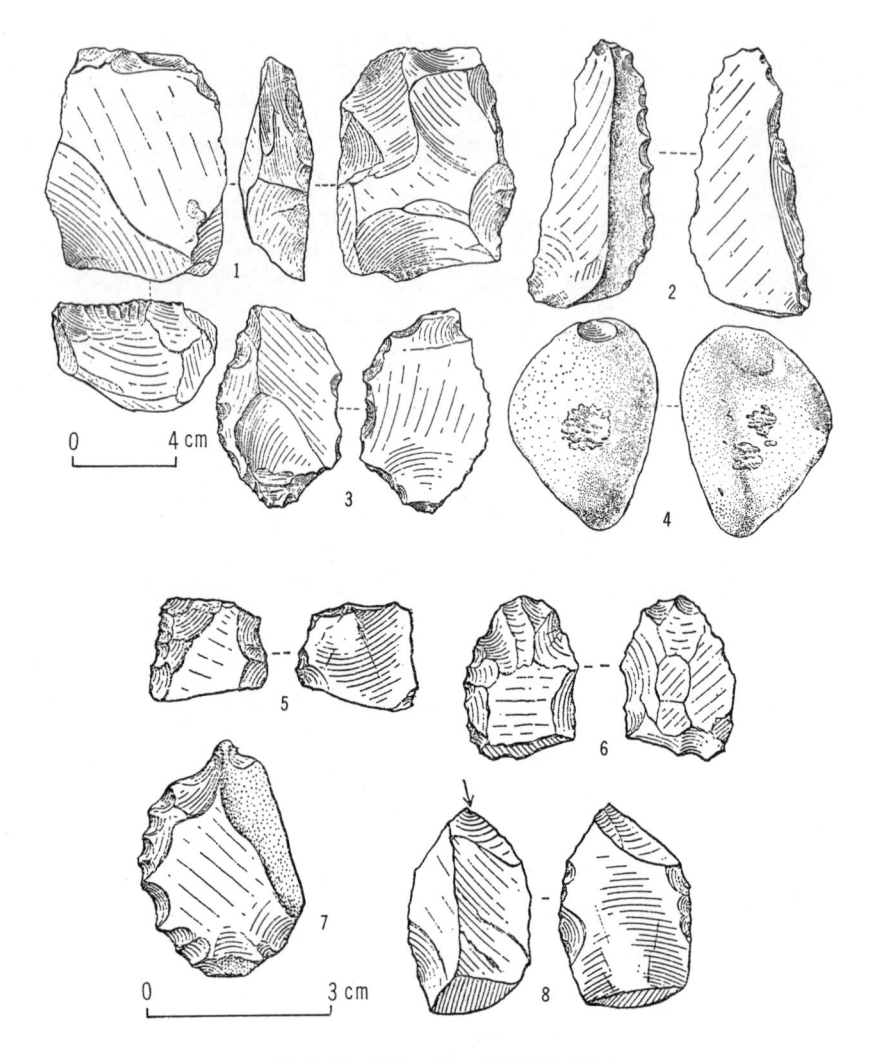

第 33 図　石器　周口店第 1 地点出土

人骨を発掘した。この化石人骨は、頭蓋骨・脊椎骨・肋骨・腰骨・手足の骨などからなる青年男性の骨であった。その骨は、原人の特徴をそなえつつも旧人への進化の萌芽が認められ、金牛山原人と呼ばれている。その地質年代は更新世中期の終わりに近い頃と推定され、約 28 万年前との年代が与えられている（図版 2）。

　旧石器時代前期の遺跡としては、山西省芮城県匼河付近の 11 カ所の遺跡も著名である。匼河の石器は大型の剝片石器が多く、石核の打面は礫石の平面を利用したものが多い。剝片は鋭利な縁辺さえあれば、削器としてそのまま利用され、加工された遺物は少ない。石器には、礫器・削器・三稜尖頭器・石球などがある。

　中国における更新世中期に相当する時期の旧石器時代前期の遺跡発見例は比較的多く、原人段階の化石人骨の発掘例も少なくない。このことは、更新世中期に属する遺跡を積極的に調査発掘していることに原因があると思われるが、一方この時期に至って人類の活動が盛んになり、多くの遺跡を残すようになっていたことにも理由があると思われる。その結果、原人段階の資料を順次研究す

ることも可能になり、原人段階の化石人類が、藍田原人・北京原人・南京原人・金牛山原人と順次進化していく過程を想定することが可能となってきた。

註
（1） 241 徐自強、1998、「巫山龍骨坡遺址発掘研究綜述」（『中国文物報』総第594期）。
（2） 猿人と原人　日本語においては、旧石器時代前期の化石人類の名称として猿人と原人を同一の用語として用いることがある。また中国語の「猿人」は日本語の「原人」に対して用いられるのが一般的である。しかし、本書においては、「猿人」を更新世前期以前の人類の祖で直立歩行を開始し、単純な礫器などの打製石器を使用する化石人類の名称とする。また「原人」は更新世中期に属する猿人につぐ化石人類で、握斧などの比較的発達した打製石斧を用い、言語を話し、火を用いたとされる約70万年から約15万年前の化石人類の名称に用い、その代表例は北京原人である。
（3） 234 周国興・張興永、1984、『元謀人』（雲南人民出版社、雲南省）。
（4） 127 黄慰文著・佐川正敏訳、1999、「原人からのメッセージ――中国前期・中期旧石器時代研究の現状」（『日本考古学協会第65回総会研究発表要旨』日本考古学協会）。
（5） 100 賈蘭坡・王建、1978、『西侯度』（文物出版社、北京）。
（6） 153 呉汝康、1964、「陝西藍田発現的猿人下頜骨化石」（『古脊椎動物与古人類』第8巻第1期）。
（7） 154 呉汝康、1966、「陝西藍田発現的猿人頭骨化石」（『古脊椎動物与古人類』第10巻第1期）。
（8） 343 戴爾倹・許春華、1973、「藍田旧石器的新材料和藍田猿人文化」（『考古学報』1973年第2期）。
（9） 11 飯島武次、1976、「日本周辺の旧石器文化・中国」（『日本の旧石器文化』雄山閣出版、東京）。502 裴文中・張森水、1985、『中国猿人石器研究』（『中国古生物志』新丁種第12号）。
（10） 499 裴文中、1955、「中国旧石器時代的文化」（『中国人類化石的発現与研究』科学出版社、北京）。「中国旧石器時代的文化」で裴文中は、第5層以上、第5層以下と述べているので、そのまま引用したが、日本語としては理解しにくい。
（11） 373 中国社会科学院考古研究所、1984、『新中国的考古発現和研究』（『考古学専刊』甲種第十七号）。
（12） 598 李天元・馮小波、2001、『鄖県人』（湖北科学技術出版社、武漢）。
（13） 486 南京市博物館・北京大学考古学系湯山考古発掘隊、1996、『南京人化石地点』（文物出版社、北京）。
（14） 545 北京大学賽克勒考古与芸術博物館、1992、『燕園聚珍』（文物出版社、北京）。

第3節　旧石器時代中期

　中国に存在する多数の旧石器遺跡の中で、15万年から7万年前とされる旧石器時代中期に確実に属すると判断される遺跡は決して多くはない。また、仮に旧石器時代中期に属すると判断された遺跡に対しても、ほかの研究者から異議が唱えられることも少なくない。
　1978年に陝西省大茘県解放村の更新世中期末といわれる河川堆積物である砂礫層の中から比較的完全な青年男性の頭骨が発見され、大茘人と呼ばれている(1)。この化石人骨は、出土した地層に対する地質学的な研究から、更新世中期末あるいはそれよりやや遅い時期と考えられている。したがって考古学的年代としては、旧石器時代前期最末期ともいえるが、中国の研究書では一般にこの大茘人を旧石器時代中期の旧人として取り扱っている。本書でも中期の最初に取り上げることにし

第34図　大荔人頭骨（複製）　　　　　　　　第35図　丁村遺跡　山西省襄汾県

た。大荔人の頭蓋骨は低く、眼窩上隆起は高く、骨壁は厚いなど原始的な要素をとどめるが、北京原人よりは進化している。原人と旧人の中間的な化石人骨と報告されている（第34図）。化石人骨地点から181点の石器が出土している。石器は直接打法を用いてつくられ、比較的小型である。剝片のほかは、削器のみで、つくりは雑である。共存する哺乳動物の化石から見ると、次に述べる丁村遺跡の哺乳動物群よりは古い動物群である。

　山西省襄汾県丁村一帯の汾河の両岸において、20カ所以上の旧石器時代中期に属するとされる遺跡が発見され、丁村文化の名称で呼ばれている。今日、中国旧石器時代中期の代表的な遺跡とされ、『新中国的考古収穫』や『新中国的考古発現和研究』においては中期文化の代表遺跡として取り扱われている。

　丁村は、東に霍山山脈（標高1000～2600m）があり、西は黄土高原（標高1000～2000m）につづき、汾河の両岸にそって段丘が形成され、付近の地層堆積は場所によって異なり一様でないが、化石人骨や石器類は主として黄土土層下に存在する砂礫層から出土している（第35図）。

　丁村の第100地点の砂礫層底部から、1954年に12・13歳の子どもの歯の化石が発見されている。これらの歯は、現在の黄色人種に比較的近い形状であるといわれている。1976年にも第100地点の砂礫層から2歳前後の幼児の右頭頂骨が発見されている。この頭頂骨の厚さは北京原人幼児のものより薄く、人類の形態の上で進化のあとが認められる。旧石器時代中期の化石人類は、前期の猿人・原人段階の化石人骨よりも、よりいっそう進化した旧人段階にあたる化石人類に属している。

　丁村遺跡出土の石器原料の大部分は、付近の山に産する黒色角頁岩である。丁村遺跡発見の剝片の多くには使用痕が認められるが、二次加工を加えた剝片石器は少ない。剝片と石器は一般に大型で、打製技術は前の時代よりも進歩している。石器類には単刃の礫器・多刃の礫器・石球・三稜大型尖頭器・鶴嘴形尖頭器・小型尖頭器・削器などがあり、石器の機能の細分化が認められる（図版3、第36図）。丁村の礫器は普通、交互剝離によって製作されていて、刃縁は鋸歯状になっている。三稜大型尖頭器は最も特色があり、丁村尖頭器と呼ばれている。この石器は3つの稜をもつ大型剝片から製作されていて、先端は鋭く尖り、握り部分は厚く幅広となっている。鶴嘴形尖頭器も丁村の特徴的遺物である。三稜大型尖頭器や鶴嘴形尖頭器は、植物の根を掘るためや切断に用いられた

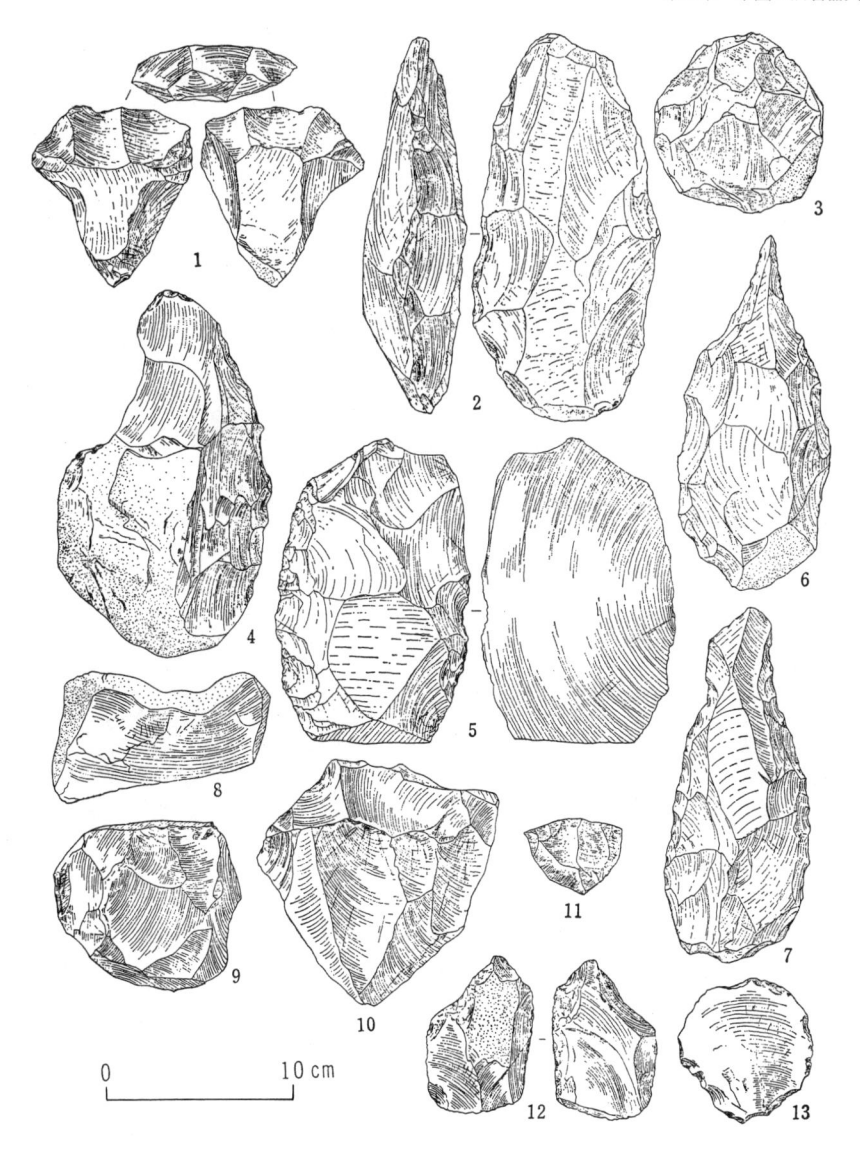

第36図　石器　丁村遺跡出土

と推定される。石球の多くは軟質石灰岩を用いており、加工は細かく形が整っている。重さは500〜1300gである。

　哺乳類動物化石には披毛犀・梅氏犀・徳永象・野馬・赤鹿・原始牛・羚羊などがあり、現生種が22％を占めている。動物化石からその生息環境を考えると当時の気候は相当に温暖で、汾河の氾濫原には草木が群生し、付近の山地には森林が密集していたと推定され、草地や森林での狩猟が盛んに行われていたと推定される。

　丁村遺跡とならんで中期の代表的遺跡とされる許家窯遺跡は、山西省陽高県許家窯村の東南1kmに位置している。(5)発見された石器はきわめて多く、10000点をゆうに越えている。剝片は直接打法によって製作されているが、その技術はそれ以前の段階と比較すると飛躍的な進歩が認められ

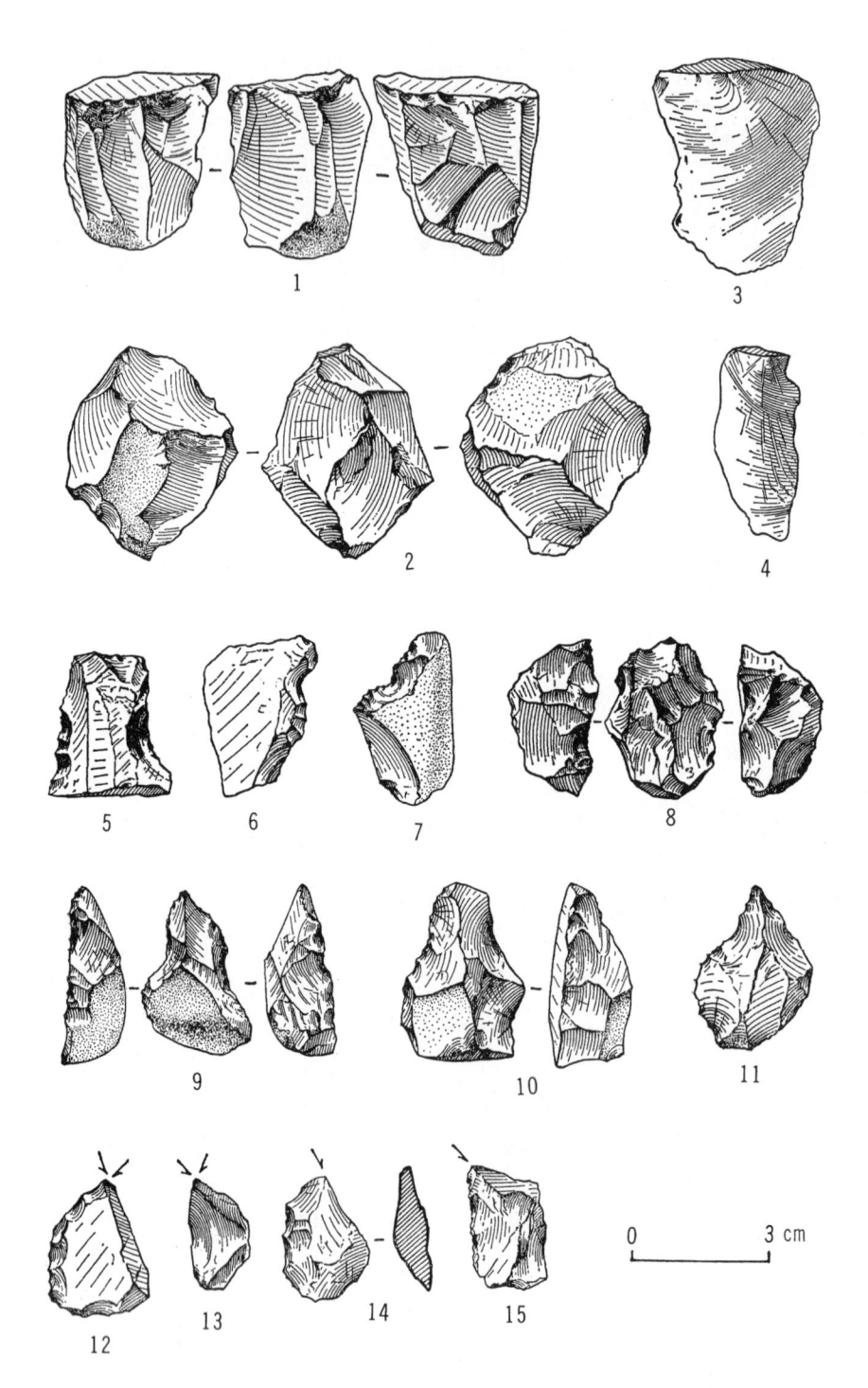

第 37 図　石器　許家窯遺跡出土

る。たとえば原始的な柱状石核が存在し、これは後の細石刃の石核である柱状石核や円錐状石核の元になったものと推定される。石器の種類には石核・剝片・削器・尖頭器・彫刻器・小型礫器・石球などがある。許家窯遺跡の出土の削器は、前時代の遺物に比較して複雑かつ精巧な石器となっている。厚い剝片からつくられた亀甲状削器は捕獲した動物の皮を剝いだり肉を切るのに用いられたと推定される。短身円頭削器は刃縁の加工が細かく、後の細石器技術の風格をもっている。賈蘭坡氏の報告によれば、許家窯遺跡発見の石器は周口店第1地点出土の小型石器（削器・彫刻器）の伝統を受け継ぐもので、さらに後の細石器文化につながる伝統を有しているという（第37図）。

　許家窯遺跡から出土した哺乳類動物の化石には、野馬・披毛犀・ナウマン象・赤鹿・大角鹿・羚羊・原始牛など約20種類がある。これらの動物は狩猟の対称であったと考えられ、骨はすべて砕かれ、肉を食べた後に砕いて捨てたものと推定されている。

　許家窯遺跡の地質学年代は更新世後期の前半に属すると考えられ、それは約10万年前とされている。

　旧石器時代中期に相当する更新世後期の早い段階の化石人類として馬壩人が知られている[6]。馬壩人は1958年に広東省韶関市曲江県馬壩鎮の石灰岩洞穴で発見された中年男性の頭蓋骨化石である。その年代は更新世後期の初頭に位置づけられ、原人につづく旧人の初期の化石に相当すると考えられている。馬壩人の特性は、ヨーロッパのネアンデルタール人とは異なる点も多いが、しかし年代的にも、また化石人類の進化の上においても、ネアンデルタール人に比較しうる東アジアの化石人類である。しかし残念ながら、馬壩人にともなう石器などの文化遺物の出土は確認されていない。

　なお、図版3の7・8・9に示した石器は、北京大学賽克勒考古与芸術博物館に展示されている旧石器時代中期に属する湖南省澧県出土の打製石器である。7・8は削器、9は三稜大型尖頭器である。旧石器時代中期は、すでに述べたように地質学的には更新世後期の前半に相当すると考えられているが、この時期は廬山氷河期と大理氷河期間の間氷期にあたり、比較的温暖な気候であったと推定されている。年代的には15万年から7万年前に相当する。

註
（1）　152 呉新智・憂玉柱、1980、「大荔人及其文化」（『考古与文物』1980年第1期）。
（2）　315 陝西省考古研究所・大荔県文物管理委員会、1996、『大荔——蒲城旧石器』（文物出版社、北京）。
（3）　500 裴文中、1958、『山西襄汾県丁村旧石器時代遺址発掘報告』（『甲種専刊』第二号、中国科学院古脊椎動物研究所）。
（4）　354 中国科学院考古研究所、1962、『新中国的考古収穫』（『考古学専刊』甲種第六号）。373 中国社会科学院考古研究所、1984、『新中国的考古発現和研究』（『考古学専刊』甲種第十七号）。
（5）　99 賈蘭坡・衛奇、1976、「陽高許家窯旧石器時代文化遺址」（『考古学報』1976年第2期）。
（6）　115 広東省博物館・曲江県博物館、1988、『紀念馬壩人化石発現三十周年文集』（文物出版社、北京）。

第4節　旧石器時代後期

　旧石器時代後期を代表する遺跡として、かつては周口店の山頂洞遺跡が取り上げられていた。今

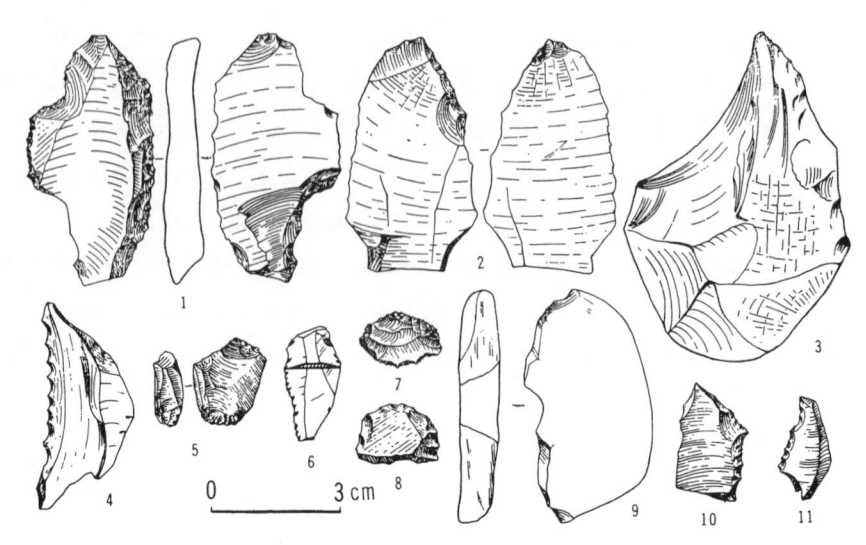

第38図　石器　峙峪遺跡出土

日の旧石器時代の編年においても山頂洞遺跡が後期に属する重要な遺跡であることに変わりはないが、解放後に調査が行われ、この時期に属することが判明した遺跡数も多い。とくに注目される遺跡に山西省の峙峪遺跡・下川遺跡や河南省の小南海遺跡が存在する。旧石器時代後期は、おおむね大理氷河期の時期に相当し、7万年から1万年前と想定されている。

　峙峪遺跡は山西省朔県の西北15kmの黒駝山東山麓、桑干河の平原に面する位置にある。[1]峙峪遺跡出土石器の主体は、細小石器と小剝片で、円頭削器が普遍的に見られ、石鏃とされる石器も確認されている。総合的に見て峙峪遺跡の石器製作技術は、細石器技術の発生段階にあると見ることができる。年代的には、3万年から2万5千年前に属すると推定されている。

　峙峪遺跡発見の石器の原石には、石英脈岩・石英岩・圭質灰岩・玉髄・黒色火成岩などがある。石器には、両極石核・多面石核・剝片・小型礫器・尖頭器・削器・彫刻器・石鏃などがある（第38図）。峙峪遺跡から出土した哺乳類動物化石は、16種類あまりで、現生種が12種、絶滅種が4種であった。現生種としては、虎・蒙古野馬・赤鹿・羚羊・野驢などが代表的で、絶滅種としては披毛犀・オルドス大角鹿・王氏水牛などがあった。これらの哺乳類動物群の存在は、峙峪遺跡付近の当時の自然環境が山麓の広々とした草原で、所々に潅木が生え、気候は年平均気温で今よりやや低く、冬と夏の気候差が大きかったことを示している。

　小南海洞穴遺跡は河南省安陽市の西南30km石灰岩の谷に存在する。[2]洞窟の東南500mには、洹河とその氾濫源が存在している。洞穴内の文化堆積は4〜5mあって、ここに人類が長期にわたって居住し、また石器を製作していたことがわかる。発掘で得られた炭化物や人頭骨に対するC14年代測定の結果では、第6層の木炭（ZK-654）が前22150±500年で、第2・3層の骨（ZK-655）が前9050±500年という結果が得られている。前後1万年以上にわたって、この洞穴で人類が活動していたことが確認されている。

　小南海洞穴出土の石器の石材には、燧石・石英岩・玉髄・石灰岩などがあるが、燧石が90％を占め、石英岩が9.61％で、この2種類の石が大部分を占め、残りはごくわずかである。石器には礫

器・石核類と剝片石器の2種類がある。

　石核には、その形状によって方塊状石核・三角錐状石核・長方塊状石核・柱状石核・尖錐石核・偏平状石核などと呼ばれるものがある。このうち柱状石核は柱型を呈し、いくつかの面に細長い剝離面が認められる。小さな柱状石核は直径がわずか0.3cmほどで、このように小さな石核は細石器文化の遺物中でもまれにしか見られない。

　剝片石器には、剝片・尖頭器・削器がある。剝片には、不規則形剝片・長条形剝片・細長小剝片などがある。細長小剝片は比較的細長く、細石器文化遺物の小剝片に似たものである。剝片の中央に1本の縦の稜があがり、横断面が三角形のものと、比較的幅広で2本の縦の稜があり、横断面が台形のものとの2種類に大別される。尖頭器の形は比較的複雑で、石器中に一定の役割を占め、刺割用具として用いられたと思われる。形は小さく、先端の左右両縁に比較的簡単な加工が施され、片面加工が主で、交互加工は器物の局部のみに応用している。削器は小南海洞穴の石器中最も種類の多い石器で、形も比較的複雑である。削器の刃部は片面加工が一般的であるが、部分的に交互加工の施された遺物もある。削器の形によって、円形削器・縦形削器・楕円形削器・短形削器・双刃削器・多辺削器などと呼ばれるものがある（第39図）。

　小南海洞穴の石器は、小型であることを特色とし、細石器を連想させる剝片も存在する。この小南海の文化は、はるか以前の北京原人文化の伝統を継承し発展してきた文化と見ることができる。

　旧石器時代後期の代表的遺跡として、解放前から周口店山頂洞遺跡が広く知られてきた。[3] 1933・1934年に裴文中によって調査され、人工遺物・哺乳類動物化石・人類化石が出土している。この洞穴は、第1地点（猿人洞）の南西側上部の海抜150m付近に存在する石灰岩の洞穴で、洞穴内には10mほどの堆積があり、5層の文化層に分けられている（図版1-2）。第1層からは、人類の骨の破片、穿孔された歯、骨針が出土し、第2層からは人類の歯、残骨片、穿孔した動物の犬歯が出土している。第3層からの遺物の出土は少なかったが、石灰岩の焼けた跡があった。第4層の上部からは完全な3個体の人類頭骨と軀幹骨が出土し、骨の周辺に赤鉄鉱の粉末がまかれていた。第5層からは動物化石が出土しているが、人類化石や石器・骨角器などの遺物の発見はなかった。

　山頂洞遺跡から出土した石器の類は、わずか25点であるが、石灰岩・燧石・砂岩などを原料にした剝片石器・礫器などがある。石器は一般に粗雑で、石器製作技術のみを見れば、退化しているといわざるをえないが、骨角器や装身具類に見るべきものが多い。骨角器には、骨針・骨管・鹿角棒などがあり、骨針は獣骨を磨いて細長くしたもので、骨管は鳥骨を輪切りにして表面を光らせている。装身具と思われる遺物には、哺乳類動物の有孔犬歯・有孔石珠がある。山頂洞遺跡の遺物には、穿孔と研磨の技術が認められるが、これらの技術はやがて新石器時代に入って発展する技術である（第40図）。また、人骨周囲の赤鉄鉱粉末の散布は、埋葬の可能性を示し、人類の精神面における発展を示している。

　山頂洞遺跡においては、第4層から出土した3個の頭蓋骨を含め7体分の化石人骨が出土している。これらの化石人骨は、人類の進化の過程で新人の部類に入るもので、現在のわれわれにきわめて近い骨格形態をもっている。山頂洞人に関しては、原始蒙古人種の類型に属するとする考えもある。動物化石には、駝鳥・象・穴熊・ハイエナ・虎・豹・野猪・赤鹿・羚羊などがあるが、絶滅種

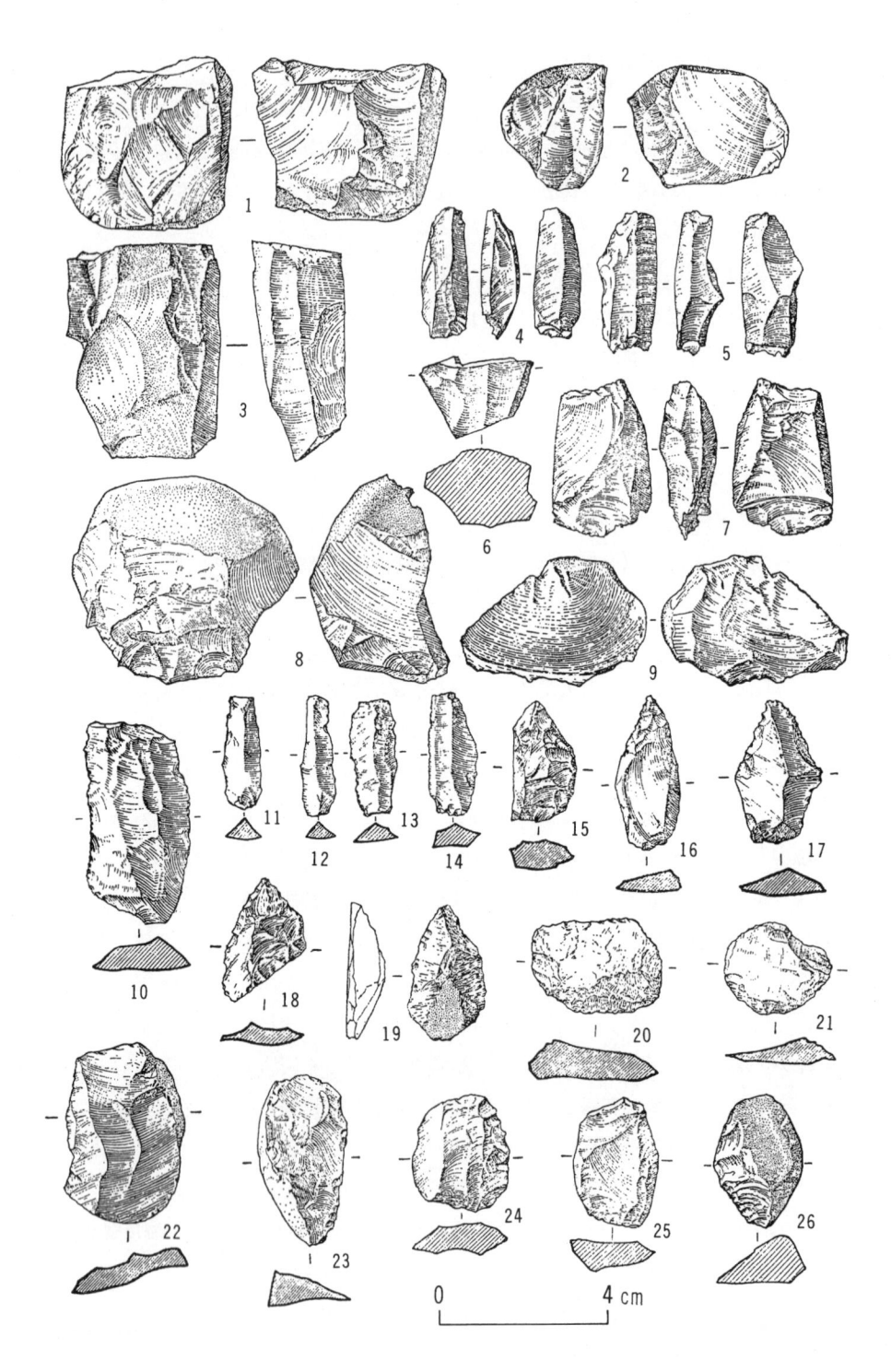

第 39 図　石器　小南海洞穴出土

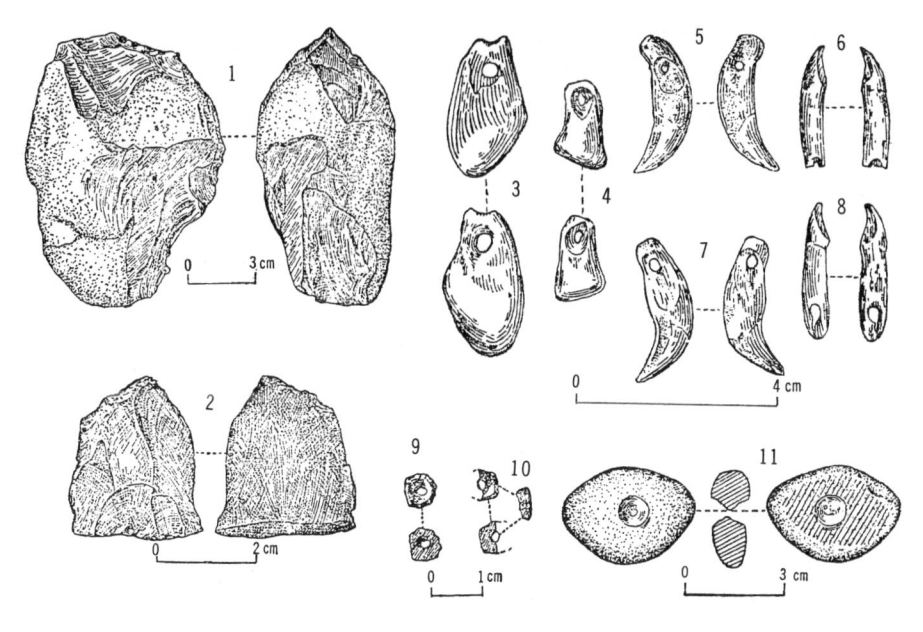

第40図　遺物　山頂洞出土

のほか現生種も少なくなかった。このことは、山頂洞の文化が旧石器時代後期も末期に近いことを意味していると理解されている。

　山西省の垣曲県・沁水県・陽城県の一帯で下川文化と呼ばれる文化に属する旧石器時代後期の遺跡群が発見されている。下川文化の標準遺跡である下川遺跡は、沁水県に存在し、そこは歴山の山麓の間の小さな盆地である。下川文化の遺跡は基本的に層位が一致していて、3層に分けられる。下層と中層は、大型の石器を包含するがその数は少なく、石器の形も単純である。上層には細石刃・細石核と小型の定形石器があり、上層の特色を示しているが、また、加工の細かい大型石器が存在し、新たに鏃や偏平縦長の大型尖頭器などが出現している。下川文化上層の石器には、間接打法で剥離された細石刃を加工した典型的な細石器のほかに、かならずしも典型的な細石器製作技術によって製作されていない小型石器も多数存在している。それらの小型石器は直接打法で剥離され、押圧剥離や直接打法で二次加工されており、その数量は典型的な細石器製作技法で作成された細石器の数よりも多い。石器の種類には、大型尖頭器・小型尖頭器・石鏃・鋸歯縁石器・石核式石器・彫刻器・各種削器・ナイフ形石器・錐状石核・柱状石核・細石刃・石鏃・石皿がある（第41図）。

　下川文化の細石器は、明らかに細石器文化の基本的製作技術と器形を備えていて、形は定型化し、加工は細かである。しかし、新石器時代の細石器と比較すると、間接打法による剥離のほか、伝統的な直接打法の剥離も多く、またしばしば細石刃石核の打面を調整せずに、自然面に打撃を加えて、細小剥片を剥離している点など、細石器製作の上で原始性が認められる。下川文化の細石器は、技術と器形の上から見て、旧石器文化から新石器文化への変化が認められ、やがて新石器文化の中で多用される道具である石鏃や石皿の存在も認められる。下川遺跡の木炭（ZK-384）のC14年代測定の数値は前19750±1000年であった。

　かつて旧石器時代中期に属すると考えられていた寧夏回族自治区霊武の水洞溝遺跡（第42図）や

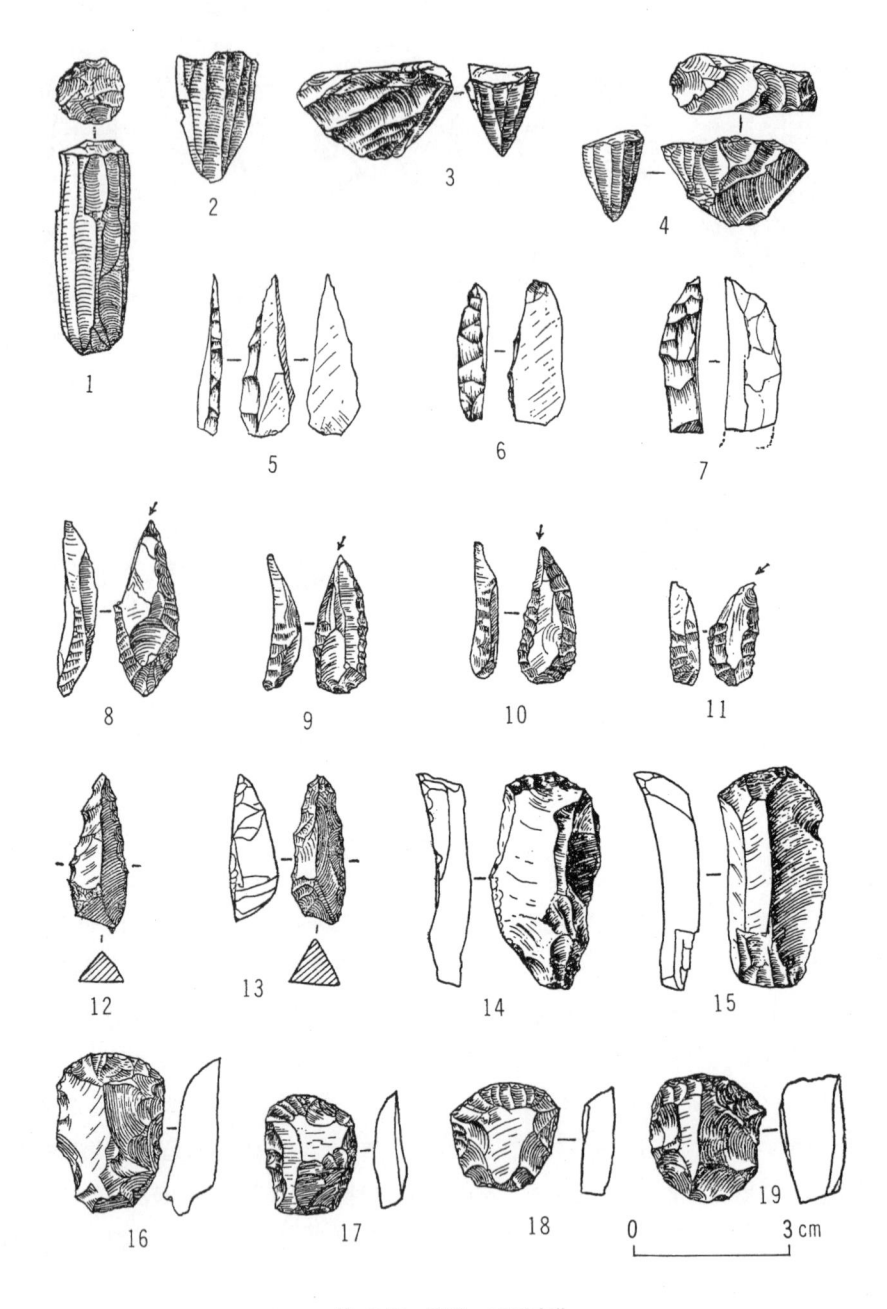

第41図　石器　下川文化

内蒙古自治区伊克昭盟烏審旗のシャラ・オソ・ゴル（紅柳河）遺跡は、今日では旧石器時代後期の遺跡と考えられるに至っている。かつてこれらの遺跡出土の石器は、河套文化の名前で総称されたが、最近は、水洞溝文化とシャラ・オソ・ゴル文化に分けて呼んでいる。水洞溝遺跡の石器は直接打法で製作され、普通の石核のほか柱状石核もあり、縦長の剝片や石刃も含まれている。加工は比較的細かく、比較的大型の尖頭器と削器が多い。シャラ・オソ・ゴル（紅柳河）沿岸では旧石器時代後期に属する多数の化石人骨が発見され河套人の名称で呼ばれている。河套人が用いたと思われる小型の石器群も発見されていて、これをシャラ・オソ・ゴル文化と呼んでいる。

また、1951年に四川省資陽県の黄鱔渓（九曲河）における橋梁工事時に岸辺の工事現場で頭部の化石人骨が発見され、資陽人と呼ばれた。この化石頭骨は、第3層から出土し、当初、伴出した哺乳類動物化石や地層からこの第3層は旧石器時代後期に属し、したがって化石人骨もその時期に属するとされたが、出土した木片（ZK-19）に対するC14年代測定の結果が、前5535±130年（経樹輪校正、前6222-前5989年）と出たために、旧石器後期とする年代に疑問が投げかけられた。しかし、最近の再調査で黒檀木炭（PV-160）に対するC14年代測定では、前37350±2500年の年代も出て、頭骨のもつ原始的な要素から、ふたたび旧石器時代の新人化石人骨と見る向きが強くなっている。

第42図　水洞溝遺跡　寧夏回族自治区霊武県

註
（1）　102 賈蘭坡・蓋培・憂玉柱、1972、「山西峙峪旧石器時代遺址発掘報告」（『考古学報』1972年第1期）。
（2）　8 安志敏、1965、「河南安陽小南海旧石器時代洞穴堆積的試掘」（『考古学報』1965年第1期）。
（3）　620 Pei Wenchung, 1939, THe Upper Cave Industry of Choukoutien. "Paleontologia Sinica" New Series D. No. 9.
（4）　38 王建・王向前・陳哲英、1978、「下川文化――山西下川遺址調査報告」（『考古学報』1978年第3期）。
（5）　501 裴文中・呉汝康、1957、『資陽人』（『甲種専刊』第一号、中国科学院古脊椎動物研究所）。
（6）　265 成都地質学院第四紀科研組、1974、「資陽人化石地層時代問題的商榷」（『考古学報』1974年第2期）。

第5節　中国旧石器文化のまとめ

　最初に述べたように、東アジアの人類の歴史を250万年と仮定すると、旧石器時代はその大部分の249万年間を占めることになる。新石器時代・青銅器時代・鉄器時代を合わせても1万年から1万1千年ほどの歴史にすぎない。したがって人類の歴史上、旧石器時代が時間的に重要な意味をもっていることは明らかであるが、その歴史を極論をもってすれば、直接打法の原始的な打製石器から間接打法・片面加工・両面加工・押圧剥離の精緻な打製石器への発展であったともいえる。もちろん人類は、緩やかな生物学的な進化と社会変化を遂げてはいたが、人類が経験した近1万年の知識の増加・歴史的進歩・社会変化に比較すれば気の遠くなるほど緩やかな変化・発展であったといわざるをえない。
　中国に存在する旧石器関係の遺跡は、本書の中で紹介した以外にも、きわめて数多くの遺跡が知られている。ここでは、黄河領域で発見されている著名な遺跡を中心に取り上げたので、長江流

域・華南の遺跡や東北の遺跡に関しては詳しく紹介しなかった。それらの地域にも多数の重要な旧石器時代遺跡があることを忘れてはならない。また、近年の元謀人や巫山人などの新第三紀鮮新世から更新世（洪積世）前期にかかる化石人類の発見は、現在の中国の領域も人類発祥の地として重要な場所であることを物語っている。

　中国の旧石器文化には、全時代と全地域を通して共通の特色と伝統があるといわれている。剝片石器が多く、剝片石器についで礫器と石核石器が多く、直接打法と片面加工で石器を製作している。石器の器種としては礫器・尖頭器・削器などがあるが、尖頭器と削器が大部分を占めている。広範囲にわたって、このような共通の特色を有しながらも、時代の進展とともにそれぞれの石器は発展・変化しているという。また中国の各時代の古人類化石には、上顎の門歯が鏟形であること、下顎が後退していること、頬骨が垂直で前に出ていること、眼窩上隆起が比較的発達していることなど共通の特色があるともいわれている。中国においては、中国の化石古人類の進化と発達は連続的で、明確な継承関係をもっているとする説が有力で、山頂洞人など後期の化石人骨に関しては、それらの人種が蒙古人種につながるとする説もある。

　中国科学院古脊椎動物与古人類研究所の賈蘭坡氏は、かつて中国の旧石器文化には、匼河・丁村系の大型石器の文化系統と、周口店第1地点・峙峪系の小型石器の文化系統があると述べたことがある。賈蘭坡氏によれば匼河・丁村系の大型石器の文化は華北の農耕文化に発展し、周口店第1地点・峙峪系の小型石器の文化は華北新石器時代の細石器文化に変化したという。賈蘭坡氏のこの学説は単純明快ではあるが1970年代に提唱された説で、学史的には重要な意味をもってはいるが、今日の新しい旧石器文化研究資料から考えると、中国の旧石器文化はそれほど単純なものではないと思われる。旧石器時代後期に入ると石器製作技法は飛躍的な発展を果たし、すぐれた直接打法の技術を有すると同時に、間接打法を使用して典型的な細石器を出現させた。骨角器製作の面では、切断と磨製と穿孔の技術を用い、これらの技術はやがて出現する磨製石器の技術に共通し、さらに鏃と弓の出現は狩猟と漁労の取得物を増加することによって食料となる動物・魚類を拡大した。これら人類が発明した新しい諸技術は、まもなく出現してくる農耕や土器生産とともに次の新石器文化につながっていく重要な文化的要素であった。

　　註
（1）　103 賈蘭坡・尤玉柱、1972、「山西懐仁鵝口石器制造場遺址」（『考古学報』1973年第2期）。

第3章 新石器時代

第1節 中国における新石器文化研究

　中国では、前9000年を前後する頃、新石器時代に入る。考古学では、新石器文化の指標として磨製石器の使用をその基準としている。この定義は中国の新石器文化に関しても例外ではない。新石器文化の特徴を示す要素としては、磨製石器の有無のほか、土器使用の有無、農耕活動の有無などいくつかの要素が指摘できる。角田文衛氏は、『古代学序説』(1)および『世界考古学事典』(平凡社、1979)において、新石器時代の特色として、決定的に重要なのは石器の磨製法であって、土器の製作・農耕・牧畜は、新石器文化の属性であって本質ではない、と述べている。しかし、中国の新石器文化の場合は、新石器文化の属性とされる農耕の開始と土器使用の開始がとくに重要な意味をもっていると考えてよいであろう。華北における粟栽培と華南における稲栽培の起源は、とくに歴史的に重要な意味をもっている。

　旧石器文化の指標である打製石器を使用していた時代から、一部に磨製石器の使用が開始された時代への変化は、確かに考古学の時代区分の上で、重要な意味をもつ。しかし、その石器製作上の技術変化は、採集経済のみの社会から穀物を栽培する農耕社会経済への変化、粘土を熱によって化学変化させる技術の習得、つまり土器製作の開始とその土器を使用しての煮沸方法の習得などの技術進歩によってもたらされた社会変化には、とても及ぶものではない。広大な中国の地において、第四紀完新世(沖積世)に入って開始された新石器文化は、穀物を栽培する農耕活動と土器の使用によってその歴史的な意味が成立したと解釈すべきである。

　中国新石器文化の文化内容は、その年代と地域によって千差万別の姿を呈しているが、中国の東半分の地域を巨視的にみると、黄河流域およびその周辺における粟栽培文化と、長江流域および長江流域以南の地域における稲栽培文化の2つの文化基盤から成り立っているともいえる。中国の新石器時代文化を黄河流域を中心とした粟栽培文化と、長江流域以南を中心とした稲栽培文化の2つに大別する見解は、新中国成立後に長江流域において多くの稲作文化遺跡が発見され、その結果出現してきた考え方である。従来は黄河流域の新石器文化研究が中心で、古くは、黄河流域の新石器時代を彩陶を用いた仰韶文化と、黒陶を用いた龍山文化に分ける考えが一般的であった。しかし今日の中国考古学においては、黄河流域の新石器文化と長江流域の新石器文化を総合的に取り扱うようになっている。

　1949年の新中国成立後の中国全土の建設にともなって、多数の遺跡が発見され、活発な考古調査

が広く全土にわたって行われた。そのなかで発見された新石器時代遺跡の数は膨大なもので、その結果、従来知られていなかったきわめて多くの新事実が明らかとなった。新たな遺跡の発見にともなって、多くの新しい文化名称が設定され、発見された数々の新石器時代遺跡・遺物に対しての考古学的解釈、歴史的解釈を組み立てることが可能となり、新石器時代開始の年代は従来考えられていた年代よりも少なく見ても4000年はさかのぼって考えられるようになっている。このような研究現状から今日の中国新石器文化研究はまったく新しい局面を迎えていると見ることができる。

黄河中流域では仰韶文化に先行する彩陶をもたない粟栽培文化の存在が明らかとなり、さらに仰韶文化と龍山文化をつなぐ過渡的変化をもった文化の設定も可能となっている。また同時に仰韶文化それ自体の細分もきめ細かに行われている。黄河の下流域においては、龍山文化に先行する彩陶をもつ大汶口文化の存在とさらに大汶口文化に先行する文化の姿も明らかになりつつある。また、黄河の上流域では、甘粛仰韶文化の編年が新しい視点から見直されている。また、龍山文化併存時代の諸遺跡から金属器が相次いで発見され、龍山文化すなわち新石器時代後期に属するとする従来の説と、龍山文化を金石併用時代と考える新たな説が、文化設定上の新たな問題を提起している。

長江流域における新石器文化の開始時期が、仰韶文化時代をはるかにさかのぼることはすでに常識となり、また長江流域の稲作をともなう新石器文化研究は、解放後の1949年以降、著しい情報の増加を見せている。長江中・下流域における前6000年以前にさかのぼる初期の稲資料出土遺跡の発見、仰韶文化併存時期の稲作文化の存在、黒陶をともなう稲作文化の発見などがあり、それらは、すべて従来の仰韶文化と龍山文化の枠組みの外にある文化内容をもっていた。

華南地区あるいは北方草原地帯においても多数の新石器時代遺跡が発見され、それらの遺跡のいくつかを標準遺跡として文化名称が設定されるようになっている。それら華南地区や北方草原地帯の諸文化は中原の仰韶文化や龍山文化と多くの関係を有しているものの、これもまた従来の仰韶文化概念や龍山文化概念の枠外にある文化と見ることもできる。

中国における新石器文化の開始時期は、およそ前9000年頃と推定され、終了時期に関しては前2000年から前1500年頃とする各説があるが、筆者は前2000年頃と推定している[2]。この約7000年間に及ぶ長い時間を、筆者は新石器時代前期・中期・後期に分けて考えている。前期は前9000年から前5000年頃で彩陶が出現する以前の新石器文化である。中期は前5000年から前3000年頃で広く彩陶系の土器が用いられ、黄河流域の彩陶文化は仰韶文化とも呼ばれている。後期は前3000年から前2000年頃で青銅器出現以前の新石器文化で、この時期の黄河中・下流域の文化は龍山文化の名称で呼ばれることもある。中国においては一部の研究者の間で、龍山文化を金石併用時代あるいは金属器時代とする考えが存在する。確かに龍山文化あるいはその併存時代の遺跡からは、紅銅や青銅の遺物が少量発見されているが、出土量は極微量で紅銅や青銅が社会や経済に与えた影響はごく小さなものであったと考えざるをえない。農工具などの利器の材料は、すべてが石器・骨角器であったといっても過言ではない。したがって筆者は、龍山文化を本質的に新石器時代に属する文化と考えている。

中国新石器文化は、各地域によって地域的な発展段階があると同時に、共通の要素も強い。黄河流域においては、新石器文化前期の段階に錐足鉢形鼎や双耳壺を有し、Ｚ字紋・篦紋・櫛目紋のあ

る一群の土器が、広範囲に分布している。また中期の段階に入ると各地域の各種の文化の中につねに彩陶系統の土器が見られ、広義の彩陶の分布は、黄河・長江両流域のほぼ全域に分布している。この段階の文化は、仰韶文化・大汶口文化・馬家浜文化によって代表される。後期の段階に入ると、鬹・盃・豆・貫耳壺などの器形が全国的に出現し、泥質灰陶とあわせて黒陶の存在がめだってくる。この時期を代表する文化は、各地の龍山文化であるが、農耕技術が飛躍的に進歩し、小量の金属器の出現や版築土塁の出現が認められる。

　中国新石器文化研究の中で今日とくに注目されている研究課題には、穀物栽培文化開始の問題、土器使用開始の問題など、新石器文化前期を中心とした課題があげられる。その他、新石器文化と青銅器文化の過渡的時代の金属器出現の問題、環状土塁集落や都城遺跡出現期の問題なども関心の高い研究課題である。またわが国の学者を中心に関心の的となっているのが、稲作農耕開始と稲作農耕伝播の問題である。

　また、1981年に蘇秉琦が、「区系類型論」を提唱して以来、1980年代後半に入ってからは、とくに中国の学者を中心に区系類型論が盛んに議論されている。区系類型論はかならずしも、新石器時代にかぎっての議論ではないが、新石器時代の区・系・類型を中心に議論が展開されることが多いことも確かである。区系類型論は、考古学的文化を型式学的に分類する方法で、区は空間的な区分、系は時間的な系統、類型は時空的細分で、これらによって考古学的文化の単位を認識し、これによって考古学的諸文化の関係を明らかにしていく方法論である。

註

（1）　456 角田文衞、1954、『古代学序説』（山川出版社、東京）。
（2）　中国では新石器文化の終了時期を前2000年頃とする学説が有力で、前2000年から前1500年の約500年間を青銅器文化としての夏王朝の時代に比定する研究者が多い。
（3）　340 蘇秉琦・殷瑋璋、1981、「関于考古学文化的区系類型問題」（『文物』1981年第5期）。

第2節　新石器時代前期文化

（1）　新石器時代前期前半の文化

　中国における新石器時代前期の文化は、大きく前半と後半に分けることが可能である。新石器文化の必要十分条件が磨製石器の存在であるとする定義についてはすでに紹介した。しかし、それにもまして、新石器文化において重要な要素は穀物栽培農耕文化の存在と土器の存在である。新石器文化の発展段階を、磨製石器の出現、穀物栽培、土器の出現に求めたとき、新石器文化前期前半は、磨製石器の存在が確認されていても、発掘資料として、今日のところ穀物栽培農耕や土器の存在が確認されていない時代である。このことは穀物栽培や土器の生産が行われていなかったことを意味するのではなく、考古学的な研究の上でそれらの存在が曖昧で、その存在を実証できないことを意味している。磨製石器が存在しても穀物栽培の確認が得られず土器の存在も確認できない文化、あ

るいは磨製石器が出現し穀物栽培が行われても土器の出土を確認できない文化、あるいは土器の存在が確認されても穀物栽培の確証を得ることのできない文化である。

この前期前半の遺跡として、山西省北部の桑干河流域の懐仁県で発見された鵝毛口遺跡が知られる。この鵝毛口遺跡からは、石鍬や石鎌に類似した石器の出土が報告されているが、土器の出土は報告されていない。鵝毛口遺跡出土の石器には、石核・剥片・礫器・尖頭器・削器・握斧・亀甲状斧形器・磨製石斧・石鍬・石錘・石鎌・湾曲尖頭器などがある。石核・礫器・尖頭器・削器・握斧などの石器は旧石器時代の石器と共通する形であるが、磨製石斧・石鍬・石鎌の類は、新石器時代の石器群の特徴を示す形である。鵝毛口遺跡の石器に含まれていた磨製石斧は、この文化が新石器文化に属すると結論づける重要な条件になりうる遺物である。この磨製石斧は長さ7.4cm、幅3.4cmほどの遺物で刃部が欠けている。

鵝毛口遺跡出土の石器には、石鍬・石鎌など、農耕活動の可能性を暗示する石器が含まれているが、しかしながら、確証をもって農耕が行われていたことを実証しうる植物遺体などの遺物は含まれていない。また鵝毛口遺跡の文化が、土器をもっていたかどうかは不明である。今日いえることは、鵝毛口遺跡からは土器の出土がなかったということだけである。鵝毛口遺跡において、農耕と土器の存在を確認できなかった事実は、それらが存在しなかったことを意味しているのか、この遺跡がたまたま石器製作所であったために農耕の痕跡と土器を文化層に残さなかったにすぎないのか、不明である。鵝毛口遺跡の年代は、かならずしも十分に明らかになっていないが、おおよそのところ前9000年から前8000年の間に入るものと推定される。

東アジアにおける最古の土器に関しては、不明の点が多い。C14（放射性炭素）年代測定の結果を見るかぎりにおいては、東アジアにおける最古の土器は、日本の縄紋時代草創期の豆粒紋土器や隆起線紋土器などである可能性が強い。わが国の長崎県北松浦郡吉井町の福井洞穴遺跡第3層からは、隆起線紋土器が発見され、C14年代測定で前10550±350年（半減期5568年）あるいは前10750±500年（半減期5568年）の値が示されている。中国でも、日本の最古の土器群に前後する古い年代を示す土器の出土が伝えられ、可能性としては、日本最古の土器の年代をさかのぼる土器が存在しても不思議ではない。

最近になって華北においても古い土器の出土が伝えられている。河北省徐水県の南荘頭遺跡からは前8000年以前にさかのぼる土器の出土が伝えられている。この遺跡からは石皿や磨石が出土し、焼き畑の可能性が考えられているほか、豚の飼育の可能性も考えられ、家畜としての豚・犬・鶏の骨が検出されている。南荘頭遺跡は中国における最も古い新石器時代遺跡の中に入る。第6層から出土した木材（BK89064）はC14年代測定で前8560±110年の数値を示している。

長江以南で新石器時代前期に属する土器の出土で注目される遺跡のひとつが江西省万年県の仙人洞遺跡である。万年県付近は、南北1km、東西4kmほどの盆地で、盆地の周囲には石灰岩の山が形成され、山麓に仙人洞洞穴は存在する。洞穴の奥行きは、約40mに達している。この仙人洞遺跡は、1962年と1964年に発掘が行われ、1962年の第1次発掘の報告では、第1・2層の堆積を主体とする第2期文化と、第3層の堆積を主体とする第1期文化に分けている。前者を上層文化、後者を下層文化と呼んでいる。この上層・下層の文化堆積は一連の相通じる関係を示しているが、発展段階の

上で一定の違いが認められる。

　出土した文化遺物は豊富で、石器・土器・骨角器があり、また、多くの獣骨があった。打製石器には礫器・削器などがあり、磨製石器には有孔石器・砥石・鑿・鏟などがみられた。骨角器には、針・錐・銛先・鏃などがある。石器や骨角器、獣骨

第 43 図　土器片　仙人洞洞穴出土

からは、狩猟や漁労などを主体とした採集経済が行われていたであろうことが推測されるが、積極的に農業活動の痕を証明する遺物は発見されていない。また、家畜や家禽と推定される動物の骨も出土していない。

　土器はすべて破片であるが、夾砂粗紅陶と夾砂灰陶が主体である。土器の器形は丸底の罐があるだけで胎土の質は粗く、石英粒を混ぜている（図版5の1）。下層の土器の紋様は単純で内外両面とも縄紋を施しているが（第43図）、これらの土器を東アジアにおける最古の土器のひとつと見る考えがある。その根拠は、仙人洞遺跡上層出土の貝片（ZK-39）に対するC14年代測定の値が、前8920±240年の年代を示したことにある。しかし、一方下層出土の骨（ZK-92）の年代はC14年代測定で前6875±240年の値を出し、堆積層位と矛盾している。したがってこのようなC14年代測定の結果に疑問をもつ考えも強い。

　仙人洞遺跡では、稲のプラント・オパールが見つかり、それは前10000年以前になるとの見解もあるようであるが、かならずしも栽培種の稲と結論づけることはできない。また湖南省道県の玉蟾岩洞穴でも前8000年といわれる尖底罐の土器片とプラント・オパールの発見が伝えられているが、このプラント・オパールも野生種の稲と考えた方が今日の考古学の組立の上からは合理的と思われる。

(2)　新石器時代前期後半の文化

　1970年代以降、黄河流域においても彩陶文化に先行する土器をもち、本格的な穀物栽培を行っていた文化の存在が明確になってきた。それらの文化は、磁山文化や裴李崗文化と呼ばれている文化である。磁山文化は河北省武安県の磁山遺跡を標準とし、また裴李崗文化は河南省新鄭県の裴李崗遺跡を標準とする文化である。この2つの文化はたいへんよく類似し、その文化内容は、磨製石器類と土器を有し、穀物栽培農耕を行い、家畜を飼うなど新石器文化として相当に発展していたと考えられている。この種の新石器文化は比較的広範囲に広がり、黄河流域を中心として華北全体に類似した文化の分布が見られる。

　磁山遺跡は、河北省武安県の西南20kmに存在する。遺跡は太行山脈の山麓、洛河の北岸の台地上に位置している。1976・1977年に発掘が行われ、住居址・灰坑・墓などの遺構や土器・石器・骨角器などの遺物が発見され、華北における仰韶文化より古い新石器時代前期の遺跡のひとつと考えられている。

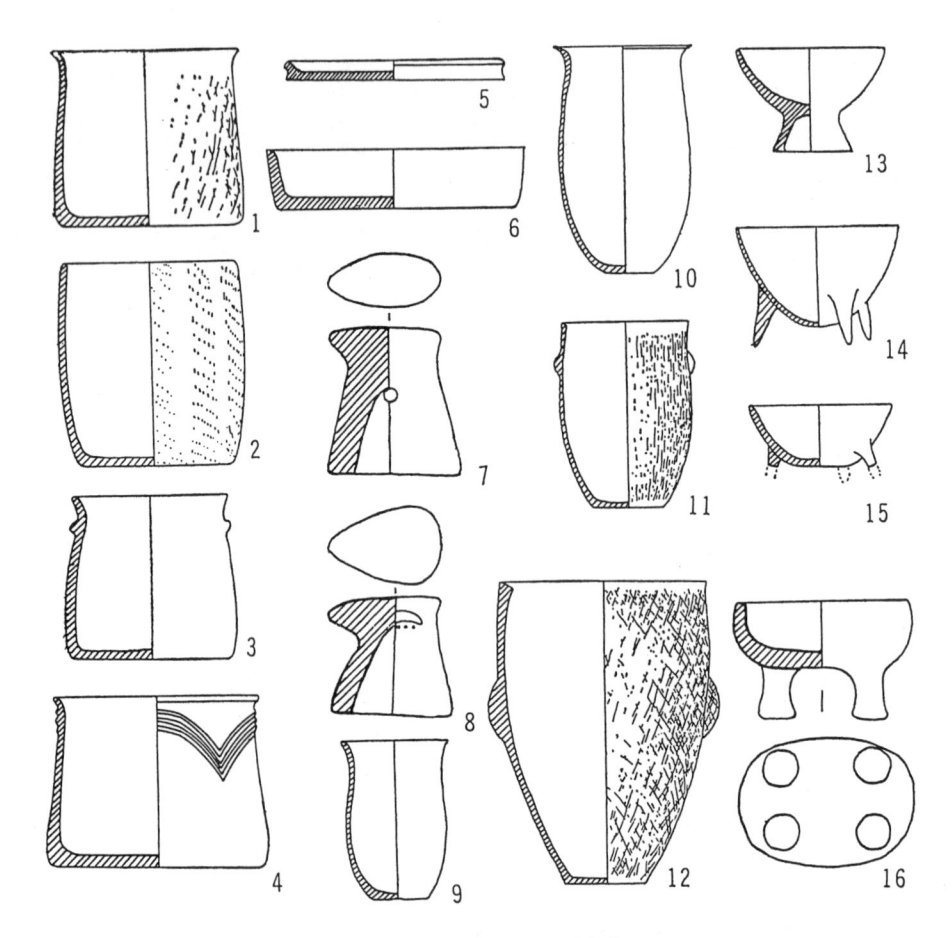

第44図　土器　磁山遺跡出土

　磁山遺跡出土の土器には彩陶の類はほとんど見られず、土器の焼成温度は低く、700～900度前後の温度で焼かれたと推定されている。土器のつくりは一般に粗雑で、夾砂褐陶や泥質紅陶が主である。無紋の土器が多いが、浅細縄紋・縄紋・篦紋・櫛目紋・刺突紋などの紋様が施されているものもある。土器の器形には、楕円形盂・深腹罐・双耳壺・碗・円底鉢・三足鉢・盤・小杯などがあり、靴形の五徳も特色ある遺物である（図版4、第44図）。石器には、耕具として用いたと考えられる磨製の石鏟、収穫具として用いたと考えられる石鎌などが存在する。また一種の工具と推定される磨製の石斧・石錛・石鑿などのほか、墓の副葬品として石磨盤と呼ばれる楕円形の石皿や磨棒と呼ばれる石棒（磨石）の類が出土している。骨角器には狩猟用の鏃、漁猟用の銛がある。

　磁山遺跡では、多数の灰坑が発見され、灰坑からは粟の堆積や、豚・犬・牛・鶏などの骨も発見されている。灰坑は、黄土中に掘られた一種の貯蔵穴である場合が多いが、貯蔵穴として利用しなくなった後に、塵捨ての穴として利用し豚や鶏の骨を捨てたのであろう。磁山遺跡の80ヵ所の灰坑中に穀類を貯蔵した痕跡が認められた。たとえば、H346号と呼ばれる灰坑は、坑口の長さ1.1m、幅0.9m、深さ3.65mで、灰坑の上部に1.65mの厚さに灰土が詰まり、その下に厚さ0.4～0.6mの黄色黄土がさらに詰まり、その下が空洞で、灰坑の底に1mに近い穀類の堆積があった。同じような灰坑であるH65号と呼ばれる穴から出土した穀類は、鑑定分析の結果、それが粟であることが

判明し、磁山文化の主たる栽培穀物類が粟であると考えられるに至った。灰坑から出土している豚・鶏・犬などの哺乳類動物は、その骨に対する鑑定研究によって家畜化した動物のものであると考えられている。磁山遺跡発見の豚や鶏の骨は、東アジアにおける最も古い養豚と養鶏の存在を明らかにした資料である。中国では、すでに新石器時代前期に、現代中国の食文化の基本である粟・豚肉・鶏肉・鶏卵の組合せが確立していたと理解される。

磁山遺跡から出土した木炭のC14年代測定の結果は、木炭（ZK-439）が前5405±100年（経樹輪校正、前6100-前5960年）あるいは木炭（ZK-285）が前5285±105年（経樹輪校正、前6032-前5750年）などの値を示している。磁山遺跡の年代は、おおよそ前6100〜前5000年の間と推定される。

磁山文化にきわめて近い文化内容をもつ文化に裴李崗文化がある。磁山文化と裴李崗文化は同一の文化とも見えるが、またそれぞれの文化がもつ石器・土器の特色もあり、別の文化として取り扱われている。裴李崗遺跡は、河南省新鄭県の西北約7.5kmの裴李崗村の西辺に存在している。遺跡は、双洎河の北岸の台地上に位置し、面積は約20000m²の広さを有している。文化層はかならずしも厚く

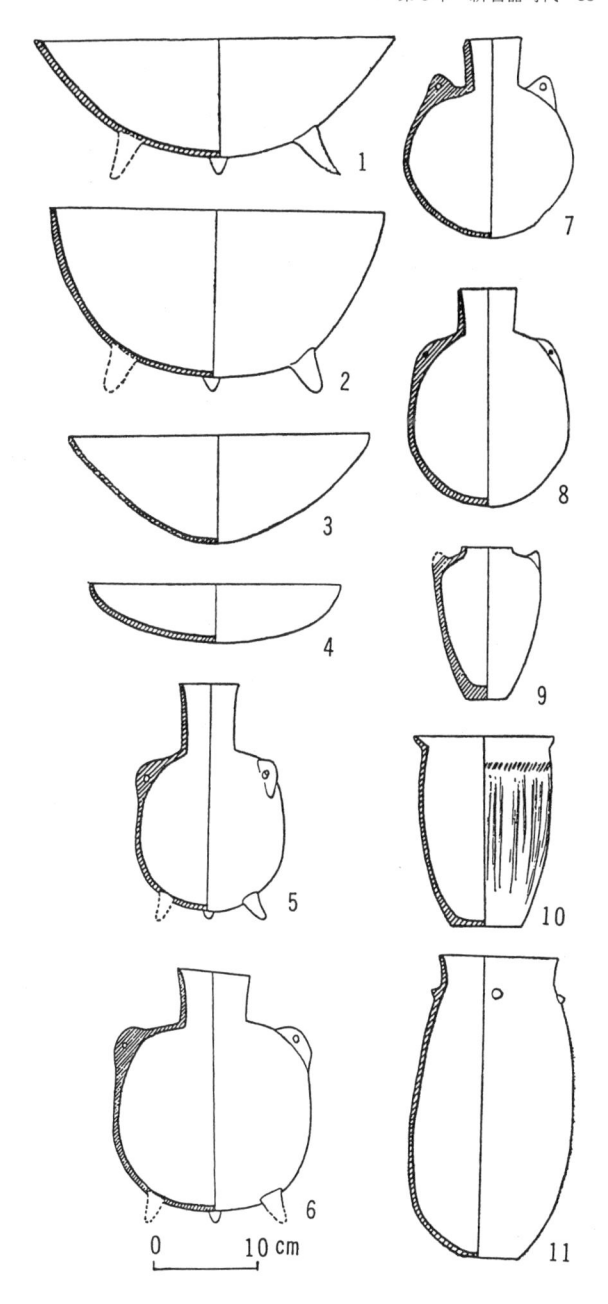

第45図　土器　裴李崗遺跡出土

はないが、灰坑や窯の発見のほか、多くの墓が発見されている。裴李崗遺跡で発見された114基の墓はすべて長方形竪穴墓であった。墓の副葬品としては石皿・石棒・石斧・石鏟・石鎌・土器などが発見されている（図版4）。

裴李崗遺跡出土の土器は、紅褐色砂質陶と泥質陶の2種で、土器の紋様は無紋のものが多いが、Z字紋・平行櫛目紋・籠紋などが認められ、彩陶は存在しない。土器の器形には、磁山遺跡出土土器の器形によく似た深腹罐・碗・円底鉢・三足鉢・三足盆・双耳罐・楕円形碗などがある（第45図）。石

器としては、石皿（石磨盤）・石棒（磨棒）・石鏟・石鎌があり、石皿・石棒は磁山遺跡出土のものによく似ている。石鎌は、弧形を呈し、刃部は鋸歯状で、付け根に抉りがある。この鋸歯を有する石鎌は、一般につくりが精巧で、石皿・石棒とならんで、この文化の特徴的遺物である。

裴李崗文化の年代は、その文化内容から考えても磁山文化と同年代と推定されるが、裴李崗遺跡出土の木炭に対するC14年代測定の結果によると、木炭（ZK-454）が前5495年±200年（経樹輪校正、前6230-前5589年）、あるいは木炭（ZK-571）が前5195±300年（経樹輪校正、前6090-前5540年）などの値が出ている。

山東省方面の考古調査が進むにしたがい、従来知られていた新石器文化に先行する古い新石器文化の存在が明らかとなってきている。1978・1979年に、山東省滕県の北辛遺跡で発見された新石器文化は、年代的に黄河中流域の磁山・裴李崗文化に併存するか、やや新しいと考えられている。[8] 北辛遺跡は滕県の東南25kmの薛河の北岸に位置している。北辛遺跡で発見された遺構は、ほとんどすべてが灰坑で、60基ほど発見されている。発見された遺物には、石器・骨角器・土器があり、北辛文化の名称で呼ばれ、磁山・裴李崗文化に類似した文化と推定されている。発見された土器の器形には、三足鉢・双耳罐・支座（五徳）などがある。三足鉢は、磁山・裴李崗文化に見られる三足鉢にきわめて類似している。北辛遺跡からは豚の頭骨・下顎骨が多数発見され、北辛文化においても養豚が盛んであったことが知られている。北辛遺跡の年代については、北辛遺跡から出土した木炭（ZK-778）がC14年代測定で前4265±150年（経樹輪校正、前5210-前4780年）の値を示しているが、おおむね前5300年から前4300年頃の新石器文化と推定されている。

磁山・裴李崗文化、北辛文化は、相当に発展した農耕社会であったと推定される。出土した耕起具・収穫具・粉砕具・製粉具、炭化した粟粒などは、これらの文化が草創期の農耕状態を脱皮し、相当な発展段階に達した農耕社会を成立させていたことを示している。

磁山・裴李崗文化、北辛文化の遺跡から出土する石磨盤・磨棒と呼ばれている石皿と石棒は、初期農耕文化における粉食の食習慣を示していると藤本強氏が述べられたことがある。[9] 土器のない文化では穀類を煮たり、蒸したりする手だてがない。土器を使用せずに穀類を加熱調理する方法は、穀類を粉にし、水を加え練った後にそれを焼く方法が最も簡便な方法である。このような加熱方法は後期旧石器時代から行われていたと推定されるが、穀類を粉にするためには、磨臼・磨石が必要で、土器のない初期農耕文化においては磨臼・磨石が重要な調理加工道具であったと考えられる。磁山・裴李崗文化の石磨盤・磨棒はそれらの多くが墓の副葬品であるとはいえ、初期農耕文化の調理加工具の伝統を直接的に受け継ぐ製粉用の道具と推定される。中国においては新石器時代前期に麦の存在はなかったものと考えられ、磁山遺跡では先に紹介したように相当量の粟が出土している。したがってこの段階の黄河中・下流域の新石器文化が、粟を粉にし、調理加工していた可能性を否定することはできない。

そもそも人類が土器を使用するようになった理由は、食物、とくに穀類を煮沸する必要があったことによるものと推定される。食物を焼く場合は、鍋釜の類がなくとも可能であるが、水を利用して煮たり蒸したりする場合には土器や金属の鍋釜が必要である。人類が最初に食物に加熱することを覚えた時は、焼く調理方法であったと推定される。穀類を粒のまま焼くことは困難で、穀類を粉

にし、水を加えて練り、餅状の食べ物にし、それを加熱する粉食を行っていたと考えられる。やがて土器を利用することによって粒のままの穀類を煮沸することが可能になったと推定される。

長江流域・淮河流域以南の地域では、近年、東アジアの新石器文化研究の上でとくに重要な発見と研究が相次いでいる。その中でも興味のある研究の展開は、稲および稲作農耕文化の起源がしだいに古くなっていることである。長江流域以南地域の新石器前期の遺物には、磁山・裴李崗文化に見られるような石磨盤や磨棒をともなう顕著な例がない。石磨盤や磨棒が存在しないことは、それらの道具で粉をつくる行為が行われなかったことを意味し、粉食を行わなかった可能性を示している。粉食を行わない場合には、穀類を粒のまま煮たり蒸したりしたと考えざるをえない。穀類をつぶのまま煮たり蒸したりするには、土器が必要である。長江以南から両広地区にかけての地域では、稲作農耕開始以前の早い時期から、野生稲の採集が行われていた可能性が高い。野生稲の採集後の加工・調理方法としては、長江以南・両広地区では、米を粒のまま煮沸したと考えられる。煮沸するにあたっては土器の利用が欠かせず、したがって、長江以南・両広地区に、新石器時代初頭の中国最古の土器が存在する可能性はきわめて高いといわざるをえない。

長江流域以南でいつごろ最初の農耕文化が開始されたかは、まだ明らかでない。しかし、黄河流域で粟を栽培する新石器文化が発達したのに対し、長江流域では、稲を栽培する農耕文化が早くから存在していたことが知られる。中国における稲作栽培の古い遺跡は、長江の中・下流域に存在する傾向が強い。中国新石器文化遺跡の中で、炭化米・稲籾・稲茎・稲葉などの稲資料に関係する自然遺物を多量に出土する遺跡は、浙江省・江蘇省・安徽省・湖北省・湖南省などの長江中・下流域の各省内に分布している。

断片的な稲資料としては、ことによると磁山・裴李崗文化よりも古いと推定される資料が湖南省澧県の彭頭山遺跡から発見されている。彭頭山遺跡は、澧水の北岸、澧県の12km西に位置し、発見されている稲資料は彭頭山遺跡より出土した土器および焼土塊の中に含入されていた稲籾である。また彭頭山遺跡からは、打製石器・土器も発見されている（図版5、第46図）。採集された遺物には、磨製石器・打製石器、夾砂紅陶・夾砂灰陶の土器などがあった。

彭頭山遺跡出土の土器の器形には、深腹円底の大口罐・中口罐、盤・鉢などがめだち、土器の紋様には、細縄紋・縄紋・沈線紋・弦紋・爪型紋・刺突紋などが存在する。

彭頭山遺跡の土器中に混入している炭素に対するC14年代測定の結果に対しては方法論的に疑問が残るが、土器中の炭素（BK87002）に対するC14年代測定の結果は、前7150±120年で、また北京大学で測定した木炭資料は前5865±100年であった。また湖北省宜都県の枝城北遺跡においても同時代の稲資料が発見されているという。一般的には彭頭山遺跡発見の稲資料に関して、中国の研究者や農学関係の学者の間においては、それを栽培稲であるとする考えが強い。しかし、彭頭山遺跡の稲を人工栽培によるものであるとする十分な根拠にかけるため、野生稲であるのか栽培稲であるのか判断できない現状である。

河南省舞陽県の賈湖遺跡において、興味深い稲資料が出土している。賈湖遺跡は淮河の支流である灰河の南2km、泥河の北1km、舞踊県城の北25kmに位置している。賈湖遺跡からは、住居址・灶・窯・墓・灰坑などの遺構と、土器・石器・骨角器・各種自然遺物が発見されている。出土した

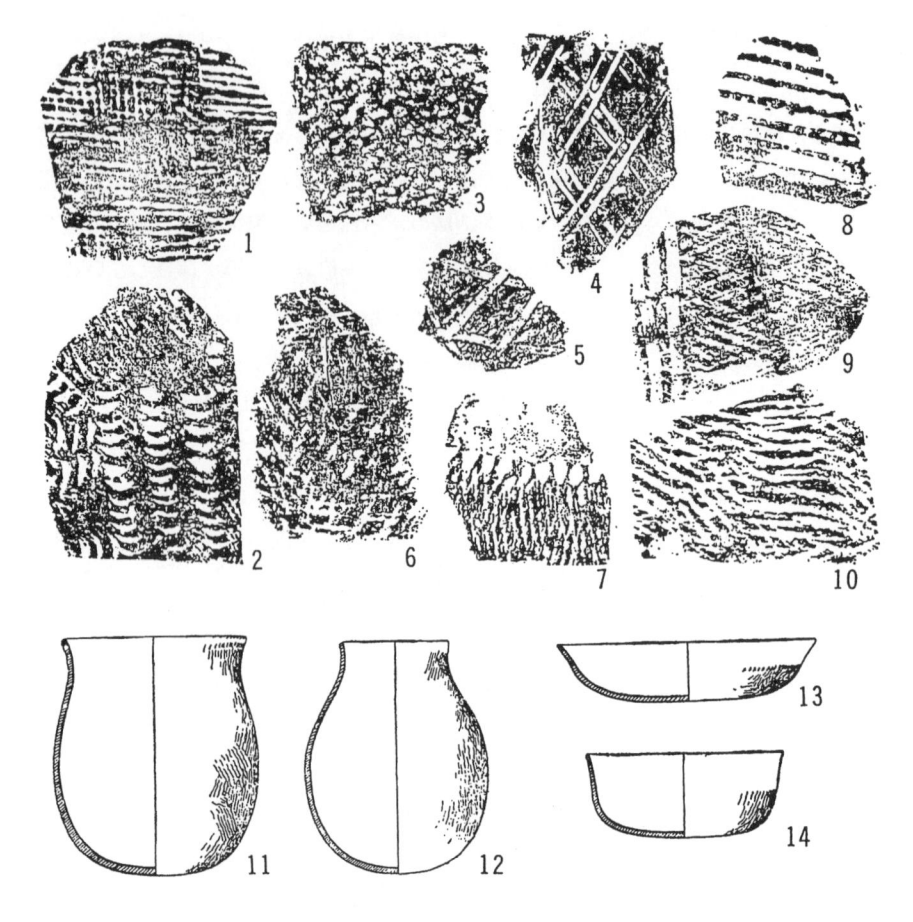

第46図　土器　彭頭山遺跡出土

　土器の胎土には、夾砂陶・泥質陶があるほか、粘土のつなぎに稲籾を混ぜた夾炭陶、砕いた貝や骨を混ぜた夾貝・骨陶、雲母片や滑石粉が混ざった夾雲母・滑石粉陶がある。土器に施される紋様には、各種縄紋・籃紋・戳刺紋（刺突紋）・篦点紋（櫛目紋）・篦画紋・附加堆紋などがあり、相当複雑な内容をもっている。土器の器形は、鼎・罐・壺・缸・盆・鉢・三足鉢・釜・甑・盃・碗などに分類されるが、さらに鼎の類には罐形鼎・盆形鼎があり、罐の類には把手付罐・広口罐・折沿罐・巻沿罐・小口罐・双耳罐などがある。石器類には、石鏟・鋸歯石鎌・石刀・石斧・石磨盤（石皿）・磨棒などがある（第47・48図）。骨角器には、骨鏃・骨銛・骨鑿・骨匕・骨針・骨刀・骨耙・叉形骨器・骨笛・牙削などがある（第49図）。自然遺物としては、亀の甲羅、鼈・鹿・犬・豚の骨や角、炭化稲が発見されている。

　賈湖遺跡の遺物には、興味深いものが多いが、なかでも墓の副葬品として出土した25点の鶴の骨を材料とした笛は、とくに興味深い遺物である。中国で発見された骨笛としては最古の遺物である（第50図）。亀甲が副葬された墓が23基あった。亀甲は重ねて頭骨や大腿骨の周囲におかれ、亀甲内にはいくつかの小石が納められていた（第51図）。

　賈湖遺跡の自然遺物の中でわれわれ日本人の注意を引くのは炭化稲である。1994年5・6月に3カ所の灰坑からかなりの量の炭化稲が発見され、その後にも大量の炭化稲が確認された。賈湖遺跡

からの出土稲は、長江より北の淮河流域における新石器時代前期の前7000〜前6000年の遺物として注目される。これらの稲は、賈湖遺跡の存続期間の第1期から第3期に至る約1000年の間の稲を含み、その中には野生稲と推定される稲、インド型とされる長粒種の稲、日本型とされる短粒種の稲を含み、長粒種の稲からしだいに短粒種の稲が増加する傾向を示していた。

賈湖遺跡で注目されるのは、賈湖遺跡のもつ文化的意味あいである。賈湖遺跡と先に紹介した湖北省の彭頭山遺跡や枝城北遺跡の年代は、おおむね前6000年代前後の併存関係にあり、この時期に長江中・下流域から淮河流域にかけて野生稲の採集段階から、さらに進んで稲の栽培が開始されていたことを推定しても間違いないであろう。賈湖遺跡の遺物中には、黄河中流域の河南省の裴李崗文化との関係が密接であることを示す遺物も少なくない。土器としては、賈湖遺跡の身の深い広口罐・双耳罐・三足鉢などに裴李崗文化との共通性が認められ、また石器類では、楕円形の石鏟、鋸歯をもった石鎌、石磨盤・石磨棒に裴李崗文化との共通性が認められる。賈湖遺跡の第3期の文化は裴李崗文化の年代に近い年代が推定

第47図　石磨盤・磨棒　賈湖遺跡出土

第48図　骨鏟・石鎌　賈湖遺跡出土

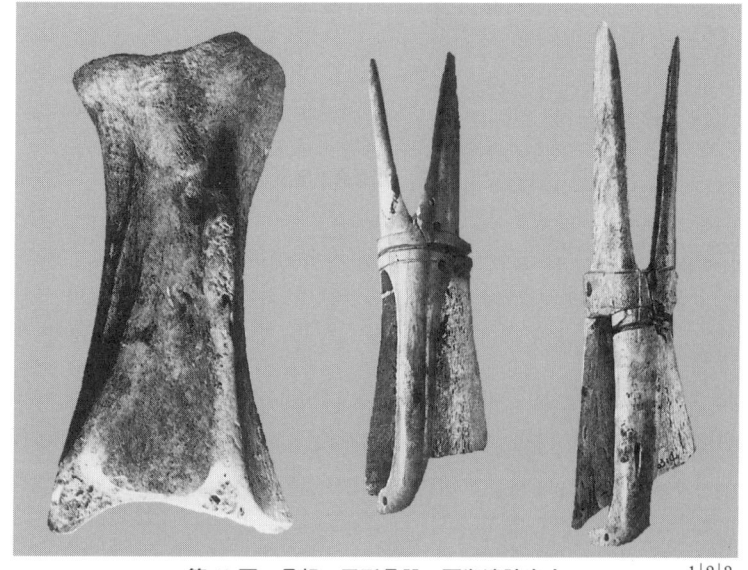

第49図　骨耜・叉形骨器　賈湖遺跡出土

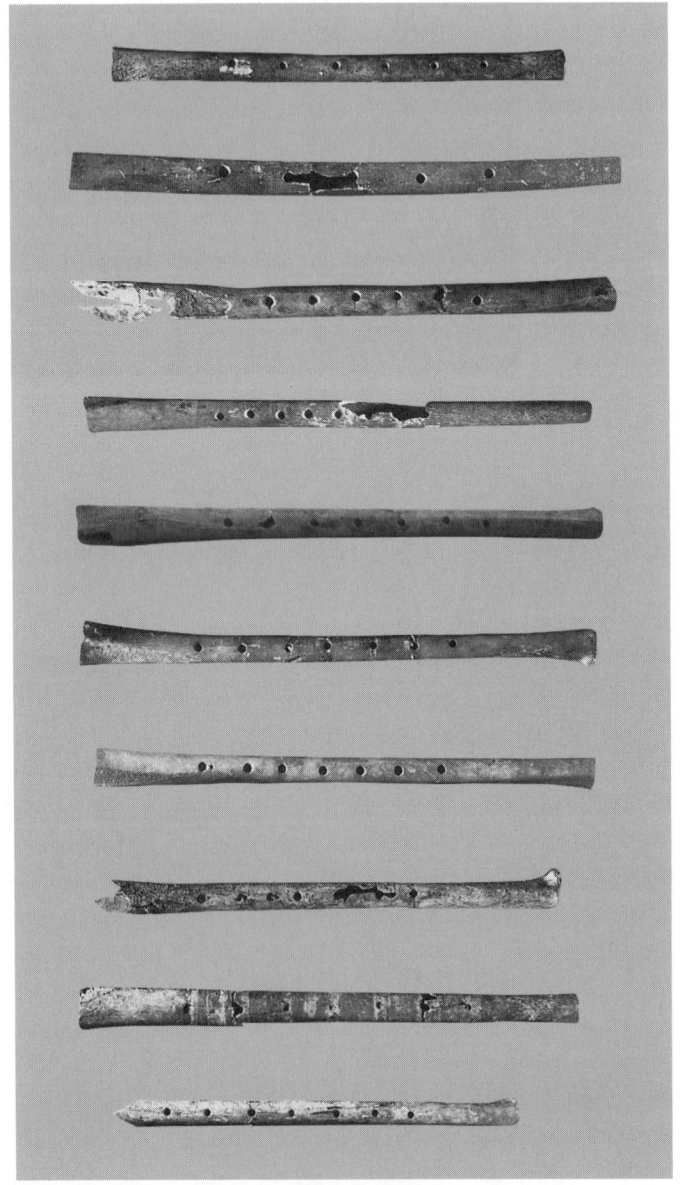

第50図　骨笛　賈湖遺跡出土

され、この2つの文化が交流をもっていたことは明らかである。ちなみにC14年代測定で賈湖遺跡の灰坑H112から出土した木炭（BK94178）は前6275±70年（経樹輪校正、前7040-前6000年）、灰坑H174から出土した木炭（BK94127）は前5500±80年（経樹輪校正、前6160-前5980年）の数値を示している。

　大量の稲の籾殻・茎・葉を出土した河姆渡遺跡は、新石器文化前期に属し、本格的な水稲栽培農耕を行っていた文化遺跡として著名である。(12)しかし、年代的には、C14年代測定および樹輪校正年代で、前4000年代の前半にかかる値も出ていて、新石器時代前期終末の文化遺跡であると推定される。河姆渡遺跡は浙江省余姚県、杭州湾の南岸に存在する標高3～4mの微高地に位置している。遺跡の西側・南側は姚江に臨み、東側・北側は平原で、平原の耕作土は泥炭層となっている。河姆渡遺跡の発掘調査は、1973～1974年、1977～1978年の2度にわたって浙江省文物管理委員会・浙江省博物館の手によって行われている。河姆渡遺跡の文化層は、第1・2・3・4層に分かれるが、第1・2層は後述する馬家浜文化の堆積層で、第3・4層が問題の河姆渡文化の堆積層である。遺跡最下層の第4層の年代は、C14年代測定によると木材（BK75057）が前4360±100年（経樹輪校正、前5230-前4908年）、あるいは木実（BK78104）が前4360±170年（経樹輪校正、前5240-前4849年）の数値が出ている。この年代は、長江下流域における稲栽培遺跡としては比較的古い年代のひとつである。

　河姆渡遺跡の第3・4層からは、高床式と思われる木組の住居址が多数発見されている。これらの住居は、中国で「干欄式建築」と呼ばれる高温湿潤な沼沢地に適した建築である。低地に1列に木

杭を打ち、その上に部屋・屋根を設けた住居である。第4層からは13基の墓が発見されている。墓壙も棺などの葬具もなく、横臥せか屈葬が主で、一般に副葬品はないが、少量の副葬品が納められる場合もある。

河姆渡遺跡の第3・4層の出土遺物には、土器・石器・骨角器・木器・自然遺物がある。土器は、「つなぎ」に大量の草類や禾本科植物を混入させた夾炭黒陶が主で、表面が磨かれた無紋の土器があるほか、縄紋、各種刻紋が施された土器も見られる。刻紋には、横線紋・波浪紋・刺突紋などのほか、動植物紋を表現したものも見られる。河姆渡文化の土器の器形は比較的単純で、釜・罐・鉢・盤・盆・支座（五徳）がある（図版5、第52図）。これら河姆渡遺跡第4層出土の土

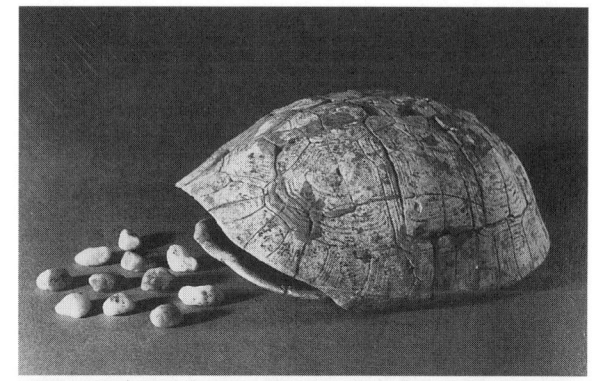

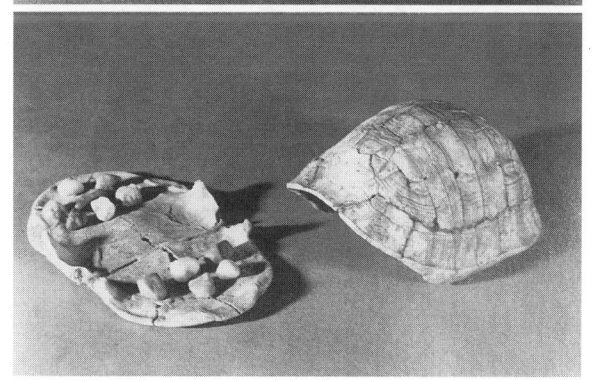

第51図　亀甲と小石　賈湖遺跡出土

器のなかでとくに目につくのは、「釜」と呼ばれる鍔付の土器器形である。日本の鉄釜を思わせるこの器形は、河姆渡遺跡第4層以後、馬家浜文化中の土器に特徴的に見られる。河姆渡遺跡第4層出土の釜は、器高が比較的低く、円底で、太身の口縁が外折する器形が一般的である。口縁部や口唇部に、弦紋・花弁紋・刺突紋・円圏紋などの装飾を施したものも存在する。この種の釜は、河姆渡文化が稲作をその生活基盤にしている点から考えて、「米」を炊くのに用いたと推定される。

塑像には、豚や羊を表現したものがあり、また、土器に豚の姿を刻紋した鉢形の容器が存在するが、これらの動物が家畜として飼育されていたであろうことを示している（図版5の8）。石器には、磨製の斧・鑿などの工具があり、高床住居をつくるにあたって重要な工具であったと推定される。骨角器には、耜・鏃・鑿・錐・針・匕・笄・管・珠などがある。

骨耜は河姆渡遺跡の第4層から170点余り出土している（図版6-1）。骨耜は鋤の役割をはたす重要な耕起具であったと考えられ、河姆渡遺跡の第4層時期に最も盛行している。骨耜は、体の比較的大きな偶蹄類に属する動物の肩胛骨を用いて作成されている。肩胛骨の骨稜部を削り取っているが、外形は肩胛骨の形状を呈し、上部の柄部分は厚く狭く、下部の刃部はうすく、幅は広くなっている。骨耜の中央部はやや凹み縦方向に並列する2つの長孔があいている。刃部は、双刃型で弧形を呈するもの、斜刃を呈するもの、円形を呈するものなど一定でない。骨耜には垂直に木柄を取り付け、平行する2つの長孔に藤づるなどの紐を通して、木柄と骨耜を固定したと推定される。1977年の第2次調査では、第4層から藤づるで巻かれた木柄の先端部を残したままの骨耜が発見されている。

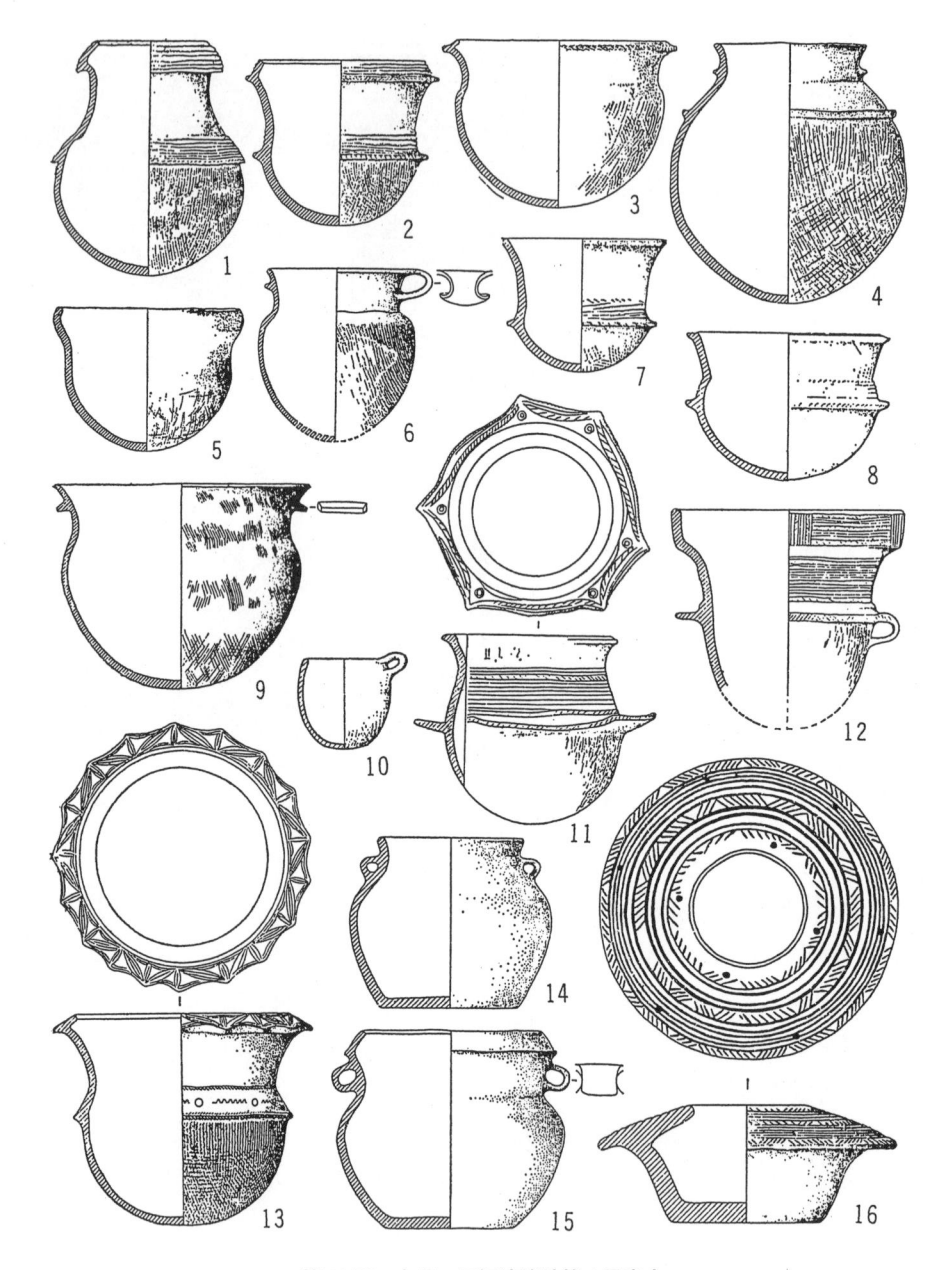

第 52 図　土器　河姆渡遺跡第 4 層出土

　木器には、鏟・矛・匕・骨耜・斧の柄などがある。第 4 層においては、骨角器が多く、石器が非常に少ないという様相を呈し、この時期の特色を示している。
　河姆渡遺跡からは、大量の稲籾・稲茎・稲葉などが出土し、これらの堆積は一般に 20～50cm、堆積の厚い場所では 1m を越えていた。稲籾はすでに炭化していたが、第 4 層の住居址内からは、米粒も発見されている。これらの稲籾や稲葉の残りは良好で、稲籾のあるものは粒毛がのこり、葉の葉脈も明瞭であった。これらの稲は、浙江農業大学の鑑定結果によれば、栽培種の籼（インド型）亜種の晩熟型水稲であるという。(13) このように、河姆渡遺跡においてはきわめて高度な技術的進歩を

とげた水稲栽培が行われていたことが知られるが、河姆渡遺跡の第4層からは、その稲を表現した稲穂刻紋を有する夾炭黒陶の盆が出土している（図版5の6）。

河姆渡遺跡出土の植物遺存体と花粉分析が明らかにした植生の状態から推測すると、当時の河姆渡付近は、大小の湖沼からなる草原潅木地帯で、気候は現在より温暖、湿潤で水稲栽培にきわめて適していたと推定される。農業の発展にともない豚・犬・羊・水牛も馴化され家畜となっていたと考えられる。河姆渡遺跡からは、豚の骨や牙が出土したほか、先記した豚形の土製品や豚の刻紋を施した土器が発見されている。発見された豚の牙や歯の資料は比較的多かったものの、標本の多くは不完全な下顎骨や上顎骨であった。これらの豚の歯は摩耗の程度が低く、比較的多くの標本が乳歯をとどめていたが、年齢的には1才以上の豚が多かった。今日の中国の豚にくらべ生育の速度が遅かったとも考えられる。鉢の側面に刻まれた豚は、顔が細く長く、足も細く、猪から家畜としての豚に変化し、間もない原始的な豚の姿をとどめているようにも見える。

また漁労・狩猟も経済活動の重要な位置を占めていたと考えられる。遺跡からは鯉・鮒・鯰・鯛などの魚骨、鹿・虎・かわうそなどの獣骨が出土しているほか、アジア象・犀・麋鹿・紅顔猿などの熱帯生息の哺乳類動物の骨も発見されている。先に紹介したC14年代測定による河姆渡遺跡出土の木材（BK75057）の前4360±100年（経樹輪校正、前5230-前4908年）、あるいは木実（BK78104）の前4360±170年（経樹輪校正、前5240-前4849年）の年代は、海進頂点期直前の時代にあたり、大理氷河期以後で、最も温暖な時期に向かいつつある時であったと推定される。一説によれば、長江下流域のこの当時の気候は、今日の両広地区の気候、あるいは雲南省西双版納の気候に近いものであったともいう。

河姆渡文化に属する重要な遺跡には、河姆渡遺跡第3・4層以外に、浙江省桐郷県の羅家角遺跡・姚河県の茅湖遺跡、江蘇省呉県の草鞋山遺跡第10層、上海市青浦県の崧澤遺跡下層などがあり、重要な分布範囲は、浙江省寧紹平原の東部地区である。前5000年を前後する頃、長江の上流・中流域には湖北省宜都県の城背渓遺跡を標準とする城背渓文化が出現している[14]。この文化は河姆渡文化に相応する長江上・中流域の文化と見ることができる。

河姆渡遺跡・羅家角遺跡や城背渓遺跡の年代よりも古い稲資料が、長江中流域で発見されてはいるものの、河姆渡遺跡・羅家角遺跡や城背渓遺跡は、C14年代測定および樹輪校正年代によって、前4000～前5500年の比較的古い年代が確認され、東アジアにおける本格的な水稲栽培文化の遺跡としては最も重要な意味をもつと考えられている。中国国内および東アジア周辺地区において河姆渡文化より高い農業技術を有し、またこれほど古い稲作文化の総合的資料は発見されておらず、河姆渡遺跡や城背渓文化などのこの種の文化が、東アジア稲作文化の中心となったとする結論に間違いはない。

註

（1）　103 賈蘭坡・尤玉柱、1973、「山西懐仁鵝毛口石器製造場遺址」（『考古学報』1973年第2期）。
（2）　552 保定地区文物管理所・徐水県文物管理所・北京大学考古系、1992、「河北徐水県南荘頭遺址試掘簡報」（『考古』1992年第11期）。

（3） 132 江西省博物館、1976、「江西万年大源仙人洞洞穴遺址第二次発掘報告」(『文物』1976 年第 12 期)。
（4） プラント・オパール　稲科の植物に含まれる多量の珪酸が細胞に集積したもの。植物珪酸体、植物蛋白石ともいう。とくに葉にある細胞珪酸体は、種によって特有の形と大きさを示す。
（5） 528 文物出版社、1999、『新中国考古五十年』(文物出版社、北京)。
（6） 93 河北省文物管理處・邯鄲市文物保管所、1981、「河北武安磁山遺址」(『考古学報』1981 年第 3 期)。
（7） 395 中国社会科学院考古研究所河南一隊、1984、「1979 年裴李崗遺址発掘報告」(『考古学報』1984 年第 1 期)。
（8） 408 中国社会科学院考古研究所山東隊・山東省滕県博物館、1984、「山東滕県北辛遺址発掘報告」(『考古学報』1984 年第 2 期)。
（9） 523 藤本強、1983、「石皿・磨石・石臼・石杵・磨臼（Ⅰ）——序論・旧石器時代・中国新石器時代」(『東京大学文学部考古学研究室研究紀要』第 2 号)。
（10） 169 湖南省文物考古研究所・湖南省澧県博物館、1989、「湖南省澧県新石器時代早期遺址調査報告」(『考古』1989 年第 10 期)。170 湖南省文物考古研究所・澧県文物管理處、1990、「湖南澧県彭頭山新石器時代早期遺址発掘簡報」(『文物』1990 年第 8 期)。
（11） 82 河南省文物考古研究所、1999、『舞陽賈湖』(科学出版社、北京)。
（12） 286 浙江省文物管理委員会・浙江省博物館、1978、「河姆渡遺址第一期発掘報告」(『考古学報』1978 年第 1 期)。
（13） 282 浙江省博物館自然組、1978、「河姆渡遺址動植物遺存的鑑定研究」(『考古学報』1978 年第 1 期)。
（14） 190 湖北省文物考古研究所、2001、『宜都城背渓』(文物出版社、北京)。

第 3 節　黄河中・上流域の新石器時代中期文化

（1）　仰韶文化について

　黄河の中流域では、前 5000 年をすぎた頃に磁山・裴李崗文化の土器と農耕文化の伝統を継承した新石器文化が出現した。この新石器文化は、一般に仰韶文化と呼ばれ、彩色を施した彩陶をその文化の特色としている。磁山・裴李崗文化から仰韶文化つまり新石器中期文化への変化については、未解決の問題も多いが、磁山・裴李崗文化と仰韶文化前期の間には文化的継承関係があると考えられている。この関連は土器の器形の上でいささか顕著で、仰韶文化前期に見られる円底鉢・錐足鉢形鼎・深腹罐・仮圏足付碗・楕円形碗などは、いずれも磁山・裴李崗文化の器形を継承した器形と推定される。また、仰韶文化に見られる石鏃・石皿・石棒などの石器類も磁山・裴李崗文化の伝統を受け継いだ形を呈している。黄河中流域に出現した仰韶文化は、黄河上流域に伝播すると同時に、上・中流域においては、約 2000 年から 3000 年の間にわたってこの文化遺跡を残した。

　仰韶文化の名称は、すでに紹介したように、1921 年にアンダーソンが調査した河南省澠池県の仰韶遺跡から出ているが（図版 6-2）、この文化に対する研究は、新中国成立以降の研究によるところが大きい。黄河中流域における仰韶文化遺跡の分布範囲は、陝西省関中地区、河南省の大部分、山西省の中南部地区、河北省の大部分、甘粛・青海省の境界地帯、オルドス地区、湖北省西北部、およびこの地域全体の周辺地区のきわめて広い範囲に及んでいる。

1950年代に重点的に大規模な発掘が行われ、研究史的に重要な意味をもつ遺跡に陝西省西安市の半坡遺跡[(1)]と河南省三門峡市陝県の廟底溝遺跡[(2)]がある。この2つの遺跡の調査によって仰韶文化の基本的な内容がおおよそ明らかとなった。

（2） 半坡遺跡

　仰韶文化を代表する集落と墓地からなる半坡遺跡は、1953年に発見され、1954〜1957年にかけて5次にわたり中国科学院考古研究所（今日の中国社会科学院考古研究所）が発掘を行い、その後1971年からは西安市半坡博物館（陝西省考古研究所）が中心となって調査研究を行っている。半坡遺跡は、半坡類型の標準遺跡で、西安市の東方6kmの滻河右岸の大地上に存在する（図版7-1）。滻河は渭河の支流で秦嶺より流れ出て北に向かい渭河に合流するが、遺跡は滻河に臨む標高400m強の台地の辺縁に近い斜面に位置している。西安市街から臨潼区への公道が滻河を渡るとすぐに切り通しを登るが、切り通しの南側が遺跡の中心部である。

　半坡遺跡の主要部分の遺構は、幅6〜8m、深さ5〜6mの環濠に囲まれた総面積約50000m²の集落址と、集落址北側の共同墓地からなっている（第53図）。遺構としては、住居址・墓のほかに柱穴・炉址・灰坑（貯蔵穴）・窯跡なども発見されている。集落址における文化層の堆積は最も良好なところで約3mほどあり、前期と後期の2時期に分けられている。

　1957年までの発掘において46基の住居址が調査されている。住居址には竪穴住居址と平地住居址があり、それぞれ円形・正方形・長方形の平面形を有している。円形の住居址は直径5〜6mで、復元すると竪穴住居址の屋根は円錐台形で、平地住居址の屋根は円錐であったと推定されている。22号住居址は円形の平地住居址で、直径4.6mの大きさを有している。出入り口と思われる南側には2本の隔壁があり、隔壁の間の床は住居址の床より3cmほど低くなっている。2本の隔壁の北側、住居址の中央部には灶坑があり、灶坑北側には東西方向に長さ1.1mほどの隔壁がある。この住居址の主柱は4本で、灶坑を中心にそれぞれの隔壁端に存在し、柱穴の直径は15〜20cmである。住居址周囲の壁は木骨土壁で、25〜30cmの厚さを有し、茹入りの粘土を用いている。この壁の中には93本の柱穴が認められ、柱の直径は4〜16cmであった（第54図）。この住居は火災にあったと推定され、炭化した木柱が発見されている。第55図はこの22号住居址の復元図である。方形の竪穴住居址は、方錐形の屋根を有し、屋根は草葺きであったかもしれない。東西幅は4mほど、南北長さ3mほど、深さ40cm前後の大きさが一般的である。南に向かって舌状凸出部があり、灶坑は住居址中央付近にある。

　粟などの穀類を貯蔵した灰坑（貯蔵穴）は、半坡遺跡において200カ所以上発見されている。灰坑の形は一様でない

第53図　半坡集落模型　中国歴史博物館

が、円形の袋状の坑が一般的で、隅丸長方形坑や大口小底の鍋底坑などもある。

半坡遺跡では250基の墓が発見されている。これらの墓は、成人墓と小人墓に分けられ、成人墓の多くは、集落址の北側の共同墓地に存在する。成人墓は土坑墓で、仰身伸展葬が最も多く、俯身葬・屈葬もある。副葬品は土器が主で、鉢・罐・瓶・壺を基本とした器形が見られる。小人葬は甕棺葬が主で、多くは集落址内に存在し、単棺式と合口式がある。

半坡遺跡出土遺物の多くは土器で、粗質灰褐色の土器で縄紋を施したものが多く、また、彩紋を施した良質の紅陶はこの文化の特徴的遺物でもある（図版8）。出土した土器の器形は、鉢・碗・盆・壺・瓶・罐・甕・甑・鼎・器蓋などを基本として細分される（第56・57図）。鉢は円底のものが多いが、平底、凹底のものもある。盆も円底のものが多いが、平底、凹底も見られ、巻唇折腹円底盆と呼ばれる器形で彩紋の施されたものが特徴的である。壺は小口、細頸、大腹で彩紋の施されたものが目につく。瓶は尖底類とも呼ばれ紅褐色の細砂硬陶で、双耳を有し、長頸、小口、尖底の器形である。罐には小口、大口、鼓腹、平底、双耳、有蓋のものなど各種がある。罐の類にはとくに播種用の種を保存した特異な形をしたものが存在するが、遺物番号P4753の貯蔵罐は棗核形で、器壁は厚く、小さな口は楕円形であった。甕は大口で細底のものが多く、双耳を有するものもある。これらの土器は、文化層の堆積を根拠に前期と後期に分けられている。

彩陶の紋様には、動植物形紋様のほか三角形・鋸歯形の幾何学紋や網紋が見られる。動物紋には、人面・魚・鹿などを表現した紋様が存在する。

土器以外の遺物には石器と骨角器がある。石器は磨製のものが多いが、打製のものも見られる。

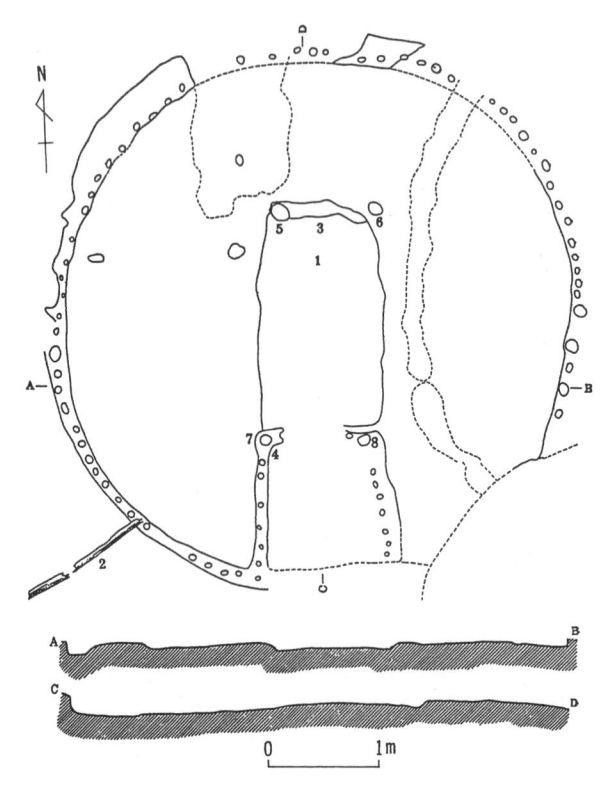

第54図　22号平地住居址　半坡遺跡

第55図　22号平地住居址復元図　半坡遺跡

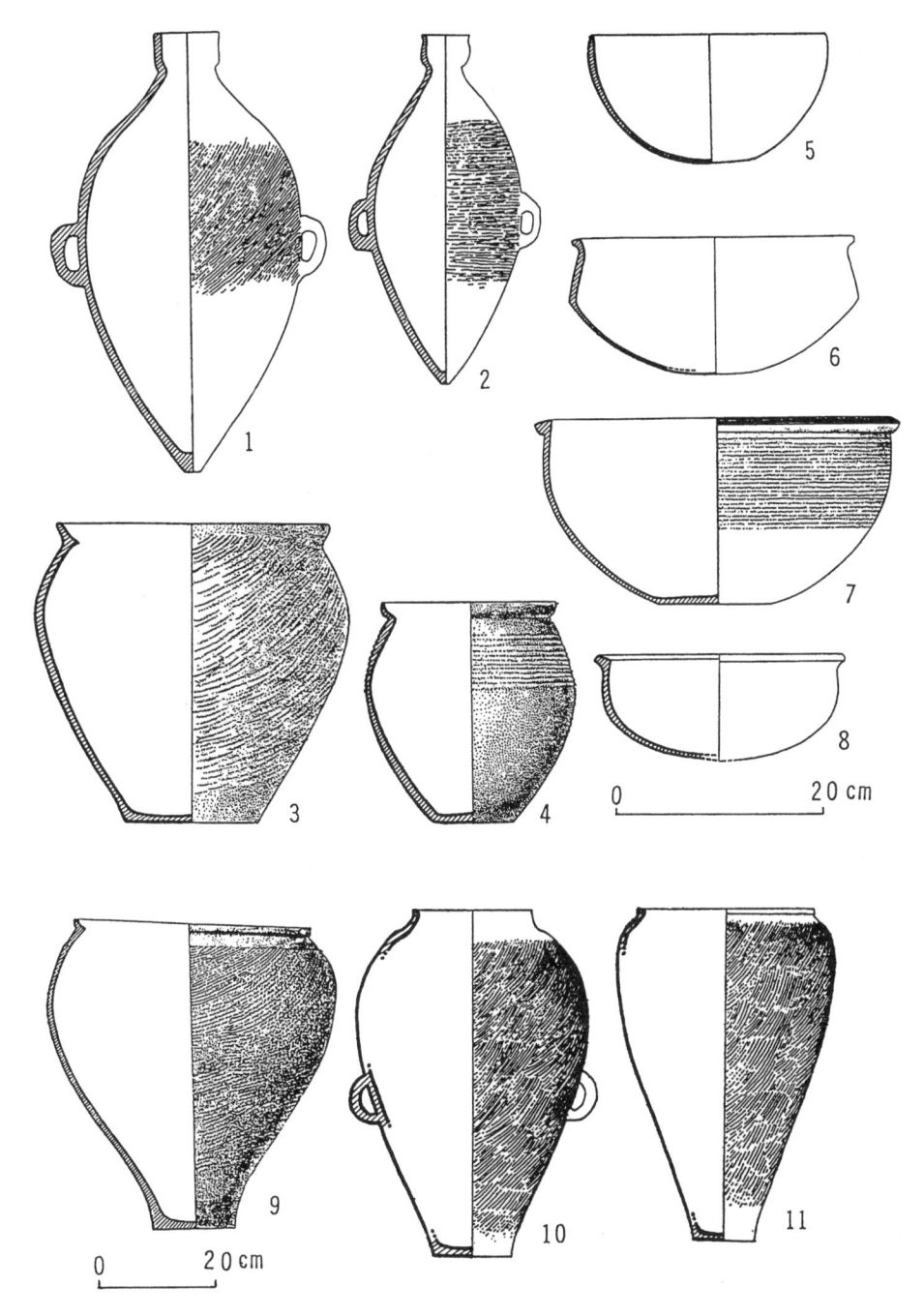

第56図　土器　半坡類型前期、半坡遺跡出土

それらには、斧・有孔石斧・錛・鑿・鏟・鍬・石刀・石皿・磨石・石杵・石棒などがある。骨角器には、鏃・銛・釣針・錐・針・匕・刀・鑿・鏟などがある。石器の中でとくに注目されるのは、石鍬・石鏟・石刀・石皿・磨石で、これらの石器は農耕活動と密接な関係をもつものである。

　石鍬も石鏟も農耕にともなう土掘りの道具で、耕起具と考えられる。この種の石器は32点出土している。石鍬は柄に対して石器を直角に装着し、石鏟は柄に対して同一方向に石器を装着したと考

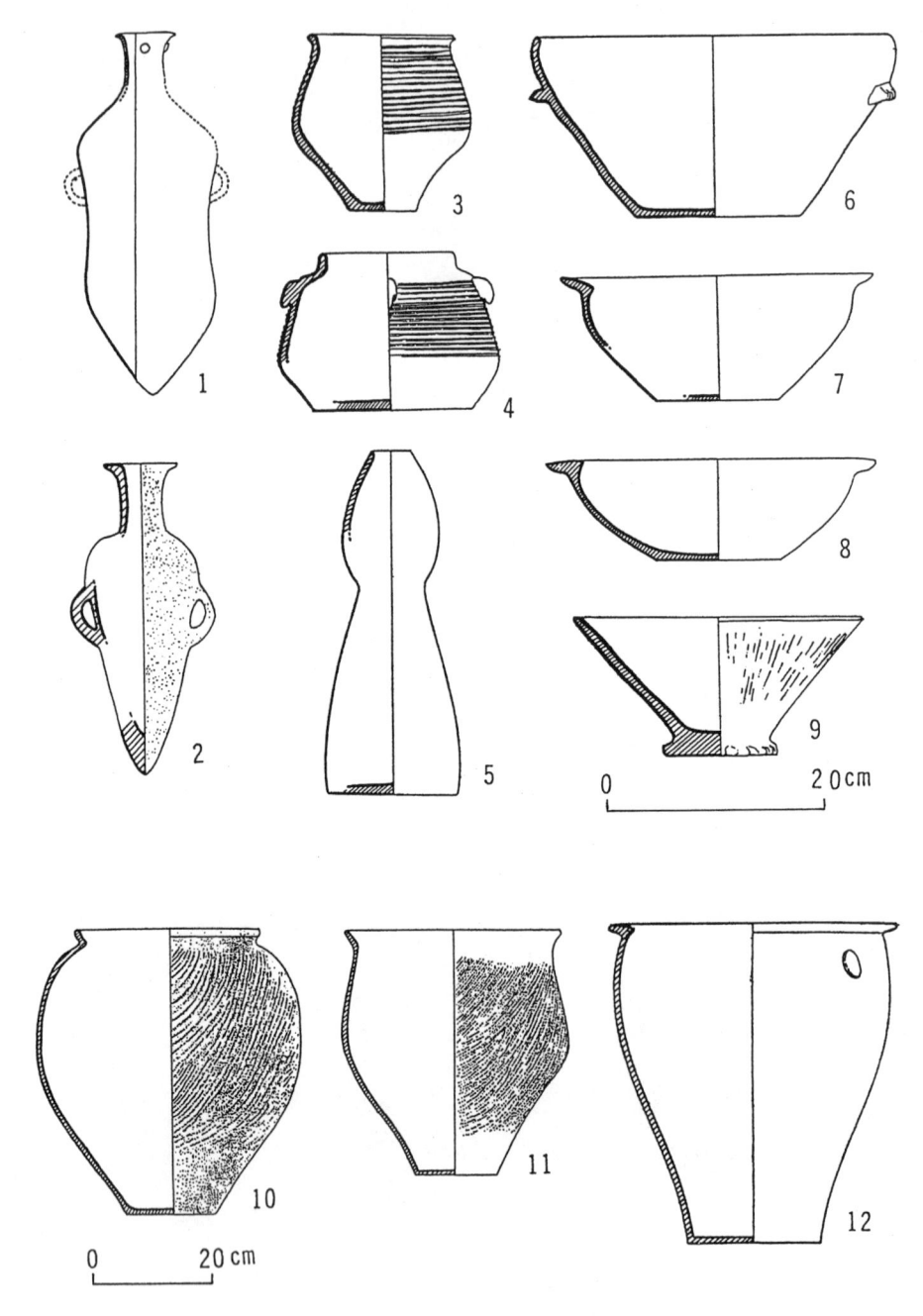

第 57 図　土器　半坡類型後期、半坡遺跡出土

えられる。石鍬は今日の鉄鍬のごとく用い、石鏟は今日のスコップのごとく用いたと考えてよいであろう。石刀（石庖丁）は、収穫具で粟や麦の穂を摘み取る重要な道具である。石刀は67点の出土があったが、ほかに150点の陶刀の出土もあった。石刀の大部分は打製で、剝片を利用している。石皿と磨石は、磁山・裴李崗文化中にきわめて顕著な遺物として存在したが、半坡遺跡の石皿・磨石は、その数がきわめて少なくなっている。

　粟は当時の主要食糧作物であったと考えられ、貯蔵穴・住居址などから相当な量が出土してい

る。灰坑 H2 号からは、播種のために容器内に貯蔵された粟籾も発見されている。

半坡遺跡の発掘を担当した石興邦氏は、半坡遺跡に生活していた人びとは鍬を用いた焼畑農耕を行っていたとの推定を下している。またハーヴァード大学人類学教授を務めた張光直も半坡遺跡の農耕を焼畑農耕と見る考古学者の1人であった。一方、香港にある中文大学の鄭徳坤氏は広大な面積を有している半坡遺跡は、長期の定住によって形成された遺跡で、とても焼畑農耕で形成される遺跡ではないと主張している。

仰韶文化の主要な栽培植物は粟であった。仰韶文化の遺跡では、穀物遺体として粟を出土している遺跡が圧倒的に多いが、粟のほかには、黍・麻などの出土がある。中国の気候風土は、南と北では大きく変わる。今日の中国の気候と地理的条件下でも、北では畑作地帯が連なり、南では水田地帯の広がりを見ることができる。一般に古来淮河と秦嶺を結ぶ東西線を境にして中国の気候風土は著しい違いがあるといわれてきている。北は雨の少ない乾燥気候で、南は雨の多い湿潤な気候である。北の乾燥気候の条件も場所によっていろいろであるが、半坡遺跡の存在する関中の西安市付近は、粟の栽培にきわめて適した気候風土であったと推定される。今日の西安市付近を観察しても、その状態をある程度理解することができる。西安市のはるか南の秦嶺の麓では、秦嶺から流れ出る水利を利用した稲作栽培が盛んで、一見日本の山里を思わせる水田と樹木からなる緑の多い景観が形成されている。北に上がり渭河流域に近い黄土台地の上は乾燥し、渭河の沖積面以外は緑が少ない。渭河両岸の黄土台地上は、畑が形成され、古代においても粟栽培に適していたと推定される。

しかし、前5000〜前4000年の半坡遺跡が形成された時期におけるこの地方の気候は、今日とは相当に異なっていたはずである。中国における古気候の研究はかならずしも多くはないが、張維華氏の研究によれば、距今8500〜距今7000年の間に、大理氷河期以降の最も暖かい時期を迎えている。さきに紹介した河姆渡遺跡の北緯30度線付近の気候が、距今7000年〜距今6000年頃には今日の両広地区の気候に近かった可能性があり、したがって北緯35度から北緯37度の黄河流域の気候もそれに準じて、今日の上海市・武漢市付近の気候に近かった可能性が考えられ、降雨量も相当に多かったと推定される。

半坡遺跡より出土する獣骨には、豚・犬・鹿・羊・牛・馬・野兎・狐・鶏などがある。豚の骨の出土量はきわめて多く、豚の飼育が行われていたことは間違いない。鶏・羊・牛・馬も飼育されていた動物である可能性はきわめて高い。

半坡遺跡の年代に関しては、C14 年代測定の数値が比較的新しく出る傾向があり、半坡遺跡下層の木炭（ZK-38）の年代は、前 4115±110 年である。しかし、その年代は樹輪校正年代で補正すると前 4933-前 4680 年の数値となる。仰韶文化の全体的な年代と調整して考えると、おおよそのところ下層が前 5000〜前 4500 年、上層が前 4500 年〜前 4000 年と推定するのが妥当なところと思われる。

(3) 半坡類型の遺跡

半坡遺跡を標準とする半坡類型に属する重要な遺跡には、陝西省宝鶏市の北首嶺遺跡（図版7-2）、西安市臨潼区の姜寨遺跡、華県の元君廟遺跡、渭南県の史家遺跡、山西省芮城県の東荘村遺跡、甘粛省秦安県の大地湾遺跡などがある。

仰韶文化半坡類型文化時代の集落址として代表的な遺跡に、先記した西安市臨潼区で発掘された姜寨遺跡がある。この遺跡は臨河の東台地に位置し、遺跡の面積は、55000m²に及んでいる。ここでは11次にわたる発掘調査が行われ、17084m²ほどの広さが発掘され、文化堆積は第1期から第5期に分類されている。半坡類型時期に相当する姜寨第1期に属する集落址は、集落の中央に大きな広場を有し、報告によると広場の周囲から120基の住居址が発見されている（第58図）。この集落の周りには、幅、深さとも2mほどの周濠がまわり、集落の東南の周濠外には墓地が形成されている。住居址には、深い竪穴住居址、浅い竪穴住居址、平地住居址の3種類があり、また、平面形としては、方形・円形・不正形の3種類がある。報告によると第1期の住居址は120基あることになっているが、実測図で見ると、住居址は60基ほどで、ほかの竪穴は貯蔵穴や墓として用いられた穴のようにも見える。

　姜寨遺跡第1期の集落の住居址の数が、120余基にしろ60余基にしろ、一見整った集落の形を呈しているが、ある1時期に120～60基の住居址からなる大集落が存在していたと考えるのは誤りである。半坡類型つまり姜寨第1期の存続期間を500年間と仮定し、また木造建築としての竪穴住居址の耐久年数を20年間と仮定すると、姜寨遺跡に120基の住居址が残っていたとしても、1時期にはわずか4軒ないしは5軒の住居址しか存在していなかったことになる。もし、かりに半坡類型文化の存続期間を短く考えて100年としても、1時期に24軒が存在していたにすぎないことになる。思いのほか、仰韶文化の集落は、小ぢんまりとしたものであったと推定される。

　仰韶文化半坡類型の墓地として注目されるのは、陝西省華県で発掘された元君廟墓地である。遺跡は渭河の支流である溝峪河の東岸台地上に位置している。この遺跡では、半坡類型文化に属する57基の竪穴墓が発掘されている。墓域における墓壙の配列はきわめて整然とし、長方形あるいは正方形の墓壙の各辺は東西南北方向に合致している。57基の墓のうち3分の2が合葬墓で、少ない墓で2体、多い墓では25体を合葬していたが、4体以上合葬するのが一般的であった。大多数の墓が、一度目の埋葬を行った後に、あらためて二度目の埋骨を行った二次合葬墓であるが、なかには一次合葬墓も存在する。合葬にあたって、性別とか年齢の区別によって埋骨の場所や方法を変える風習はなかったようで、男女あるいは相当に年齢の隔たった遺骸が同一に埋葬されている。このような合葬墓のほかに単人の二次葬墓も存在した。

　半坡類型文化においては、一次埋葬も認められるが、一度葬った後、再度遺骸を埋葬しなおす二次埋葬すなわち二次合葬墓が顕著に見られる。元君廟遺跡のM441号墓の例では、東西幅2.7m、南北長2.75m、深さ0.4mほどの竪穴墓に、西に頭をそろえた6体の遺体が整然と横一列にならべられていた（第59図）。北よりの4体はほぼ完全で、南よりの2体は頭骨を欠いている。これは、二次埋葬時になんらかの理由で頭骨が失われたものと推定され、6体の遺骸とも二次埋葬であった。副葬品は墓壙の東側に置かれた鉢・小口尖底瓶・縄紋罐などの土器と遺骸の膝間に置かれた骨鏃が主なものである。

　仰韶文化の墓に見られる二次埋葬と合葬がどのような理由によって行われたかは、興味ある課題であるが、明確な答えはない。元君廟遺跡から出土した194体の遺骸に対しての研究によると、当時の寿命は長命な者でも40～50歳と推定され、60歳以上の遺体は1体もなかった。20歳から40歳の間に死亡する者が多かったと考えられ、この間に死亡した例が、194体中106体あり、全体の

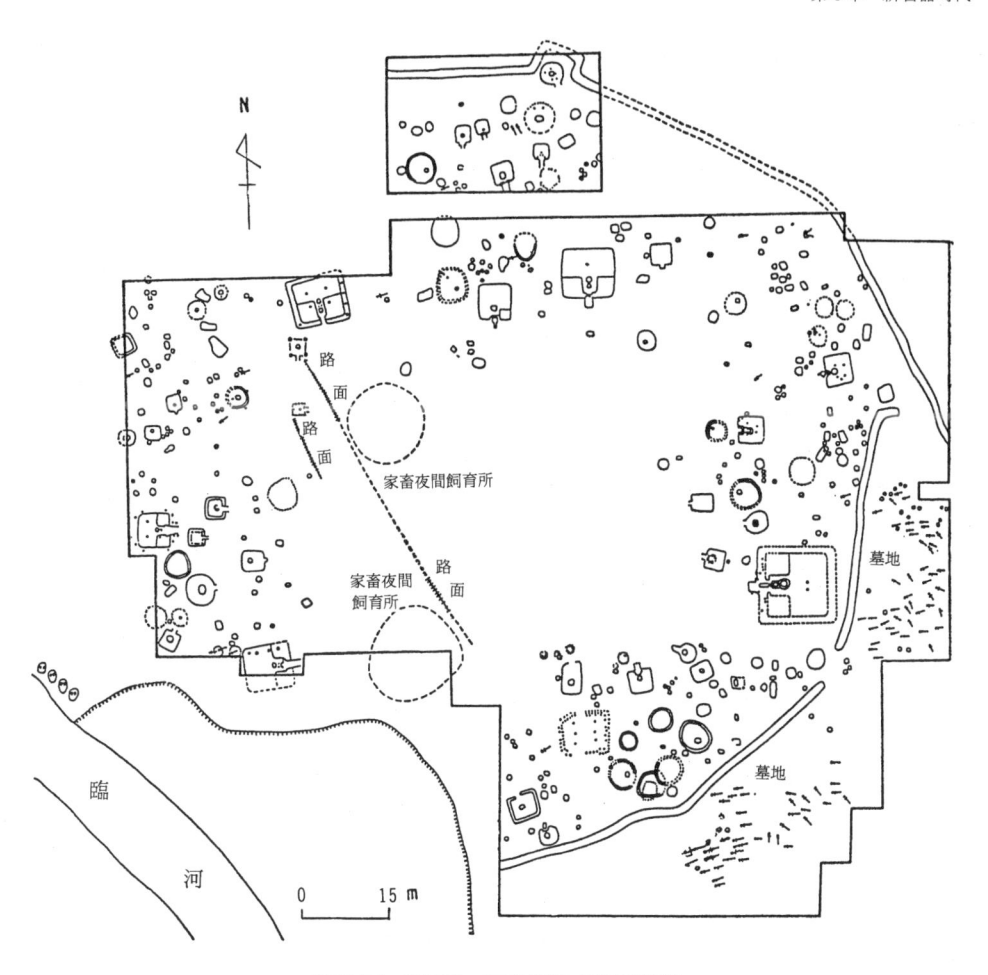

第58図　集落址　姜寨遺跡（半坡類型）

54.6％を占めていた。半坡類型の時代は、相当に発達した穀物栽培の時代に入っていたとはいえ、きびしい自然環境の中での生活が元君廟遺跡に生活した人びとの寿命を短いものにしたと推定される。

（4）廟底溝類型の遺跡

半坡類型にやや遅れて出現した別の仰韶文化に廟底溝類型と呼ばれる文化がある。仰韶文化廟底溝類型の標準となる廟底溝遺跡は、河南省三門峡市陝県南関付近に存在し、1956・1957年に黄河のダムの建設工事にともなって発掘調査され(13)た。廟底溝遺跡の堆積は、上・中・下層

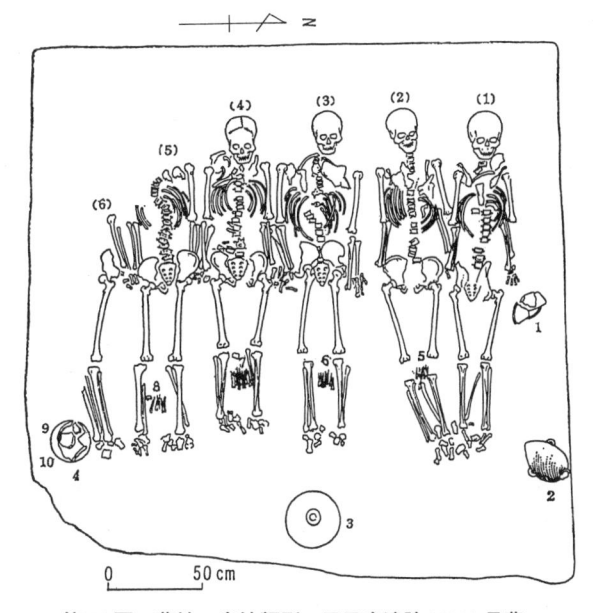

第59図　墓地　半坡類型、元君廟遺跡M441号墓

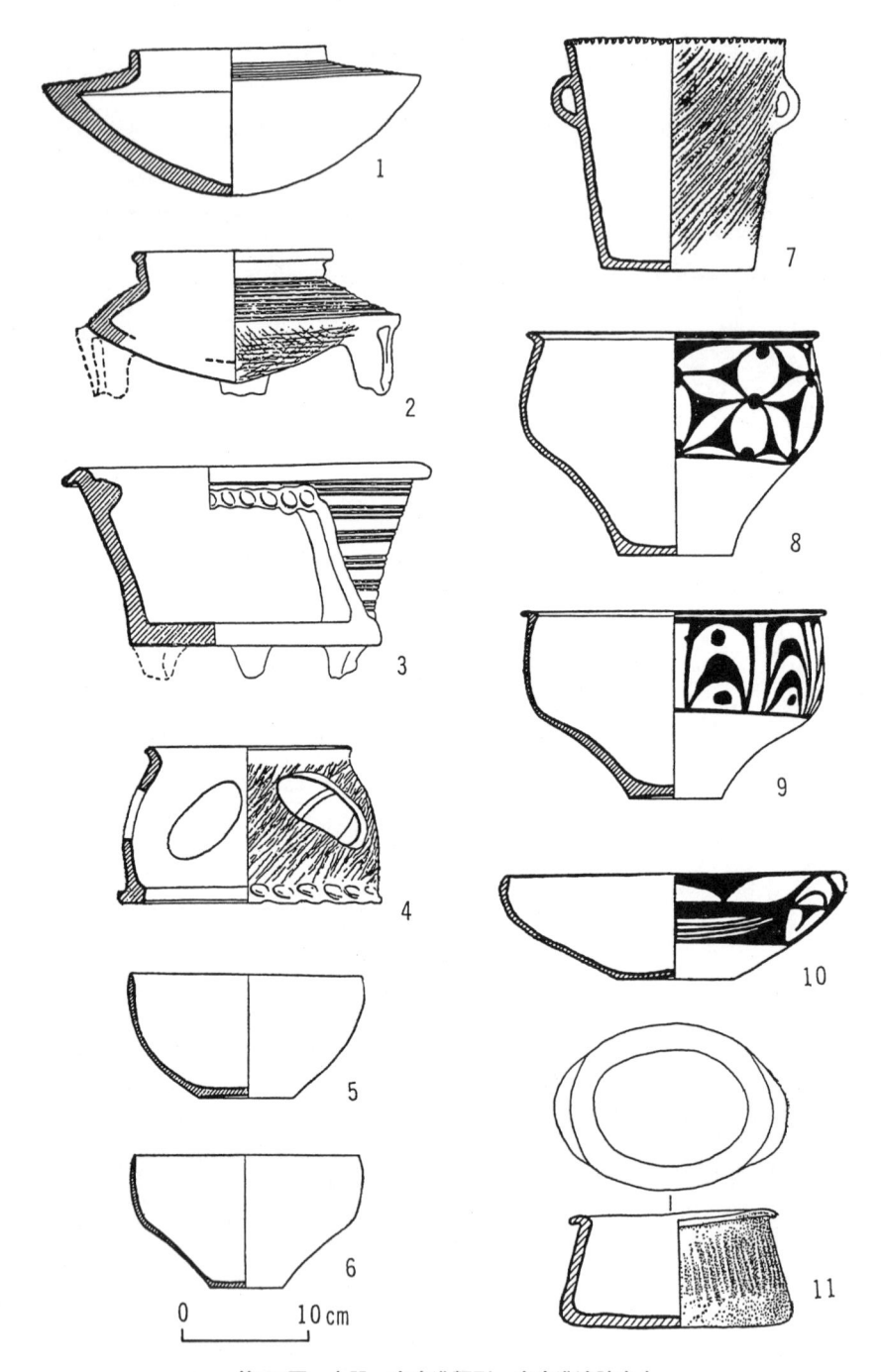

第60図 土器 廟底溝類型、廟底溝遺跡出土

の3層からなるが、下層が仰韶文化の層である。

　廟底溝遺跡の仰韶文化層から出土した土器には、陶質において細泥紅陶・夾砂粗紅陶・泥質灰陶の名称で呼ばれるものがあり、土器の表面に彩紋を施した彩陶と、線紋や縄紋などを施した土器がある。典型的な土器の器形には、曲腹平底碗・巻唇曲腹盆・双唇小口尖底瓶・器台・釜・竈・甑・罐・盤・碗の器形がある（第60図）。巻唇曲腹盆・罐類・器台には半坡類型と共通の器形を見るこ

とができるが、双唇小口尖底瓶や釜・鼎・灶は廟底溝類型を特色づける器形である。廟底溝類型においても各種の器形に彩陶が見られるが、多くは盆と碗で、彩紋は原則として陶器の外側表面に施され、彩紋の多くは黒色で、紅色や白色を用いている場合も間々ある。廟底溝類型の彩陶紋様は、円点・弧線・葉形・曲線を組み合わせ、かつ連続反復させた幾何学紋を主体とし、彩紋紋様帯を構成している。半坡類型の盆の内側に見られた人面紋・魚紋・鹿紋など具象的な紋様は存在せず、この点においても半坡類型の彩陶とは異なる。

廟底溝遺跡出土の石器の類には、磨製の斧・鑿・錛などの工具と、鏟・石刀などの農具がある。廟底溝遺跡における石鏟と石刀は、粟栽培地域の典型的な耕起具と収穫具と見ることができる。とくに石鏟は、薄手で半坡類型の石鏟にくらべ、精巧につくられ耕起具としての発展をうかがい知ることができる。石鏟の小さなものは通長 13.4cm ほど、大きなものは通長 29cm ほどの大きさで、磨製のものと打製のものがある。石鏟の背部に抉りのあるものもあり柄を装着したと考えられ、両面がていねいに磨製されている遺物もある。これらの石鏟は名称のごとく鏟（スコップ）としての利用、または柄を直角に装着して鍬としての利用が推定される。石刀（石庖丁）には、打製と磨製の 2 種類がある。磨製石刀は、長方形を呈し紐通しの孔を 1 つまたは 2 つ穿孔している。半坡遺跡における石刀の類は、両端抉りの形式であったが、廟底溝遺跡では有孔石刀が多数を占めているようである。収穫具の進歩の跡がうかがわれる。

廟底溝遺跡の仰韶文化層から出土した木炭（ZK-110）に対する C14 年代測定の結果は前 3280±100 年（経樹輪校正、前 3990-前 3780 年）の値を、木炭（ZK-112）は前 2955±170 年（経樹輪校正、前 3775-前 3360 年）の数値を示している。

廟底溝類型文化の分布は、半坡類型文化の分布範囲よりも広い。廟底溝類型の主要な遺跡には、山西省芮城県の西王村遺跡下層[14]、河南省洛陽市の王湾遺跡[15]などが知られる。

（5） 西王村類型

廟底溝類型につづく仰韶文化後期の類型として、山西省芮城県西王村遺跡の上層で発見された西王村類型が存在する。西王村遺跡は、黄河北岸の黄土台地上に位置し、1960 年に発掘が行われ、仰韶文化に属する上層と下層の文化が発見されている。下層は先に述べたように廟底溝類型に属し、上層は仰韶文化後期に属する独特の文化で西王村類型の名称で呼ばれている。西王村類型の遺跡は、山西省の汾河・涑水の流域と陝西省の渭河の流域に分布する。

西王村類型の土器は、紅陶が主であるが、灰陶の占める割合も高い。土器の紋様には、縄紋・附加堆紋・籃紋・方格紋・彩紋があり、附加堆紋・籃紋・方格紋は後の龍山文化で盛行する紋様である。彩陶の占める割合はわずかで、紅彩と白彩が見られる。土器の器形には、盆・碗・盤・豆・釜・小口罐・大口罐・高頚罐・甕・尖底瓶・器蓋などがある。生産用具としては、石斧・石刀（石庖丁）・石鏟・石鑿・石鏃・陶製紡錘車・陶刀（陶庖丁）・骨鏃・骨針・貝刀が発見されている。

西王村類型のひとつの特色は、この文化が龍山文化への過渡的要素を有していることである。

(6) 仰韶文化諸類型の編年

　以上紹介してきた半坡類型・廟底溝類型・西王村類型の層位的年代に関しては、陝西省邠県の下孟村遺跡と山西省芮城県の西王村遺跡の調査によって、仰韶文化前期の半坡類型、仰韶文化中期の廟底溝類型、仰韶文化後期の西王村類型の序列が明らかとなっている。下孟村遺跡では、廟底溝類型の灰坑が半坡類型の住居址を切り、また、この半坡類型の住居址の下には同じ半坡類型の灰坑が存在していることが明らかとなった。この遺構の切り合い関係によって、廟底溝類型が半坡類型より新しい文化であることが実証されたわけである。このような遺構の切り合い関係や層位はほかの遺跡においても発見され、中国社会科学院考古研究所は、半坡類型を底溝類型よりも早いとする説を肯定している。また西王村遺跡の北区においては、第1層から第5層へ至る層位が確認され、第3層は龍山文化層で、第4層が西王村類型、第5層は廟底溝類型であった。この層位によって西王村類型が、廟底溝類型より新しい文化であることが確認されている。

　北京大学の厳文明氏は、東荘村遺跡・廟底溝類型・西王村晩期（上層）の序列を考えているが、この東荘村遺跡の年代は、陝西省に移行させれば、まさに半坡類型にあたる。仰韶文化の各類型に対する細かな認識は別として、年代上の序列のみを考える時には、おおむね半坡類型・廟底溝類型・西王村類型の序列が、認知されたと考えて間違いない。

(7) 黄河上流域の仰韶文化

　甘粛省蘭州付近および青海省西寧付近の彩陶文化に関しては、1920年代からアンダーソンの調査と研究によって多くの人びとに知られるところであった。甘粛省は、中国西北部に位置し、西は新疆維吾爾自治区、南は青海省・四川省、東は陝西省、北は内蒙古自治区・寧夏回族自治区に接している。また甘粛省の地形は、北に蒙古高原、東に黄土高原、南西に青蔵高原をひかえ、標高1000m以上の高地となっている。青海省に発した黄河は、屈曲しながら東北へ流れ、甘粛省内に入るが、甘粛省内では、洮河・湟水などの支流が合流して、蘭州付近に上流域の平野を形成している。今日の甘粛省の気候は大陸性で、気温の年間平均気温差は25～30度もあり、年降水量は蘭州付近で400mm前後、河西回廊北西端では100～50mmと非常に少なく、相当の乾燥地域である。

　甘粛省の彩陶出土遺跡は、洮河・夏河・湟水の各流域、渭河流域、涇河流域などに分布し、農耕と牧畜を基盤とした新石器時代彩陶文化が栄えたことを示し、甘粛仰韶文化の名称で呼ばれている。甘粛仰韶文化は、洮河・大夏河・湟水流域の洮沙県・臨洮県・広河県・臨夏県を中心として、東は渭河の天水県・甘谷県・武山県・隴西県および涇河流域、西ははるか酒泉付近、南は長江の支流である白龍江下流、北は寧夏回族自治区まで分布している。

　甘粛仰韶文化には、石嶺下類型・馬家窯類型・半山類型・馬廠類型の4類型がある。甘粛省東部には少量の半坡類型遺跡と多くの廟底溝類型遺跡があり、この半坡類型と廟底溝類型の仰韶文化が西へ波及して、甘粛仰韶文化の4つの類型を形成したと推定される。1957年に臨洮県馬家窯遺跡で、馬家窯類型の堆積層が廟底溝類型の文化層上に重なって発見され、さらに、天水県の羅家溝遺跡では、最下層に廟底溝類型が、中層に石嶺下類型が、上層に馬家窯類型が重なる文化堆積が確認

されている。このような文化堆積によって、石嶺下類型が、廟底溝類型と馬家窯類型の間をつなぐ過渡的役割をはたしていることが判明し、甘粛仰韶文化の文化内容が順次変わることがはっきりした。馬家窯類型・半山類型・馬廠類型の各文化は、甘粛・青海省で継承され発展した仰韶文化で、中原地区の仰韶文化にくらべると、それらの文化が持続した時間は比較的長かったと推定されている。甘粛仰韶文化に関しては、古いほうから石嶺下類型・馬家窯類型・半山類型・馬廠類型の編年が組み立てられている[18]（図版9）。

　石嶺下類型は、渭河の上流域である甘粛省武山県で発見された石嶺下遺跡を標準とする[19]。石嶺下遺跡は、1947年裴文中によって最初の調査が行われて以来たびたびの調査が試みられ、1962年以降は甘粛省博物館による本格的な発掘がすすめられている。石嶺下文化の遺跡は、渭河およびその支流である葫蘆河のほか長江の一大支流である西漢水、黄河の支流の洮河の流域に分布しているが、その中心地域は武山県付近である。石嶺下類型の代表的な遺跡には石嶺下遺跡のほか、天水市の西山坪遺跡・羅家溝遺跡、静寧県の威戎遺跡、甘谷県の水峪遺跡、武山県の灰地児遺跡・傳家門遺跡などがある。石嶺下類型の土器には、碗・盆・碗・瓶・平底瓶・壺・罐などの器形があり、それらには彩絵、縄紋・弦紋・画紋・附加堆紋などの紋様が施されている。彩陶には幾何学紋・動物紋の2種類が見られる。

　馬家窯類型は、石嶺下類型が発展変化した文化で、経済生活は廟底溝類型のそれとだいたい同じで粟栽培の農業生活が主であったと考えられる。馬家窯類型の分布は広く、東は涇河・渭河の上流域から、西は黄河の上流の龍羊峡付近まで、北は寧夏回族自治区の清水河流域まで、南は四川省岷江流域汶川地区にまで及び、すでに調査された遺跡は300カ所以上になっている。代表的な遺跡には、甘粛省蘭州市の曹家嘴遺跡[20]、大通県の上孫家遺跡[21]などが知られる。馬家窯類型の生産工具には、石斧・石鑿・石錛・石刀・磨盤・骨刀がつねに認められる。特徴的な遺物として骨柄に細石刃をはめた細石刃刀が存在する。土器の主要なものは彩陶で、黒彩で紋様を描いている。器形には盆・鉢・碗・瓶・壺・罐・甑・甕がある。

　半山類型の遺跡の分布は、黄河上流域および黄河の支流である湟水・洮河・荘浪河流域、そして渭河上流の天水県、武山県一帯に及んでいる。発掘された代表的な遺跡には、蘭州市の花寨子遺跡[22]、広河県の地巴坪遺跡[23]などがある。半山類型の土器の器形は、壺・罐・瓶が主で、ほかに碗・盆・鉢・盂などがある。彩陶の紋様には、渦紋・水波紋・菱型紋・平行条紋・円圏紋・連弧紋などが見られる。渦紋は半山類型土器の特徴でもある。この時期の経済活動は、農業が主で、その内容はほぼ馬家窯類型文化の農業活動と同じであったと考えられる。石製の斧・錛・鑿・石刀などの生産用具が、集落址や墓地遺跡で発見されている。また、特徴的な遺物として、この時期にも骨柄に細石刃をはめ込んだ鎌あるいは刀子と思われる遺物が見られる。農工具のほか比較的多くの骨鏃や石弾丸の出土は、農業にあわせて狩猟も経済活動の中に重要な位置を占めていたことを示している。

　馬廠類型遺跡の分布は、基本的に半山類型遺跡の分布範囲に一致するといえるが、西の範囲が玉門市付近まで広がっている。正式に発掘された遺跡には、甘粛省永昌市の鴛鴦池遺跡[24]、青海省楽都県の柳湾遺跡[25]などがある。馬廠類型時代の経済活動も粟栽培を中心とした農耕であったと考えられる。柳湾墓地の墓からは、粟を入れた甕が副葬品として出土している。また集落址や墓からは大量

の石製・骨製の生産工具が出土している。石器には、斧・石刀・鑿・錛・杵・石皿などがあり、石斧・石刀・杵・石皿は、農耕と関係の深い用具である。

　今日の中国側の研究では、すでに紹介したように、石嶺下類型・馬家窯類型・半山類型・馬廠類型の4時期に編年して、馬家窯類型を前3100～前2700年、半山類型を前2600～前2300年、馬廠類型を前2200～前2000年との想定年代を示している。馬廠類型の墓には、多くの副葬品が納められ、殉葬者をともなう墓のほか、銅刀子の出土も伝えられている。馬廠類型の年代は、黄河中流域の龍山文化の時代に併存していた可能性も高い。

註

（1）　363 中国科学院考古研究所・陝西省西安半坡博物館、1963、『西安半坡』(『中国田野考古報告集』考古学専刊丁種第十四号)。

（2）　352 中国科学院考古研究所、1959、『廟底溝与三里橋』(『中国田野考古報告集』考古学専刊丁種第九号)。

（3）　363 中国科学院考古研究所・陝西省西安半坡博物館、1963、『西安半坡』(『中国田野考古報告集』考古学専刊丁種第十四号)。

（4）　621 Zhang Guangzhi (張光直), 1977, "The Archaeology of Ancient China" Third Editinon.

（5）　622 Zheng Dekun (鄭德坤), 1964, "New Light on Ancient Chain" Antiquity Vol. 38.

（6）　435 張維華、1986、「古気候与中国智人文化」(『論仰韶文化』中原文物1986年特刊総5号)。

（7）　371 中国社会科学院考古研究所、1983、『宝鶏北首嶺』(『中国田野考古報告集』考古学専刊丁種第二十六号)。

（8）　261 西安半坡博物館・陝西省考古研究所・臨潼県博物館、1988、『姜寨』(文物出版社、北京)。

（9）　546 北京大学歴史系考古教研室、1983、『元君廟仰韶墓地』(『中国田野考古報告集』考古学専刊丁種第二十四号)。

（10）　260 西安半坡博物館・渭南県文化館、1978、「陝西渭南史家新石器時代遺址」(『考古』1978年第1期)。

（11）　362 中国科学院考古研究所山西工作隊、1973、「山西芮城東荘村和西王村遺址的発掘」(『考古学報』1973年第1期)。

（12）　109 甘粛省博物館・秦安県文化館・大地湾発掘小組、1981、「甘粛秦安大地湾新石器時代早期遺存」(『文物』1981年第4期)。

（13）　352 中国科学院考古研究所、1959、『廟底溝与三里橋』(『中国田野考古報告集』考古学専刊丁種第九号)。

（14）　362 中国科学院考古研究所山西工作隊、1973、「山西芮城東荘村和西王村遺址的発掘」(『考古学報』1973年第1期)。

（15）　543 北京大学考古実習隊、1961、「洛陽王湾遺址発掘簡報」(『考古』1961年第4期)。

（16）　292 陝西考古所涇水隊、1960、「陝西邠県下孟村遺址発掘簡報」(『考古』1960年第1期)。

（17）　373 中国社会科学院考古研究所、1984、『新中国的考古発現和研究』(『考古学専刊』甲種第十七号)。

（18）　373 同上。

（19）　227 謝端琚、1981、「論石嶺下類型的文化性質」(『文物』1981年第4期)。

（20）　106 甘粛省博物館、1973、「蘭州曹家嘴遺址的試掘」(『考古』1973年第3期)。

（21）　262 青海省文物管理處考古隊、1978、「青海大通県上孫家寨出土的舞踊紋彩陶盆」(『文物』1978年第3

(22)　112 甘粛省博物館・蘭州市文化館・蘭州市七里河区文化館、1980、「蘭州花寨子半山類型墓葬」(『考古学報』1980 年第 2 期)。
(23)　110 甘粛省博物館文物工作隊、1978、「広河地巴坪半山類型墓地」(『考古学報』1978 年第 2 期)。
(24)　111 甘粛省博物館文物工作隊・武威地区文物普査隊、1974、「永昌鴛鴦池新石器時代墓地的発掘」(『考古』1974 年第 5 期)。
(25)　264 青海省文物管理處考古隊・中国社会科学院考古研究所、1984、『青海柳湾』(『中国田野考古報告集』考古学専刊丁種第二十八号)。

第 4 節　黄河下流域の新石器時代中期文化

(1) はじめに

　黄河の中流域で彩陶をもつ仰韶文化が栄えていた頃、黄河の下流域の山東省方面から江蘇省にかけて大汶口文化と呼ばれる同じく彩陶をもつ新石器時代中期文化が栄えた。大汶口文化の標準となる大汶口遺跡は、山東省泰安県と寧陽県の境、大汶河の両岸に広がっている。1959 年の夏に 133 基の墓の発掘調査が行われ、この遺跡の文化内容が明らかになり、大汶口文化の名称が設定された。1959 年に調査された墓は、その後の調査研究によって、大汶口文化中期・後期に属する遺構との認識がもたれるようになっている。1974 年に大汶口遺跡の第 2 次調査が行われ、この時に発掘された墓の多くは、1959 年に発掘された墓より早い大汶口前期に属する遺構と考えられている。さらに 1978 年にも引きつづいて第 3 次の発掘調査が行われている。大汶口文化は、新石器時代前期文化に属する山東省の北辛文化を母体として発展変化して出現したとする説が今日では有力である。

　今日までに発見された大汶口文化に属する遺跡の数は 100 ヵ所以上に達しているが、それらの遺跡の分布範囲は、山東省中南部、東南部、山東半島、河南省東部、安徽省北部、江蘇省北部の淮北一帯に及んでいる。発掘された代表的な遺跡には、山東省泰安県の大汶口遺跡のほか、膠県の三里河遺跡、鄒県の野店遺跡、兗州県の王因遺跡・六里井遺跡、棗荘県の建新遺跡、江蘇省邳県の劉林遺跡・大墩子遺跡などがある。

　これらの遺跡の中で、大汶口文化前期を代表する遺跡は、劉林遺跡などで、おおよそ前 4300 年から前 3500 年の間にあるものと推定されている。大汶口文化中期を代表する遺跡は、大汶口遺跡の 1959 年発掘の早期・中期の墓や大墩子遺跡の晩期の墓などで、その年代は、おおよそ前 3500 年から前 2800 年の間と推定されている。大汶口文化後期を代表する遺跡は、大汶口遺跡発見の晩期の墓などで、その年代は、おおよそ前 2800 年から前 2400 年の間と推定されている。

(2) 大汶口遺跡

　大汶口遺跡の第 1 次調査で発掘された 133 基の墓は、長方形竪穴墓で、大きさによって、大・中・小型墓に分けられる。墓壙の中に原木を組み合わせ、一種の木槨を形づくった墓も 14 基発見さ

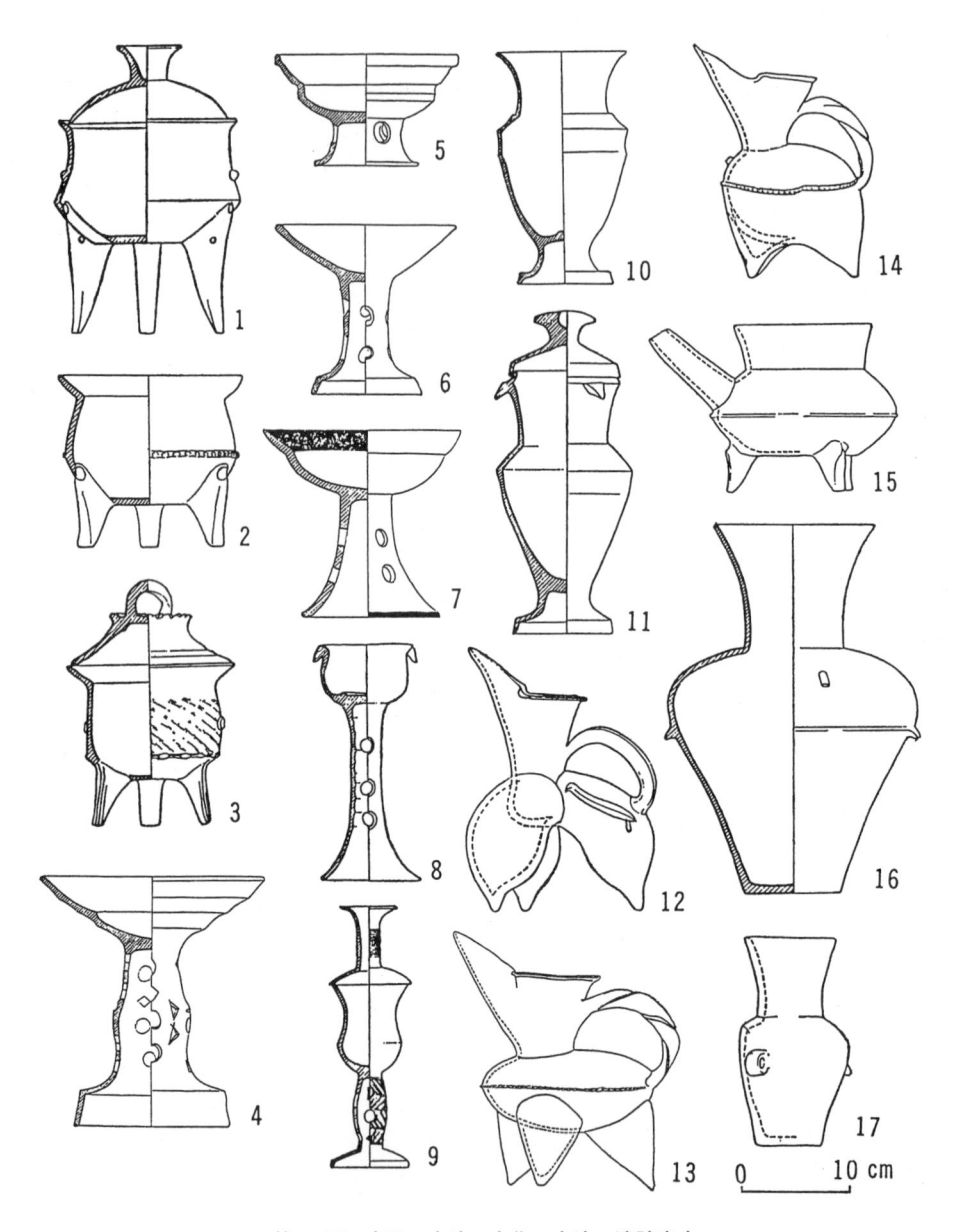

第61図　土器　大汶口文化、大汶口遺跡出土

れている。埋葬方法は、単人葬が一般的であるが、成人男女合葬、成人男女と女児の合葬が若干存在する。葬方は仰臥伸展葬が主で、ほかに側臥伸展葬・俯身葬・屈葬が見られ、死者の手に1・2個の豚の犬歯を握らせているのが通常の埋葬方法であった。また男性と女性人骨に、頭蓋変形と上顎の左右切歯に抜歯が認められた。副葬品は、大部分の墓に納められ、多い墓では60点以上に達した。一方、少数ではあるが副葬品のない墓も存在した。これらは多くの場合小型の墓であった。副葬品の大部分は、土器であるが、ほかに石器・骨角器・玉器・獣骨があり、多くの墓に豚頭骨が副葬されていた。

　土器は、紅陶・灰陶が主で、白陶・黒陶がこれに次ぎ、彩陶の類も存在する。土器の器形には、

鼎・壺・罐・杯・鬶・盉・尊・瓶・碗・鉢・盆・匜・豆・尖底罐などがあり、とくに鼎・豆・壺・罐・杯の出土数量が多い。土器には少数の彩陶が含まれ、それらには、黒地に紅彩、橙黄地に黒・白彩、紅地あるいは橙黄地に白彩を施した紋様がある。すべて幾何学紋様で、巻雲紋・弧線紋・網紋などがあるが、廟底溝類型の彩陶に類似した花弁状の彩陶紋様も認められる（図版10の1～4、第61図）。

第62図　象牙製品　左.櫛、右.筒形器、大汶口遺跡出土

玉器・石器には、鏟・斧・錛・鑿・石刀・磨棒・紡錘車などが、骨角器には槍・鉇・鏃・針・鎌・釣針・錐・鑿・匕などがある。

装身具には、玉製・石製・骨牙製・象牙製の腕環・指環・束発器（牙を用いた髪飾の一種）・笄・頭飾・首飾り・櫛・筒形器などがある。大汶口遺跡からは、比較的多くの象牙製品が発見されている（第62図）。これらの象牙は南方からの搬入品であるが、今日と異なり長江流域においても象が生息していた可能性が考えられている。

大汶口遺跡早期の大型墓の1例として、M13号墓は、成年男女の合葬墓で、墓壙の大きさが、長さ3.4m、幅1.9m、深さ1.47mであった。木槨は腐食していたが、長方形を呈し、残長2.7m、幅1.3mの大きさで、原木を積み上げ、原木の横木で蓋をしていたものと考えられている。槨内に男女の遺骸が頭を東にして埋葬され、いずれも仰臥伸展葬であった。副葬品には、土器・玉石器・骨角器・豚頭骨・豚下顎骨などがならべられていた。土器類は主として墓壙の東側に、豚頭骨・豚下顎骨は北側に置かれていた。副葬された土器には、鼎4、豆4、壺2、罐3、尊1、盉1、鬶1、尖底甕1、蓋2があり、骨角器には、鉇1、鏃1、鎌1、匕1、琮2、象牙彫刻品類があり、ほかに豚頭骨14、牙3点があった。

（3）　大汶口文化について

大集落としての大汶口文化の遺跡は、まだ大規模な発掘の報告がない。しかしその集落は、仰韶文化のそれに類似したものであったと推定される。住居址では、王因遺跡で発見された竪穴住居址、劉林遺跡の平地住居址、呈子遺跡の平地住居址、三里河遺跡の住居址、野店遺跡の円形竪穴住居址などが知られるほか、大墩子遺跡の1966年の発掘調査では、住居の陶製模型が出土している。鄒県野店遺跡の住居址は直径5.6～6m、深さ0.35mの円形竪穴住居址で、壁は傾斜している。竪穴床面では円形に排列された16本の柱穴が発見されている。このような仰韶文化の住居址に類似した大

汶口文化の住居址の存在は、大汶口文化の定住生活が、仰韶文化の定住生活に似ていたことを示す証拠と思われる。

　大汶口文化の経済活動は農業が主で、その内容は黄河中流域の同時代の農業活動に類似したものであったと推定される。主要な栽培穀物は粟で、山東省膠県の三里河遺跡の大型貯蔵穴であるH203灰坑からは大量の粟粒の堆積が発見されている。住居址や集落址の発掘調査例が少ないため、農業用具の研究が十分に進んでいないが、墓に副葬された石鏟・石錛は耕具としての利用が可能な利器である。また収穫用具としての石刀や骨鎌・貝鎌のほか、牙刀・牙鎌などの、他文化では比較的少ない特色ある収穫具も存在する。大汶口遺跡出土の石刀は、長方形、無孔の短冊形を呈するものを基本とするが、三里河遺跡からは長方形、双孔の典型的な石刀も発見されている。

　また、多くの骨鏃・骨銛・釣針の出土は大汶口文化においても漁労や狩猟が重要な経済活動であったことを示している。

　家畜の飼育は、大汶口文化前期の段階で相当に発展していたと考えられている。この段階で飼育していた家畜には、豚・犬・牛・羊がある。大汶口文化中期以降の墓には、豚の頭骨や下顎骨、豚の門歯の副葬が盛んに行われ、大汶口遺跡における133基の墓のうち3分の1に豚の頭骨が副葬されていた。このことは、大汶口文化中期以降の養豚がきわめて盛んであったことを物語っている。膠県の三里河遺跡では、豚の飼育穴と推定される坑が発見されている。H227号坑の中から5頭の子豚の骨がおおむね完全な形で発見されている。このH227号坑は、口径0.8m、底径1.1m、深さ0.86mの袋状の穴で、黄河流域の新石器時代遺跡においてつねに見られる遺構である。報告書では、5頭の子豚の骨の出土状態からこの坑を猪圏（豚の飼育穴）と推定している。

　大汶口文化前期・中期の年代は、黄河中流域の仰韶文化の中期・後期の年代におおむね併存している。大汶口文化と仰韶文化は、粟栽培を主体とした農業活動、住居址の形状などにおいて比較的類似した要素を有していると考えられる。また大汶口文化の彩陶の一部には、幾何学紋の形状において廟底溝類型のそれに類似するものも存在するなど類似性が認められる。しかし、大汶口文化の土器には、仰韶文化に見られない折腹鼎・鏤孔豆・筒形豆・高柄豆・鬶・三足盃などの器形が多数存在し、大汶口文化の特徴を示している。さらに、大汶口文化には、多くの副葬品をともなう墓が存在するなど、仰韶文化とは、また異なった要素も認められる。

　大汶口文化の土器の紋様には、一種の図画紋が存在するが、この図画紋を、図象記号と呼ぶこともある。第63図に山東省莒県陵陽河遺跡、諸城県前寨遺跡で発見された図画紋（図象記号）を示した。1・2・5は類似した図案でなんらかの同一の思想を表現していると思われる。上段の円は太陽を表し、中段は雲を表し、下段は山を表し、この図象は日の出を表現しているとの説もある。仰韶文化の彩陶にも各種の記号が表現されているが、大汶口文化の土器に刻まれたこの種の記号や仰韶文化の彩陶に描かれた各種の記号を文字と考えるのはあまりにも勇み足である。しかしながら、長い歴史の流れの中で見れば新石器時代中期のこれらの各種記号も、後の殷代に出現する甲骨文字の遠い源かもしれない。
(10)

　大汶口文化の年代については、先に仰韶文化の中期・後期に併存すると述べたが、大汶口遺跡の木炭（BK79016）はC14年代測定で前3860±90年（経樹輪校正、前4661-前4367年）を示した。ま

た膠県三里河遺跡の大汶口文化に属するM301号墓出土の人骨（ZK-365）はC14年代測定で前3120±80年（経樹輪校正、前3787-前3644年）の値を示した。

大汶口文化は、後述する馬家浜文化（青蓮岡文化）ときわめて類似性の高い文化で、抜歯習俗、埋葬方法、土器の器形・紋様などの面において、共通の内容を有している。大汶口文化地域の南縁に分布する文化と、馬家浜文化地域の北辺に分布する文化は同一ともいえるほど類似している。大汶口文化として取り扱った劉林・大墩子遺跡などの新石器文化は、青蓮岡文化として取り扱われることも多い。黄海から東支那海にかけての中国大陸沿岸に前4500～前

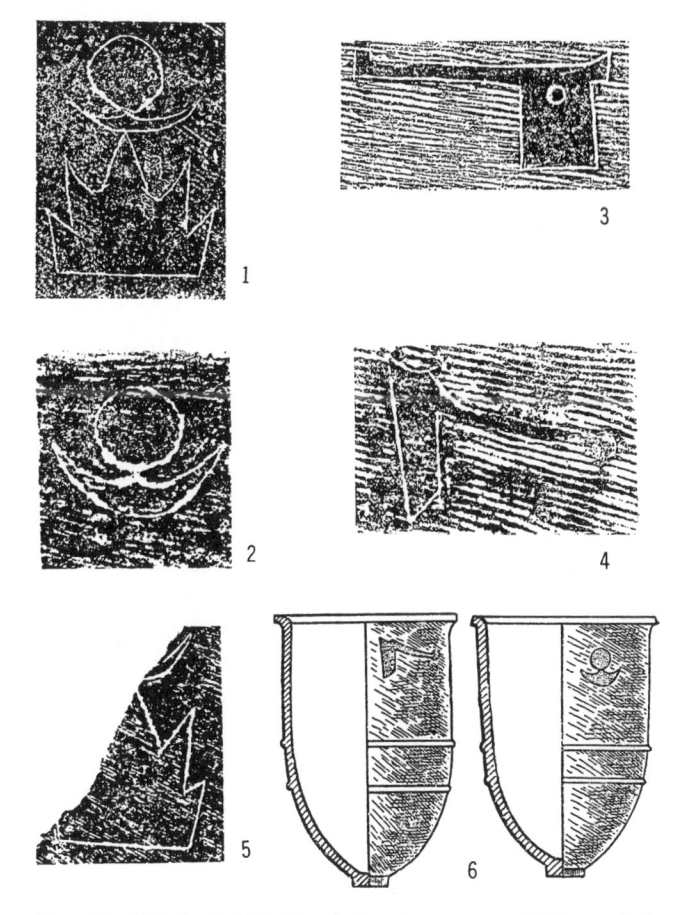

第63図　図画紋（図象記号）　大汶口文化、1～4・6陵陽河、5前寨

2500年頃にかけて土器や埋葬、抜歯などの習俗において共通性の高い文化が存在していたことはたしかである。しかし、北の大汶口文化と南の馬家浜文化とでは、大きな違いも存在する。この2つの文化の最大の違いは、北の大汶口文化の農業が粟を栽培の主体としていたと推定されるのに対して、南の馬家浜文化の農業は稲栽培を主体とするものであった点にある。

註

（1）　215 山東省文物管理處・濟南市博物館、1974、『大汶口』（文物出版社、北京）。
（2）　216 山東省文物考古研究所、1997、『大汶口続集──大汶口遺址第二・三次発掘報告』（科学出版社、北京）。
（3）　376 中国社会科学院考古研究所、1988、『膠県三里河』（『中国考古田野報告集』考古学専刊丁種第三十二号）。
（4）　210 山東省博物館・山東省文物考古研究所、1985、『鄒県野店』（文物出版社、北京）。
（5）　407 中国社会科学院考古研究所山東工作隊・濟寧地区文化局、1979、「山東兗州王因新石器時代遺址発掘簡報」（『考古』1979年第1期）。
（6）　159 国家文物局考古領隊培訓班、1999、『兗州六里井』（科学出版社、北京）。
（7）　218 山東省文物考古研究所・棗荘市文化局、1996、『棗荘建新──新石器時代遺址発掘報告』（科学出版

社、北京)。
(8)　145 江蘇省文物工作隊、1962、「江蘇邳県劉林新石器時代遺址第一次発掘」(『考古学報』1962 年第 1 期)。488 南京博物院、1965、「江蘇邳県劉林新石器時代遺址第二次発掘」(『考古学報』1965 年第 2 期)。
(9)　487 南京博物院、1964、「江蘇邳県四戸鎮大墩子遺址探掘報告」(『考古学報』1964 年第 2 期)。
(10)　215 山東省文物管理處・済南市博物館、1974、『大汶口』(文物出版社、北京)。206 山東省考古所・山東省博物館・莒県文管所・王樹明、1987、「山東莒県陵陽河大汶口文化墓葬発掘簡報」(『史前研究』1987 年第 3 期)。
(11)　373 中国社会科学院考古研究所、1984、『新中国的考古発現和研究』(『考古学専刊』甲種第十七号)。
(12)　64 何徳亮、1986、「論山東地区新石器時代的養猪業」(『農業考古』1986 年第 1 期)。

第 5 節　長江流域の新石器時代中期文化

(1)　はじめに

　長江中・下流域の新石器時代中期にあたる諸遺跡の発掘調査と研究は、近年来とくに進み、文化類型編年の上で煩雑な様相を呈してきている。ここでは、地理的区分の上から、まず、長江下流域の太湖平原から杭州湾地区に広がる馬家浜文化を紹介する。河姆渡遺跡の第 3・4 層の上には、馬家浜文化と呼ばれる第 2 層と第 1 層の文化堆積がある。この馬家浜文化は、さらに第 2 層の馬家浜類型と第 1 層の崧澤類型に分けられている。第 1・2 層の文化は、第 3・4 層の河姆渡文化の流れを受け継いでいるが、同時に、この両者の間には文化内容の上でかなりの相違も認められる[1]。馬家浜類型は、浙江省嘉興県の馬家浜遺跡を標準とし、崧澤類型は、上海市青浦県の崧澤遺跡を標準としている[3]。次に長江の河口から 300km ほどさかのぼった南京付近から安徽省の長江沿岸地区に見られる北陰陽営系統の文化について触れ、最後に、長江中流域の湖北省から四川省に広がる大渓文化・屈家嶺文化を紹介する。これら長江流域の新石器時代文化は、いずれも稲作栽培を基盤とする農耕文化である。

(2)　馬家浜文化

1．馬家浜類型

　河姆渡遺跡の第 2 層つまり馬家浜類型の文化層からは、配列の不規則な柱穴や、木枠のある井戸、墓などの遺構が発見されている。第 2 層の遺物には、土器・石器・骨角器・木器がある。馬家浜類型の土器には、夾砂灰紅陶・泥質紅陶・泥質黒陶があって、器形には釜・鼎・盃・罐・豆・鉢・盆・盤・支座が見られる (第 64 図)。これらの器形は、基本的に河姆渡遺跡第 3・4 層の伝統を受け継いでいる。石器には磨製石斧・錛・石刀・鑿・砥石などの工具・農具がある。石器の中でとくに注目されるのは、有孔の石刀である。この種の有孔石刀は、黄河流域の粟栽培地域に比較的多くみられる石刀が長江流域に波及し、祭祀用具として儀式用につくられたと考えられる。骨角器には、耜・鏃・針・匕・錐があり、木器の耜も出土している。第 3・4 層にくらべて、石器の量が著しく増

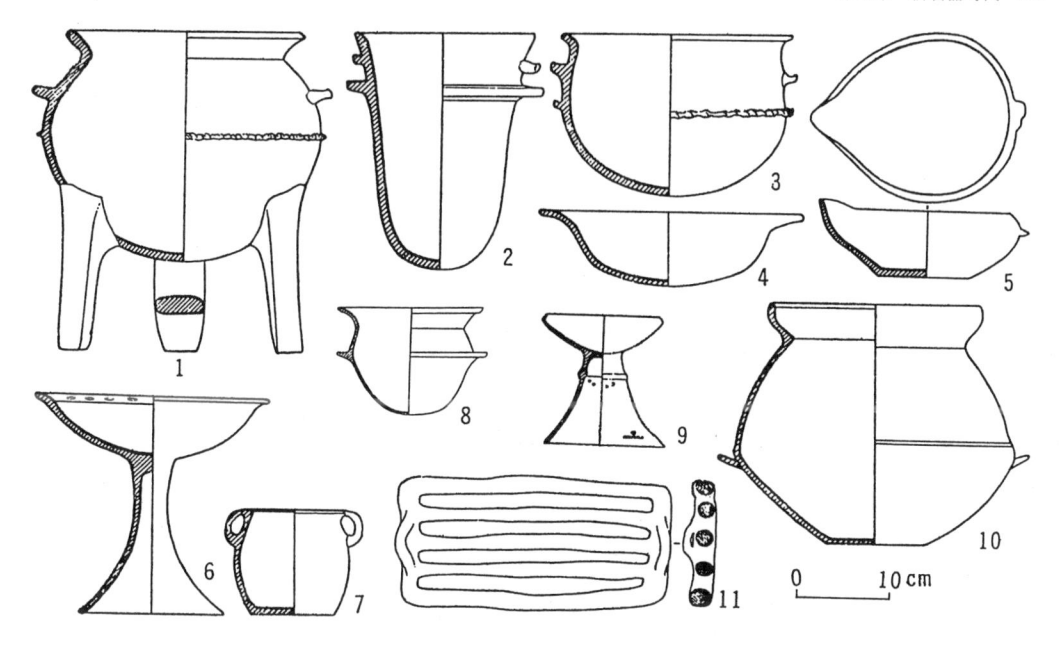

第64図 土器 馬家浜類型、1〜7草鞋山遺跡、8・10・11圩墩遺跡、9崧澤遺跡

加し、骨角器が減少している。生産農工具の主体が、骨角器から石器へ遺構したことがわかる。第2層の文化内容は、馬家浜類型の標準遺跡である馬家浜遺跡[4]の文化内容に類似するという。馬家浜類型における住居址の情況は、かならずしも明確でないが、馬家浜遺跡で発見された住居址は、南北に長い長方形を呈し、13本の柱穴が発見されている。馬家浜類型の遺跡としては、浙江省桐郷県羅家角遺跡[5]、呉江県梅堰遺跡[6]、江蘇省呉県草鞋山遺跡[7]、上海市青浦県崧澤遺跡下層などがある。

馬家浜類型の諸遺跡からは、稲の植物遺体が出土し、主要な経済活動が水稲栽培を主体とした農業であったことが知られている。上海市青浦県の崧澤遺跡下層からは、稲の茎・葉・籾殻・稲粒が発見されたが、これらの稲は、鑑定の結果、籼（インド型）に属することが判明している。また、草鞋山遺跡最下層の土塊中より出土した炭化稲籾は、籼のほか粳（日本型）もあった。この粳稲は、中国で発見された比較的古い粳稲つまり日本型の稲である。馬家浜類型の年代に関しては、上海市青浦県崧澤遺跡の馬家浜類型の木材（BK79003）がC14年代測定で前3530±90年（経樹輪校正、前4334-前4007年）の数値を示し、おおよそ前4500年から前3500年の年代が推定されている。

2. 崧澤類型

崧澤類型は、馬家浜文化の後半を占める文化で、上海市青浦県の崧澤遺跡中層文化を標準としている。河姆渡遺跡の第1層は、崧澤類型である[8]。河姆渡遺跡の第1層からは、11基の墓が見つかり、土器と石器が出土している。土器には夾砂紅灰陶・泥質硬陶・泥質灰陶があり、器形には、釜・鼎・盉・鬶・甑・罐・豆・盆・盤・鉢・支座・器蓋などがある（図版10の5〜8、第65図）。石器には、斧・錛・耙・鑿などがあり、とくに錛が多い。河姆渡遺跡第1層の文化の内容は、崧澤遺跡の中層墓群の崧澤類型に類似するという。崧澤類型の主要な遺跡には、崧澤遺跡のほか、江蘇省呉県の草鞋山遺跡中層[9]、張陵山遺跡下層[10]、武進県寺墩遺跡下層[11]などがある。崧澤類型の遺跡は、墓地が多いため、集落址あるいは経済活動の状況が今ひとつ不明であるが、住居は馬家浜類型の伝統を受

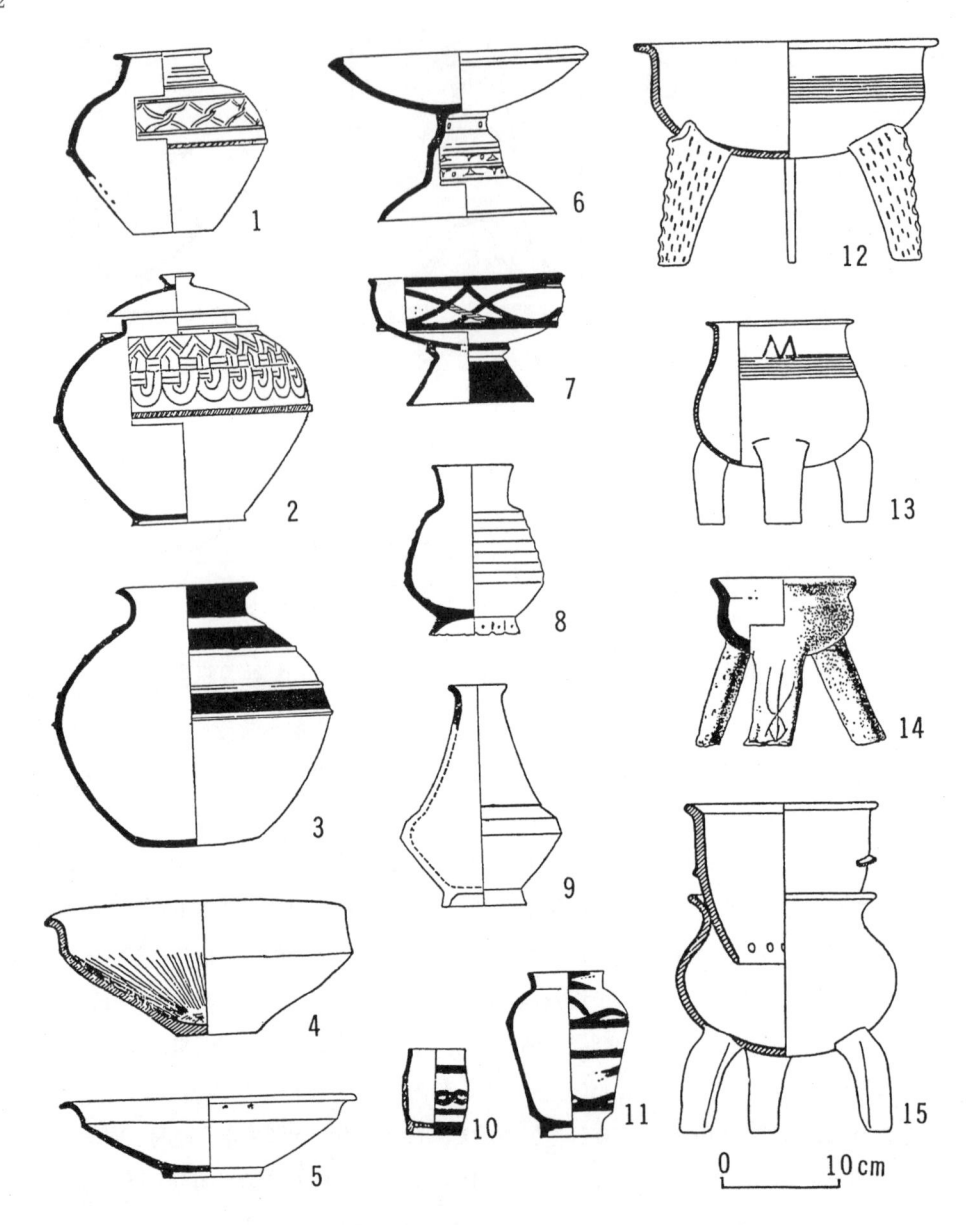

第65図 土器 崧澤類型、1〜14崧澤遺跡、15草鞋山遺跡

け継いでいるものと推定され、また、経済活動は水稲栽培が主体であったことは、出土する稲の植物遺体から明らかである。そして馬家浜類型の段階に比較すると、明らかに粳（日本型）が増加している。崧澤類型の年代に関しては、前3500年から前3000年の年代が推定されている。

(3) 北陰陽営文化

長江を河口からさかのぼって江蘇省南京市付近から安徽省にかけての一帯に、馬家浜文化に類似し、時代的にも同時代の文化として北陰陽営文化が設定されている。この北陰陽営文化は、江蘇省南京市の北陰陽営遺跡を標準とする北陰陽営類型[12]と安徽省潛山県の薛家岡遺跡を標準にする薛家岡

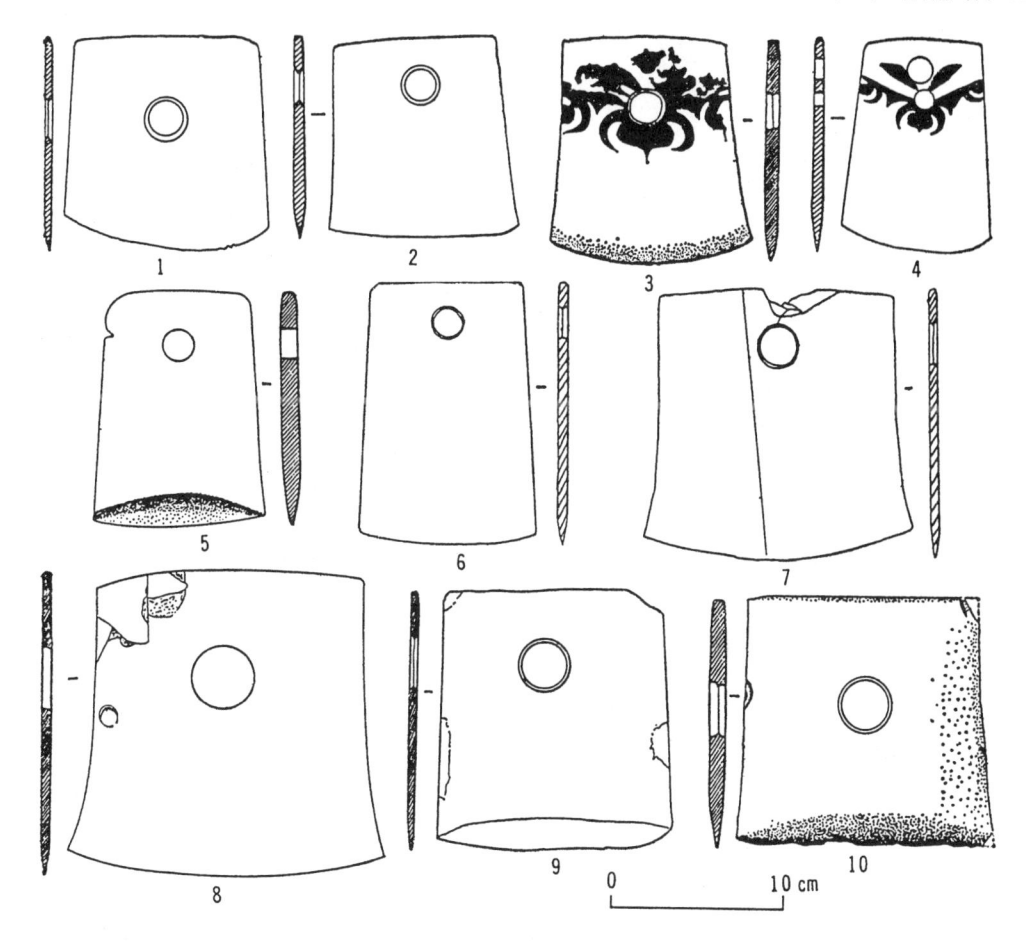

第66図　石鉞　薛家岡遺跡出土

類型に分けられている。

　北陰陽営類型に属する遺跡で発見されている墓からは、実用には不向きと思われる副葬品のためにとくに製作された精緻なつくりの有孔石斧・環状石斧・七孔石刀などが発見されている。これらの精緻なつくりの玉石器類は北陰陽営文化を特色づける遺物である。

　墓の副葬品として、彩色のある石鏟や石刀を出土した遺跡に、安徽省潜山県の薛家岡遺跡がある。薛家岡遺跡は潜山県の南、潜水の東岸に位置している。1979～1980年にかけて2度にわたり本格的な発掘調査が行われ、新石器時代の遺跡・遺構として103基の墓と、3基の住居址、1基の灰坑が発見されている。副葬品としては、土器のほかに多くの石製生産工具が出土している。それらの石器には、石刀・石鏟・石鉞・石斧・石錛・石鑿・石鏃などがある。さらに、若干の玉器も副葬品として発見されている。玉器には、玉鏟・玉環・玉璜・玉管・玉琮などがある。それらの玉石器の中には、彩色のある石鉞・石鏟・石刀の類が含まれている。薛家岡遺跡の第3期文化の墓からは、副葬品として多くの石製生産工具が出土し、とくに孔周辺の両面に彩色蝶形紋のある石刀・石鏟・石鉞などが注目される（第66図）。薛家岡遺跡の石鉞は、いずれも薄手で、下辺の幅が広く、中央上部に一孔のあく有孔石斧の形を呈している。石刀の孔は奇数を原則とし、ある種の石刀では、孔の周

囲に紅色の蝶形図案が描かれている。北陰陽営文化の年代は、北陰陽営類型が古く、薛家岡類型が新しく、また地域的には薛家岡類型の中心は安徽省内にあると考えられている。薛家岡類型の年代に関しては、第4層の草木炭（WB80-46）に対するC14年代測定の結果が前2625±145年（経樹輪校正、前3350-前3035年）の数値を示している。

(4) 大渓文化

　長江の河口から約900kmさかのぼると江漢平原に達する。湖北省の武漢市を中心に広がる江漢平原は大小の湖沼が長江の両岸に散布し、西は三峡から四川省に接し、南は洞庭湖、北は漢水の支

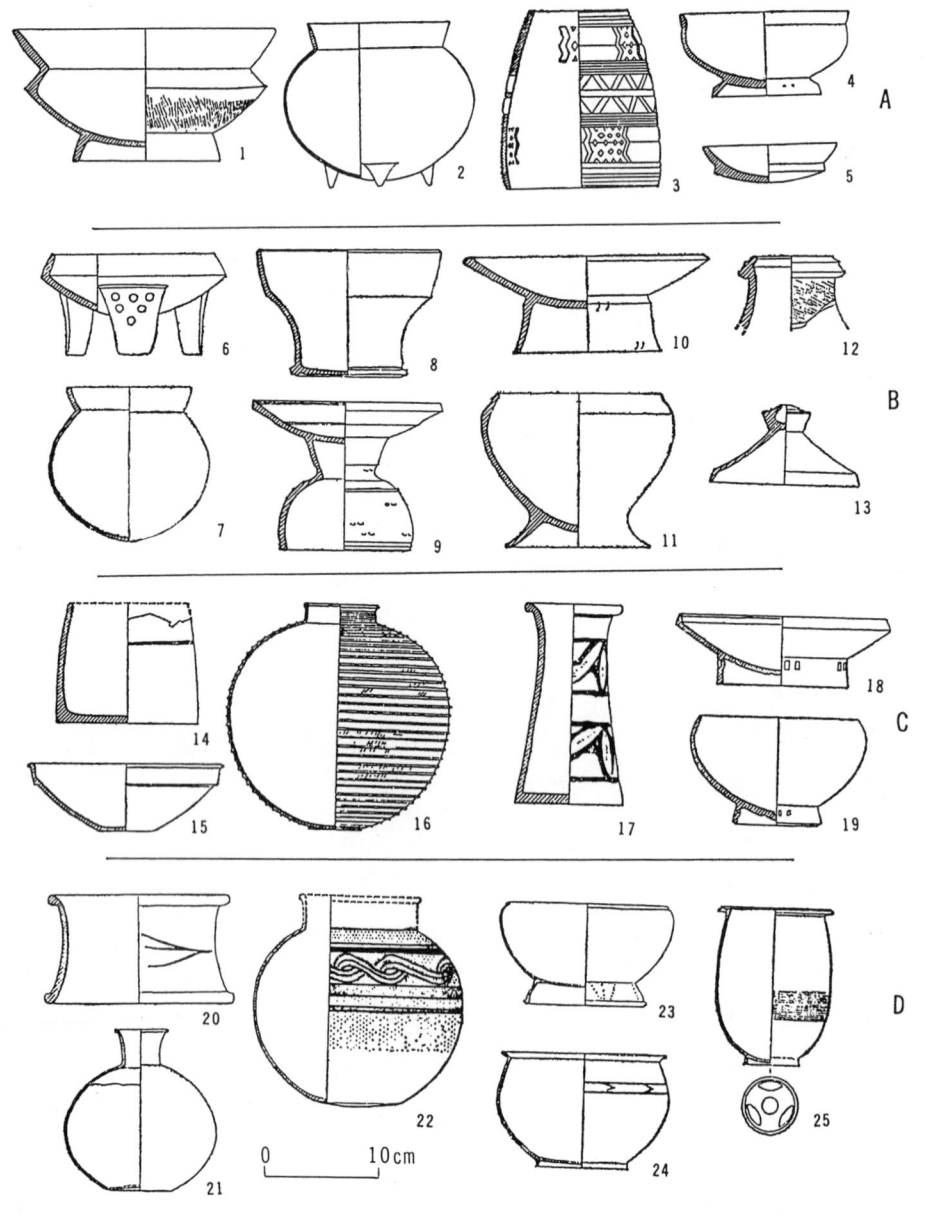

第67図　土器　大渓文化、関廟山遺跡出土、A第1期、B第2期、C第3期、D第4期

流と淮河支流の分水嶺に接している。この地における新石器時代中期の重要な文化は、城背溪文化を母体として出現してきた大溪文化と屈家嶺文化である。

　大溪文化は、四川省巫山県にある大溪遺跡を標準遺跡とする文化名称である。大溪遺跡は、大溪河が長江と合流する三角地に位置している。遺跡は、包含層と墓地からなり、大量の石器・土器・骨角器・玉器が出土している。墓の埋葬方法は複雑で、伸展葬と屈葬がほぼ半数であるが、屈葬の方法は10種類に及ぶ異なった埋葬を行っている。大溪遺跡出土の土器は、紅陶を主とし、灰陶と黒陶がこれに次ぎ、彩陶も存在する。大溪文化の土器の器形には、釜・鼎・盂・豆・簋・碗・罐・瓶などがあり、轆轤製の遺物も存在する（第67図）。石器には、斧・鑿・鍬・刀・矛・鏃などがある。骨角器には、錐・鑿・刀・矛などがある。玉器には、璧・璜・環・玦・耳飾などがあり、比較的精巧なつくりの遺物が多い。大溪文化の土器には、稲籾を混ぜてつなぎにしたものが見られるほか、住居址出土の焼土塊からも稲籾・稲茎・稲葉が見つかっている。このような資料は、大溪文化が稲栽培を主たる生業としていたことを物語っている。大溪文化に属する遺跡は、四川省東部から長江沿いに湖北省内に分布し、その一部は長江の支流である澧水沿いに湖南省北部に広がっている。大溪文化のC14年代測定としては、湖北省枝江県関廟山遺跡の大溪文化層出土の木炭（ZK-891）が前2960±110年（経樹輪校正、前3690-前3380年）の数値を示し、おおむね大溪文化の年代としては前4000年から前3000年の年代が推定されるが、これは長江中・下流域の馬家浜文化や北陰陽営文化に併存するか、あるいはやや新しい年代になる。

（5）屈家嶺文化

　漢江平原には、大溪文化に引きつづいて、屈家嶺文化が出現する。屈家嶺文化は、湖北省京山県の屈家嶺遺跡を標準とする新石器時代中期後葉から新石器時代後期にかかる文化である。江漢平原における屈家嶺文化は、年代的には前3000年から前2500年頃を中心とする文化で、この年代は新石器時代後期に属するかもしれないが、若干の彩陶を有し、新石器時代中期的な様相を色濃く残している。

　屈家嶺遺跡の堆積は、前期と後期に区分されているが、後期が典型的な屈家嶺文化である。屈家嶺遺跡後期の遺構には、墓・住居址がある。生産農工具としての石器には、石斧・石錛・石鑿・石鎌・石刀・石鏃・石矛などがある。土器は灰陶が黒陶より多く、紅陶も見られ彩陶も多い。大型釜・缸・甑・小鼎・碗・罐・杯・盤・豆・杯形器・器蓋・壺などの器形がある（第68図）。後期には朱彩黒陶が減り、薄手の彩陶が増加する。ほかに彩陶紡錘車、彩色された陶罐や陶球などがある。後期の住居址からは、大量の焼土塊が出土しているが、その中には大量の稲籾・稲茎が混ぜられていた。この稲籾は、中国農業科学院の鑑定によると日本型の稲であるという。大量の稲籾の出土は、この文化の主要な農業生産が稲の栽培であったことを物語り、また、その稲が、地理的な条件から推定して水稲であった可能性も高い。屈家嶺文化の主要な文化層をもつ遺跡には、屈家嶺遺跡のほか、湖北省天門市肖家屋脊遺跡・枝江県関廟山遺跡などがある。

　屈家嶺文化は、大溪文化と後に出現する石家河文化の中間的要素を有している。また中原地区の後期仰韶文化とも密接な関係を有し、同時に中原地区の龍山文化的要素も認められる。たとえば、

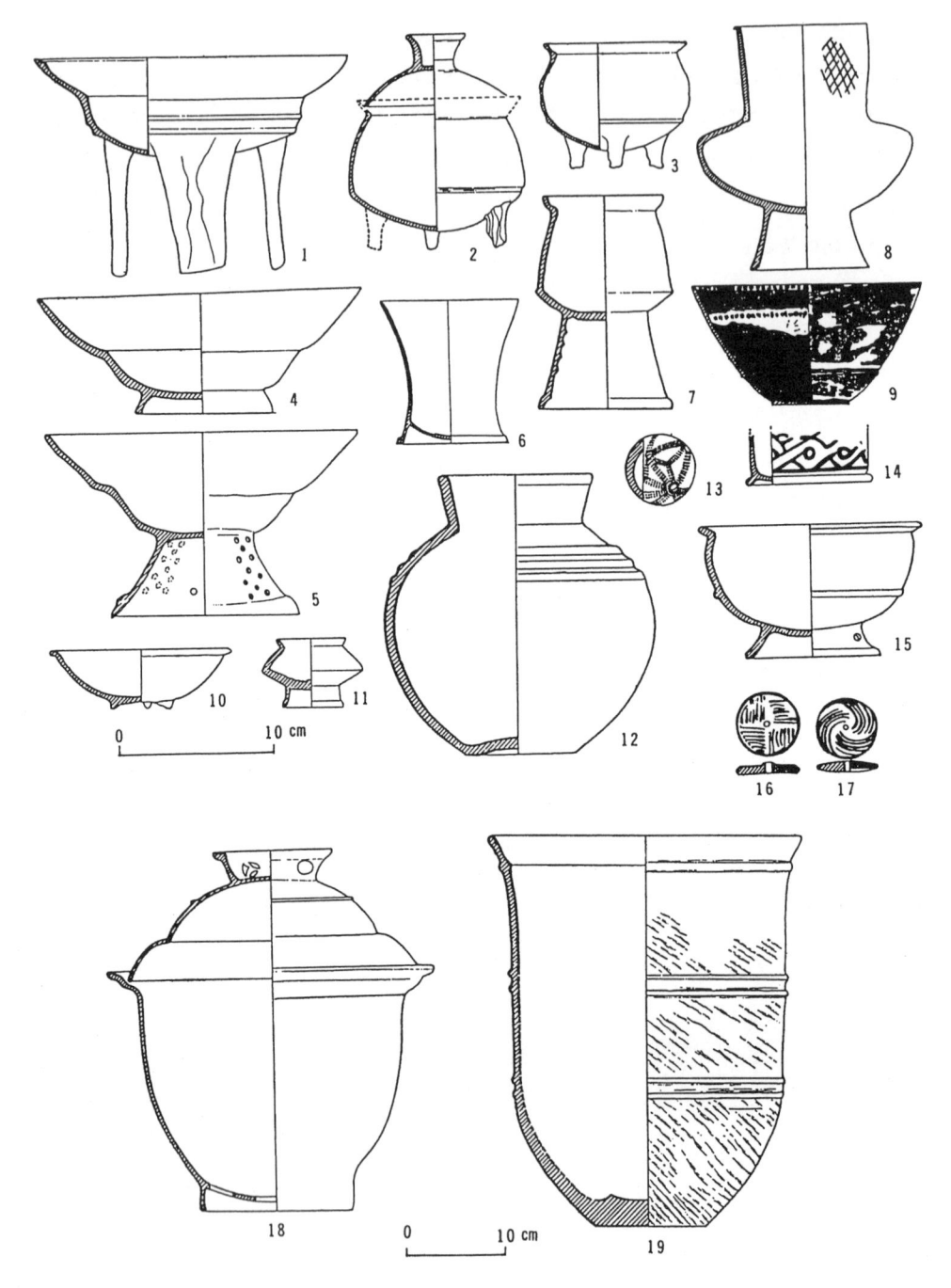

第68図　土器　屈家嶺文化、屈家嶺遺跡出土

屈家嶺文化の鑿形短足鼎や小口広肩罐は、仰韶文化後期の大河村類型に似た器形がある。また仰韶文化後期の鉢に描かれた黒彩の渦巻紋は屈家嶺文化にきわめて多く見られる。また、後述する廟底溝第2期文化に見られる凸弦紋・附加堆紋が屈家嶺文化にも存在し、鼎や杯に共通の器形が見られる。屈家嶺遺跡の後期に属する朽木（ZK-125）に対するC14年代測定の一例は、前2245±160年（経樹輪校正、前2890-前2460年）の値を出している。屈家嶺文化の年代は、おおむね廟底溝第2

文化に相応すると考えられている。

註

（1） 286 浙江省文物管理委員会・浙江省博物館、1978、「河姆渡遺址第一期発掘報告」(『考古学報』1978 年第 1 期)。
（2） 285 浙江省文物管理委員会、1961、「浙江嘉興馬家浜新石器時代遺址的発掘」(『考古』1961 年第 1 期)。
（3） 233 上海市文物保管委員会、1987、『崧澤──新石器時代遺址発掘報告』(文物出版社、北京)。
（4） 285 浙江省文物管理委員会、1961、「浙江嘉興馬家浜新石器時代遺址的発掘」(『考古』1961 年第 1 期)。
（5） 565 羅家角考古隊、1981、「桐郷県羅家角遺址発掘報告」(『浙江省文物考古所学刊』文物出版社、北京)。
（6） 146 江蘇省文物工作隊、1963、「江蘇呉江梅堰新石器時代遺址」(『考古』1963 年第 6 期)。
（7） 490 南京博物院、1980、「江蘇呉県草鞋山遺址」(『文物資料叢刊』第 3 期)。
（8） 233 上海市文物保管委員会、1987、『崧澤──新石器時代遺址発掘報告』(文物出版社、北京)。
（9） 490 南京博物院、1980、「江蘇呉県草鞋山遺址」(『文物資料叢刊』第 3 期)。
（10） 492 南京博物院、1982、「江蘇呉県張陵山遺址発掘簡報」(『文物資料叢刊』第 6 期)。
（11） 491 南京博物院、1981、「江蘇武進寺墩遺址的試掘」(『考古』1981 年第 3 期)。495 南京博物院、1984、「1982 年江蘇常州武進寺墩遺址的発掘」(『考古』1984 年第 2 期)。
（12） 496 南京博物院、1993、『北陰陽営──新石器時代及商周時期遺址発掘報告』(文物出版社、北京)。
（13） 5 安徽省文物工作隊、1982、「潜山薛家岡新石器時代遺址」(『考古学報』1982 年第 3 期)。
（14） 225 四川省博物館、1981、「巫山大溪遺址第三次発掘」(『考古学報』1981 年第 4 期)。
（15） 403 中国社会科学院考古研究所湖北工作隊、1983、「湖北枝江関廟山遺址第二次発掘」(『考古』1983 年第 1 期)。
（16） 356 中国科学院考古研究所、1965、『京山屈家嶺』(『中国田野考古報告集』考古学専刊丁種第十七号)。
（17） 177 湖北省荊州博物館・湖北省文物考古研究所・北京大学考古学系石家河考古隊、1999、『肖家屋脊』(『天門石家河考古発掘報告之一』文物出版社)。
（18） 403 中国社会科学院考古研究所湖北工作隊、1983、「湖北枝江関廟山遺址第二次発掘」(『考古』1983 年第 1 期)。

第 6 節　黄河流域の新石器時代後期文化

（1）　龍山文化について

　龍山文化は中国新石器文化後期の一部を構成する文化であるが、時には後期の代名詞としても用いられている。龍山文化の名称は、国立中央研究院の李済・梁思永らが 1930・1931 年に発掘した山東省章丘県龍山鎮の城子崖遺跡から出ている(1)。しかし、今日の研究をもってすれば、城子崖遺跡は、山東方面の龍山文化を代表する一地方の類型にすぎず、この遺跡をもってすべての龍山文化の標準遺跡と考えるのは正しくない。龍山文化の名称で呼ばれる遺跡は、河南省・山西省・山東省・陝西省・湖北省に分布し、それぞれの地方的な異なった特色を有している。また、浙江省・江蘇省、河北省・内蒙古自治区、甘粛省には、龍山文化に併存する龍山時代の遺跡が分布している。

黄河流域では前3000年頃、龍山文化前期の時代に入ったと推定される。長江流域では、それより500年ほど遅れた前2500年ごろから龍山文化的な内容をもった遺跡が出現してくる。龍山文化の終了は、前2000年頃と推定され、この頃古代国家が出現し、新石器時代の幕が降りたと考えられる。この龍山文化は、廟底溝第2期文化を基準とする龍山文化前期（前3000～前2500年頃）と河南龍山文化・山東龍山文化・陝西龍山文化・山西龍山文化などの龍山文化後期（前2500～前2000年頃）に分けて考えるのが合理的である。

　龍山文化は、共通の要素として次のような特色をもっている。土器は、泥質・夾砂灰陶や細泥・卵殻黒陶が中心となり、土器紋様は、籃紋・方格紋・縄紋・附加堆紋などが一般化し、彩陶は激変する。轆轤づくりの土器も見られ、器形には鼎・斝・盃・鬶・鬲・甗・甑・罐・豆・盆・杯・盤などがある。圏足・三足・把手のある器が著しく増加する。生産工具の面では、龍山文化に入ると磨製石器と貝器の使用が増大する（図版13）。伝統的な無孔石刀・石鍬・石鏟・石鏃などの石器も用いられているが、新たに半月形の有孔石刀（石庖丁）・石鎌・貝鎌・磨製石鏃・石犂・木耒などが見られるようになる。草創期の金属器として少量の紅銅・青銅などが出現してくる。このことによって、龍山文化の時代を金石併用時代とする説があるが、この時代の金属器の量は、きわめて微量で、当時の社会生活と経済活動に大きな変化を与えるものではなかった。利器の原材料の99％以上は、依然として石および骨・角の類であった。精神活動の面では、卜骨の流行が認められ、占卜の習慣が一般化する。集落の面では、土塁で囲まれた環状土塁集落が多数見られるようになる。

(2)　廟底溝第2期文化と案板第3期文化

　龍山文化前期に属する廟底溝第2期文化の標準遺跡である廟底溝遺跡は、河南省三門峡市陝県の東南の廟底溝村に位置する。[(2)] 廟底溝遺跡は、仰韶文化の廟底溝類型の標準遺跡で、仰韶文化の堆積の上に廟底溝第2期文化の堆積がのっている。廟底溝第2期文化の遺構には、住居址（第69・70図）・窯・灰坑・墓があり、遺物には、土器・石器・骨角器などがある。廟底溝第2期文化に属する土器は、夾砂灰陶と泥質灰陶が主で、紅陶を主体とした仰韶文化のそれとは異なる。土器の紋様は、無紋と籃紋が多いが、縄紋と附加堆紋があり、少量の方格紋も認められるが、彩陶は少なく、鼎・斝などの三足器や灶の器形が含まれる。廟底溝第2期文化の土器は、胎土・紋様・器形の面で、灰陶類、籃紋・附加堆紋、鼎・斝など龍山文化と定義される土器の特徴を備えている（第72図）。廟底溝第2期文化に併存する類似した新石器時代文化としては、陝西省扶風県の案板下河遺跡を標準とする案板第3期文化がある（第71図）。案板第3期文化は、基本的に廟底溝第2期文化と共通の内容をもつ文化で、陝西省の龍山文化後期である客省荘第2期文化の淵源となった文化である。[(3)]

　廟底溝第2期文化や案板第3期文化の土器には、若干の黒陶系の土器が含まれるものの、卵殻黒陶の類は存在しない。灰陶系の土器の器壁は比較的厚く、粗雑で重量感がある。器形には、鼎・斝・罐・盆・豆・杯・碗・器蓋・灶などがある（図版12の1・2）。

　廟底溝遺跡の第2期文化層出土の石器は、磨製石器が主で、わずかに石刀などの一部に打製石器が認められるだけである。磨製石器には、斧・錛・石刀・鏃などがある。ほかに石皿・石杵や、装身具としての璜・環もある。骨角器には、針・錐・鏃・笄・櫛・鑿などがある。

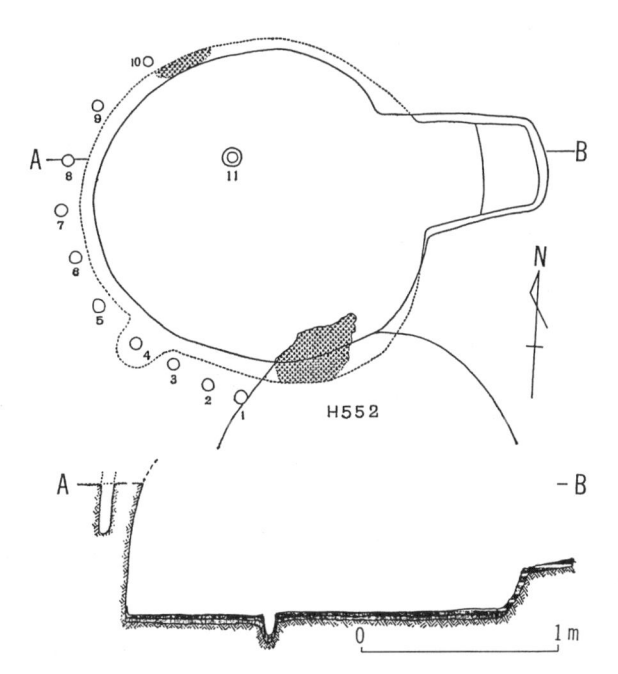

第69図　住居址実測図　廟底溝第2期文化551号住居址

第70図　住居址復原図　廟底溝第2期文化551号住居址

第71図　灰坑　扶風県案板下河遺跡

　廟底溝第2期文化や案板第3期文化における主たる生産活動は農業で、粟栽培が主体であったと考えられる。また、家畜の飼育も盛んになったと考えられ、多くの豚や犬の骨のほか、牛や羊の骨も発見されている。

　廟底溝第2期文化の主要な遺跡には、廟底溝遺跡のほか、河南省洛陽市の王湾遺跡[(4)]、鄭州市大河村遺跡[(5)]、山西省芮城県西王村遺跡[(6)]などが知られる。王湾遺跡は、洛陽市の西部、澗河の右岸台地上にある。1959～1960年に調査され、王湾第Ⅰ・Ⅱ・Ⅲの3層の文化層が確認されている。王湾Ⅰは仰韶文化大河村類型で、王湾Ⅱが廟底溝第2期文化で、王湾Ⅲは河南龍山文化であった。この層位関係によって廟底溝第2期文化の相対年代が明らかとなった。廟底溝第2期文化が、仰韶文化後期の大河村類型と河南龍山文化の間に位置することは確かで、また、その年代が前2000年代の前半にあることもおおむね確かである。

　前期の龍山文化である廟底溝第2期文化や案板第3期文化につづく後期の龍山文化は、河南省・陝西省内はもとより、山西省・河北省・安徽省西部・山東省・遼寧省南部・甘粛省の各地に広がっている。これら後期の龍山文化は、地域ごとに河南龍山文化（后岡第2期文化）・陝西龍山文化（客省荘第2期文化）・山西龍山文化・山東龍山文化（典型龍山文化）・斉家文化（甘粛龍山文化）など

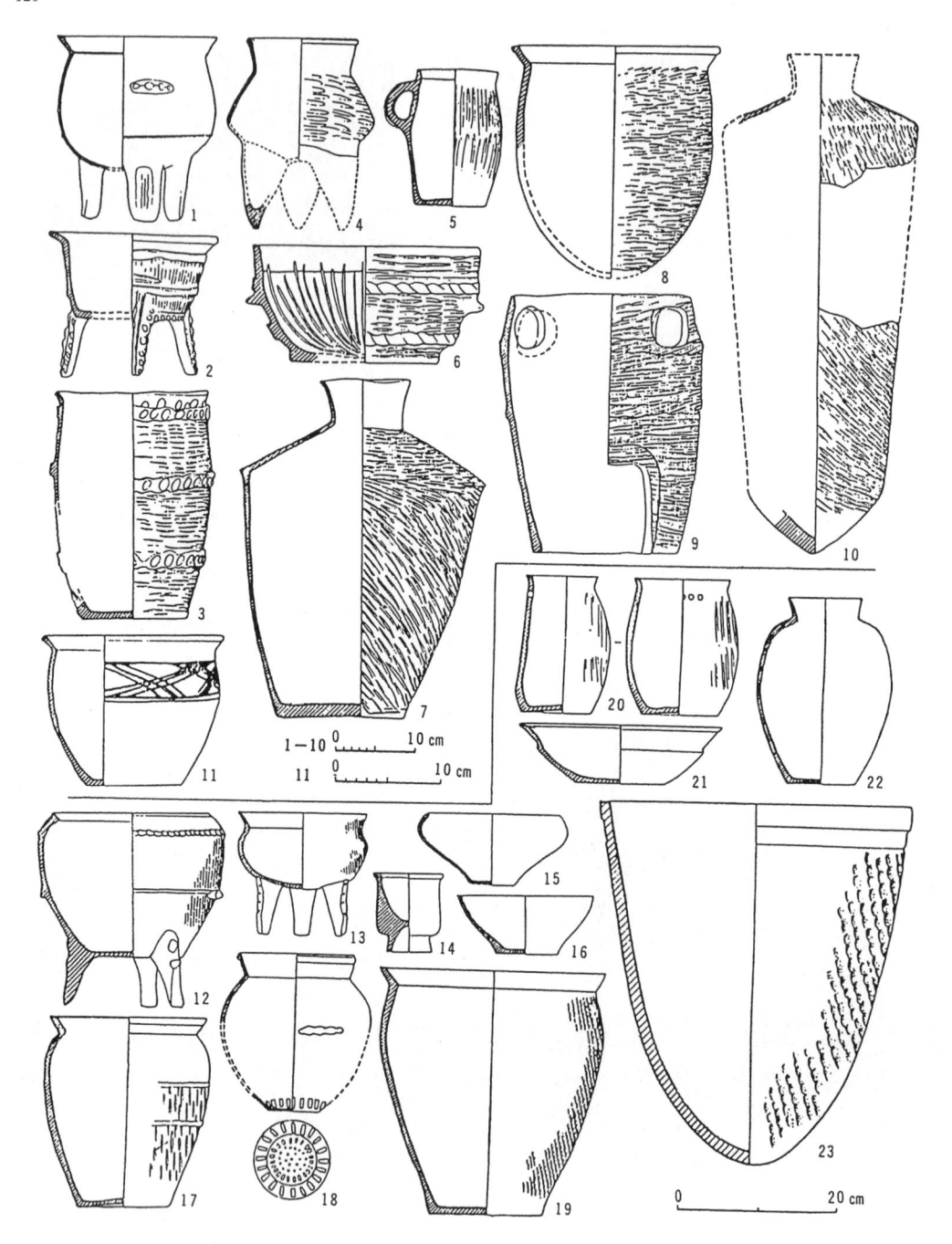

第72図 土器 廟底溝第2期文化、1〜11廟底溝遺跡、12〜23大河村遺跡

の名称で呼ばれたこともある。

(3) 河南龍山文化について

　河南龍山文化は、1931年に梁思永らによって発掘された河南省安陽市の后岡遺跡の中層を標準とし、当初は「后岡第2期文化」の別名で呼ばれてきた龍山文化である。河南龍山文化は、河南省・

陝西省東部・山西省西南部・河北省南部・山東省西部・安徽省西北部の地域に分布する。この広い地域に分布する龍山文化を、長く河南龍山文化の名称で呼んできたが、研究の進展とともに、河南龍山文化の細分が進み、地区ごとの地域差によって、5つの類型に分けて認識するようになった。河南龍山文化の細分された5類型にはそれぞれ王湾類型・后岡類型・王油坊類型・三里橋類型・下王岡類型の名称が与えられている。

河南龍山文化のおおよその年代は、開始時期が前2500年頃から、終末が前2000年ないし前1500年頃と推定される。中国における最初の古代国家として実証されている王朝は、「殷王朝」であるが、殷王朝の成立年代はおおよそ前1500年頃と推定され、この年代は河南龍山文化の終末の年代を前1500年頃と考える場合のひとつの根拠となっていた。しかし、青銅器文化をもった夏王朝の存在を仮定すると、夏王朝の初年は前2000年頃と推定され、したがって河南龍山文化の終末は前2000年頃に考えられてくる。龍山文化の終末、つまり新石器文化の終了とともに、中国は青銅器時代を迎え、古代国家の成立時期に突入する。したがって、河南龍山文化の中葉から後半に入ると、新石器文化的要素の中に、若干の青銅器時代要素が見えてくる。

河南龍山文化を代表する王湾類型の標準遺跡は、河南省洛陽市の王湾遺跡である(8)（図版11-1）。河南龍山文化にはいくつかの類型があるが、王湾類型は、河南龍山文化の中で、最も中心的な類型で、夏文化あるいは殷文化の母体となった文化と推定されている。河南龍山文化の標準遺跡は、研究史的な経緯から安陽市の后岡遺跡の中層であるが、河南龍山文化を総括的にとらえると、河南龍山文化の典型的要素は、后岡類型よりも王湾類型にあると見る方が正しいかもしれない。

王湾遺跡は、洛陽市の西郊外15kmの澗河右岸の台地上に位置している。王湾遺跡においては、基本的に3層の文化堆積が確認され、最上層の王湾Ⅲと呼ばれる文化層が、河南龍山文化王湾類型と呼ばれる文化層となっている。王湾類型は、廟底溝第2期文化の発展変化した姿である可能性が強い。王湾類型は、最近の研究によると時代差によってさらに王湾類型第1期・第2期・第3期の3つの時期に細分されている。

王湾類型に属する遺跡は、伊河・洛河の流域を中心に、鄭州地区にも分布し、洛陽市王湾遺跡の王湾Ⅲのほか、臨汝県煤山遺跡第1・2期(9)、登封県王城岡遺跡(10)などがある。王湾遺跡の内容は、1961年および2002年に発掘内容が発表されているが、王湾遺跡の報告書のみでは、王湾類型に関し理解しがたい点も少なくない。一方、王湾類型は、次にくる青銅器時代の二里頭文化二里頭類型へと発展変化したと考えられている。この王湾類型と二里頭類型の分布地域は、だいたい一致し、とくに王湾類型は夏の伝承の残る地域に重なり、その意味においては先夏文化とも呼べるが、二里頭類型に関しては、夏王朝との関係で考えておく必要がある。

王湾類型に属する重要な遺跡に、河南省臨汝県の煤山遺跡がある。この遺跡では、王湾類型に属する多数の住居址が発見されている。発見された住居址は、浅い竪穴を掘り、床に石灰を敷き固めた方形の建物である。壁は、0.3〜1mごとに木柱を立て、横木を組み、その上に苆入り粘土を塗り固めている。このような工法でつくられた壁は、木骨土壁と呼ばれる。個々の住居は、隔壁で仕切られた室があり、室それぞれに灶がある。

煤山遺跡出土の土器は、河南龍山文化後期から、二里頭文化と呼ばれる時期にかけての遺物であ

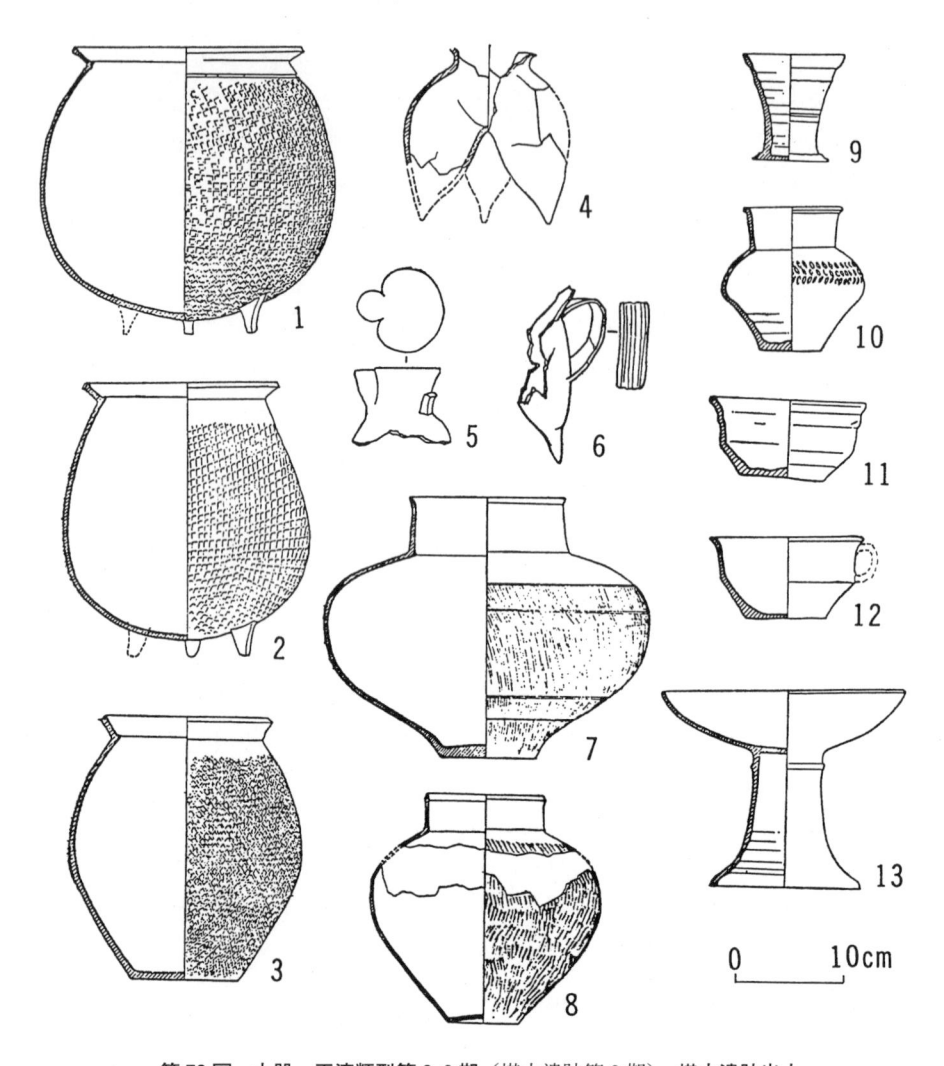

第73図　土器　王湾類型第2・3期（煤山遺跡第2期）、煤山遺跡出土

る。出土した土器は、4期に分けられ、煤山第1・2・3期が河南龍山文化の時代で、煤山第1期は王湾類型第2期に、煤山第3期は王湾類型第3期に相当すると考えられている。土器は夾砂灰陶・泥質灰陶が主で、泥質黒陶もある。轆轤の使用が認められ、糸切痕のある底部の出土も多い。紋様は籃紋と方格紋が主で、弦紋・刻紋・附加堆紋も見られる。土器の器形には、鼎・斝・鬹・罐・甗・盤・甕・壺・盆・擂鉢・鉢・圏足盤・豆・盒・觚・杯・碗・器蓋などがあり、器形は多様になっている（第73図）。煤山遺跡出土の石器の多くは磨製で、石斧・錛・鑿・鏟・有孔石刀・鎌・鏃などがある。

　発見された石鏟・石刀・貝刀・石鎌などの農業用具は、煤山遺跡における経済活動の主体が、農業にあったことを物語っているが、あわせて狩猟も行われていたと考えられる。

　煤山遺跡の第1期に属する木炭（ZK-386）のC14年代測定の結果は、前1920±115年（経樹輪校正、前2452-前2030年）の値を出している。この樹輪校正年代の値は、先夏文化の年代に相当する。

　王湾類型に属するもうひとつの重要な遺跡に河南省登封県の王城岡遺跡がある（図版14-1、第88

図)。この遺跡は、河南省登封県告成鎮の潁河と五渡河の合流点の北西の微高地に位置し、北に嵩山、南に箕山を望むことができる。この王城岡遺跡の文化編年は、龍山文化時期の5時期と二里頭文化時期の4時期に分けて報告されている。王城岡第1期は、王湾類型第1期に先行する可能性があり、王城岡第2期は王湾類型第1期に相当すると推定される。王城岡第3・4・5期は王湾類型第2期を中心とした時代と推定されている。王城岡第6期は王湾類型第3期に相当し、この時期はまた二里頭類型第1期相当の時代と考えられる。

　王城岡遺跡では、王城岡第2期に属する方形の環状土塁が発見されている。この土塁は版築と呼ばれる工法で、土を一層一層つき固めた構造物であった。発見された環状土塁は接続する「コ」の字形の西土塁と「L」字形の東土塁の2つの環状遺構からなっていた。大きさは、西土塁の西壁92m、南壁82.4mで、北壁と東壁の一部が破壊されていた。東土塁の南城壁残長約30m、西壁残長65mで、東側遺構の西壁が西遺構の東壁となっていた(第89図)。

　王城岡遺跡の環状土塁遺構の内部からは、第2期の層位に属する13基の「奠基坑」と呼ばれる特殊な祭祀坑が発見されている。奠基坑は、版築の建築址の下面に存在し、版築の間や版築土層の下に掘られ、坑内には人身犠牲が存在する。大きさはいろいろであるが、標準的な遺構で口径2m、深さ2mほどである。これらの奠基坑は、西土塁内の西側に位置していた。

　また西環状土塁内からは先の奠基坑のほか、13基の版築坑と101基の灰坑が発見されているが、奠基坑と版築坑と灰坑が土塁内を埋め尽くしているといっても過言でない。これらの奠基坑・版築坑・灰坑は環状土塁のもつ性格を決める重要な遺構である。王城岡遺跡の土塁は、奠基坑と貯蔵のための灰坑を周りの地域から隔離する施設であったと考えてよいであろう。

　王城岡遺跡の第4期に属するH617灰坑中からは、差し渡し6.5cmほどの青銅破片が発見されている。この金属破片は、龍山文化後期の遺物で、北京科技大学冶金史研究室の分析によって、青銅破片と報告されている。

(4) 陝西龍山文化について

　この龍山文化は、陝西省西安市長安県の客省荘遺跡の第2期文化を標準としている[11]。陝西龍山文化は標準遺跡の名称から客省荘第2期文化の名称でも呼ばれる。遺跡は長安県の灃河西岸に位置し、1955年から1957年にかけて中国科学院考古研究所の手によって発掘が行われている。陝西龍山文化の遺跡は、客省荘遺跡のほか、陝西省西安市臨潼区の姜寨遺跡[12]・康家遺跡[13]、武功県趙家来遺跡[14]などが知られる。客省荘遺跡では、10基の竪穴住居址、43基の灰坑、3基の窯などの遺構と、石器・骨角器・土器などの遺物が出土している。竪穴住居址には単室と双室の二種類があり、双室の住居址は平面、呂字形を呈している。床は灰土を重ねて足で踏み固めている。室内には焼土部分が残り、それらは壁炉あるいは竈と考えられている。康家遺跡の住居址の床は、石灰を踏み固めた白灰面が使用されていたと考えられ、遺跡の表土面全体に割れた白灰面が散布していた(第74図)。

　陝西龍山文化の土器の胎土には、泥質灰陶・紅陶・夾砂灰陶・紅陶と少量の黒陶がある。土器の紋様には、縄文・籃紋と少量の方格紋があり、これら以外は素紋である。素紋の土器には、画紋・附加堆紋・彩絵が見られる。土器の器形には、鬲・斝・鬶・盃・鼎・甑・罐・単耳罐・双耳罐・三

耳罐・盆・盤・碗・豆・甕・壺・器蓋などがある（第75図）。陝西龍山文化の土器は、一見きわめて特徴のある土器のように見えるが、河南龍山文化と後述する斉家文化との関係および相互の影響が強い土器群である。陝西龍山文化を特徴づける土器は、鬲と斝であるが、これらの器形は河南龍山文化の三里橋類型に見られる。また、陝西龍山文化中の鼎・盉・鬶の器形は河南龍山文化の王湾類型・后岡類型・下王岡類型に見られ、本来これらの類型の中で発展した器形が陝西龍山文化にもたらされたと推定される。一方、罐・双耳罐・三耳罐・豆・盆・盤などの器形は、いずれも斉家文化に顕著な器形である。

陝西龍山文化の石器類には、斧・錛・鏃・石刀などがあり、多くは磨製である。骨角器には、鏟・針・錐・鏃・笄などがある。石皿なども注目すべき遺物である。石刀・骨鏟・石皿などの存在は、この文化においても農業

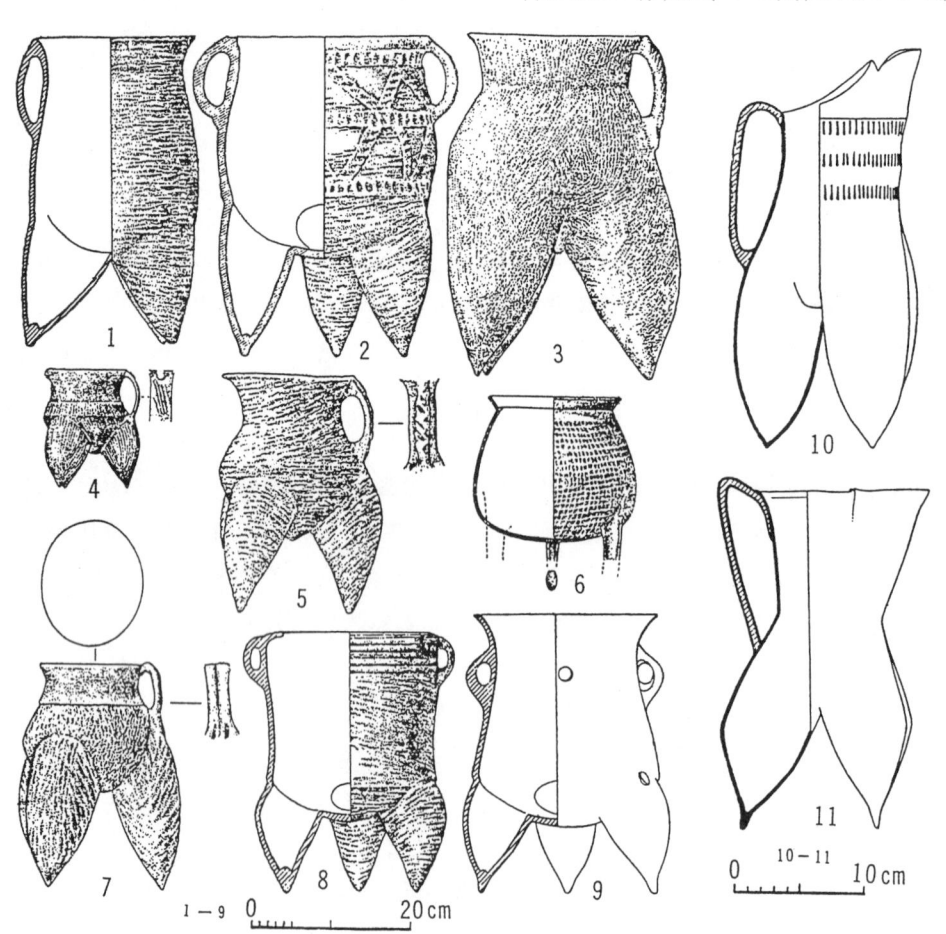

第74図　白灰面　西安市臨潼区康家遺跡

第75図　土器　陝西龍山文化　客省荘遺跡出土

第3章 新石器時代 125

生産が重要な位置を占めていたことを暗示するが、詳しいことは今後の研究を待つ必要がある。

(5) 山西龍山文化

　山西龍山文化の標準遺跡は、山西省襄汾県の陶寺遺跡で、山西龍山文化陶寺類型とも呼ばれてい
(15)
る。この文化は河南龍山文化と陝西龍山文化の特徴を合わせた独特の文化的特色をもっている。陶
寺遺跡は、襄汾県の東北7.5km、汾河の東岸に位置し、遺跡の面積は約300万m²である。遺跡は
台地上に位置するが、遺跡の台地には汾河に流れ込む何本かの小さな溝が切り込み、至るところに
龍山時代の墓が露出している。1978年から発掘が開始され、白灰面（石灰を敷き固めた住居址の床）
のある住居址、窯、400基以上の墓が発掘されている。陶寺遺跡の遺構主体は墓であるが、遺跡には

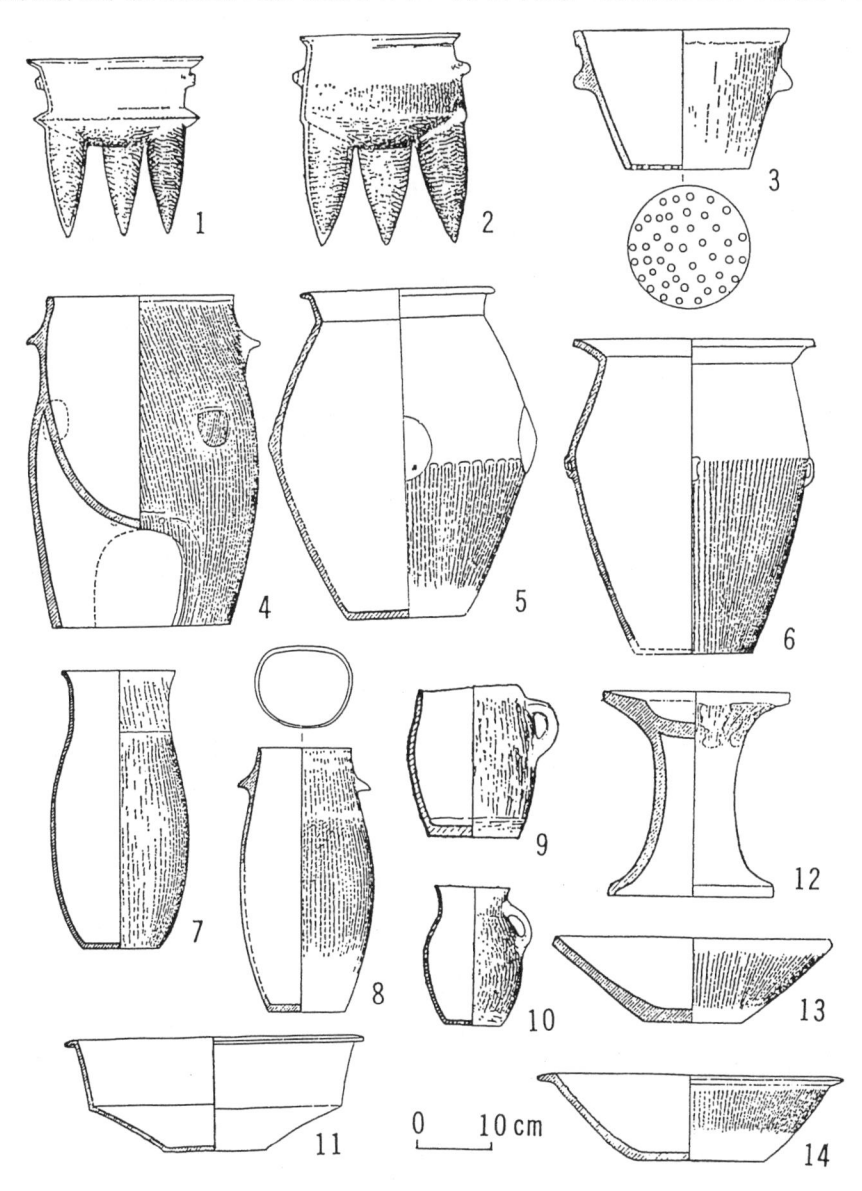

第76図　土器　山西龍山文化陶寺類型前期

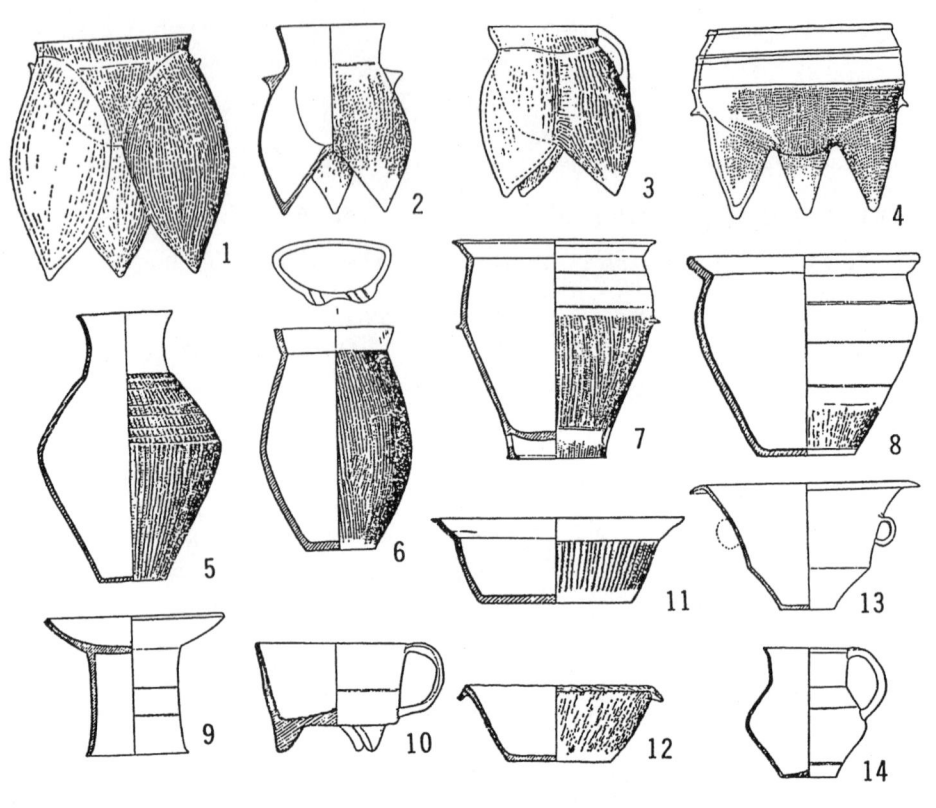

第77図　土器　山西龍山文化陶寺類型後期

多くの石器類が散乱し、遺跡の一部は石器製作遺構ではないかとも推定される。陶寺遺跡では、大量の土器・石器・骨角器・木器・玉器などの遺物が発掘されている。陶寺遺跡より出土する土器は、灰陶が主で、少量の黄褐色土器・磨光黒陶・紅陶もある。土器の主な紋様は、縄文で、籃紋や彩絵がある。代表的な器形には、竈・斝・罐・壺・瓶・盆・盤・豆・鼉鼓（ワニ皮を張った陶製太鼓）などがある。盤には、彩絵で長身の魚あるいは龍を描いたものもある。層位と出土土器の性格によって、陶寺類型前期と陶寺類型後期に分けられている（第76・77図）。陶寺遺跡のM3296号墓からは、紅銅の鈴形銅器が出土している。幅が6.3cm、器高が2.65cmほどの小さな遺物であるが、龍山文化の紅銅遺物として重要な意味がある。陶寺遺跡の龍山時代墓からは、紅彩を地とし白・黄・黒・緑色で図案を描いた多くの木器類が発見されている。木器の器形には、鼓・圏足盤・長方形平盤・豆・案・倉形器などがある。玉石器も多く、磬・鉞・刀・犂形器・鏃・鎌などの石器や、琮・櫛・管・瑗・環などの玉器がある。犂形器は、三角形の大型石器で、M3015号墓では副葬された木製俎板の上に豚の肢骨を切断する状態で置かれていた。山西龍山文化陶寺類型の遺物に対するC14年代測定としては、陶寺遺跡の前期の木炭（ZK-682）が前2390±90年（経樹輪校正、前2917-前2629年）、後期の木炭（ZK-681）が前2040±80年（経樹輪校正、前2471-前2209年）の値を示している。また先の陶寺遺跡M3296号墓出土の人骨（ZK-1314）は前1600±75年（経樹輪校正、前1885-前1683年）の比較的新しい数値を示している。山西省の汾河流域の襄汾県・夏県付近は「夏」の伝承に関わる地域で、先夏文化および夏文化を考える上で、山西龍山文化陶寺類型は、河南龍山

文化王湾類型とともに重要な意味をもっている。

(6) 黄河下流域の龍山文化

　1930・1931年に、旧中央研究院歴史語言研究所の李済らによって発掘の行われた山東省章丘県龍山鎮の城子崖遺跡を標準として、今日、その文化に山東龍山文化の名称が与えられている（図版11-2）。山東龍山文化は、土器の胎土が鶏の卵のようにきわめて薄い卵殻黒陶を顕著な指標とする文化である。この文化の遺跡は、山東省を中心に北は河北省を経て遼東半島に及び、南は江蘇省北部に達している。代表的な遺跡としては、山東省章丘県の城子崖遺跡のほか、山東省濰坊県の姚官荘遺跡[17]、日照県の東海峪遺跡上層文化[18]・両城鎮遺跡[19]、膠県の三里河遺跡[20]、諸城県の呈子遺跡[21]、荏平県の尚荘遺跡第2・3期文化[22]、泗水県の尹家城遺跡[23]、兗州県西呉寺遺跡[24]などが知られている。

　これらの山東龍山文化諸遺跡は、泰山山系を境として、東の類型は両城鎮遺跡を指標とする両城鎮類型と呼ばれ、西の類型は城子崖遺跡を指標とする城子崖類型と呼ばれている。この2つの類型は、地理的区分によるところが大きいが、年代的な差も考えられている。両城鎮類型と城子崖類型の共通の要素は、土器製作における回転台あるいは轆轤の使用、多量の黒陶、共通の器形などに見ることができる。また、異なった要素としては、城子崖類型には、灰陶が多く、両城鎮類型に見られる鬲・斝の器形が存在しない点、貝器が多く見られる点などを指摘することができる。

　山東龍山文化の土器にはいくつかの顕著な特徴がある。まず土器の多くが回転台を用いて製作され、均整のとれた形をしている。また、卵殻黒陶の類は轆轤を用いて製作されたと考えられ、土器の造形も美しい。山東龍山文化の土器は、黒陶を主とし、灰陶と紅陶がこれに次ぎ、少量の卵殻黒

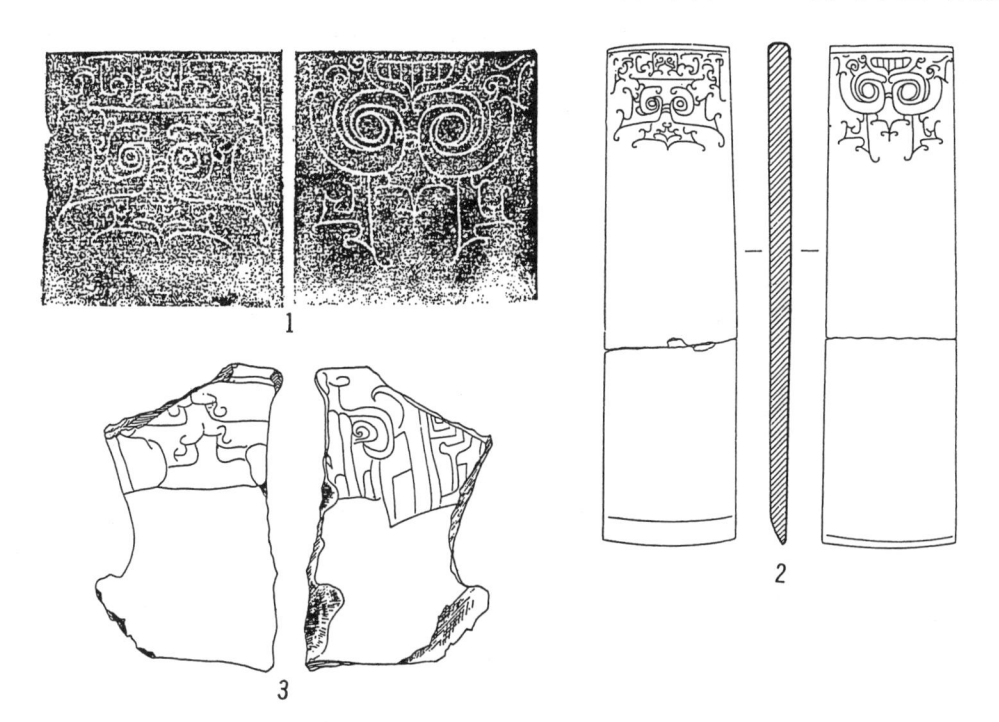

第78図　紋様　1・2 石錛、3 黒陶片、両城鎮遺跡出土

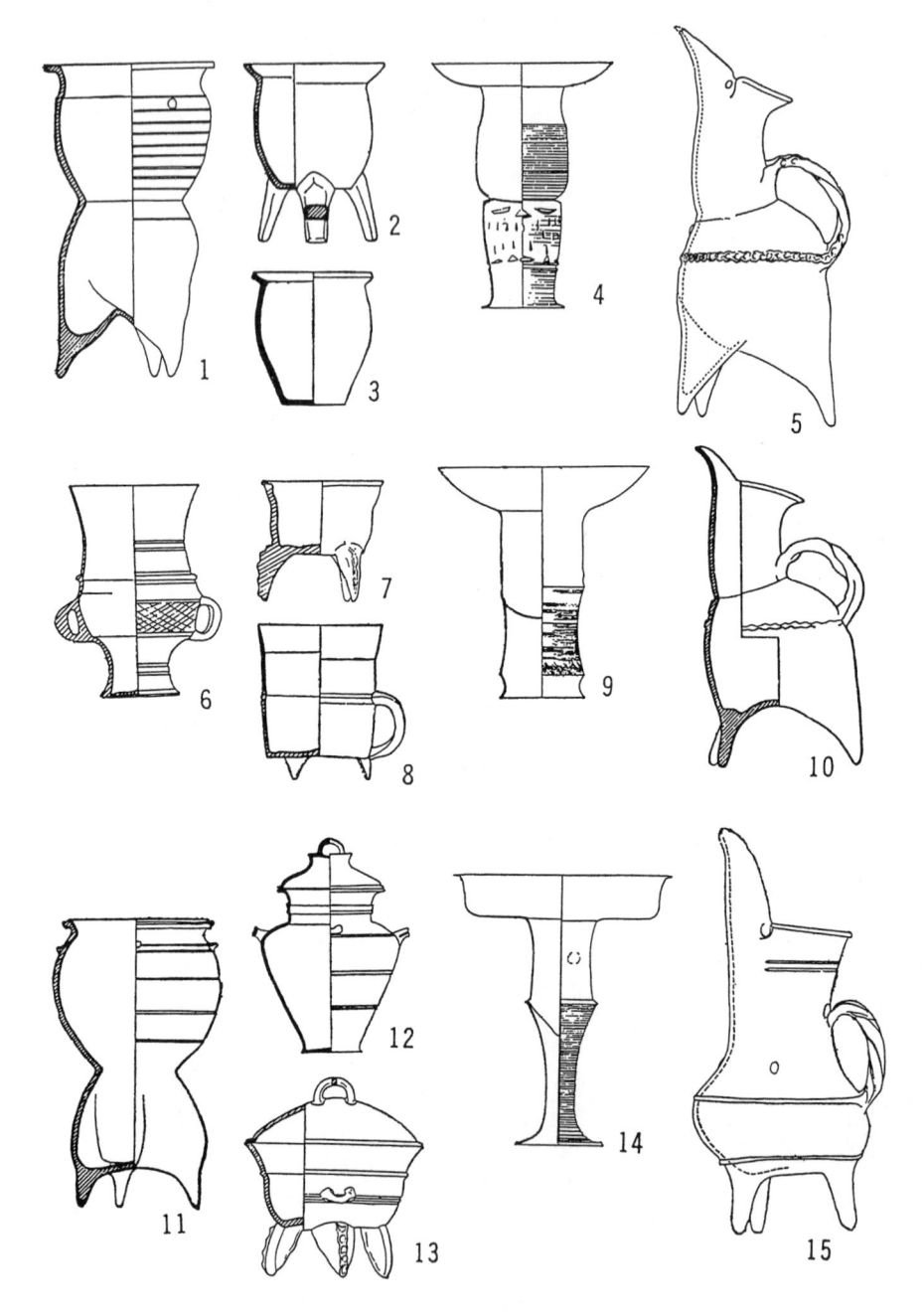

第79図　土器　山東龍山文化

陶と橙黄陶も存在する。山東龍山文化の土器の中で、とくに注目されるのは、先記した卵殻黒陶と呼ばれる薄手の黒陶である（図版12の8・9）。卵殻黒陶の胎土はきめが細かく、胎土は卵の殻のように薄く、0.5〜1mmほどの厚さである。山東省膠県の三里河遺跡出土の罍・鼎や、ほかの遺跡から出土した高柄杯などはとくにすぐれた卵殻黒陶の代表的遺物である。

　山東龍山文化の土器の紋様には、一般に縄紋・籃紋・方格紋・弦紋・鋸歯紋・円圏紋・附加堆紋・透彫紋などが見られる。山東省日照県の両城鎮遺跡からは、F字紋あるいは雷紋系の紋様に近

い装飾を施した黒陶破片が出土している（第78図）。この両城鎮遺跡の黒陶に見られる紋様は、後の殷代青銅器の紋様との関係において、きわめて興味ある紋様である。山東龍山文化の土器の器形には、鬲・瓶・鼎・豆・盤・盆・罍・甕・帯耳杯・高柄杯・三足盤などがある（第79図）。

　山東龍山文化の農工具には、石器と骨角器がある。石器は精巧な磨製のものが多いが、有孔石斧・斧・錛・鏟・鑿・鎌・石刀などがある。城子崖類型の遺跡からは、比較的多くの貝製の刀・鎌・鏃が発見されている。

　山東龍山文化の玉石器の類には、後の殷代玉器との関係で注目すべき遺物が見られる。日照県両城鎮遺跡で発見された石錛には上部の表面と裏面に獣面紋に似た線刻が施されていた。石の色は黒緑色で、玉質に近く、長さ18cmほどの大きさであった。この石錛の獣面紋は、殷代の饕餮紋とはいささか異なった紋様であるが、良渚文化の玉琮の紋様などとの関係を踏まえた上で、饕餮紋の起源を考える上で重要な紋様かもしれない。

　山東龍山文化の遺跡からは、若干の金属遺物が出土する。山東省膠県三里河遺跡では、2点の黄銅の錐が発見され、山東龍山文化の遺物といわれている。棲霞県楊家圏遺跡からは銅条が発見されている。このように山東龍山文化の遺跡からも、河南龍山文化の場合と同じく、草創期の金属としての黄銅や青銅が発見されている。

　山東龍山文化の年代は、おおむね河南龍山文化に併存すると推定されている。三里河遺跡の龍山文化に属する人骨（ZK-363）のC14年代測定の結果は、前1710年±80年（経樹輪校正、前2032-前1777年）であった。

（7）黄河上流域の龍山時代文化

　黄河の上流域である甘粛省南部の蘭州付近では、中原の龍山文化に併存して斉家文化と呼ばれる文化が存在する。この斉家文化は、甘粛仰韶文化（馬廠類型・半山類型）の伝統を受け、また陝西龍山文化の強い影響を受けた文化で、その文化の内容と年代から「甘粛龍山文化」の名称で呼ばれていたこともある。斉家文化の標準遺跡である斉家坪遺跡は、甘粛省広河県（旧寧定県）斉家坪に存在する。斉家坪遺跡は、洮河西岸に位置し、河床から約100mの河岸段丘上にある住居址群で、1924年にアンダーソンが初めて調査を行った。アンダーソンは、甘粛6期編年において、この斉家期を最も古い文化としたが、その後1945年に至って夏鼐は、広河県魏家嘴の陽窪湾遺跡の発掘調査を行い、その層位関係によって、斉家文化は仰韶文化よりもはるかに新しく、前2000年をそれほどさかのぼるものでないこと、また前2000年をそれほど下るものではないことを指摘した。[26]

　斉家文化の遺跡の中ですでに調査発掘された重要な遺跡には、斉家坪遺跡のほか、甘粛省永靖県の大何荘遺跡[27]・秦魏家遺跡[28]・張家嘴遺跡[29]・姫家川遺跡[30]、武威県の皇娘娘台遺跡[31]、青海省楽都県の柳湾遺跡[32]、貴南県尕馬台（ガバダイ）遺跡[33]などがある。

　斉家文化の文化的特徴としては、基本的にこの文化が龍山文化的であること、灰陶・黒陶が少なく紅陶が主体で彩陶をもつこと、銅遺物を出土することなどを指摘することができる。

　土器は泥質紅陶と夾砂紅褐陶が多く、灰陶と黒陶は少なく、紋様は籃紋と縄紋が主体で、少量の泥質彩陶がある。彩陶の彩色は黒彩のほか紅彩・紫紅彩があり、菱形紋・網紋・三角紋などが描か

れる。土器の代表的器形には双耳罐・高領双耳罐・三耳罐・浅腹盤・深腹盆・鏤孔圏足豆・袋足分襠鬲などがある。生産工具には、石製の斧・錛・鏟・刀・鎌や骨鏟があり、また玉鏟・玉錛などすぐれた玉器がある。ほかの龍山文化にくらべ銅遺物の発見例が多く、紅銅の存在が著しい。斉家文化の経済生活は、原始農業が主体で粟を栽培し、また牧畜業も発達していたものと考えられる。

　皇娘娘台遺跡は斉家文化の最も代表的な遺跡で、甘粛省武威県の北西2.5kmの台地上に存在する。遺跡の面積は、約120000m²に及び、1957、1959、1977年に4次の発掘調査が行われている。皇娘娘台遺跡では、6軒の住居址、65カ所の貯蔵穴、88基の墓などの遺構が発見されている。8号住居址と呼ばれる遺構は、幅3.5m、長さ3.3mほどの長方形を呈し、南に出入口の凸出部がある。床面は苅入り粘土の上に石灰を塗り、固く付き固めてある。四方の壁も石灰で塗られ、室内中央には灶が存在する。灶坑の両側からは、罐・鬲などの土器が発見されている。皇娘娘台遺跡の墓は、長方形竪穴墓で、秦魏家遺跡の墓に類似している。皇娘娘台遺跡の遺構からは、磨製の斧・鏟・石刀・錛・鑿などの石器、錐・針・鏟・鏃などの骨角器、双耳大罐・大口罐・豆・碗・盆・壺などの土器類が出土している（第80図）。土器類には彩陶が含まれ（第80図の15～17）、斉家文化が馬廠類型・半山類型など甘粛仰韶文化の伝統を受け継いでいることを示している。皇娘娘台遺跡では紅銅製の刀子・錐・鑽頭・鑿・環・条形器などの金属遺物が発見されている。銅刀は大きさが中程度のもので長さ11.5cm、幅3cmほど、とくに大きなものは長さ18cmほどある(34)。また、玉璧、卜骨なども注目される遺物で、斉家文化の特色を物語っている。(35)

　青海省貴南県の尕馬台遺跡は、斉家文化に属する墓地である。1977年に40基あまりの墓が調査されている。尕馬台遺跡からは、細石器・石球・骨針・銅指環・銅泡・銅鏡・緑松石などが出土している。この時期の鏡の発見例としては、ほかに甘粛省玉門市の火焼溝遺跡出土の遺物が知られ、(36)甘粛省の銅遺物の優位性を物語る資料として注目される。

　斉家文化の主要な経済活動は農業であったと考えられる。出土する生産農工具は、石器と骨角器が中心で、銅器（紅銅）は主体を占めているわけではない。石器には、斧・石刀・錛・鏟・鑿・石皿・磨石・紡錘車などがあり、骨角器には、刀・鏃・錐・針・鑿・鏟・槌などがある。石刀の類は、長方形で1孔あるいは双孔の形の整ったものが多く、石鏟・骨鏟もつねに見られる耕具である。発見される石鏟・骨鏟・石刀などは、農耕が盛んであったことを顕著に示すが、永靖県の大何荘遺跡では、F7号住居址、H1号灰坑、M75号墓出土の陶罐から粟が発見されている。F7号住居址の灶東側で発見された陶罐中の粟粒は煮沸されたものであった。甘粛仰韶文化の遺跡からの粟の出土例も少なからず知られ、斉家文化が甘粛仰韶文化以来の農耕文化の伝統を受け継いでいると考えれば、斉家文化の主要な栽培穀類は粟であったと推定される。

　斉家文化遺跡から出土する各種哺乳類動物の骨から、犬・豚・羊・牛・馬などの飼育が知られる。たとえば大何荘遺跡では、豚・羊・牛・馬・犬・鹿などの獣骨が発見され、獣骨総数の72.94％が豚の骨であった。豚の骨が圧倒的多数を占める傾向は斉家文化に属する遺跡の多くに見られ、養豚が盛んであったことが知られる。

　皇娘娘台遺跡・大何荘遺跡・秦魏家遺跡・斉家坪遺跡・尕馬台遺跡などからは、銅製品が出土している。これらの銅製品には、斧・刀子・匕・鑿・鑽頭・矛・錐・鏡・指環などがあり、一説には

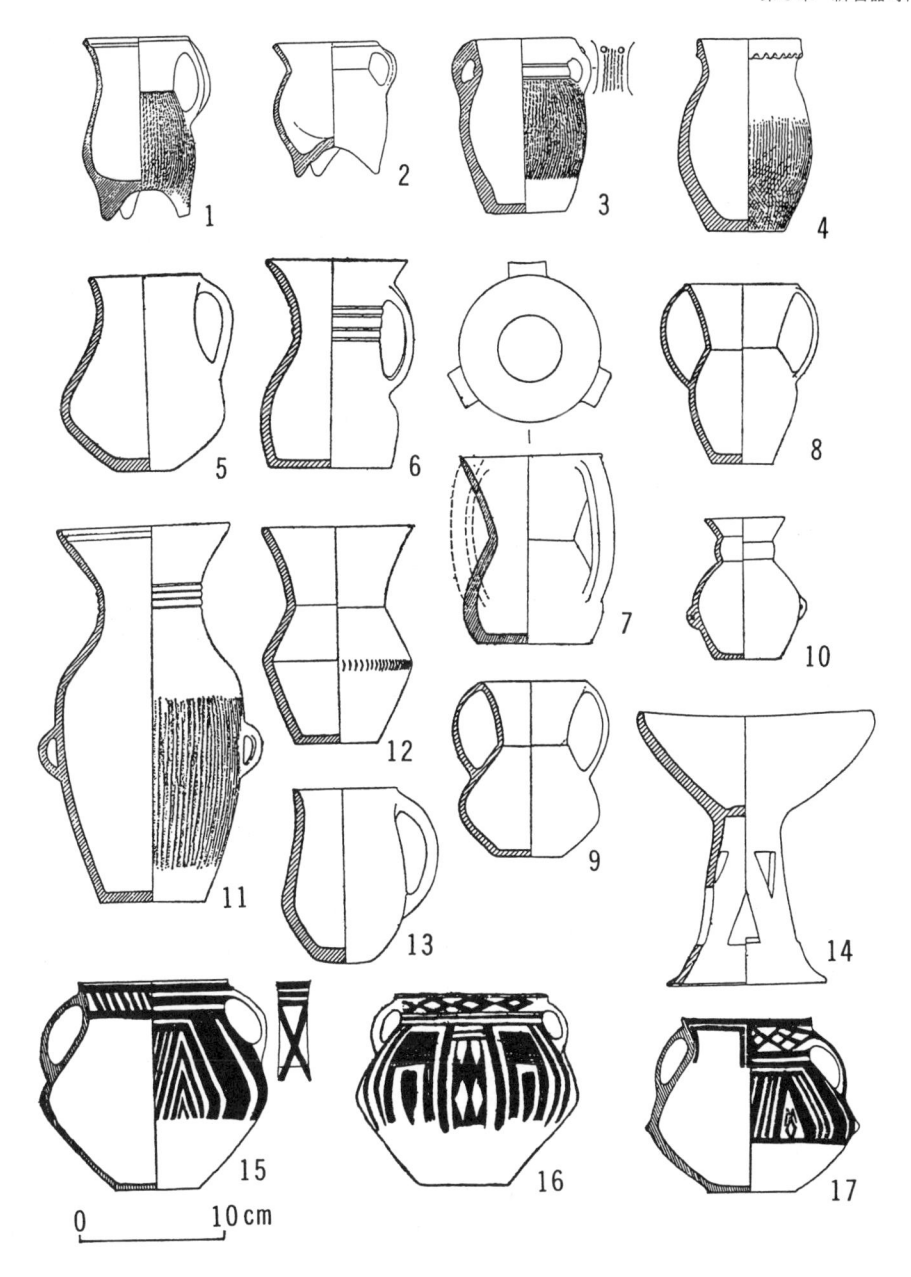

第 80 図　土器　斉家文化

鍛造品と鋳造品に分けられるという。銅の材質には、紅銅（純銅）と青銅（銅と錫の合金）の 2 種類がある。斉家文化における銅製品の存在は一般的で、その意味においては斉家文化を、単純に新石器時代後期文化に位置づけることにためらいを感じる。斉家文化（甘粛龍山文化）をのぞくほかの龍山文化にも銅遺物は認められるが、ほかの龍山文化の利器の主体はあくまでも石器で、新石器文化の名にふさわしいものである。斉家文化の場合はかなりの利器が銅でつくられ、斉家文化に限っていえば、この文化が石器時代に属するのか、銅器時代に属するのか答を得ることはむずかしい。しかし斉家文化の金属の多くが紅銅で、わずかな青銅も自然青銅（銅鉱石に錫が含まれ偶然に

できた合金）である可能性がきわめて高い点を考慮すると、斉家文化は銅時代であったとしても青銅器時代ではないといえる。

斉家文化と陝西龍山は、非常に密接な関係があり、甘粛省と陝西省の境界に位置している遺跡の文化内容は、きわめて類似している。斉家文化の単耳鬲・双耳罐・長頚罐などは陝西龍山文化にもよくみられる器形である。一方、斉家文化の土器は平底が主で、三足器が少ないなどの異なる面も認められる。

斉家文化の年代は、そこに銅器が比較的多く存在することとあわせてきわめて重要な問題である。永靖県の大何荘遺跡の粟粒を出土したF7号住居址の2号柱穴より出土した木炭（ZK-23）は、C14年代測定で前1695±95年（経樹輪校正、前2030-前1748年）の値を示している。この年代は、おおむねほかの龍山文化との併存を示す数字である。

斉家文化は、黄河中・下流域の龍山文化と夏殷文化の金属器の出現経過を考える上できわめて重要な意味をもっている。斉家文化の遺跡から出土する銅・青銅製品は、ほかの龍山文化の銅製品の数量よりは、はるかに多い。斉家文化の実年代を前2000年頃と仮定すると、青銅器を有する殷文化より明らかに古く、夏文化や殷文化を中原の最初の青銅器文化と仮定した場合には、中国青銅器文化が西方からの伝播によるものとする学説に有力な根拠を与えることになる。中原地域における夏文化や殷時代の青銅器が、西方から伝播したとする学説にとっては、甘粛省河西回廊における初期金属器文化の存在は重要な意味をもっている。しかし、別の考えでは、黄河中・下流域の龍山文化あるいは先夏文化の青銅生産技術が西方の甘粛省に伝播し、斉家文化の金属器を生んだとも考えられる。斉家文化の土器には、明らかに黄河中流域の鬲に類似したものが含まれ、それらは確かに東から西へ伝播したものである。したがって、銅や青銅の生産技術も土器とともに東から西へ伝播したと推定する考えも成り立つのである。

註

（1） 586 李済、1934、『城子崖』（『中国考古報告集之一』）。
（2） 352 中国科学院考古研究所、1959、『廟底溝与三里橋』（『中国田野考古報告集』 考古学専刊丁種第九号）。
（3） 267 西北大学歴史系考古専業実習隊、1988、「陝西扶風県案板遺址第三・四次発掘」（『考古与文物』1988年第5・6期）。
（4） 543 北京大学考古実習隊、1961、「洛陽王湾遺址発掘簡報」（『考古』1961年第4期）。
（5） 459 鄭州市博物館、1979、「鄭州大河村遺址発掘報告」（『考古学報』1979年3期）。460 鄭州市文物考古研究所、2001、『鄭州大河村』（科学出版社、北京）。
（6） 362 中国科学院考古研究所山西工作隊、1973、「山西芮城東荘村和西王村遺址的発掘」（『考古学報』1973年第1期）。
（7） 609 梁思永、1959、「后岡発掘小記」（『梁思永考古論文集』『考古学専刊』甲種第五号）。
（8） 543 北京大学考古実習隊、1961、「洛陽王湾遺址発掘簡報」（『考古』1961年第4期）。
（9） 578 洛陽博物館、1975、「河南臨汝煤山遺址調査与試掘」（『考古』1975年第5期）。397 中国社会科学院考古研究所河南二隊、1982、「河南臨汝煤山遺址発掘報告」（『考古学報』1982年第4期）。

(10) 78 河南省文物研究所・中国歴史博物館考古部、1983、「登封王城岡遺址的発掘」(『文物』1983 年第 3 期)。79 河南省文物研究所・中国歴史博物館考古部、1992、『登封王城岡与陽城』(北京、文物出版社)。
(11) 353 中国科学院考古研究所、1962、『澧西発掘報告』(『中国田野考古報告集』考古学専刊丁種第十二号)。
(12) 261 西安半坡博物館・陝西省考古研究所・臨潼県博物館、1988、『姜寨』(文物出版社、北京)。
(13) 259 西安半坡博物館、1985、「陝西臨潼康家遺址第一・二次発掘簡報」(『史前研究』1985 年第 1 期)。
(14) 377 中国社会科学院考古研究所、1988、『武功発掘報告——滸西荘与趙家来遺址』(『中国田野考古報告集』考古学専刊丁種第三十三号)。
(15) 405 中国社会科学院考古研究所山西工作隊・臨汾地区文化局、1980、「山西襄汾県陶寺遺址発掘簡報」(『考古』1980 年第 1 期)。406 中国社会科学院考古研究所山西工作隊・臨汾地区文化局、1983、「1978～1980 年山西襄汾陶寺墓地発掘簡報」(『考古』1983 年第 1 期)。404 中国社会科学院考古研究所山西工作隊・山西省臨汾地区文化局、1986、「陶寺遺址 1983～1984 年Ⅲ区居住址発掘的主要収獲」(『考古』1986 年第 9 期)。
(16) 586 李済、1934、『城子崖』(『中国考古報告集之一』)。
(17) 208 山東省博物館、1963、「山東濰坊姚官荘遺址発掘簡報」(『考古』1963 年第 7 期)。
(18) 211 山東省博物館・日照県文化館・東海峪発掘小組、1976、「一九七五年東海峪遺址的発掘」(『考古』1976 年第 6 期)。
(19) 213 山東省文物管理處、1960、「山東日照両城鎮遺址勘察紀要」(『考古』1960 年第 9 期)。
(20) 376 中国社会科学院考古研究所、1988、『膠県三里河』(『中国田野考古報告集』考古学専刊丁種第三十二号)。
(21) 237 昌潍地区文物管理組・諸城県博物館、1980、「山東諸城呈子遺址発掘報告」(『考古学報』1980 年第 3 期)。
(22) 212 山東省博物館・聊城地区文化局・荏平県文化館、1978、「山東省荏平県尚荘遺址第一次発掘簡報」(『文物』1978 年第 4 期)。
(23) 221 山東大学歴史系考古専業教研室、1990、『泗水尹家城』(文物出版社、北京)。
(24) 158 国家文物局考古領隊培訓班、1990、『兗州西呉寺』(文物出版社、北京)
(25) 618 J. G. Andersson, 1925, Preliminary Report on Archaeological Reserch in Kansu, "Memoirs of the Geological Survey of Chaina"
(26) 60 夏鼐、1948、「斉家期墓葬的新発現及其年代的改訂」(『中国考古学報』第三冊)。
(27) 358 中国科学院考古研究所甘粛工作隊、1974、「甘粛永靖大何荘遺址発掘報告」(『考古学報』1974 年第 2 期)。
(28) 359 中国科学院考古研究所甘粛工作隊、1975、「甘粛永靖秦魏家斉家文化墓地」(『考古学報』1975 年第 2 期)。
(29) 402 中国社会科学院考古研究所甘粛工作隊、1980、「甘粛永靖張家嘴与姫家川遺址的発掘」(『考古学報』1980 年第 2 期)。
(30) 402 同上。
(31) 105 甘粛省博物館、1960、「甘粛武威皇娘娘台遺址発掘報告」(『考古学報』1960 年第 2 期)。107 甘粛省博物館、1978、「武威皇娘娘台遺址第四次発掘」(『考古学報』1978 年第 4 期)。
(32) 264 青海省文物管理處考古隊・中国社会科学院考古研究所、1984、『青海柳湾』(『中国田野考古報告集』考古学専刊丁種第二十八号)。

(33) 263 青海省文物管理處考古隊、1979、「青海省文物考古工作三十年」(『文物考古工作三十年』文物出版社、北京)。

(34) 105 甘粛省博物館、1960、「甘粛武威皇娘娘台遺址発掘報告」(『考古学報』1960年第2期)。

(35) 107 甘粛省博物館、1978、「武威皇娘娘台遺址第四次発掘」(『考古学報』1978年第4期)。

(36) 108 甘粛省博物館、1979、「甘粛省文物考古工作三十年」(『文物考古工作三十年』文物出版社、北京)。

第7節　長江流域以南の新石器時代後期文化

(1)　良渚文化

　粟栽培を主たる農業活動としていた黄河流域の新石器時代文化が、龍山文化と呼ばれる新しい時代に入った頃、稲栽培を主たる農業活動としていた長江流域の新石器時代文化にも、黄河流域の龍山文化に準じた新しい変化と発展が芽生えていた。長江下流域の太湖の周辺から銭塘江下流域にかけての地域では、新石器時代中期の後半に馬家浜文化崧澤類型と呼ばれる文化が存在していたが、この崧澤類型文化を母体として発展変化した稲作農耕文化は、良渚文化と呼ばれ、多くの稲関係遺物を出土している。

　良渚文化は、浙江省杭州市余杭県の良渚鎮遺跡を標準とする。良渚遺跡の発掘は、1936年に何天行らによって行われたが、その後、1959年になって「良渚文化」の名称が唱えられるようになった。すでに発掘調査の行われた良渚文化遺跡には、浙江省呉興県の銭山漾遺跡、杭州市の水田畈遺跡・老和山遺跡、余杭県の反山遺跡・瑤山遺跡、江蘇省呉県の草鞋山遺跡・張陵山遺跡、呉江県の梅堰遺跡、武進県の寺墩遺跡、上海市の馬橋遺跡、青浦県の福泉山遺跡などがある。

　良渚文化に属する住居址は、銭山漾遺跡や馬橋遺跡で発見されている。銭山漾遺跡の住居址は、高床式住居址と考えられ、東西長さ約2.5m、南北幅約1.9mの大きさであった。東西方向に木柱を立て、家屋の中心に木梁を渡し、梁上に竹竿・樹枝を組み、その上に芦葦・竹蓆・樹皮を葺いたと推定されている。

　良渚文化に属する墓は、馬橋遺跡・福泉山遺跡・草鞋山遺跡・張陵山遺跡・寺墩遺跡・反山遺跡・瑤山遺跡などきわめて多くの地点で発見されている。良渚文化の墓は、往々にして墓壙が発見されず、複数の墓が集合して土墩の形を呈して発見される。

　呉県の草鞋山遺跡のM198号墓は、副葬品の多い墓で、南北長さ4mにわたって、70点ほどの副葬品が置かれていた。男性1体と2次葬として女性2体の遺骸が埋葬された形跡があった。遺物は3組に分けられ、第1組の墓主の男性の副葬品には有孔玉斧・小玉琮・玉珠・玉璧・玉鐲・玉管各1点、玉琮2点、夾砂紅陶鼎3点、黒皮陶貫耳壺2点、黒皮陶盆2点、黒皮陶豆1点、黒皮陶管1点があった。第2組の女性の副葬品には黒皮陶貫耳壺5点、黒皮陶罐・夾砂紅陶甗・玉璧・玉琮各1点、錐形玉飾6点があり、第3組の女性の副葬品には黒陶貫耳壺2点、玉鐲・玉珠があった。多くの黒陶と玉器類の副葬がめだった。良渚文化の墓には「玉斂葬」と呼ばれる特殊な墓があるが、草鞋山遺跡のM198号墓なども、この種の墓と見てよいであろう。「玉斂葬」という言葉は『周禮』春

官・典瑞に、

　　疏璧琮以斂尸。

とあって、その意味が、「璧や琮と呼ばれる玉器に紐を通し連ねて、遺骸を葬る」と解釈されるところによっている。この玉斂葬の最も典型的な墓と思われるのが、武進県寺墩遺跡のM3号墓である。墓の範囲は、南北長さ3m、東西幅1.2mほどで、墓は南を向いている。遺骸は伸展葬で埋葬された20才前後の男性であった。遺骸部分を璧・琮・鉞が取り囲み、墓の上は、焼かれた痕跡が残っていた（第81図）。

第81図　玉斂葬　寺墩M3号墓

　良渚文化に属する遺跡から出土する土器は、夾砂灰黒陶・泥質灰胎黒皮陶が主である。黒皮陶は泥質灰陶の表面に黒色を施し、研磨し、黒色ないしは鉛黒色の光沢を与えているが、陶質は一般に軟らかい。ほかに、表面・胎土とも黒色を呈し、焼成温度も高かったと思われる薄手の黒陶もある。黒皮陶も薄手の黒陶も単に「黒陶」の名称で呼ばれることがあり、報告書の図、写真からの区別はむずかしい。また小数の夾砂紅陶や泥質紅陶もある。土器は通常、轆轤を用いて製作されている。土器の表面は無紋のものが多いが、弦紋・竹節紋・鏤孔・刺突紋・刻紋などの紋様や、彩絵を施したものもある。主要な器形には、鼎・鬹・盉・豆・圏足盤・簋・杯・圏足壺・貫耳壺・圏足尊・罐・缸などがある（図版12の10～12、第82・83図）。

　良渚文化の土器は、その型式によって、前期と後期に分けられている。前期の遺跡としては、その代表例として、張陵山遺跡上層・越城遺跡中層・青墩遺跡上層・銭山漾遺跡がある。土器は灰陶が多く、黒陶は少ない。魚鰭形足をもつ鼎、長頸で足が細く圏足の低い鬹、鏤孔の少ない短座豆、口縁が直立し圏足の低い貫耳壺などが指標となる。良渚文化前期の標準として張陵山遺跡上層出土の土器を示しておく（第82図）。後期の遺跡としては、良渚遺跡・雀幕橋遺跡・馬橋遺跡第5層文化などが代表例である。黒陶の数が増加し、黒皮陶が著しく増大する。鏤孔のある断面丁字形足をもつ鼎、短頸で太い足を有する鬹、円形や方形の鏤孔のある圏足をもつ盤、幅広の把手と圏足をもつ杯、高い圏足をもつ貫耳壺、竹節豆などがこの時期の指標となっている。良渚文化後期の標準として馬橋遺跡第5層出土の土器を示してく（第83図）。

　良渚文化の玉器類は、中国新石器文化の玉器の中でも、その制作技術においてとくに高水準に達している遺物である。良渚文化の玉器類には、璧・瑗・環・琮・玦・璜・鐲・珠・管・鉞・斧・柱状器・杖端飾・三叉形飾・各種動物飾（鳥・魚・蝉・亀）などがある。良渚文化に見られる璧・琮・環・鉞・鐲などの器形は、夏殷代以降の玉器の基本となる器形である。また、良渚文化の玉琮や三叉形器に施されている巨眼を表現した獣面紋が、後の殷代の饕餮紋に何らかの影響を与えている可能性を否定することはできない。

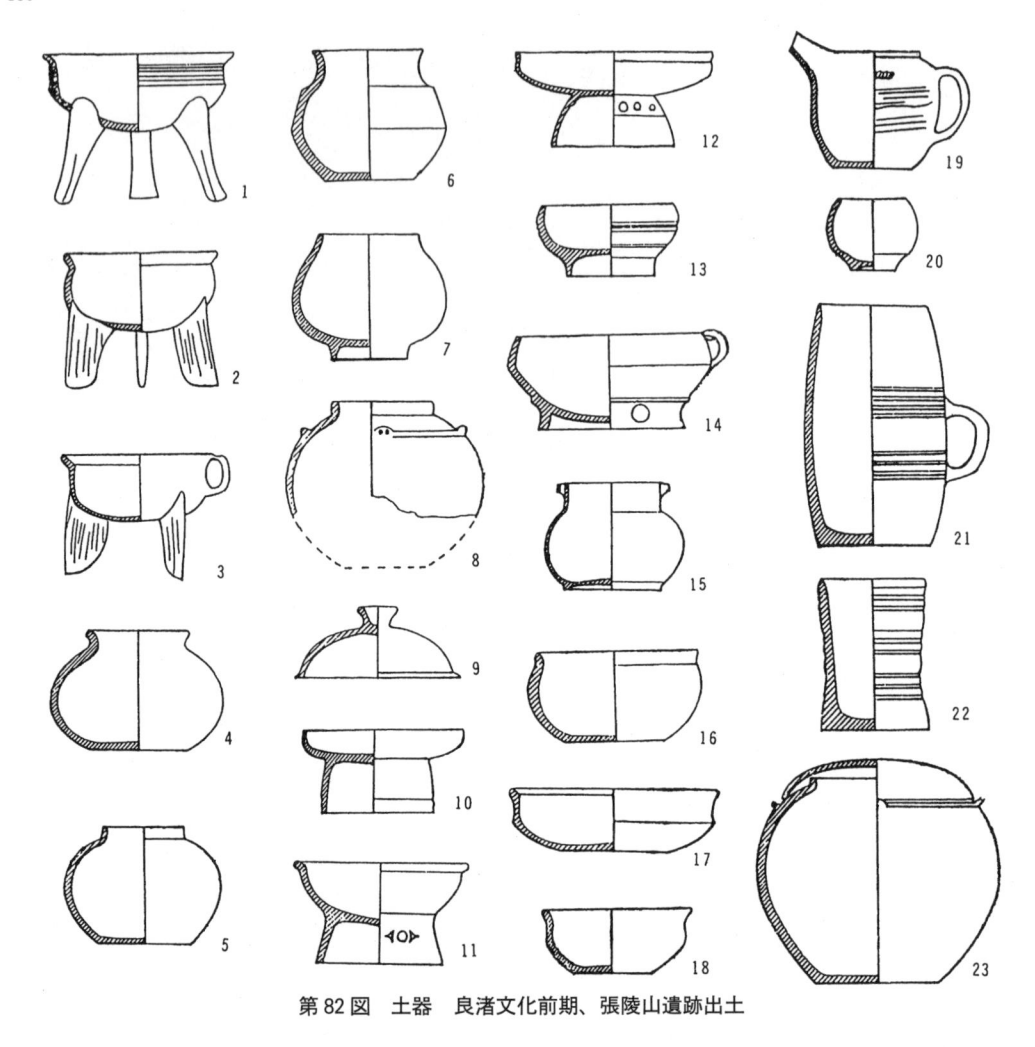

第82図　土器　良渚文化前期、張陵山遺跡出土

　近年来良渚文化に属する玉琮の出土資料が増加している。従来玉琮の類は伝世品が多く、その年代や出土状況の明確でないものが多かったが、ここにきて玉琮の性格がしだいに明確になってきた。草鞋山遺跡のM198号墓からは、第84図に示した玉琮が出土している。玉材は緑色を呈する透閃石で、形は方柱形を呈し、上部が下部より若干大きく、中心は円柱状の空洞となっている。刻紋は7節に分かれ、各節の四隅を中心に刻紋が施されている。良渚文化の典型的な玉琮で、高さ18.5cmの大きさである。

　良渚文化を中心とした新石器文化中に見られる玉琮の類は二里頭文化に伝播し、河南省偃師県の二里頭遺跡からは玉琮の破片が発見されている。二里頭文化につづく二里岡文化の玉琮を知らないが、殷墟文化に入ると安陽市侯家荘M1001号墓、M1002号墓、殷墟M5号墓（婦好墓）などから出土した玉琮の資料例が多数知られる。殷墟M5号墓からは、まとまった玉琮類が出土し殷墟文化の好資料となっている。殷墟M5号墓出土の方形枡型の玉琮は、良渚文化の玉琮の伝統を受け継いでいるものと推定される。また、呉県張陵山遺跡からは玉環型の玉琮が出土しているが、二里頭文化や殷墟文化の玉琮には環形の玉琮も多い。『周禮』冬官、考工記、玉人の条には、

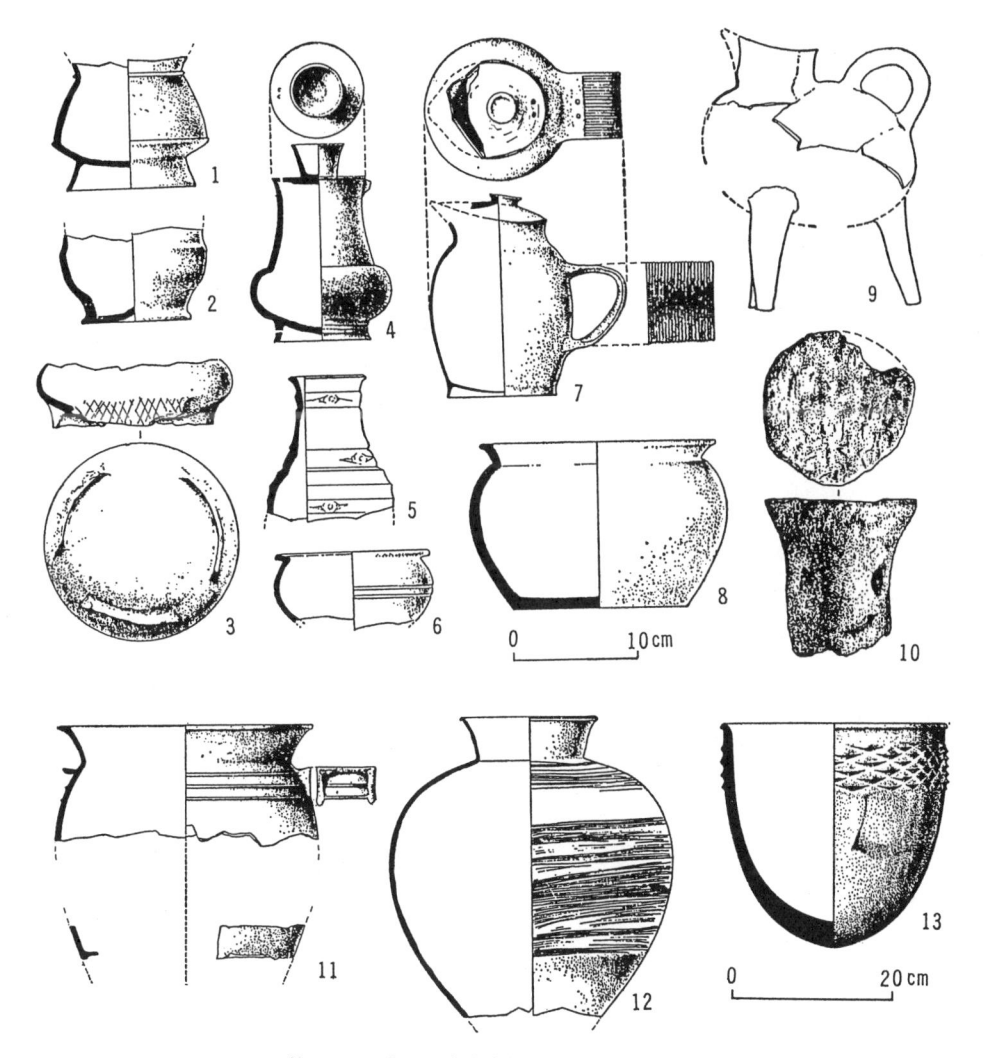

第83図　土器　良渚文化後期、馬橋遺跡出土

　　　璧琮九寸、諸侯以享天子。
と見られ、また、秋官、小行人の注には、

　　　五等諸侯、享天子用璧、享后用琮。
とあることなどによって、朝ずるにあたり天子あるいは婦人に献ずる玉器に璧や琮があったと解釈される。しかし、良渚文化・龍山文化の遺跡から出土する玉琮は、ほとんどが墓の副葬品である。これらの古典文献の著された年代と良渚文化・龍山文化の間には2000年以上の開きがあり、良渚文化の玉琮と古典文献の記載を直接的に結び付けるのはむずかしい。

　良渚文化の石製農工具には、有孔鏟・石犁・石刀・鎌・有段石錛・有段石斧・有孔石斧・鑿・鏃などがある。このなかでとくに良渚文化の特徴を示すのは、土を耕すのに用いられた石犁と呼ばれる耕作用の石器類である。石犁の類は、江蘇省南部、浙江省北部の良渚文化遺跡に多くが見られるほか、山西省南部、河南省西北部、内蒙古自治区、吉林省などにおいても発見されている。石犁は、三角形石犁と斜把破土器の2種類に大別される。ほかに帯柄石刀と呼ばれる重厚な石器も石犁に類

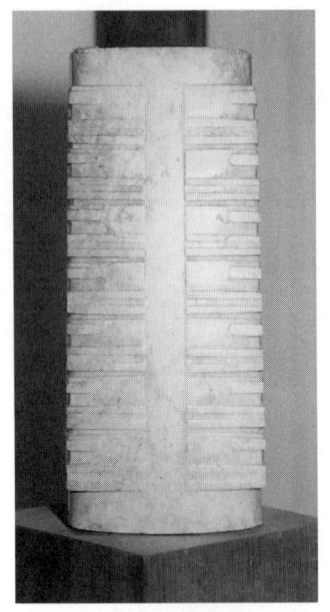

第84図　玉琮　草鞋山 M198号墓出土

似した耕作具の類と推定される。三角形石犂は二等辺三角形板状の石器で、三角形の二等辺が刃部で、横位置にして用いられ、この形から双刃三角形石犂と呼ばれることもある。双刃三角形石犂は、後の戦国漢代の犂鐴に類似した装着方法で、木製の柄を付けて、人力によって土を起こしたとも推定されているが確証はない。

　斜把破土器の形には各種のものがあるが、基本的には、縦位置にして用いる三角形の石器で、器身が正三角形を呈するものもある。大きさは通長20～40cmのものが一般的である。刃部が直線で、後辺に深い方形の凹みがあり、凹みの上に柄を付けたと考えられる。また先記したように重厚庖丁形の石器も破土器に近い用いられかたをしたと推定され、通長25cmほどの大きさである。

　大型の双刃三角形石犂は、表面積が大きく浮力があり、沈みにくく水田耕作に適していたとも考えられる。したがって江蘇省、浙江省地方の良渚文化時代の遺跡からこの種の石犂が数多く発見される理由は、双刃三角形石犂と水田耕作の関係によるもので、この地方で良渚文化時代に水田農耕がきわめて盛んであったことを示しているのかもしれない。石犂の類は耕作と除草を主目的とした農具であったと考えられるが、水稲栽培においては、潅漑、排水溝の開溝にも有効な道具であったと推定される。長江下流域における良渚文化時代の石犂の使用は水稲栽培技術を飛躍的に向上させ、稲の収穫量を著しく増大させたとも考えられている。[17]

　良渚文化の開始年代については、馬家浜文化崧澤類型と良渚文化が連続すると見るか、両者の間に年代的な断続があると見るかによって若干の年代的なずれが出てくる。崧澤類型と良渚文化が連続すると考える場合には、良渚文化前期の開始年代を前3500年頃と考える必要がある。もし崧澤類型と良渚文化前期の間に年代的な断絶があるとすれば、良渚文化前期の開始時期を前3000年頃と考えることができる。また良渚文化の終了年代に関しても若干の年代的な幅があり、夏文化開始時期の前2000年から殷文化開始直前の前1500年頃と考えるのが妥当である。銭山漾遺跡出土の炭化稲籾（ZK-49）は、C14年代測定で前2750±100年（経樹輪校正、前3495-前3100年）の値を示し、また、雀幕橋遺跡出土の木板（ZK-242）はC14年代測定で前1990±95年（経樹輪校正、前2463-前2141年）の数値を示している。

(2) 石家河文化

　石家河文化は、湖北省天門市石家河鎮付近の肖家屋脊遺跡など龍山時代併存の遺跡群を標準とする文化である。[18] この文化は、前期・中期・後期の3時期に分けられるのが一般的で、湖北省内の漢水流域および長江中流域に分布する。その広がりは、おおむね屈家嶺文化の分布地域に重なってくる。この文化はかつて、湖北龍山文化あるいは青龍泉第3期文化の名称で呼ばれたこともある。石家河文化の文化内容が、龍山文化と異なることから湖北龍山文化の名称は適切でないと考えられるようになり、また鄖県の青龍泉遺跡は湖北省の西北辺に位置し、[19] この文化の中心から外れることに

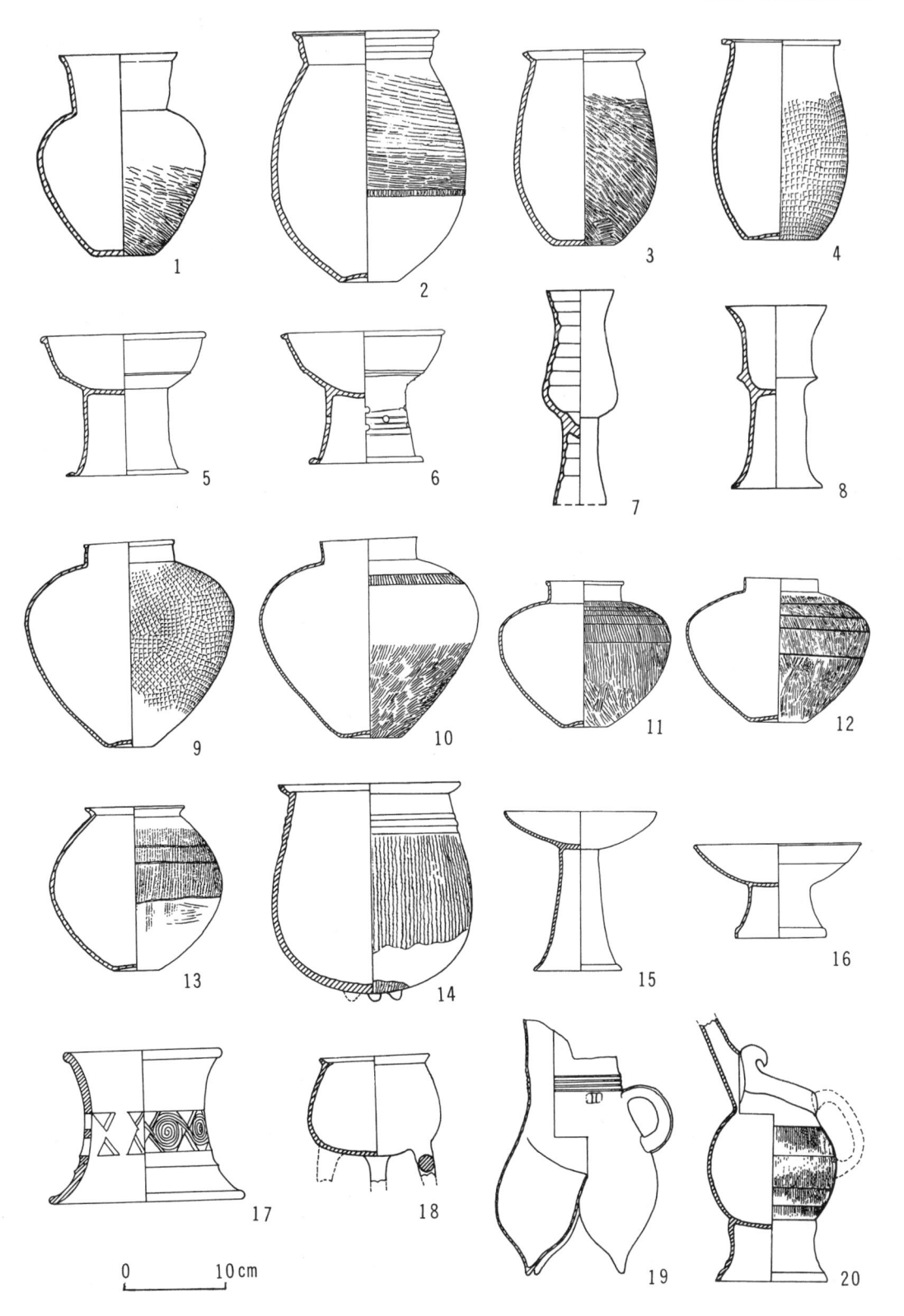

第 85 図　土器　石家河文化、肖家屋脊遺跡出土

よって、この名称も適切な名ではないと考えられるようになった。そしてこの文化の分布地域の中心となる石家河遺跡を標準として石家河文化の名称で呼ばれるようになった。

石家河文化に属する遺跡は、肖家屋脊遺跡のほか鄖県青龍泉第3期文化、江陵県張家山遺跡[20]などが知られる。

石家河文化の土器は灰陶が主で、無紋のものも多いが、籃紋があるほか附加堆紋・方格紋・縄紋も見られる。紋様の内容からは、河南龍山文化との関係も推定される。主要な器形には、偏平足をもつ鼎・盉・折腹盆・鉢・豆・深腹罐・小口罐・壺・杯・高柄杯・缸器蓋・鬶・斝などがある（第85図）。これらの土器には、屈家嶺文化の伝統を受けたと思われる扁平足の鼎・豆・缸などの器形があると同時に、河南龍山文化下王岡類型・王湾類型に顕著な盉などの器形が含まれている。また、良渚文化中にみられる鬶に近い器形も存在している。このことは、石家河文化が、屈家嶺文化を母体として、黄河中流域と長江下流域の文化を吸収しつつ形成されたことを物語っている。

石家河文化の主要な経済活動は、稲作栽培であったと考えられ、天門市の石家河遺跡からは、稲籾・稲茎・稲葉を含む焼土塊が出土している。また、青龍泉遺跡からは、豚・犬・羊などの獣骨が出土し、ことに豚の骨が多かったが、このことは豚の飼育が盛んであったことを物語ると思われる。

石家河文化は、盉・鬶などの器形から見て、河南龍山文化、良渚文化後期に併存していたと推定される。肖家屋脊遺跡H98灰坑出土の石家河文化に属する木炭（BK89038）は、C14年代測定の結果前2185±70年（経樹輪校正、前2830-前2490年）の値を、青龍泉遺跡出土の木炭（ZK-431）は前2030±105年（経樹輪校正、前2551-前2148年）を示している。

石家河文化の広がりに関しては、今の認識では湖北省内にかぎられているが、この文化を黄河流域の龍山文化に対比させて考えるのなら、長江流域の中・下流域に広がる文化型式としての認識が必要になるかもしれない。

(3) 石峡文化

長江下流域の浙江・江蘇・湖北省地域に、新石器時代後期文化である良渚文化・石家河文化が栄えていた頃、華南の珠江流域には、石峡文化とよばれる新石器文化が存在した。

石峡文化は広東省曲江県の石峡遺跡を標準とする[21]。曲江県は珠江の支流である北江の上流馬霸河南岸に存在する。馬霸河両岸には多くの洞穴遺跡が存在し、有名な馬霸人洞穴遺跡も存在する[22]。石峡遺跡の調査は、1973・1975～1976年に行われ、約1660㎡の面積が発掘されている。遺構としては、柱穴・灰坑・灶・窯などのほか、108基の墓が発見されている。出土した遺物は、2000～3000点余りに達している。文化層は、上層・中層・下層の3層に分けられている。上層は夔紋・雷紋・方格紋の施された印紋硬陶や青銅器を出土し、年代は西周後期から春秋時代に相当すると考えられている。中層は折曲紋・長方格紋の施された印紋軟陶を出土し、殷代併存の文化と考えられている。下層は泥質磨光陶・夾砂陶や大量の磨製石器を出土し、新石器時代後期の前3000～2000年の文化と考えられている。

石峡遺跡の重要な遺構は、108基の古墓でこれらは遺跡の中央部で発見されている。時期的には前期と後期に分けられ、墓には一次埋葬と二次埋葬の墓がある。副葬品として出土した遺物の主要

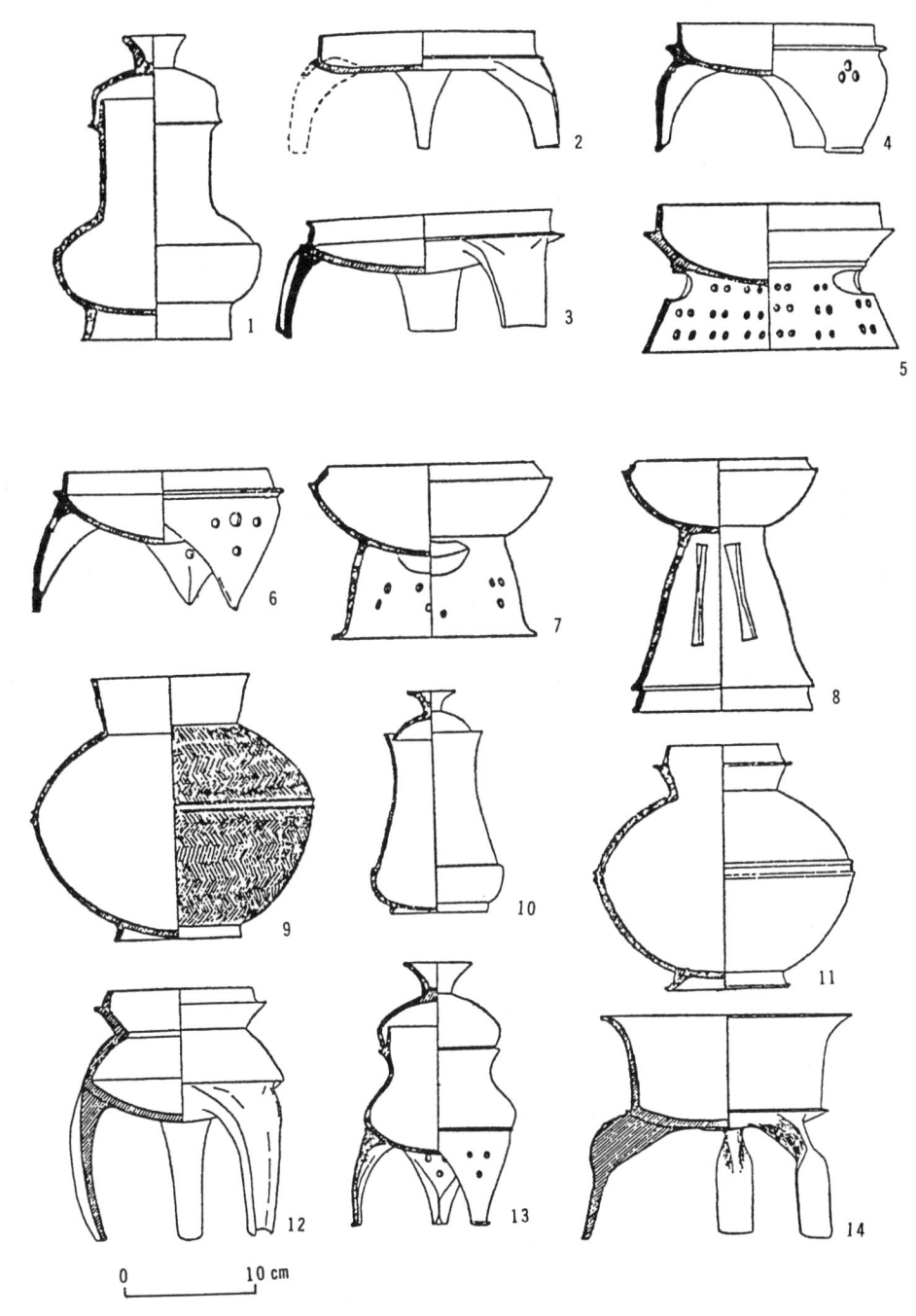

第 86 図　土器　石峡遺跡出土

なものは、石器と土器でほかに装身具・玉器などがある。

　石器には、钁・鏟・錛・鑿・鏃・鉞・錐・石錘・石片・石棒・砥石などがある。石器の多くは磨製で、窄孔されたものは両面からのものが多い。钁・鏟・錛などの石器は、重要な農耕具であったと考えられる。

　土器は、第 4 期の墓葬から 981 点が出土している。陶質としては夾砂陶・泥質陶があり、紋様に

は、縄紋・鏤孔・附加堆紋・画紋・弦紋・刺突紋・印紋が存在する。石峡遺跡の第2・3期の墓から出土した土器に見られる方格紋・曲尺紋・渦巻紋は前期印紋陶の特色の一部を備えている。土器の多くは実用土器を副葬品に用いており、その器形には、鼎・釜・甑・鬹・盤・圏足盤・豆・壺・杯・盂・觶・罐・甕・器蓋などがある（第86図）。

　石峡遺跡からは、比較的多くの玉器が出土している。それらの玉器には、琮・璧・瑗・環・玦・笄などがある。玉器中には良渚文化からの伝播、影響と思われる遺物も多い。

　石峡遺跡からは、少なからず栽培稲の遺存体が発見されている。炭化した米粒・籾殻などが、貯蔵穴・墓壙から発見されるほか、焼土中からも稲資料が発見されている。これらの稲には、籼稲と粳稲があるが、籼稲が主であると報告されている。

　石峡文化の年代は、第1期に属する79号墓の木板（BK76024）がC14年代測定によって、前2270±110年（経樹輪校正、前2883-前2495年）と報告され、また第3期の43号墓出土の木炭（BK75050）が、C14年代測定で、前2070±100年（経樹輪校正、前2569-前2280年）を示している。これらの年代は樹輪校正年代を用いると比較的古い年代になり、周辺文化との間に年代的関連が出てくる。石峡文化と、東支那海・南支那海沿岸の文化との間には、きわめて密接な関係が想定される。石峡文化の有肩石鉞・刻紋大玉琮・貫耳圏足壺などは、良渚文化の遺物とあまり変わりはない。石峡文化は、長江下流域から山東半島に至る原始文化と直接、間接に海岸沿いに文化交流と相互の影響があったと考えられる。

（4）　曇石山文化

　長江流域や黄河流域の良渚文化から殷代にかけての時代に、福建省の閩江下流域には曇石山文化と呼ばれる新石器文化が存在した。曇石山文化は、福建省福州市閩侯県の曇石山遺跡を標準とする。[23] 閩江の下流域の沖積地の小さな丘の上に存在する。すでに1954〜1974年の間に7次の発掘調査が行われ、その間に発掘された総面積は900m^{2}に及んでいる。第6次調査では、この遺跡の上・中・下3層の文化層が明らかにされた。曇石山遺跡の下層は硬い黄褐色砂層で、少量の割れた蛤の貝殻が混入している。中層は海水に生息した大量の蜆の貝殻堆積で間に灰褐色土が含まれる。この遺跡は一種の貝塚と考えられる。下層と中層の堆積状況は異なっているが、文化内容には共通の面も認められ、新石器文化としての一貫した継続性が存在する。第6次の発掘調査において「曇石山文化」の名称が提唱された。

　曇石山遺跡の下層・中層文化の石器工具は、石錛が最も多く、一般に器身と刃を荒く磨製し、長方形あるいは台形を呈するものと、背面が弧形を呈する一群が存在する。また下層・中層の両層に断面三角形を呈する厚みのある鍬が存在する。この特殊な鍬は、耕作具と考えられ、福建省南部で比較的多くみられ、広東省東部でも発見されている。中層には貝器の類が多く、収穫具と考えられるカキ貝を利用した双孔長方形の貝刀（貝包丁）や、耕作具と考えられる双孔・4孔の鏟形器が多数発見されている。下層からも貝刀が出土しているが、この種の貝刀は、穀類の収穫に用いられたものに間違いなく、その穀類は福建省という地理的条件から考えて、稲以外に考えられない。また中層からは、石鎌・小石錛と少量の有段石錛が発見されている。福建省で有段石錛が使用された年代

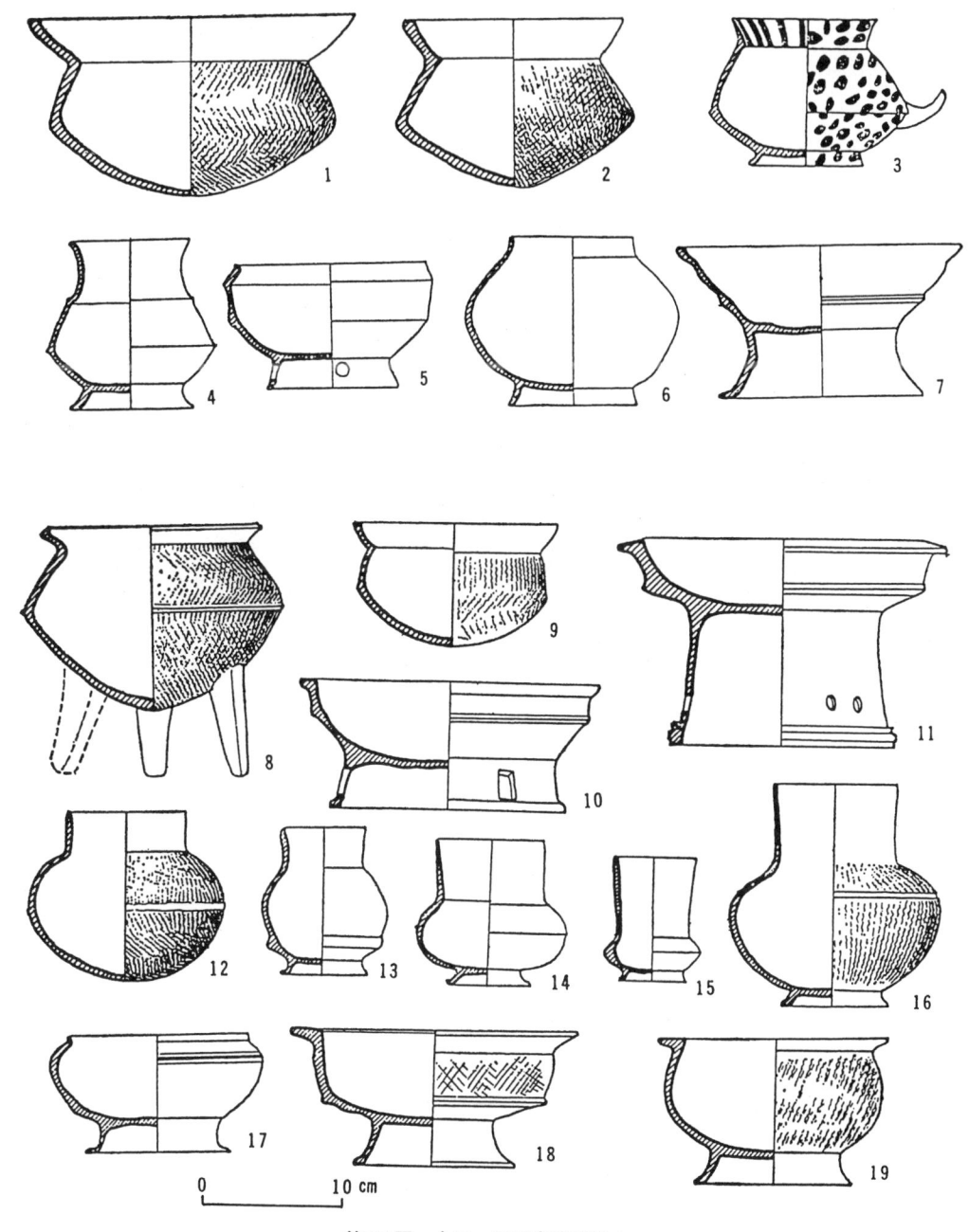

第87図　土器　曇石山遺跡出土

は比較的長く、その盛行期は青銅器時代に入っていたと推定される。有段石錛の平面形は長方形または台形を呈し、江西省で見られる長条形や、広東省で見られる有肩有段石錛はない。

　曇石山文化の下層・中層の土器は、砂質陶が泥質陶を上回る。下層では紅陶が多く、灰陶は少ない。無紋磨光のほか、縄紋・籃紋・附加堆紋・鏤孔・凹点紋・折曲紋・弦紋・円圏紋・彩絵がある。これらの紋様のうち、縄紋・附加堆紋・弦紋・円圏紋などには、龍山文化的要素が認められる。また、ごく小数の灰色の幾何学印紋硬陶がある。幾何学印紋の施紋技術は、発展段階のそれを示して

いる。土器の器形には、釜・鼎・壺・罐・碗・盆・鉢・陶・簋などがある（第87図）。特徴的な器形には、円底縄紋の釜、圏足付の壺、低い圏足が付いた豆などがある。

中層の製陶技術は、下層にくらべ進歩の痕がうかがわれる。中層の土器の胎土は下層にくらべ一般に硬くなり、灰陶が主で紅陶が少なくなる。また、中層では、幾何学印紋硬陶が若干増加し、新たに方格紋・葉脈紋・双円圏紋などが加わる。中層の器形の代表的なものとして、円底釜、鼓腹で圏足付の壺、大圏足の付く豆、圏足付の簋、圏足付彩絵の杯などがある。

曇石山遺跡の古墓は重要な考古資料である。下層では15基の墓が発見され、中層では20基の墓が発掘されている。

曇石山遺跡の下層と中層の文化を比較すると、この2つの文化層は比較的密接な関係があり、両者の間には文化的継承と発展の関係があったと推定される。曇石山遺跡中層のカキ貝（ZK-98）に対するC14年代測定の結果は、前1140±90年（経樹輪校正、前1401-前1099年）であった。中層の文化層から金属器は今まで発見されていないが、出土した磨製の双孔石鉞は金属器の模倣かもしれない。曇石山文化の下層と中層は、基本的に新石器時代後期に属する文化であるが、中層の年代はC14年代測定および樹輪校正年代では比較的新しく夏殷時代併存の年代を示し、中層の末期は金属器時代に入っていた可能性もある。

福建省内における考古学研究は、中国の他地域の考古学研究にくらべ遅れがめだたないこともないが、長江下流域と広東省石峡文化の中間地域として考古学的に重要な地域である。また、東アジア地域の新石器文化の中に占める曇石山文化の意味についても、今後解明すべき重要な研究課題である。

註
（1） 288 浙江省文物管理委員会・浙江博物館、1958、『浙江新石器時代文物図録』（浙江人民出版社、杭州）。
（2） 284 浙江省文物管理委員会、1960、「呉興銭山漾遺址第一・二次発掘報告」（『考古学報』1960年第2期）。
（3） 283 浙江省文物管理委員会、1960、「杭州水田畈遺址発掘報告」（『考古学報』1960年第2期）。
（4） 288 浙江省文物管理委員会・浙江博物館、1958、『浙江新石器時代文物図録』（浙江人民出版社、杭州）。
（5） 291 浙江省文物考古研究所反山考古隊、1988、「浙江余杭反山良渚墓地発掘簡報」（『文物』1988年第1期）。
（6） 289 浙江省文物考古研究所、1988、「余杭瑶山良渚文化祭壇遺址発掘簡報」（『文物』1988年第1期）。
（7） 490 南京博物院、1980、「江蘇呉県草鞋山遺址」（『文物資料叢刊』第3期）。
（8） 492 南京博物院、1982、「江蘇呉県張陵山遺址発掘簡報」（『文物資料叢刊』第6期）。
（9） 146 江蘇省文物工作隊、1963、「江蘇呉江梅堰新石器時代遺址」（『考古』1963年第6期）。
（10） 495 南京博物院、1984、「1982年江蘇常州武進寺墩遺址的発掘」（『考古』1984年第2期）。
（11） 228 上海市文物保管委員会、1978、「上海馬橋遺址第一・二次発掘」（『考古学報』1978年第1期）。
（12） 230 上海文物管理委員会・黄宣佩、2000、『福泉山──新石器時代遺址発掘報告』（文物出版社、北京）。
（13） 495 南京博物院、1984、「1982年江蘇常州武進寺墩遺址的発掘」（『考古』1984年第2期）。
（14） 493 南京博物院、1982、「江蘇越城遺址的発掘」（『考古』1982年第5期）。

(15) 494 南京博物院、1983、「江蘇海安青墩遺址」(『考古学報』1983年第2期)。
(16) 369 中国社会科学院考古研究所、1980、『殷墟婦好墓』(『中国田野考古報告集』考古学専刊丁種第二十三号)。
(17) 良渚文化の石製農工具の写真・図に関しては、18 飯島武次、1991、『中国新石器文化研究』(山川出版社、東京)の第114~119図を参照してほしい。
(18) 177 湖北省荊州博物館・湖北省文物考古研究所・北京大学考古系石家河考古隊、1999、『肖家屋脊』(『天門石家河考古発掘報告之一』文物出版社)。
(19) 379 中国社会科学院考古研究所、1991、『青龍泉与大寺』(『中国田野考古報告集』考古学専刊丁種第四十号)。
(20) 450 陳賢一、1980、「江陵張陵山遺址的試掘与探索」(『江漢考古』1980年第2期)。
(21) 116 広東省博物館・曲江県文化局石峡発掘小組、1978、「広東曲江石峡墓葬発掘簡報」(『文物』1978年第7期)。
(22) 115 広東省博物館・曲江県博物館、1988、『紀念馬壩人化石発現三十周年文集』(文物出版社、北京)。
(23) 526 福建省博物館、1976、「閩侯県曇石山遺址第六次発掘報告」(『考古学報』1976年第1期)。

第8節　中国新石器文化研究のまとめ

　中国の新石器文化を地理的に南北に分類すると、黄河流域の粟栽培文化圏と、長江流域以南の稲栽培文化圏に大別することができる。中国の新石器時代文化は、北と南の粟栽培と稲栽培の違いはあるものの、黄河の上流・中流・下流域、および長江の中流・下流域において新石器時代前期から後期に至るまで同時平行的な発展をとげていると見ることができる。これらの各地域と各時代には、それぞれ地域と時代を代表する重要な遺跡と文化が併存的に存在している。また、年代的に区分すると、その発展段階に応じておおよそのところ新石器時代前期（約前9000~前5000・4500年）・中期（約前5000・4500~前3000年）・後期（約前3000~前2000年）の3時期に分けることができる。この年代観の大枠は、おおまかにいって前6000年以前はC14年代測定の数値を、前6000年以降はC14年代測定に対する樹輪校正年代の数値をよりどころにしているといってよい。前6000年以前に関して樹輪校正年代を用いていない理由は、前6000年以前の樹輪校正年代を示すことが今のところ技術的に困難であることによっている。
　新石器文化の開始は、利器に磨製石器が出現することをもってその開始と定義し、磨製石器を主たる利器として用いている時代を新石器時代と呼ぶ。この考古学的な定義はきわめて明解で、新石器時代に対するこの定義は、中国考古学においてもあてはめられている。しかしながら磨製石器の使用以上に、穀物栽培農耕の開始が、人類社会に大きな変化を与えたことは疑いない。また土器の使用が穀類の煮沸を可能にし、人類の健康とその後の発展に大きな利点となったことも事実である。したがって、新石器時代を人類の文化面から考える時には、磨製石器の出現という新石器文化の指標のみを問題にするのではなく、磨製石器の存在のほか、穀物農耕の存在、土器の存在など複合的な文化要素を重要視して考えるべきである。
　中国新石器時代前期の開始時期は、これまでに調査された資料から、総合的に考えるとおおよそ

前9000年頃と推定され、この年代は大理氷河期終了直後にあたると考えられている。中国の新石器時代前期は、農耕の存在を証明する遺物が希薄な前期前半と、穀物栽培が行われていたことが明確な後半に大別して考えることが可能である。

前期前半の遺跡には、河北省徐水県の南荘頭遺跡、山西省懐仁県の鵝毛口遺跡、江西省万年県の仙人洞遺跡、広西壮族自治区桂林市の甑皮岩遺跡などが存在する。鵝毛口遺跡は、磨製石器のみをともない土器をもたない文化であるが、鵝毛口遺跡の石器には農耕の存在を暗示する石鎌や石鍬が存在する。そこに中国最古の農耕が存在していた可能性を否定することはできないが、穀物栽培が行われていた証拠もない。仙人洞遺跡や甑皮岩遺跡は、磨製石器と土器をともない、農耕の存在が明確でない遺跡で、C14年代測定では前9000年にさかのぼる年代が示され、この年代を疑問視する意見も強いが、東アジアにおける比較的古い土器を出土している。

新石器時代前期後半は、相当に高水準の穀物栽培が開始され、各種の栽培植物遺存体の出土が確認され、豚の飼育も行われている。この時代の遺跡は、河北省武安県の磁山遺跡、河南省新鄭県の裴李崗遺跡、山東省滕県の北辛遺跡、河南省舞陽県の賈湖遺跡、浙江省余姚県の河姆渡遺跡、桐郷県の羅家角遺跡、湖北省宜都県の城背渓遺跡などによって代表され、前6000～前5000・4500年の年代が考えられている。これらの遺跡で発見された穀物栽培の農耕技術は、農耕技術としてすでに確立した高水準のもので、これらの遺跡・文化に先行する農耕文化が存在したものと推定される。事実、長江中流域の湖南省澧県の彭頭山遺跡や湖北省宜都県の枝城北遺跡では、磁山・裴李崗文化、あるいは河姆渡文化より年代のさかのぼる稲籾が発見されている。彭頭山遺跡や枝城北遺跡の稲籾は野生稲である可能性もあり、また栽培稲であったとしても、その農耕栽培の水準はきわめて原始的であったと推定される。しかし、新石器時代前期末の長江中・下流域においては稲の栽培技術が急激に向上したものと推定され、その代表的な遺跡が河姆渡遺跡である。

新石器時代の土器の出現に関しては、これを粒食との関係で考えることができる。土器を使用することで人類は、粟・稲などの穀類を粒のまま煮沸して食べることが可能となった。旧石器時代の最末期から新石器時代初頭のある時期、人類は土器を使用せずに、石磨盤や磨棒を用いて穀類を粉にし、それを練って焼くことによって穀類を加熱していたと考えられる。藤本強氏によれば、磁山文化・裴李崗文化・北辛文化に属する諸遺跡から発見される石磨盤や磨棒は、粉食が専らであった時代の伝統を磁山文化・裴李崗文化・北辛文化の時代に伝える遺物であるという。(1) この時代はすでに高水準の土器が使用され、粟を粒のまま土器で煮沸することが日常的に行われていたと推定されるが、また同時に粟を粉にし、餅に加工して食べていたと推定される。穀類を粉にする道具である石磨盤や磨棒が粉食の伝統として、墓の副葬品に利用されていたのである。華南の稲作地帯における新石器初頭の粉食の習慣は明らかでないが、その可能性は考えられないことではない。しかし、華南における土器の出現は相当に早く、彭頭山文化や皂市下層文化よりさかのぼることは明らかである。先記したように江西省の仙人洞遺跡や広西壮族自治区桂林市の甑皮岩遺跡の年代に関してはその古さを疑問視する向きはあるが、前9000年にさかのぼるC14年代測定結果が出ている。これら諸遺跡における土器の存在から考えて、華南においては相当に早くから稲を粒のまま煮沸して食べる習慣があったと推定される。

新石器時代中期文化は、土器の上で彩陶を指標とすることができる。彩陶の出土量あるいは器形、紋様などは、仰韶文化・大汶口文化・馬家浜文化・大溪文化において、それぞれ異なるが、この時代の土器には、量の違いはあるものの、かならず一定量の彩陶の類が含まれている。この彩陶によって代表される新石器時代中期は、おおむね前5000・4500～前3000年と考えられている。

　黄河中流域で、新石器時代中期を代表する文化は、仰韶文化である。この仰韶文化は、また地域と年代によっていくつかの類型に分類されている。陝西省から河南省西部・山西省南部にかけては、半坡類型→廟底溝類型→西王村類型の変遷が認められる。河南省洛陽市・鄭州市付近では、鄭州市大河村遺跡の編年をもって、この地の仰韶文化編年の代表例とすることができる。すなわち、大河村第1・2期が廟底溝類型併存、大河村第3・4期が西王村類型併存と考えられている。

　黄河下流域における新石器時代中期文化は、大汶口文化である。この大汶口文化は、新石器時代前期文化である北辛文化を母体として生まれた文化で、大汶口文化前・中・後期に分けられている。発見された大汶口文化の遺跡の多くは墓地で、同時期の他の文化の墓にくらべ、土器や豚の下顎骨などの副葬品が多く、時には木槨を有する墓も存在する。大汶口文化の住居址の発見例は少なく集落の様相も明確にはなっていない。大汶口文化の土器は、紅陶・灰陶が主で、比較的多くの彩陶も見られ、器形では高い足をもつ鼎、鏤孔のある豆などがめだつ。大汶口文化の主要な生業は農業で、三里河遺跡からは多量の粟が発見され、主要な穀類が粟であったことが知られている。また、墓には豚の下顎骨・頭骨、豚形の土製品が副葬され、大汶口文化における養豚の盛行を物語っている。

　大汶口文化は、長江下流域の馬家浜文化・青蓮岡文化・北陰陽営文化と類似した要素を有し、抜歯習俗、埋葬方法、土器の器形・紋様などにおいて、共通する要素が認められる。したがって大汶口文化と馬家浜文化・青蓮岡文化・北陰陽営文化の分類はなかなか困難であるが、山東省・江蘇省・浙江省にかけての黄海、東支那海（東海）沿岸における南北の交流を濃厚に物語っている。

　黄河上流域の新石器時代中期文化は、甘粛仰韶文化で、石嶺下類型・馬家窯類型・半山類型・馬廠類型の4類型に編年されている。石嶺下類型は、廟底溝類型と馬家窯類型の間をつなぐ過渡的な役割をはたしている。半山類型と馬廠類型を単純に前後に分けてしまうことには問題があり、この2つの文化は併存していた時間が相当に長かった可能性がある。しかし、馬廠類型が最終的に甘粛龍山文化の直前に位置することは事実である。

　長江中・下流の新石器時代中期文化は、馬家浜文化・北陰陽営文化・大溪文化・屈家嶺文化によって代表される。いずれも水稲栽培を主たる生業とし、量の多い少ないはあるが彩陶を有する新石器時代文化である。

　下流域の馬家浜文化は、馬家浜類型と崧澤類型に細分される。馬家浜類型の土器には、夾砂紅陶と泥質紅陶があり、彩陶も見られる。崧澤類型の土器には夾砂紅陶・泥質紅陶のほか泥質黒皮陶や泥質灰陶が見られる。北陰陽営文化の遺跡からは、副葬品としての多孔石刀・石鉞が多数出土し、この文化の特色を示している。

　大溪文化と屈家嶺文化は、長江中流域の彩陶文化ともいえる文化で、やはり稲栽培を重要な経済活動としている。屈家嶺文化は、黄河流域の最初の龍山文化である廟底溝第2期文化に併存する文

化である。その意味においては、年代的に新石器時代後期文化として取り扱うべき文化かもしれないが、屈家嶺文化には後述する龍山文化の共通的要素がほとんど認められない。

長江中・下流域においては、すでに新石器時代前期末にかなり発達した稲作栽培が行われていたが、中期に入ってさらに稲作栽培技術が向上している。この水準の高い稲作栽培技術は長江流域から周辺地域に波及していったものと推定される。また、籼稲のほかに寒冷に強い粳稲が出現、増加し、水稲農耕は淮河の北岸にも波及していく。

新石器時代後期に入ると黄河流域から長江中・下流域にかけて共通性のきわめて強い文化内容をもった龍山文化と呼ばれる文化が出現してくる。この文化の共通要素としては、土器胎土における泥質灰陶・夾砂灰陶、卵殻黒陶・泥質黒陶の存在、土器地紋の籃紋・方格紋の普遍化、轆轤あるいは回転台の出現、圏足・三足器の増加、磨製石器・貝器の増加、卜骨の流行、少量の銅・青銅など金属の出現、集落を取り囲む土塁・土壁など隔壁の出現などが指摘できる。新石器時代後期の年代として、黄河流域では前3000～前2000の年代が考えられるが、その中心的な年代は前2500～前2000年である。また長江流域では、新石器時代後期の終了時期の年代が前1500年頃まで下がる可能性も考えられている。

龍山文化後半の時代は、黄河流域の諸地域において少量の紅銅・黄銅・青銅などの金属器が発見されるため、この時代をすでに新石器文化が終了し、金石器併用時代あるいは金属器時代に入っているとする説がある。しかし、この考えには賛成しがたい。金属器時代の指標は、普遍的な金属利器の使用であり、この時代は、基本的な生産工具としての金属利器が広く使用されたわけではない。河南龍山文化・山西龍山文化・陝西龍山文化における金属の使用量は、同じ文化における石器・骨角器の使用量にくらべてきわめて微量で、零に近いといっても過言でない。甘粛省玉門市の火焼溝遺跡や蘭州付近の斉家文化の遺跡からは比較的多くの金属器が出土するが、河南龍山文化・山西龍山文化・陝西龍山文化・山東龍山文化における生産用具としての利器の主体は、本質的に磨製石器と各種骨角器・貝器の類である。これらの石器・骨角器・貝器は、新石器時代の特色を顕著に表し、新石器後期文化と考えられる。ごく微量の金属器が社会、経済に与えた影響はほとんどなかったと推定される。

河南龍山文化王湾類型と山西龍山文化陶寺類型は、夏文化との関係において、重要な意味をもつ文化である。これらの龍山文化の後半の年代は、おおむね前2500～前2000年の間に位置し、この年代は、夏王朝・殷王朝に先行する先夏文化の年代に一致する。また、「夏」に関する多くの伝承が河南龍山文化王湾類型の分布地域、および山西龍山文化陶寺類型の分布地域に残っている。このことから「夏」に関する伝承の一部は、二里頭文化二里頭類型や二里頭文化東下馮類型にそれぞれ先行する河南龍山文化王湾類型、あるいは山西龍山文化陶寺類型の中から生まれ出た可能性も推定されている。

長江流域では、新石器時代後期に良渚文化と石家河文化（湖北龍山文化）が出現する。この2つの文化は、長江中・下流域に連なる文化で、水稲栽培を生業の柱とする農業活動を行っていたが、灰陶・黒陶、土器器形の鬶・盉の存在など黄河流域の龍山文化と共通の文化内容を有し、年代的にも同時代に併存して栄えた文化である。良渚文化の石器には、石犂・破土器など水田耕作に用いた

と推定される石器や、収穫具として多くの石刀が存在している。良渚文化の稲作農耕と日本の弥生文化の稲作農耕の関係をとく説が時に存在するが、いささか勇み足で、良渚文化が弥生文化の開始よりはるかに古い前1800〜前1500年前後に終了しているので、良渚文化と弥生文化の直接的な接触はありえない。

　福建省内では、新石器時代後期の文化として曇石山文化が知られる。閩江下流の福建省福州市閩侯県曇石山遺跡の下層・中層文化は新石器文化に属し、一種の貝塚を形成している。曇石山遺跡中層・下層の土器は、泥質陶や砂質陶が中心で、紋様には縄紋・籃紋・刻紋などがあり、少量の幾何学印紋硬陶も含まれる。中層からは双孔の貝刀（貝庖丁）が多数出土し、いまだ稲資料の発見はないものの稲栽培の可能性を十分に示している。曇石山文化の下層と中層は、基本的に新石器時代後期に属する文化であるが、中層の年代はC14年代測定（経樹輪校正年代）で比較的新しく夏殷時代の年代を示し、中層の末期は金属器時代に入っていた可能性がある。

　広東省内では新石器時代後期の石峡文化が知られる。石峡文化は広東省曲江県の石峡遺跡を標準とするが、この文化には、先記した玉石器だけでなく、鬶・壺・鼎などの土器器形にも良渚文化からの強い影響が認められる。石峡遺跡の重要な遺構は、108基の古墓で、時期的には前期と後期に分けられ、墓には一次埋葬と二次埋葬が認められる。副葬品として出土した遺物の主要なものは石器と土器で、ほかに装身具・玉器などがある。石峡遺跡からは、少なからず栽培稲の遺存体が発見されている。炭化した米粒・籾殻などが、貯蔵穴や墓壙から発見されるほか、焼土中からも稲資料が発見されている。これらの稲には籼稲と粳稲があるが、籼稲が主である。石峡文化の年代は、C14年代測定で若干古い年代が示されているが、石峡文化に属する土器や玉石器の一部の形は良渚文化のそれと密接な関係があり、石峡文化の年代はおおむね良渚文化後半の年代に併存すると考えられている。

　中国における新石器文化は、決して黄河・長江流域のみを中心に展開したものではなく、北の黒龍江流域には、細石器と土器をもった文化が広がり、中国東北地方から内蒙古自治区にかけての地域には紅山文化(3)と呼ばれる文化が存在する。遼寧省の牛河梁遺跡をはじめとする紅山文化の遺跡からは多くの玉器が出土し、中原の玉器との関係が注目されている。黒龍江省では新開流文化(4)と呼ばれる重要な文化が知られ、密山県新開流遺跡では多数の古墓が発見され縄文土器を思わせる黒色の罐形の土器が出土している。本書では、主として黄河・長江流域の新石器文化を取り扱ったため、東北地区の新石器文化についての見解を述べなかったが、東北地区の新石器文化については、『新中国的考古発現和研究』の中で「北方地区的新石器時代文化」として比較的くわしく取り扱っているほか(5)、大貫静夫『東北アジアの考古学』が中国東北地区およびロシア極東の考古学をくわしく取り扱っている(6)。この地区の新石器時代文化は、時には日本の北海道・東北の文化と特別な関係を有している。

　中国における新石器文化研究は日進月歩である。新しい型式の設定や、新たな文化名称も生まれる。中国新石器文化の各文化・類型間の年代的関係を表にしたのが第2表であるが、第2表の年代観の大枠は樹輪校正年代によっている。

第 2 表　主要新石器文化・遺跡年代表（経樹輪校正年代）

地域 \ 年代	B.C.10000年	B.C.7500 B.C.6000	B.C.5000	B.C.4000	B.C.3000	B.C.2000	B.C.1000
黄河中流域（中原）		磁山裴李崗文化／鶏毛口		仰韶文化（半坡類型）（廟底溝類型）（西王村類型）（大河村類型）	廟底溝第2期文化	河南龍山文化 → 二里頭文化	殷代文化 → 西周 → 春秋
黄河下流域・淮河下流域		賈湖	北辛文化	大汶口文化		山東龍山文化	殷代文化 → 西周 → 春秋
黄河上流域（甘青地区）			大地湾第1期文化	甘粛仰韶文化（大地湾類型）（石嶺下類型）（馬家窯類型）	（半山類型）（馬廠類型）	斉家文化	辛店文化／寺窪文化／卡窯文化 → 春秋
長江下流域		彭頭山／玉蟾岩／仙人洞	河姆渡文化	北陰陽営文化（北陰陽営類型）（馬家浜類型）（崧澤類型）	良渚文化（良渚前期文化）（良渚後期文化）		印文陶文化 → 西周 → 春秋
長江中流域		甑皮岩	城背溪文化	大溪文化	屈家嶺文化	石家河文化	殷代文化（盤龍城） → 西周 → 春秋
華南地区（福建、広東、広西、雲南、貴州、四川）			昌品渓文化			石峡文化	殷代文化（三星堆）／大嶺子／墨石山 → 印文陶文化
北方草原地区・東北地区				新開流	紅山文化	夏家店下層文化	常歌嶺

| B.P.11950年 | B.P.8000 B.P.7950 | B.P.6950 | B.P.5950 | B.P.5000 B.P.4950 | B.P.4000 B.P.3950 | B.P.3000 B.P.2950 |

『中国新石器文化編年・遺跡年代表』（『世界考古学事典』平凡社、1979）
『主要新石器文化：遺跡年代表』（『世界陶磁全集』10巻、小学館、1982）
『主要新石器文化・遺跡年代表』（『中国新石器文化研究』山川出版社、1991）

註

（1） 523 藤本強、1983、「石皿・磨石・石臼・石杵・磨臼（Ⅰ）——序論・旧石器時代・中国新石器時代」（『東京大学文学部考古学研究室研究紀要』第2号）。

（2） 125 厳文明、1984、「論中国的銅石併用時代」（『史前研究』1984年第1期）。

（3） 613 遼寧省文物考古研究所、1986、「遼寧牛河梁紅山文化〝女神廟〟与積石冢群発掘簡報」（『文物』1986年第8期）。

（4） 150 黒龍江省文物考古工作隊、1979、「密山県新開流遺址」（『考古学報』1979年第4期）。

（5） 373 中国社会科学院考古研究所、1984、『新中国的考古発現和研究』（『考古学専刊』甲種第十七号）。

（6） 44 大貫静夫、1998、『東北アジアの考古学』（『世界の考古学9』同成社）。

第4章　青銅器時代Ⅰ（夏殷時代）

第1節　夏文化に関して

（1）　青銅器時代

　中国の考古学においては、磨製石器を利器として用いていた新石器時代と青銅器を利器として用いた青銅器時代の中間に、過渡的な時期としての金石（器）併用時代を設定するか否かが問題になることがある。また、銅と錫の合金である青銅を用いる以前に、冶金学的に見てより簡単に生産できたと推定される純銅を用いた純銅時代を設定すべきとの考えもなくはない。しかし、このような考え方は、中国考古学界においてはかならずしも主流ではない。中国においては、新石器文化から青銅器文化への転換は、比較的短い時間内に行われたと考えても間違いではないと思われる。
　新石器時代後期末の文化と認識される龍山文化およびその併存時代に少量の純銅や青銅の存在が確認されているが、それらの金属は新石器文化を経済的に、また社会的に大きく変化させる要因になりうるものではなかった。新石器時代の文化と社会が大きく変化して、青銅器をもった古代国家が出現してくるのは、二里頭文化の夏王朝の時代あるいは二里岡文化の殷王朝の時代まで待つ必要がある。世界史的に見てもきわめてまれなほど高度に発達した中国の青銅器文化ではあるが、武器や一部の工具をのぞいて、すべての利器が青銅でつくられたわけではない。高度に発達した青銅の鋳造技術をもっていた殷王朝時代や西周王朝時代においても、工具や農具の多くが、石器や骨角器であった。しかし、農工具の多くが石器・骨角器であったからといって、この時代を金石併用時代と呼ぶのは現在の考古学上の認識からは、かけ離れたものとなってしまう。当然のこととして夏殷周時代は青銅器時代と認識すべきである。
　中国の新石器時代後期に見られる少量の金属器には、純銅と青銅がほぼ同時期から出現してくる。これがいかなる理由によるものなのかは定かでないが、発掘資料に見られる事実として受け取らざるをえない。したがって単独に純銅時代を設定することはできないし、先記したように銅や青銅の出土量はきわめて微量である。
　中国考古学における青銅器時代とは、夏殷時代・西周時代・春秋時代を意味している。戦国時代に入ると鉄器類が見られるようになり、農工具に多くの鉄製品が出現してくる。したがって、戦国時代を鉄器時代と定義づける考えが一般的でもある。しかしながら、戦国時代の武器の多くは相変わらず青銅で、また青銅容器や青銅楽器も普遍的に用いられている。戦国時代が、青銅器文化か

ら鉄器文化への過渡的な時代で、したがって多くの青銅利器が存在していることを承知の上で、本書では戦国時代を鉄器時代に区分しておく。

　本書では、青銅器時代をⅠ・Ⅱ・Ⅲに分けて記述する。青銅器時代Ⅰは殷王朝を中心とした夏殷時代で、青銅器時代Ⅱは西周時代である。青銅器時代Ⅲは東周時代の前半の春秋時代である。しかし、つぎの戦国時代に入っても、青銅武器が鉄製農工具と併存して使用された。武器の多くが完全に鉄器に変わるのは漢代に入ってからである。

（2）　研究用語としての夏文化と夏王朝

　1980年代以降の中国においては、夏王朝に関しての考古学的議論が盛んで、夏王朝が中国の歴史上に実在したことを前提とした議論が展開されている。しかしながら筆者は、かつて夏王朝の実在は証明されていないと考え、そのことに関して詳しく述べたことがある[1]。夏に関係する伝承は、黄河中流域における青銅器文化以前の新石器時代後期の原始社会を母体に生まれた物語であって、直接的に歴史上の事実を語るものとは思えないとし、さらに、夏の伝承の時代は、古代国家出現以前の部族国家段階にあったとした。今日においても夏王朝が中国史上に存在したことは、いまだ実証されてはいないが、しかし、近年になって筆者は、中国史の上に夏王朝の存在を意識するように変わってきた。前2000年から前1500年の間に存在した後述する二里頭文化は、殷王朝以前の夏王朝が残した文化・遺跡である可能性が高いとの考えに至った。夏の伝承を時間的に見ると、その大部分は初期の青銅器時代に重なる可能性が高いが、夏の伝承の最初の部分は新石器時代後期末に属している可能性もある。夏王朝が存在したと仮定した場合、夏王朝に対する考古学的研究方法は、殷王朝の考古学的研究方法と同じく、古典文献と考古学遺跡・遺物を結びつけての議論となってくる。また中国の学界では、夏王朝を青銅器時代の中で取り扱うのが一般的となっている。本書でも夏の問題を青銅器時代研究の冒頭で取り扱うことにした。

　中国正史の首位にある司馬遷の『史記』は、伝説的な時代である「五帝本紀」の後に、中国最初の王朝の歴史として「夏本紀」を著し、つづいて「殷本紀」を示している。20世紀の初頭にそれまで伝説とされていた殷王朝の存在が実証されたこともあって、「殷本紀」とならんで『史記』に登場する「夏本紀」の記述を、中国の考古学者・歴史学者は肯定する傾向が強くなっている。中国国内では、夏王朝の存在を肯定して、実在した王朝とする考えが趨勢となっている。しかしながら、夏王朝の存在が、考古学的に実証されているとはとてもいえない。しかも、夏王朝の存在の実証を試みるときに採用されるであろう考古学的方法は、殷王朝の存在を実証したときに用いられた殷代甲骨文研究と本質的に異なった方法となってくる。殷王朝の存在は、甲骨文という殷代の出土文字資料が存在し、そこに殷王名や「大邑商」などの殷地名が記載されていたことによって可能となった。しかし、夏王朝に相当するであろう時代の考古遺物中に文字資料は発見されていないし、今後発見される可能性も低い。したがって『史記』夏本紀に記載された王名と王世系を、出土文字資料によって確認し『史記』夏本紀の王世系を正しいと実証することはできない。また発掘されたある遺跡が夏墟であることを示す文字資料の出土も期待できないのである。

　夏王朝の存在が、いまだ考古学的研究方法あるいは歴史学的研究方法によって実証されていない

のも事実で、その意味において夏王朝の存在を確実なものといいきることはできない。しかし、逆に夏王朝の存在を歴史の上から抹殺するにたる実証は何も行われてはいない。むしろ、最近の新石器時代後期末から青銅器時代初頭の考古学的研究からは、夏王朝が存在した可能性が高いと考えざるをえない事実がしだいに明らかになっている。

中国の歴史記述においては、歴史時代以降、王朝の名称で時代区分を行うのが慣例である。たとえば、殷代（殷王朝）・周代（周王朝）・秦代（秦王朝）・漢代（漢王朝）・唐代（唐王朝）・宋代（宋王朝）・明代（明王朝）・清代（清王朝）などの用語である。これに準じれば、王朝の存在が実証されてはいないが、「夏文化」あるいは「夏王朝」の用語も時代を示す単語としてありえるのである。殷代に先行する限られた数百年間を「夏文化」あるいは「夏王朝」の名称で呼び、さらに夏王朝に先行する直前の時代を「先夏文化」の名称で呼ぶことも許されるはずである。

先夏文化・夏王朝の考古学的な時代区分に関しては、先夏文化を新石器時代後期末つまり龍山文化後期に重ね、夏王朝を河南・山西省内の青銅器時代初頭の文化に重ねる考えが成り立つ。中国の古代史の上でその存在が実証されている最初の王朝である殷王朝の初年は、前1500年頃で、原始社会としての新石器時代後期の末年は前2000年頃である。この新石器時代後期末年と殷王朝の初年の間に編年される中国最初の青銅器文化が、歴史的に実在を実証されてはいないとはいえ夏王朝の文化である可能性が高いといえる。先夏文化は、夏王朝成立以前のその領域に存在していた部族国家の文化として、新石器時代後期末つまり龍山文化後期の文化を意味したいと筆者は考えている。

（3）夏王朝の年代

中国の神話と伝説の時代である三皇五帝時代はさておいて、中国最初の王朝として夏王朝の名称が出てくることは、先に紹介した通りである。もし仮定として夏王朝と呼ばれる王朝が存在したとしたら、それは今からどれほど昔のことなのであろうか。

『史記』の夏本紀・殷本紀によれば、殷の湯王は鳴條に夏の桀王を討伐している。殷の湯王と夏の桀王の戦いが歴史上の史実であったかどうかは別として、古典文献にしたがえば、殷の最初の王である湯王と、夏の最後の王である桀王とは同時代にこの世に存在していたことになる。これを考古学的な文化層に置き換えれば、殷代文化層の直下層が夏の文化層でなければならないことになってくる。発掘されたどの文化層までを殷の文化層と認識するかは、主観的な問題も入ってくるが、殷の文化層と認定した直下層がすなわち、夏の文化層である。

後の「第4章　第3節　殷王朝の実在と年代」で詳しく述べることになるが、確実に殷王朝が残した考古学的文化層は、「殷墟文化」と呼ばれる殷代後期の文化層である。考古学的な層位を模式的に考えると、殷墟文化の下層には「二里岡文化」と呼ばれる文化層が存在し、これもまず殷王朝が残した文化と考えて間違いない。さらに二里岡文化の直下には「二里頭文化」と呼ばれる文化層が存在し、二里頭文化は中国最初の青銅器文化である。この二里頭文化に関しては、これを殷王朝の文化と見る考えと、夏王朝の文化と見る考えが対立している。二里頭文化の直下には「河南龍山文化王湾類型」が存在する。河南龍山文化王湾類型の下には、「龍山文化廟底溝第2期文化」があり、さらに下層には仰韶文化が存在する。

常識的な考え方として、殷王朝の末年が前1000年頃で、殷王朝も夏王朝も最長で500年前後の存続時間を有し、また龍山文化が約1000年間つづいていたと推定すると、夏王朝の文化が龍山文化より古い仰韶文化までさかのぼることはありえない。したがって、夏王朝が実在した王朝と仮定すると、夏王朝の伝承に対応する考古学的文化層は、きわめて大まかに二里頭文化・王湾類型・陶寺類型付近との仮説が成り立つ。以上はあくまでも年代を考えるための仮説である。

　『竹書紀年』『史記』『漢書』などには、夏王朝に関わる年代の記述が見られる。もとよりこれらの年代はそのまま信用できるものではないが、夏文化を考える上で無視することもできないし、考え方によれば上記の考古学的層位・文化で示した大まかな夏王朝の仮定年代をさらに狭めてくれる。

　文献史学の上で確実にさかのぼれる西暦年代は、『史記』十二諸侯年表のはじめにあたる周厲王の共和元年、つまり前841年までであるといわれている。したがってそれ以前の年代はきわめて不確実であるといわざるをえないが、周平王の東遷の前770年を起点に夏王朝の年代を求めることも数字の上では可能である。西周武王の克殷の年を何年に比定するかによって、仮定される殷王朝の成立年代、ひいては仮定される夏王朝成立年代が変わってくる。克殷の年に関する陳夢家の前1027年説(2)は、『竹書紀年』にいう、

　　武王滅殷歳在庚寅二十四年歳在甲寅定鼎洛邑、至幽王二百五十七年、共二百八十一年、自武王元年己卯、至幽王庚午二百九十二年。

あるいは『史記』周本紀・集解にいう、

　　駰案汲冢紀年曰自武王滅殷以至幽王凡二百五十七年也。

などによる武王滅殷より幽王に至る257年という年代と、幽王末年の前770年を基準に、『史記』魯周公世家、『春秋左傳』宣公三年、『孟子』公孫丑章句下・盡心章句下などに見られる諸年代を検討し、西周王朝の総年数を257年間と結論づけて、周平王の東遷の前770年に257年を加えて導き出した値である。つまり前770年に257年を加えると前1027年になり、これが殷が滅び西周が興った年としている。

　さらに殷の成立年代に関して『竹書紀年』には、

　　湯滅夏以至于受二十九王用歳四百九十六年。

とあり、殷最初の湯王から最後の紂王まで496年間と見られ、この数字を前1027年に加えて逆算すると、殷の成立年代は前1523年になる。夏の成立年代に関して『竹書紀年』は、

　　自禹至桀十七世有王與無王用歳四百七十一年。

とあって、殷の成立年代である前1523年に471年を加えて逆算すると、夏王朝の成立は前1994年になる。

　また『漢書』律暦志では、夏十七王432年間、殷の湯王から紂王に至る間を629年といっているから、夏王朝の成立は前2088年になる。中国においては、国家的な事業として「夏商周断代工程」と名打った研究活動が1995年から2000年にかけて行われた。商は殷のことで、夏王朝・殷王朝・西周王朝の年代を明らかにせんとする試みである。夏王朝の年代に関しては、前2070〜前1600年との結論が発表されたが、その根拠はかならずしも明らかでない。また平勢隆郎氏は、『中国古代紀念の研究——天文と暦の検討から』において殷湯王が夏を滅ぼした殷の初年を前1501年としてい(3)

る。平勢氏の殷王朝成立年代の前1501年に『竹書紀年』の夏王朝の存続年代、471年を加算すると、夏王朝の成立年代は、前1972年になる。

　上述の夏王朝成立年代は、数値の上で前2088年から前1972年に至り、およそ100年間以上の開きがあるが、前2000年を中心とした約100年間にまとまっている。殷王朝・夏王朝とも500年間近くそれぞれ存続したと仮定すると、前2000年前後が夏王朝の成立の仮の年代となってくる。つまり、前2000年から前1500年頃に比定される考古学的な文化層が夏の文化層との仮説が成り立ってくる。この夏王朝の存在とその年代に関しては、あくまでも仮説であることを再度確認しておく。

（4）　文献に見える夏王朝の地名

　現在の中国は950万km²に及ぶ広大な国土面積を有した国であるが、そのすべてが夏王朝と関係のある土地ではない。じつのところ夏王朝の伝承が残っているのは、ごく一部の土地で、夏王朝の伝承を生んだのは、そのごく狭い地域であったと推定される。

　『竹書紀年』『世本』『孟子』『春秋左傳』『国語』『呂氏春秋』『史記』『漢書』『水経注』『括地志』などの文中には、夏王朝に関わる地名が多数散在している。それらの地名が今日のどこにあたるかは、歴史地理学的な研究が必要であるが、それらの地名の多くは、山西省南部から、とくに河南省の西北部に集中しているといってよい。

　山西省南部には夏に関係する地名が多いが、夏王朝の都の廃虚を意味する「夏墟」の地名は、『春秋左傳』定公四年の条に、

　　　分唐叔以大路……命以唐誥、而封於夏虛、啓以夏政。

と見えている。これは、西周成王の弟の唐叔虞が夏墟に封ぜられたことをいっている。この夏墟は今の太原ともいわれるし、山西南部の汾河流域の山西省曲沃県付近とも考えられる。唐叔虞の息子である燮（燮父）は晋侯を名乗るが、山西省曲沃県北趙村における晋侯墓地の発見は、西周時代の人びとが夏墟を今日の曲沃県曲村附近に考えていた可能性を示している。また夏王朝の禹の都を意味する「安邑」（『史記』集解、『水経注』涷水編）のほか、夏と関係する地名として「鳴條」（『史記』殷本紀、安邑県付近）、「西河」（『竹書紀年』、山西省南部・陝西省東部）、「晋陽」（『史記』夏本紀・集解、太原付近）、「平陽」（『史記』夏本紀・集解、山西省中南部臨汾付近）などが知られる。さらに、現在の地名としても「夏県」「安邑」「禹王城」など「夏」と関係する地名が残っている。この中で「禹王城」の地名は、山西省夏県にのこる魏の都であった安邑に比定される。このように夏に関する地名の一部は、山西省南部の汾水下流域・涷水・澮河の流域に多数分布している。

　山西省から黄河を南に渡った河南省西北部にも夏に関係する地名が残っている。夏王朝の禹の居城であった「陽城」に関して、『孟子』萬章章句上には、

　　　禹避舜之子於陽城。

とあり、「趙岐注」に、

　　　陽城箕山之陰皆嵩山下。

とある。『史記』夏本紀には、

　　　禹辭辟舜之子商均於陽城。

とあり、「集解」に、

　　劉熙曰今潁川陽城是也。

という。これらの資料によれば、禹のいた陽城は、嵩山の山麓、箕山の北、潁河の流域ということになる。河南省登封県告成鎮の戦国時代の故城址からは「陽城」の陶文が多数出土し、この地が春秋戦国時代の鄭・韓の陽城と考えられている。ほかにも河南省では、禹国の「陽翟」(『漢書』地理志、河南省禹県)、夏王朝2代の啓が亨宴を開いたという「鈞臺」(『春秋左傳』昭公四年、禹県)、啓の誕生した地とされる「緱氏」(『漢書』武帝紀、登封県の北7km、偃師県)、夏王朝の3代の太康や17代の桀がいたとされる「斟尋」(『竹書紀年』、鞏県の南)、夏王朝15代の皋の墓があるとされる「殽」(『春秋左傳』僖公三十二年、澠池県・陝県)、夏王朝7代の予が即位したといわれる「原」(『竹書紀年』、済源県)、夏王朝14代孔甲がいた「菟山」(『呂氏春秋』音初篇、偃師県)、その他夏王朝と関連して出てくる「崇山」(『国語』周語上、嵩山)、川の水が乾いて夏滅んだと伝えられる「伊洛」(『国語』周語上、伊河・洛河)、「洛汭」(『尚書』禹貢、洛河)、「帝丘」(『左傳』僖公三十一年、濮陽県)、「商丘」(『竹書紀年』、商丘地区)などの地名はすべて河南省西北部の洛陽に比較的近い登封県・禹県・偃師県・澠池県・済源県などの地域に見られる。つまり陽城は河南省登封県に、陽翟・鈞臺は河南省禹県に、緱氏や菟山は河南省偃師県付近、斟尋は河南省鞏県の南付近、殽は澠池県の西方、原は河南省済源県付近、崇山は嵩山、伊洛は伊河と洛河である。そしてこれらの地名のあるものは、洛河・伊河・潁河の流域に位置している。

　このような古典文献に見られる夏関係の地名からの地域限定により、夏の文化に関係すると仮定される遺跡は、山西南部の汾河下流域・涑水・澮河流域と、河南省西北部地域の嵩山の山麓、洛河・伊河・潁河の流域に分布しているとの仮説が成り立つ。そして先の夏文化の年代として導き出された前2000年から前1500年の年数にあわせると、夏王朝の遺跡は、山西南部の汾河下流域・涑水・澮河流域と、河南省西北部地域の嵩山の山麓、洛河・伊河・潁河の流域に分布している前2000年から前1500年の考古学的遺跡・文化遺物に的を絞って考えることができることになる。

(5) 考古学的な文化名称と夏文化

　山西南部の汾河下流域・涑水・澮河流域に広がる前2000年から前1500年頃の考古学的な文化堆積は、大きく見て山西龍山文化陶寺類型末期または二里頭文化東下馮類型に含まれる文化である。また、河南省西北部地域の前2000年から前1500年頃の考古学的な文化堆積は、大きく見て河南龍山文化王湾類型末期または二里頭文化二里頭類型に含まれる文化である。したがって、夏に関わる伝承を残したのは、山西省南部と河南省西北部に龍山文化後期から青銅器文化初期の遺跡と遺物を残した人びと、つまり、山西龍山文化陶寺類型と河南龍山文化王湾類型あるいは二里頭文化東下馮類型・二里頭類型の考古遺跡と遺物を残した人びとであったと考えられる。ちなみにC14年代測定の値として、陶寺遺跡の後期の灰坑 (H303) から出土した木炭 (ZK-1101) は前1610±70年 (経樹輪校正、前1886-前1688年) の値を示し、王湾遺跡出土の王湾類型に属する時期の木炭 (ZK-126) は前2000±95年 (経樹輪校正、前2465-前2143年) の値を示し、王湾類型に属する王城岡遺跡の木炭 (ZK-943) は前1910±80年 (経樹輪校正、前2300-前2039年) を、同じく王湾類型に属する煤

山遺跡の木炭（ZK-349）は前1690±100年（経樹輪校正、前2030-前1750年）の値を示している。これら、陶寺遺跡・王城岡遺跡・煤山遺跡出土の木炭のC14年代測定そのままの値は、伝説として想定される夏の年代に一応符合しているといえるが、樹輪校正年代の数値は夏王朝の年代としては、若干古すぎる。これら陶寺遺跡・王城岡遺跡・煤山遺跡出土の木炭のC14年代測定に対する樹輪校正年代の数値は、夏王朝に先行する先夏文化の年代としては妥当な数値である。

また青銅器時代初期の山西省夏県東下馮遺跡出土の木炭（BK76037）は前1370±70年（経樹輪校正、前1615-前1427年）の値を示し、木炭（WB77-03）は前1525±100年（経樹輪校正、前1872-前1530年）の値を示し、河南省偃師県二里頭遺跡出土の木炭（ZK-1078）は前1450±75年（経樹輪校正、前1684-前1515年）の値を示しているが、これら東下馮類型と二里頭類型に対する樹輪校正年代の数値は、想定される夏王朝の年代に符合している(6)。

1959年の夏に、徐旭生は夏墟を求めて豫西地区の洛河・伊河・潁河流域のいくつかの遺跡調査を行い、その時に河南省偃師県で二里頭遺跡の調査を行っている(7)。そして今日の目で見れば二里頭文化に属する大口尊や三足盤の土器片を採集して、それらを殷代前期の遺物と考えている。さらにこの時の報告で、徐旭生は二里頭遺跡を夏と結びつけることを避けて、偃師県二里頭遺跡が殷湯王の都城である可能性を指摘している。この二里頭遺跡を標準とする二里頭類型の名称は、1962年に夏鼐が用いたことに始まるが、「二里頭類型」の認識が一般化するのは、「河南偃師二里頭遺址発掘簡報」（『考古』1965年第5期）が発表されてからである(8)。現在の中国においては、夏王朝を青銅器文化初頭に属すると仮定して、河南省偃師県二里頭遺跡を標準とする中国最初の青銅器文化である二里頭文化を、夏王朝の時代に比定する説が一般的である。

先記したような、夏に関わる古典地名を現在の地名に具体的に比定する作業は、きわめて困難で、かつ歴史研究方法論の上でも疑問が残るところである。夏と殷の伝承が、とくに河南省内に多く、その地域が、王湾類型・二里頭類型の分布地域と一致していることは、王湾類型が夏の古い伝承と関係をもち、その後にくる二里頭類型が夏王朝の残した文化であることを意味しているものとも思われるが、二里頭文化を夏王朝の文化とする考えが中国では有力である。

『孟子』『史記』などには、先に紹介したように夏王朝の最初の王である禹が、「陽城」と呼ばれる地に身を避けたとの記事が見られる。この陽城に関して、『水経注』などの地理書や各古典の注釈書は、嵩山の北麓、潁河と五渡河の合流点付近にあると述べている。河南省登封県告成鎮の潁河北岸、五渡河東岸にある春秋戦国時代の故城址から、「陽城」「陽城倉器」と刻まれた多数の土器が出土し、その故城が春秋戦国時代の鄭国・韓国の陽城であったと知られるようになったことはすでに述べたが、春秋戦国時代の鄭国・韓国の人びとは、自分たちが住むその地を夏の禹の陽城の地と考えていたのであろう。河南省文物研究所の安金槐元所長のグループは、かつてこの春秋戦国時代の陽城の地を、さかのぼって夏の禹のいた陽城であるとの考えを発表している(9)。そして、登封県告成鎮の西、五渡河と潁河の合流点の西北部に位置する王城岡遺跡の土塁を、夏の禹の都の跡と考えたが、いかがなものであろうか。発掘されたこの土塁遺構は、王城岡第2期に属する遺構で、版築と呼ばれる工法で土を一層ずつ突き固めたものである。発見された土塁は、東西に連続する2つの遺構からなっている。大きさは西土塁の西壁92m、南壁82.4m、北壁と東壁の一部は流水によって破壊され

ていたが、部分的に残存が認められる。東土塁の南壁残長は約 30m、西壁の残長は 65m で、東土塁の西壁が西土塁の東壁となっている（第 88・89 図）。王城岡遺跡を夏王朝の陽城に比定するこの説は広く認知されているわけではない。しかし、王湾類型から二里頭類型時代に属する王城岡遺跡に方形土塁と祭祀に関係する奠基坑が組合わさって、特殊な遺跡となっている事実は、王湾類型の時代に夏王朝の文化に先行する先夏文化がこの地に生まれていたことを意味しているとも解釈できる。また、先記したように山西省曲沃県では西周時代の晋侯墓地が発見され、その地が『春秋左傳』に記載された晋祖である唐叔虞が封建された夏墟の地であるとの推定もある。山西省夏県の禹王城遺跡からは、戦国時代から漢代の「安亭」の陶文が出土し、この遺跡が戦国時代魏の都であった安邑であると推定されている。魏においても魏の人びとは自分たちの都を夏禹の都の地と考えていた可能性は高い。山西省襄汾県の陶寺遺跡は、汾河の左岸、襄汾県の東北約 7km の塔児

第 88 図　王城岡遺跡遠景　河南省登封県

第 89 図　王城岡土塁遺跡　河南省登封県告成鎮

山の西山麓に位置している（第90・91図）。陶寺遺跡では、多数の山西龍山文化に属する墓が発掘され、前期と後期に分類されている。陶寺遺跡後期の木炭（ZK-681）のC14年代測定の結果は、前2040±80年（経樹輪校正、前2471-前2209年）、紅銅鈴形器が出土した墓の人骨（ZK-1314）のC14年代測定の結果は、前1600±75年（経樹輪校正、前1885-前1683年）であった。多くの土器・玉琮・銅鈴形器・魚紋（龍紋）彩陶・鼉鼓などの遺物が発見されているが、これらの遺物を王権つまり夏王朝と結びつける説が存在する。彩陶の魚紋を龍紋と見る意見は、この龍を王権の象徴と考えている。また鼉鼓や玉琮も王権の象徴であると考える説もある。しかし、筆者はこれら山西龍山文化陶寺類型の遺物を、樹輪校正年代を根拠として先夏文化に属すると考えるに至っている。

河南龍山文化王湾類型や山西龍山文化陶寺類型は、C14年代測定そのままの数値から見ると、前2000年から前1500年に推定され、これらの文化は夏王朝の伝承に重なってくるが、樹輪校正年代の数値は、夏王朝の年代よりも古い年代を示す傾向がある。夏の伝承の一部は、新石器時代後期末の河南龍山文化王湾類型や山西龍山文化陶寺類型の中からも出現してきたと考えることができるが、新石器時代後期の王湾類型や陶寺類型の中に、夏王朝の概念をもち込むことは適切でない。この時代は、まだ古代国家とか王朝と呼べる段階ではなく、原始氏族社会が、部族国家的な社会形態に変化した先夏文化段階ととらえておくのが妥当であろう。もし夏王朝が実在したと仮定するのならば、それは青銅器時代に入ってからの二里頭文化段階のことである。

(6) 草創期の金属器文化

初期の金属器

先夏文化あるいは夏王朝の考古学的な問題を検討するにあたっては、草創期の金属器文化の内容を知っておく必要がある。中国の新石器時代文化は、後期の龍山時代（龍山文化および龍山文化に併存して存在した諸文化）に入ると、少量の金属器の出現が認められるようになる。しかし、この時代の利器の主体はあくまでも石器で、金属器が利器として利用される例はまれで、金属器の量も

きわめて微量で新石器文化そのものを大きく変化させることにはならなかったと考えられている。この時代は、河南省西北部・山西省南部においては先夏文化の時代に相当すると筆者は考えている。新石器時代に属する草創期の金属器についての検討を通じて、先夏文化とその時代に併存する初期金属器の性格を考えてみよう。

中原においては、新石器文化と青銅器文化の接点は後述する二里頭文化中に求められる。二里頭文化は、河南省偃師県の二里頭遺跡を標準とする文化である。この文化は、二里頭遺跡の層位と出土した土器を基準にして、通常は二里頭文化二里頭類型前期（二里頭類型第2期）、中期（二里頭類型第3期）、後期（二里頭類型第4期）に編年することが可能で、この時代は中国最初の青銅器時代と認識される。しかし、二里頭類型前期の堆積層直下には新石器時代龍山文化後期の王湾類型第3期に含まれる文化層が存在し、二里頭類型第1期の名称で呼ばれている。二里頭文化は、夏王朝文化あるいは殷王朝前期文化の代名詞としても用いられることがあるが、この二里頭遺跡の文化堆積層は、新石器時代後期末から青銅器文化初頭の異なった2つの文化内容を含んでいるのである。二里頭文化二里頭類型第1期は新石器文化である河南龍山文化王湾類型第3期文化に相当し、二里頭類型第2・3・4期文化は青銅器文化で、夏王朝時代の文化に属する可能性も高いと筆者は考えている。二里頭類型第1・2期は新石器時代と青銅器時代の過渡的な時期と考えることもできる。二里頭文化二里頭類型第2・3・4期の青銅器には、鼎・爵・斝・盉・戈・戚・鏃・小刀・錛・鑿・錐・釣針・鈴・円形青銅器・獣面青銅牌飾などがあるが、これらの青銅器は、中国最初の本格的な青銅器である。しかし、中国においては二里頭類型第2・3・4期の青銅器が出現する以前に、それに先行して新石器文化の中に若干の金属器の存在が認められる。

新石器文化中に見られる金属器の多くは紅銅で、場合によっては青銅や黄銅も含まれる。銅（Cu）は、原始番号29番、融点1084.5度C、沸点2595度C、個体比重8.92の金属である。銅の主要鉱物は黄銅鉱・$CuFeS_2$であるが、しかし、黄銅鉱（Cu 34.6%）から銅を得る方法は、酸化銅系統の鉱物から冶金する方法にくらべ、かなり操作が複雑で古代における銅生産にあたって黄銅鉱を用いた可能性は低いと推定されている。したがって初期の銅冶金は、冶金方法の容易な酸化銅系統の赤銅鉱・Cu_2Oや塩基性炭酸銅系統の孔雀石・$Cu_2(CO_3)(OH)_2$などの鉱物を用いたと考えるのが一般的である。

自然界には、純度99%前後の自然銅が存在する。きわめて粘り強い性質をもち、叩くと曲がり、ちぎるのも容易でない。人類が砂金などとならんでこの自然銅を早くから利用した可能性はあるが、中国においては自然銅が利用された確証はない。自然銅はその大半が、赤銅鉱や孔雀石などと共存している。自然銅は叩くと堅くなるが、火に入れ加熱するとふたたび軟らかくなる。自然銅を利用するために加熱することを覚え、この時に赤銅鉱や孔雀石が同時に加熱されると銅を得る可能性が出てくる。銅鉱石精錬の基本的要件は、鉱石・木炭・送風（酸素補給）であるが、ほかに鉱物中の不要な脈石をのぞくために粘土が不可欠である。また、銅製品の大部分は、鋳造によってつくられるが、得られた銅を入れる容器としての坩堝が必要となってくる。したがって窯業技術は、銅鉱石精錬技術にとって不可欠な深い関係をもつものであった。

青銅は、銅と錫の合金で、錫は銅とならんで青銅の重要な原料である。錫（Sn）は、原子番号50

番、融点231.97度C、沸点2270度C、個体比重5.80の金属元素である。精錬用の鉱石は、スズ石・SnO2が主で、鉱脈から採集される山スズと、鉱脈が風化された砂スズが原料となっている。雲南省の瀾滄江（メコン河）流域では比重を利用して水洗で砂スズを採集する小数民族の姿を見ることができる。錫は上記のごとく融点がきわめて低く、木炭で加熱し（600～900度C）、容易に還元することが可能である。

　銅鉱床には、鉛・亜鉛・錫・アンチモンなどの金属が微量であるが共存する場合が多い。赤銅鉱や孔雀石が精錬されることによって含有される錫鉱物が溶解されれば、自然に青銅が得られる。これらの共存金属の含有は、銅そのものの溶解温度を低下させる働きがあり、錫8％の銅合金は溶融温度1000度C、錫13％の銅合金は溶融温度830度Cである。したがって人類は、共存金属のある赤銅鉱や孔雀石を比較的低温で精錬することが可能で、銅鉱石精錬技術開始後の早い時期に、比較的容易に青銅を入手していた可能性が高い。

　草創期の初期金属器を出土する遺跡は、河南・山西・河北・山東・甘粛の各省と内蒙古自治区に分布する。中国における最初の金属器は、すでに仰韶文化併存期の甘粛省・陝西省・山東省の諸新石器文化中に存在するともいわれているが、仮に仰韶文化併存期の新石器文化中に金属器が存在したとしても、先夏文化とは無関係と考えてよいであろう。甘粛省内の斉家文化・四壩文化（火焼溝文化）にともなって多くの銅遺物が出土しているが、斉家文化・四壩文化の金属遺物は、歴史地理的な常識から見て、直接的に先夏文化と結び付かない地理的位置にあると考えて差し支えない。筆者のいう先夏文化あるいは夏文化と関係が存在する金属器は、河南省・山西省の龍山文化にともなって出土する銅器あるいは青銅器である。

金属器を伴出する龍山時代遺跡

　今日のところ、草創期の初期金属器を出土する遺跡数は、龍山文化併存期に属する遺跡を主体として二里頭文化併存期の遺跡を含め、40ヵ所ほどが知られる（第3表）。ここでいう龍山文化とは、黄河流域の中流域・下流域・上流域に分布するいわゆる河南龍山文化・山東龍山文化・山西龍山文化・陝西龍山文化（客省荘第2期文化）などである。ほかに、甘粛省の斉家文化や内蒙古自治区・河北省に広がる夏家店下層文化も龍山文化併存期の文化と考えることができる。

　文献に見られる夏の伝承は、河南省西部と山西省中南部に集中するが、まずこれらの地域に分布する遺跡から出土している草創期の金属器と文化内容に検討を加えてみよう。

　河南省内では、河南龍山文化に属する登封県王城岡遺跡[14]、臨汝県煤山遺跡[15]、淅川県下王岡遺跡[16]、淮陽県平糧台遺跡[17]などからの金属器および金属器関係遺物の発見が知られている。河南省偃師県の二里頭遺跡から出土している青銅器で今までに発見されたものは、すべて二里頭文化二里頭類型に属する遺物である。

　河南省登封県告成鎮の王城岡遺跡の第4期に属するH617号灰坑からは、残幅約6.5cm、残長約5.7cm、厚さ約0.2cmの青銅器片が発見されている。報告では銅・錫・鉛からなる青銅であるという（第92図の1）。王城岡遺跡の青銅片を出土したH617号灰坑の木炭（ZK-955）のC14年代測定の値は、前1605±150年（経樹輪校正、前1960-前1543年）であった。

　河南省臨汝県に存在する煤山遺跡の第2期に属するH28号灰坑、H40号灰坑からは銅精錬に用

第4章 青銅器時代 I

第3表　初期金属器出土遺跡表

番号	遺跡名	所在	文化・年代	文献	資料
1	照格荘	山東省牟平県照格荘	山東龍山	考古学報 1986-4 史前研究 1984-1	青銅錐
2	店子	〃 長島県北長山島	山東龍山	史前研究 1984-1	銅片
3	楊家圏	〃 棲霞県楊家圏	山東龍山	史前研究 1984-3	銅条形器・銅渣
4	三里河	〃 膠県三里河	山東龍山	膠県三里河	黄銅錐・棒型器
5	呈子	〃 諸城県呈子	山東龍山	考古学報 1980-3 史前研究 1984-1	銅片
6	安堯	〃 日照県王城	山東龍山	史前研究 1984-1	銅渣
7	大汶口	〃 泰安県大汶口	大汶口	大汶口	銅渣
8	大甸子	内蒙古自治区敖漢旗	夏家店下層	大甸子	銅器
9	夏家店	〃 赤峰市夏家店	夏家店下層	考古 1961-2	銅渣・銅屑
10	小楡樹林子	〃 寧城県	夏家店下層	考古 1965-12	銅刀
11	大城山	河山省唐山市大城山	夏家店下層	考古学報 1959-3	紅銅牌
12	小官荘	〃 唐山市小官荘	夏家店下層	考古学報 7冊 1954	青銅耳環
13	張家園	〃 天津市薊県	夏家店下層	文物資料叢刊 1 1977	銅鏃・刀・耳環・小塊
14	大坨頭	〃 大廠回族自治県	夏家店下層	考古 1966-1	銅鏃
15	平雪山	〃 北京市昌平県	夏家店下層	商周考古	銅刀・鏃
16	劉李店	〃 北京市房山区琉璃河	夏家店下層	考古 1976-1	銅耳環・指輪
17	源渦	山西省楡次県源渦鎮	龍山前期	資源科学研究所彙報 58・59　1962	銅渣
18	陶寺	〃 襄汾県陶寺	山西龍山	考古 1980-1 考古 1983-1	紅銅鈴形器
19	東下馮	〃 夏県東下馮	二里頭	夏県東下馮	石范・青銅錐・紅銅鑿
20	平糧台	河南省淮陽県平糧台	河南龍山	文物 1983-3	銅渣
21	牛砦	〃 鄭州市牛砦	河南龍山	考古学報 1954-4 中原文物 1989-1	銅渣
22	董砦	〃 鄭州市董砦	河南龍山	史前研究 1984-1	銅片
23	王城岡	〃 登封県告成鎮	河南龍山	文物 1983-3	青銅片
24	二里頭	〃 偃師県二里頭	二里頭	偃師二里頭	青銅爵・斝・鑿・鋸・錐・戚・戈・円形器・牌飾・刀子・鈴・鏃・釣針
25	煤山	〃 臨汝県煤山	河南龍山	考古 1975-5 考古学報 1982-4	紅銅・坩堝
26	西崖	〃 陝県西崖村	二里頭	華夏考古 1989-1	青銅片

番号	遺跡名	所在	文化・年代	文献	資料
27	下王岡	河南省淅川県下王岡	河南龍山	文物 1972-10	銅片
28	朱開溝	内蒙古自治区伊金霍洛旗	朱開溝龍山	朱開溝	銅錐・針・腕輪・耳輪・指輪
29	姜寨	西安市臨潼区姜寨	仰韶半坡	考古与文物 1980-3　姜寨 1988	黄銅残片
30	皇娘娘台	甘粛省武威県皇娘娘台	斉家	考古学報 1960-2　考古学報 1978-4	紅銅刀子・錐・鑿・環・匕・条飾・鑽頭
31	蒋家坪	〃 永登県蒋家坪	馬廠	史前研究 1984-1	青銅刀子
32	秦魏家	〃 永靖県秦魏家	斉家	考古学報 1975-2	紅銅斧・青銅錐・環・飾板
33	張家嘴	〃 永靖県張家嘴	辛店	考古学報 1980-2	銅器残片・銅矛・銅渣
34	大何荘	〃 永靖県大何荘	斉家	考古学報 1974-2	紅銅残片・銅匕
35	林家	甘粛省東郷県林家	馬家窯	考古学集刊 4　1984　史前研究 1984-1	青銅刀子・銅渣
36	斉家坪	〃 広河県斉家坪	斉家	考古学報 1981-3　文物考古工作三十年	青銅鏡・紅銅斧
37	西坪	〃 広河県西坪	斉家	史前研究 1984-1	青銅刀子
38	尕馬台	青海省貴南県尕馬台	斉家	文物考古工作三十年	紅銅鏡
39	火焼溝	甘粛省玉門市火焼溝	火焼溝	文物考古工作三十年	銅斧・鎌・鑿・刀子・匕・矛・鏃・錐・釧・管・鏡・針・錘
40	干骨崖	〃 酒泉市干骨崖	四壩	新中国考古五十年	銅器・青銅器

いた坩堝が出土している。坩堝の内壁には、凝固した銅液が何層にわたって付着している。H28号灰坑出土の坩堝破片は、長さ5.3cm、幅4.1cm、厚さ2cmの大きさである。凝固した銅液の1層の厚さは、0.1cmほどである。H40号灰坑出土の坩堝破片上の銅液は化学分析の結果、純度95%の紅銅と報告されている。坩堝が出土したのは煤山第2期のH28号灰坑であったが、煤山第1期のF6号住居址出土木炭（ZK-349）に対するC14年代測定の結果は、前1690±100年（経樹輪校正、前2030-前1750年）であった。

登封県王城岡遺跡の第4期文化に属す青銅破片、臨汝県煤山遺跡の第2期に属する銅精錬の坩堝の発見は、王湾類型第2期、あるいは煤山第1・2期の時期に銅精錬が行われ、すでに銅と錫の合金である青銅も製造されていたことを示しているが、この青銅が意図的に錫を混ぜた合金なのか自然青銅なのかは不明である。

河南省淮陽県の平糧台遺跡からは、銅渣および銅銹と思われる緑銹が発見されている。銅渣に関してはその出土状態は不明である。銅銹は、平糧台故城址西南角の平糧台第4期文化に属するH53号灰坑の埋土中から出土している。平糧台第2・3・4期の土器は、河南龍山文化に属し、また平糧台第5期の土器は二里頭類型第1期に属するという。H53号灰坑出土の木炭（WK81-03）は、C14年代測定の結果、前1830±80年（経樹輪校正、前2192-前1946年）の値を示している。

河南省博物館には、河南省淅川県下王岡遺跡出土の夏代遺物とされる金属片が展示されているが、淅川県は河南省の南部で、湖北省・陝西省の境界に近い。この金属片は、銅か青銅か不明であるが、金属片の表面が緑

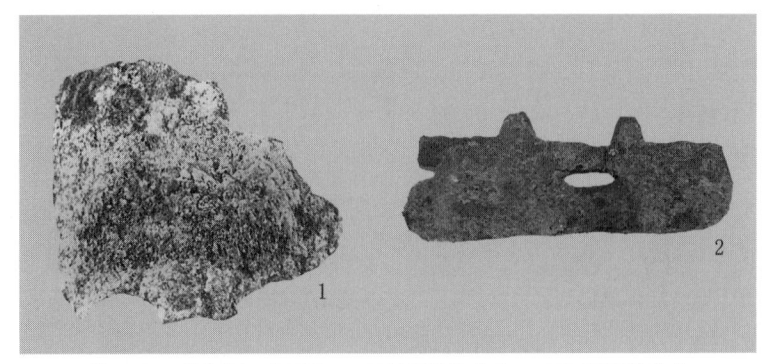

第92図　草創期の金属器　1王城岡遺跡出土、2下王岡遺跡出土

青に覆われている点から、銅か青銅のいずれかであることは確かである。銅残片は、下王岡の報告書によると残長6.5cm、約2.1cm、厚さは3mmの大きさである。上辺に2つの凸出があり中央に楕円形の孔があく（第92図の2）。年代に関しては、二里頭第1期に属する遺物として報告されているほか、細かなことは不明である。

ほかに河南省内では鄭州市の董砦遺跡と牛砦遺跡から金属資料の発見が伝えられている（第3表の21・22）。この2カ所の遺跡は近接していて、それぞれの資料の発表や報告はなく、詳しいことは不明である。牛砦遺跡からの銅銹塊の出土については、安金槐が報告している。この件についても詳細は不明であるが、ただ『考古学報』の1958年第4期に牛砦遺跡の調査報告が発表され、これによって牛砦遺跡出土遺物の概要を知ることができる。牛砦遺跡出土の土器には縄紋鼎・方格紋深腹罐・平底盤など后岡第2期文化に属する土器が含まれ、先の銅銹塊もこの時期の遺物である可能性が高い。

山西省内では、山西龍山文化陶寺類型に属する襄汾県陶寺遺跡と二里頭文化に属する夏県東下馮遺跡発見の初期金属資料がある。

1983年に発掘された陶寺遺跡のM3296号墓からは銅鈴形器が出土している。この銅鈴形器は口部の長径が6.3cm、短径が2.7cm、器高が2.65cmの大きさである。頂部は菱形を呈し、直径0.25cmほどの小円孔が開く。この鈴形器の表面には織物の痕跡が認められ、この器が布に包まれていたことが分かる。中国社会科学院考古研究所によるこの鈴形器の化学定量分析の結果では、銅97.86％、鉛1.54％、亜鉛0.16％の値が出ていて、比較的純度の高い紅銅と報告されている。このM3296号墓からはほかに土器などの副葬品は発見されていないが、墓の排列位置、形態、葬具、埋葬方法、頭部方向などから山西龍山文化陶寺類型の墓と考えられている。鈴形器を出土したM3296号墓の人骨（ZK-1314）に対するC14年代測定の結果は、前1600±75年（経樹輪校正、前1885-前1683年）の値が出ている。陶寺遺跡出土の初期金属器の存在から、山西省内の金属器の出現が山西龍山文化陶寺類型の後期までさかのぼることは確かである。

東下馮遺跡からは、東下馮類型第3・4期に属する青銅残片・刀子片・鏃・鑿・石范・青銅渣などの青銅関係資料が発見されているが、これらの遺物は、二里頭文化東下馮類型に属する遺物である。ちなみに東下馮遺跡T5501グリッド出土の木炭（WB77-03）は前1525±100年（経樹輪校正、前1872-前1530年）の値を示している。

山東省内で初期の金属資料を出土している遺跡には、膠県三里河遺跡[20]、諸城県呈子遺跡[21]、長島県北長山島店子遺跡[22]、日照県王城安堯遺跡[23]、棲霞県楊家圏遺跡[24]などがある。

三里河遺跡は、山東省膠県城の南約2kmの北三里河村の東に位置している。遺跡は南から第1区・第2区・第3区の3地点に分けられ、大汶口文化と龍山文化に属する住居址と墓が発見されている。第1区の110探方、第3区の21探方において、龍山文化の地層から黄銅遺物が発見され、いずれも鋳造されたものと報告されている。T110・2:11の黄銅器は残長3.1cmの大きさで、棒状を呈し、一端は錐形を呈す。T21・2:1の黄銅器は残長3.4cmで棒状を呈し、両端は欠ける。この2点の遺物に対する北京鋼鉄学院の鑑定結果は、これらの遺物が銅と亜鉛の合金である黄銅（真鍮）であることを示している。亜鉛の含入量は、20.2%～26.4%が認められるが、筆者はこれほど大量の亜鉛が銅鉱石中に自然に含まれているものかどうかを知らない。銅に対して意図的に亜鉛を混ぜて黄銅を製造した可能性をすべて捨てることはできないが、じつは亜鉛は単体で自然には存在せず、また沸点が低く溶鉱炉による還元が困難である点を考慮すると、銅鉱石中に多量の亜鉛を含有する銅鉱石が加熱され、その結果として黄銅に変化したと推定したほうがよさそうである。報告書によとT110・2からは山東龍山文化に属する陶罐が出土し、またこれらの黄銅遺物を龍山文化に属すると断定している。

三里河遺跡の年代に関しても、C14年代測定の結果が発表されている。三里河遺跡龍山文化時代の墓・M2124号墓の人骨（ZK-363）は、前1710±85年（経樹輪校正、前2032-前1777年）の値を示し、また、T1201M134号墓の人骨（ZK-364）は前1530±100年（経樹輪校正、前1872-前1530年）の値を示している。T110探方やT21探方とM2124号墓・M134号墓の細かい層位的関係については不明であるが、いずれも龍山文化に属するという。上記のC14年代測定に対する樹輪校正年代の値は、山東龍山文化の年代としては、妥当な値である。

甘粛・青海省内では、斉家文化や四壩文化に属する初期金属器を出土する遺跡がいくつか発見されている。斉家文化に属する遺跡には、武威県皇娘娘台遺跡[25]、永靖県大何荘遺跡[26]・秦魏家遺跡[27]が知られる。甘粛省玉門市の火焼溝遺跡からは、きわめて多くの銅遺物が発見されているほか、甘粛省酒泉市の干骨崖遺跡からも多くの銅器・青銅器が発見されている[28]。火焼溝遺跡の遺物は、四壩文化の前期、干骨崖遺跡の遺物は四壩文化の後期に属すると考えられている。

斉家文化は、甘粛省広河県（旧寧定県）斉家坪遺跡を標準とするが、斉家文化に属する遺跡の中には金属器を出土する遺跡が比較的多く見られる。永靖県の秦魏家遺跡の墓から出土した銅器には、錐1、斧1、飾板2、指環残片があったが、大きさは、錐が長さ8.2cm・径約0.8cm、斧の刃部幅4.2cm、飾板の長さ2.5cmないし2.6cmといずれも小型の銅器であった。斧の材質は紅銅、錐・指環片の材質は青銅と考えられている。武威県の皇娘娘台遺跡からは、1957・1959年の調査において紅銅製の刀子・錐・鑽頭・鑿・環・条形器などの金属遺物が発見されている。銅刀の大きさが中程度のもの（F2）は長さ11.5cm、幅3cmほどで、大きなもの（T17:5）は長さ18cmほどある。永靖県の大何荘遺跡の7号住居址からは、銅匕が、また30号探溝からは紅銅残片が発見されている。銅匕は長さ12.5cm、厚さ0.2cmの大きさで刀子とも見られる。紅銅残片は、中国科学院考古研究所化験室の鑑定によると銅96.96%、錫0.02%、鉛痕跡からなると報告されている。

斉家文化の年代は、開始時期が前2000年頃と考えられ、下限は前1500年前後の年代が想定される。永靖県大何荘遺跡の銅匕を出土した7号住居址出土の木炭（ZK-15）のC14年代測定の値は、前1725±100年（経樹輪校正、前2114-前1777年）で、また、木炭（ZK-23）のC14年代測定の値は、前1695±95年（経樹輪校正、前2030-前1748年）であった。斉家文化は、中原地域の龍山文化から二里頭文化に併存すると考えられる。斉家文化の銅器・青銅器の年代は、中原地域の金属器出現年代との関係できわめて重要な意味をもってくるが、金属器を有する斉家文化の年代は、中原地域に比較してとくに古いわけでも新しいわけでもない。

火焼溝遺跡は、甘粛省蘭州市から西へ700kmの玉門市郊外に位置している。火焼溝遺跡の312基の墓のうち、106基に紅銅や青銅を含む銅遺物の副葬が認められた。銅遺物には、斧・鏟・鎌・鑿・刀子・匕・矛・鏃・錐・釧・管・鏡など200点余りがある。副葬陶器に関しては、彩陶が半数以上を占め、器形は斉家文化土器の器形に近いという。四壩文化としての火焼溝遺跡の年代については、いくつかのC14年代測定結果が発表されている。晩期の木炭（BK77008）は前1390±100年（経樹輪校正、前1670-前1430年）、また、M84号墓の木棒（BK77010）は前1500±100年（経樹輪校正、前1750-前1520年）であった。

内蒙古自治区から河北省の地域に分布する夏家店下層文化の諸遺跡からも草創期の金属器が発見されている。北京市昌平県の平雪山遺跡(29)・房山区琉璃河劉李店遺跡(30)、河北省内では唐山市の大城山遺跡(31)、天津市薊県の張家園遺跡(32)、大廠回族自治県の大坨頭遺跡(33)などが知られ、内蒙古自治区では赤峰市の夏家店遺跡下層(34)、敖漢旗の大甸子遺跡(35)などから初期金属器に関係する資料が発見されている。夏家店下層文化の金属関係の資料には、紅銅の牌飾、青銅の耳環、銅質の鏃・刀子・耳環・指輪・銅塊・銅滓などがある。

夏家店下層文化遺跡のなかで、初期金属器に関連してとくに注目されるのは、唐山市の大城山遺跡である。遺跡は唐山市路北区の採石場に位置し、東1000mには、貢各荘遺跡が存在する。発見された紅銅牌飾は2点で、10号坑より出土したものは、長さ5.9cm、幅4.2cm、厚さ0.2cmの大きさで、また別の1点はやや小さい遺物であった。薊県張家園遺跡出土の銅器も、夏家店下層の金属器の中では注目される遺物である。張家園遺跡の第4層からは、刀子1点、鏃1点、耳環2点が発見されている。刀子は凹背凸刃で、鄭州市殷代墓出土の遺物に類似する。また、鏃は類似したものを見ないが、逆刺のある両翼を有し、中脊があり、有茎である。夏家店下層文化の年代に関しては、敖漢旗の大甸子遺跡出土の木材に対するC14年代測定の結果が発表されている。木材（ZK-480）のC14年代測定の結果は、前1470±85年（経樹輪校正、前1735-前1517年）で、また、木材（ZK-402）のC14年代測定の結果は、前1440±90年（経樹輪校正、前1685-前1463年）であった。

斉家文化と夏家店下層文化を結ぶ地理的中間位置にある内蒙古自治区尹克昭盟伊金霍洛旗の朱開溝遺跡においても銅錐・針・腕輪・耳環・指輪などの銅遺物が出土している(36)。文化的には陝西龍山文化・河南龍山文化三里橋類型・山西龍山文化・二里頭文化東下馮類型などとの関連が認められ、朱開溝文化の名称で呼ばれている。朱開溝文化第4期のH5018号灰坑の木炭（BK80028）に対するC14年代測定の結果は、前1470±70年（経樹輪校正、前1731-前1521年）であった。

以上40カ所あまりの初期金属器を出土する遺跡の中から代表的かつ重要な意味を有している遺

（7） 草倉期金属器を伴出する遺跡と「夏」の伝承

　これまでに紹介してきた遺跡と第3表に示した草創期の金属器を出土する遺跡を、地図の上に落とすと第93図の分布地図になる。草創期の金属器を出土する遺跡は、まんべんなく中国全土に分布するわけではなく、黄河流域の一部の地域に集中的に分布する傾向が認められ、それらは大きく4つの地域に区分される。まず、第一地区が黄河中流域の河南省・山西省南部にかけての一帯の河南省洛河・伊河・潁河の流域と、山西省汾河の流域で、河南龍山文化王湾類型・二里頭文化二里頭類型、山西龍山文化陶寺類型・二里頭文化東下馮類型などがその文化の中心となる。第二地区は山東省の山東半島を中心とした一帯で、山東龍山文化がその文化的中心となる。第三地区は甘粛省の黄河流域の蘭州市付近を中心とした地域で、文化的には斉家文化がその中心となり、多くの紅銅遺物をともなう。第四地区は河北省北部から内蒙古自治区にかけての一帯で文化的には夏家店下層文化に属し、一部に紅銅の遺物をともなう。これら第一から第四地区にかけての各分布地域が草創期金属器の中心地と見られる。

　すでに紹介したように夏文化・夏王朝に関しては、若干の古典文献史料が存在する。古典文献に記載された「夏」に関係する地名は、これまでに述べたように今日の河南省地区と、山西省の汾河流域に分布が見られる。「夏」に関係する地名考証は、漢代以降の注釈による場合が多く、夏王朝が殷王朝に先行して前2000年から前1500年頃に存在したと仮定すると、「夏」の地名考証の元となる史料は、夏王朝が滅んで後、1500年以上が経過した後の学者が考証した史料によっている。さらに

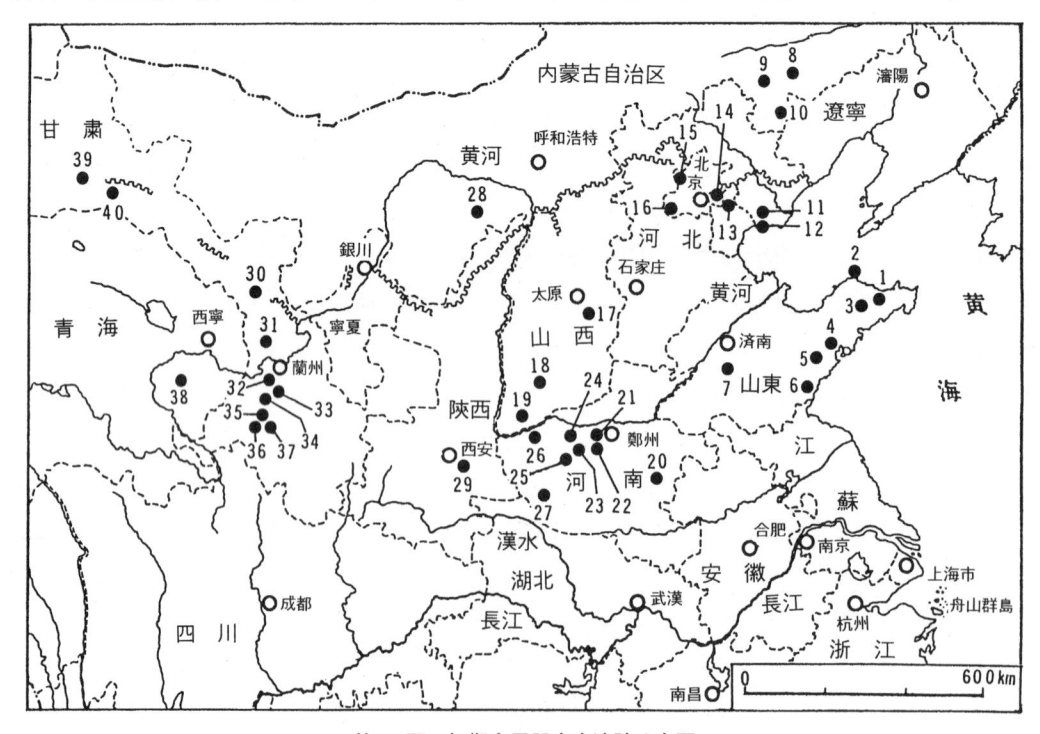

第93図　初期金属器出土遺跡分布図

それらの史料を利用して4000年後の今日、われわれが地名比定をすることとなる。それらの夏関係の地名に関してはすでに述べたところであるが、再度確認しておく。

河南省に存在する「夏」と関係する地名としては、「緱氏」(『漢書』登封県の北、偃師県の南)、「陽城」(『史記』登封県告成鎮)、「陽翟」(『漢書』禹県)、「鈞臺」(『左傳』昭公四年、禹県)、「斟尋」(『竹書紀年』鞏県の南)、「殽」(『左傳』澠池県・陝県)、「原」(『竹書紀年』斉原県付近)、「萯山」(『呂氏春秋』偃師県付近)、「崇山」(『国語』嵩山)、「伊洛」(『国語』伊河・洛河)、「洛汭」(『尚書』禹貢、洛河)、「帝丘」(『左傳』僖公三十一年、濮陽県)、「商丘」(『竹書紀年』商丘地区) などが知られる。山西省地域に存在する「夏」と関係する地名としては、「夏墟」(『左傳』定公四年、山西省中南部)、「安邑」(『尚書』商書序、夏県付近)、「鳴條」(『史記』殷本紀、安邑県付近)、「西河」(『竹書紀年』山西省南部・陝西省東部)、「晋陽」(『史記』夏本紀・集解、太原付近)、「平陽」(『史記』夏本紀・集解、山西省中南部臨汾付近) などが知られる。また、現在の山西省内の地名として、「夏県」「安邑」「禹王城」などの「夏」と関係する地名も残っている。

これら河南省・山西省を中心とした「夏」関係の地名比定に関しては異論も多く、この地名比定が確実なものとはとてもいえない。「陽城」を山西省内の地点にあてはめる考え、あるいは「西河」を河南省湯陰県付近に比定する考えもあるなど、それぞれの地名比定に関して、各説が存在する。伝説的な「夏」の時代の地名を現在の地点に比定することには、歴史学的方法論の上からも大きな問題がある。しかし、夏関係の地名が河南省と山西省に集中し、山東省東部・河北省北部・安徽省南部・湖北省・陝西省西部・甘粛省・山西省北部・内蒙古自治区などの地域には、夏関係の重要な地名がきわめて少ないことに注目すべきである。

『史記』その他の史書によれば、夏王朝は殷王朝に先行して存在したことになっている。したがって、考古学的に「夏」の文化を考える場合には、考古学上の殷王朝の遺跡・遺物に先行する遺跡・遺物が、「夏」の遺跡・遺物と考えられる。仮定される夏王朝の年代について、筆者は、古典文献史料、考古遺物の検討によって、前2000年から前1500年の年代を想定している。しかし、樹輪校正年代を採用すると河南龍山文化・山西龍山文化・山東龍山文化・斉家文化・夏家店下層文化などの龍山文化後期およびそれに併存する文化の年代は、文献から想定される夏王朝の年代よりも相対的に400年から50年ほど古い年代が示される傾向がある。

先夏文化が二里頭文化に先行する文化で、また、夏王朝が今日の河南省、山西省を中心とした地域に存在していたと仮定し、さらに二里頭文化二里頭・東下馮類型第2・3・4期を夏王朝の文化と仮定すると、夏王朝の母体となった先夏文化は、河南龍山文化王湾類型・后岡類型・王油坊類型・下王岡類型、あるいは山西省龍山文化陶寺類型と呼ぶ文化に対応してくる。河南龍山文化と山西龍山文化の分布地域は、草創期の初期金属器を出土する黄河中流域の第一地区の遺跡群に重なってくる。つまり黄河中流域の河南龍山文化の諸類型が残した初期金属器は、先夏文化に属する可能性が強いとのひとつの仮説が成り立ってくる。これはあくまでも二里頭文化の中心的な時代を夏王朝の文化と考えての仮説である。龍山時代遺跡には、ほかに山東龍山文化・斉家文化・火焼溝文化・夏家店下層文化などがありこれらの文化遺物中にも金属器は存在するが、歴史地理学的に見て先夏文化あるいは夏文化の遺物とは考えがたい。

金属と関係のある龍山時代遺跡の中で比較的古い年代を示すのは、河南省淮陽県平粮台遺跡の銅銹を出土したH53号灰坑の木炭（WB81-03）で、前1830±80年（経樹輪校正、前2192-前1946年）の年代を示している。また、山西省襄汾県陶寺遺跡の鈴形銅器を出土したM3296号墓の人骨（ZK-1314）は、前1600±75年（経樹輪校正、前1885-前1683年）を、あるいは河南龍山文化王湾類型に属する王城岡遺跡のH617号灰坑の木炭（ZK-0955）は、前1605±150年（経樹輪校正、前1960-前1543年）の値を示している。陶寺遺跡・平粮台遺跡・王城岡遺跡の初期金属器に関係するC14年代測定および樹輪校正年代の値はおおむね前2000年から前1500年の間にあり、先夏文化および夏文化の年代に相応するものである。この地域の陶寺遺跡・王城岡遺跡・平粮台遺跡などの初期金属器は、年代の上からも先夏文化あるいは夏文化に関係していると考えてよいであろう。河南龍山文化王湾類型・山西龍山文化陶寺類型の樹輪校正年代の中心的な値は、前2500～前2000年の先夏文化の時代に重なるが、金属器と関係した遺構や層位の樹輪校正年代は若干年代の下がった前2000～前1500年の夏文化の時代に近い傾向があるようにも思われる。

　山東省膠県三里河遺跡の金属器の年代に関しては、金属器を伴出した遺構の細かな年代が不明であるが、おおむね同時代の遺構であるM2124号墓人骨（ZK-363）が前1710±80年（経樹輪校正、前2032-前1777年）の値を示している。甘粛省永靖県大何荘遺跡の斉家文化に属する7号住居址の木炭（ZK-15）は前1725±100年（経樹輪校正、前2114-前1777年）、また別の木炭（ZK-23）は前1695±95年（経樹輪校正、前2030-前1748年）の値を示した。また、玉門市火焼溝遺跡のM84号墓木棒（BK77010）は前1500±100年（経樹輪校正、前1750-前1520年）を、晩期の木炭（BK77008）は前1390±100年（経樹輪校正、前1670-前1430年）の値を示している。山東龍山文化あるいは斉家文化の年代は、中原における先夏文化および夏文化の年代に併存する年代といえる。内蒙古自治区敖漢旗大甸子遺跡の夏家店下層文化に属する木材（ZK-480）の年代は、前1470±85年（経樹輪校正、前1735-前1517年）などで、夏家店下層文化に関しては、金属器を伴出した遺跡・遺構に関するかぎり、中原の先夏文化遺跡の年代より若干新しくなるかもしれない。

　以上の龍山時代の諸文化に対するC14年代測定（樹輪校正年代）の結果を見るかぎりでは、最も古い金属器文化を特定することはできない。夏王朝に先行する先夏文化と呼べる河南龍山文化王湾類型や山西龍山文化陶寺類型が存在した時代に、その周辺に存在した山東龍山文化・斉家文化・夏家店下層文化なども、すでに金属器をもつ文化に発展変化していたと考えざるをえない。

　先夏文化に関係すると推定される王城岡遺跡・煤山遺跡・下王岡遺跡・平粮台遺跡・陶寺遺跡などの遺跡中で、形の整った銅遺物を出土したのは、陶寺遺跡だけである。陶寺遺跡のM3296号墓からは形の整った紅銅鈴形器が出土している。龍山時代において、金属器として形の整った遺物が多く発見されているのは、むしろ先夏文化から遠く離れた周辺地域の、ことに西方の遺跡からである。夏家店下層文化では、唐山市大城山遺跡から形の整った紅銅牌飾が発見され、また、薊県張家園遺跡からは、刀子や鏃が発見されている。しかし、より注目される文化と遺跡は、斉家文化の遺跡および火焼溝遺跡である。斉家文化の尕馬台遺跡からは青銅鏡が発見され、皇娘娘台遺跡からは紅銅の刀子・錐・鑿、青銅の匕などが、秦魏家遺跡からは紅銅の斧が発見されている。また、玉門市の火焼溝遺跡からは紅銅あるいは青銅の斧・鎌・鑿・刀子・匕・鏃・釧・鏡・飾金具などが発見

されている。この甘粛省玉門市の火焼溝遺跡や酒泉市の干骨崖遺跡は、斉家文化の武威県皇娘娘台遺跡から500kmも西に位置する遺跡で、年代的には斉家文化より若干新しい四壩文化に属すると考えられる。

　龍山時代にすでに相当量の金属器が出現し、使用されていたことは、これまでも衆人の知るところであった。しかし、初期金属器関係の遺跡発見が増加するにしたがい、その時代を銅時代と呼ぶべきか、従来どおり新石器時代と考えるべきか、新たな問題が出現してきた。河南龍山文化・山西龍山文化・山東龍山文化における金属器の量は、石器や骨角器にくらべ、きわめて微量で、ごく微量の金属器が社会、経済に与えた影響はほとんどなかったと推定される。河南龍山文化・山西龍山文化における生産用具の主体は、本質的に磨製石器と各種骨角器・貝器の類で新石器時代の特色を顕著に表し、新石器後期文化と考えられる。とくに磨製石器は考古学的に時代決定をする場合の新石器文化の指標である。したがって、その時代に対応する先夏文化も本質的に新石器後期文化と考えざるをえない。ただ、先夏文化併存期の甘粛省内東部の武威・蘭州付近には、斉家文化が存在し、すでに純銅あるいは青銅時代に入っていた可能性を排除することはできない。それら甘粛省内に遺跡を残す純銅・青銅からなる銅文化の存在を考えると、先夏文化が甘粛省内の銅文化と無関係であったとは考えられない。

　最後に第2節で後述する二里頭文化と夏王朝文化の関係に関して簡単に述べておく。近年のC14年代測定に対する樹輪校正年研究の成果は、二里頭文化が夏王朝と密接な関係のある可能性を示しているといえる。殷の初年を後述する二里岡下層第1期に比定すると、夏王朝文化を青銅器時代に入った二里頭文化時期に比定せざるをえなくなる。樹輪校正年代を重んじて二里頭文化の年代を見ると、二里頭文化の年代は相対的に前2000年から前1500年の夏王朝の時代に相応してくる。従来、筆者は二里頭類型第1期を夏文化相当、第2・3・4期を殷文化と考え、二里頭類型第2・3・4期を夏王朝文化の議論から省いてきた。しかし、近年の樹輪校正年代を用いた年代研究の成果を踏まえると二里頭文化と夏王朝文化の関係を無視することはできなくなっている。すなわち夏王朝の存在を仮定すると、その時代は二里頭類型前期・中期・後期の文化に重なってくるのである。以下に二里頭類型の代表的なC14年代測定結果と樹輪校正年代を示してみる。[37]

　二里頭類型早期（第1期）に属する木炭（ZK-825）のC14年代測定の数値は前1605±80年で、この樹輪校正年代は前1886〜前1681年であった。

　二里頭類型前期（第2期）に属する木炭（ZK-1079）のC14年代測定の数値は前1590±70年で、この樹輪校正年代は前1880〜前1681年であった。灰坑H21から出土した木炭（ZK1036）のC14年代測定の数値は前1430±85年で、この樹輪校正年代は前1680〜前1456年であった。

　二里頭類型中期（第3期）に属する木炭（ZK-1078）のC14年代測定の数値は前1450±75年で、この樹輪校正年代は前1684〜前1515年であった。

　二里頭類型後期（第4期）に属する木炭（ZK-286）のC14年代測定の数値は前1385±85年で、この樹輪校正年代は前1625〜前1430年であった。

　これらの二里頭遺跡出土の木炭に対するC14年代測定数値と樹輪校正年代値は、測定された一部の数値ではあるが、初期の青銅器時代に入った二里頭文化二里頭類型第2期から第4期にかけての

樹輪校正年代の数値は、夏王朝の年代として想定される前 2000 年から前 1500 年の数値を示している。

註

（1） 14 飯島武次、1985、『夏殷文化の考古学研究』（山川出版社、東京）。

（2） 455 陳夢家、1956、『殷墟卜辞綜述』（『考古学専刊』甲種第二号）。

（3） 59 夏商周断代工程専家組、2000、「夏商周断代工程 1996-2000 年階段成果概要」（『文物』2000 年第 12 期）。58 夏商周断代工程専家組、2000、「夏商周断代工程 1996-2000 年階段成果報告」（世界図書出版、北京）。

（4） 518 平勢隆郎、1996、『中国古代紀年の研究——天文と暦の検討から』（『東京大学東洋文化研究所報告』）。519 平勢隆郎、2001、『よみがえる文字と呪術の世界』（『中公新書』中央公論新社、東京）。

（5） 538 北京大学考古学系商周組・山西省考古研究所、2000、『天馬—曲村 1980-1989』（科学出版社、北京）。544 北京大学考古文博院・山西省考古研究所、2001、「天馬—曲村遺址北趙晋侯墓地第六次発掘」（『文物』2001 年第 8 期）。

（6） 380 中国社会科学院考古研究所、1991、『中国考古学中碳十四年代数据集 1965-1991』（『考古学専刊』乙種第二十八号）。

（7） 240 徐旭生、1959、「1959 年夏豫西調査"夏墟"的初歩報告」（『考古』1959 年第 11 期）。

（8） 366 中国科学院考古研究所洛陽発掘隊、1965、「河南偃師二里頭遺址発掘簡報」（『考古』1965 年第 5 期）。

（9） 79 河南省文物研究所・中国歴史博物館考古部、1992、『登封王城岡与陽城』（文物出版社、北京）。

（10） 24 飯島武次、1998、『中国周文化考古学研究』（同成社、東京）。

（11） 361 中国科学院考古研究所山西工作隊、1963、「山西夏県禹王城調査」（『考古』1963 年第 9 期）。

（12） 405 中国社会科学院考古研究所山西工作隊・臨汾地区文化局、1980、「山西襄汾県陶寺遺址発掘簡報」（『考古』1980 年第 1 期）。406 中国社会科学院考古研究所山西工作隊・臨汾地区文化局、1983、「1978～1980 年山西襄汾陶寺墓地発掘簡報」（『考古』1983 年第 1 期）。404 中国社会科学院考古研究所山西工作隊・山西省臨汾地区文化局、1986、「陶寺遺址 1983～1984 年Ⅲ区居住址発掘的主要収獲」（『考古』1986 年第 9 期）。

（13） 517 樋口隆康・徐苹芳、1993、『中国王朝の誕生』（読売新聞社、大阪）。

（14） 79 河南省文物研究所・中国歴史博物館考古部、1992、『登封王城岡与陽城』（文物出版社、北京）。

（15） 397 中国社会科学院考古研究所河南二隊、1982、「河南臨汝煤山遺址発掘報告」（『考古学報』1982 年第 4 期）。

（16） 80 河南省文物研究所・長江流域規劃辨公室考古隊河南分隊、1989、『淅川下王岡』（文物出版社、北京）。

（17） 77 河南省文物研究所・周口地区文化局文物科、1983、「河南淮陽平糧台龍山文化城址試掘簡報」（『文物』1983 年第 3 期）。

（18） 405 中国社会科学院考古研究所山西工作隊・臨汾地区文化局、1980、「山西襄汾県陶寺遺址発掘簡報」（『考古』1980 年第 1 期）。

（19） 412 中国社会科学院考古研究所・中国歴史博物館・山西省考古研究所、1988、『夏県東下馮』（『中国田野考古報告集』考古学専刊丁種第三十五号）。

（20） 376 中国社会科学院考古研究所、1988、『膠県三里河』（『中国田野考古報告集』考古学専刊丁種第三十

(21) 237 昌濰地区文物管理組・諸城県博物館、1980、「山東諸城呈子遺址発掘報告」(『考古学報』1980 年第 3 期)。
(22) 125 厳文明、1984、「論中国的銅石併用時代」(『史前研究』1984 年第 1 期)。
(23) 125 同上。
(24) 219 山東省文物考古研究所・北京大学考古実習隊、1984、「山東栖霞楊家圏遺址発掘簡報」(『史前研究』1984 年第 3 期)。
(25) 105 甘粛省博物館、1960、「甘粛武威皇娘娘台遺址発掘報告」(『考古学報』1960 年第 2 期)。107 甘粛省博物館、1978、「武威皇娘娘台遺址第四次発掘」(『考古学報』1978 年第 4 期)。
(26) 358 中国科学院考古研究所甘粛工作隊、1974、「甘粛永靖大何荘遺址発掘報告」(『考古学報』1974 年第 2 期)。
(27) 359 中国科学院考古研究所甘粛工作隊、1975、「甘粛永靖秦魏家斉家文化墓地」(『考古学報』1975 年第 2 期)。
(28) 529 文物編輯委員会、1979、『文物考古工作三十年』(文物出版社、北京)。
(29) 547 北京大学歴史系考古教研室商周組、1979、『商周考古』(文物出版社、北京)。
(30) 532 北京市文物管理處・中国科学院考古研究所・房山県文教局琉璃河考古工作隊、1976、「北京琉璃河夏家店下層文化墓葬」(『考古』1976 年第 1 期)。
(31) 90 河北省文物管理委員会、1959、「河北省唐山市大城山遺址発掘報告」(『考古学報』1959 年第 3 期)。
(32) 466 天津市文物管理處、1977、「天津薊県張家園遺址試掘簡報」(『文物資料叢刊』1)。
(33) 465 天津市文化局考古発掘隊、1966、「河北大廠回族自治県大坨頭遺址試掘簡報」(『考古』1966 年第 1 期)。
(34) 357 中国科学院考古研究所内蒙古発掘隊、1961、「内蒙古赤峰薬王廟・夏家店遺址試掘簡報」(『考古』1961 年第 2 期)。
(35) 385 中国社会科学院考古研究所、1996、『大甸子』(『中国田野考古報告集』考古学専刊丁種第四十八号)。
(36) 26 内蒙古自治区文物考古研究所・鄂爾多斯博物館、2000、『朱開溝——青銅器時代早期遺址発掘報告』(文物出版社、北京)。
(37) 380 中国社会科学院考古研究所、1991、『中国考古学中碳十四年代数据集 1965-1991』(『考古学専刊』乙種第二十八号)。

第 2 節　二里頭文化

(1) 二里頭文化の設定

　中国における最初の本格的な青銅器文化は二里頭文化で、筆者は長くこの時期を、殷前期に比定し、二里頭文化と殷文化の関係については、筆者の『夏殷文化の考古学研究』に詳しく述べている[1]。しかし、近年、C14 年代測定の進歩と樹輪校正年代の採用によって、二里頭文化を夏王朝の文化と考える説が有力となっている。筆者も 21 世紀に入ってからは、二里頭文化に対しての樹輪校正年代の採用に重きを置くかぎりにおいては、二里頭文化を夏王朝の文化とする説を無視できないと考え

るに至っている。

　河南省偃師県に存在する二里頭遺跡は、1957年に発見されたと伝えられるが、徐旭生は1959年に「夏墟」を求めて、洛河・伊河・潁河流域の詳しい一般調査を行い、この時に二里頭遺跡の調査を行っている。その報告のなかで、徐旭生は、二里頭遺跡が殷湯王の都城である可能性は小さくないと述べ、これによって二里頭遺跡が学界に広く知られるようになったのである。二里頭遺跡は、河南省の西部、洛陽盆地の東寄り、洛陽の南東15kmほどの偃師県の東辺に存在する。その場所は、洛河と伊河が合流する西の台地上に位置し、二里頭遺跡の北は洛河に臨み、南は5kmで伊河に達する。北には邙山台地を臨み、南には嵩山を臨むことができる。遺跡の範囲は、東西約2.5km、南北約1.5kmに及び、二里頭・四角楼・寨后・辛荘などの村々を包括している。二里頭遺跡の発掘は、1959年以降、中国科学院考古研究所（現在の中国社会科学院考古研究所）洛陽発掘隊の手によって永続的に行われるようになっている（図版14-2）。二里頭遺跡における時期区分は、二里頭文化二里頭類型第1・2・3・4期の四時期に分けられているが、二里頭文化としての特徴を示すのは、二里頭遺跡の二里頭類型第2・3・4期を標準とする青銅器文化である。二里頭類型第1期は河南龍山文化王湾類型に近い文化内容をもっている。

　二里頭遺跡の遺物包含層の厚さは、2～4mに達している。二里頭遺跡の層位は、観察する地点によってさまざまであるが、基本的には4つの層位に分けられ、二里頭類型第1期・二里頭類型第2期、二里頭類型第3期、二里頭類型第4期の名称で呼ばれている。最下層の二里頭類型1期の下には廟底溝第2期の層あるいは河南龍山文化の層がある場合があり、また場所によっては二里頭類型第4期の上に二里岡文化層が堆積している場合もある。

　たとえば、1959年に発掘されたY・L・ⅡT102グリッドの南壁断面では、以下のようであった。

　第1層　耕作土、遺物の包含は比較的少ない。

　第2層　紅褐色土層、漢代の文化層、漢代の土器と瓦を包含する。文化層の厚さ0.3m～0.8m。

　第3層　淡灰色土層、殷代文化層。文化層の厚さ0.3～1.1mである。短頸大口尊・縄紋巻沿盆・小口円底罐などの土器が出土し、これらの土器は殷代前期（二里岡下層）に属すると考えられる。ほかに卜骨も出土する。

　第4層A層　黄灰色土層、夏代（殷代）文化層。文化層の厚さ1～1.5mである。包含される遺物は第3層とは異なり、大量の細縄紋土器のほか、籃紋・方格紋土器が含まれる。

　第4層B層　黄灰色土層、夏代（殷代）文化層。文化層の厚さ0.8～1mである。包含される遺物は第4層A層と基本的に同じである。

　第5層　紅黄色土層、河南龍山文化後期文化層。文化層の厚さ0.4～0.5mである。包含される遺物には籃紋土器がある。同時期のH105灰坑からは籃紋罐・籃紋甕が出土している。

　当初（1959年～1961年）この第5層を二里頭類型1期（早期）、第4層B層を二里頭類型2期（中期）、第4層A層を二里頭類型3期（晩期）と呼んだ。

　1999年に発表された『偃師二里頭　1959年～1978年考古発掘報告』における二里頭遺跡第Ⅳ区のトレンチT24の層位は比較的整ったもので、以下のようであった。

　第1層　耕作土、灰褐色土、厚さ0.18～0.25m。

第2層　漢代文化層、黄灰色土、土質は硬い。文化層の厚さ 0.2～0.25m。漢代瓦片出土。

第3層　漢代文化層、紅褐色土、土質は硬い。文化層の厚さ 0.3～0.7m。漢代瓦片、二里頭文化土器片出土。

第4A層　二里頭類型第4期文化層、黄色土、土質は比較的軟らか。文化層の厚さ 0.2～1m。粗縄紋土器片が主体。大口尊・甕・円腹罐・鬲などの土器片、石鏃・石刀などが出土。

第4B層　二里頭類型第4期文化層、灰色土、文化層の厚さ 0.4～1m。大口尊・円腹罐・盆・瓠・爵・鬲などの土器片が出土。

第5A層　二里頭類型第3期文化層、黄灰色土、土層中に焼土と炭化物含む。文化層の厚さ 0.1～0.65m。大量の縄紋土器片出土。円腹罐・盆・缸・鬲・器蓋などの土器片が出土。

第5B層　二里頭類型第2期文化層、黄色土、土層中に焼土と炭化物含み比較的硬い。文化層の厚さ 0.15～0.4m。細縄紋土器片多し。深腹罐・盆・甕・三足盤・盤豆などの土器片が出土。

第6A層　二里頭類型第1期文化層、紅灰色土。文化層の厚さ 0.25～0.6m。土器片は泥質灰陶が主体で、籃紋が多く縄紋は少ない。深腹罐・甕・缸などの土器片が出土。

第6B層　紅色土。文化層の厚さ 0.1～0.8m。土器片出土、出土遺物は少ない。

第6C層　黄色土。文化層の厚さ 0.3m。土器片出土、遺物は少ない。この層の下は地山。

　第Ⅳ区のトレンチT24の文化堆積は、二里頭文化の基本的な文化層の序列を示すものであった。また、第Ⅴ工作区で行われた二里頭類型第3期に属する第1号宮殿址の発掘報告では、宮殿基壇の上面に二里岡下層の灰坑が存在し、その灰坑は二里頭第4期の灰坑も切っていた。また、第2号宮殿址の上には、二里岡上層の文化層と灰坑が存在した。また先に第3章で紹介した河南省臨汝県の煤山遺跡においては、二里頭類型第1期に先行する河南龍山文化の標準的な層位が確認されている。

　このような層位と文化期の分類によって、二里頭文化二里頭類型およびそれに前後する模式的な文化層位として、河南龍山文化王湾類型第2期・二里頭類型第1期（河南龍山文化王湾類型第3期）・二里頭類型2期・二里頭類型第3期・二里頭類型第4期・二里岡下層第1期の順序が考えられている。この中で今日の発掘されている遺物を見ると、二里頭類型第2期が、青銅器文化の開始時期にあたる。微量の紅銅や青銅器遺物は、龍山文化段階から見られるが、青銅器の出土量という本質的な意味あいにおいて、二里頭類型2・3・4期以後が青銅器時代である。

　新石器時代から青銅器時代への文化変化に重きをおいて新石器時代と青銅器時代を区分して見るならば、二里頭遺跡の諸文化堆積のうち、青銅器時代に入った二里頭類型第2・3・4期を二里頭文化の名称で呼ぶべきである。

　二里岡文化に関しては、万人がそれを殷の文化と認めている。二里頭類型第2・3・4期と二里岡文化との差異は二里頭文化が夏王朝文化に属する可能性を示し、両文化の類似性は二里頭類型第2・3・4期文化が夏殷周の三代の伝統的文化の初源に属することを如実に物語っている。また王湾類型第3期（二里頭類型第1期を含む）と二里頭類型第2・3期との間には、一線を画するべきで、この時に中国古代文化が、新石器文化（先夏文化）から、青銅器文化（夏文化）に変化したと見ることができ、夏王朝の存在を肯定するのなら、この青銅器文化が夏王朝の文化に相当してくる。

従来の編年では、二里頭類型第2期に関しこれを二里頭類型第1期から第3期への過渡的な時代と説明していた。その性格は変わらないが、二里頭類型第2期には、すでに爵・盉・觚・簋・大口尊などの龍山文化とは別の新しい土器器形が見られ、印紋も存在する。この点からみれば、二里頭類型第2期は、明らかに二里頭類型第3期に近いと認識される。二里頭遺跡の81YLⅤM4号墓と81YLⅤM5号墓は、報告書で二里頭類型第2期に属すると報告された墓である。このM4号墓からは、青銅鈴・獣面青銅牌飾などの青銅器が副葬品として出土しているが、同じ時期とされるM5号墓から伴出した陶盉・陶豆・陶罐はむしろ二里頭類型第3期としてもおかしくない器形である。また、二里頭類型第2期とされる二里頭遺跡の82YLⅩM4号墓からも青銅鈴が出土しているが、これの場合は墓が攪乱を受け、第3期と考えても差し支えない。つまり、青銅器の伴出状況に関するかぎり、二里頭類型第2期と第3期の判別は顕著でないといえ、二里頭類型第2期とされる青銅器の多くは第3期に組み込むことが可能な遺物である。

　従来の二里頭類型第1期と二里頭類型第3・4期との間の型式的な相違は著しいものがあり、明らかに発展段階的には別文化で、二里頭類型第2期は第3・4期により近い類型で、第3期に組み込まれてしまう性格を有している。二里頭類型第1期と二里頭類型第2・3・4期を同一の文化として「二里頭文化」の名称で呼ぶのは適切でない。二里頭類型第1期は、「王湾類型第3期」に組み込んで考えるべきである。そして、従来の二里頭類型第2・3・4期にかぎって「二里頭文化」の名称で呼ぶのが適切であろう。この二里頭文化の中で、二里頭遺跡を標準とする二里頭類型に関しては、従来の第2期を前期、第3期を中期、第4期を後期と呼ぶことを筆者は提言している。

　二里頭文化に属する遺跡は、河南省偃師県の二里頭遺跡を標準として河南省の西北部から山西省南部を中心に、河南省東部にも分布している。代表的な遺跡としては、河南省登封県の王城岡遺跡、洛陽市の矬李遺跡・東馬溝遺跡、臨汝県の煤山遺跡、淅川県の下王岡遺跡、駐馬店市の楊荘遺跡、杞県の段岡遺跡、山西省夏県の東下馮遺跡、垣曲県の垣曲殷故城遺跡などがある。二里頭文化遺跡の分布は、仮定される夏王朝の領域と、明らかに実在した殷王朝の領域におおむね重なっているとみてよいであろう。

（2）　二里頭文化の大型建築址

　河南省偃師県の二里頭遺跡における発掘調査は、1959年の試掘につづいて、1960年から本格的な発掘調査が行われるようになった（図版14-2）。1960年には10000m²の版築基壇が発見され、この基壇は第1号宮殿址の名称で呼ばれるようになった。その後、第2号宮殿址も発見され、現在では、第1号宮殿址、第2号宮殿址と称される2つの大型建築群の存在が確認されている。これらの大型建築址は、報告書などでは宮殿址と称されているが、宮殿として用いられた建物かどうかは疑問で、筆者は後述するように、宗廟など祭祀のために造営された大型の建物ではないかと推定している。二里頭遺跡においては、第1・2号宮殿址のほかにも大型建築址の発見が近年になって伝えられているが、今のところ報告書が未刊行で詳細は不明である。

二里頭遺跡1号宮殿址（第94・95図）

　1号宮殿址は、二里頭遺跡の中央部、四角楼村の北東部、二里頭村から四角楼村に通じる道の東

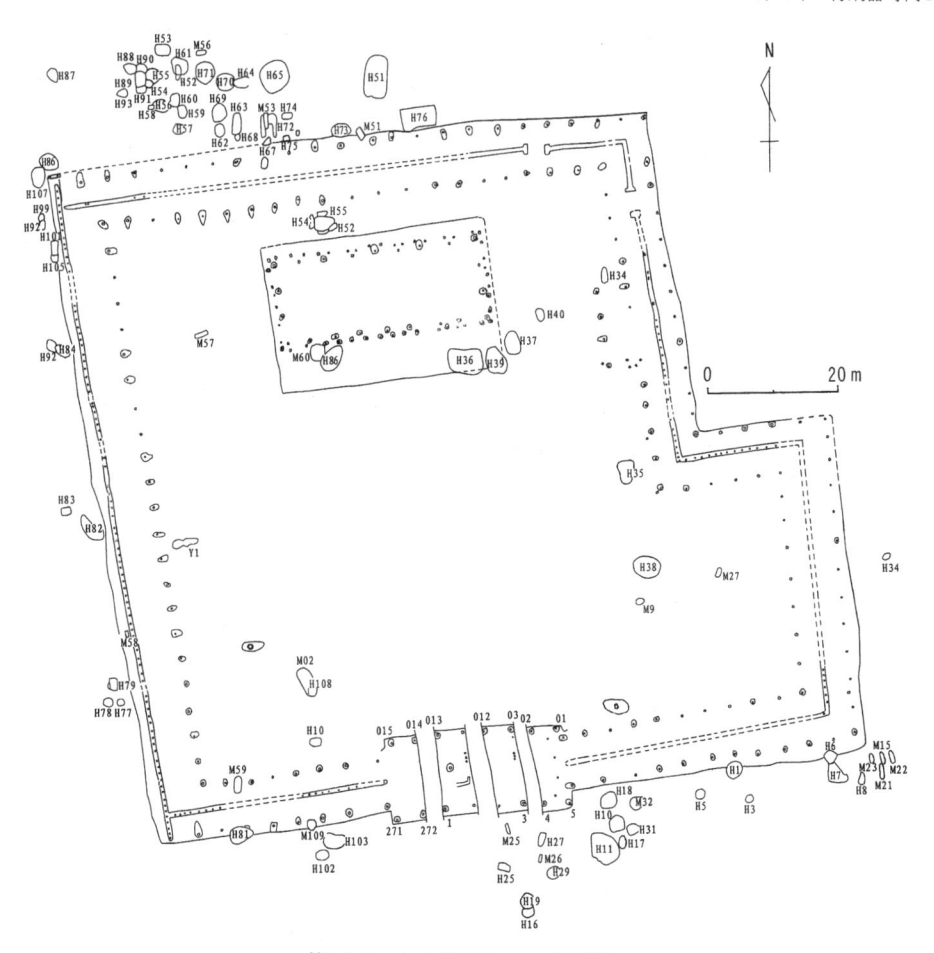

第94図　1号宮殿址　二里頭遺跡

側、第Ⅴ発掘区で発見されている。1号宮殿址は、正殿・南大門・北門・東門・回廊からなり、これらの建築址が、東西約107m、南北約99mの版築の大基壇に乗っている。この大基壇は北東部が凹むL字形を呈し、南辺の中央部が2mほど南に凸出している。大基壇は、当時の地表面から約0.8m高出している。大基壇造営順序は、まず大基壇の範囲を地山ま

第95図　二里頭遺跡1号宮殿址模型　二里頭文化

で掘り下げ、掘り下げた坑内の版築を行い、基礎を平らにし大基壇を築き上げ、とくに正殿基壇部分を入念に築き上げている。版築の厚さは平均して4.5cmほどの厚さである。

　大基壇の中央部北寄りの、南門から北へ70mの位置に正殿基壇が存在する。正殿の基壇は、大基壇の上面から0.1～0.2m高出している。正殿基壇は、平面長方形を呈し、東西36m、南北25mの大きさを有し、基壇の底部には3層の礫石を敷き正殿基壇の基礎としている。正殿基壇には基壇に

掘られた側柱の柱穴列と柱礎列が残り、本来、この建物は東西の桁行き8間、南北の梁行き3間の建物であったと推定されるが、残っていたのは、南辺に沿って7ヵ所、北辺に沿って4ヵ所、東辺に沿って1ヵ所、西辺に沿って2ヵ所の、合計14ヵ所の柱穴と柱礎であった。側柱の中間は3.8m、柱穴の直径は0.4m前後である。側柱の外側0.6m～0.7mには小柱穴あるいは小礎石がある。小柱穴の配列は、1本の側柱の外側に2本の小柱穴が付随する形をとり、四方の角においては1本の側柱に3本の小柱穴が付随する形をとり、小柱穴の柱間は約1.5m、小柱穴の直径は0.18～0.2mである。この小柱穴は、裳階の支え柱と考えられ、軒柱である。建物の遺物としては、火事で焼けたと思われる木炭と、焼けた苆入りの壁土が大量に発見されている。

側柱の外側に一周する軒柱の存在は、正殿の屋根が寄棟造で四方の軒下に裳階が存在していた可能性を示している。これは、『周禮』冬官・考工記・匠人に見られる、

　　夏后氏世室、堂脩二七、廣四脩一。……殷人重屋、堂脩七尋、堂崇三尺、四阿重屋。

という記載の「四阿重屋」に合う遺構であるともいう。木炭と苆入り壁土の出土は、正殿が木造の柱組で、苆入りの木骨土壁をもつ建物であったことを推測させる。正殿の北側では、M52・M54・M55号の3基の墓が発見され、宮殿の祭祀墓の可能性があると報告されている。

大基壇の南辺中央には南大門が存在する。大基壇の南辺中央部に東西約34m、南北約2mの凸出部があり、この凸出部に東西28m、南北13mほどの基壇が存在する。この基壇上には、南辺と北辺に沿って、それぞれ東西に配列する8本、合計16本の柱穴がある。柱穴の直径は、約0.4m、柱間は約3.8mである。柱穴の間には南北に走る3本の門道が存在し門道の南側は緩い傾斜をなし、この傾斜面の上は路面状の土面で南へ約10mほど延びている。この遺構は宮殿址の南大門に比定され、桁行き7間の長屋門式の建造物であったと推定されている。南大門の両端は東西の回廊に接続するものと考えれる。第95図に示した偃師商城博物館展示の南大門模型は長屋門式に復原されているが、洛陽博物館に展示された1号宮殿址の模型では、南大門は鳥居形（牌坊式）の門となっている。

大基壇の北面・西面・南面および東面の一部には木骨土壁の壁土台が発見されている。西壁土台は全長84mである。北壁土台は中央部の大部分が破壊されているが全長65m、東土台は98mと推定される。南壁土台は西側全長26m、東側全長36.6mである。北壁の東寄りには北門が存在し、東壁北側には東門がある。北門と東門の幅は約1.5mである。北壁・東壁・南壁の内側約3mのところと外側3mのところには木骨土壁と平行する柱穴列が存在し、西壁の場合には内側のみ、木骨土壁から3mのところに柱穴列が存在する。東壁の西側には凸字形を呈する柱列が存在し、ここには房が存在した可能性が考えられる。北側・東側・南側には、木骨土壁を中心線とした切妻形の屋根をもった回廊が取りまいていたと推定される。西側に関しては木骨土壁の頂上部を棟として片流れの屋根の回廊が存在したと推定される。

以上の遺構の配列から、1号宮殿址は正殿を中心にそれを取りまく回廊と、南の大門からなる建築群であったと推定されている。1号宮殿址の年代は、層位関係から二里頭類型中期（二里頭類型第3期）の遺構と考えられている。

二里頭2号宮殿址（第96図）

2号宮殿址は、二里頭遺跡の中央部、1号宮殿址の東北約150mで発見されている。2号宮殿址は、

南北に長い長方形を呈する大基壇の上に建てられ、正殿・回廊・大門からなっていたと考えられる。大基壇の東西幅は57.5〜58mで、南北の長さは72.8mほどである。大基壇は版築で築かれ、正殿付近は版築が約3mと厚く、南は薄い。大基壇の上面は、北壁、東壁と東回廊、西壁と西回廊、南回廊と大門によって取り囲まれ、中央は庭院となっている。庭院の中央北側に正殿が存在し、正殿の北側に北壁に接して小房が存在する。

正殿は、大基壇上にさらに版築を加えた東西に長い正殿基壇上に存在する。正殿基壇の大きさは東西約32.7m、南北12.5mで、約0.2m高出

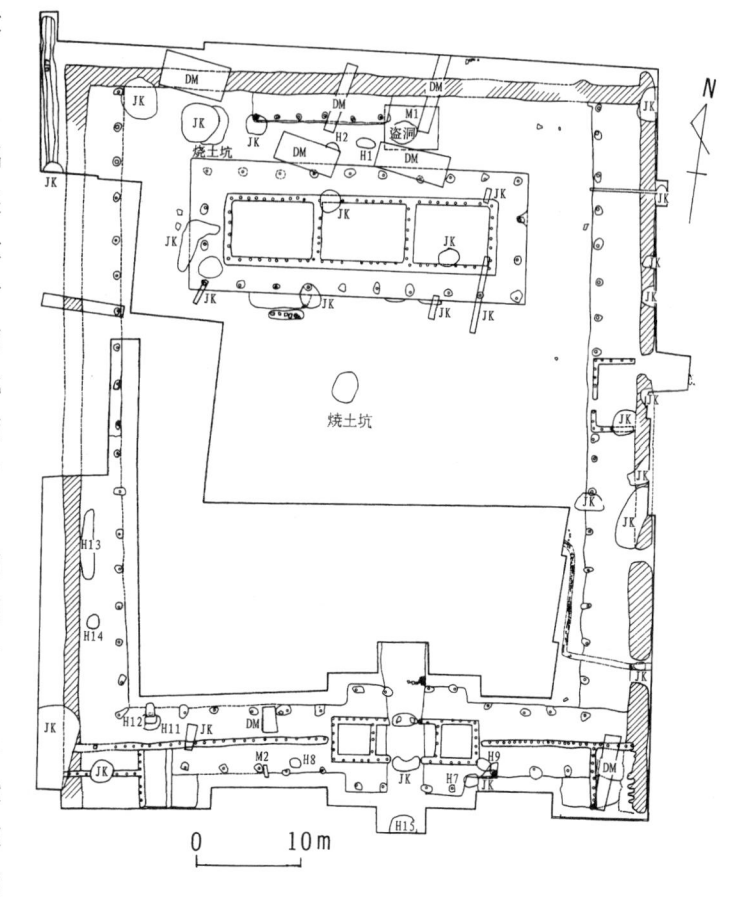

第96図 2号宮殿址 二里頭遺跡

している。正殿基壇の各辺縁に沿って柱穴列が存在する。柱穴は東西方向にそれぞれ10カ所、南北方向にそれぞれ4カ所存在し、基壇辺縁に沿って24本の柱が立っていたことが知られる。つまり桁行9間、梁行3間の柱列が存在していた。柱間は3.5m前後である。柱穴の直径は0.2m、深さは0.4〜0.75mで、柱穴の底には礎石が置かれている。柱列の内側約2mには一周する壁溝が存在し、東西の長さ約26.5m、南北幅約7.1mの長方形を形づくっている。壁内には木骨があり、壁溝内には木骨を受ける方形の横木が置かれていた。この東西に長い木骨土壁の空間は、南北2本の木骨土壁の仕切壁によって3室に区切られている。この正殿基壇下には二里頭類型第2期の文化層と灰坑が存在する。

南回廊の中央部には、軒式建築の南大門が存在する。南大門は基壇の縁に沿って東西にならぶ4本の柱穴から梁行3間の建物であったと考えられ、南大門の建物は内外回廊から南北に凸出していたことが知られる。大門内の東西には木骨土壁で囲まれた各1部屋が存在し、その中間を大門道が通っている。木骨土壁に囲まれた東西の部屋と大門道を含む大門の大きさは、東西14.4m、南北4.3mほどである。南大門の北と南には、大門に昇り降りする傾斜面が存在し、その上は路面となっている。

大基壇の北縁には、幅約1.9mの版築の壁が東西に延びている。北壁の中央には、北壁に接してその南側に東西長さ約13m、南北幅約2.5mほどの短廊式建築が存在する。この北壁は東西の端で

南に折れて、東壁と西壁を形成している。東回廊の基壇は版築で築かれ、南北全長59.5m、幅は4.4〜4.9mほどである。回廊の東縁に沿って幅1.4〜1.8mの東壁が存在し、東壁の南北の全長は72.8mほどである。東回廊の西縁にそって16本の柱穴が存在する。柱穴間の距離は約3.5mで、柱穴の直径は約0.2m、深さは約1mである。柱穴の底には礎石の置かれるものもある。東壁の頂点を棟とした片流れの屋根をもつ回廊と推定される。東壁には4つの口があり、門道と考えられる。また東回廊の中央部には、東壁に接してその西側に南北長さ6.1m、東西幅約3.5mの房が存在する。東回廊の北側では塼組の配水管が、また南側では板石組の排水溝が発見されている。西壁と西回廊は、北部が近年の土取りなどで破壊を受けているが、西壁の長さは72.8mほどで、西回廊は、大基壇の南北の主軸線を軸に東回廊と基本的には対称形を呈している。南回廊は、東回廊・西回廊とは異なり、東西に延びる木骨土壁の壁を挟んで、南北に庇のある複式回廊となっている。南壁は幅6.2mほどの東西に延びる版築基壇中央に築かれ、南大門によって、東と西に分かれ、東の長さは15.6m、西の残長は25mである。南壁の北側と南側には柱穴列が存在し、木骨土壁の頂点を棟とした切妻式の屋根をもつ回廊の存在が推定される。

　2号宮殿址の大基壇は、二里頭類型第2期文化層の上に造営されており、2号宮殿址の上面には、二里頭類型第3・4期の路面と第4期に若干遅れる文化層と二里岡上層の文化層が乗っていた。2号宮殿址の版築土中からは二里頭類型第3期に属する土器の破片が出土している。これらの諸条件によって、2号宮殿の造営開始時期は、1号宮殿址と同じ二里頭類型中期（二里頭類型第3期）と考えられ、廃棄された年代は、二里頭類型第4期よりも遅く二里岡上層よりも早い時期と推定されている。

（3）　二里頭文化の土器

　河南省偃師県の二里頭遺跡出土の土器は、4つの時期に分類され、これを基準に4時期に区分し、二里頭文化二里頭類型第1期、第2期、第3期、第4期の名称で呼ばれてきた。また、山西省夏県東下馮遺跡では、二里頭文化に属する別の類型の土器が出土し、それらの土器は二里頭文化東下馮類型の名称で呼ばれ、東下馮類型第1期、第2期、第3期、第4期のやはり4つの時期に区分され、東下馮類型の各時期は二里頭類型の各時期に対応するという。[19] つまり東下馮類型第2期は二里頭類型第2期に相当し、東下馮類型第3期は二里頭類型第3期に、東下馮類型第4期は二里頭類型第4期に相当するといわれている。

　二里頭類型第1期と呼ばれている時期は、実質的には先に述べたように河南龍山文化の最末期で、王湾類型第3期と呼ばれる時期でもある。この時期は本質的にはまだ新石器時代の文化内容を有しているので、したがって、青銅器文化としての二里頭文化に含まないのが論理的である。二里頭類型第1期と呼ばれる時期の典型としては、煤山遺跡における二里頭類型第1期、二里頭遺跡の第1期などが考えられる。煤山遺跡における二里頭類型第1期文化の例を見てみよう。土器の胎土は、夾砂灰陶と泥質灰陶が最も多く、泥質黒陶がそれに次ぐが、夾砂紅陶・泥質紅陶・泥質白陶も発見されている。土器の地紋は、籃紋が最も多く、方格紋がこれに次ぎ、縄紋も少量は存在する。土器の器形には、鼎・鬲・罐・甗・盆・鉢・盤・三足盤・豆・觚・盒・碗・甕などがある。王湾類

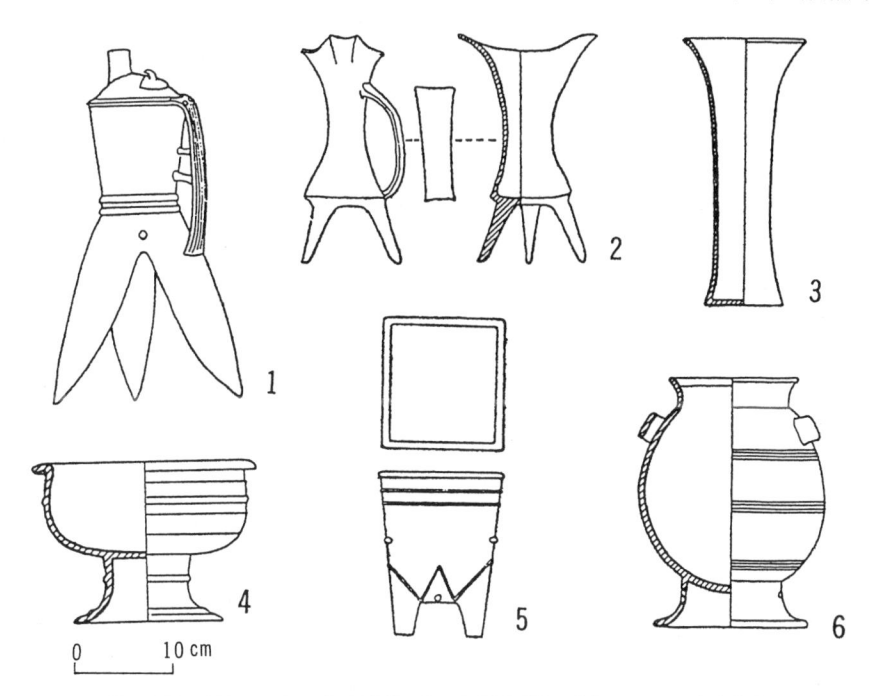

第 97 図　土器　二里頭類型前期（二里頭類型第 2 期）、二里頭遺跡出土

型のこの時期までの特徴的器形は、深腹罐形を呈し実足の三足を有する鼎や、深腹罐・高領壺・鬲・盤型斝などである。先に述べたように、先夏文化から夏文化を考えるにあたって最も重要な意味をもってくるのが、王湾類型第 3 期つまり二里頭類型第 1 期で、第 73 図に示した土器はその時期に前後する遺物である。王湾類型末期に相当するこの時期には原則として青銅の利器は存在せず、利器の主体は磨製石器と骨角器である。二里頭類型第 1 期に継続する文化は二里頭類型第 2 期文化で、この時期に入ると新石器文化の文化内容から脱却して青銅器文化に発展変化する。

　二里頭類型前期は、二里頭遺跡の文化堆積としては二里頭類型第 2 期と呼ばれる時期で、考古学的時代区分の上で中国最初の青銅器時代に入る。二里頭類型前期に属する土器の典型として、二里頭遺跡の第 2 期の例を紹介する。土器の胎土は、泥質灰陶が主で、夾砂灰陶がこれに次ぎ、白陶・泥質黒陶も見られ、橙黄陶も多い。土器の地紋は、縄紋が主で、籃紋・方格紋がこれに次ぎ、素面磨光紋も存在する。紋様には、弦紋・附加堆紋・乳紋のほか、雷紋を含む印紋が認められる。二里頭類型第 2 期における各種雷紋の出現はこの時期を特色づけている。土器の器形には、鼎・三足盤・豆・盆・擂鉢・甑・円底罐・深腹罐・甕・鬲・爵・盉・角・觚・簋・貫耳壺・大口尊・甕などがある（第 97 図）。この時期にはじめて出現する盉・爵・簋・壺などの器形は、殷代に禮楽の器の基本となる器形で、二里頭文化の中にすでに禮の観念が生まれ、その禮の概念が後の殷王朝文化に連続していくことを意味している。二里頭類型前期には、青銅の鈴・刀・錐などの青銅遺物が出現している。二里頭類型前期（第 2 期）の木炭（ZK-1079）の C14 年代測定の結果は前 1590±70 年（経樹輪校正、前 1880-前 1681 年）、灰坑 H21 から出土した木炭（ZK-1036）は前 1430±85 年（経樹輪校正、前 1680-前 1456 年）であった。この年代は C14 年代測定のそのままの数値でおおむね殷王朝初頭の年代にあたるが、樹輪校正年代の数値は想定される夏王朝の年代となっている。

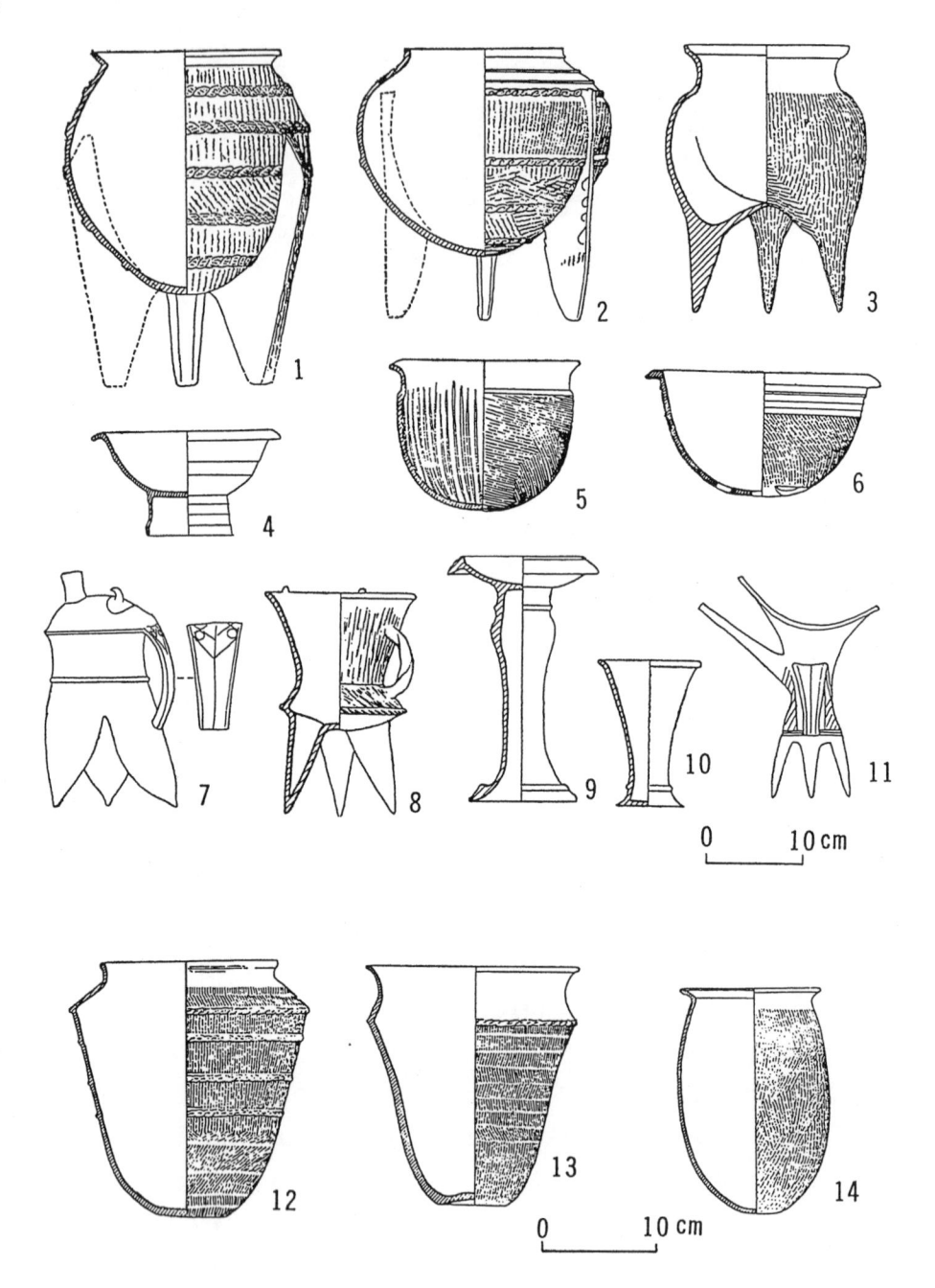

第 98 図　土器　二里頭類型中期（二里頭類型第 3 期）、二里頭遺跡・煤山遺跡出土

　二里頭類型中期は、二里頭遺跡の文化堆積としては二里頭類型第 3 期にあたり、土器胎土は泥質灰陶が主体で、ほかに泥質黒陶・橙黄陶も見られる。土器の地紋は、縄紋・細縄紋が多く、方格紋も少量見られるが、籃紋はほとんど存在しない。紋様には、弦紋・附加堆紋・乳紋・画紋がある。夔紋・両尾龍紋・蝌蚪紋・巨眼紋・目雲紋などの印紋・画紋類は、二里頭類型第 3 期に出現したものが多く、この時期を特色づけている。土器の器形には、鼎・鬲・甑・鬶・爵・斝・盉・觚・簋・角・円腹罐・甕・大口尊・盤・三足盤・三足円底盤・豆・盆・擂鉢・器蓋などがある（第 98 図）。

注目すべき点は、二里頭類型第2期以来の盉・爵・觚・斝・甗の禮楽の器形に加えて新たに罍・角が加わり、さらに殷代二里岡期を代表する大口尊が増大し、さらに殷代二里岡文化・殷墟文化に盛行した器形の鬲が出現してくることである。この時期には、青銅の爵・罍・戈・戚・鏃・刀子・鋸・鑿・錐・釣針・鈴・円形銅器・獣面青銅牌飾などが出現し、時代決定の考古学的指標となる戈・戚・鏃・刀子などの利器類が青銅でつくられている。二里頭類型中期（第3期）の絶対年代に関しては、C14年代測定の結果が発表されている。1973年5月に二里頭遺跡の第Ⅷ区22グリッドの第3層73灰坑から出土した二里頭類型中期（第3期）に属する木炭（ZK-1078）は前1450±75年（経樹輪校正、前1684-前1515年）の年代を示した。C14年代測定の数値は殷前期の年代として対応しうる年代であるが、樹輪校正年代の数値は夏王朝の年代としてまさに妥当な数値といえる。

　二里頭類型後期は、二里頭遺跡の文化堆積としては二里頭類型第4期にあたる。この時期の土器の胎土は、泥質灰陶が主で、夾砂灰陶もある。土器の地紋や紋様は二里頭類型中期と同じで、地紋には、縄紋・細縄紋があり、方格紋も少量見られる。紋様には、弦紋・附加堆紋・乳紋・画紋があり、資料例は明確でないが二里頭類型中期に引きつづいて、夔紋・両尾龍紋・蝌蚪紋・巨眼紋・目雲紋などの紋様の存在が想定される。土器の器形には、鬲・甑・爵・盉・觚・斝・円腹罐・深腹罐・甕・大口尊・大口缸・貫耳壺・四耳壺・盤・平底盤・三足盤・豆・盆・擂鉢・器蓋などがある（第99図）。二里頭類型後期に入ると、大口缸・平底盤・四耳壺が新たに出現するが、龍山文化以来の鬹が姿を消す。また二里頭類型後期には鼎が見られなくなる。二里岡文化に入るとふたたび鼎が姿を現すが、二里岡文化の鼎の器形は、河南龍山文化以来の鼎の器形とはまったく異なった器形で、基本的には青銅鼎の器形を模倣した形である。河南龍山文化以来の器形をもった鼎・鬹・壺が姿を消すことは、新しい文化が確立したことを示すものでもある。二里頭類型後期（第4期）の鬲・爵・盉・盆・円腹罐・深腹罐・大口尊・大口缸・四耳壺などの土器器形は二里岡文化への過渡的な要素を多分に有している。二里頭類型後期（第4期）のC14年代測定の結果としては、木炭（ZK-286）が前1385±85年（経樹輪校正、前1625-前1430年）の年代を示している。この樹輪校正年代は夏王朝末年の年代として妥当であると同時に、殷前期の年代としても採用が可能である。

　二里岡文化に関しては、万人がそれを殷の文化と認めている。二里頭類型後期（第4期）の土器と二里岡文化との類似性は、二里頭類型後期（第4期）が殷文化に属する可能性を少しは物語っているが、これだけでは二里頭類型後期をして殷文化であるとは断定できない。たとえば殷王朝と西周王朝はまったく別系統の王朝でありながら、殷後期の青銅器と西周初頭の青銅器にはきわめて強い連続性があり、殷代青銅器か西周青銅器かの判断の困難な遺物が多い。このような例を考えると、二里頭類型後期土器と二里岡下層土器の連続性をして、二里頭類型後期を殷文化と結論づけるのはのいささか勇み足かもしれない。いずれにしろ王湾類型第3期（二里頭類型第1期）と二里頭類型第2・3・4期との間には、一線を画するべきで、この時に中国古代文化は、新石器文化から青銅器文化へ変化したのである。言い換えると中国古代文化が、この時にようやく文明段階に達したといえるのであって、この文明は夏王朝のそれである可能性が高いといえる。

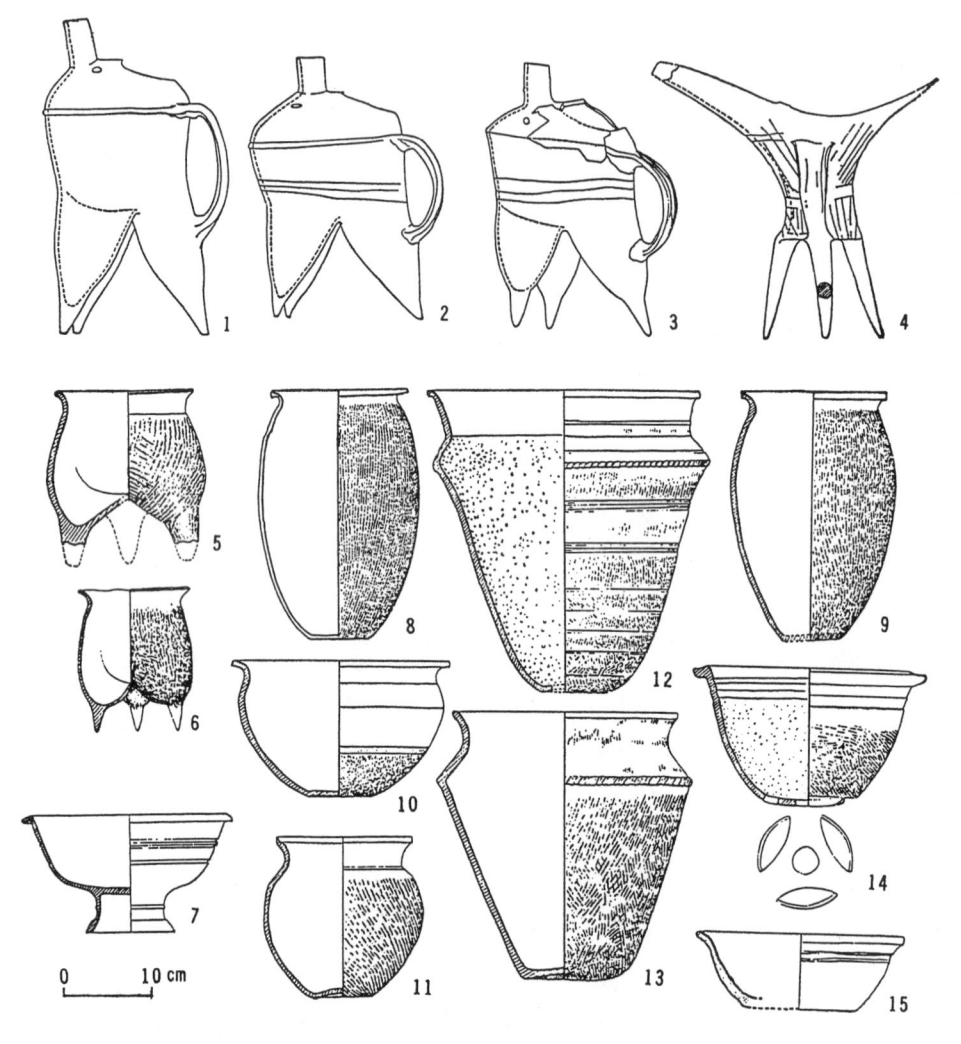

第99図　土器　二里頭類型後期（二里頭類型第4期）、二里頭遺跡出土

（4）二里頭文化の青銅器

　二里頭文化に属する青銅器のほとんどすべてが、河南省偃師県二里頭遺跡からの出土で[20]、山西省夏県東下馮遺跡からの青銅器遺物の出土はきわめて少ない。二里頭遺跡においては、河南龍山文化に属する二里頭類型第1期の堆積層中に2点の青銅刀破片の包含が確認されているが、まだ青銅器時代に入っているとはいいきれない。

　二里頭類型前期（第2期）に属する82YLIXM4号墓やVM22号墓からは青銅の鈴が出土し、ようやくこの時代に入って、その時代の文化内容が青銅器時代的な様相を呈してきたと思われる。この時期の青銅器としては刀・錐・鈴があり、陶范も出土している。このような出土遺物の内容から、青銅鈴が青銅刀とならんで早くから鋳造されていたことが知られる[21]。二里頭類型第2期は、新石器時代である二里頭類型第1期から本格的な青銅器時代である二里頭類型第3期への過渡的な時代と考えられる。

二里頭類型中期（第3期）に属する青銅器を出土した遺構には、ⅥKM3号墓・80YLⅢM2号墓・81YLⅤM4号墓・F2住居址などがある。この時期の青銅器遺物には、爵・戈・鉞・刀・鏃・錛・鑿・鈴・牌飾・円形器・円泡形器などがある。二里頭類型第2期は、すでに青銅器時代に入ったと考えられるが、青銅遺物の出土が増大し、本格的な青銅器時代と認識されるのは二里頭類型中期の第3期以後である。この時期に青銅容器としての爵が初めて出現し、その数も比較的多いことに注意すべきであろう。

　二里頭類型後期（第4期）に属する青銅器を出土した遺構には、ⅥM9号墓・ⅡM1号墓・ⅤM4号墓・ⅦKM7号墓などがある。二里頭類型第4期の青銅器には、鼎・爵・斝・盉・鈴・牌飾・釣針などがあり、そのほかに觚の出土も伝えられているが、遺物は盗難にあいその器形を確認することはできない。

　二里頭文化二里頭類型の青銅器としては、鼎・爵・斝・盉などの青銅禮器、戈・鉞・刀・鏃・錛・鑿・釣針などの武器や工具、そして鈴・牌飾・円形器・円泡形器などの楽器や飾金具があり、これらの青銅用具が、中国最初の青銅器文化を形成している。最初に出現してくる形のある青銅器は二里頭類型前期の青銅鈴で、容器としては中期の青銅爵である。二里頭文化に属する青銅の鼎・爵・斝・盉・戈の器形は、大多数の研究者が、殷王朝の文化と認める二里岡文化の青銅器器形の祖形をなすもので、殷代青銅器器形の母体となる基本的な形を呈している。したがって、二里頭文化が仮に夏王朝に属する文化であったとしても、夏の文化は殷文化につながる強い要素をもった類似した文化であったと考えることが可能である。

　以上のように二里頭文化の青銅器は、中国青銅器文化の最初の遺物である。代表的な器形ごとに若干の解説を加えておく（第100図）。

　鼎（第100図の5）の資料は1点だけで、1987年に二里頭類型後期（第4期）に属するM1号墓から出土した遺物が知られる。角状の空心足と耳を有し、通高26cmの大きさで、胴部には斜格子紋の横帯が存在する。

　爵（第100図の1・2）は青銅容器として鋳造された最初の容器類である。二里頭類型中期（第3期）に出現し、出土量も多い。いわゆる平底爵の器形を基本とする。土器の爵は二里頭類型第1期に出現し、二里頭類型前期（第2期）に入って一般化している。青銅の爵は二里頭類型中期に出現し、その器形は二里頭類型後期（第4期）から二里岡文化に引き継がれ、殷代には代表的な禮楽の器として用いられた。この時期の爵の基本的器形は、平底で、注と尾を有し、角状の三足をもつ。第4期の爵には角のある遺物も認められる。二里頭類型中期の出現期の爵は、身が重厚で、足は短く、角や鏤孔・紋様は存在しない。やがて把手に鏤孔が出現し、足が細くなってくる。二里頭類型後期の爵には、胴部に紋様が存在し、注の付け根に角の存在するものも出現する。

　斝（第100図の6）は2点知られているが、いずれも二里頭類型後期（第4期）に属する遺物である。一点は1987年に二里頭遺跡M1号墓から出土した遺物で、角状の三足と把手・2本の角を有し、腰部がふくらんでいる。通高26.8cmの大きさである。別の一点はM9号墓から出土した遺物で、腰部が明瞭にくびれ、2本の角・把手・角状の三足を有し、通高30.5cmの大きさである。

　盉の資料は1点だけで、2区の二里頭類型後期（第4期）に属するM1号墓から出土している。器

第100図　青銅器　二里頭文化、1・2爵、3・4牌飾、5鼎、6斝、7鈴、8・9戈、10鉞（二里頭遺跡出土）

身は薬缶形、平底で、3本の太い三角形の袋足が付く。把手には鏤孔があり、身の口はハート形で、直立する筒状の注が付く。通高24.5cmの大きさである。土器の盉は二里頭類型前期の第2期に出現し、中期・後期に数多く見られるが、青銅盉は二里頭類型後期に入って、土器の盉の器形を写して出現する。二里頭遺跡M1号墓出土の盉の器形は、二里岡文化の青銅盉に引き継がれていく。

戈（第100図の8・9）は、K3土壙からの出土品1点と採集品の1点が知られる。K3土壙出土の青銅戈は、長さ32.5cmほどの大きさで、援部は直線的な直援で、内部は湾曲する曲内で欄はない。内の中央に円形の紐通しの穴が開き、内には凸隆の雲紋が施されている。雲紋の凹溝槽には緑松石が象嵌されていたと推定される。

鏃は、矢の先端に取り付ける刃部である。二里頭文化に属する鏃には、中脊があり有茎で、逆刺のある三角形の両翼を有するものがある。この形の青銅鏃は、二里頭遺跡のほか山西省夏県の東下馮遺跡からも出土し、二里岡期の青銅鏃につながっていく。また扁平な板状の板状三角形無逆刺有茎鏃と呼ぶべき形の青銅鏃も見られる。

鈴（第100図の7）は二里頭文化以前に存在した可能性のある形で、山西龍山文化に属する陶寺遺跡からの出土例が知られる。二里頭文化の青銅鈴は、上部が狭く、株が広がる台形を呈している。鈕は半環形できわめて小さい。一般に側面に鰭を有しているがその役割は不明である。鈴であるからには舌が必要であるが、舌の有無に関しては明確でない場合が多い。

牌飾（第100図の3・4）の類にはいくつかの形があるが、いずれも弧形の板状で縦長の瓢箪形を呈し、中央がやや括れ、両側に小鈕が付いている。表面には緑松石による象嵌が施され、獣面紋状の紋様を描いている。大きさは長径で14cm内外である。牌飾は、形状から考えて何かの飾金具と考えられるが、用途は不明である。

ここで説明を加えた青銅器以外に、二里頭文化では、先記したように錛・鑿・円形器の出土も伝えられている。紅銅や青銅器からなる少量の金属遺物の出土は、龍山文化・龍山文化併存時代の遺跡に認められるが、青銅器文化と呼ぶに足る遺物を出土するのは、二里頭文化以降である。二里頭文化は、今日知りうる中国最古の青銅器文化として重要な意味をもっている。二里頭文化の青銅器技術は、やがて殷王朝の二里岡文化に引き継がれていくのである。二里頭文化の青銅器器形にみられる鼎・爵・斝・盉・戈の器形は、二里岡文化青銅器の祖形となる器形で、二里頭文化と二里岡文化の連続性を示している。筆者が二里頭文化を夏王朝の文化である可能性が高いと考える理由は、これらの青銅器が前2000年から前1500年の遺物と考えられることにある。二里頭文化と二里岡文化の青銅器を比較すると、夏文化と殷文化の連続性は顕著なものがある。

(5) 二里頭文化と夏王朝・殷王朝の関係

二里頭文化に関しての重要な研究課題のひとつに、この文化が夏王朝に属するのか、あるいは殷王朝に属するかという問題がある。二里頭遺跡が存在する河南省偃師県は、夏と関係する「斟氏」「崑山」「伊洛」などの地名と関係し、また、偃師県は殷の湯王が都した「亳」の地であるともいわれている。二里頭文化が夏に属するのか、あるいは殷に属するのかという議論の根底には、つねに二里頭文化に対しての年代観が横たわっている。先に結論をいえば二里頭文化は夏王朝文化である

可能性が高い。

　二里頭文化が前1600年～前1300年頃の文化であるのならば、これは殷代初頭の文化である可能性が高いし、二里頭文化が前2000年～前1500年頃を中心とした文化であるのならば、殷文化に先行する夏文化に属する可能性が高い。文献史学の上では、一説に『史記』の「十二諸侯年表」のはじめにあたる周厲王の共和元年を前841年とするのが、中国史でさかのぼれる最も古い年代であるといわれている。したがって前1000年以前を問題とする殷王朝や夏王朝の実年代はきわめて不確実といわざるをえないが、しかし、古典文献に示された年代を虚偽の記載としてまったく無視してしまうのもいかがであろうか。夏王朝の年代としては、前2000年から前1500年が想定されるが、この件に関しては前節の「夏王朝の年代」で詳しく述べたのでここでは省略する。

　考古学的な見地から二里頭文化を見れば、二里頭遺跡の大型建築址は、殷墟文化の大型建築址とつながる技術をもって造営されている。二里頭文化の鬲・大口尊・爵・簋・盆など土器の器形と紋様は、そのまま殷代二里岡文化の土器に連続して発展変化していく。また二里頭文化の爵・盉・斝・鼎などの青銅器の器形は殷代二里岡文化と殷墟文化の青銅禮器の祖形である。したがって二里頭文化期が、夏王朝に属する文化であったとしても、二里頭文化中に殷文化的な要素が濃厚であることは認めざるをえない。

　近20年、中国においても放射性炭素年代測定が盛んに行われるようになった。放射性炭素の半減期を利用して年代を測定するにあたっては、国際協定によって半減期を5560年とする値が用いられているが、5730年の値のほうがより正確であるという。中国においては一般に5730年の半減期を採用していて、これは合理的である。先に示した二里頭類型中期の木炭（ZK-1078）から測定された前1450±75年の値は5730年の半減期を採用した値であるが、ちなみに半減期5560年を採用すると前1350年±75年となる。つまり100年新しい値が出てくる。二里頭遺跡の二里頭文化関係のC14年代測定結果の値は、1991年に中国社会科学院考古研究所によって刊行された『中国考古学中碳十四年代数据集1965-1991』（『考古学専刊』乙種第二十八号）[22]によれば41件で、その中で木炭などの炭化物のC14年代測定は39件ある。39件中最も新しい年代数値はZK-2090の前1190年±95年（経樹輪校正、前1426-前1168年）、最も古い年代数値はZK-680の前1965年±95年（経樹輪校正、前2470-前2030年）である。C14年代測定そのままの数値は前1300年から前1650年の間に集中する傾向があり、39件中32件がこの間の数値を示している。またこの39点の木炭の樹輪校正年代を見ると、前1500年から前2000年の数値を示すものが26例ある。1992年および2002年には、二里頭遺跡関係のC14年代測定の結果が、さらに追加発表されているが、樹輪校正年代において前1500年をさかのぼる傾向は同じである。[23]

　筆者はかつて二里頭文化を殷王朝の第1代湯王から第10代仲丁の囂（隞）への遷都時期までの時期にあてはめてきた。二里頭類型のC14年代測定数値は、前1500年を中心に前1300年から前1650年の間に集中し、まさに殷前期の年代に符合している。しかし、中国においては、二里頭類型の木炭などのC14年代測定の結果を、樹輪校正年代法を用いることによって補正している。この結果、樹輪校正年代による二里頭類型の木炭の年代は、年数にしてC14年代測定の数値より数10年から約400年古くなっている。C14年代測定の数値は誤差が大きく、その数値をそのまま信じることは

できないという。樹輪校正年代の数値は、C14年代測定のそのままの数値にくらべて正確で、暦年代に移行する場合には樹輪校正年代を用いるべきであるという。日本の縄紋文化の絶対年代も今では、樹輪校正年代を用いるのが正しい年代とされている。本書の新石器時代の「第2表　主要新石器文化・遺跡年代表」も原則として樹輪校正年代を採用した。当然のこととして二里頭文化に関しても樹輪校正年代を採用すべきである。

　二里頭類型中期（第3期）・後期（第4期）の年代をC14年代測定そのままの数値で考えると殷前期に相当するが、樹輪校正年代の数値に置き換えると、二里頭類型前期（第2期）・中期（第3期）・後期（第4期）のいずれも、おおむね前2000年から前1500年の夏王朝文化の年代に適合してくる。近年の樹輪校正年代を用いた研究に主眼を置けば、二里頭文化二里頭類型の第2・3期は夏王朝文化あるいはその時代の併存文化で、二里頭類型第4期は夏王朝末期か殷王朝の初年である可能性も高いといわざるをえない。

註

（1）　14 飯島武次、1985、『夏殷文化の考古学研究』（山川出版社、東京）。

（2）　240 徐旭生、1959、「1959年夏豫西調査"夏墟"的初歩報告」（『考古』1959年第11期）。

（3）　391 中国社会科学院考古研究所、1999、『偃師二里頭　1959年～1978年考古発掘報告』（『中国田野考古報告集』考古学専刊丁種第五十九号）。

（4）　365 中国科学院考古研究所洛陽発掘隊、1961、「1959年河南偃師二里頭試掘簡報」（『考古』1961年第2期）。

（5）　391 中国社会科学院考古研究所、1999、『偃師二里頭　1959年～1978年考古発掘報告』（『中国田野考古報告集』考古学専刊丁種第五十九号）。

（6）　413 中国社会科学院考古研究所二里頭工作隊、1984、「1981年河南偃師二里頭墓葬発掘簡報」（『考古』1984年第1期）。

（7）　415 中国社会科学院考古研究所二里頭工作隊、1985、「1982年秋偃師二里頭遺址九区発掘簡報」（『考古』1985年第12期）。

（8）　18 飯島武次、1991、『中国新石器文化研究』（山川出版社、東京）。

（9）　79 河南省文物研究所・中国歴史博物館考古部、1992、『登封王城岡与陽城』（文物出版社、北京）。

（10）　579 洛陽博物館、1978、「洛陽矬李遺址試掘簡報」（『考古』1978年第1期）。

（11）　580 洛陽博物館、1978、「洛陽東馬溝二里頭類型墓葬」（『考古』1978年第1期）。

（12）　397 中国社会科学院考古研究所河南二隊、1982、「河南臨汝煤山遺址発掘報告」（『考古学報』1982年第4期）。

（13）　80 河南省文物研究所・長江流域規劃辨公室考古隊河南分隊、1989、『淅川下王岡』（文物出版社、北京）。

（14）　539 北京大学考古学系・駐馬店市文物保護管理所、1998、『駐馬店楊荘——中全新世淮河上游的文化遺存与環境信息』（科学出版社、北京）。

（15）　462 鄭州大学文博学院・開封市文物工作隊、2000、『豫東杞県発掘報告』（科学出版社、北京）。

（16）　412 中国社会科学院考古研究所・中国歴史博物館・山西省考古研究所、1988、『夏県東下馮』（『中国田野考古学報告集』考古学専刊丁種第三十五号）。

(17) 433 中国歴史博物館考古部・山西省考古研究所・垣曲県博物館、1996、『垣曲商城（一） 1985～1986 年度勘査報告』（科学出版社、北京）。
(18) 391 中国社会科学院考古研究所、1999、『偃師二里頭 1959 年～1978 年考古発掘報告』（『中国田野考古報告集』考古学専刊丁種第五十九号）。
(19) 412 中国社会科学院考古研究所・中国歴史博物館・山西省考古研究所、1988、『夏県東下馮』（『中国田野考古学報告集』考古学専刊丁種第三十五号）。
(20) 391 中国社会科学院考古研究所、1999、『偃師二里頭 1959 年～1978 年考古発掘報告』（『中国田野考古報告集』考古学専刊丁種第五十九号）。
(21) 413 中国社会科学院考古研究所二里頭工作隊、1984、「1981 年河南偃師二里頭墓葬発掘簡報」（『考古』1984 年第 1 期）。
(22) 380 中国社会科学院考古研究所、1991、『中国考古学中碳十四年代数据集 1965-1991』（『考古学専刊』乙種第二十八号）。
(23) 625 中国社会科学院考古研究所実験室、1992、「放射性碳素測定年代報告（一九）」（『考古』1992 年第 7 期）。624 中国社会科学院考古研究所考古科技実験研究中心碳十四実験室、2002、「放射性碳素測定年代報告（二八）」（『考古』2002 年第 7 期）。

第 3 節　殷王朝の実証と年代

（1）　殷王朝実在の証明

　殷王朝実在の証明と夏王朝の実在に関する論議とは、考古学的な問題としてとらえたとき、方法論の上で本質的に異なっている。夏王朝も殷王朝も中国の正史（司馬遷『史記』）に記述された王朝であるが、夏王朝はその存在が歴史の上に証明されていない。殷王朝の存在に関しては殷代甲骨文によって歴史の上に実在したことが証明されている。

　殷王朝の存在に関しては、王懿栄の甲骨文収集と 1903 年の劉鉄雲の『鉄雲蔵亀』刊行を出発点として、孫詒讓の『契文擧例』によって甲骨文字の解読が本格的に開始された。孫詒讓は、甲骨文が祭祀・狩猟・軍旅などに関する卜辞であることを明らかにしたが、彼は甲骨学の創始者ともいわれている。林泰輔は 1909 年に「清国河南省湯陰県発見の亀甲獣骨に就きて」において、甲骨文を殷の遺物と断定している。羅振玉は 1910 年の『殷商貞卜文字巧』で、甲骨文中にある殷王の名前を拾い出し、それが『史記』殷本紀の殷王室世系の殷王の名前と基本的に一致することを明らかにし、出土史料である甲骨文中の諸王名から『史記』の殷王室世系を訂正することができるとした。またそれまでは甲骨文の出土地は河南省の湯陰県といわれていたが、甲骨文の出土地が、じつは今日の河南省安陽市小屯村の殷墟遺跡であることを明らかにした。この羅振玉の甲骨文研究によって、殷王朝の存在が実証されるに至ったといえる。さらに、王国維の歴史地理学的研究は、河南省安陽市の洹河両岸の殷墟遺跡が、殷王朝の 19 代盤庚から 30 代帝辛までの殷の都であった大邑商であるとする学説を確立した。

　1928 年に中央研究院歴史語言研究所が設立され、その年の 10 月に歴史語言研究所は董作賓を殷

墟遺跡に派遣して発掘を開始している。そして1929年の第2次調査からは李済が考古組組長として殷墟の発掘に加わり、1937年の日中戦争開始までに前後15次の発掘調査が行われている。これら殷墟遺跡の15次にわたる殷墟遺跡に対しての発掘は、洹河南岸小屯村における大型建築址と大量の甲骨文の発見、さらに洹河北岸の侯家荘における殷代王陵群の発見をもたらし、殷王朝の存在を歴史上ゆるぎのないものとした。

夏王朝に関しては、『史記』夏本紀に伝説的な記述があるものの、その時代の文字史料が発見されているわけではない。その点、殷王朝の存在に関しては、甲骨文による殷王朝世系と、大邑商に対する歴史地理的な研究、そして1928年以降の殷墟遺跡の発掘によって、確実な実証が行われている。しかし、遺跡と遺物による殷王朝実在の証明が行われているのは、殷墟文化あるいは殷墟期と呼ばれる殷後期に関してのみである。殷墟遺跡から出土し、われわれが入手し、研究している甲骨文字は、基本的には22代武丁から30代帝辛に至る時代の亀甲獣骨に刻まれた甲骨文字で、それ以前の甲骨文字に関しては、不確実である。一般的な定説によれば、大邑商と呼ばれた殷墟に都が置かれたのは、19代盤庚から30代帝辛の時代とされ、この時代が殷後期で、この殷墟文化は基本的に第1期・第2期・第3期・第4期の4時期に分けて編年されているが、その代表的な編年表には、鄒衡氏による4期7組に分けた「遺址分期図表」などがある。殷後期に相当する殷墟文化以前の殷王朝の遺跡・遺物に関しては、不確実な要素が多分にある。

考古学的な遺物に対する型式学と層位学の上から考えると、殷墟文化の直前にくる時代、つまり殷墟文化の堆積層の直下にある二里岡文化が、19代盤庚以前の殷の文化であると解釈され、このことは多くの考古学者の意見が一致するところである。この二里岡文化（二里岡期）と呼ばれる文化は、河南省鄭州市の二里岡遺跡を標準遺跡とし、1952年以降発掘調査が行われている。1953・1954年の二里岡遺跡の発掘に関する報告では、二里岡文化を下層と上層に分類し、この2つの文化層を、鄭州人民公園遺跡の下層・中層・上層と対比している。二里岡遺跡の下層は人民公園遺跡の下層に相当し、二里岡遺跡の上層は人民公園遺跡の中層に相当し、人民公園遺跡の上層は安陽殷墟文化に近い内容をもつと述べている。2001年に至って発表された『鄭州商城──1953～1985年考古発掘報告』においては、二里岡下層第1期から人民公園第2期に至るさらに細分された編年が示されているが、基本的な編年観は、1953・1954年の二里岡遺跡の発掘に関する報告（『鄭州二里岡』）の編年観を基礎としている。

この二里岡文化に関しては、その開始時期を殷王朝開始時期の1代湯王の時代に比定し、二里岡文化を殷前期の文化とする北京大学鄒衡氏を代表とする説と、10代仲丁以降19代盤庚にいたる殷中期にあたると考える河南省の故安金槐を代表とする説の有力な二説が存在する。筆者はかつて二里岡遺跡の文化堆積を殷中期の堆積と考えてきたが、二里岡文化を殷中期と考えると、二里岡文化の下層に堆積する二里頭文化と呼ばれる堆積層を殷前期の層と考えざるをえなかった。しかし、樹輪校正年代を採用した実年代から考えると、河南省偃師県の二里頭遺跡を標準とする二里頭文化二里頭類型の堆積には、夏王朝に併存する文化層が含まれているものと推定される。後述する二里岡文化関係のC14年代測定に対する樹輪校正年代の数値は、殷前期の年代を示している。したがって、もし二里岡下層時期に殷の初年を設定すると、二里頭文化を夏王朝の文化と認めざるをえなく

なってくる。

　「殷」のことを「商」と呼ぶことがある。今日の中国の書籍や論文においては、殷のことを商と呼ぶのが一般的である。また「商殷」「殷商」と呼ぶこともある。始祖の湯は夏の桀を伐ち商と号して亳に都した。商と称したのは湯の祖先の契が商（河南省商丘市あるいは陝西省商県）に封ぜられたことにもとづくともいう。盤庚の時、殷に都して国号を殷と改めた。それで時には商殷あるいは殷商というという。甲骨文には「商」と出てくるが、『史記』では「殷本紀」とある。本書ではわが国で一般的に「殷王朝」の名称が用いられているのにしたがい、「殷」あるいは「殷王朝」を用いておく。本書では殷と商を同意義としておく。
(12)

(2)　殷王朝の年代

　仮定される殷王朝の成立年代と、殷王朝が周に滅ぼされた克殷の年代に関しては諸説があり確かな説はない。すでに一部紹介したが、克殷の年代に関する代表的な説には、董作賓の前1111年説、新城新蔵の前1066年説、夏商周断代工程の前1046年説、陳夢家の前1027年説、平勢隆郎氏の前1023年説などがある。陳夢家の前1027年説は以下の通りである。『竹書紀年』にいう、

　　武王滅殷歳在庚寅二十四年歳在甲寅定鼎洛邑、至幽王二百五十七年、共二百八十一年。

　　自武王元年己卯、至幽王庚午二百九十二年。

あるいは、『史記』周本紀・集解にいう、

　　駰案汲冢紀年曰自武王滅殷以至幽王凡二百五十七年也。

などによる257年間を武王滅殷より幽王三年に至る257年間と解釈し、前771年を基準に求めた克殷の年代が前1027年である。現在のところ平勢氏の前1023年説が最も合理的な数字にも思える
(13)
が、いずれにしろ前11世紀の後半に殷王朝は滅んだことになる。

　殷王朝開始の年に関しては、『竹書紀年』に、

　　湯滅夏以至于受二十九王用歳四百九十六年。

とあって、この496年間を殷滅亡の年である前1027年に加えると、殷の初年は前1523年になる。平勢隆郎氏は殷の初年を前1501年としていられる。30人の王が王位についた殷王朝の存続年数を500年前後と考えるのならば、殷王朝の年数を496年間とする『竹書紀年』の記述も無難な数値かもしれない。筆者としては、殷王朝の開始年代を一応の目安として前1500年頃と考えておきたい。中国最初の青銅器文化である二里頭文化につづく、二里岡文化の開始時期は後述するようにC14年代測定に対する樹輪校正年代では、前1500年頃と結論づけられる。

　河南省偃師県の県城は、洛陽市の東に位置し、洛河と伊河の両河は偃師県城の南で合流する。洛河の北岸には、殷初代の王である湯王の都である亳と関係する尸郷溝の地名が残っている。『尚書』胤征の、

　　湯始居亳、従先王居、作帝告釐沃。

さらに同じ内容であるが、『史記』殷本紀に、

　　湯始居亳、従先王居、作帝誥。

と見られるが、この「亳」の地を河南省偃師県付近とする考えが古来からある。『漢書』地理志、河

南郡偃師県の下注に、

　　尸郷、殷湯所都。

とあり、また『括地志』に、

　　河南偃師為西亳、帝嚳及湯所都。……亳邑故城在洛州偃師県西四十里、本帝嚳之墟商湯之都也。

また、『史記』殷本紀の「正義」に、

　　按亳偃師城也、商邱宋州也、湯即位、都南亳、後徙西亳也。

などと見られることから、偃師県を西亳とする説が有力である。偃師県の県城からさほど遠くない西南6kmほどのところに偃師県尸郷溝の地名が残っている。河南省偃師県尸郷溝における二里岡文化に属する偃師殷故城の発見によって、筆者は偃師殷故城が、『漢書』や『括地志』に記載された湯王の亳邑である可能性がきわめて高いと考えるようになった。

註

（１）　606 劉鉄雲、1903、『鉄雲蔵亀』（北京）（芸文印書館、台北）。
（２）　341 孫詒譲、1904、『契文舉例』（『吉石盦叢書』1917年）。
（３）　507 林泰輔、1909、「清国河南省湯陰県発見の亀甲獣骨に就きて」（『史学雑誌』第29巻第8・9・10号）。
（４）　582 羅振玉、1910、『殷墟貞卜文字巧』（北京）。
（５）　39 王国維、1940、『観堂集林』（『民国叢書』）。
（６）　252 鄒衡、1980、『夏商周考古学論文集』（文物出版社、北京）、図1。
（７）　7 安志敏、1954、「一九五二年秋季鄭州二里岡発掘記」（『考古学報』1954年第8冊）。70 河南省文化局文物工作隊、1959、『鄭州二里岡』（『中国田野考古報告集』考古学専刊丁種第七号）。
（８）　70 河南省文化局文物工作隊、1959、『鄭州二里岡』（『中国田野考古報告集』考古学専刊丁種第七号）。
（９）　83 河南省文物考古研究所、2001、『鄭州商城──1953～1985年発掘報告』（文物出版社、北京）。
（10）　252 鄒衡、1980、『夏商周考古学論文集』（文物出版社、北京）。251 鄒衡、1978、「鄭州商城即湯都亳説」（『文物』1978年第2期）。
（11）　6 安金槐、1961、「試論鄭州商代城址──隞都」（『文物』1961年第4・5期）。
（12）　一例として、鄭州市で発見されている商殷時代の城跡を中国では「鄭州商城」と呼んでいるが、本書では「鄭州殷城」あるいは「鄭州殷故城」と呼ぶことにする。しかし、場合によっては無理に商を殷と訳さずに「商」をそのまま用いさせてもらうことにした。
（13）　519 平勢隆郎、2001、『よみがえる文字と呪術の世界』（『中公新書』中央公論新社、東京）。

第4節　殷代二里岡文化

（1）　二里岡文化

　殷前期あるいは殷中期の文化として、二里岡文化が設定されているが、二里岡文化を殷前期の文化と考えるのが現在の研究成果の上からは妥当である。ある研究者は二里岡文化を殷前期の文化だといい、またある学者は二里岡文化を殷中期の文化だという。二里岡文化は、河南省鄭州市の二里

岡遺跡を標準とする文化である。1950年代に行われた河南省鄭州市の人民公園遺跡および二里岡遺跡の調査で地層の上下関係から、古い方から二里岡下層文化・二里岡上層文化・人民公園上層文化（殷墟文化相当）の3層の殷文化が区別されるようになった。二里岡遺跡は、鄭州殷故城と呼ばれる故城の東南角、城外に位置している。二里岡文化の文化層は、鄭州市の人民公園遺跡以外の諸遺跡でも、安陽市殷墟遺跡を標準とする殷墟文化（殷後期）層の下から発見されている。そしてこの二里岡期の文化層は、上層と下層の2時期に分けることができるが、文化的には連続する一貫性を有している。最近の研究では、鄭州市の殷代遺跡の編年として、鄭州殷代南関外（二里頭類型第4期）→殷代二里岡下層第1期→殷代二里岡下層第2期→殷代二里岡上層第1期→殷代二里岡上層第2期→殷代人民公園第1期→殷代人民公園第2期の序列が示されている。このような編年区分は出土した土器を基本に行われているが、この時期の土器は、夾砂灰陶と泥質灰陶が主で、一般に胎土は薄く、表面に縄紋の施されるものが多い。一部の土器には、饕餮紋や雷紋などの紋様が施される。土器の器形には、鬲・甗・罐・盆・簋・爵・斝・大口尊などがあるが、土器の器形と紋様は、明らかに二里頭文化と安陽殷墟文化の中間をつなぐ要素を有し、また安陽市殷墟遺跡から出土する土器の祖形ともなっている。荒い見方をすれば、殷代人民公園第1期は殷墟第1期の土器に近く、殷代人民公園第2期の土器は殷墟第2期の土器に近いといえる。

　最近の樹輪校正年代と歴史的実年代を尊重した研究事例からは、二里岡文化が殷第1代の湯王時代を含む殷の早い時期である可能性が相当明確に出てきている。かつて筆者は、二里岡文化を殷第10代の仲丁の隞（囂）への遷都から第19代の盤庚の遷都以前の時期をあてはめることが可能であると考えた。鄭州市で発見されている二里岡文化の鄭州殷故城遺址は比較的長く使用された城址と推定されるが、記録によると仲丁の隞の居住期間は比較的短く、遺構の存続年数と歴史記録の間に矛盾が出てくる。仲丁の後、河亶甲は「相」に、祖乙は「耿」に、南庚・陽甲は「奄」になど、いくたびか遷都の行われた記録があるが、第19代盤庚の大邑商（殷墟遺跡）への遷都から後を殷後期（殷墟文化）とする考えが一般的である。いずれにしろ、二里岡文化は殷前期ないしは中期の殷王朝文化に属する文化に間違いはない。

（2）　二里岡文化の城郭遺跡

　二里岡文化期に入ると、鄭州市発見の鄭州殷故城や河南省偃師県にある偃師殷故城に代表される都城や大規模な城郭都市と考えられる遺跡が出現してくる。しかし、湖北省黄陂県で発見された盤龍城や、河南省焦作市発見の府城殷故城址などは、平面方形の城郭遺跡ではあるが、城の規模は1辺300m以下で、都城や城郭都市と見るには規模が小さく、一般的意味での戦国・秦漢時代の都城や城郭都市に準じる役目をはたしえない遺構と思われる。いずれの遺跡の城内からも、二里頭遺跡の1号・2号大型建築址に類似した大型建築址が発見されている。しかし、盤龍城や府城殷故城址は、きわめて小規模な城郭遺構で、大規模な城郭都市としての鄭州殷故城や偃師殷故城のように内部に多くの宮殿址群・生産遺構・市・住居址などの都市形の遺構が存在するとは考えにくい。盤龍城や府城殷故城址の城内で発見されている遺構は大型建築址のみで、そこは宗廟など祭祀関係の建築址である可能性が高い。

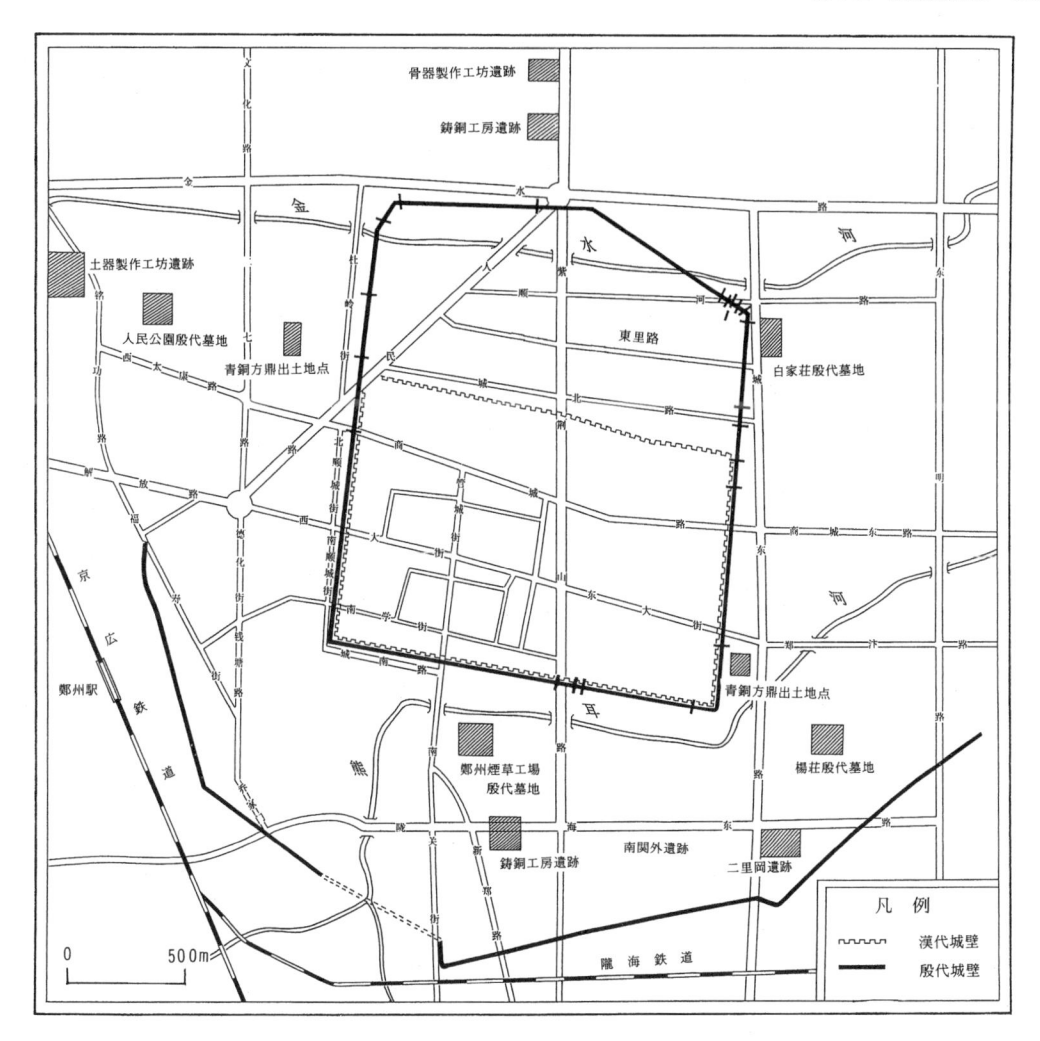

第101図　鄭州殷故城平面図

　鄭州殷故城は、河南省鄭州市の市内東よりに存在する。殷代の城壁は黄土を用いて版築で構築され、城郭の平面形は南北に長い歪んだ長方形を呈している[3]。東城壁の長さ1700m、南城壁の長さ1700m、西城壁の長さ1870m、北城壁の長さ1690mで城壁の総長は6960mに達する大きさを有している（図版15-1、第101図）。城内の東北部では、長さ約750m、幅約500mの範囲で大型建築址の基壇版築群が発見され、そこに宮殿や宗廟が存在していた可能性が考えられ、また付近で祭祀遺跡や溝に埋設された人骨なども発見されている（図版15-2）。この城壁の版築土中からは二里岡下層時期の土器片が発見され、また城壁を二里岡上層あるいは下層の住居址や墓や灰坑が切っていることから、城壁の造営された年代は、二里岡下層第2期から二里岡上層第1期に至る間と考えられている。東城壁のトレンチT7第5層から出土した木炭（ZK-178）のC14年代測定の結果は前1380±95年（経樹輪校正、前1635-前1425年）、東城壁のトレンチT7第3層（二里岡上層）から出土した木炭（ZK-177）のC14年代測定の結果は前1360±95年（経樹輪校正、前1618-前1417年）であった[4]。北城壁の外側では青銅器製作工房や骨器製作工房が発見され、西城壁外では土器製作工房

が発見され、また西城壁外や東南城外などの3カ所では祭祀に関係すると考えられる方鼎を含む窖蔵青銅器が発見されている。鄭州殷故城の南城壁外の南関外において二里岡文化の鋳銅工房が発見され、坩堝・陶范・銅渣・木炭などが出土している。陶范には、刀・鏃・钁・戈などがあった。さらに遺構の状態は明確にはなっていないが、鄭州殷故城を取りまく形で鄭州殷故城の南壁の南700〜900mに外郭城壁の存在が明らかとなり、その総長は5000mに達している。外城壁の版築のようすや版築土層中に含まれる土器片の状態は、鄭州殷故城の場合と同じであるという。鄭州殷故城が内城と外城の二重の城壁を有していた可能性をも指摘され、鄭州殷故城が巨大な規模を有する都城であった可能性も考えられている。この鄭州殷故城に関しては、『史記』『竹書紀年』『括地志』などの記載に

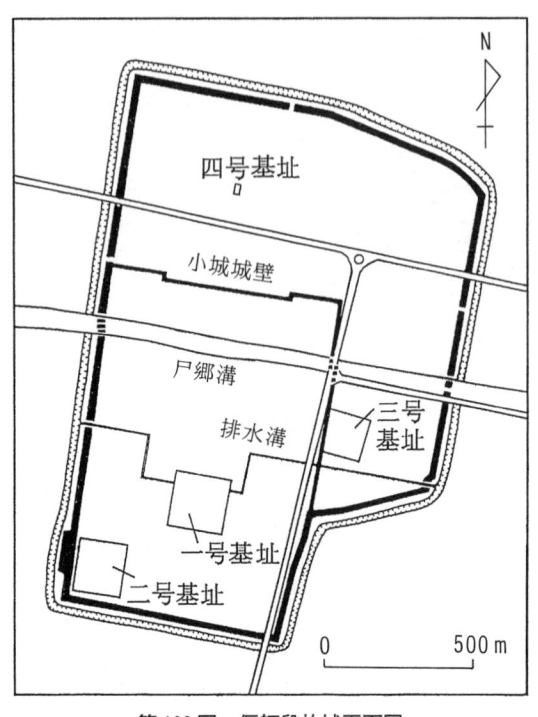

第102図　偃師殷故城平面図

より、仲丁の「隞」の都とする説があり、また「鄭亳」として湯王の都が置かれた殷前期の都城と考える説もある。

　河南省偃師県尸郷溝の偃師殷故城は、南北に長い庖丁形に近い平面形を呈し、版築の工法で造営された北壁・東壁・西壁は土中に埋もれてはいたがよく残り、城壁外には濠がめぐっていた（第102図）。西壁の長さ1710m、北壁の長さ1240m、東壁の長さ1640mで、南壁は東西740mほどである。偃師殷故城の南西側には、この故城の初期の主要部分である小城が存在する。小城は南北約1100m、東西幅約740mほどの大きさで、小城の西壁が北に延びて大城の西壁につながり、小城の東壁中央南から大城の東壁が東北へ向って枝分かれしている。小城出土土器の観察から最初に南北に長い長方形の小城の造営が行われ、その後大城の拡張が行われ庖丁形の平面形を呈したと考えられている。偃師殷故城内小城の中央南寄りには土塁に囲まれた1号建築群が存在し東西に排水溝が延び、城外に達している。小城の西南隅には2号建築群が小城の西壁に接して存在し、小城の東壁外の大城側には3号建築群が、大城の北城壁内側には4号建築址が存在する。1号建築群の建築址の中には宗廟が含まれると推定されるが、偃師殷故城は単に宗廟のみを取り囲む遺跡ではない。偃師殷故城は、南北1700m以上の大規模な城郭で、大城と小城からなり、大城外には周濠が取り巻き、城内には4つ以上の建築群が存在し、複雑な都市機能の存在が想定され、都城あるいは城郭都市と呼ぶのにふさわしい遺跡である。城内から出土する土器は基本的には、殷前期の二里岡上層文化に属する遺物である。1996・1997年に調査された大灰溝からは二里頭類型第4期から二里岡下層第1期に至る土器が出土していて、これらの土器は二里頭文化と二里岡文化の連続性を示すと同時に、偃師殷故城の造営開始年代がこの時期であることを示している可能性がある。この年代から考

えると偃師殷故城は中国で最も古い都城址であるともいえる。偃師殷故城に関しては、『漢書』地理志や『括地志』の記載によって、ここを湯王の「亳」の地とする考えがある。偃師殷故城の造営が、二里頭類型後期末あるいは二里岡下層第1期いずれの時期から開始されたとしても、殷前期を中心に使用された城郭である可能性が高く、『漢書』の記載などから偃師殷故城を湯王の亳に比定する考えは現在の研究現状からはそれなりの説得力がある。また、北京大学考古文博学院の鄒衡氏は、あるいは太甲の「桐宮」ではないかとする説を述べている。

偃師殷故城出土の木炭に対してのC14年代測定は、二里岡下層文化の木炭（ZK-1372）で前1405±100年（経樹輪校正、前1680-前1430年）と、樹輪校正年代は殷の初年に対応する数値を示している。したがって樹輪校正年代が暦年代に近い確実な年代を示しているのならば、偃師殷故城をして湯王の「亳」の都城と考えるのが合理的といえる。

河南省焦作市発見の府城殷故城は、二里岡文化の城郭で南北長さ約277m、東西幅約295mの正方形である。西城壁と北城壁はよく残り、西城壁の長さ277m、高さ約2m、北城壁の長さ295m、高さ約2mが残っている。殷代の建築址・灰坑などの遺構は城内の中央部に位置し、4基のやや大型の版築建築遺構が発見されてる。その中で1号建築址と2号建築址は残りもよく面積も大きい。1号建築址は、城内東北部に位置し、南北の長さは約69m、東西の幅は約32mで、その範囲に回廊などが連なる建築群の基壇である。ボーリングによる調査では南北に中庭をもつ「日」の字形平面の建築基壇であることが判明している。日字形の中央にある東西に長い建物は正殿と考えられ、南北幅は15mほどある。北院は南北幅5mほど、南院は南北幅7mほどで全体を回廊がつないでいるものと推定される。1号建築址の北回廊の北側40cmにあったH59灰坑からは、土器・動物骨片・貝類が出土している。発掘者は宮殿で生活する人びとが生活廃棄物を捨てたと推定しているが、祭祀に用いた献納物の残りを廃棄したと考えてもよいであろう。この1号建築址の年代は、二里岡下層期あるいはそれ以前と報告されているが、一応のところ二里岡下層期と考えておく。

河南省焦作市府城殷故城発見の1号建築址は、「日」の字形平面の建築基壇であるが、このような平面形や区画を有する建築址は、後述する陝西省岐山県鳳雛村で発見された西周時代の甲組建築址や、陝西省鳳翔県の春秋時代の秦雍城の馬家荘3号建築址があり、いずれも宗廟である可能性が高い。鳳雛村甲組建築址のF2室の坑内からは西周甲骨が発見されているが、『周禮』亀人には「亀室」の用語が見られ、『史記』亀策傳の記載によれば廟堂において亀甲に鑽して、それを亀室に納めるという。また『爾雅』釋宮によれば東西に回廊のごとく小室である「廂」の連なる建物は廟であるという。これらの『周禮』『史記』『爾雅』などの記述によって岐山県鳳雛村の甲組建築址は宗廟と推定されている。また陝西省鳳翔県雍城の「品」字形の配列をもつ馬家荘1号建築址は、昭穆制に関わる廟と推定する説があり、「品」字形の配列と「日」の字形の区画をもつ建築基壇からなる3号建築址も祭祀に関わる建物である可能性が高い。鳳雛村甲組建築址や馬家荘3号建築址の例から考えると府城殷故城発見の1号建築址は、宗廟ないしは祭祀に関わる建物である可能性が高い。規模の小さい府城殷故城の内部に多くの大型建築址があるとは考えがたく、したがって府城殷故城は宗廟を取り囲む城郭宗廟である可能性が考えられる。

湖北省黄陂県の盤龍城は、府河に南面する台地上に位置し、故城の大きさは南北約290m、東西約

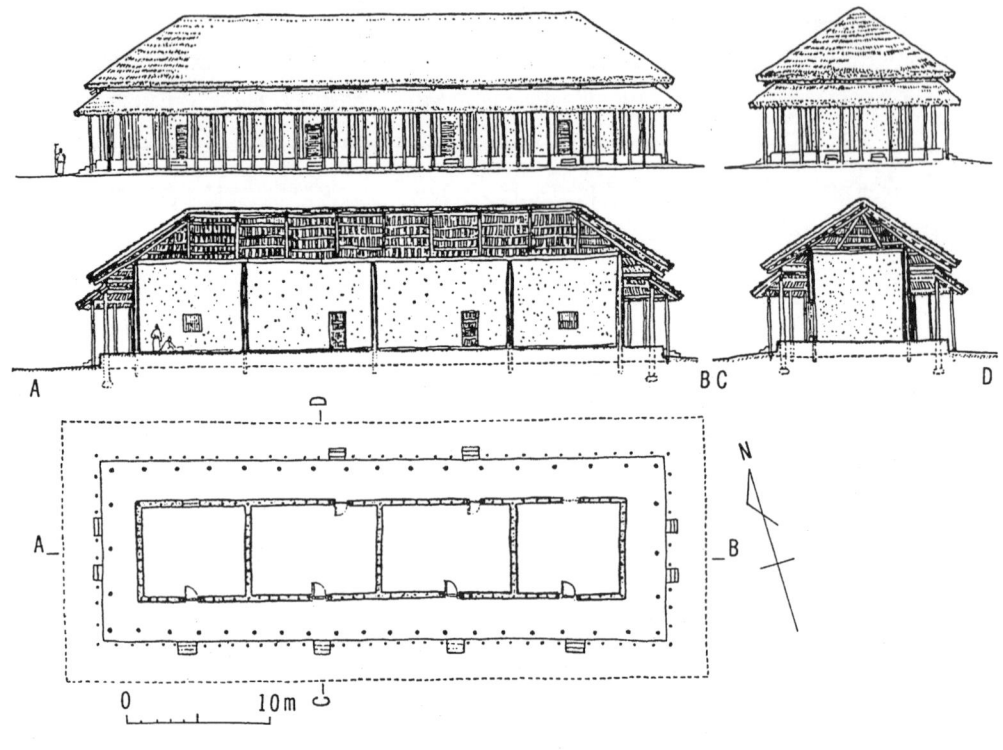

第 103 図　盤龍城 F1 大型建築址復元図

260m の平面長方形を呈している。城内の北寄りに南北長 100m 前後、東西幅 60m 以上の版築遺構が存在し、この版築の上には少なくとも 3 基以上の東西に長い大型建築が前後に並列して建っていたと考えられ、それらの建築の方向は城壁の方向に一致していた。F1 建築址は基壇が構築されている。F1 号建築址の基壇は、東西長さは 39.8m、南北幅は 12.3m ほどの大きさで、46 本の柱穴と建物の中央部を 4 室に仕切る土壁も発見され、梁行 19 間、桁行き 4 間の大型建築が想定されている（第 103 図）。さほど広くない城内の大基壇上の南北軸線にそって配列される F1・F2・F3 建築址は、そのようすから「日」字形に配列された建築群ではないかと推定される。幅 40m 前後の 3 基の大型建築とそれらを結ぶ回廊や大門を想定すると、290m と 260m の城内はこの一群の 3 基の大型建築で占有されているといってもよい状態であろう。

　二里岡文化の城郭遺跡としては、以上のほかに山西省垣曲県古城の垣曲殷故城、山西省夏県の東下馮遺跡の版築城壁などが知られている。

　城郭都市あるいは都城と認識すべき最古の明確な遺跡は、城内の大型建築址群や生産工房などの遺構や多数の青銅器・玉器・土器などの遺物の発見と、古典文献に見える「亳」や「隞・囂」などの地名記述から考えて、二里岡文化の偃師殷故城や鄭州殷故城である。先に紹介した二里頭時代の偃師県二里頭遺跡は城郭がなく都城とは呼べないが、城郭をもたない最古の都市遺跡である可能性は高かった。二里頭文化・二里岡文化において城郭都市あるいは都城と定義できる遺構は、城郭の規模が比較的大きく、1 辺の城壁が 1000m を越え、城内に宮殿址・宗廟・祭祀遺跡・鋳銅工房・玉器製作工房・骨角器生産工房・土器製作工房・倉庫・住居址など多種の遺構が複合的に存在する遺

跡に限るべきである。そのような解釈をするのなら、鄭州殷故城や偃師殷故城は中央に宗廟や祭祀場を配した中国最古の都城と結論づけられる。

(3) 二里岡文化の大型建築址

二里岡文化の大型建築としては、鄭州殷故城内で発見されている大型建築址群と、盤龍城で発見された大型建築址などが代表的な例となっているほか、偃師殷故城の4号基址などにおいても比較的大きな建築址が発見されている。

鄭州殷故城の大型建築址群は、故城内の東北部に集中し、東西長さ約750m、東西約500mの範囲に版築基壇が多数存在し、宮殿群とも呼べる区域を形成している。基壇の大きなものは、2000m²と面積がきわめて広い点から、二里頭遺跡の大型建築と同じように、大基壇の上に殿堂の基壇が築造されている遺構が存在する可能性も考えられる。鄭州殷故城内の大型建築址で比較的残存状態のよかったのは、15号基壇である。(14) 15号基壇は層位と文化遺物から二里岡下層文化の遺構と考えられている。この基壇は地中に大土坑を掘削した後、土坑の底から版築を重ね、地表面に版築を積み上げている。基壇の大きさは、東西65m以上、南北13.6mで、面積は二里頭遺跡の大型建築址より大きい。基壇の上には長方形の柱穴が2列にならんでいた。15号大型建築址の側柱は2本の軒柱と組合わさっていたが、この側柱の建築方法は二里頭遺跡の1号・2号大型建築址の側柱の立て方と同じである。

先に紹介したように湖北省黄陂県盤龍城で発見されたF1大型建築址も巨大な版築基壇上に存在する。この大型建築址が乗る基壇は南北の長さ100m以上、東西の幅60m以上で、この大基壇上に複数の大型建築址がならんでいたと推定される。その中のF1大型建築址は、基礎の基壇が東西39.8m、南北12.3m、高さ0.2mの大きさを有し、二里頭遺跡の大型建築址より一回り大きかった。基礎基壇の辺縁に沿って43カ所の柱穴が発見され、また殿堂の中央部を4室に仕切る壁の存在も認められている。第103図は、建築史学者の楊鴻勲氏による復元図である。

偃師殷故城の第1・2・3・4基址においても比較的大型の建築址が発見されている。(15) 4号基址は、偃師殷故城の北西部に位置し（第102図）、基址の大きさは東西長さ51m、南北幅32mである。この基址の上に正殿・東連坊・西連坊・南連坊・南門が立てられている。北の正殿から東西の連坊が回廊状に延びて、南の連坊にコの字形につながっている。正殿は東西長さ36.5m、南北幅11.8mの大きさで、正殿の基壇は基址上面から25～40cmほど高くなっている。正殿基壇南面の4カ所に階段がとりついている。東連坊は5室からなる。西連坊の部屋の数は定かでないが東連坊と同じ5室が想定される。南連坊は中央の南門によって東西に分けられ、東3室、西4室となっている。この4号基址の年代は、出土した土器、灰坑との切り合いから二里岡上層時代に使用されていたと報告されている。

(4) 二里岡文化の土器

この時期の標準遺跡は、すでに紹介した鄭州市の二里岡遺跡である。二里岡遺跡から出土する土器は、泥質灰陶と夾砂灰陶が主で、ほかに泥質黒陶や灰釉陶器の類も含まれる。器形には、鬲・鼎・

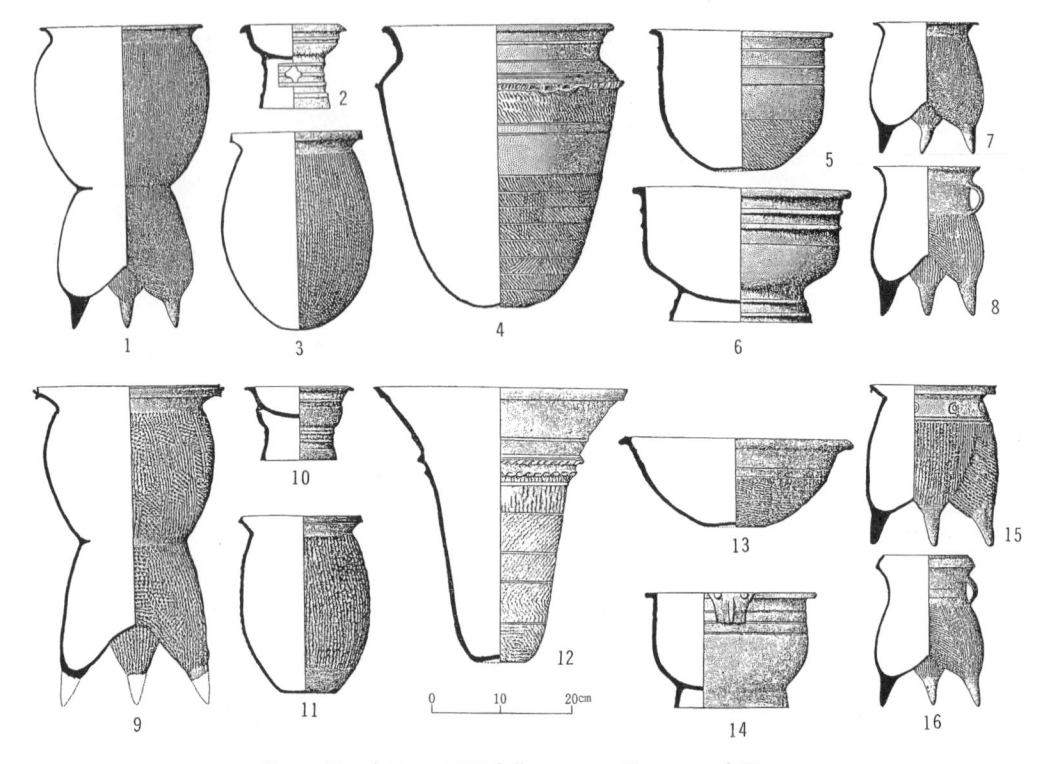

第 104 図　土器　二里岡文化、1〜8 下層、9〜16 上層

第 105 図　陶器　二里岡上層、1・2 灰釉陶器大口尊、3 黒陶罍
（1 鄭州、2 銘功路 M2 号墓、3 鄭州）

甗・甑・罐などの煮沸容器、斝・爵などの酒器、簋・豆・盆などの盛器のほか、壺・大口尊・尊・甕などの貯蔵容器が存在する。

　殷代の二里岡文化に入ると、土器に施される紋様の内容も複雑になってくる。土器の地紋としては、細縄紋・粗縄紋・方格紋があり、肩部や腹部に施される横方向の連続紋には、折曲紋・羽状紋・鋸歯紋・乳釘紋・三角画紋・弦紋・渦紋・円圏紋などがある。また、スタンプによる雷紋・蕨手紋・饕餮紋・目雲紋・巨眼紋などは青銅器の紋様を土器に写したものである。二里岡文化の土器は、層位と型式の分類によって基本的には下層文化の土器と上層文化の土器に編年されている。さ

らに最近の研究では、下層文化の土器を第1期と第2期に、また上層文化の土器も第1期と第2期に細分している。ここでは二里岡下層文化と二里岡上層文化の基本的な二時期区分を採用して、この時期の土器の説明をしておく（第104図）。二里岡下層文化の鬲や甗は、細縄紋が施され、口縁が外折し、脚が高い。また、大口尊は短頸で、腹部が太く、肩部に突出が存在するなどの特色が認められる。一方、二里岡上層文化の鬲や甗は、粗縄紋が施され、口縁が内折し、脚が高く、頸部に円圏紋や重圏紋が見られ、また、大口尊は頸部が長く、腹部が比較的細いなどの特色が認められる。このように、下層と上層の土器の器形には、若干の差が存在し、下層文化と上層文化の特徴を形づくっている。

このほか、二里岡上層の土器には、灰釉のかかった灰釉陶器の大口尊なども存在し、この時期の特徴的な遺物として原始青瓷の名称で呼ばれている（第105図の1）。白陶土を用いた胎土は堅く焼けしまり、器身全体に薄い青灰色の釉がかかり、腹部には網結紋が施されている。灰陶や硬陶は、粘土を用いてつくられるが、灰釉陶器の類は白陶と同じく白陶土を使用し、1200度近い高温で焼成されている。灰釉陶器にかけられている釉は、灰を媒熔剤とした釉薬と考えられるが、最近の研究では、石灰石と陶土を配合した石灰釉が存在することも知られる。還元焔では青色に、酸化焔では黄緑色に焼成される。鄭州市銘功路M2号墓出土の大口尊は、釉下に方格あるいは籃紋状の紋様が施され、高さ27cmの大きさである(16)（第105図の2）。この灰釉陶器大口尊は、伴出した青銅鼎・爵・斝・觚の年代から二里岡上層期に属すると考えられている。初期の灰釉陶器は、江西省新干県大洋洲大墓や清江県呉城からも発見されているが(17)、これらの灰釉陶器は伴出した土器や青銅器の年代から銘功路M2号墓の大口尊よりも年代が一時期さがるものと考えている。したがって鄭州の二里岡文化の灰釉陶器は、灰釉陶器としては中国で最も古い可能性がある。

また二里岡文化の土器には、禮器の器形をした黒陶も見られ、第105図の3に示した黒陶罍の腹部には精巧な饕餮紋と雷紋がスタンプされている。同時期の青銅罍の器形と紋様を写した土器である。二里岡文化の青銅器を写した黒陶としては、河南省輝県の琉璃閣遺跡から出土した黒陶簋などもある。

（5） 二里岡文化の青銅器

二里岡文化に入ると、先行する二里頭文化にくらべて多種の青銅器が見られるようになり、青銅器の器形も大きくなる。この時期の青銅器の出土遺跡は、河南省鄭州市の白家荘遺跡・銘功路西遺跡・杜嶺遺跡、輝県琉璃閣遺跡、湖北省盤龍城遺跡などが知られる(18)。また鄭州市の南関外遺跡では、鋳銅工房遺跡が発見されていて、青銅禮器のほか青銅工具の鋳造も確認されている。二里岡文化の青銅器は、胎壁が薄く、表面には細い隆起線による特徴的な饕餮紋のほか、弦紋・円圏紋・円渦紋などが施されるが、一般に地紋は施されない。

この時期の青銅器の器形には、円鼎・方鼎・鬲・爵・斝・盉・罍・觚・盤・戈などがあるが、二里頭文化と同じく爵の器形が多い。また、斝や盉の器形も比較的多く見られる（図版16）。斝と爵は、平底で羊角形の3足を有している。1974年に鄭州殷故城の西城壁外の張寨南街の杜嶺で発見された2点の大型方鼎は、1点が高さ100cm、別の1点が87cmの大きさで（図版16の2）、いずれも

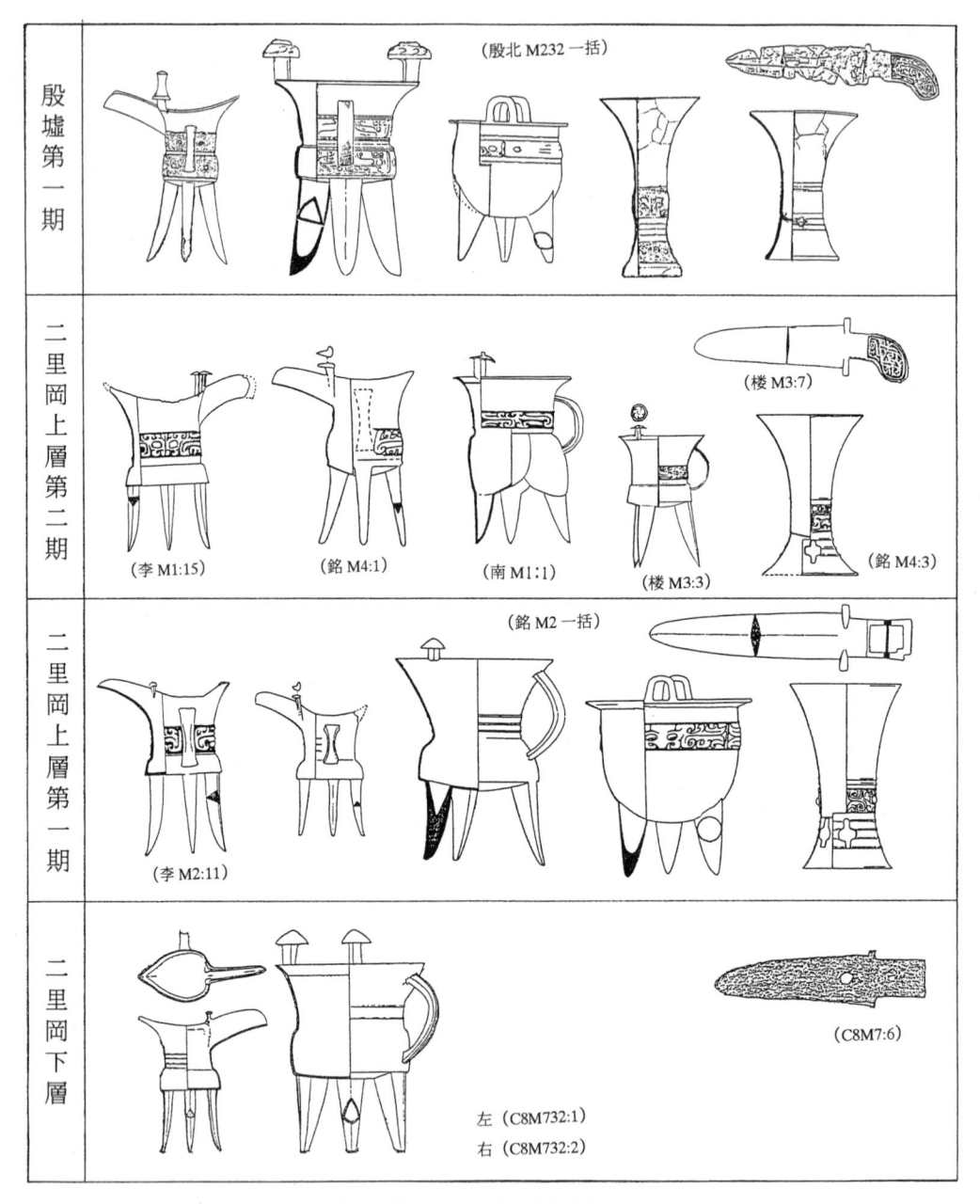

殷墟第一期	(殷北 M232 一括)
二里岡上層第二期	(李 M1:15) (銘 M4:1) (南 M1:1) (楼 M3:3) (楼 M3:7) (銘 M4:3)
二里岡上層第一期	(李 M2:11) (銘 M2 一括)
二里岡下層	左 (C8M732:1) 右 (C8M732:2) (C8M7:6)

第106図　二里岡文化青銅器編年図

4本の円柱足を有し、4壁には細隆帯の饕餮紋と乳釘紋が施されていた。この青銅鼎には煮沸に用いた痕跡としての煮こぼれと煤の痕があった。また、鄭州市白家荘のM2号墓からは、鼎・罍・斝・爵・盤の各1点が出土し、M3号墓からは鼎3点、罍1点、斝2点、爵1点、觚2点の青銅器が出土している。この時期の墓の副葬品としての青銅器が被葬者の特別な身分・階級を示している可能性は高い。一般的な青銅器の組合せは、鼎・斝・觚・爵・罍の器形から構成されている。

この時期の青銅器も、土器と同じく二里岡下層文化と二里岡上層文化に分けて考えることが可能で、二里岡上層の青銅器は、さらに上層第1期と上層第2期に分けられる。二里岡下層に属する青

銅器の資料はきわめて少ないが、標準遺物としては、1975年に鄭州市東里路で発掘されたC8M32号墓出土の爵・斝[21]、および1955年に鄭州市白家荘で発掘されたC8M7号墓出土の爵・戈[22]がある。二里岡上層第1期文化の青銅器の標準遺物は、湖北省黄陂県盤龍城遺跡の楼M1号墓、楼M4号墓などから出土している[23]。二里岡上層第2期文化に属する青銅器の標準遺物は、同じく盤龍城遺跡の楼M3号墓、南M1号墓、李M1号墓、鄭州市白家荘M3号墓、鄭州市銘功路西M4号墓[24]などから出土している。二里岡文化の青銅器編年図を第106図に示した。

(6) 二里岡文化のまとめ

二里岡文化に関しては、この時期を殷王朝第10代の仲丁から第18代の陽甲の時期にあてはめる故安金槐の説や、二里岡文化を殷前期として、鄭州殷故城を湯王の鄭亳とする鄒衡氏の説が有力である。筆者は、二里岡文化の木炭に対する樹輪校正年代の年代数値を拠り所に考えて、二里岡文化は鄒衡氏が唱えるように殷前期にあたると考えるようになった。また、湯王の西亳に関しては、古典文献の記述を重んじて偃師殷故城である可能性が高いと考えている。

安金槐は鄭州殷故城を、さきに述べたように『史記』殷本紀に見られる「隞」、あるいは『竹書紀年』に記載される「囂」の地に比定している[25]。すなわち『史記』殷本紀には、

　　仲丁立、帝仲丁遷于隞。

とあり、『竹書紀年』には、

　　仲丁王即位、元年自亳遷于囂。

と見られ、唐代の『括地志』には、

　　滎陽故城、在鄭州滎澤県西南十七里、殷時敖地也。

とあることにより、鄭州殷故城を仲丁が遷都した隞（囂）にあてはめている。

北京大学の鄒衡氏は、鄭州殷故城を殷湯王の「亳」に比定している[26]。鄒衡氏が、鄭州殷故城を殷の亳とする理由は二里頭文化を夏王朝併存期の文化と考えることにひとつの根拠があるが、別の理由としては以下の2つがある。それは、『春秋左傳』[經]の襄公十一の条に、

　　秋、七月己未、同盟于亳城北。

とあり、「杜注」に「亳城鄭地」とあり、さらに襄公十一年の[傳]に、

　　秋、七月同盟于亳。

とある。「亳城」「亳」を鄭州と考えることと、もうひとつの理由は、鄭州市金水河南岸付近出土の東周陶文を「亳」と読むことによっている[27]。

筆者としては、鄒衡氏の『春秋左傳』の記事および鄭州市金水河南岸の出土の陶文をもって、鄭州殷故城を殷湯王の亳都とする説には従いがたいと考えてきたが、年代的には二里岡文化を殷前期に比定する鄒衡氏の説に賛成するに至っている。もしかりに二里岡文化の鄭州殷故城を殷前期の都と考えると、青銅器時代の二里頭文化は夏王朝に属するといわざるをえなくなり、夏王朝の存在も認めざるをえなくなってくる。筆者は、かつて鄭州殷故城を殷中期の仲丁期の都城とするのが妥当と考え、この鄭州殷故城は中国史上の最古の都城址と見なしてきた。しかしながら、以下に紹介する二里岡文化の木炭に対するC14年代測定とそれに対しての樹輪校正年代の数値からは、二里岡文

化を殷の前期にあてざるをえなくなっている。

　河南省偃師県洛河北岸の偃師殷故城の位置は、『漢書』地理志、河南郡偃師県の下注に、

　　尸郷、殷湯所都。

とあり、また『括地志』に、

　　河南偃師為西亳、帝嚳及湯所都、盤庚所従都之。
　　亳邑故城在洛州偃師県西四十里、本帝嚳之墟商湯之都也。

とあり、また『史記』殷本紀の正義に、

　　按亳偃師城也、商邱宋州也、湯即位、都南亳、後徙西亳也。

とあり、また『元和郡県図志』河南道には、

　　偃師西亳、湯都也。

とあり、また『尚書』胤征には、

　　湯始居亳、従先王居。

とあって、さらに『尚書』胤征の「孔疏」に引かれた鄭康成の説に、

　　鄭玄云、亳今河南偃師県、有湯亭。

などとあり、河南省偃師県を湯王の西亳と述べている。また偃師県内で発見されている唐代の景龍三（709）年の墓誌、あるいは開元二（714）年の石碑に、この地が西亳であることを示す記述が見られ、これによっても長く偃師県が西亳つまり亳邑の地と考えてこられていたことが知られる。後に述べる偃師殷故城出土の木炭のC14年代測定から得られた樹輪校正年代の数値は、偃師殷故城を西亳と考えるに矛盾はない。

　二里岡下層文化、二里岡上層文化時期の年代に対してのC14年代測定の値としては、鄭州殷故城東城壁の白家荘南側のトレンチT7第5層（二里岡下層）から出土した木炭（ZK-178）が、前1380±95年（経樹輪校正、前1635-前1425年）、東城壁のトレンチT7第3層（二里岡上層）から出土した木炭（ZK-177）が前1360±95年（経樹輪校正、前1618-前1417年）の数値を示している。また偃師殷故城出土の二里岡期の木炭（ZK-1372）のC14年代測定の数値は前1405年±100年（経樹輪校正、前1680-前1430年）、また同じく木炭（ZK-1315）のC14年代測定の数値は前1375年±75年（経樹輪校正、前1612-前1429年）であった。これらの数値は、C14年代測定そのままの数値で見れば殷前期と考えるには新しすぎる数値であるが、樹輪校正年代に補正した数値は、殷前期に重なる妥当な年代である。樹輪校正年代を採用した場合には、鄭州殷故城を仲丁以降の殷中期に比定する考えは成り立たないかもしれない。先記したように偃師殷故城の位置は、『漢書』地理志、河南郡偃師県下注の「尸郷、殷湯所都」と『括地志』の「河南偃師為西亳、帝嚳及湯所都。……亳邑故城在洛州偃師県西四十里、本帝嚳之墟商湯之都也」などの記載に見られる亳邑の地に符合している。偃師殷故城関係のC14年代測定の数値を樹輪校正年代で補正した数値は、殷亳邑の年代として想定される実年代に矛盾するものではない。したがって筆者は、偃師殷故城が殷建国期の湯王の亳都である可能性が高いものと考えるに至っている。

註

（ 1 ） 72 河南省文化局文物工作隊第一隊、1957、「鄭州商代遺址的発掘」（『考古学報』1957 年第 1 期）。
（ 2 ） 83 河南省文物考古研究所、2001、『鄭州商城——1953〜1985 年発掘報告』（文物出版社、北京）。
（ 3 ） 75 河南省文物研究所、1993、『鄭州商城考古新発現与研究 1985—1992』（中州古籍出版社、鄭州）。83 河南省文物考古研究所、2001、『鄭州商城——1953〜1985 年発掘報告』（文物出版社、北京）。
（ 4 ） 69 河南省博物館・鄭州市博物館、1977、「鄭州商代城址試掘簡報」（『文物』1977 年第 1 期）と 380 中国社会科学院考古研究所、1991、『中国考古学中碳十四年代数据集 1965-1991』（『考古学専刊』乙種第二十八号）で ZK-178 と ZK-177 の C14 年代測定の数値が異なっている。ここでは『中国考古学中碳十四年代数据集 1965-1991』の数値にしたがった。
（ 5 ） 『史記』殷本紀には、「仲丁立、帝仲丁遷于隞」とあり、『竹書紀年』には「仲丁王即位、自亳遷于囂」と見られ、唐代の『括地志』には「滎陽故城、在鄭州滎澤県西南十七里、殷時敖地也」とあることによって、鄭州殷故城を隞（囂）にあてはめる説がある。6 安金槐、1961、「試論鄭州商代城址——隞都」（『文物』1961 年第 4・5 期）。
（ 6 ） 251 鄒衡、1978、「鄭州商城即湯都亳説」（『文物』1978 年第 2 期）。255 鄒衡、1998、『夏商周考古学論文集（続編）』（科学出版社、北京）。
（ 7 ） 426 中国科学院考古研究所洛陽漢魏故城工作隊、1984、「偃師商城的初歩勘探和発掘」（『考古』1984 年第 6 期）。
（ 8 ） 400 中国社会科学院考古研究所河南二隊、2000、「河南偃師商城宮城北部"大灰溝"発掘簡報」（『考古』2000 年第 7 期）。
（ 9 ） 偃師殷故城に関しては、『漢書』地理志、河南郡偃師県の下注に「尸郷、殷湯所都」とあり、また『括地志』に「河南偃師為西亳、帝嚳及湯所都。……亳邑故城在洛州偃師県西四十里、本帝嚳之墟商湯之都也」などとあることによって、ここを湯王の「亳」の地とする考えもある。
（10） 253 鄒衡、1984、「偃師商城即太甲桐宮説」（『北京大学学報』1984 年第 4 期）。
（11） 32 袁広潤・秦小麗、2000、「河南焦作府城遺址発掘報告」（『考古学報』2000 年第 4 期）。
（12） 184 湖北省博物館・北京大学考古専業・盤龍城発掘隊、1976、「盤龍城一九七四年度田野考古紀要」（『文物』1976 年第 2 期）。189 湖北省文物考古研究所、2001、『盤龍城——1963〜1994 年考古発掘報告』（文物出版社、北京）。
（13） 433 中国歴史博物館考古部・山西省考古研究所・垣曲県博物館、1996、『垣曲商城（一） 1985〜1986 年度勘査報告』（科学出版社、北京）。412 中国社会科学院考古研究所・中国歴史博物館・山西省考古研究所、1988、『夏県東下馮』（『中国田野考古報告集』考古学専刊丁種第三十五号）。
（14） 73 河南省文物研究所、1983、「鄭州商代城内宮殿遺址区第一次発掘報告」（『文物』1983 年第 4 期）。
（15） 399 中国社会科学院考古研究所河南二隊、1985、「1984 年春偃師尸郷溝商城宮殿遺址発掘簡報」（『考古』1985 年第 4 期）。396 中国社会科学院考古研究所河南第二工作隊、1995、「偃師商城第Ⅱ号建築群遺址発掘簡報」（『考古』1995 年第 11 期）。
（16） 458 州市博物館、1965、「鄭州市銘功路西側的両座商代墓」（『考古』1965 年第 10 期）。
（17） 133 江西省博物館・江西省文物考古研究所・新干県博物館、1997、『新干商代大墓』（文物出版社、北京）。135 江西省博物館・清江県博物館・北京大学歴史系考古専業、1975、「江西清江呉城商代遺址発掘簡報」（『文物』1975 年第 7 期）。
（18） 346 中国科学院考古研究所、1956、『輝県発掘報告』（『中国田野考古報告集』第一号）。
（19） 67 河南省博物館、1975、「鄭州新出土的商代前期大銅鼎」（『文物』1975 年第 6 期）。

(20) 86 河南文物工作隊第一隊、1955、「鄭州市白家荘商代墓葬発掘簡報」(『文物参考資料』1955 年第 10 期)。
(21) 558 楊育彬・趙霊芝・孫建国・郭培育、1981、「近幾年来鄭州新発現的商代青銅器」(『中原文物』1981 年第 2 期)。
(22) 65 河南出土商周青銅器編輯組、1981、『河南出土商周青銅器(一)』(文物出版社、北京) 図版 17、18、19。
(23) 179 湖北省博物館、1976、「盤龍城商代二里岡期的青銅器」(『文物』1976 年第 2 期)。
(24) 458 鄭州市博物館、1965、「鄭州市銘功路西側的両座商代墓」(『考古』1965 年第 10 期)。
(25) 6 安金槐、1961、「試論鄭州商代城址──隞都」(『文物』1961 年第 4・5 期)。
(26) 251 鄒衡、1978、「鄭州商城即湯都亳説」(『文物』1978 年第 2 期)。255 鄒衡、1998、『夏商周考古学論文集(続編)』(科学出版社、北京)。
(27) 527 文物参考資料編集委員会、1956、「鄭州金水河南岸工地発現許多帯字的戦国陶片」(『文物参考資料』1956 年第 3 期、85 頁)。

第 5 節　殷墟文化

(1) 殷墟文化

　殷墟文化は、殷後期文化の別名である。殷後期の文化として、殷墟文化が設定され、標準遺跡は、河南省安陽市の北西に位置する殷墟遺跡である。1899 年頃から 1915 年前後に至る間に行われた甲骨文字研究によって、洹河南岸の安陽市小屯村付近が、『史記』項羽本紀に「項羽乃與期洹水南殷墟上」と記載されている「殷墟」の地であると考えられるに至った。その後、中央研究院歴史語言研究所が行った 1928 年から 1937 年の殷墟遺跡の発掘によって、洹河の両岸に広がる大型建築・王陵・祭祀坑など各種遺構が発見され、またこの時期の土器・青銅器・甲骨文の内容が明らかとなった。殷墟遺跡で発見されている遺構は、19 代盤庚から 30 代帝辛紂に至る時期にあたると考えられ、甲骨文に見える「大邑商」は殷墟を示すものと考えられている。殷墟遺跡から出土する土器を基準に、この時期は、殷墟文化あるいは殷墟期の名称で呼ばれている。1937 年から 1949 年まで日中戦争のため殷墟遺跡の発掘は中断したが、1950 年以降は今日に至るまで中国科学院考古研究所(現在の中国社会科学院考古研究所)によって発掘調査がつづけられている(図版 17)。

　殷墟遺跡は、安陽市の小屯村付近を中心に、洹河の南岸と北岸の約 24km^2 の範囲に広がるといわれてきたが、その面積はさらに広がる傾向にある(第 107・108・109 図)。洹河の南岸では、小屯村の宮殿区と祭祀坑群を中心に、后岡・郭荘・苗圃・花園荘・小荘・四盤磨・白家墳・孝民屯・北辛荘の各村に居住区・墓地・鋳銅遺跡などが分布する。小屯村付近で発見されている遺構には、宮殿や宗廟の跡と推定されている甲四建築址・甲六建築址(凹字形建築址)などの大型建築群、各種の工房遺構、祭祀坑、大型・中型・小型の墓などがある。小屯村で発見された M5 号墓の被葬者は、22 代武丁の妣ではないかともいわれ、468 点の青銅遺物を出土している[1]。また殷代甲骨文の大部分は、この小屯村付近から出土している。小屯村には中国社会科学院考古研究所の安陽工作站と陳列館が

第107図　殷墟遺跡地図　河南省安陽市

第108図　殷墟　河南省安陽市小屯

第109図　小屯発掘景観

建てられ、安陽市の殷墟博物苑も存在する。后岡では包含層や祭祀坑・大型の中字形墓が発見され、苗圃北地・孝民屯・薛家荘南地などでは、青銅鋳造工房や骨角器製造工房などの生産遺跡や車馬坑が発見されている（第110図）。洹河の北岸では、侯家荘・武官村およびその北に王陵区と祭祀坑が位置し、小司空村・大司空村に居住区の遺構が広がっている。最近の調査では、殷墟遺跡の花園荘からさらに北および東に広がる城址遺跡の存在

第110図　車馬　孝民屯出土

が明らかとなっている。この花園荘付近から東の飛行場付近に広がる洹北殷故城（洹北商城）は一辺2000mほどの版築の城壁をもち、その中心に宮殿址が発見されている。このように殷墟遺跡の遺構分布はきわめて複雑であるが、その中心は小屯村の宮殿や宗廟とされる大型建築址群と洹河北岸の侯家荘・武官村の大墓群と見ることができる。殷後期の殷墟文化は第1・2・3・4期に分類編年されているが、洹河北岸の花園荘出土の殷墟文化第1期に属する獣骨（ZK-5595）のC14年代測定の数値は前1089±42年（経樹輪校正、前1370-前1260年）で、洹河南岸の小屯北地から出土した木炭（ZK-358）のC14年代測定の数値は前982±34年（経樹輪校正、前1085-前1046年）であった[2]。

（2）　殷墟文化の墓

　洹河北岸の西北岡侯家荘から武官村の一帯では、王陵と称される12（13）基の大墓が発見されている。これらの大墓の多くは、1930年代に発掘されているが、今日、西北岡侯家荘付近は、耕地で、大墓の位置を地表面から確認することはできない。これら12基の大墓のうちM1001・1002・1003・1004・1217・1500・1550・1440号墓の8基が亜字形墓で、M1129・1443・武官村大墓の3基が中字形墓で、司母戊鼎大墓が甲字形墓であった。ほかに未完成の造営中の1基、1567号も存在し、未完成の墓を含むと大墓は13基となる（第111図）。武官村側のM1400号墓の周囲には南北約200m、東西約150mにわたって多数の祭祀坑が密集している。一説によれば、これら12（13）基の墓の被葬者は殷後期にあたる19代盤庚から30代帝辛紂に至るいずれかの殷王であるというが、その証拠はない。

　侯家荘大墓の一例として、代表的なM1001号墓を紹介してみる[3]。M1001号墓は、亜字形の墓壙を有し、墓道は東西南北方向に1本ずつ延びている。墓壙の上口の大きさは、南北18.9m、東西13.75m（耳室含む21.3m）で、深さは10.5mであった。墓道の長さは、南墓道が30.7m、北墓道が推定19.5m、東墓道が14.2m、西墓道が推定11mであった。したがってM1001号墓は墓道を含む南北総長約69.1m、東西総長約46.5mの大きさであったと推定される。墓壙の底には木槨が存在し、中央に木棺が置かれていた。ちなみにM1001号墓の西側約100mの位置にあるM1217号墓は、墓道を含む南北総長120.19m、東西総長72mの巨大な竪穴木槨墓であった[4]。M1001号墓の墓底には、中央に1カ所、四隅に各2カ所ずつの計9カ所に腰坑が掘られ、それぞれ兵士と犬が殉葬され、槨室

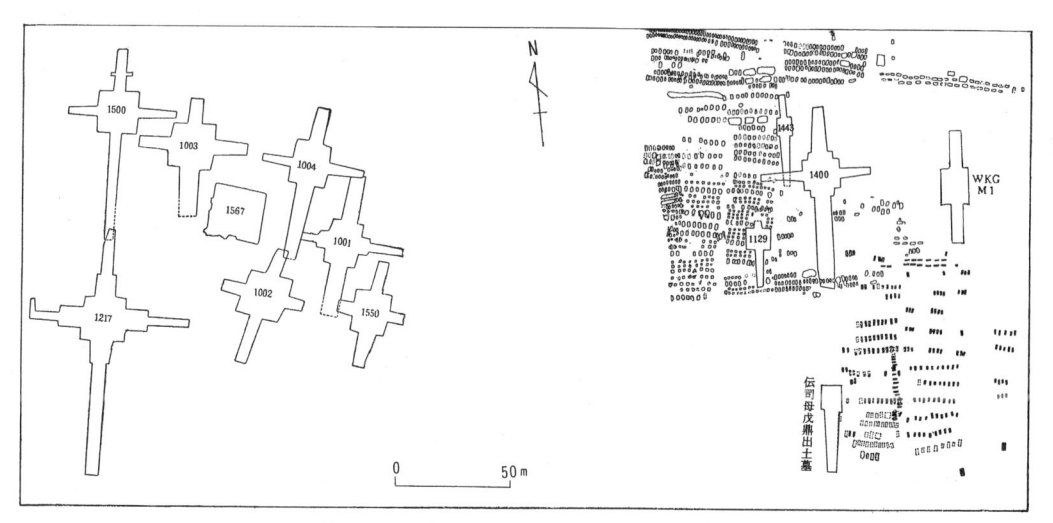

第 111 図　安陽市西北岡大墓と祭祀坑平面図

周囲の二層台上にも 11 人の殉葬者が置かれていた。また南墓道には 8 群、59 人以上の殉葬者が埋められていたほか、南・北・東・西の各墓道には 27 群、73 個の人頭骨が埋められていた。M1001 号墓の東側にはこの墓に付属する殉葬墓など 31 ヵ所の坑が発見され、それらには合計 68 体余りの人骨が埋葬されていた。M1001 号墓は盗掘を受けていたが、副葬品として、鼎・鬲・爵・盉・觚・甑・錫・鏃・戈・矛などの青銅器、鼎・簋・罍・尊・豆・罐・盤などの土器類、虎・梟・牛・亀・蛙などの石彫類、簋・尊などの石製容器、鉞・戈・刀・柄形飾・琮・璧・璜・環などの玉器類、鏃・簪・円筒形器などの骨角器・象牙製品が出土している。侯家荘・武官村付近で発見された M1001 号墓に代表される大型墓は、殉葬者をともない、多くの副葬品が納められていたと考えられる。ちなみに武官村大墓の木炭（ZK-5）の C14 年代測定の結果は前 1085±100 年（経樹輪校正、前 1376-前 1010 年）であった。

　1976 年に小屯村の西北で発見された殷墟 M5 号墓は、墓上に南北残長 5.5m、東西幅約 5m の版築建築基壇を有し、寝殿や享堂などの墓上建築が、建っていたと考えられている。この墓上建築が寝殿ならば墓の一部として御霊の宿る場所であり、享堂ならば被葬者の子孫が被葬者の御霊を礼拝する施設と解釈される。(5) M5 号墓の長方形竪穴墓壙は、長さ 5.6m、幅 4m、深さ 6.2m ほどの大きさで、侯家荘の大墓とくらべれば決して大きな墓ではなかったが、木槨木棺を有し、16 体の殉葬者と 6 頭の犬が殉葬されていた。副葬品としては、468 点余りの青銅器、755 点余りの玉器、63 点余りの石器などが出土している。出土した青銅器には、鼎・甗・簋・偶方彝・方彝・尊・方尊・壺・瓿・缶・兕觥・斝・盉・爵・觚・盤などがあった。出土した青銅器のいくつかに「婦好」あるいは「司母辛」の銘が見られ、武丁期の甲骨文にはしばしば「婦好」の名が見られることから、22 代の殷王・武丁の配偶者である婦好が被葬者ではないかとの推定論もある。また、琮・璧・瑗・環・璜・玦・圭・戈・矛・鉞・刀・簋・盤・玉人・玉獣（虎・龍・象・熊・鹿・牛・兎・蛙・亀・魚）などの玉器も殷墟文化玉器の標準となる遺物であった。石器類には、豆・盂・瓿・觯・罍・壺・磬・鏃・石獣（牛・熊・虎・鳥）などがあった。この墓は殷墟文化期の墓として、被葬者の名前を具体的に考

えることのできる一つの例で、また年代の上でも殷墟文化第2期の基準となる重要な遺構である。なお C14 年代測定では殷墟 M5 号墓の槨板（ZK-881）が前 1205±140 年（経樹輪校正、前 1510-前 1131 年）の数値を示している。この C14 年代測定と樹輪校正年代の数値に関していえば、いずれの数値も殷後期として想定される実年代に矛盾はしていない。

(3) 殷墟遺跡の建築遺跡

小屯村の北東では、宗廟や宮殿と考えられる大型建築の版築基壇が発見されている。小屯村の甲組・乙組・丙組の各地点で長方形の版築基壇が多数発見されている[6]（第112図）。

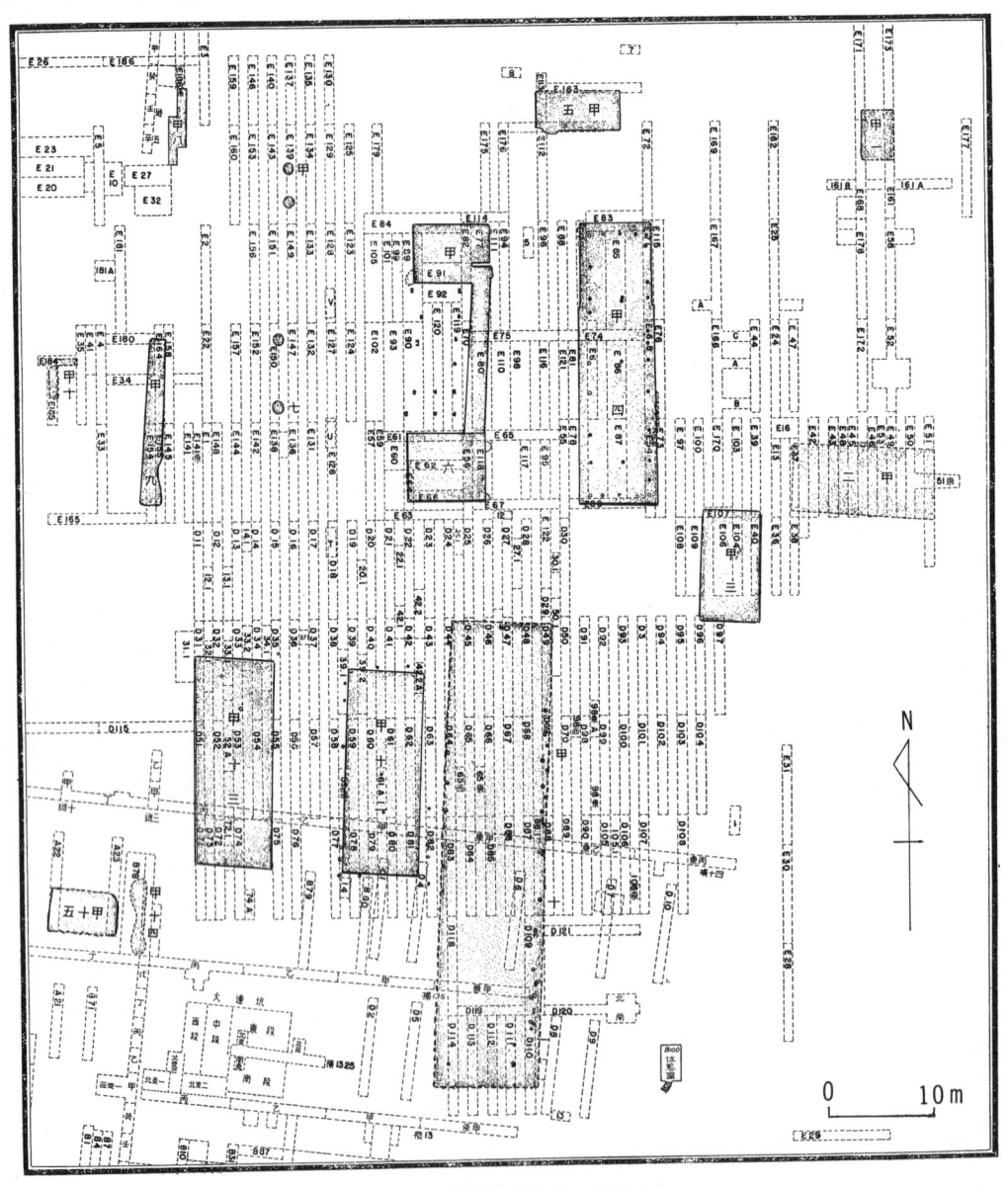

第112図　甲組建築址群　殷墟小屯

甲四大型建築址は小屯村で最も形の整った版築基壇のひとつで、南北に長い長方形で北側がやや狭くなっている。大きさは、南北長さ28.4m、東西幅は南側の広い部分で8m、北側の狭い部分で7.3mである。版築の基壇上には辺縁に沿って礎石がならび、全部で31個の礎石が存在したと考えられるが、原位置に残るものは24個である。石璋如氏が、『周禮』考工記の記述内容に解釈を加え、この甲四大型建築址を図上復元しているが、それは高さ1mほどの基壇上に建てられ、切妻の屋根と土壁をもつ建物である。二里頭遺跡や盤龍城の大型建築址の屋根が重屋の寄せ棟である可能性を考えると、小屯村の甲四大型建築の屋根も寄せ棟の可能性が高い。小屯村の甲四大型建築址の西側にある甲六建築址は、甲四大型建築址の西10mほどの位置に存在する南北に長い平面凹字形の版築基壇である。凹んだ部分には13カ所の版築柱礎が存在する。甲六建築址は、南北長さ27.9m、東西幅8.3～7.7mほどである。この甲六建築址を門址とする考えがあるが、甲四大型建築址と東西に並列する大型建築と考えるべきであろう。門址としては、甲六建築址のさらに西14mにある甲七建築址（版築土台）を考えるべきと思われる。

　いずれにしろ甲組の15カ所の版築遺構は、東西南北方向の方位が一致し、遺構が重なることもなく、大邑商の同一時期の大門・土壁・殿堂・祖廟・明堂などの宮城内の重要な建築址群である可能性が高い。

（4）　殷墟文化の土器

　殷墟文化の土器には、灰陶・白陶・黒陶・灰釉陶器の類がある（図版18）。殷代に一般的に用いられた土器は灰陶で、したがって出土する土器の大多数は灰陶系の土器であるが、殷墟文化の遺跡からは白陶・黒陶・灰釉陶器の出土もある。この時期に入ると白陶の出土量が増加するが、二里岡文化に見られた黒陶の資料はきわめて少ない。殷墟遺跡の洹河南岸の小屯村や洹河北岸の大司空村出土の土器に関しては、前半と後半の2時期あるいは、早・中・晩期の3時期、あるいは第1・2・3・4期の4時期に分ける編年など、研究者によっていくつかの時期区分が行われているが、筆者は第113図に示した4期区分を採用している。

　殷墟文化の前半（3期区分の早期、4期区分の第1・2期）に属する土器の胎土は泥質灰陶が主で、ほかに夾砂灰陶・泥質紅陶・黒陶・白陶・印紋硬陶・灰釉陶器などが存在し、白陶の類は殷墟文化を特色づける土器でもある。灰陶系の土器の器壁は比較的厚く、土器の地紋の主体は粗縄紋であるが、細縄紋も見られるほか、籃紋・方格紋・斜交差縄紋が存在する。地紋以外の紋様としては、弦紋・附加堆紋・三角紋・鋸歯紋・円圏紋・雷紋などが存在する。灰陶系土器の器形としては、鬲・鼎・甗・甑・盤・三足盤・豆・盆・簋・壺・罍・尊・深腹罐・円腹罐・甕・大口尊・鉢・爵・觚・斝などがある。鬲の多くは殷系分襠鬲で、脚が袋状で尖端のみが実脚となり、身は深い。簋は壁が直立し、口縁がやや外反し、圏足が付く。盆も壁が直立し、口縁が開き、平底である。深腹罐は少ないが、前期後半ぐらいまでは存在している。大口尊は器身が細く深く、腹部には縄紋が施され、大きく開く口縁には弦紋や附加堆紋が見られる。爵は円底で、注口・尾・脚などがしっかりしている。觚は太身で、口縁が大きく開き、圏足がしっかりしたものが多い。白陶は純度の高い白陶土を用いて、1100度以上の高温で焼成した純白の土器である。白陶の器形には、青銅器の器形を写した

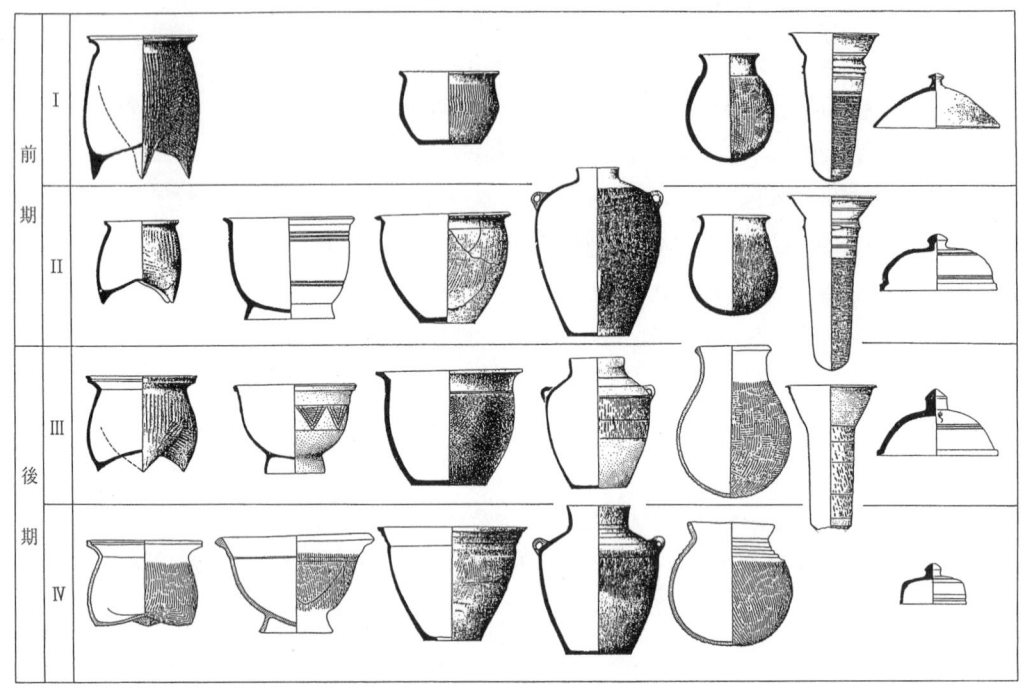

第113図　土器　殷墟文化（殷後期）

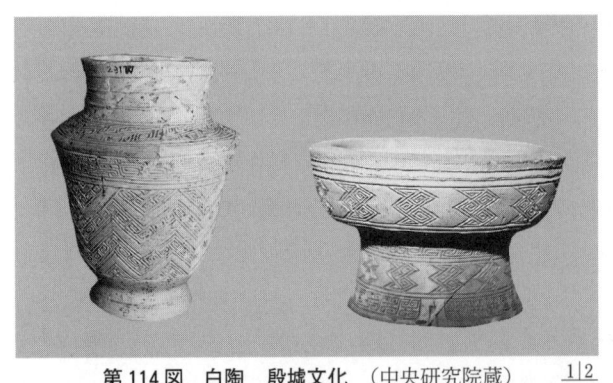

第114図　白陶　殷墟文化（中央研究院蔵）

壺・罍・簋・豆などの器形があり、白陶の紋様も青銅器の紋様である饕餮紋・蝌蚪紋・蝉紋・目雲紋・雷紋などを用いている。小屯村のM331号墓から出土した白陶壺は、現在、中央研究院歴史言研究所に保管されているが、口縁が直立し、肩部が折れ、腹部は直壁で、圏足が付く。肩部には目雲紋が、腹部には巨眼と折曲紋・雷紋が施されている。小屯村のM388号墓から出土した白陶の豆も、現在、中央研究院歴史言研究所に保管されているが、浅い器身と、太い圏足からなり、器身は直壁で、弦紋とZ字系に縁取られた雷紋が施され、圏足部にも弦紋と雷紋が施されている（第114図）。

殷墟文化の後半（3期区分の中・晩期、4期区分の第3・4期）に属する土器の胎土は、基本的に前半と変わりはなく、泥質灰陶が主で、ほかに夾砂灰陶・泥質紅陶・黒陶・白陶・印紋硬陶・灰釉陶などが存在するが、殷末になると泥質紅陶が増加する傾向にある。灰陶系の土器の地紋は、前半と同じく、主流は粗縄紋で細縄紋はしだいに減少する。紋様としては、三角紋や鋸歯紋が盛行するほか、折曲紋・格子紋・雷紋・円圏紋・円渦紋・弦紋などが見られる。灰陶の器形の種類には、前半と比較すると若干の変化がある。灰陶系土器の器形としては、鬲・鼎・甗・甑・盤・豆・盆・簋・壺・貫耳壺・罍・尊・円腹罐・甕・鉢・爵・觚・斝などがある。深腹罐がなくなり、大口尊も

減少し、殷末にはほとんど見られなくなる。新たに圏足の付いた尊や貫耳壺が出現し、簋の使用が一般化する。鬲の脚は低くなって、横幅が広く、口縁が大きく外折してくる。爵や斝など青銅器の器形を移した器形は、しだいに本来の器形から退化し、爵の注口や脚は象徴的な形を残すだけとなる。斝は細身で小型の器形となってくる。黒陶の紋様には、方格紋・弦紋・鋸歯紋・雷紋・円圏紋・羽状紋・蝉紋などが存在する。黒陶の器形には、圏足の付いた三耳壺・双耳壺・尊・簋がある。白陶に施された紋様には、殷墟文化の前半と同じく精巧な饕餮紋・夔龍紋・目雲紋・雷紋・折曲紋・虺紋・蝉紋などがある。白陶の器形には、尊・罍・双耳壺・簋・豆などがある。印紋硬陶や灰釉陶の出土は多くないが、表面に叩板による雷紋・方格紋・S字紋が施され、また波状紋や弦紋などの刻紋もある。殷墟文化後半の印紋硬陶・灰釉陶器の器形には、瓿・壺・豆がある。

殷墟文化に属する遺跡は、河南省安陽市以外でも多数知られている。河北省邢台市の曹演荘遺跡と藁城県の台西遺跡からは、二里岡上層文化から殷墟文化前半にかかる土器が出土している。曹演荘遺跡出土の土器は、灰陶系の土器が主体であるが、硬陶系の土器も出土している。地紋は縄紋が主体で、格子紋・弦紋・雷紋などの紋様が存在する。灰陶系土器の器形には、鬲・豆・盆・罐・尊・盤・鼎が知られる。台西遺跡からは、灰陶系の土器以外に少数の黒陶・印紋硬陶が発見されている。山東省益都県の蘇埠屯M2号墓からは灰釉陶器の豆と印紋硬陶の罐が出土するなど、殷墟文化の土器を出土する遺跡は広く分布している。

(5) 殷墟文化の青銅器

殷墟文化は、この時期につづく西周時代とならんで、人類の歴史上最も青銅器文化が高水準に達し、盛行した時代である。殷墟文化に入ると出土青銅器資料が著しく増大し、この時期の青銅器は、多くの地方からも発見されている。また、青銅器鋳造工房の発見も少なくない。殷墟文化の青銅器の器形には、鼎・方鼎・鬲鼎・鬲・甗・簋・兕觥・爵・斝・盉・斝・觶・尊・獣尊・方彝・卣・罍・壺・瓿・盤・鐃・鼓などがあり、殷代から西周前期における青銅礼器の器形のほとんどすべてがそろう。しかし、二里頭文化から二里岡文化に好んで製作された平底爵や三本の太い袋足をもった盉は見られなくなる。青銅器の紋様は、二里岡文化に見られた饕餮紋・雷紋・目雲紋・円圏紋・円渦紋などのほか、夔龍紋・夔鳳紋・蝉紋・盤龍紋・魚紋などの紋様が出現してくる。それぞれの紋様は、二里岡文化の紋様に比較して非常に重厚になっている。饕餮紋の巨眼と鼻は大きく、眼上に角を表現したものが多く、その角が明確に牛や羊のそれであるものもある。殷墟文化には甲骨文が出現しているが、同じ時期の青銅器には図象銘あるいは族記号と呼ばれる図形的な文字が鋳造されるようになる。図象銘は龍・夔・象・馬・亀・鳥などの姿を具象化し、氏族の記号として鋳造したものである。また殷末には短い文体ではあるがいわゆる金文が出現してくる。

この時期の青銅器を出土する遺跡の代表例は、殷都の跡と考えられている河南省安陽市の殷墟遺跡であるが、とくに殷墟遺跡の侯家荘を中心とした墓群や殷墟M5号墓（婦好墓）からは多数の青銅器が出土している。1976年に殷墟の小屯村で発掘されたM5号墓からは468点の青銅器がまとまって発見されている。[8] M5号墓出土の青銅器の多くは、棺と槨の間の空間に置かれていたが、その中の礼器類は200点ほどで、その器形には、方鼎・円鼎・方彝・三聯甗・簋・尊・方罍・壺・瓿・

第115図　陶笵　河南省安陽市苗圃北地遺跡

缶・兕觥・斝・盉・爵・觚・盤などがあった（図版19の1〜4）。その中で長さ103.7cm、高さ44.5cmで「婦好」銘のある三聯甗（図版19の1）や、長さ88.2cm、高さ60cmで同じく「婦好」銘のある偶方彝（図版19の3）は大型の青銅器として注目される。鴞尊は対で出土し、通高45cmの大きさで、翼や足の表現が精細で、これにも「婦好」銘がある（図版19の4）。殷墟M5号墓からは、以上のほかにも「婦好」「司母辛」などの銘のある青銅器が多数出土し、この墓は婦好墓の名称で呼ばれている。

　殷墟の苗圃北地遺跡では、数千個の陶笵や多くの坩堝残片が発見され、ここに規模の大きな鋳銅工房が存在していたことが知られる。発見されている陶笵には、鼎・簋・觚・爵・觚・斝・方彝などの器形が存在する(9)（第115図）。觚は2つの外笵と2つの内笵の計4つの笵を用い、爵では16個の外笵を用い、殷墟文化の青銅鋳造技術の高さを示していた。このほか殷墟遺跡の孝民屯においても鋳銅工房が発見されている。これらの鋳銅遺跡は、文明の指標としての青銅器の製作を明らかにしていることのみならず、殷墟つまり大邑商と呼ばれた都市が、祭祀的都市であると同時に王室の鋳銅工房を有する手工業の中心であったことをも意味している。

　殷墟遺跡のほかに殷後期の青銅器出土遺跡には、山東省益都県の蘇埠屯遺跡、北京市平谷県の劉家河遺跡、山西省石楼県の桃花者・二郎坡遺跡、湖南省寧郷県の黄材遺跡、江西省新干県の大洋洲遺跡、四川省広漢県の三星堆遺跡などがあり、青銅器出土遺跡の版図は二里岡文化に比較してさらに広がっている。殷墟文化の終わりに近づくと、渭河流域には周が出現してくるが、周の領域には殷墟出土の青銅器に類似する鼎や戈があると同時に、周の生産品と思われる雷紋の中心に凸乳をもつ方格乳釘紋簋などの存在が認められる。

(6)　殷墟文化の玉・石器

　殷墟文化の墓からは副葬品として多くの玉器が出土する。中国古代の玉器は主として軟玉でつくられ(10)、新石器時代の良渚文化や龍山文化にも多くの遺物が見られるが、殷代に至って製作技術が発展し盛行期を迎え、数、器形とも増えている。殷墟文化の玉器には、青玉・白玉・青白玉・黄玉・墨玉などがあるが、青玉と青白玉が主である。殷代の玉材は、新疆維吾爾自治区や遼寧省からもたらされたと推定されるが、一部は河南省南陽市付近の採集ともいわれている。殷墟遺跡小屯村の北

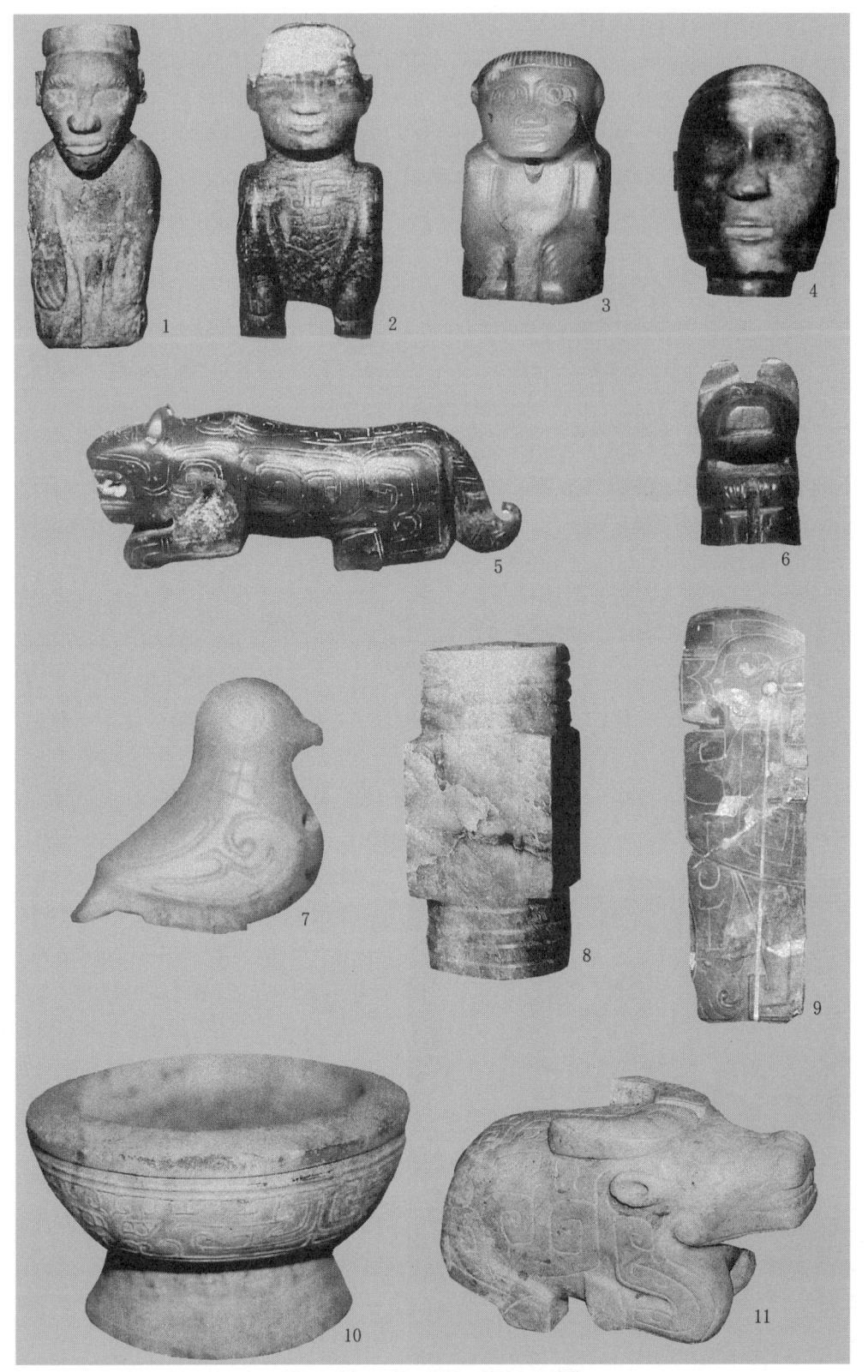

第116図　玉器・石器　殷墟M5号墓

では、玉材・半製品を出土する玉器製作工房と推定される建築址も発見されている。

玉器を多数出土した墓としては、すでに青銅器の出土で紹介した殷墟 M5 号墓（婦好墓）を取り上げることができる。殷墟 M5 号墓出土の玉器は 756 点を超え、その器形には、琮・璧・瑗・璜・環・玦・圭・斧・鉞・戈・矛・刀・戚・鏟・盤・簋・柄形飾など禮器の類があり、出土した禮器としての玉器は、殷代の禮制社会の意識を遺物に反映しているものとしてとらえることができる。また玉彫の人・龍・虎・熊・象・鹿・馬・牛・羊・兎・鳥・梟・蟬・蛙・魚があった（第 116 図）。出土した人像・人頭像は、頭に冠を被り、あるいは髪を巻き、眉が太く目が大きいなど人物のようすを細かに彫り込んでいる（第 116 図の 1～4）。玉虎は多数出土しているが、第 116 図の 5 の虎は深緑色を呈す玉で身体に雲紋が彫られ、長さ 11.7cm の大きさである。6 は黒緑色玉の熊で、膝を立てて座り、高さ 3.3cm と小型である。7 は鳩で、高さ 5.05cm である。玉彫・石彫の動物・鳥類は、殷代の牧畜・家畜・狩猟の対象となっていた動物の姿を端的にあらわしている。8 は玉製の琮である。9 は石磬で 1 点のみ出土している。大理石製の石豆は、盤の口径 15.1cm の大きさで、饕餮紋・目雲紋・弦紋がほどこされ、白陶の豆に類似する（第 116 図の 10）。石牛は大理石製で、木槨上層の中央付近から出土している。前足を曲げて伏せた姿勢で、大きな角をもつ水牛で、体長が 25cm の大きさである（第 116 図の 11）。

（7） 殷墟文化の甲骨文と文字資料

殷墟文化の最も重要な遺物のひとつに甲骨文があり、これ以前にも図画紋や図象記号などと呼ばれる記号類は存在したが、確実なる文字遺物としては殷墟文化の甲骨文字（第 117 図）が最古の遺物である。1989 年以前から河南省安陽市小屯村付近で、文字の刻まれた亀甲・牛骨が多数出土していた。これらの甲骨は北京などに流れて古文字研究家に買い取られていた。甲骨文の研究は、1903 年に劉鉄雲が『鉄雲蔵亀』を刊行したことに始まるともいえるが、1928 年に至って、中央研究院歴史語言研究所によって開始された殷墟遺跡の発掘は、当初、甲骨文を求めての調査でもあった。そのような中で発掘調査は、遺構・遺物の発見、研究に主眼を置くようになっていくが、とくに 1936 年の第 13 次調査では、小屯村の H127 灰坑から、17096 片という大量の甲骨が出土し、その中には完全な甲骨 300 点余りが含まれていた。これは甲骨学史上類を見ない最大の発見であった。第 118 図はその H127 号灰坑から出土した乙 867 番亀甲の拓本である。[11] この甲骨は後述する董作賓の第 I 期・武丁期に属する遺物で、「丙子卜、㱃貞、我受年。丙子卜、㱃貞、我不其受年。貞。王其有曰多。

第 117 図　獣骨　殷墟文化（東京大学文学部蔵）

第4章 青銅器時代Ⅰ 217

貞。勿日多尹。貞。御。王其有日多尹。若。貞。使。」とあり、穀物の豊作凶作を問い、後半では多尹すなわち諸官の長に告げることの可否を問うている。新中国の成立後としては、1971年には小屯村の西方で21点の牛の肩胛骨が発見され、また1973年には小屯村の南方で7000点余りの甲骨が発見されている。

すでに紹介したように殷墟文化を4時期に区分する場合は、殷墟第1・2・3・4期に区分するが、甲骨文が出現するのは、殷墟第2期の22代武丁時代以降である。甲骨文は、殷墟第2・3・4期と存在し、この時期を董作賓は甲骨学の断代（編年）の上で5期に区分している。この董作賓の断代は、Ⅰ期・武帝、Ⅱ期・祖庚-祖甲、Ⅲ期・廩辛-康丁、Ⅳ期・武乙-文武丁、Ⅴ期・帝乙-帝辛に対応させている。西周時代の甲骨文も発見されているが、殷墟遺跡出土の甲骨文は、今日使われている漢字の原型となっている。殷墟出土の甲骨文は、占いの記録と推定され、法律文書や経済文書では

第118図　甲骨文拓本　乙867、小屯YH127坑出土　（中央研究院蔵）

ないが、文章を構成している文字である。殷墟文化には甲骨文のほか、青銅器に文字を鋳造した金文も存在する。族記号などを除けば、文章としての金文の出現は、殷墟第4期からである。殷墟文化の文字資料には、甲骨文・金文のほか、陶文・玉石文字などがある。いずれにしろ殷墟文化には、文明の指標となる文字が甲骨文その他として存在している。中国の古代文明を考える上で、殷墟文化に属する文字資料の発見は特筆すべき事柄であるが、甲骨文字の完成度は高く、殷墟文化の甲骨文字に先行する文字資料が存在していると考えざるをえない。

註
（1）　369 中国社会科学院考古研究所、1980、『殷墟婦好墓』（『中国田野考古報告集』考古学専刊丁種第二十三号）。
（2）　380 中国社会科学院考古研究所、1991、『中国考古学中碳十四年代数据集1965-1991』（『考古学専刊』乙種第二十八号）。58 夏商周断代工程専家組、2000、「夏商周断代工程1996～2000年階段成果報告」（世界図書出版、北京）。
（3）　588 李済、1962、『侯家荘・第二本・1001号大墓』（『中国考古報告集之三』中央研究院歴史語言研究

（４） 591 李済、1968、『侯家荘・第六本・1217号大墓』（『中国考古報告集之三』中央研究院歴史語言研究所）。
（５） 394 中国社会科学院考古研究所安陽工作隊、1977、「安陽殷墟五号墓的発掘」（『考古学報』1977年第2期）。369 中国社会科学院考古研究所、1980、『殷墟婦好墓』（『中国田野考古報告集』考古学専刊丁種第二十三号）。
（６） 272 石璋如、1959、『小屯・第一本・遺址的発現与発掘・乙編・殷墟建築遺存』（『中国考古報告集之二』中央研究院歴史語言研究所）。
（７） 271 石璋如、1954、「殷代地上建築復原之一例（考工記夏后氏世室的討論）」（『国立中央研究院院刊』第一輯、台北）。
（８） 369 中国社会科学院考古研究所、1980、『殷墟婦好墓』（『中国田野考古報告集』考古学専刊丁種第二十三号）。
（９）「陶笵」は、陶製の鋳型である。良質の粘土に砂やそのほかの添加物を加えてこね、原型をうつしとった後に窯において焼成して固めたものである。陶笵には、原型である母笵、原型の外側に粘土を押しつけてつくった外笵、中子型である内笵などがある。
（10）「軟玉（nephrite）」は、硬度6〜6.5、比重2.9〜3.1の石灰と酸化マグネシウムの珪酸塩で角閃石の類である。乳白色のものが多いが、緑色・青色・黄色・紅褐色のものもある。
（11） 480 董作賓、1949―1953、『小屯・第二本・殷墟文字・乙編』（『中国考古報告集之二』中央研究院歴史語言研究所）。
（12） 478 董作賓、1933、「甲骨文断代研究例」（『慶祝蔡元培先生六十五歳論文集・上』）。481 董作賓、1965、「甲骨文断代研究例」（『中央研究院歴史語言研究所専刊之五十附冊』）。

第6節　殷墟文化期の地方文化

（1）　三星堆文化

　三星堆遺跡は、四川省広漢市の西側、鴨子河の南岸に位置している。1986年に発掘の行われた三星堆遺跡1号祭祀坑と2号祭祀坑からは、多くの青銅人面・玉器・象牙などが出土し、1999年に正式な報告書が出版されている。1号祭祀坑は北側に位置する長方形の竪穴土坑である。土坑の大きさは長さ4.5〜4.64m、幅3.3〜3.48m、深さ1.4〜1.64mの大きさであった。2号祭祀坑は1号祭祀坑の南約30mに位置し、同じく長方形の竪穴土坑である。大きさは、長さ5.3m、幅2.2〜2.3m、深さ1.68mである。三星堆遺跡の2基の祭祀坑から出土した青銅器の器形や玉石器の形には、中原地域の殷後期から西周初頭期の青銅器や玉石器の器形に酷似している遺物も含まれるが、多くの遺物は相当に異なった器形を有し、地方的な性格をもった遺物と考えざるをえない。
　中国の青銅器文化は、世界のほかの地に見られない高度に発展した青銅鋳造技術を用いて多くの青銅遺物を今日に残しているが、三星堆遺跡における青銅器発見以前は、中国青銅器文化に対するわれわれの研究の中心は、黄河流域の殷王朝や周王朝で鋳造された青銅器に対するものであった。これらの青銅器には、一般的な道具としての工具や武器も含まれているが、鼎・簋・壺・爵・斝・

盉・方彝などと呼ばれる容器と、鐘・鎛などの楽器の類が大部分を占めている。これらの青銅容器と楽器は、宗廟で用いられた禮制の道具で彝器とも呼ばれている。禮は古代中国思想の基本で、殷王朝・周王朝の青銅器は、その禮の道具としてつくられた遺物である。青銅彝器の中で鼎と簋は禮制上特別な意味をもっている。鼎は彝器の中で、中心的な役割をはたす容器で、殷墟文化の甲骨文字中にすでに「鼎」の文字は見られる。墓に副葬された鼎や簋の数は被葬者の身分とかならずしも一致するわけではないが、副葬された鼎や簋の数はしばしば被葬者の身分階級を示すといわれている。

　先記した殷周青銅器に対する一般的な常識から、三星堆遺跡の1号祭祀坑と2号祭祀坑から出土した青銅器群を見ると、中原の禮の制度にもとづく青銅器群と同じではないことに気づく。三星堆遺跡の青銅器に対しては、禮制の道具である殷墟出土の青銅器群や周原出土の青銅器群とは相当に異なった性格を認めるざるをえない。

　三星堆遺跡の祭祀坑から出土した青銅禮器には、鼎や簋の出土はなく、1号祭祀坑からは尊・瓿・盤が、2号祭祀坑からは尊と罍がわずかに出土するだけである。一方1号祭祀坑、2号祭祀坑からは、圧倒的多数の人頭像や人面などの青銅器遺物が出土し、北方の殷王朝や西周王朝の青銅器の組合せとはまったく異なった内容を示している。三星堆遺跡の青銅器中には、大型人面・立人像・神樹などの大型青銅遺物も多数含まれているが、中原青銅器の主体で、墓の副葬品として被葬者の身分までも表すといわれている鼎と簋の器形が見あたらないのは不思議である。三星堆遺跡の青銅器に、鼎と簋が含まれていないこと自体が三星堆遺跡の青銅器組合せの特色を示しているといってよいであろう。

　三星堆遺跡の1号祭祀坑、2号祭祀坑から出土した青銅禮器の組合せをみると、中原地区で見られる禮器類と同種類の青銅器はきわめて簡単で、人頭像・人面・神樹など異形青銅器が多い。三星堆遺跡の遺構が、墓ではなく、祭祀坑であるため、殷王朝の墓に副葬された青銅器の組合せと、単純に比較することはできないが、三星堆遺跡出土の青銅器類には、人像・人頭像・人面・神樹・龍虎飾・尊・罍・瓿・盤・戈・鈴・鳥飾・瑗・戉形方孔璧・巨眼・神殿・神壇・太陽形器・貝形垂飾などがあり、これらの組合せが三星堆遺跡青銅器の特異な性格を示していることは明らかである。

　三星堆遺跡においては、禮器の器形をもつ青銅器として1号祭祀坑からは尊2点・瓿1点・盤1点が、2号祭祀坑からは尊8点と罍5点が出土している。これらの尊・瓿・尊は酒器として盛酒用に用いられる容器である。盤のみ水器である。三星堆遺跡の青銅器禮器には、すでに述べたように殷周の禮器の中で最も重要視される烹熟（煮炊）用の鼎や盛食用の簋が見あたらない。また殷代前期から出現し禮器の中で最も古い器形である爵も見あたらない。鼎・簋・爵を欠く蜀国の禮の容器の組合せは、殷周青銅禮器の組合せの本来の意味を無視した思想と判断せざるをえない。三星堆遺跡からさほど遠くない四川省彭県竹瓦街遺跡発見の西周時代併存期の青銅器においても、鼎・簋は見られず、罍・尊が中心であった。鼎・簋の器形を欠くことが、古代蜀の青銅器群の特色を示しているのかもしれない。

　三星堆遺跡の1号祭祀坑からは、人頭像13点、人面像2点が出土し、2号祭祀坑からは、人頭像44点、金面人頭像4点、人面20点、獣面具3点、獣面9点が出土している。このような青銅人頭像や青銅人面の出土は、黄河流域の殷墟文化や西周時代の遺跡においても決して零ではないがきわめ

てまれな遺物で、しかも三星堆遺跡2号祭祀坑出土の人面のように幅が1mを越え、高さも80cmにおよぶ大型人面遺物の例を知らない。人頭像や人面の出土が多いことと、それらが大型であることが三星堆遺跡の青銅器遺物を特色づけていることは確かである。大型の人頭像や人面を多数有するこの文化こそが古代蜀の文化の特色である（第119図）。

中国殷周時代の中原青銅器には、饕餮紋・夔龍紋・夔鳳紋・竊曲紋・環帯紋（波帯紋）・蟠螭紋・雷紋・鱗紋・重環紋・蝉紋・円渦紋・円圏紋・虺紋など独特の各種紋様が施されている。三星堆遺跡出土の青銅器の一部にも、饕餮紋・夔龍紋・夔鳳紋・蟠螭紋・雷紋に類似した紋様が施されている。また一方、三星堆遺跡の青銅器には、中原殷周青銅器にはあまり見られない

第119図　青銅仮面　三星堆遺跡　$\frac{1}{2}$

日暈（太陽の傘）紋・環形紋・回紋・波曲紋などの紋様が散見される。

　三星堆遺跡1号祭祀坑、2号祭祀坑から出土した青銅遺物にも饕餮紋あるいは饕餮紋に類似した紋様が施されている遺物は存在する。饕餮紋系の紋様が鋳造されている遺物の器形は、いずれも中原系の青銅禮器である。ここで三星堆遺跡出土の中原系青銅器禮器と定義している器形は、中原で同じ器形が見られる尊・瓿・罍・盤である。このなかの大部分の容器には、いわゆる饕餮紋あるいは饕餮紋に類似した紋様が施されている。三星堆遺跡出土の青銅禮器に見られる饕餮紋は変形が著しく、中原地区の殷周青銅器の饕餮紋と同じではない。三星堆遺跡2号祭祀坑出土のV式青銅円尊の胴部と圏足部の饕餮紋は、中央の軸線を中心に左右対称をなし、両眼も表現されてはいるが、饕餮紋の左右を構成する横向きの夔龍の表現はない。そこに表現された両眼はきわめて小さく、角は細く、耳・頰も不明瞭で、厳密には饕餮紋とはいいがたい。三星堆遺跡出土の円尊に見られる饕餮紋には、このように厳密には饕餮紋の表現に至っていない紋様が散見される。三星堆遺跡出土の青銅禮器に施されている一部の紋様は饕餮紋とはいいがたいが、これら饕餮紋系の紋様を施した青銅器が中原系の器形をもつ青銅器であることに間違いはない。三星堆遺跡の1号祭祀坑、2号祭祀坑からは多数の人頭像・人面など、人の顔面を形どった青銅器が出土し、三星堆遺跡の青銅器を特色づけている。これは、まさに人頭像と人面の青銅器文化である。

　殷周時代の青銅器で三星堆遺跡出土遺物以外で人面を表現した遺物は決して多くはないが、人面を表現した遺物としては、湖南省博物館収蔵の人面方鼎が知られる。この人面方鼎は、湖南省寧郷県発見ともいわれ、通高38.5cm、口長29.8cm、口幅23.7cmほどの大きさである。人面は方鼎の

4側面に鋳造され、人面が描かれている位置は本来饕餮紋が描かれるべき位置で、饕餮紋に置き換わって人面が描かれていると解釈でき、その点においても興味のある青銅器である。このほか人面を表現した殷代の青銅器遺物としては、江西省新干県大洋洲殷墓から出土した双面神人頭像がある[3]。この双面神人頭象は通高53cmほどの大きさで、丸い目、大きな鼻と口、2本の角に特色がある。大洋洲殷墓からは青銅戈の内の両面にそれぞれ双人面を鋳造した遺物も出土している。人面を表現した青銅遺物は、ほかにも知られ、殷墟遺跡や北京市房山区の琉璃河遺跡からの出土例も知られるが数量は決して多くはない。北においては、饕餮紋の数に比較して人頭像・人面の数は零に近いといっても過言ではない。三星堆遺跡出土の人頭像・人面の性格に関しては、長江以南の殷墟文化・西周時代に併存する諸遺跡から出土している青銅遺物に注意を払いたい。

一方、三星堆遺跡の1号祭祀坑、2号祭祀坑から出土した青銅器の主体は、人頭像・人面・神木・鳥などからなる青銅器で、三星堆文化青銅器と呼ぶことが可能である。三星堆文化青銅器は、殷墟文化の影響を受けてはいるものの、青銅礼器に施される饕餮紋あるいは饕餮紋系の紋様をもたない。三星堆遺跡1号祭祀坑、2号祭祀坑から出土した青銅器の主体は、この三星堆文化青銅器である。このような青銅器の出土情況と組合せは、三星堆遺跡の青銅器を残した古代蜀の民が、人間の顔を表した人頭像・人面を宗教的崇拝の対象とし、中原文化のいわゆる饕餮紋を好まなかったことを意味している。三星堆遺跡の人頭像・人面は、大目に特徴があるが、『華陽国志』にいう蚕叢氏の縦目を表したものかどうかを知らない。しかし、三星堆遺跡の青銅遺物を見る限りにおいては、古代蜀の人びとが大目をもつ人頭像・人面を宗教儀礼の崇拝行為の対象としたことは確かである。

殷・西周時代およびそれと併存する時代の青銅器文化には、中原地区に饕餮紋の文化が存在し、四川盆地に人頭像・人面の文化が存在していた。三星堆遺跡の例だけではなく、南の殷・西周併存時代の青銅器には、湖南省寧郷県の人面方鼎や江西省新干県大洋洲殷墓の双面神人頭像・双人面戈などに見られるように、人面を表現した遺物が目に付く。このような人面遺物は人頭像・人面を尊んだ三星堆文化の影響であるかもしれない。三星堆遺跡の青銅器を残した古代蜀の民は、殷王朝・西周王朝に帰属した証として、礼器をつくり、饕餮紋を表現したが、古代蜀の本来的な崇拝習俗は、饕餮紋ではなく、大目をもつ人頭像・人面を宗教的信仰の対象にしていたと考えられる。

(2) 新干大洋洲の青銅器文化

すでに一部の出土青銅器を紹介してきたが、江西省新干県の大洋洲遺跡からは多くの特色ある殷代青銅器が発見されている[4]。大洋洲遺跡は、江西省呉城遺跡の東10kmの贛江の東岸に位置している。青銅器は、長8.22m、幅3.6m、深さ2.34mの墓と推定される長方形土壙内から出土している。土壙から出土した遺物には、青銅器485点、玉器754点、土器356点があった。出土した青銅礼器には、円鼎・方鼎・扁足鼎・鬲・甗・豆・瓿・壺・三足卣・方卣・罍・瓚などがある。楽器には、鎛・鐃があり、武器には、矛・戈・鉞・刀・鏃などがあり、ほかに双面人頭形青銅器・伏鳥双尾虎などの青銅器がある（第120図）。大洋洲遺跡から出土した青銅器は、比較的早い時期の遺物と遅い時期の遺物が含まれ、いずれの青銅器も殷墟遺跡や鄭州市付近出土の青銅器とは異なった地方色が濃厚である。ことに鎛や鐃などの楽器類の器形と紋様には、湖南省出土の楽器類と共通する南の要

素が認められる。早い時期の遺物
としては三足提梁卣があり、二里
岡上層文化から殷墟文化初頭併存
の遺物とも考えられる。臥虎耳大
方鼎は殷墟文化第1・2期、方
卣・四羊罍・鼎形鬲などは殷墟文
化第3・4期の遺物に近い。殷墟
M5号墓の青銅器などと比較する
と、大洋洲遺跡出土の遅い時期の
青銅器は、殷墟文化第2・3期が
中心と考えてよいかもしれない。

第120図　青銅器　1人頭形青銅器、2鎛、大洋洲遺跡

　大洋洲大墓出土の土器類には、中国でいわゆる原始青瓷と呼んでいる多くの灰釉陶器が含まれて
いる。それらの灰釉陶器には、甕・大口尊・罐・器蓋などの器形が含まれ、年代的には二里岡上層
第2期から殷墟文化第1・2期にかかるものと推定されるが、さらに若干年代が下がる可能性もあ
る。この地方の灰釉陶器遺物としては、ほかに江西省清江県呉城遺跡出土の一群の灰釉陶器がある[5]。
器形としては罐・盆・尊・豆などがある。呉城の灰釉陶器の年代に関して、筆者は伴出した陶鬲の
器形や各種陶器に見られる印紋、伴出した青銅斝・鎊の年代から、二里岡上層第2期から殷墟文化
第1・2期にかかるものと推定している。江西省の殷代併存遺跡で発見されている灰釉陶器の起源
が、黄河流域の二里岡上層期の遺物と関係があるか否かは不明であるが、清江呉城遺跡や大洋洲大
墓の灰釉陶器が、鄭州銘功路M2号墓の遺物より古くなる可能性は低い。

(3) 先周文化

　殷墟文化の後半に併存して、今日の陝西省の渭河流域には周王朝が存在していた。周の武王によ
る西周王朝建国以前の周の文化が先周文化ではあるが、具体的にいつの時代から西周建国までを先
周時代と呼ぶべきか、渭河流域のどの地域の遺跡を先周文化遺跡と呼ぶべきかの結論は、厳密に考
えるとなかなかむずかしい問題である。この先周文化に関しては、一般的に西周時代の記述の中で
取り扱われることが多いが、時代的には殷墟文化併存時代に相当するので、本書では「殷墟文化期
の地方文化」の中で取り扱っておく。

　周は、第1代の武王が、最後の殷王である帝辛紂を牧野に破って成立した王朝である。周が殷を
破った実年代はいまだ確かではないが、前11世紀の終わりごろと推定されている。平勢隆郎氏は前
1023年とし、陳夢家はこの年を前1027年としているほか、董作賓は前1111年とし、新城新蔵は前
1066年説をとり、最近の中国では前1046年を国の統一的見解として示すなど各説が入り乱れ、そ
の年代は確定していない。より古い年代を採用すると中国の古代王朝の存続年代が間延びするの
で、筆者は平勢氏の前1023年説や、陳夢家の前1027年説に近い年代を推定しているが、いずれの
説にしたがうにしろ、周武王が、殷を破る以前の周の時代を、先周時代の名称で呼ぶことに変わり
はない。周武王による西周王朝成立以前の周室を、かつては「克殷前の周」と呼んでいたが、おお

むね1970年代に入ってからは、「先周時代」あるいは「先周文化」の名称で呼ぶようになっている。北京大学の鄒衡氏は、1979年に「論先周文化」を発表しているが、先周文化の明確な認識をもった論文としては、最初のものかもしれない。[6]

　周の始祖は、后稷棄であるといわれている。后稷棄は、母親の姜原が巨人の足跡を踏んで身ごもり、生まれたといわれている。后稷棄は、麻や豆を育てるのが好きで、農業にすぐれていたため五帝の堯は、彼を農師と呼ばれる役につけたと伝えられる。やがて后稷は舜によって「邰（斄）」に封ぜられた。后稷棄の4代後の周公劉のころ都を「豳（邠）」に遷したという。后稷から13代目の古公亶父（太王）は、豳より岐山のもとの「周原」に移り、姜族の女と結婚し、ここに城を築いたと伝えられている。『史記』周本紀および「集解」には、

　　古公亶父……乃與私屬遂去豳、渡漆沮、踰梁山、止於岐下。「集解」徐廣曰、岐山在扶風美陽西
　　北。其南有周原。駰案皇甫謐云邑於周地、故始改國曰周。

とあり、その地の名を取って「周」と称するようになったという。『後漢書』郡国志には、

　　美陽、有岐山、有周城

とあるが、漢代の出土遺物によって、今日の陝西省扶風県法門寺（崇正鎮）付近を漢の美陽県とする考えがあり、今日の陝西省扶風県法門を美陽県と推定すれば、その西北は、扶風県召陳村、斉家村、岐山県鳳雛村、賀家村一帯で、ここが周原の中心の周城付近と考えられる。その範囲は、現在の陝西省岐山県と扶風県の境付近にある斉家溝の両岸の方約4kmほどの地域と推定されている（図版20-1）。

　古公亶父の孫である周の文王は、豊京に都し、文王の子であった武王は西周を起こし、鎬京に都した。豊京に関しては、『詩經』大雅・文王有聲に、

　　文王受命、有此武功、既伐於崇、作邑於豊、文王烝哉、築城伊淢、作豊伊匹、匪棘其欲、遹追
　　来孝、王后烝哉、王公伊濯、維豊之垣、四方攸同、王后維翰、王后烝哉、豊水東注、維禹之績、
　　四方攸同、皇王維辟、皇王烝哉。

とある。『詩經』大雅・文王有聲の鄭注に、

　　豊邑在豊水之西、鎬京在豊水之東。

と見られ、この豊京の地は、灃河の西岸の長安県客省荘・張家坡の一帯と推定されている。

　『史記』周本紀をはじめとし諸歴史文献には、しばしば邰や豳の地名が見えるが、その地点については各説があり、あまりにも伝説的な時代で、考古学的に明らかにするにはまだまだ多くの問題が残っている。考古学的に多少とも明らかにできる先周時代の遺跡や文化は、古公亶父が周原に周城を築いた時代からである。つまり考古学的に取り扱うことのできる先周時代は、古公亶父から文王・武王にかけての時代で、殷の年代に移行すると殷墟第3・4期文化に相応する時代にあたる。先周文化と認識される青銅器文化の遺跡が分布する地域は、渭河流域の周城を含む周原地域と豊京地域を中心として、それに渭河の支流である涇河の上流域が加わっている。

　陝西省西安市以西の渭河流域においては、いわゆる夏殷文化である二里頭文化・二里岡文化・殷墟文化の堆積と分布をほとんど見ない。客省荘第2期文化と呼ばれる龍山文化の上層には、先周文化と呼ばれる周文化の堆積が乗ってくる。しかしながら、先周文化時期の青銅器は、二里岡上層文

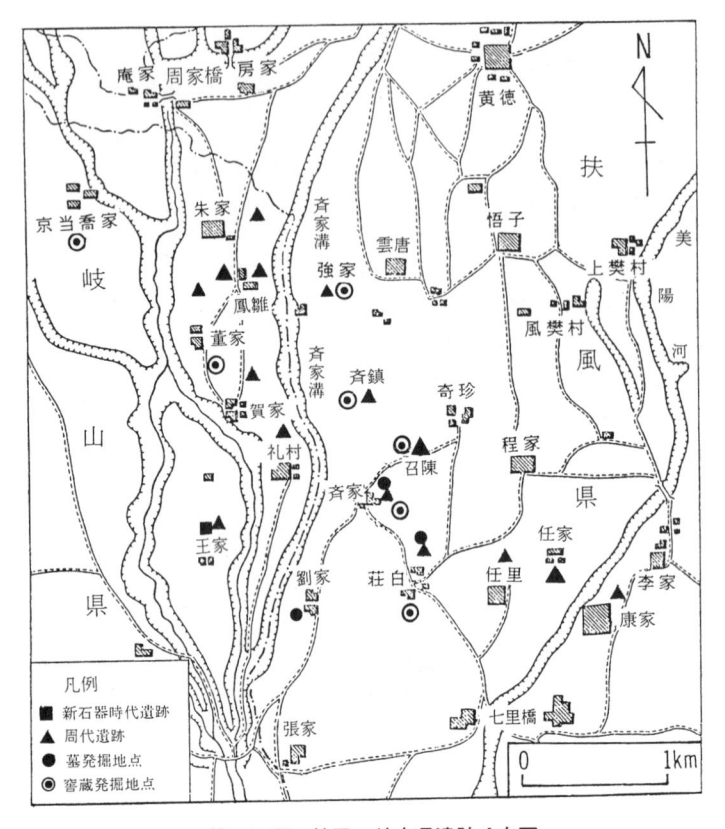

第121図　扶風・岐山県遺跡分布図

化に類似する一群の青銅器を最古とする。図版21-1は陝西省岐山県京当遺跡出土の青銅平底爵と觚および扶風県美陽遺跡出土の青銅杯で、いずれも二里岡上層第2期に前後する時期の遺物である。1の平底爵は、注口が長く、尾は短い。腹部と腰部に隆起線の饕餮紋が施され、腰部の上下には円圏紋が見られる。通高21.9cmの大きさである。2の觚は口が大きく開き、圏足に十字形鏤孔があき、腰部には隆起線による略式の饕餮紋が施され、高さ21.1である。京当遺跡では同時に、二里岡上層第2期に属する青銅鬲・罍と戈が出土している。3の杯は高い圏足が付き、高杯形を呈している。腹部には上下の円圏紋に挟まれた饕餮紋があり、饕餮紋は雷紋で埋められている。高さ20.8cmの大きさである。美陽遺跡のこの青銅杯は、殷墟第2期に属する青銅鼎や卣と伴出していて、この杯の埋設時期は殷墟第2期以降と考えられている。周原においては、二里岡上層第1期をさかのぼる二里岡下層・二里頭文化の青銅器は出土していない。したがって、京当遺跡の二里岡上層第2期の青銅器は、この地における最も古い青銅器と認識される。一般的には、周原における青銅器の出現は、二里岡上層第2期から殷墟文化第1・2期のころと考えられている。周原においては、二里岡上層第1・2期に対応する土器の発見がなく、二里岡文化のこれらの青銅器は、伝世されて殷墟文化併存の遺構に埋設された可能性が高い。

　周城の地とされる扶風県・岐山県の斉家溝の両岸一帯では、先周から西周にかかる遺跡が古来多数発見されている。周の古公亶父が、邠から遷ったといわれている周原の周城は、現在の陝西省扶風県と岐山県の県境に位置し、岐山県の京当喬家・鳳雛・賀家・禮村・王家、扶風県の強家・斉鎮・斉家・劉家・召陳・任家・康家などの村落を包括する方4kmほどの範囲と推定される（第121図）。この範囲内の岐山県鳳雛村や扶風県召陳村・雲塘村では、先周・西周時代に属する大型の建築址や瓦が発見されている。また、この地域で多く発見される窖蔵と称される貯蔵穴からは、漢代以来たびたび数多くの西周青銅器が発見されている。さらに、岐山県鳳雛村甲組建築址、扶風県斉家村からは、西周甲骨文も発見されている。また、西周初代の武王に先んじる先周時代の墓も扶風県劉家遺跡などにおいて発見されている。周城は周の重要な都市であったと考えられるが、古公

亶父から文王に至る時代の遺構は、かならずしも都市遺跡として明確ではなく、発見されている宮殿址や瓦は、西周時代に入ってからの遺物が主体である。周城は、西周時代に周の聖地として機能していたものと推定される。

陝西省岐山県の鳳雛村では、一群の西周時代建築址が発見された。この建築址は、鳳雛村の東南約200mで発見され、甲組建築基址と呼ばれるもので、大きさは南北長さ45.2m、東西幅32.5m、面積は1469m²である。この建物の方向は基本的に南北方向を向いているが、多少西に偏している。建築群は南から北に影壁・門堂・前堂・後室とならび、東と西に東室（東廂）列と西室（西廂）列がならび、東室・後室・西室の内側を回廊が回る。甲組建築址のこれらの建物群は全体として四合院式の建築様式を呈している（第122図）。西室のF2室のH11灰坑からは、10000点を越す西周甲骨が発見されている。

この甲組建築址の年代は、H11灰坑から出土した甲骨文が西周武王の克殷以前と推定されることによって、この建物の開始年代についても克殷以前と考えられている。建物の年代下限に関しては、出土した陶鬲・陶罐の年代観から西周後期と推定されている。この甲組建築址より出土した木炭（BK76018）のC14年代測定結果は、前1040±90年（経樹輪校正、前1263-前992年）であった。

甲組建築址の建物の性格に関しては、この建物を宗廟とする考えがあり、妥当な考えといえる。甲組建築址のF2室には、甲骨が納められていた。『史記』の亀

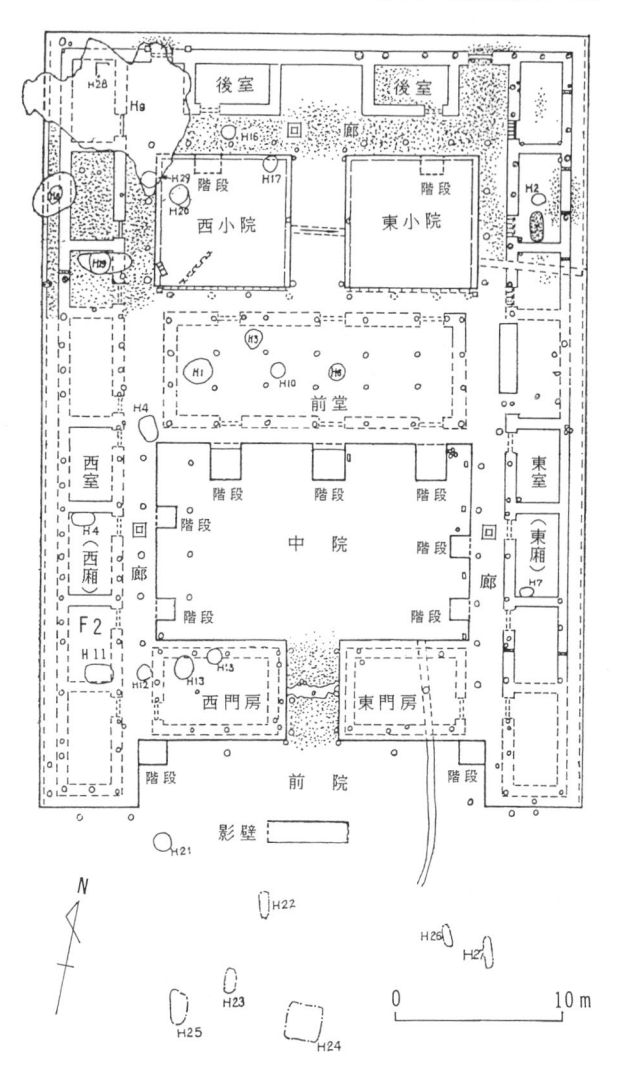

第122図　甲組建築址　陝西省岐山県鳳雛村

第123図　召陳建築址　陝西省扶風県

策傳によれば、

> 王者発軍行将必鑽亀廟堂之上、以決吉凶、今高廟中有亀室蔵内以為神寶。

とあって、王が軍を発するにあたっては宗廟で亀甲を刻り、漢の高祖の廟には甲骨を納める部屋としての亀室があったという。つまり亀室のある建物は宗廟ということになり、この甲組建築址も宗廟である可能性が高い。また『爾雅』釋宮に、

第124図　土器散布　西安市長安県張家坡遺跡

> 室有東西廂曰廟、無東西廂有室曰寝。

とあることによって、東西に廂が配列される鳳雛村の甲組建築址は、また宗廟である可能性が高いと推定される。

　陝西省扶風県の召陳村においても大型建築址と称される建築群が発見されている[8]（第123図）。召陳西周大型建築群は、扶風県法門召陳村の北、斉家溝の東1.5kmに位置している。すでに6375m^{2}ほどの面積が発掘調査され、西周時代の建築址15基が発見されている。召陳村の西周建築群からは、相当量の屋根瓦が出土し、板瓦と称する反りの浅い瓦と、筒瓦と称する丸瓦状の反りの深い瓦と、半瓦當が存在する。報告では、瓦を西周前期・中期・後期に分類しているが、西周前期の瓦がおおむね下層建築群に相当し、西周中・後期の瓦がおおむね上層建築群に相当すると解釈される。

　扶風県雲塘村でも7基の大型建築址の基壇・散水面・道路などが発見されている[9]（図版20-2）。この1組の建築址群は、3軒の建物を「品」の字に配置し、大門に向かう道路がつくられていた。散水面と道路は卵石をていねいに敷き詰めたものであった。雲塘村における大部分の遺構の年代は西周時代まで下がるが、この地における道路等の造営開始は先周にまでさかのぼる可能性も高い。

　岐山県鳳雛村の甲組建築址や扶風県召陳村・雲塘村の建築址の発見や瓦の出土は、周城のこの一帯に殷墟文化併存期の先周時代から西周時代にかけて、周の宗廟や大型建築が立っていたことを示している。この時代の都は、祖先・先王を祭る宗廟を中心に造営されていたと推定され、甲骨文の出土した鳳雛村の甲組建築址が周の宗廟であるのならば、宗廟の存在したこの一帯が周の都つまり周城の地と推定されてくる。周城の都城としての遺構や平面配置のようすは今ひとつ不明確ではあるが、近年、岐山県鳳雛村北側において東西にのびる版築城壁が発見されている。

　豊京の地を求めての、灃河西岸における初歩的な考古学調査は、1933年、1943年にすでに行われているが、本格的な調査が開始されたのは、1950年代に入ってからである。今日、豊邑の遺跡と推定される地域は、西安市の南西約14kmの灃河西岸の長安県客省荘・馬王村・張家坡・大原村・馮村・曹家寨・西王村・新旺村の一帯である。この地域は標高400mほどの平地で、付近には先周以降、西周時代の遺物が多数散布している（第124図）。また、先周・西周時代の墓・車馬坑・窖蔵・住居址・版築基壇の発見も伝えられている（図版21-2、22-1）。

最後に先周文化の土器に触れておく。陝西省宝鶏市から西安市に至る渭河流域からは、高領乳状袋足分襠鬲と呼ばれる特異な土器が出土している。高領乳状袋足分襠鬲および伴出する土器の年代について重要な点をいくつか説明しておく。

高領乳状袋足分襠鬲および伴出する土器は、先周文化に属する遺物である。周原で発見されている高領乳状袋足分襠鬲の年代は一部の研究者が述べるほど古い遺物ではなく、扶風県の劉家遺跡の土器を標準に考えれば、その主たる時代である第3期、第4期は、殷墟文化の第3期、第4期に比定される。劉家遺跡の第1期、第2期は殷墟文化第1期、第2期というところが妥当である。劉家遺跡の第3期や第4期は古公亶父による遷岐の以後の時代に属すると推定される。劉家遺跡第3期の開始時期は、先周文化が確立した時期と推定される。この時期に墓の数が増加し、先周文化と呼べる文化内容を有するようになっている。この劉家文化の成立と先周文化の成立を重ねて考えてみると、年代的には前1100年頃のことと推定される。注目すべき点は、中原の殷墟文化の後半には、渭水盆地に周の文化が確立していたことである。

註

（1） 226 四川省文物考古研究所、1999、『三星堆祭祀坑』（文物出版社、北京）。
（2） 37 王家祐、1961、「記四川彭県竹瓦街出土的銅器」（『文物』1961年第11期）。
（3） 133 江西省博物館・江西省文物考古研究所・新干県博物館、1997、『新干商代大墓』（文物出版社、北京）。
（4） 133 同上。
（5） 135 江西省博物館・清江県博物館・北京大学歴史系考古専業、1975、「江西清江呉城商代遺址発掘簡報」（『文物』1975年第7期）。
（6） 252 鄒衡、1980、『夏商周考古学論文集』（文物出版社、北京）。
（7） 295 陝西周原考古隊、1979、「陝西岐山鳳雛村西周建築基址発掘簡報」（『文物』1979年第10期）。
（8） 298 陝西周原考古隊、1981、「扶風召陳西周建築群基址発掘簡報」（『文物』1981年第3期）。
（9） 157 国家文物局、2001、「陝西周原西周時期考古新発現」（『1999中国重要考古発現』文物出版社）。

第7節　夏文化と殷王朝文化のまとめ

（1）　夏文化と文明の成立

河南龍山文化王湾類型につづく二里頭文化時代に入ると、都市や青銅器が出現し、文字の存在は確認されないものの、古代国家の出現が想定される。筆者は二里頭文化時代を、かつて殷王朝の初頭と考えたが、近年のC14年代測定と樹輪校正年代の成果から、二里頭文化は前2000年から前1500年の間に位置する文化と考えるのが妥当である。殷王朝の初年は前1500年頃で、この年代を大きくさかのぼることはありえない。殷文化に先行する初期青銅器文化としての二里頭文化が、龍山文化後期と殷文化の間に約500年間にわたって存在している。中国の歴史は、二里頭遺跡などの都市遺構や青銅器の出現により、この時期から文明段階に入っていると考えられ、この二里頭文化

は、夏王朝の時代に属する可能性が高いと考えるに至った。

　河南省偃師県の二里頭遺跡においては、まだ城址は発見されていないが、2基の大型建築址をはじめとして、多数の版築の建築址が、約1.8km四方の範囲内に存在している。1号・2号大型建築址（宮殿址）の平面形は、回廊が取り巻き、その中央北側に正殿が位置するが、この割付は後の西周時期における陝西省岐山県鳳雛村発見の宗廟の形に類似している。二里頭遺跡の大型建築址の正殿遺構は、その上に存在したであろうと想定される建築が二里岡文化・殷墟文化の建物に類似している点から、夏王朝と殷王朝は文化的な連続性が高いと考えられる。二里頭遺跡を夏王朝の首都、あるいは都城と確定する根拠はいまのところない。しかし、二里頭遺跡は、城壁に囲まれた首都・都城遺跡ではないにしろ、規模の大きな夏の邑つまり都市であったことは確かで、村落的な集落が、都市機能をもった時代、つまり夏王朝時代の遺跡と考えて間違いない。

　二里頭遺跡からは、多くの青銅器が出土している。それらには、戈・戚・鏃などの武器、小刀・錛・鑿・錐などの刃物が多数含まれ、二里頭文化が青銅器時代に入ったことを意味している。二里頭遺跡から出土している青銅の鼎・爵・斝・盉の類はいずれも禮楽器で、殷代二里岡文化・殷墟文化や西周時代に禮の道具として用いられた容器と基本的に同形である。これら青銅禮器は、古代国家権力による祭政一致政治の宗教活動を示す遺物で、文明成立の一翼を示す遺物と見てよいであろう。

　二里頭文化に文字はないが、土器には図象記号と呼ばれる記号状の紋様が存在している。これらの図象記号は、二里頭文化より早い大汶口文化の図画紋と殷墟文化の甲骨文字をつなぐ中間的な存在である。

　二里頭文化は、宗廟あるいは宮殿址と推定される大型建築址を有する邑をもち、青銅利器、容器を有し、図象記号も存在する。土器の器形、紋様は基本的に殷墟文化の土器器形、紋様に連続する内容で、また青銅器の器形も殷代二里岡文化につながる器形である。したがって二里頭文化は殷前期の文化に先行して、同一地域に展開した夏王朝の文化と考えることができる。宗廟・宮殿と邑、青銅器、図象記号などの実体は、この時期をして古代文明と古代国家出現の可能性を示している。文明出現と古代国家の成立を確実に実証できないまでも、その蓋然性はきわめて高いといえる。文明の成立は一日でなるものではなく、漸次発展的に成立していくもので、殷墟文化期に向かって文明の第一歩が始まったといえる。このような諸要素から考えて、二里頭文化は文明段階に入っていると結論づけることができ、二里頭文化は古代文明の揺籃期である。二里頭文化遺物と伴出する木炭や獣骨のC14年代測定の結果は、二里頭類型第2期の獣骨（ZK-764）が前1495±95年（経樹輪校正、前1748-前1522年）、二里頭類型第4期の木炭（ZK-286）が前1385±85年（経樹輪校正、前1625-前1430年）の値であった。このC14年代測定に対する樹輪校正年代数値は、本書前段に述べた古典文献から求められる夏王朝の年代観に矛盾するものではなく、夏王朝から殷初年の年代としてきわめて妥当な年代でもある。しかし、これで夏王朝が歴史に実在したことが証明されたわけではない。ここまで述べてきた夏王朝の年代観は、夏王朝が歴史上に存在したと仮定した場合に、二里頭文化の時代に対応するという説である。

（2） 殷王朝文化

　河南省鄭州市二里岡遺跡を標準とする二里岡文化をかつて筆者は殷中期の文化と考えてきたが、最近の新しい考古資料と樹輪校正年代の数値からはこの時期が殷前期にあたる可能性が高いと考えるに至った。

　河南省偃師県の洛河北岸の尸郷溝付近では、二里頭類型第4期末あるいは二里岡下層第1期から造営が開始されたと考えられる偃師殷故城が発見されている。この故城は南側の小城と北の大城からなり、南北約1700m、東西約1200mの大きさで、版築の城壁と濠が取り巻いている。まず小城が二里頭類型第4期末から二里岡下層第1期時期に造営され、その後大城部分が拡張されたと考えられている。城内には、4カ所あるいは5カ所の宮殿基址あるいは宮殿区とよばれる大型建築群が存在している。偃師殷故城は中国最古の都城遺跡とも考えられる。偃師殷故城に関しては、この城が尸郷溝に位置していることから、『漢書』地理志や『括地志』に記載された尸郷や西亳に対応させて、ここを湯王の「亳」の地とする考えがある。この考えは樹輪校正年代の示す年代の上からも合理性がある。

　鄭州市では、二里岡文化の版築の城壁が発見されている。この城壁の版築中には、二里岡下層文化の土器が包含され、またこの城壁は二里岡上層文化の青銅器が副葬された墓によって切られている。したがってこの城壁は、二里岡下層文化から上層文化の初頭に造営されたと推定される。一辺1700mほどの城壁に囲まれた区画内からは、宮殿あるいは宗廟と呼ばれている版築の大型建築址が多数発見されている。さらに南壁の南700〜900mでは、外城と考えられる城壁遺構も確認されている。鄭州殷故城の内外からは、墓・鋳銅遺跡・骨角器製作遺跡なども発見され、都城と呼ぶことのできる最古の遺跡である。二里岡文化の城郭址には、河南省偃師県の偃師殷故城、湖北省黄陂県の盤龍城や山西省垣曲県の古城などがあり、二里岡文化では、城郭の建設が一般化している。しかし、これらの城郭のすべてを都城あるいは都市国家と規定するには資料が不足で、またその歴史的実体も都市国家出現直後と推定される。

　二里岡文化に入ると、青銅器の量が一気に増加する。二里頭文化においては、青銅器を出土する遺跡が二里頭遺跡に限られ、また青銅器の出土量も多くはない。しかし、二里岡文化に入ると急激に青銅器の量が増加し、出土地域も黄河流域のみならず長江流域にも拡大し、湖北省や場合によっては江西省においても青銅器を出土する遺跡が発見されている。たとえば湖北省黄陂県盤龍城遺跡出土の青銅器は二里岡文化を代表する遺物である。

　文明の要素となる二里岡文化の都城・青銅器などを見ると、二里頭文化にくらべ大いなる発展が認められ、古代文明の育成が認められる。しかし、二里岡文化に至っても今日のところ文字は発見されていない。青銅罍の肩部などに図象記号を見るが、文字の存在が確かなのは殷墟文化に入ってからである。

　鄭州殷故城出土の二里岡期下層文化の木炭（ZK-178）のC14年代測定結果は、前1380±95年（経樹輪校正、前1635-前1425年）で、また二里岡上層文化の木炭（ZK-177）のC14年代測定の結果は前1360±95年（経樹輪校正、前1618-前1417年）であった。また偃師殷故城出土の二里岡下層

文化の木炭（ZK-1372）のC14年代測定結果は、前1405±100年（経樹輪校正、前1680-前1430年）であった。これらのC14年代測定を補正した樹輪校正年代は、古典文献の記載から想定される殷前期の年代を示し、湯王の殷初年が二里岡文化期の開始時期と前後する可能性を示している。

　河南省安陽市の殷墟遺跡を標準とする殷墟文化は、殷後期の文化で、一般には19代盤庚から30代帝辛の時代に比定されている。この時代は中国に古代文明が確立した時代である。この古代文明の確立の認識は、考古学的に都市・青銅器・文字のほか大型墓によってもとらえられる。

　洹河北岸の花園荘付近から東の飛行場にかかる一帯では、方2000mほどの城壁をもつ城郭とその中に位置する回字状宮殿址の存在も明らかになり、洹北殷故城の名称で呼ばれている。この洹北殷故城の時期に関しては各説があるが、盤庚の遷都から武丁期と考えるのが妥当であろう。従来から殷墟遺跡と呼ばれていた範囲は、洹北殷故城の南で安陽市西北の洹河両岸に24km²にわたって広がっている。洹河南岸の小屯村付近の各区画からは宮殿址と呼ばれている多数の版築基壇が発見されている。これらの建築址が、都城としてのいかなる位置を占めているかは不明であるが、宮殿とされる大建築が特定の地区に密集し、殿堂・宗廟・明堂などの宮城内の建築群を形成していたのではないかと推定される。小屯付近では、これらの建築群に付随して、奠基坑、あるいは祭祀坑と呼ばれるきわめて多数の犠牲を埋設した坑が発見されている。安陽市洹河の北岸の侯家荘・武官村の遺跡は、王陵とその周囲に存在する1000基以上の多数の犠牲坑からなり、そこは陵園と祭祀の場であったと推定される。

　殷墟は墓と祭祀坑が多く、建築址が存在しているとはいえ、一般的な都城とは様相を異にし、それゆえに殷墟を殷の聖地、あるいは墓地とする考えも存在する。しかし、殷文化における都城は、行政・経済の中心としての現代的な都市とはまったく異なり、王権と祭祀の中心で、祖先に対する祭祀を執り行う場所と推定される。小屯村付近ではいまだそれを取り囲む城壁の存在は確認されていないが、王陵・祭祀坑・大型建築址群のならぶ殷墟遺跡こそ、殷の都市と断定できる。殷墟小屯村の宮殿区では、人工掘削による大溝が遺跡の西側と南側を取り囲み、溝の北端と東端で洹河につながっている。この大溝は宮殿区を護る施設となっているが、城壁が存在しない理由は、この大溝が城壁のかわりをしていることにあるかもしれない。殷の民も自ら殷墟の地を「大邑商」と呼んでいた。殷墟を殷代の代表的な都市の形と断定すると、殷墟文化は古代文明の成熟期とみてよいかもしれない。しかし殷墟遺跡以外に、この時代の王陵・祭祀坑・大建築をともなう大遺跡は発見されていない。

　殷墟文化の青銅器は、中国の歴史の中で西周時代とならんで最も鋳造技術が成熟した時代である。侯家荘M1004号墓出土の鹿方鼎・牛方鼎、M1001号墓出土の饕餮紋方盃、武官村出土の司母戊鼎などを代表として、各種の容器・武器が出土している。とくに1976年に小屯村で発掘調査された殷墟M5号墓（婦好墓）からは、468点もの青銅器が出土し殷墟第2期の標準遺物となっている。多くの青銅利器の出土は、まさに青銅器文化の名にふさわしい。これらの青銅器の発見は、文明の指標としての青銅器の製作を明らかにしている。

　この時代、青銅器の分布は殷墟遺跡のみならず黄河・長江流域に広くおよんでいる。江西省新干県の大洋洲殷墓からは殷墟文化第1期以前にさかのぼる鼎・鬲・甗・盉・豆・簋・罍・壺・卣など

の青銅器が発見されているほか、四川省広漢県の三星堆遺跡からも特殊な人面青銅器を含む青銅遺物が多数発見されている。黄河中・下流域の青銅器文化と密接な関係をもって長江流域にも発達した青銅器文化が存在していた。殷墟文化期の青銅器は、黄河の中・下流域から長江流域にもおよび、青銅器文化として完成した姿を有し、古代文明の要素としての条件を満たしている。

殷後期の殷墟文化には、甲骨文と呼ばれる文字が出現する。文明の指標となる文字が、甲骨文字として存在したことは、中国の古代文明を考える上で重要な条件である。

安陽市小屯村の西で1971年に発見された甲骨と同時期の木炭（ZK-86）のC14年代測定の結果は前1115±90年（経樹輪校正、前1389-前1055年）で、また洹河北岸の武官村大墓出土の木炭（ZK-5）のC14年代測定の結果は前1085±100年（経樹輪校正、前1376-前1010年）であった。さらに殷墟M5号墓（婦好墓）の木槨の木材（ZK-881）のC14年代測定の結果は前1205±140年（経樹輪校正、前1510-前1131年）であった。これらのC14年代測定の数値と樹輪校正年代の数値は、いずれも殷王朝の滅亡を前1027年あるいは前1023年と考える説に矛盾するものではなく、殷墟文化の年代を前1250年頃から前1000年頃と考える筆者の考えに符合する。

（3）　おわりに

殷後期の殷墟文化は、古代文明の完成期と見ることができる。都市遺跡としての殷墟遺跡の存在、多数の青銅利器・容器の存在、甲骨文・金文など文字の存在は、古代文明の要素を十分に満たし、それらに加えて大型墓・王陵の存在は、殷墟文化をして文明の完成期と見ることができる。中国における古代文明の開始は、夏文化としの二里頭文化、あるいは殷前期文化としての二里岡文化に求められるが、それが育ち、成長し古代文明の成熟した姿になるのは、殷墟文化に入ってからである。殷墟遺跡が、古代文明の存在を証明する都市遺跡であることは先記の通りであるが、殷墟文化時代には文明の一要素としての青銅を有する遺跡は、四川省の三星堆や江西省の大洋洲遺跡など長江流域にも広く分布している。

註
（1）　2002年1月26日、日本中国考古学会関東部会例会において王宇信氏は「安陽殷墟洹北商城重大発現見聞」の題目で講演され、洹北殷故城を盤庚遷都期の遺跡と述べられた。
（2）　373 中国社会科学院考古研究所、1984、『新中国的考古発現和研究』（『考古学専刊』甲種第十七号）。

第 5 章　青銅器時代 II（西周時代）

第 1 節　西周文化

（1）　はじめに

　西周時代の考古学は、21世紀に入ってからの中国考古学の中で最も興味のもてる研究課題である。西周に関する歴史史料や伝承は、史実にもとづくものである可能性が高いが、これからの考古学的な研究がそれらの史料・伝承を実証していく可能性が高い。

　陝西省内の西周遺跡を求めての近代考古学的な調査は、1930年代から開始されているが、本格的な調査が開始されたのは、1950年代に入ってからである。第1章の「中国考古学研究史」で紹介したが、1932年に石璋如氏は、古典に記載される先周・西周時代の都である邰・豳・岐・豊・鎬の地と推定される地方の考古学的な一般調査を行っている。その成果は1949年に発表され、間接的に解放後の豊鎬地域・周原・涇河流域の考古調査に結びついているといえる。国立北平研究院は、1933年春から1937年夏にかけて4年半にわたり陝西地区の考古調査を行っているが、その主眼は渭河両岸にある遺跡の一般調査と渭河北岸の闘鶏台遺跡の発掘であった。国立北平研究院に所属していた蘇秉琦が、1934年から1937年の間に3次にわたり発掘を行った闘鶏台遺跡の考古調査は、周の起源と結びつく宝鶏地区の最初の近代的考古学発掘で、研究史上忘れることのできない成果であった。蘇秉琦の闘鶏台遺跡の3年半の調査期間に104基の墓が調査されているが、副葬品を出土した82基の墓のうち45基が先周と西周の墓であった。先周・西周時代に関しては出土した陶鬲の足部の分類によって、早期・中期・晩期の区分が行われている。闘鶏台報告書の錐足鬲（錐形脚袋足類）すなわち高領乳状袋足分襠鬲は早期、折足鬲すなわち連襠鬲類は中期、短足鬲（矮脚類）は晩期と区分されているが、早期の錐足鬲の年代は、今日の研究成果にしたがえば先周時代に相当し、折足鬲の年代は今日の西周時代に相当すると考えられる。蘇秉琦の研究は今日に至るも先周・西周土器研究の出発点で、当時としては卓越した研究といえる。

　また河南省では1931年に濬県の古墓が盗掘され、これを契機に郭宝鈞・劉燿らによって1932年から1933年にかけて淇河北岸に位置する濬県辛村の西周時代および春秋時代衛国墓地の発掘調査が行われている。辛村の衛国墓地の調査は、西周時代青銅器を出土する墓の考古学的調査の初例で、82基の墓が確認され、また平面中字形の大墓も発見されている。これらの古墓の発掘は殷周の墓を科学的に発掘した最初の経験で、この経験が殷墟遺跡における大墓の発掘に役立ったことは考古学

史の上で重要な意味をもっている。上記の蘇秉琦による闘鶏台遺跡の調査を西周土器研究の出発点とするのなら、辛村の西周墓発掘調査は、西周墓発掘調査の出発点と見ることができる。

解放後の西周遺跡調査は、まず西周王朝の本拠地に対する研究調査からはじまったといってもよい。西周王朝の本拠地である豊鎬地区の調査は、1953年から1957年にかけて中国科学院考古研究所（現在の中国社会科学院考古研究所）によって、豊京の地と推定される陝西省西安市長安県の灃河西岸の客省荘・張家坡の一帯と、鎬京の地と推定される灃河東岸の長安県斗門鎮・普渡村の一帯で基礎的な発掘調査が行なわれた。その後も、同考古研究所による灃河西岸の張家坡付近の考古調査は継続して行われ、また灃河東岸の調査は陝西省考古研究所に引き継がれて今日に至っている。1955年から1957年にかけての灃西における発掘調査は、『灃西発掘報告』として発掘結果が刊行された。このなかで、張家坡遺跡・客省荘遺跡の西周墓に副葬されていた西周土器の編年が組み立てられ、その後の西周土器編年の基礎ができあがった。この時に組み立てられた西周土器の編年は、前期（第1期）、中期（第2期）、後期（第3・4・5期）に分けられ、おおむね西周第2代の成王から西周末年ないしは春秋初頭に至るものであった。その後も引きつづいてこの地における西周墓の調査は行われて今日に至っているが、とくに1967年には比較的規模の大きな発掘調査が行われ、124基の西周墓が発掘されている。

河南省洛陽付近の殷周文化の考古学的な堆積は標準的である。龍山文化から東周時代に至る文化変遷は、おおむね歴史的変遷に対応して考古学的文化層を確認することができ、河南龍山文化王湾類型・二里頭文化・二里岡文化・殷墟文化・西周文化・東周文化と順次たどることができる。しかし、陝西省内においては、殷代文化の堆積が比較的不明瞭であるといってよい。陝西省西安市長安県客省荘・張家坡遺跡における1955・1957年の調査において、龍山文化つまり客省荘第2期文化と西周文化の土器の姿は明らかになったが、その間を埋める文化内容は不明のままであった。客省荘第2期文化と西周文化の土器を比較する時、それらの間には大きな開きがあり、とても客省荘第2期文化土器から直接的に前10世紀の西周文化土器が出現したとは考えられない。つまり、陝西省地区においては、河南省地区における夏代・殷代相当の文化が欠如しているのである。この欠如部分に、1970年代に入ると先周文化の設定が行われるようになる。

周の発祥地と考えられる陝西省周原地区における先周文化遺跡に対する調査に関しては、本書の第4章第6節で紹介しているが、克殷前の周の文化を「先周文化」の名称で呼ぶようになったのは、1970年代に入ってからである。周城の地と推定される陝西省岐山県鳳雛村においては1976年以来たびたび発掘調査が行われ、1979年には、甲組建築址と同建築址から出土した西周甲骨の発掘報告が発表されている。また扶風県の召陳村においても1976年以来、大型建築址が発掘されている。

陝西省宝鶏市における考古調査も研究史の上で重要な意味をもっている。1974年以来進められた宝鶏市茹家荘西周墓および1976年以来進められた宝鶏市竹園溝西周墓の発掘調査は、盧連成氏・胡智生氏の2名によって『宝鶏強国墓地』として1988年に報告書が出版された。総頁666頁、図版252枚からなるこの報告書は、青銅器出土西周墓に関する報告書として、学術的な価値をもつものであった。『宝鶏強国墓地』の報告内容は、発掘を経た各墓ごとに記載され、青銅器出土の西周墓に関する初めての本格的発掘報告といっても過言ではなかった。

1950年代以降、今日に至る50年間に西周時代の虢国・燕国・魯国・晋国・衛国など周王朝に直結する一族を封建した地域に対する調査が進んでいるが、研究史的に見ると、この種の調査は、先記した解放前の濬県辛村の衛国墓地の調査にはじまるといえる。成王の弟・唐叔虞にはじまる晋国関係の調査は、山西省曲沃県・翼城県の天馬曲村遺跡において、北京大学考古系・山西省考古研究所によって1963・1979年に2度の試掘が行われ、1980年から1991年にかけ10次の本調査が行われた後、1992年から2000年にかけては北趙晋侯墓地で発見された18基の大墓の発掘調査が行われている(9)。

　西周燕国は、『史記』燕世家によれば武王が殷を滅ぼした後、武王の弟・召公奭が封ぜられた国であるが、考古学的には長くその実体は不明であった。1963年に発見された北京市房山区琉璃河劉李店遺跡は、1973年に至って中国社会科学院考古研究所の手によって本格的な発掘調査が行われ、西周燕国の墓地と考えられるようになった。竪穴墓中には中字形墓も含まれ、燕侯の墓地である可能性が考えられるに至っている。1995年には、1973〜1977年の5年間の琉璃河遺跡における調査報告である『琉璃河西周燕国墓地』が刊行されたが、これは西周時代燕国の墓に関しての初めての本格的な研究成果の発表であった(10)。

　魯国は、西周武王の弟・周公旦が封ぜられた国であるが、封地へは周公旦の子・伯禽が出向き魯侯となった国である。山東省曲阜の魯国故城は周代の魯国の都城と考えられている。この遺跡は、1961年に全国重点文物保護単位に指定されている。1977年に国家文物事業管理局の指導の元に踏査が行われるまでは、その実体に関して不明のことが多かった(11)。その踏査の結果、東西に長い隅丸方形を呈する城壁と濠に囲まれた魯城の平面形が明らかになった。報告によれば、魯城の最も古い城壁は西周前期に属する可能性があるという。魯国の墓地・遺跡から出土した土器について、報告書は6期の編年を行い、第1期を西周前期としている。しかし現在出土している土器の年代と遺構の年代を西周前期までさかのぼらせることを疑問視するむきもある。

　中国における青銅器発見は長い歴史を有し、その最初は漢武帝が元鼎元（前116）年に今の山西省汾河のほとりで鼎を得た故事や、漢宣帝（前74〜前49年）が美陽県で鼎を得た故事にはじまるといってよい。その後とくに周原を中心とした渭河の流域において清朝から民国時代を経て現代に至るまで相当数の青銅器の発見出土があり、盂鼎・大克鼎などの発見が知られる。すでに紹介したように、解放後も周原を中心とした渭河流域において窖蔵や西周墓からたびたび青銅器が発見され、それらの青銅器が青銅器研究と金文研究を著しく飛躍させた。1975年に陝西省岐山県董家村で西周の末年に埋蔵されたと推定される窖蔵が発見され、衛器4点を含む37点の青銅器が出土した(12)。翌年の1976年には陝西省扶風県荘白村の1号窖蔵から103点の西周青銅器が出土し、74点の青銅器に銘文があった(13)。その中の史墻盤と呼ばれる青銅器には284字が鋳造され、これは1949年以降発見された金文としては最長のものであった（第23図、第144図の1）。同じ1976年西安市臨潼区においては西周武王の功績を鋳造した利簋が発見されている(14)（第138図の1）。渭河流域以外においても重要な青銅器の発見が相次いでいる。1954年には江蘇省丹徒県煙墩山で重要な青銅器の発見があった(15)。その青銅器の中には、宜侯夨簋と呼ばれる121字の銘文をもつ遺物がふくまれ、西周の康王時期における長江下流域における西周王朝封建の実状を示す貴重な資料となった（第138図の2）。

西周・東周時代青銅器研究の上で忘れられない業績に、林巳奈夫氏の『殷周時代青銅器の研究──殷周青銅器綜覧一』『殷周時代青銅器紋様の研究──殷周青銅器綜覧二』などの一連の青銅器研究がある。林氏による殷周青銅器の綜覧的編年研究であるが、京都大学人文科学研究所における歴代の研究成果蓄積の上に林氏の研究が成立していると見ることができる。林氏のこの研究は基本的には、青銅器自体がもつ器形・紋様・銘文からその青銅器の年代を決定し、編年を行った研究である。その研究手法はわが国における伝統的研究手法で、中国国外における遺物研究の際立ったもので、20世紀における最も高い業績と評価している。

（2） 西周の年代

周は、第1代の武王が、最後の殷王である帝辛紂を牧野に破って成立した王朝である。周が殷を破った実年代はいまだ確かではないが、前11世紀の終わりごろと推定されている。この克殷の年に関して、たびたび紹介してきたが、董作賓は前1111年とし、新城新蔵は前1066年とし、2000年に発表された夏商周断代工程では前1046年と決定し、陳夢家はこの年を前1027年とし、平勢隆郎氏は前1023年説を提唱し、各説が入り乱れ、その年代は確定していない。

より古い年代を採用すると中国の古代王朝の存続年代が間延びするので、筆者は従来より陳夢家の前1027年説に近い年代を推定している。陳夢家の前1027年説は、『竹書紀年』の、

　　武王滅殷歳在庚寅二十四年歳在甲寅定鼎洛邑、至幽王二百五十七年、共二百八十一年。

あるいは、『史記』周本紀・集解の、

　　駰案汲冢紀年曰自武王滅殷以至幽王凡二百五十七年也。

などによる幽王の末年に至る257年という年と前771（770）年を基準に求めた数字である。いずれの説にしたがうにしろ、周武王が殷を破る以前の周の時代は先周時代の名称で呼ばれ、武王が殷紂王を牧野に破り、鎬京を都としたとき以降が西周時代で、この年代がおおむね前11世紀の後半であることは董作賓や新城新蔵説を除いて一致している。より古い年代を採用すると中国の古代王朝の存続年代が間延びすると見ている筆者の立場からは、陳夢家の前1027年説と並んで、平勢隆郎氏の克殷を前1023年とする説は魅力があるようにも思われる。考古学的な遺跡と遺物を基準とする年代観からは、前1027年も前1023年も大きな違いはないのであるが、歴史学的な年代決定の上からは大きな問題である。

2001年に平勢隆郎氏の『よみがえる文字と呪術の帝国』が出版された。この本は平勢隆郎氏のそれまでの古代の年代研究をわかりやすく解説したもので、暦や天文に疎い筆者などにも理解の容易な内容となっている。平勢氏によれば、古代中国における紀年法には踰年称元法と立年称元法があったという。踰年称元法は王が没するとその年の年号はそのままにしておき、翌年正月元旦をもって新年号を称し元年とする方法である。立年称元法は王が没し、新王が即位するとその年の途中で新年号を称し元年とする方法である。平勢氏は中国古代においては本来、立年称元法が採用されていたが、前338年に齊で踰年称元法が採用され始皇帝も踰年称元法を採用したことにより、立年称元法は完全に葬り去られたと述べている。先の『竹書紀年』『史記』周本紀・集解に見られる武王克殷から幽王に至る「257年」が誤って踰年称元法の計算で記述されたもので、本来立年称元法で

王位継承と紀年がなされていたと仮定し、金文史料と甲骨文史料からの検討を加え、克殷の年を前1023年と結論づけている。平勢氏の研究を用いて勝手な年代を示すと平勢隆郎氏のお叱りを受けるかもしれないが、考古学的には西周王朝の成立年代が、前1023〜前1027年付近にあれば問題はない。

　西周時代の終わりは、『史記』周本紀の記述にある、第12代の幽王が犬戎によって驪山の麓で殺されたとする年を、前771年とし、平王が即位し東遷した年を翌年の前770年にあてている。中国史において、確実に年代のさかのぼれる最も古い年代は、『史記』「十二諸侯年表」の厲王の共和元年を西暦前841年に比定する年代までであるといわれている。これにしたがえば幽王の十一年を前771年とすることに一般的には問題ない。平勢氏は先の『よみがえる文字と呪術の帝国』において、『史記』周本紀の記述に『竹書紀年』から修正を加え、幽王が死んだ年を前772年、平王の即位を前770年と考えている。いずれにしろ、平王の即位の前年までを西周時代と考えるなら、前771年を西周時代最後の年とすることに変わりはない。

註

（１）　270 石璋如、1949、「伝説中周都的実地考察」（『国立中央研究院歴史語言研究所集刊』第二十本下冊）。
（２）　338 蘇秉琦、1948、『闘鶏台溝東区墓葬』（『国立北平研究院史学研究所陝西考古発掘報告』第一種第一号）。
（３）　56 郭宝鈞、1964、『濬県辛村』（『考古学専刊』乙種第十三号）。
（４）　353 中国科学院考古研究所、1962、『灃西発掘報告』（『中国田野考古報告集』考古学専刊丁種第十二号）。
（５）　392 中国社会科学院考古研究所、1999、『張家坡西周墓地』（『中国田野考古報告集』考古学専刊丁種第五十七号）。420 中国社会科学院考古研究所灃西発掘隊、1980、「1967年長安張家坡西周墓葬的発掘」（『考古学報』1980年第4期）。
（６）　295 陝西周原考古隊、1979、「陝西岐山鳳雛村西周建築基址発掘簡報」（『文物』1979年第10期）。
（７）　298 陝西周原考古隊、1980、「扶風召陳西周建築群基址発掘簡報」（『文物』1981年第3期）。
（８）　617 盧連成・胡智生、1988、『宝鶏強国墓地』（文物出版社、北京）。
（９）　599 李伯謙、1994、「天馬・曲村西周晋国遺跡発掘の意義」（『駒沢史学』第47号）。
（10）　533 北京市文物研究所、1995、『琉璃河西周燕国墓地』（文物出版社、北京）。
（11）　217 山東省文物考古研究所・山東省博物館・済寧地区文物組・曲阜県文管会、1982、『曲阜魯国故城』（齊魯書社、済南）。
（12）　118 岐山県文化館・陝西省文管会等、1976、「陝西省岐山県董家村西周銅器窖穴発掘簡報」（『文物』1976年第5期）。
（13）　293 陝西周原考古隊、1978、「陝西扶風荘白一号西周青銅器窖蔵発掘簡報」（『文物』1978年第3期）。
（14）　615 臨潼県文化館、1977、「陝西臨潼発現武王征商簋」（『文物』1977年第8期）。
（15）　142 江蘇省文物管理委員会、1955、「江蘇丹徒県煙墩山出土的古代青銅器」（『文物参考資料』1955年第5期）。
（16）　509 林巳奈夫、1984、『殷周時代青銅器の研究――殷周青銅器綜覧一』（吉川弘文館、東京）。510 林巳奈夫、1986、『殷周時代青銅器紋様の研究――殷周青銅器綜覧二』（吉川弘文館、東京）。
（17）　519 平勢隆郎、2001、『よみがえる文字と呪術の世界』（『中公新書』中央公論新社、東京）。

第2節　西周都城研究

(1) 西周の都城

　先周・西周時代の都城で、考古学的に明らかになりつつあるのは、古公亶父の周城、文王の豊京、武王の鎬京、成王の雒邑（成周・王城）などである。建国伝説としての后稷棄の邰や公劉の豳（邠）に関しては、考古学的にほとんど不明である。これらの周の地名に関しては、『尚書』『詩經』『春秋左傳』『史記』などの古典文献中に見られるが、また、宗周・豊・鎬・成周などの都市名は、青銅器に鋳造された金文中にも見られる。これらの都市名に関して陳夢家は、班簋や獻侯鼎に見られる宗周を武王時の岐山とし、小臣宅簋などに見られる豊を陝西省鄠県の東、澧河の西とし、士上盉などの金文に見られる鎬を長安県の南、昆明池の北とし、令方彝や士上盉などの金文に見られる成周を洛陽瀍水の東とした。陳夢家の金文中の宗周・豊・鎬・成周に対する地名比定に関しては、その場所をすべて言いあてているとは言いがたく、とくに成周に関しては賛成しがたい。筆者は、成周を洛陽市澗河の東、瀍河の西に位置していると見ている。

(2) 鎬　京

　武王は殷王朝を倒して西周王朝を興し、文王の豊京から鎬京へ都を遷したといわれている。鎬京に関しては、『詩經』大雅・文王有聲に、

　　鎬京辟雍……考卜維王、宅是鎬京。

とあり、「傳」に、

　　武王作邑於鎬京。

さらに『詩經』大雅・文王有聲の鄭注に「豐邑在豐水之西、鎬京在豐水之東」とある。『説文解字』には、

　　鎬武王所都、在長安西上林苑中。

後の『雍録』には、

　　諸家皆言、自漢武帝穿昆明池後、鎬京故基、皆淪入於池。

ともある。前漢武帝の昆明池造営によって鎬京の遺跡は破壊されたとも伝えられる。

　西周王朝12代の都が置かれた鎬京（宗周）の地は、今日の澧河東岸の斗門鎮・普渡村付近とされている。

　1983年に陝西省考古研究所は、斗門鎮の北約700m付近で西周時期の版築基壇を発見したと伝えている。『文博』に掲載された報告によれば5号建築址は平面「工」字形を呈し、東向きの建物で、建物の南北長さ59m、東西幅23mの大きさである。東西に4条の壁が、南北に北側で14条の壁が、南側でも同じく14条の壁が建造されていたと推定され、南北に対称の建築が考えられている。この建築址からは2808片の瓦が発見されているが、建物の規模から考えると瓦の数量は決して多くはない。瓦には平瓦と丸瓦があるが、この建築址の上屋の瓦葺きのようすは明らかでない。報告によ

るとこの建築址の年代に関して、武王克殷前後に建てられたと述べているが、その根拠はかならずしも明らかにされていない。たしかに出土している瓦は西周の遺物であるが、版築基壇としての5号建築址と出土した瓦の層位的な関係も説明不足で、5号建築址の遺構の情況と年代を考える資料が十分に提供されているとはいえない。したがって、西周王朝の最も重要な都であった鎬京の遺構に関しては、考古学的に明らかになっているとは言いがたく、さらなる調査研究が待たれている。

(3) 東都雒邑成周・王城について

　黄河の南岸、邙山の南、洛河の北岸に位置する河南省洛陽市の古代の地名に関しは、「洛陽」「雒陽」「雒邑」などの異なった用語が用いられている。一般にこの洛陽の地は、周以前に雒邑と称し、戦国以降に雒陽と称し、西晋・北魏以降に洛陽と呼ばれるようになったという。西周成王の時、周公旦は東方経営の根拠地として、洛陽の地に東都である雒邑つまり成周・王城の都城を築いたと伝えられている。成周の地名は、令方彝や何尊などの青銅器の銘文上にも見ることができるが、洛陽に周の都が置かれたことに関しては、古典文献によって順次知ることが可能である。しかしながら、すでに漢代には西周成立期の都に関して相当に曖昧になっていたと推定される。司馬遷は、『史記』周本紀において、

　　学者皆称、周伐紂居雒邑。

と称し、漢代の学者が西周王朝の都を鎬京ではなく、雒邑（洛陽）を周の都と考えていたとしている。そして、今日においても、西周の都市遺跡に関しては不明の点が多い。とくに雒邑に関してはその都城址としての城壁や宮殿などの遺構の発見はなく、東都成周・王城の位置に関していまだ最終的な結論が出ていない。

　西周の成王の時、周公旦が築いた雒邑に関して、『尚書』洛誥には、

　　周公……予惟乙卯朝至于洛師。我卜河朔黎水。我乃卜澗水東、瀍水西、惟洛食。我又卜瀍水東、亦惟洛食……。

とあり、また『逸周書』作雒に、

　　周公……乃作大邑成周于土中。立城方千七百二十丈、郛方七十里。南繋于雒水、北因于郟山……。

とある。この成周の位置を後漢雒陽の地と考え、後述する王城を漢河南県の地とする説が有力であるが、また一方、成周と王城を同一地点とする考えも存在する。

　雒陽王城の名称が、最初に見られるのは『春秋左傳』の荘公二十一（前673）年の記事で、

　　春胥命于弭、夏同伐王城。

とある。その後、襄公二十四（前549）年には、

　　齊人城郏。

とあって、その杜預注に、

　　郏王城也、於是穀雒闘毀王宮、齊叛晉欲求媚於天子、故為王城之。

と見られ、穀水と洛河が王城を破壊したことと、その修理が行われたことが述べられている。『春秋左傳』の昭公の二十二（前520）年・二十六（前516）年には、成周と王城の名称がならんで出てく

昭公二十二年：秋、劉子単子以王猛、入于王城。
その杜預注に、
　　　王城、郟鄏、今河南県也。
と、また、
　　　昭公二十六年：冬十月、天子入于成周。
　これらの記事はいずれも東周時代のことで、西周に関する記事ではないが、東周時代には、王城と成周の区別があったと推定される。
　後漢時代には、当時の雒陽城を成周、東周王城を周公の王城とする考えがはっきりしていたと思われる。後漢の班固が表した『漢書』地理志・河南郡雒陽県の下注には、
　　　周公遷殷民、是為成周、春秋昭公二十二年、晋合諸侯于狄泉、以其地大成周之城、居敬王。
とあり、そこに成周の名称が見られるほか、同じく『漢書』地理志・河南郡河南県の下注には、
　　　故郟鄏地、周武王遷九鼎、周公致太平、営以為都、是為王城、至平王居之。
とあって成周と王城の区別が明確に見られる。上記の場合、班固は後漢の雒陽の地を成周と考え、後漢の河南県の地を周公・平王の王城と考えていたと受け取れる。そして、三国時代の呉の韋昭によれば、『国語』周語下・韋昭注に、
　　　成周在瀍水東、王城在瀍水西。
となっている。
　洛陽市における西周遺跡の分布状態から、成周とその王城部分が澗河東岸から瀍河の両岸にまたがる邙山南麓、洛河の北に造営されたと筆者は考えている。今日の洛陽市の広がりは、北は邙山の南縁、南は洛河の北岸、東は瀍河の東岸・白馬寺と洛陽老城の中間附近から、西は洛陽トラクター工場の西、谷水鎮附近に及んでいる。洛陽市の南辺を洛河が西から東へ流れ、洛河はやがて北の黄河に合流する。邙山より流れ出た瀍河は、洛陽市街を流れ洛陽老城の東側を経て洛河に合流する。澗河は洛陽トラクター工場の北側から王城公園の西を経て、洛陽市街を東西に分断し洛河に合流している。
　洛陽市および洛陽市市街地近郊で発見されている西周遺跡の分布は、西は澗河の両岸から、東は瀍河の両岸、さらに白馬寺付近に及んでいる。発見されている西周時代の遺跡の数は、かならずしも多くはないが、西周遺跡の分布はおおむね洛陽市街下に集中していることに注目すべきであろう（第125図）。
　洛陽市の中心から西よりの澗河の両岸で発見されている遺跡は、それほど顕著な数を示さない。西干溝遺跡（No.1）は澗河西岸約300mの所に位置する[3]。ここでは63基の獣骨坑と82基の円形竪穴坑が発見されている。獣骨坑は一般に直径0.2m〜0.3m、深さ0.3m〜0.4mの穴で、坑内に豚・羊などの骨が納められ、祭祀にともなって埋設したものと考えられている。円形竪穴坑は直径1.5m〜2.0m、深さ1.5mほどの大きさの袋状の坑で、貯蔵穴であったと考えられる。西干溝遺跡から出土している西周土器は、後述する洛陽地区の西周第3期以降第4期（共王〜幽王・飯島武次編年）間の遺物と推定される[4]。

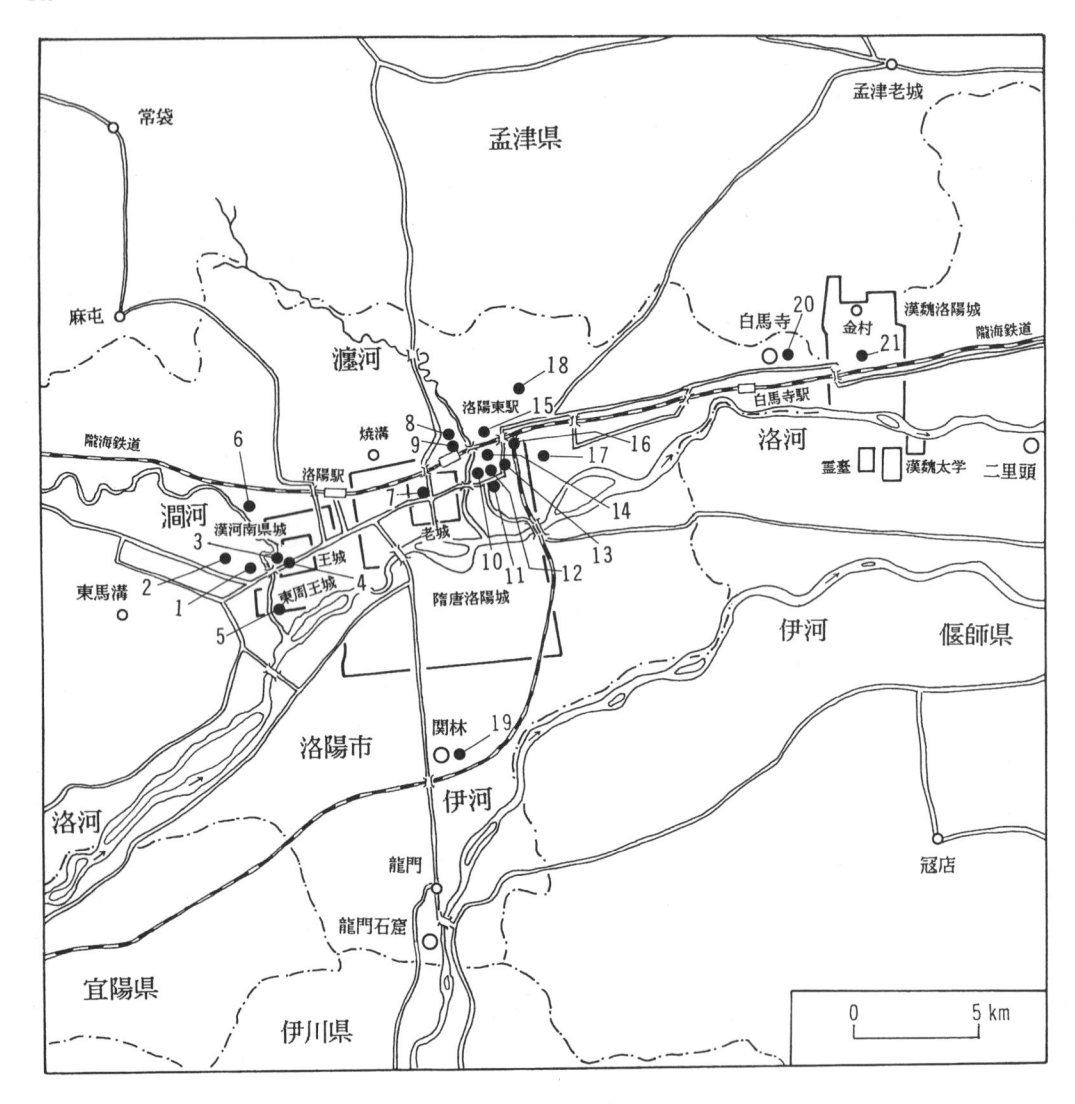

第 125 図　洛陽市付近西周時代遺跡分布図

　澗濱の AM21 号墓（No. 2）も澗河西岸に位置している。長さ 3m、幅 1.5m、深さ 6.9m ほどの長方形竪穴墓である。鼎 1 点、簋 1 点の青銅器と鬲 6 点、豆 6 点、罐 13 点の土器類が副葬されていた。墓の年代は出土した青銅器と土器の型式から洛陽地区の西周第 2 期後半の穆王頃と推定される。

　澗河の東岸、洛陽中州路の北側、東周王城城壁下からも西周墓が発見されている。この西周墓は T203-M3 号墓（No. 3）で、鬲・罐・簋などの土器が出土している。T203-M3 号墓は西周第 4 期に属し、東周王城の上限の年代を決定する上で重要な役割をはたしている。

　澗河東岸の洛陽中州路においては、10 基の西周墓が発見されている。これらの墓はかならずしも大きなものではなく、最大の M123 号墓で墓口が長さ 3.25m、幅 1.55m、深さ 6m の大きさであった。これらの西周墓から出土している土器は、後述する西周第 3・4・5 期に属する遺物が多いと思われるが、M816 号墓出土の青銅盉は陝西省西安市長安県普渡村の長由墓出土の遺物に類似し、西周第 2 期後半・穆王時代に属すると推定される。

澗河東岸の遺跡としては、瞿家屯遺跡（No. 5）が知られる。瞿家屯遺跡は澗河の東岸、洛陽東周城の南端、洛河と澗河合流点の北に位置し、遺跡は東干溝から瞿家屯の部落に及び、1957・1958年に調査が行われ、住居址1基が発見されている。鬲・罐・甑・豆などの土器が発見され、西干溝遺跡出土の西周土器とおおむね同じ時代が考えられている。

　澗河東岸、東周王城の東北城外の五女冢（No. 6）においても4基の西周墓が発見されている。それらの西周墓は、HM362号墓・HM359号墓・IM1505号墓・IM1519号墓で、いずれの墓も長方形竪穴墓であった。そのなかのIM1505号墓・IM1519号墓は西周第1期に属する墓でいくつかの青銅器が副葬されていた。IM1505号墓からは鼎1点、甗1点の青銅器と陶簋1点が、IM1519号墓からは爵2点、觚2点、戈4点、鈴2点の青銅器が出土している。出土した鼎・甗・戈などの青銅器は典型的な殷墟文化第3・4期の遺物である。報告ではこの墓の被葬者を西周早期における殷の遺民あるいは殷の末裔と推定している。

　今日の洛陽市の中心街、洛陽駅・金谷園路の東西から洛陽老城にかけての地域においては、報告された西周遺跡の発掘例をあまり知らない。

　さらに東に寄った瀍河の西岸、洛陽老城内からは西周時代の4基の車馬坑（No. 7）が発見されている。4基の車馬坑はそれぞれ破壊を受けていたものの、1・2・4号車馬坑は比較的残りがよく、ことごとく2匹の馬骨・1輛車を有し、3号坑は1匹の馬骨が残るだけであった。遺物としては青銅の軎・轄・輨・軸飾・鑾などの車具、鈴・鑣・馬面などの馬具が出土している。報告では車馬の年代を西周早期としている。この車馬坑発見地点付近からは、西周甲骨の発見も伝えられている。

　瀍河西岸の洛陽老城東北外、洛陽東駅の北側、北窯村龐家溝遺跡からは、延べ300数10基以上の西周墓（No. 8）が発見されている。北窯村龐家溝の西周墓の絶対多数は長方形竪穴木槨墓で、墓からは、青銅器・灰釉陶器などの興味ある遺物が多数出土している。発表されている青銅器には、鼎・甗・鬲・簋・罍・壺・觶・戈・戟などの器形があり、灰釉陶器には、豆・簋・罍・尊・甕・小壺などの器形が存在する。出土した青銅器には「王妊」「康伯」「毛伯」「豊伯」「師隻」などの西周貴族の銘をもつ遺物も少なくない。300数10基の西周墓の大多数は墓道をもたない長方形竪穴墓であるが、その中でM446号墓とM451号墓は平面中字形の南北側に墓道をもつ竪穴墓である。M446号墓とM451号墓は東西にならび、北趙晋侯墓の例などから考えると夫婦それぞれの墓かもしれない。M451号墓は南北41.98mの長さを有し、この大きさは西周墓の中では北辛衛侯墓などに次ぐ最大級の墓である。龐家溝西周墓の遺物には、青銅器、灰釉陶器のほか漆器の存在も認められ、このような現象はこの墓地に西周貴族が多数埋葬されていることを意味し、龐家溝西周墓地が、西周の東都である成周に隣接しているであろうことを暗示する。すでに報告のある龐家溝遺跡の西周墓は、洛陽西周第1・2・3期に属する墓が多いようであるが、報告による調査内容からみると西周第4・5期の墓も多数含まれている。

　北窯鋳銅遺跡（No. 9）は西周墓群の南側、隴海鉄路の北側に位置している。遺跡の範囲は東西700m、南北300mで、1973年以来発掘が行われている。建築遺構・地下水道管・灰坑・竃・窯・小型墓・獣骨坑などの遺構が発見され、土器や甲骨などの遺物が出土している。窯からは西周土器のほか陶范も発見され、これらの窯で陶范を焼いていた可能性も考えられている。銅溶鉱炉壁が多数発

見されているほか、発見された陶范破片の数は万単位と伝えられ、それらの陶范には鼎・簋・卣・尊・爵・觚・觯・罍・戈・鏃・車轄などが認められ、ここが大規模な鋳造所であったことが知られる。この鋳銅遺跡の年代は、出土した土器によって西周初年から穆王前後に至ると考えられている。北窯鋳銅遺跡からは、甲骨の出土も伝えられている。北窯遺跡においては、西周墓と鋳銅遺跡以外にも、各種の西周時代の遺構が発見されている。1973年から1974年にかけての調査では西周時代に属する住居址・窖蔵・墓・祭祀坑などが発掘されている。出土した土器を見ると、後述する「飯島編年」の西周第1・2期相当の遺物が多くこの鋳銅遺跡の主たる年代を示しているが、第3・4・5期の土器も含まれている。

　瀍河の東岸で西周時代の窯跡（No.10）が発見されている。この窯跡の正確な位置は不明であるが、瀍河の東岸で洛陽老城まで500mと報告されている。この窯は土器から見ると西周の初年から西周第2・3期まで使用されたようである。

　瀍河東岸においてもいくつかの遺跡が発見されている。1952年には瀍河東岸で西周時代の殷人に関連すると思われる泰山廟遺跡・東大寺遺跡・下瑤村遺跡・擺駕路口遺跡など4カ所の遺跡が発掘されている。泰山廟遺跡（No.11）は瀍河東岸、洛川街の北側に位置している。遺構としては墓と灰坑が発見されている。甲骨や陶范のほか土器も出土し、土器には殷の作風が認められるというが、年代的には西周第1・2期の遺物と考えられる。1952年に泰山廟遺跡の2号灰坑から甲骨（鑿亀板）と觚陶范が出土したが、西周第1・2期における殷の遺民と関係ある遺物かもしれない。東大寺遺跡（No.12）は夾馬営路の東、泰山廟遺跡の北に位置している。東大寺遺跡では殷人墓とされる5基の墓が調査され、M101号墓・M102号墓・M103号墓は腰坑を有し、M104号墓は南側に墓道を有していた。瀍河東岸である洛陽市東関遺跡（No.13）においても5基の西周墓が発掘されている。いずれも長方形竪穴墓で木棺あるいは木槨を有している。副葬された土器から年代を考えると西周第1期から第2期相当と推定される。下瑤村遺跡（No.14）は東大寺遺跡のさらに北に位置し、8基の殷人墓とされる墓には腰坑が存在した。また5基の西周墓が発見され、そのなかの比較的大型のM151号墓には車の副葬が認められた。擺駕路口遺跡（No.15）は下瑤村遺跡の真北、隴海鉄路の北に位置している。擺駕路口遺跡のM1号墓・M2号墓はL字型に曲がる墓道と腰坑を有する長方形竪穴木槨墓で報告では殷人墓とされている。

　隴海鉄道から南に延びる焦枝線の立体交差工事現場およびその附近から若干の西周甲骨（No.16）が出土している。泰山廟遺跡2号灰坑出土の甲骨との関連でとらえることのできる遺物である。

　1972年に洛陽東郊、瀍河東岸の自動車工場託児所工事中に西周時期の長方形竪穴木槨墓（No.17）が発見されている。この墓は腰坑を有し、副葬品として、鬲3点、簋2点、罐7点、爵2点、觚1点、甗1点の土器、鼎1点、甗1点、簋1点、尊1点、爵2点、觯1点の青銅器が出土している。これら出土した土器と青銅器は殷墟第4期から西周第1期に相当する型式で、この墓は腰坑をもつ点から、西周の初年の殷人の墓と推定されている。

　瀍河の東岸、隴海鉄道の北側、配合交通部二局の敷地内から、M906号墓・M1135号墓・M1136号墓・M1139号墓などの西周墓と3基の馬坑（No.18）が発見されている。M906号墓は、木槨木棺を有する長方形竪穴墓で、陶鬲1点と、鼎1点、壺1点、甗2点、盤1点、匜1点の青銅器が出土し、

盨の器身と蓋には「召伯虎用作朕文考」の銘文があった。

　また、洛陽市博物館には関林出土と説明書のある一群の土器が展示されている。洛陽関林とあるから関羽を祀った関林近くの遺跡（No. 19）から出土した遺物と思われる。洛陽市内から龍門石窟へ向かう伊河の北岸にも西周時代の遺跡が存在するものと考えられる。

　白馬寺から漢魏洛陽故城にかけての一帯に対する考古学的な調査がないわけではないが、従来は、西周時代の遺跡はほとんど知られていなかった。しかし、1998年に、1953年に白馬寺で発見されていた3基の西周墓（No. 20）の報告が行われている。[21] M1号墓・M4号墓は腰坑を有し、副葬されていた土器・青銅器は、西周第4・5期に属する。報告では、腰坑の存在から被葬者は殷遺民の末裔ではないかと述べている。

　中国社会科学院考古研究所は、1984年に漢魏洛陽故城の城壁の発掘をおこなった。その報告が、「漢魏洛陽故城城垣試掘」として『考古学報』1998年第3期に発表された。[22] そこには、後漢・曹魏・西晋・北魏時代の漢魏洛陽故城址の基底部に西周時代の城壁版築（No. 21）が存在し、したがって漢魏洛陽故城の起源は西周時代にさかのぼるとの内容が報告されていた。この発掘報告は、古来論争が絶えなかった西周時代雒邑（洛陽）の位置に関する議論に新たな資料を提供するものである。漢魏洛陽故城の遺跡は、南北に長い長方形を呈し、今日も東城壁・西城壁・北城壁などの版築城壁の一部、宮城址・永寧寺塔跡・霊台跡などの遺構を地上部に残している。城壁の大きさは、西城壁の残長約4290m、北城壁全長約3700m、東城壁残長約3895mが計測されている。南城壁は洛河の浸食によって残っていない。以前に発表された漢魏洛陽故城に関する報告では、秦・前漢以前にさかのぼる遺構や遺物の記述はほとんど見られなかった。

　「漢魏洛陽故城城垣試掘」（『考古学報』1998年第3期）によれば、城壁を切断するトレンチを北城壁に1本、西城壁に4本、東城壁に6本の合計11本入れたという。[23] それらのトレンチのうち、西城壁を切断したT12・T5トレンチと東城壁を切断したT7・T2トレンチにおいて城壁の一部を構成する西周時代に属する版築が発見されたという。T12・T5トレンチの版築1は西周時代、T7・T2トレンチの版築1は西周中晩期を下らない時代に造営されたと報告されている。それぞれの城壁は、縦に重なる5枚から9枚の版築で構成され、それぞれの版築が属する年代は西周中晩期から北魏時代に至っている。それらの城壁版築層の年代決定は、包含されている遺物を上限として行われているが、あわせて版築の色・質量・版築窩なども考慮している。この1984年の調査の結果、漢魏洛陽城の遺跡はまず中心部の西周城が造営され、東周時代に北部分の約4分の1が拡張され、秦漢時代に至ってさらに南部分の約4分の1が拡張されたことが明らかになったという。

　中国社会科学院考古研究所による1998年の漢魏雒陽故城に対する発掘報告が、[24] 西周成周の位置問題に関してきわめて重要な資料提供をしていることは異論がないと思う。しかし筆者は、西周王城・成周を瀍河と澗河の間に置く従来からの見解を変更するに至っていない。報告の執筆を担当した銭国祥氏は、西周成周の問題に、報告書の中ではまったくといっていいほど触れていない。研究史的にも多くの論争があった問題であるために、あえて記述を避けたのかもしれない。このたび発見された漢魏洛陽故城の西周時代城壁と遺物の年代は、発掘報告の記述によれば、西周中・後期までしかさかのぼらず、西周前期の城壁・遺物の確認はない。文献の記載では、雒邑における西周

都城の造営は、西周第1期にすでに開始されているはずである。したがって筆者は、漢魏洛陽故城下の西周時代城壁遺構は、成周とは関係がないものと推定している。

いずれにしろ洛陽地区に、過去にその存在が確認できなかった西周時代都城址が存している可能性が大きくなったことは事実である。いままでは、西周の王城・成周に関して多くの議論があったものの、洛陽地区で西周都城址が発見されたことはなかったのである。考古学的に不明なことの多い西周時代都城址研究にあらたな光がさしてきたことも事実として認めたい。

(4) 西周成周・王城のまとめ

洛陽市附近における西周遺跡の分布をみると、報告された遺跡の多くが洛陽老城の北東側、瀍河の両岸に顕著に分布していることがよく分かる。また、若干の遺跡は澗河の両岸にも分布する。このような状況は、西周時代遺跡が隋唐の洛陽城東北部および東周王城から、瀍河両岸にかけての今日の洛陽市街を中心に分布していると見ることができる。洛陽市附近における西周遺跡の分布を根拠に考えると、西周東都の成周・王城とも隋唐洛陽城の東北部から漢河南県城つまり東周王城附近に至る間に位置していたと見るのが自然である。瀍河の両岸、洛陽老城東北外、隋唐洛陽城東北部附近における西周遺跡の分布はきわめて濃厚で、西周王城が漢河南県城・東周王城の地点に存在するのは間違いのないこととして、西周の成周も西は澗河から東は瀍河の両岸に至る地域にその存在を考えても不思議ではない。

瀍河東岸を中心に存在する殷人墓は、北窯の鋳銅遺跡や出土する陶范と合わせて考えると鋳銅技術集団の中核をなしていた殷人のものと考えられる。雒邑に移住した技術集団としての殷人は、西周王朝下においても一定の身分が認められていたと考えられ、西周期における青銅器の鋳造が、西周貴族の支配下にあった旧殷人貴族と殷人貴族にともなわれた配下の工人の手によったであろうことを推測させる。洛陽における西周第1・2期の西周貴族墓地・鋳銅遺跡・殷人墓の関係は、『史記』や『漢書』に見られる「遷殷遺民」や「遷殷民」の記事に符合し、鋳銅技術を管理していた旧殷人貴族と奴隷的工人が大邑商から西周東都雒邑へ移住させられたことを物語っている。さらに、洛陽龐家溝西周墓地出土の灰釉陶器に関しても同じようなことがいえる。洛陽地域出土の殷・西周時代の土器には、殷墟文化の土器は少なく、西周第1・2期に入ってからの土器に殷文化的な要素が認められ、洛陽西周第3期に入る頃に西周文化的な土器が支配的になってくる。このような洛陽における殷的な土器と西周土器の変遷と合わせて考えると、青銅鋳造技術の場合と同じように安陽市殷墟遺跡に見られる灰釉陶器の技術が殷遺民の雒邑への移住とともに雒邑に入ってきたと考えても不合理なことはない。西周王朝の成周・王城が政治的、軍事的に重要な都市であったろうことは想像に難くないが、同時に雒邑へ移住させられた殷人青銅鋳造技術集団や灰釉陶器生産集団の存在は、東都としての成周・王城が工業生産都市としての性格も有していたことを示している。

過去には漢河南県城をもって西周王城とし、漢魏洛陽故城の地をもって成周とする説が、漢代以降長く有力ではあったが、瀍河両岸から澗河の間に成周・王城を求める考えも、幾人かの研究者によって発表されている。

宮崎市定は、かつて成周を同一地点の二重の城壁をもつ都城と考えた[25]。しかし宮崎市定の論文は

1933年の発表で、その当時は今日のような発掘の成果はまったくなく、成周の位置について詳しくは触れていない。

後藤均平氏は「成周と王城」の中で、当初の成周を瀍河の東西に求め、王城は春秋期までに別の位置つまり漢河南県城附近に造営されたと述べている。(26)

楊寬氏は、成周を東都の総称とし、王城は成周の小城にあたり、瀍河両岸附近に大郭である成周が存在し、それに連なって大郭の西に王城が存在したと述べている。(27)

葉万松・張剣・李徳方氏らは、瀍河両岸に分布する鋳銅遺跡・西周墓地・祭祀遺跡の存在から、この地点を西周雒邑城址としている。(28)

洛陽市における西周遺跡の性格と分布は、思いのほか『尚書』召誥・洛誥の記述を思い起こさせるものがある。洛陽の西周初期の土器は、周城・豊京・鎬京出土の土器とは異なり、殷の伝統を認めざるをえない。殷遺民の土器かもしれない。周公旦造営の東都である成周の位置は、洛陽の西周遺跡が最も濃厚に分布する地域に隣接して考えるべきである。成周の位置については、墓・車馬坑・窯・鋳銅所・灰坑・獣骨坑などの従来から知られていた西周遺跡の分布から考えると、東は洛陽老城の北東の瀍河附近から、西は漢河南県城の西つまり澗河附近までを、北は邙山の南縁から南は洛河までと推定するのが合理的である。とくに西周王城の位置に関しては、東周王城の位置が確定されたことから同位置から動かしがたい。以上が現時点における筆者の見解である。

さらに付け加えるのならば、漢魏洛陽故城の城壁の基底部が、西周時期の城壁を埋め込んでいるとなると、成周の位置に関する議論は振り出しにもどってしまったと感じる研究者も少なくないと思う。成周に関しては、今日の洛陽地区の澗河から瀍河を挟んで漢魏洛陽故城に至る相当に広い地域を対象とした議論がふたたび出てくるであろう。また漢魏洛陽故城における東周時代城郭に関しては戦国時代の「東周」と「西周」の位置関係についての議論も必要である。中国社会科学院考古研究所洛陽漢魏城隊による漢魏洛陽故城の西周城壁の資料は、きわめて重要な事実を明らかにしたが、成周に関する歴史地理学的議論をより複雑なものにしたのも事実である。

註

（1） 454 陳夢家、1955、「西周銅器断代（二）」（『考古学報』第十冊）。

（2） 457 鄭洪春・穆海亭、1992、「鎬京西周五号大型宮室建築基址発掘簡報」（『文博』1992年第4期）。

（3） 378 中国社会科学院考古研究所、1989、『洛陽発掘報告──1955〜1960年洛陽澗濱考古発掘資料』（『中国田野考古報告集』考古学専刊丁種第三十八号）。

（4） 21 飯島武次、1992、「洛陽付近出土西周土器の編年研究」（『東京大学文学部考古学研究室研究紀要』第11号、東京大学文学部考古学研究室）。

（5） 611 梁暁景・馬三鴻、1999、「洛陽澗濱AM21西周墓」（『文物』1999年第9期）。

（6） 378 中国社会科学院考古研究所、1989、『洛陽発掘報告──1955〜1960年洛陽澗濱考古発掘資料』（『中国田野考古報告集』考古学専刊丁種第三十八号）。

（7） 348 中国科学院考古研究所、1959、『洛陽中州路』（『中国田野考古報告集』考古学専刊丁種第四号）。

（8） 378 中国社会科学院考古研究所、1989、『洛陽発掘報告──1955〜1960年洛陽澗濱考古発掘資料』（『中国田野考古報告集』考古学専刊丁種第三十八号）。

（9） 567 洛陽市第二文物工作隊、1997、「洛陽五女冢西周墓発掘簡報」（『文物』1997 年第 9 期）。568 洛陽市第二文物工作隊、2000、「洛陽五女冢西周早期墓葬発掘簡報」（『文物』2000 年第 10 期）。

（10） 429 中国社会科学院考古研究所洛陽唐城隊、1988、「洛陽老城発現四座西周車馬坑」（『考古』1988 年第 1 期）。

（11） 444 趙振華、1985、「洛陽両周卜用甲骨的初歩考察」（『考古』1985 年第 4 期）。

（12） 576 洛陽博物館、1972、「洛陽北窯西周墓清理記」（『考古』1972 年第 2 期）。577 洛陽博物館、1972、「洛陽龐家溝五座西周墓的清理」（『文物』1972 年第 10 期）。574 洛陽市文物工作隊、1999、『洛陽北窯西周墓』（文物出版社、北京）。

（13） 569 洛陽市文物工作隊、1983、「1975～1979 年洛陽北窯西周鋳銅遺址的発掘」（『考古』1983 年第 5 期）。

（14） 581 洛陽博物館、1981、「洛陽北窯村西周遺址 1974 年度発掘簡報」（『文物』1981 年第 7 期）。

（15） 566 洛陽市第一文物工作隊、1988、「洛陽瀍水東岸西周窯址清理簡報」（『中原文物』1988 年第 2 期）。

（16） 57 郭宝鈞・林寿晋、1955、「一九五二年秋季洛陽東郊発掘報告」（『考古学報』第九冊）。

（17） 570 洛陽市文物工作隊、1984、「洛陽東関五座西周墓的清理」（『中原文物』1984 年第 3 期）。

（18） 571 洛陽市文物工作隊、1989、「1984 年洛陽出土卜骨的特徴与時代」（『考古与文物』1989 年第 4 期）。444 趙振華、1985、「洛陽両周卜用甲骨的初歩考察」（『考古』1985 年第 4 期）。

（19） 439 張剣・蔡運章、1998、「洛陽東郊 13 号西周墓的発掘」（『文物』1998 年第 10 期）。

（20） 572 洛陽市文物工作隊、1995、「洛陽東郊 C5M906 号西周墓」（『考古』1995 年第 9 期）。575 洛陽市文物工作隊、1999、「洛陽東郊西周墓」（『文物』1999 年第 9 期）。

（21） 438 張剣・蔡運章、1998、「洛陽白馬寺三座西周晩期墓」（『文物』1998 年第 10 期）。

（22） 428 中国社会科学院考古研究所洛陽漢魏城隊、1998、「漢魏洛陽故城城垣試掘」（『考古学報』1998 年第 3 期）。

（23） 428 同上。

（24） 428 同上。

（25） 555 宮崎市定、1933、「中国城郭の起源異説」（『歴史と地理』第 32 巻第 3 号）。

（26） 162 後藤均平、1960、「成周と王城」（『和田博士古稀記念東洋史論叢』講談社）。

（27） 559 楊寛、1987、『中国都城の起源と発展』（学生社、東京）。

（28） 564 葉万松・張剣・李徳方、1991、「西周洛邑城址考」（『華夏考古』1991 年第 2 期）。

第 3 節　西周時代墓

（1）西周時代の墓

　西周時代の墓は、基本的には殷墓の伝統を受け継いだ長方形竪穴墓で、大墓は墓道・木槨・木棺をともなう。西周時代の周王室の王陵は発見されていない。殷王室の王陵と推定される大墓は洹北の北岸で 12 基が発見され、また東周時代の秦公墓・魏王墓・中山王墓など春秋戦国時代の王侯の墓が発見されている。しかし西周王室の王陵はその姿が明らかになっていない。西周王室の王陵はいまだ発見されていないが、周王室貴族や諸侯の代表的な墓地としては、陝西省西安市長安県の張家坡西周墓地[1]、陝西省宝鶏市の強国墓地[2]、河南省三門峡市の虢国墓地[3]、洛陽市北窯村龐家溝西周墓

地、河南省濬県辛村の衛侯墓地、河南省鹿邑県太清宮の長子口墓、山西省曲沃県の晋侯墓地、北京市房山区琉璃河の燕侯墓地（第126図）などが存在する。これらの墓の中で墓道を有する墓はきわめて少なく、殷代墓に見られた亜字形墓はいまだ発見されていない。西周墓の絶対多数は、墓道をもたない長方形竪穴木槨墓であるが、墓道をもつ甲字形墓や両方向に墓道をもつ中字形墓も少数ながら発見されている。

第126図　琉璃河遺跡　北京市房山区

　現在発見されている大型墓の中で西周前期初頭の比較的古い時期に属する墓は、河南省鹿邑県太清宮の長子口墓である。この墓は南北に傾斜墓道をもつ長方形竪穴墓で、平面形が中字形を呈している。北墓道の北端が撹乱を受けているが、この墓の残長は49.5mあった。墓室は長方形竪穴で、長さ9m、幅6.63m、墓口から槨室の底までは6.8mあった。墓室上に重なる形で直径6m、残高3mほどの版築円台が存在し、墓上建築址である可能性が示唆されている。主体部は1槨2棺で、槨は亜字形を呈し、槨室下中央には腰坑が存在した。この時期の墓としては殉葬者が多く、14人の殉葬が確認されている。青銅器・玉器・骨器・貝器・土器などの副葬品はきわめて豊富で2600点を越えている。土器が209点出土し、罐・尊・甕・盆・大口尊・罍・豆・壺・爵・觚などの器形があった。青銅器は235点出土し、鼎・方鼎・簋・鬲・甗・觚・尊・角・爵・觥・斝・罍・卣・觶・壺・盤・編鐃・刀・戈・鉞・剣などがあった。玉器は104点出土し、琮・圭・璧・環・璜・玦・簋・戈・鉞・刀などの器形があった。出土した青銅器の39点に「長子口」の銘があり、この墓の被葬者は長子口と考えられている。長子口は、殷末の殷王室の貴族で、西周時代の初年に至って埋葬されたと推定されている。したがってこの墓は、西周時代の最も早い時期の資料例といえる。

　西周時代の最も遅い時期の墓としては、河南省三門峡市の虢国墓地が知られる。西周虢国墓の一例としてM2001号墓（虢季墓）を紹介しておく。M2001号墓は、長方形竪穴墓で墓道をもたない。墓室の大きさは墓口で南北5.3m、東西3.55mあり、深さは11.1mである。木製の葬具は基本的には腐っていたが残存する木質と地層状態から1槨2棺であったと推定される。被葬者は内棺に納められ、遺骸の頭部から腹部に多数の玉器が佩玉として置かれていた。槨と棺の間には、多数の青銅器が納められていた。出土した青銅器には、鼎・鬲・甗・簋・盨・罐・方壺・盤・盉・方彝・爵・觚・觶・編鐘・剣・戈などの器形があった。出土した玉器には、戚・琮・璧・璜・戈・圭・璋・玉人・玉龍・玉鹿・玉牛・玉鳥・玉亀などがあった。報告ではこの墓の被葬者を虢国の国君であるとし、墓の年代に関しては西周第5期の宣王・幽王の時代に比定している。

(2) 晋侯墓地

天馬曲村遺跡の位置と調査

　山西省にある天馬曲村遺跡の発掘調査で発見された晋侯墓は、未発見の西周王陵を考える上で大変重要な意味をもっている。この天馬曲村遺跡は、山西省翼城県と曲沃県の境界地帯に存在し、海抜540mから490m付近に位置しているが、この付近の景観は、陝西省の周原を思わせるものがあり、遺跡のすぐ東から南にかけては澮河が流れている。遺跡は、翼城県の天馬村、曲沃県の曲村・北趙村・三張村の4つの自然村に広がり、天馬村と曲村の間は東西に約3km、北趙村と三張村の間は南北に約2.5kmの距離があり、天馬曲村遺跡は面積的に約8.75km²の広がりをもっている（図版22-2）。北趙晋侯墓地は、天馬曲村遺跡内の北趙村から南の三張へつながる道路の両側、標高510m付近に位置している。『春秋左傳』定公四年の記載によれば、西周武王の子、成王の弟である唐叔虞は夏墟の地に封ぜられたと伝えられ、この唐叔虞が封建された国が、唐叔虞の子・燮の時に晋国を名のり、やがて春秋時代の大国である晋へと発展する。天馬曲村遺跡が存在する翼城県から曲沃県の一帯は、『春秋左傳』に記載された晋国発祥の唐地である可能性が高い。

　天馬曲村遺跡は、1962年に発見され、1980年以降、北京大学考古学系と山西省考古研究所による本格的な調査が開始された。1980年から1991年にかけて10次の発掘調査が、曲沃県曲村周辺を中心に行われ、700基以上の東周墓・西周墓が発掘されたが、その多くは西周墓であった。10次の発掘調査の成果は、晋の建国に対する基本的な資料を提供し、遺跡の重要性を明らかとした。1980年から1989年までの調査に関しては、『天馬－曲村　1980-1989』として調査報告書が刊行され、西周第2期から西周第5期に至る西周墓の考古学的な研究資料を提供している(9)（図版23・24）。

　1991年から1992年の天馬曲村遺跡内の北趙西周墓地における盗掘と晋侯青銅器の発見は、晋文化考古学に大きな変化をもたらした。1992年4月から開始された北趙西周墓の第1・2次の発掘は、そこが晋侯墓地であることを証明し、さらに北趙晋侯墓地の発見は、天馬曲村遺跡付近に晋国の都邑が存在する可能性を示すものであった。

　北趙晋侯墓地は、曲村と天馬村の中間地点に位置し、北へ500mで北趙村に達し、南へ1000mほどで三張村へ達する。墓地の外周には環濠が回り、環濠の直径は約200mといわれている。付近の発掘調査とボーリングの結果、晋侯と婦人の墓18基と、陪葬墓・車馬坑・祭祀坑などの存在が判明している（第127図）。1992年4月～6月に北趙晋侯墓地南東部に位置している晋侯墓および夫人墓（M1・2号墓）を含む7基の墓の調査が行われ、これが北趙晋侯墓地における第1次発掘である。(10) 1992年10月～12月に第2次発掘としてM6・M7・M9・M13号墓の発掘調査が行われている。(11) 1993年の5月～6月にはM8号墓の調査が行われ、(12) この年の上半期には、M31・M32号墓などの大型墓を含む6基の墓と車馬坑1基の調査が行われたが、これが第3次発掘になる。1993年下半期の9月～12月には第4次発掘として、M62・M63・M64号墓の大型墓と多数の祭祀坑の調査が行われた。(13) 1994年5月～10月には第5次発掘が行われ、M91・M92・M93号の大型墓の発掘調査が行われている。(14) さらに2000年10月の第6次の調査で、M9・M13号墓の南においてM114・M113号墓の2基の甲字形墓が発掘されている(15)（第128図）。(16)

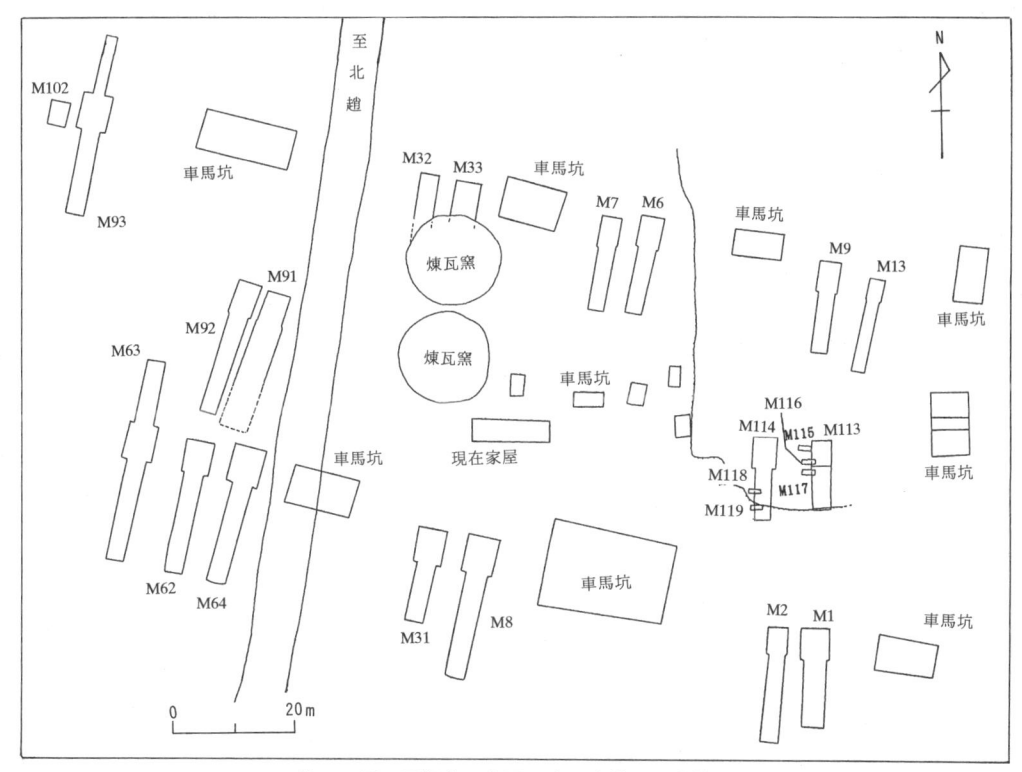

第127図　晋侯墓分布図　山西省曲沃県北趙村

　これら北趙晋侯墓地の18基の大型墓は、すべて墓道をもつ長方形竪穴墓で、東西にならぶ2基（M93号墓とM63号墓は南北）を1組とする晋侯と夫人墓からなっている。墓の配列は、北列の8基と、南列の7基と、北列・南列の中間に入る4基からなっている。M114・M113号墓は、この墓群の中で比較的早い時期の墓で、報告では西周前期に属するとしている。北列の最も東よりのM9・M13号墓も比較的早い時期の墓で、西周前期

第128図　西周晋侯墓地　山西省曲沃県北趙村

と中期の境の昭王・穆王の時期にあたるとされている。M9・M13号墓の西のM6・M7号墓の時期は西周中期の早い時期にあたり、またさらに西のM32・M33号墓は盗掘された青銅器の型式から見て、時代はM6・M7号墓より遅いことがわかる。M32・33号墓の南西、M62・M64号墓の北にはM91・M92号墓が存在し、西周中期から後期に至る間の墓と推定されている。南列の最も東の1組は、M114・M113号墓の真南にあるM1・M2号墓で、その時代は西周後期の早い時期である。M6・M7号墓の南西にはM8・M31号墓があり、一緒に出土した青銅器・土器の器形と青銅器の銘文を分析すると、M8墓の時期は西周後期よりは遅くない。M62・M64号墓は西周後期、M93・M63・

M102号墓は春秋前期に入っているかもしれない。

　晋侯墓の発見は、西周考古学研究の上できわめて重要な意味をもっている。殷王室や東周時代諸侯の墓は、これまでにも多数の発見例があるにもかかわらず西周時代の王・諸侯の墓はこれまで発見例がほとんどなかった。西周王朝の存在は疑いもなく、したがって西周の王陵や諸侯の墓がどこかに存在しているはずであったが、明確な調査例がなかった。しかし北趙村で発見された大型墓は、西周王室に直接結びつく晋国の王侯の墓で、今まで不明であった西周時代の王・諸侯墓の一例を明らかにしたといえる。

北趙 M9・13・8・93・63号晋侯墓

　天馬曲村遺跡および北趙晋侯墓地のもつ意義を解説するために、先記した18基の晋侯墓の中で比較的時期が早いと推定されるM9・M13号墓と最も遅いと推定される中字形墓のM93・M63号墓を紹介し、また両時期の間に入る晋侯墓の中でとくに重要と思われるM8号墓に関する発掘情況も紹介しておく。

　M9・M13号墓は、18基の晋侯墓中比較的早く造営された一組の墓である。これらの墓の東側に車馬坑が存在し、M9・M13号墓の南にある早期のM114・M113号墓も同じく車馬坑を有する。この墓群では、M91・M92号墓の車馬坑が公道の下に存在すると推定されいまだ発見されていない例を除けば、早い時期に属するM114・M113号墓やM9・M13号墓の時期から車馬坑が造営され、しかもM9・M13号墓の場合は墓道・墓室にも車が置かれていた。

　M9号墓は、平面甲字形を呈する竪穴墓で、墓道に2輌の車と墓室に5輌の車が副葬されていた。墓室内には1槨1棺が納められ、槨頂の南端には1匹の犬が殉葬され、外棺の南端には子安貝の棺飾が存在した。棺内の被葬者は男性で、仰身直肢で埋葬されていた。副葬の土器は墓室東北角に置かれ、青銅器は棺槨の間に置かれていた。青銅禮器は槨室の南北両側、楽器は槨室の南側、兵器は槨室の西側、車馬器は周囲に置かれ、玉器は主として棺内に置かれていた。青銅器には鼎・簋・罍・盤・尊・卣・甗・編鐘があった。銘文のある青銅器は存在しなかったが、このM9号墓を晋侯墓と考えた場合、7輌の車の副葬は『禮記』檀弓下の「国君七个、遣車七乗」の記載に一致する。

　M13号墓はM9号墓の東側にならび、やはり甲字形を呈する竪穴墓で、女性が埋葬されていた。槨室の上に置かれた車が槨室に落ち込んでいた。二層台上には鬲・豆・罐・尊・簋などの土器が置かれ、1槨1棺であった。槨室の北端に青銅器・灰釉陶器・漆器が副葬されていた。青銅器には5点の鼎と4点の簋があった。青銅器の銘文に「晋侯作器」の銘文があったことから、このM13号墓はM9墓の妃である晋侯夫人の墓と考えられている。

　上記のM9・M13号墓の年代は、M13号墓出土の鬲の年代から考えると、飯島武次編年（第136図）の第2期後半の長甶墓によって代表される穆王時代にあたる。

　M8号墓は、北趙村から三張村に至る村道の東側、南列の中央部にM31号墓とならんで存在する。M8号墓が東に、M31号墓は西に位置し、M31号墓の墓道西側には、さらに墓道をもたない小型墓のM38・M39・M40号墓が存在し、M8号墓の東には車馬坑が存在する。第127図にすべての墓を示していないが、墓道を有する大型のM8号墓・M31号墓、小型のM38号墓・M39号墓・M40号墓と車馬坑が、環濠に囲まれた晋侯墓地内のさらに小単位を形成している。

M8号墓は甲字形を呈する竪穴墓で、墓室と墓道を含む全長は、25.1mを有している。墓室は、平面長方形を呈し、長さ6.65m、幅5.6m、深さ6.65mの大きさである。墓道や車馬坑の上には、祭祀坑が掘られ、埋葬後も永く墓上において祖先に対する祭祀が行われていたことが知られる。墓室には1槨1棺がおさめられ、木槨の下には、北辺と南辺に石塊が積まれ、その上に木槨が乗っていた。また、木槨の上下を含め四周は木炭で覆わ

第129図　M8号墓　晋侯墓地

れ、さらに木槨の上と墓道は緻密な版築でつき固められていた。木槨そのものの残りはかならずしも良好ではなかったが、長さ4.76m、幅3.14m、残高1.3mが計測されている。木棺は、槨の中央に置かれ、長さ2.08m、幅1.12～1.07mの大きさであった（第129図）。

　このM8号墓の副葬品は、本来、槨天板上・棺槨間・棺内の3カ所に置かれていたが、盗掘を受け、副葬品の相当量が外部に持ち出された。槨天板上には、鑾鈴3点、青銅環2点などが置かれ、葬儀に用いられた車馬の部品の一部とも考えられている。棺槨の間には、青銅器と楽器が置かれ、槨室の南端と西南角に青銅器が置かれていたが、青銅器の多くは盗掘を受け失われていた。それでも青銅兎尊・鼎・簋・方壺・編鐘などの青銅器と石磬8点が発掘されている。また槨室の北東角では陶鬲1点が発見されている。棺内の重要な副葬品は玉器であるが、黄金帯飾1組も発見されている（第132）。玉器の多くは死者の身体を覆い、西周貴族の埋葬時の玉覆面・玉衣の姿を知ることができる資料となっている（第129図）。

　副葬された青銅器のなかでとくに注目されるのは、晋侯名のある鼎・簋・方壺である。晋侯蘇鼎は、器身が半球形を呈し、肩部から耳が立ち上がり、3本の蹄足を有している。肩部には弦紋間に重環紋が施され、通高19cm、口径24.8cmの大きさを有している（第130・131図）。器身内には3行13字からなる銘文が鋳造され、「晋侯蘇作宝噂鼎其万年永宝用」とあった。青銅簋2点は、有蓋の簋で、方座をもち、大きさ・紋様とも同じで、通高38.4cm、口径24.8cmの大きさである。蓋と器身に同文の4行26字からなる銘文を有している。銘文には「隹九月初吉庚午晋侯□作□簋用享于文祖皇考其万億永宝用」とある。青銅方壺2点は、大きさ・紋様とも同じで、通高68.8cmの大きさである。方壺の蓋の内側には、4行26字からなる銘文があり、そこには「隹九月初吉庚午晋侯□作噂壺用享于文祖皇考其万億永宝用」とある。

　M8号墓からは晋侯蘇鼎が出土したが、『史記』晋世家によれば、

　　子献侯籍立。献侯十一年卒。

とあって、その「索隠」に「系本及譙周皆作蘇」とある。系本や譙周は皆、蘇を晋献侯と考え、この鼎は晋第8代の献侯（前812年没）の自作器である。この墓からはほかに先記した2点の簋、2点の方壺が出土し、銘文はほぼ同じで、それぞれ晋侯銘があるが読みは不明である。簋と方壺に記載

された晋侯某に関しては、それを晋献侯の父親の晋釐侯とする説と、晋献侯の子である晋穆侯とする説が存在する。しかしながらM8号墓の被葬者は、晋献侯であるとする考えが比較的有力で、その年代についても周宣王の十六年から四十三年つまり紀元前812〜前785年の間に求める考えが有力である。

北趙晋侯墓地18基の大墓の最後の時期の一組がM93号墓とM63号墓で、この２基の墓のみ平面形が中字形を呈する大墓である。

北趙晋侯墓地のM93号墓は、1994年夏に発掘調査が行われ第５次発掘の正式報告によれば、全長32.5mあり、これまでに発見された西周時代の中字形墓の数少ない例に属する。南墓道には多くの祭祀坑と犠牲が埋められていた。北趙晋侯墓地では南北に墓道をもつ２基の中字形墓が発見されているが、これまでに発見された西周時代の中字形墓としては、河南省濬県辛村の衛侯墓、陝西省西安市長安県張家坡の井叔墓などが知られ、その数はきわめて少ない。したがって北趙晋侯墓地における２基の中字形墓の発見は、重要な意味をもっている。M93号墓の墓室は、長さ6.3m、幅5.1mの長方形で、深さは7.8mに及んでいた。木槨室外の四方には、石墩と呼ばれる木槨を囲む8本の積石の石柱が存在し、その高さは3.2mで、木槨室の高さに相当していたと思われる。墓底には、3本の石梁と呼ばれる石台が構築され、1本の石台の幅は1.2m、高さ0.95mであった。木槨外・槨底下・槨蓋上には木炭がつめられていた。木槨室を取り囲む石槨室を有するM93号墓の構造は、これまでに発見された西周墓には見られないめずらしい構造の墓である。棺は外棺・内棺の二重で、内棺は長さ2.2m、幅0.9mの大きさを有していた。内棺の外面は朱漆が塗られ、麻・綿・絹織物で数層に覆われ、外棺と内棺の間には大量の朱砂がつめられていた。

第130図　晋侯蘇鼎

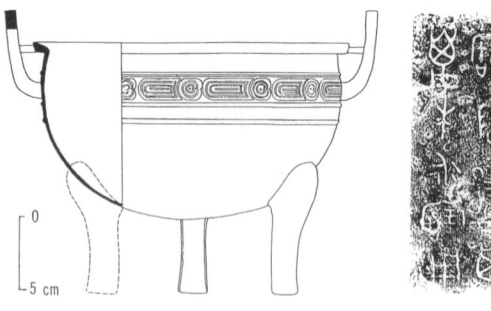

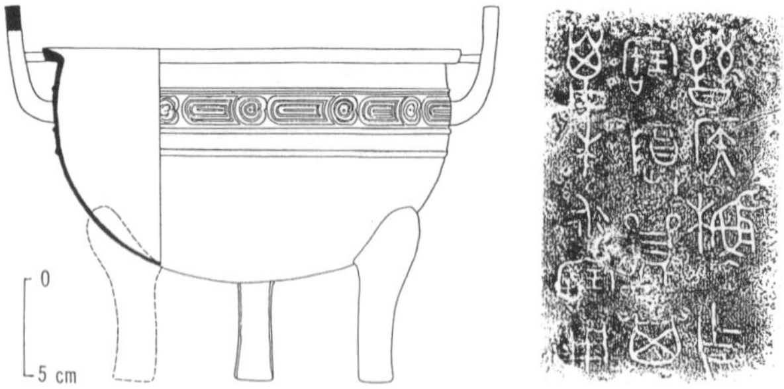

第131図　晋侯蘇鼎図・拓本

副葬品の多くは、棺内と槨棺の間におさめられていた。棺内の主要なものは、玉覆面と胸腹部を覆う玉璧・環玉・玉戈などの玉器類である。槨棺の間には鼎5点・簋6点・壺2点、甗・匜・盤が各1点、編鐘16点、戈などの青銅器が置かれていた。青銅方壺の蓋には

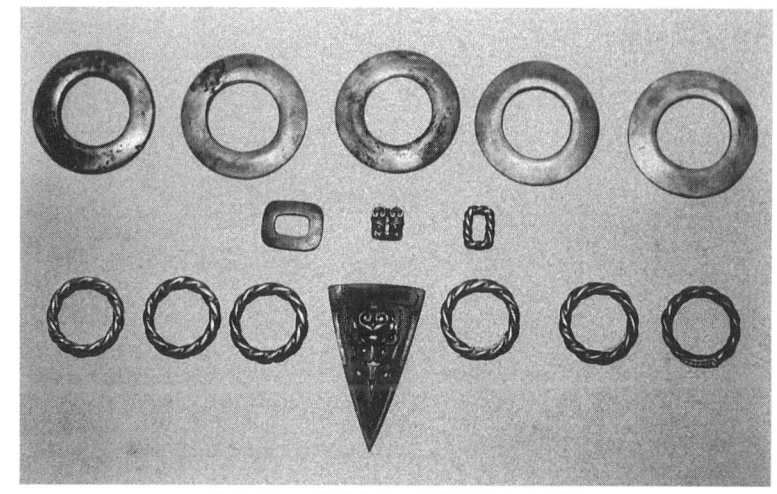

第132図　金帯金具　晋侯墓地 M8 号墓

「晋叔家父」の銘が見られた。被葬者の顔には、目や鼻を形どった玉覆面がかぶせられていた。「天馬－曲村遺址北趙晋侯墓地第五次発掘」では、この M93 号墓を晋の文侯の墓に比定している[19]。いずれにしろ M93 号墓は、北趙晋侯墓地の墓の中で M63 号墓・M102 号墓とならんでいちばん新しい墓と認識されている（第 133・134 図）。

　M63 号墓は、竪穴墓壙の南北に墓道をもつ平面形が中字形を呈する墓で、M62 号墓の西に M62 号墓に平行してこの M63 号墓が存在した。墓の南北全長は 35m で、北墓道の長さ 11.1m、幅 3.25～3.2m、南墓道の長さ 17.5m、幅 3.15～3.2m である。墓室は、長方形を呈し、南北 6.4m、東西 5.03m、深さ 7.37m の大きさであった。墓底には石が敷き詰められ、その上にさらに石積みの石梁が存在し、石梁の間は木炭で重鎮され、さらにその上に枕木をわたし、そこに槨室がのっていた。1槨2棺の葬具を有し、仰身直肢葬で埋葬されていた。青銅禮器は槨室の北側に置かれ、青銅鼎3点、簋2点、壺2点、爵1点、觶1点、方彝1点、盤1点、盃1点などがあった。玉石器は棺の内外に置かれていた。M93 号墓は5つの鼎と6つの簋を有し、M63 号墓は3つの鼎と2つの簋を有していた。また M93 号墓からは晋叔家父と銘のある方壺2点が出土したことによって、M93 号墓が首位の墓、つまり先記したように晋侯の墓と考えられ、M63 号墓も中字形墓で、墓室底の石梁の石積み構造も類似している点から、M93 号墓と M63 号墓は対になる墓と考えたい。M93 号墓は5鼎、6簋の青銅器を有し、M63 号墓は3鼎、2簋をもっていたが、この青銅器数から M63 号墓を M93 号墓に付属する妃の墓と考えた。

北趙晋侯墓地の意義

　河南省安陽市の殷墟遺跡においては、南北・東西に4本の墓道をもつ殷王を埋葬した巨大な王陵（亜字形墓）が発見されている。それに継ぐ墓として殷墟武官村などで発見された南北に墓道をもつ中字形墓と、南にのみ墓道をもつ甲字形墓が存在する。北趙晋侯墓地では、甲字形墓と中字形墓が主体で、殷墟遺跡に見られた亜字形墓は存在しない。北趙晋侯墓地のみならず過去に西周の亜字形墓は発見されたことがないが、西周王室の王陵が発見されれば、亜字形墓である可能性が高い。西周王室に次ぐ晋侯墓地が、甲字形墓と中字形墓からなることは、西周時代葬制の道理に適っている。

第133図　M93号墓　晋侯墓地

第134図　玉覆面　晋侯墓地 M93号墓

北趙晋侯墓地の調査結果から、天馬曲村遺跡は、晋国発祥の唐地と推定する考えが有力となっている。司馬遷は『史記』晋世家に唐叔虞の封ぜられた地を、

　　唐在河、汾之東方百里。

といい、唐の李泰は『括地志』に、

　　故唐城在絳州翼城県西二十里。

などという記載を残しているが、天馬曲村遺跡の位置はこれらの記載に符合する。そして、天馬曲村遺跡は、遺跡の面積がきわめて大きく、その範囲は宗周の豊京・鎬京に負けず劣らない。したがって天馬曲村遺跡は、豊京・鎬京にならぶ晋の都邑としての規模を備えているといえる。いくつかの理由によって天馬曲村遺跡を晋国発祥の地である唐地と推定することは十分に理由のあることである。晋侯墓地の発掘は、晋国始封の地を確定する上で、少なからず西周考古学の難問に答えを与えてくれた。西周晋国の考古学的編年の確立、西周葬制研究の手がかり、西周玉器の埋葬時における使用方法の解明など、いくつかの研究課題に答えを与えてもいる。

(3) 西周時代の大墓

　西周時代の亜字形墓の発見例は存在しないと先記したが、甲字形墓以上の等級に属する西周墓は2002年4月時点で36基が発掘されている。西周時代の墓の中で最大規模を有するのは、濬県辛村の中字形を呈するM1号墓である[20]。西周時代の中字形墓には、辛村衛国墓地のM1・M2・M5・M6・M17号墓のほか、張家坡周国M157号墓[21]、洛陽北窰M14・M446・M451号墓、琉璃河燕国墓地M202号墓[22]、北趙晋侯墓地M63・M93号墓[23]、鹿邑太清宮長子口墓[24]など13基が知られる。甲字形墓は茹家荘強国墓地のM1・M2号墓[25]、辛村衛国墓地のM21・M21・M42号墓、張家坡周国M170号墓、北趙晋侯墓地のM1・M2・M6〜M9・M13・M31・M33・M62・M64・M91・M92・M113・M114号墓、琉璃河燕国墓地のM1046号墓など、23基が知られている（第135図、第4表）。

　北趙晋侯墓地は18基の西周墓から構成され、その18基の内訳は中字形墓2基、甲字形墓16基である。北趙の晋侯墓地は出土した青銅器や玉器の豊富なこと、青銅器の「晋侯」銘、大型墓にとも

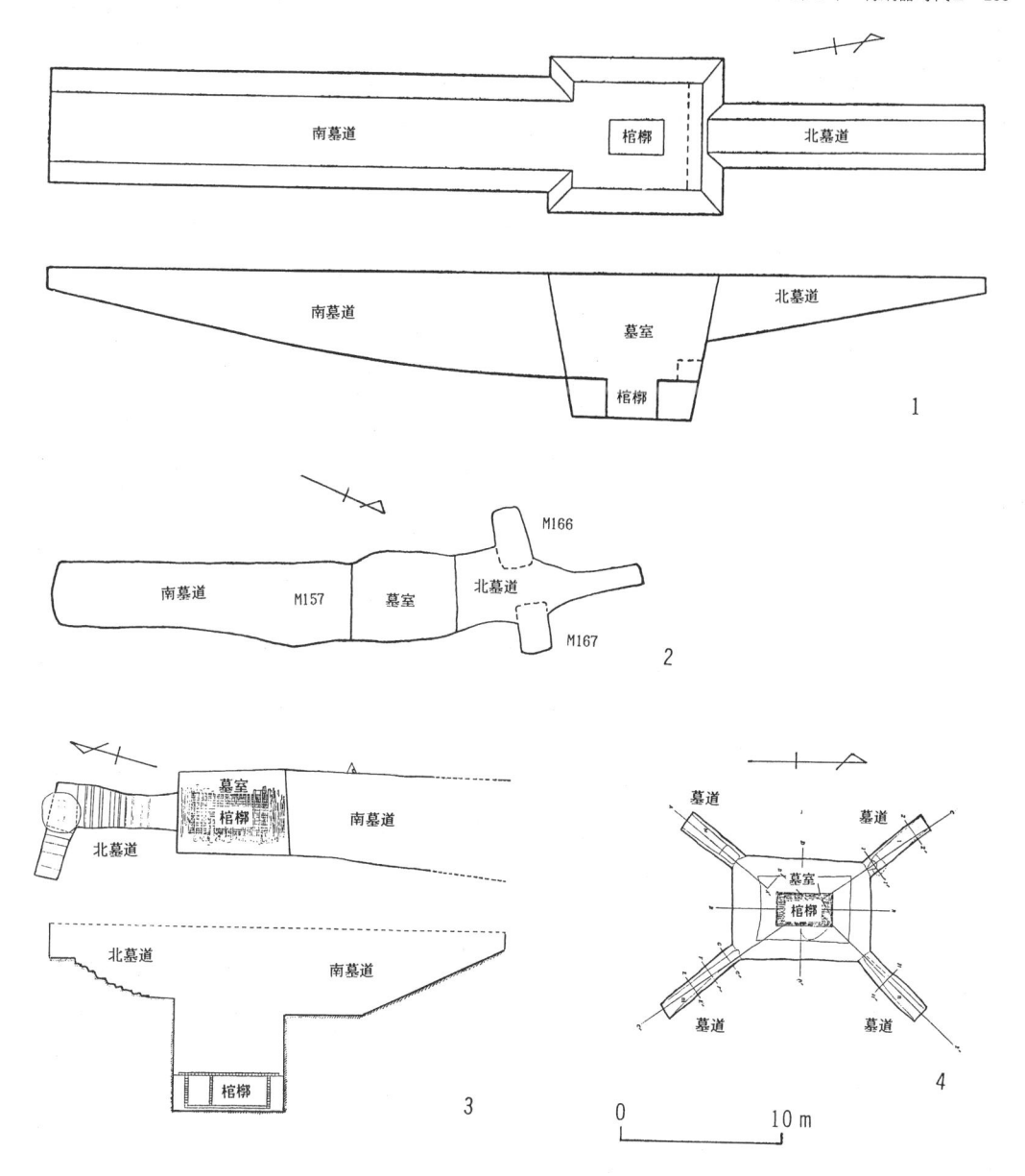

第 135 図　西周時代大墓　1 辛村 1 号墓、2 張家坡 157 号墓、3 琉璃河 202 号墓、4 琉璃河 1193 号墓

なう車馬坑の存在などから考えて西周時代晋侯の陵墓群に間違いない。基本的に東西に平行してならぶ 2 基一組の墓は晋侯とその夫人の墓と推定される。北趙の中字形墓のひとつである M63 号墓を M64 号墓に付随する墓と見るか、M93 号墓に付随する墓と見るかは、発掘担当者の間でも意見が分かれているようであるが、いずれにしろ M63 号墓は夫人の墓と推定されている。『文物』1995 年第 7 期に掲載れた李伯謙・羅新・徐天進氏らによる報告では、M9 号墓を晋武侯、M7 号墓を晋成侯、M33 号墓を晋厲侯、M91 号墓を晋靖侯、M1 号墓を晋釐侯、M8 号墓を晋献侯、M64 号墓を晋穆侯、M93 号墓を晋文侯の墓と推定しているが、その後の『文物』2001 年第 8 期では、M114・M113 号墓をこの墓群の最も早い西周前期の墓として晋侯燮父とその婦人墓とする考えと、M9・M13

表4　西周大墓一覧表（墓室・墓道の数値はメートル）

遺跡名	墓号	文献	国名	形態	墓室南北	墓室東西	墓室深さ	南墓道	北墓道	出土遺物
茹家荘強国墓地	1	『宝鶏強国墓地』	強	甲字形	8.48	5.2	12.2	23		強伯鬲・鼎・甗・簋・盤・盉
茹家荘強国墓地	2	『宝鶏強国墓地』	強	甲字形	4	3.2	11.26	6.5		強伯井姫鼎・甗・羊尊・強伯簋
辛村衛侯墓地	1	『濬県辛村』	衛	中字形	10.6	9	8.6	30.8	15.5	
辛村衛侯墓地	2	『濬県辛村』	衛	中字形	6.88	5		21	14	侯戈
辛村衛侯墓地	5	『濬県辛村』	衛	中字形	6.5	5	8	30.2		衛婦人鬲？
辛村衛侯墓地	6	『濬県辛村』	衛	中字形	7.6	5.6	6.6	18.4	4	
辛村衛侯墓地	17	『濬県辛村』	衛	中字形	6.5	5	11.8	30.2		
辛村衛侯墓地	21	『濬県辛村』	衛	甲字形	6.3	5.7	11.6			
辛村衛侯墓地	24	『濬県辛村』	衛	甲字形	8	6	9			
辛村衛侯墓地	42	『濬県辛村』	衛	甲字形	6.67	5.71	10.35			
張家坡西周墓地	157	『考古』1986-1	周	中字形	5.5	4	8.24	18	12.22	
張家坡西周墓地	170	『考古』1990-6	周	中字形	7.68	4.5	7.8	12.8		井叔方彝
長子口墓		『鹿邑太清宮長子口墓』	長	中字形	9	5.6	6.5	21.5	16.5	長子口銘青銅器
北趙晋侯墓地	1	『文物』1993-3	晋	甲字形	5.75	4.95	7.46	11.9		
北趙晋侯墓地	2	『文物』1993-3	晋	甲字形	5.18	4.1	7.58	15.7		
北趙晋侯墓地	6	『文物』1994-1	晋	甲字形						
北趙晋侯墓地	7	『文物』1994-1	晋	甲字形						
北趙晋侯墓地	8	『文物』1994-1	晋	甲字形	6.65	5.6		18.45		晋侯蘇鼎
北趙晋侯墓地	9	『文物』1994-1	晋	甲字形						
北趙晋侯墓地	13	『文物』1994-1	晋	甲字形						
北趙晋侯墓地	31	『文物』1994-8	晋	甲字形	6.66	4.5	4.77	9.38		
北趙晋侯墓地	33	『文物』1995-7	晋	甲字形	4.85	5.12	8.35			
北趙晋侯墓地	62	『文物』1994-8	晋	甲字形	5.8	4.75	7.45	17.5		
北趙晋侯墓地	63	『文物』1994-8	晋	中字形	6.4	5.03	7.37	17.5	11.1	楊姑壺
北趙晋侯墓地	64	『文物』1994-8	晋	甲字形	6.6	5.48	7.92	17.7		晋侯邦父鼎
北趙晋侯墓地	91	『文物』1995-7	晋	甲字形	5.35	4.08	8.4	20		
北趙晋侯墓地	92	『文物』1995-7	晋	甲字形	5.9	4.28	8.4	16.9		晋侯対鼎・晋侯僰馬壺
北趙晋侯墓地	93	『文物』1995-7	晋	中字形	6.3	5.1	7.8	14.79	11.6	晋叔家父方壺
北趙晋侯墓地	113	『文物』2001-8	晋	甲字形	4.2	3.2	12	7.7		叔作旅鼎
北趙晋侯墓地	114	『文物』2001-8	晋	甲字形	5.5	4.3	11	9		叔虞方鼎
北窯西周墓	14	『文物』1981-7	周	中字形	5.2	3	10	23	18	土器鬲・銅簋・罐・壺・盆
北窯西周墓	446	『洛陽北窯西周墓』	周	中字形	9.6	8	6	8.6	5	
北窯西周墓	451	『洛陽北窯西周墓』	周	中字形	8.92	6.92	11	16.56	16.5	
琉璃河燕国墓地	202	『琉璃河西周燕国墓地』	燕	中字形	7.2	5.2	7	14.8	12	
琉璃河燕国墓地	1046	『考古』1984-5	燕	甲字形	4.2	2.8	8.7	11.8		
琉璃河燕国墓地	1193	『考古』1990-1	燕	X字形	7.68	5.45	10.25			

号墓を晋侯燮父とその婦人墓とする考えを並列している。それぞれの墓に対する被葬者の比定に関しては異論もあると思われるが、晋侯墓としてのM114・M9・M7・M33・M91・M1・M8・M64号墓は甲字形で、晋侯墓としてのM93号墓が中字形墓であることになる。

　北趙晋侯墓地を基準に考えると、少なくとも中字形墓は諸侯あるいは国君に相当する身分以上の被葬者が埋葬されていると考えられてくる。となると辛村M1号墓・M2号墓・M5号墓・M6号墓・M17号墓は衛侯の墓、琉璃河M202号墓は燕侯の墓、張家坡M157号墓、鹿邑長子口墓は、周室一族あるいはそれに準じる諸侯貴族の墓と推定されてくる。北趙晋侯墓地を基準に考えると、甲字形墓の被葬者の身分もきわめて高いと推定せざるをえない。辛村のM21号墓・M42号墓・M24

号墓の 3 基の甲字形墓も衛の王侯ないしは夫人の墓である可能性が高い。

　甲字形墓は、琉璃河遺跡燕国墓地や強国の墓地とされる陝西省宝鶏市の茹家荘遺跡においても発見されている。茹家荘強国墓地では、近接して東西にならぶ甲字形墓の M1 号墓・M2 号墓の調査が行われ、出土した青銅器の銘文によって、茹家荘 M1 号墓は強伯の墓、茹家荘 M2 号墓は井姫の墓と考えられている。そして井姫は強伯の妻と推定もされている。このように、夫婦の墓を東西に平行にならべる習慣は、北趙晋侯墓地においても一般的に見られる。茹家荘強国墓地では、2 基の車馬坑も発見され、1 号車馬坑からは 3 輛の車と 6 匹の馬が、3 号車馬坑からも 3 輛の車と 6 匹の馬が発見され、3 号車馬坑の残りはたいへんよかった。このような車馬坑をともなう茹家荘の強伯墓と井姫墓は、まさに強国の王侯一族または貴族の中でも高位にある人物の墓であることを示している。

　いずれにしろ甲字形墓も、西周時代の周室貴族、諸侯や国君の墓に採用された形で、甲字形墓は、中字形墓の被葬者に準じる西周時代のごく一部の支配階級にのみ許された墓の形式であったと断定できる。

（4）　西周時代併存の土墩墓

　長江と淮河の下流域には、黄河流域に存在する西周墓とはまったく別の形態の土墩墓と呼ばれる西周時代併存期の特殊な墓が存在する。この土墩と呼ばれる墓は、複数の墓が集合して一種の墳丘状の遺構を形成している遺跡であるが、単一墓で土墩を形成している場合もある。副葬品としては灰釉陶器の副葬が顕著であるが、青銅器には中原との関係を示す遺物も多い。土墩墓の遺跡例としては、江蘇省句容県の浮山果園 M1 号土墩墓などが知られる。

　浮山果園 1 号土墩墓は基底部で南北長さ 24m、東西 23m、頂部で南北 9m、東西 8m、現地表から頂部までの高さ 2.5m の大きさであった。この土墩の第 1 層は耕作土で 24〜50cm ほどである。第 2 層は灰紅土で深いところは 2m に達している。第 3 層は灰黄土で、墓の多くはこの層の中に存在する。頂部から 3.3m で、黄土の地山に達する。頂部は平らに削平され、耕土と灰紅土は、土墩形成後の堆積である。出土した副葬品の分布・層位・人骨・歯などの位置関係によって、この土墩内に 16 基の墓が集合することが判明した。それぞれの墓に葬具はなく、また版築を施した形跡も認められない。埋葬の位置と状態に関しては、灰黄土内に埋葬されたもの、地山上に埋葬されたもの、灰黄土内に礫を敷いて埋葬されたものなどがある。1 号土墩墓内の M2 号墓は、土墩の北部にあって、南北に長い長方形である。長さ 4.2m、南幅 1.1m、北幅 1.3m、墓底には角礫の石塊を敷き、石敷の北端には高さ 0.3m、幅 0.56m の乱石積みの石台がある。墓底の敷石の東側には副葬品がならぶ。1 号土墩墓内の M11 号墓は、土墩内の東南部にあって、東西に長い長方形である。墓底には角礫の石塊を敷き、敷石の下には、厚さ 10cm ほどの敷き土があり、敷き土の下には厚さ 10cm ほどの焼土層がある。墓の東端と西端は、後代の墓によって破壊され、M11 号墓の残長は 3.4m、幅 1.6m である。副葬品は墓の東部に残っていた。1 号土墩墓内の M2・M11 号墓以外のほかの 14 基の墓は、墓の位置に高低差がある。14 基の墓に関しては、敷石などの遺構がなくても副葬品の存在と人歯によって墓の位置が判明している。M4 号墓・M5 号墓では、副葬品の間から人歯が発見されている。副葬品上に骨粉の発見されたものや、カルシウム質の珊瑚状硬質物が発見されたものもある。

これらの状況から、墓のあるものは、二次埋葬の可能性が考えられる。1号土墩墓内には、墓の副葬品のほか、後代の遺物は発見されていないが、各墓の間には切り合い関係が認められる。たとえば、M1号墓はM11号墓の西側を打破し、M13号墓はM11号墓の東側を切っている。

1号土墩墓内の墓からは、土器とわずかな生産工具が副葬品として発見されている。夾砂陶類には、鬲1点、甑9点、釜1点、鼎48点、盤7点、蓋1点がある。泥質灰陶類には、罍2点、罐3点、盆5点、盤32点、鉢1点、大口器2点がある。泥質黒陶類には、罐5点、盆1点、盤27点、大口器1点、蓋5点、紡錘車4点がある。泥質硬陶には、罍3点、罐4点がある。幾何学印紋硬陶には、罍37点、罐34点がある。灰釉陶類には、双身龍耳罐1点、罐25点、豆7点、碗73点、盤7点、蓋12点がある。これらの副葬陶器には、穀類・鶏骨・魚骨・貝などの食物の残りが認められた。

1号土墩墓内の墓の切り合い関係、副葬品の型式、副葬品の組合せなどから、1号土墩墓は、一時期に造営されたものではなく、16基の墓が徐々に形成される過程の中で形づくられた遺構であることがわかる。土墩は版築を経ておらず、比較的軟らかで、土墩墓内には、装具も墓壙も発見されていない。人骨の残りには差があって、また副葬品の少ないものは4点ほど、最も副葬品の多いものは48点を有し、一般には20点前後であった。この1号土墩墓は、西周中期の南方少数民族の家族墓と考えられている。

江蘇省句容県浮山果園で発掘調査された土墩に類似した遺構は、長江・淮河流域のほかの場所においても発見されている。江蘇省金壇県の東約2kmにある竈墩と呼ばれる土墩は、不規則な長方形を呈し、南北長さ9m、東西幅15m、残高2mであった。この土墩内には、2基の墓と1カ所の木炭床が存在し、紅砂陶の釜・鼎、幾何学印紋硬陶の罍・罐、泥質灰陶の盤、灰釉陶器の小罐・小盂・有蓋碗・碗、青銅塊などの副葬品をともなっていた。金壇県の土墩も性格的には、句容県浮山果園の土墩と同じで、家族墓が集合してその結果土墩を形成した遺構である。

安徽省屯溪市で、1959年に調査された西周中期・後期の墓も一種の土墩である。屯溪市では、2基の土墩が調査されている。1号墓と呼ばれる1号土墩は直径33.1m、礫床から頂部までの高さ1.75mの封土をもっているが、墓壙は存在しない。墓底に卵石を厚さ25cmほど敷きつめて敷石面とし、敷石の縁辺は傾斜し、各辺の端は溝となっている。墓底敷石面の大きさは、長さ8.5～8.8m、幅4.3～4.4mほどである。敷石上には、青銅器や灰釉陶器などの副葬品が置かれていた。封土は良質の白色粘土で、版築を経ておらず、土質は軟らかで、封土の上層の一部には紅色粘土も認められる。副葬品の数に関しては不明の点もあるが、灰釉陶器と青銅器が主で、灰釉陶器には碗9点、盂5点、豆32点、尊7点、盃5点、罐10点があり、青銅器には鼎4点、簋2点、盂1点、尊2点、卣2点、盤2点、鐘形五柱楽器2点、鳥形飾2点や若干の玉石器の類があった。2号墓と呼ばれている2号土墩も、敷石を有する遺構で基本的に造営方法は1号土墩と同じで、敷石面の大きさは東西の残長5.2m、南北幅2.2mほどであった。屯溪の土墩は、土墩内に1基の墓しか存在せず、副葬品に比較的多くの青銅器をもっている点などが特色である。しかし、土墩の平面積に対して封土の高さが低い点、土墩内の墓は敷石床面をもつ点、土墩が版築で築かれていない点、副葬品に多くの灰釉陶器が存在する点など、先の句容県浮山果園の土墩と多くの点で共通する要素を持ち合わせている。

土墩墓と呼ばれる特殊な封土をもつ墓は、現在までにかなりの数が知られているが、それらはす

べて、長江・淮河流域で発見されている。土墩墓は、いずれも封土が低く、その多くが小堆土の集合であるが、屯溪遺跡の1・2号土墩のごとく単独の墓も存在する。副葬品に関しては、とくに灰釉陶器の存在が著しい。これらの灰釉陶器は、長江中・下流域で生産されたと推定され、黄河流域の諸西周墓から出土する灰釉陶器とは組合せの面において相当に異なる。長江・淮河流域にある土墩墓は、西周中・後期の中原文化の影響も受けてはいるが、長江・淮河下流域の地方的特色の強い墓と考えてよいであろう。

註

（１）　392 中国社会科学院考古研究所、1999、『張家坡西周墓地』（『中国田野考古報告集』考古学専刊丁種第五十七号）。

（２）　617 盧連成・胡智生、1988、『宝鶏強国墓地』（文物出版社、北京）。

（３）　84 河南省文物考古研究所・三門峡市文物工作隊、1999、『三門峡虢国墓（第一巻）』（文物出版社、北京）。

（４）　574 洛陽市文物工作隊、1999、『洛陽北窰西周墓』（文物出版社、北京）。

（５）　56 郭宝鈞、1964、『濬県辛村』（『考古学専刊』乙種第十三号）。

（６）　85 河南省文物考古研究所・周口市文化局、2000、『鹿邑太清宮長子口墓』（中州古籍出版社、鄭州）。

（７）　538 北京大学考古学系商周組・山西省考古研究所、2000、『天馬―曲村　1980-1989』（科学出版社、北京）。

（８）　533 北京市文物研究所、1995、『琉璃河西周燕国墓地』（文物出版社、北京）。

（９）　538 北京大学考古学系商周組・山西省考古研究所、2000、『天馬―曲村　1980-1989』（科学出版社、北京）。

（10）　540 北京大学考古系・山西省考古研究所、1993、「1992年春天馬―曲村遺址墓葬発掘報告」（『文物』1993年第3期）。

（11）　535 北京大学考古学系・山西省考古研究所、1994、「天馬―曲村遺址北趙晋侯墓地第二次発掘」（『文物』1994年第1期）。

（12）　535 同上。

（13）　199 山西省考古研究所・北京大学考古学系、1994、「天馬―曲村遺址北趙晋侯墓地第三次発掘」（『文物』1994年第8期）。

（14）　198 山西省考古研究所・北京大学考古学系、1994、「天馬―曲村遺址北趙晋侯墓地第四次発掘」（『文物』1994年第8期）。

（15）　536 北京大学考古学系・山西省考古研究所、1995、「天馬―曲村遺址北趙晋侯墓地第五次発掘」（『文物』1995年第7期）。

（16）　544 北京大学考古文博院・山西省考古研究所、2001、「天馬―曲村遺址北趙晋侯墓地第六次発掘」（『文物』2001年第8期）。

（17）　535 北京大学考古学系・山西省考古研究所、1994、「天馬―曲村遺址北趙晋侯墓地第二次発掘」（『文物』1994年第1期）。

（18）　421 中国社会科学院考古研究所澧西発掘隊、1986、「長安張家坡西周井叔墓発掘簡報」（『考古』1986年第1期）。　56 郭宝鈞、1964、『濬県辛村』（『考古学専刊』乙種第十三号）。

（19）　536 北京大学考古学系・山西省考古研究所、1995、「天馬―曲村遺址北趙晋侯墓地第五次発掘」（『文物』

1995 年第 7 期)。
(20) 56 郭宝鈞、1964、『濬県辛村』(『考古学専刊』乙種第十三号)。
(21) 392 中国社会科学院考古研究所、1999、『張家坡西周墓地』(『中国田野考古報告集』考古学専刊丁種第五十七号)。
(22) 574 洛陽市文物工作隊、1999、『洛陽北窯西周墓』(文物出版社、北京)。581 洛陽博物館、1981、「洛陽北窯村西周遺址 1974 年度発掘簡報」(『文物』1981 年第 7 期)。
(23) 533 北京市文物研究所、1995、『琉璃河西周燕国墓地』(文物出版社、北京)。
(24) 85 河南省文物考古研究所・周口市文化局、2000、『鹿邑太清宮長子口墓』(中州古籍出版社、鄭州)。
(25) 617 盧連成・胡智生、1988、『宝鶏彊国墓地』(文物出版社、北京)。
(26) 536 北京大学考古学系・山西省考古研究所、1995、「天馬―曲村遺址北趙晋侯墓地第五次発掘」(『文物』1995 年第 7 期)。
(27) 544 北京大学考古文博院・山西省考古研究所、2001、「天馬―曲村遺址北趙晋侯墓地第六次発掘」(『文物』2001 年第 8 期)。
(28) 西周時代の「王」は、西周王室の最高君主を指す名称で、周室によって封建された国の国君あるいは君主は「侯」である。したがってここで紹介する大墓は、晋侯・燕侯・衛侯の墓であるが、「侯墓」という名称は考古学の用語としてはなじんでいない。日本では超大型の墓を「王墓」と呼んでいるので、筆者はこれらの大墓を時には王墓と呼んでいる。
(29) 617 盧連成・胡智生、1988、『宝鶏彊国墓地』(文物出版社、北京)。
(30) 452 鎮江市博物館浮山果園古墓発掘組、1979、「江蘇句容浮山果園土墩墓」(『考古』1979 年第 2 期)。
(31) 451 鎮江市博物館・金壇県文化館、1978、「江蘇金壇鼈墩西周墓」(『考古』1978 年第 3 期)。
(32) 2 安徽省文化局文物工作隊、1959、「安徽屯渓西周墓葬発掘報告」(『考古学報』1959 年第 4 期)。

第 4 節　西周時代の土器

(1)　西周文化の土器

　殷周時代の考古学研究の中で、わが国においてなじみの薄いものは、とくに西周土器に関する研究である。しかし中国においては、すでに 1930 年代に西周土器の研究が、蘇秉琦によって開始されている。蘇秉琦による陝西省宝鶏市闘鶏台遺跡の調査と研究は、西周土器研究の草分的研究といえる[1]。その後、1950 年代に陝西省西安市長安県の客省荘遺跡・張家坡遺跡の西周墓調査が行われ、そこで出土した土器に対する編年研究は、西周土器編年の基礎となるものであった[2]。

　闘鶏台遺跡は、陝西省宝鶏市の東 7.5km の渭河北東岸の台地上に位置している。同遺跡は 1933 年から 1937 年にかけて北平研究院史学研究所考古組によって、戴家溝の東側を中心に発掘が行われ、82 基の周代から漢代に至る墓が発掘された。82 基の墓の内 45 基は、今日でいうところの西周・先周の墓であった。出土した鬲に対しての分類が行われ、先周・西周時代に関しては鬲足の分類によって、早期・中期と晩期の区分が行われた。すなわち錐足鬲（高領乳状袋足分襠鬲）の時期は早期で、折足鬲（連襠鬲類）の時期は中期、短足鬲の時期は晩期と認識された。先にも述べたように早期の錐足鬲の年代は、今日の知識から見ると先周時期に中心があると考えられ、折足鬲の年

代は西周時代に重なると考えられる。

　中国科学院考古研究所は、1955年から1957年にかけて周文王が遷都した豊京の地と推定される陝西省西安市長安県の灃西地区の客省荘・張家坡において考古調査を行った。豊京の地における初歩的な考古調査は、1943年に石璋如氏によって行われているが、本格的な発掘調査はこの1955〜1957年の調査が最初である。この調査の結果、182基に及ぶ西周墓が調査され、出土した西周土器に対する編年の基礎が確立された。この時に組立てられた西周土器編年は、第1〜5期の5時期に細分されるものであった。その時代は、おおむね西周王朝第2代の成王から西周時代末年ないしは春秋時代初年に至るものである。

　わが国においては、1990年代に入って、筆者による豊鎬地区の西周土器編年や洛陽地区西周土器編年が示され、また西江清高氏による西周式土器の系譜に関する研究も発表されている。

　西周文化の土器は、広い目で見ると灰陶が主であるが、磨研陶・紅陶・黒陶も存在し、近年は、灰釉陶器の出土例も多い。西周土器の紋様には、地紋の縄紋のほか、雷紋・S字紋・重圏紋・弦紋・印紋などが見られる。西周土器の器形には、鬲・鼎・簋・尊・大口尊・盆（盂）・豆・爵・觶・盉・卣・碗・盤・罐・三足罐・壺・瓿などの器形が認められる。これらの土器に対する研究は、西周文化の考古学研究において、遺構の年代や伴出する遺物の年代を決定する上で欠くことのできない研究分野である。黄河の上・中・下流域および長江の中・下流域の相当に広い地域から西周土器と称される遺物が発見されている。遺物の出土地域が広く、また研究分野が多岐にわたる場合、まず第1次的にその時代の政治・文化の中心的地域出土の遺物に関しての研究を行い、その文化の基本的様相を掌握することが考古学的に重要である。その意味において、西周文化研究においては豊鎬地区の土器研究が重要な意味をもってくるのである。したがって先周時代末および西周時代に都の置かれた豊鎬地区出土の土器に関して、これまでの先学の研究を整理しその編年を紹介する。

（2）　豊鎬地区出土土器研究史

　周の文王が都を置いたといわれる豊京の地は、陝西省西安市長安県の灃河西岸の客省荘・張家坡を中心とした馬王村・大原村・馮村・曹家寨・西王村の一帯と推定されている。豊京の地を求めての本格的な調査は、先記したように1950年代以降に開始されているが、1955年〜1957年の調査で182基の西周墓が発掘され、そのうちの127基の墓から412点の副葬陶器が出土した。また127基の土器出土墓のうち60基の墓から出土した副葬陶器は複数の土器が組合わさったものであった。副葬陶器の器形には、鬲・鼎・簋・盆（盂）・豆・碗・盤・罐・壺・瓿など10種があった。土器の大多数は実用の土器類で、煮沸痕の残る鬲も多く、長期の使用の後に副葬品に利用されたと考えられる土器も存在する。このほか小数の土器には、焼成温度が低く、つくりが雑で副葬用の明器として製造されたと考えられるものも存在する。副葬陶器の器形・胎土・紋様は、この時代の住居址から出土するものと原則的に同じであるが、大きさは住居址出土の土器にくらべ一般に小型である。

　『灃西発掘報告』においては、土器の型式と組合せを根拠に分類を行い5時期に分けている。第1期の土器には、Ⅱ・Ⅲ・Ⅳ式鬲、Ⅰ・Ⅱ・Ⅲ式罐、Ⅰ式簋がある。墓によっては、壺や瓿が罐に変わる場合もあり、また碗や豆が加わる場合もある。第1期の代表的な遺物には、M178号墓・

MK145 号墓出土の土器がある。第 2 期の土器には、Ⅲ・Ⅳ・Ⅴ式鬲、Ⅴ・Ⅵ式罐、Ⅱ式簋がある。MK69 号墓出土の土器がこの時期を代表する遺物である。第 3 期の土器には、Ⅳ・Ⅴ式鬲、Ⅴ・Ⅵ式罐、Ⅱ・Ⅲ盆（盂）、Ⅱ式豆があり、M149 号墓・M157 号墓などの土器を代表例とする。第 4 期の土器には、Ⅳ・Ⅴ・Ⅵ式鬲、Ⅵ・Ⅹ式罐、Ⅲ式盆（盂）、Ⅲ式豆があり、M453 号墓出土の土器を代表例とする。第 5 期の土器には、Ⅳ・Ⅴ・Ⅵ・Ⅶ式鬲、Ⅴ・Ⅵ式罐、Ⅲ式盆（盂）、Ⅳ式豆の器形が存在し、M147 号墓出土の土器を代表例とする。

『灃西発掘報告』には、上記の土器編年が図化して示されている。第 1 期の年代に関しては、M175 号墓出土の青銅鼎が大盂鼎に類似し、また同墓出土の青銅簋が禽簋に類似し、大盂鼎や禽簋が西周初年の成王・康王時代の遺物と考えられる点から、灃西の第 1 期を成王・康王時代に相当すると考えている。第 2 期の年代に関しては、第 2 期の土器が、長甶墓出土の土器や、普渡村 M2 号墓（1954 年発掘）(6)の土器に類似し、長甶墓の年代や M2 号墓の年代が穆王時代に想定されるところから、灃西の第 2 期の年代は穆王およびその直後の年代に相当すると考えられている。第 3 期の年代に関しては、第 3 期の終わりが上村嶺虢国墓の年代と同じ、(8)または西周晩年から春秋時代の初頭と考えられている。『灃西発掘報告』の記述では、灃西の第 5 期も西周の末年から春秋時代初頭であるというから、第 3 期から第 5 期までをほとんど同時期と認識している。

このような 5 期の分類のほか、一般に西周時代は、前期・中期・後期の 3 時期に分けられることが多い。前期は前 11 世紀から前 10 世紀中葉までの年代に相当し、この時期の後半は、『灃西発掘報告』の第 1 期にあたり、成王・康王の時代である。中期は、前 10 世紀中葉から前 9 世紀中葉で『灃西発掘報告』の第 2 期にあたり、穆王および穆王にやや遅れる時代である。後期は、前 9 世紀中葉から前 7 世紀中葉までで、東周時代初頭も含まれ、『灃西発掘報告』の第 3・4・5 期に相当する。灃西における前期の土器は、灰陶が主であるが、磨研陶・紅陶・黒陶も存在する。紋様は縄紋のほか、雷紋・Ｓ字紋・重圏紋などがある。土器器形の基本的な組合せは、鬲・罐・簋で豆が含まれる場合もある。鬲は先記したようにⅡ・Ⅲ・Ⅳ式があり、口縁が外折し、足は袋状を呈し、縄紋が施されている。罐は、先記したようにⅠ・Ⅱ・Ⅲ式があり、器身が太く、肩部は丸く張っている。簋は、先記したようにⅠ式があり、深腹、円底で、圏足は低く、縄紋が施されている。豆は、盤豆型で、皿がやや深く、圏足が太い。灃西における中期の土器も、やはり灰陶が主で、縄紋・雷紋・Ｓ字紋などが施されている。土器の組合せは、鬲・簋・罐・豆を基本としている。この時期の鬲には、先記したように、Ⅲ・Ⅳ・Ⅴ式の鬲があり、鬲の足は袋状であるが、内底は平に変化しだす。簋は、腹壁が直立し、口縁が開き、圏足は高く、Ｓ字紋や弦紋の施されるものが一般的である。豆の皿は浅く、平底で、圏足は比較的低く、大きく開く。罐類は有肩・平底で、肩部に弦紋が施されるものが多い。灃西における後期の土器の胎土の主体は灰陶で、紅陶は少ない。紋様の主体は縄紋で、画紋もある。この時期の土器の組合せは、鬲・豆・盆・罐で、前期・中期の簋に変わって、盆が一般化している。鬲には先記したように、Ⅳ・Ⅴ・Ⅵ・Ⅶ式があり、脚が袋状の器形のほか、実脚や平底に近い器形も見られる。盆には、Ⅱ・Ⅲ式があり、口縁部が鋭く外折し、肩部が張り、平底のものが多い。豆には、Ⅱ・Ⅲ・Ⅳ式があり、皿が浅く、圏足が高くなり、圏足腰部に弦紋が施されている。罐には、Ⅳ・Ⅴ・Ⅵ式があり、先記した通り肩部が折れ、弦紋の施された遺物が多い。西周後

期の土器は、澧河西岸の西周遺跡からの出土のほか、河南省三門峡市上村嶺の虢国墓地からも多数出土している。

　1955～1957年の澧河西岸における発掘についで、澧河西岸における西周墓のまとまった発掘調査は、1967年の長安県張家坡遺跡の西周墓発掘である。1967年には、124基の西周墓が発掘されている(9)。124基の西周墓のうち、副葬陶器を出土した墓は101基で、張長寿氏は、101基の西周墓を副葬陶器の器形と組合せによって6期に分類している。張長寿氏執筆の「1967年長安張家坡西周墓葬的発掘」によると、1967年の第1期は克殷前の豊京時代に、第2期は『澧西発掘報告』の第1期で西周初年から成王・康王の時代に、第3期は『澧西発掘報告』の第2期で穆王前後に、第4期は『澧西発掘報告』の第3期で懿王・孝王時代に、第5期は『澧西発掘報告』の第3・4期で厲王時代に、第6期は『澧西発掘報告』の第5期で宣王・幽王時代に相当するという。

　張長寿氏が「1967年長安張家坡西周墓葬的発掘」の中に発表した編年は、1960年代以降の豊鎬地区の西周発掘資料を利用し、その時点においては、高く評価されうるべきものであったが、高領乳状袋足分襠鬲の属する年代を「西周初頭」とするなど、今日の知識から考えると若干訂正すべき箇所もある。高領乳状袋足分襠鬲の属する時代は、やはり「先周」とすべきであろう。張長寿編年で、西周土器を6期に分けたことは、後述する理由によって合理的でもあると思われるが、張長寿氏の論文・報告では、6期に分けた理由が定かでない。また、各時期に西周の各王名を比定しているが、結論としてはよしとしても、その理由を明らかにしていない。

　中国社会科学院考古研究所に勤務していた李峰氏は、西周青銅器の編年に関する論文を発表している(10)。その中で李峰氏は、西周青銅器を張長寿氏と同じ6期に編年し、あわせて青銅器と伴出する土器を紹介し、西周時代土器の6期編年も組み立てている。西周土器の年代を考える上での重要な手がかりは青銅器の年代で、その意味において李峰氏の論文は重要な意味をもっているが、取り扱った地域と遺跡が、周原・豊京・鎬京付近のかなり広い地域に及び、また孝王から共和に至る時代が曖昧で、基準となる重要な青銅器の年代観が、なにを根拠に決定しているのか不明な箇所もある。

(3) 豊鎬地区西周土器の編年

　ここでは、澧西張家坡遺跡出土の西周土器を中心に、筆者の西周土器の編年を紹介する。結論は、先記した2人ときわめて近いものであるが、金文・青銅器の年代を拠り所に伴出した土器の年代を明らかにした。土器の相対年代は、これまでの発掘報告によって、おおむね確立していたが、それらの土器に関する相対年代は、実年代との関係において不明の点が多かった。詳細は、筆者の『中国周文化考古学研究』(11)に譲ることとして、ここでは、西周土器編年の結論だけを示しておく。

　西周時代のおよそ250年間を、5時期に分けて豊京・鎬京地区の土器を中心に編年を行った。その結果、西周第1期を武王末年・成王・康王の時代、西周第2期を昭王・穆王の時代、西周第3期を共王・懿王・孝王の時代、西周第4期を夷王・厲王と共和の時代、西周第5期を宣王・幽王の時代とし、各時期の時間的長さの平均化をはかった。東洋史の面から考えるとあるいはこのような時代区分は意味がなく無謀かとも思うが、年代区分をおおむね40年から60年に平均化することで、

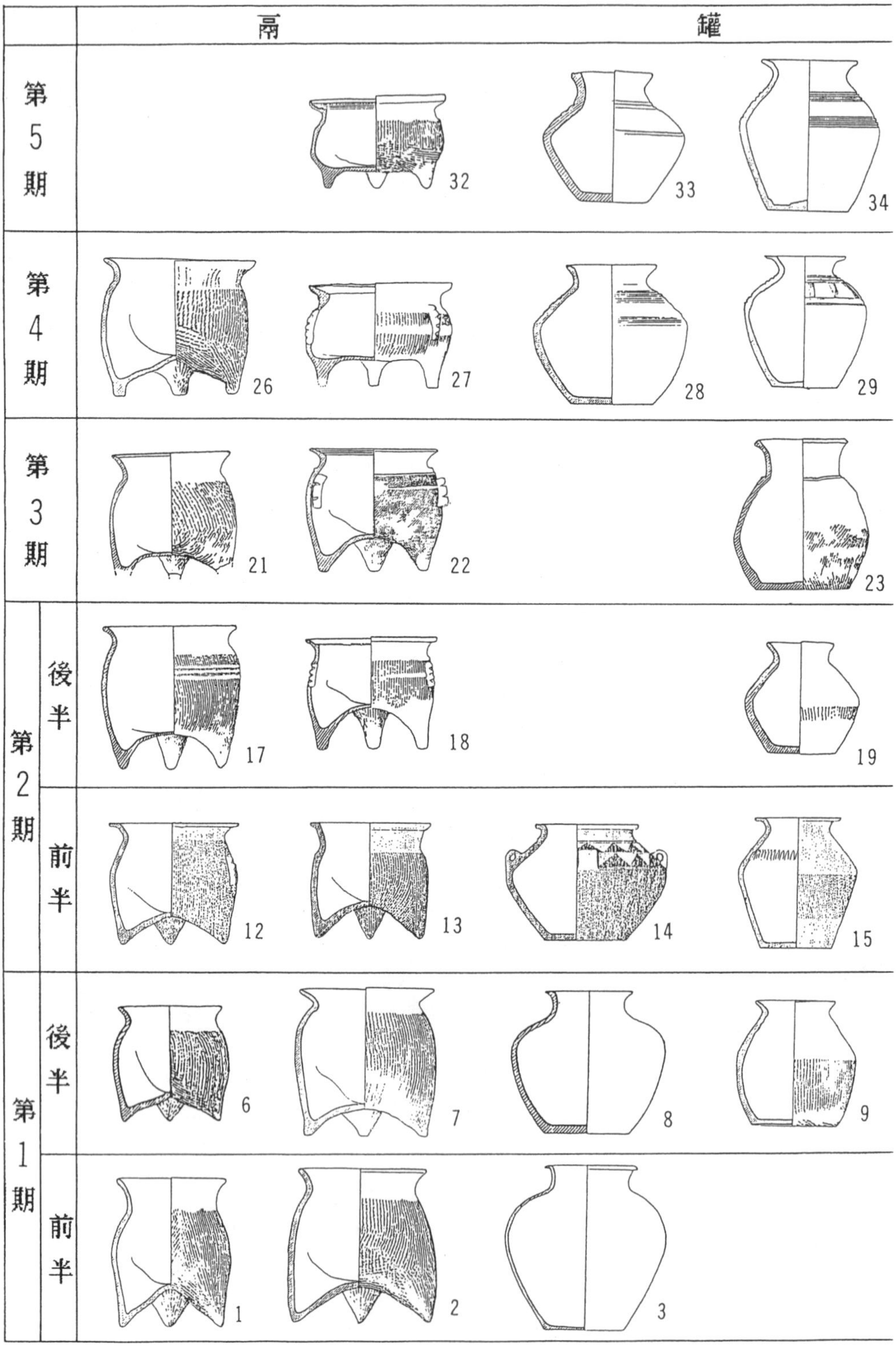

		鬲		罐	
第5期			32	33	34
第4期		26	27	28	29
第3期		21	22		23
第2期	後半	17	18		19
	前半	12	13	14	15
第1期	後半	6	7	8	9
	前半	1	2	3	

第136図　西周土器

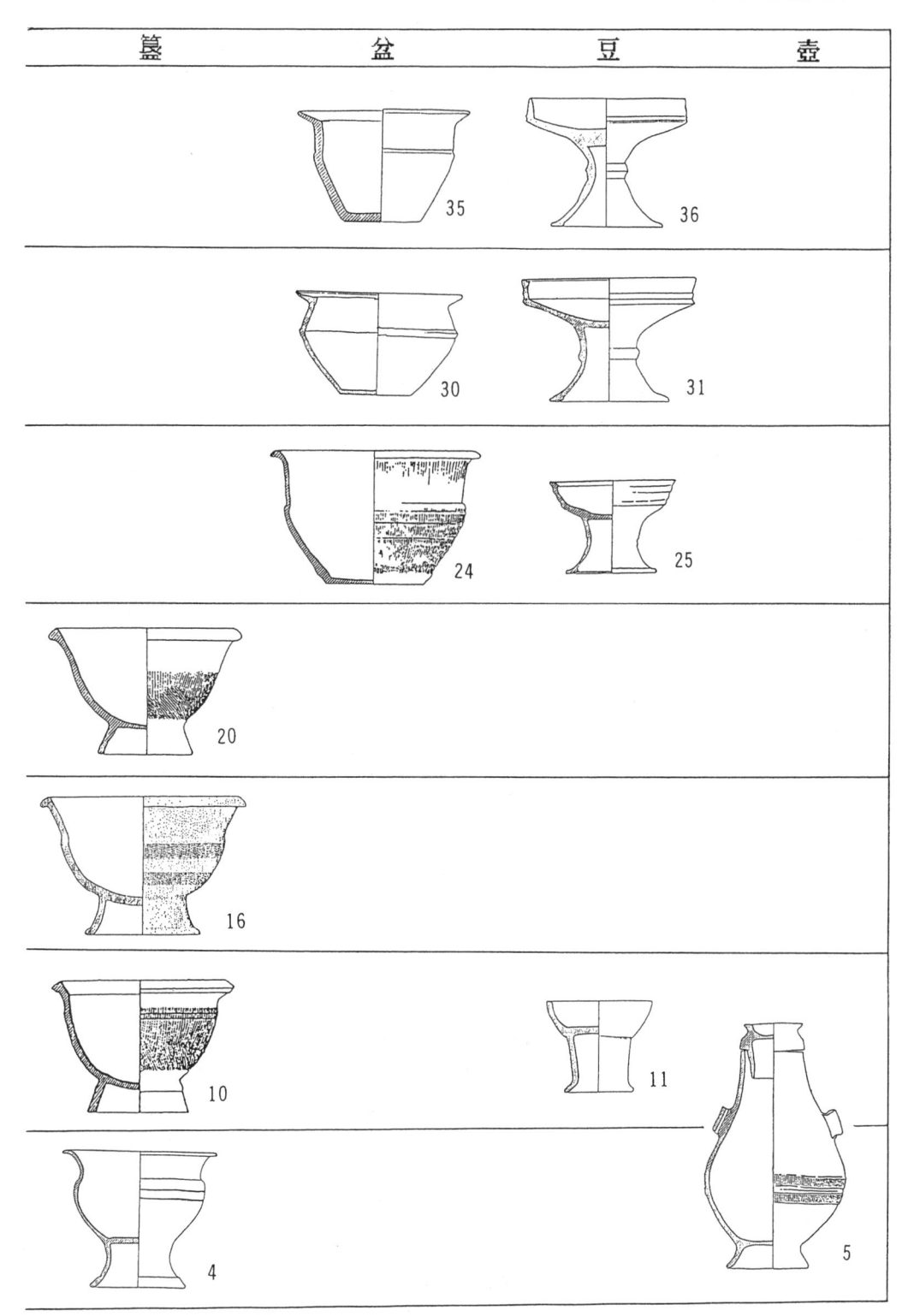

簋	盆	豆	壺
	35	36	
	30	31	
	24	25	
20			
16			
10		11	
4			5

編年図　豊鎬地区

遺物の型式学的な意味も出てくるものと考えた。

　上記の5時期に分けて土器の年代を考えるにあたっては、伴出した青銅器の年代を参考としている。銘文から得られる青銅器の年代は、土器の漠然とした年代観よりは、はるかに確実な年代を示すものといえる。銘文のない青銅器に関しては、型式論的な作業による年代しか示すことはできず、この意味においては土器と変わりないが、しかし、年代を示す銘文のある青銅器と銘文のない青銅器が型式的に同一である場合は、土器にくらべはるかに確実な年代がわかると見てよいであろう。

　西周第1期は前半と後半に分けられ、西周第1期前半の標準となる資料は張家坡67SCCM54号墓と67SCCM16号墓である。西周第1期前半の土器器形には、分襠鬲・連襠鬲・鼓腹罐・簋が存在し、青銅器を模倣した壺も存在する。分襠鬲・連襠鬲とも脚は比較的高く、簋の圏足も高い。67SCCM54号墓から出土した青銅鼎（54：2）は鬲鼎の類に属し、口径16～16.5cm、高さ20.8cmの大きさで、内壁に図象銘（族記号）が見られる。口縁部下には円圏紋が1周し、腹部には脚方向を中心に3組の饕餮紋が施され、饕餮紋の両側には夔紋が施される。この青銅鼎に類似する遺物としては、陝西省岐山県賀家村遺跡出土の尹丞鼎などが知られ、林巳奈夫氏は、この鬲鼎を「西周ⅠA」としている。67SCCM54号墓から出土した青銅鼎（54：2）や斜方格乳釘夔龍紋簋の存在などから、第136図の第1期前半の土器の年代が決定される。この時期の豊京地区・周原地区発見土器の器形には、鬲・罐・簋があり、この3つが西周第1期の土器の組合せの基本と考えられる。先周時期にほとんど見られなかった簋の器形が出現することがひとつの特色である。M54号墓出土の青銅鬲鼎・青銅斜方格乳釘夔龍紋簋に対する検討から、M54号墓出土の陶罐・鬲の年代を筆者の西周第1期前半と考えたい。実年代に関しては、決定的な手がかりに欠けるが、旅鼎の年代観などから西周の最も早い時期に相当すると推定され、武王時代の最末期に接触し、大部分は成王時代の前半にあたると推定される。

　西周第1期の後半の標準となる資料は、張家坡の57SCCM178号墓や灃西61M404号墓の資料である。M178号墓の副葬品には、陶鬲1点、陶簋1点、陶罐1点、青銅鼎1点、青銅簋1点、青銅蓋1点、青銅戈2点などがあったが、一般的にこの時期の土器器形には、分襠鬲・連襠鬲・鼓腹罐・罐・簋・豆などがある。豆の皿は深く、圏足は太い。M178号墓出土の青銅鼎・青銅簋の年代から、M178号墓出土の土器類の鬲・簋・罐の年代を考えると成王時代よりは若干年代の下がった康王時代の遺物との結論に達するのが合理的で、筆者はこの時期を西周第1期後半としたい。

　西周第2期も前半と後半にわかれる。第2期前半の資料には、張家坡57M162号墓や扶風県雲塘遺跡の西周墓出土土器がある。筆者が西周第2期と呼ぶこの時期の土器器形には、第1期と同じく分襠鬲・連襠鬲がある。鼓腹罐・罐・簋の器形もあるが、豆の類は少ない。57M162号墓以外、この墓と同時期の好資料が、灃西地区においてはまだ発見されていない。しかし陝西省内のこの時期の西周墓で青銅器と土器を伴出しているものには、扶風県の雲塘遺跡発見のM10・M13・M20号墓などがある。雲塘遺跡西周墓出土の青銅器をもって昭王時代の遺物と推定するのなら、第2期前半の土器は昭王時代の遺物と結論づけられる。

　西周第2期の後半は長由墓によって代表されるが、張家坡の67SCCM56号墓出土の土器もこの時期の遺物である。鬲・罐・簋の器形が知られる。1954年に長安県普渡村で発掘された長由墓は、

西周第5代の王・穆王時代の標準資料となる資料でもある。

　西周第3期の土器の標準は、扶風県上康村遺跡のM2号墓、長安県張家坡遺跡の67SCCM57号墓出土の土器などである。土器の器形には、鬲・罐・盆のほか、ふたたび豆が出現する。豆の皿はきわめて浅くなっている。上康村M2号墓出土の青銅鼎は、通高20.3cm、口径20cmで、腹部に夔龍紋が1周し、底部が比較的平で下腹部が膨らみをもっている。この青銅鼎は、上海博物館蔵の十五年趞曹鼎の器形に類似し、陳夢家はこの十五年趞曹鼎を共王時代の青銅器と考えている。筆者は、上康村M2号墓の時期を共王・懿王・孝王の約40年間に比定し、西周第3期と呼びたい。

　西周第4期の土器の標準には、鬲・広口罐・罐盆・豆がある。張家坡新旺村M104・M105号墓や張家坡67SCCM160号墓出土の土器が標準となる。鬲には器身が浅く、平底に実足の付いたものが出現する。また、鬲足の先端が短い円柱状を呈するものがみられる。M104号墓出土の青銅鼎は、口が広く、器身が浅い平底で、軽く外反する対の把手が付く。口縁部下には三角雷紋と円渦紋が1周する。M104号墓出土の陶罐は、肩部が張り平底である。肩部に重なる弦紋が施される。M104号墓出土の青銅鼎を李峰氏は宣王・幽王期の遺物と見ているが積極的な根拠はない。むしろこの青銅鼎が、張長寿氏が厲王前後とする張家坡67SCCM103号墓の青銅鼎に類似することに注意したい。新旺村のM105号墓から陶鬲が出土しているが、この陶鬲に類似した陶鬲が張家坡67SCCM160号墓からも出土し、張長寿氏はこのM160号墓を厲王前後のこの時期の代表例に上げている。筆者もこのM160号墓出土の土器を西周第4期の標準とし、夷王・厲王・共和の約60年間にこの土器の時期を比定したい。

　西周第5期の土器の標準には、鬲・罐・盆・豆などがあり、張家坡67SCCM115号墓、同じくM106号墓出土の遺物などがある。豆の器身は浅く、圏足が細く、横帯の付くものが見られる。この時期の青銅器と土器の伴出資料としては、張家坡67SCCM115号墓の青銅鼎・盂と陶鬲がある。この青銅鼎は、器身が半球状で、口縁部に2条の弦紋を有し、西周末の形を呈している。この青銅鼎は陝西省出土といわれる青銅弦紋鼎（此鼎甲・丙）に類似し、器身が此鼎甲・丙よりは若干深いが同一時期の遺物と考えたい。此鼎甲・丙は宣王時期の遺物と考えられているが、67SCCM115号墓の青銅鼎も同一時期と考えてよいであろう。またM115号墓出土の青銅盂は春秋時代の鑑に近い器形である。西周第5期を土器の面からとらえれば、張家坡の57M147号墓や67SCCM106号墓の土器が標準となり、これは『澧西発掘報告』の第5期にあたり、張長寿氏編年の第6期でもある。筆者は、この時期を西周第5期と呼び、宣王・幽王の約60年間足らずを考えているが、西周第5期の最後は、地域的には離れるが年代の上で河南省三門峡市上村嶺の虢国墓地出土の土器につながるものと推定される。

　上記の編年をもとに編年図を作図すると第136図のごとくなる。陝西省内出土の西周土器の年代を考える上で参照になるものと思う。また西周各時代各地の土器一般を考える上でも参考になるはずである。

（4）　洛陽地区出土の灰釉陶器

　西周時代の多くの遺跡からは、灰釉陶器の類がたびたび発見されるが、それらは西周墓に副葬品

として納められた遺物である。この種の陶器は原料に白陶土（高嶺土）を用い、高温焼成に耐え（1200度前後）、器表には青灰色の釉がかかる。このことから中国においては、殷周時代の灰釉陶器を「原始瓷器」の名称で呼んでいる。西周時代および併存する時代の灰釉陶器が発見されている代表的な遺跡には、洛陽市龐家溝遺跡、河南省濬県辛村遺跡、河南省鹿邑県太清宮長子口墓、陝西省西安市長安県普渡村長由墓、北京市房山区琉璃河遺跡、安徽省屯溪遺跡、江蘇省句容県浮山果園遺跡などが知られる。出土数量からは洛陽市北窯村龐家溝[19]・安徽省屯溪[20]・江蘇省浮山果園[21]などの遺跡がとくに注目される。また、周原においても大量の灰釉陶器が出土したことが伝えられている。

洛陽市北窯村の龐家溝遺跡の西周墓からは大量の灰釉陶器が出土し、それらの器形には、罍・尊・罐・簋・豆・甕・小壺などの器形が存在する。1999年に出版された『洛陽北窯西周墓』には、龐家溝西周墓出土の多くの灰釉陶器が報告されているが、その総数は270点に及ぶ。

その中でも龐家溝M202号墓から出土した灰釉三角帯紋罍（第137図の1）はとくに有名である。同時代の青銅罍の器形を移した遺物で肩部が張り、深腹で、肩部には対になる耳が4方向に付く。肩部には2本の弦紋に挟まれた3段の三角紋帯がある。高さ27.5cmの大きさで、西周時代の比較的早い時期の遺物と考えられる。この種の灰釉陶器罍は、龐家溝西周墓地からは50点出土しているが、ほかにも北京市房山区琉璃河遺跡や河南省襄県から類似した器形の灰釉陶器罍が出土し、この時期に好んで青銅罍をうつした灰釉陶器の罍がつくられたことがわかる。

第137図の2は、高さ18cmの四耳有肩尊である。『洛陽北窯西周墓』の写真と照合するとこの四耳有肩尊は、先の報告書が西周前期とするM422号墓の遺物と考えられる。青灰色の灰釉のかかり具合は比較的均一で、胎土は硬いものと思われる。肩が折れ、圏足が付き、肩部に4つの鈕（耳）が付くが、類似した器形は同時代の青銅器に認められ、青銅器の器形をうつしていることがわかる。北窯龐家溝の西周墓からは、灰釉陶器の尊が前期・中期あわせて16点出土している。

第137図の3・4は、灰釉陶器の簋である。3は『文物』1972年第10期に遺物番号M202:1として報告された西周前期に属するM202号墓から出土した簋で、高さ15.5cmの大きさである[22]。4は龐家溝遺跡の西周前期のM54号墓から出土した遺物で高さ16cmである。3・4とも『洛陽北窯西周墓』では西周前期と述べている。この種の灰釉簋は前期・中期あわせて30点出土している。

第137図の5は洛陽博物館収蔵品の罐（甕）で高さ60cmほどの大型の遺物で、『洛陽北窯西周墓』の写真と照合すると、この罐は西周前期のM215号墓の遺物である。器身は球形を呈し口縁は鋭く外折する。宝鶏市紙坊頭遺跡出土の灰釉陶器罐の器形に類似する。6も洛陽博物館の収蔵品の罐（甕）で、これは高さ28cmの小型の遺物である。『文物』1972年第10期に遺物番号M139:20として報告された遺物で、『洛陽北窯西周墓』では西周中期としている。器身は球形を呈し、口縁は直立し、比較的厚い灰釉がかかる。この種の灰釉陶器の甕は、龐家溝遺跡の前期・中期の西周墓から32点出土している。これらの甕に類似した遺物は濬県辛村の灰釉陶器中にも存在し、とくに第137図の5と口縁部が同形の甕が辛村の遺物に認められる。また、この種の器形の灰釉陶器甕は殷代の遺物中にも確認される。

第137図の7・8は豆である。7の盤の直径は16cm、8の盤の直径は15.4cmの大きさである。7・8とも『洛陽北窯西周墓』の写真と照合すると、西周中期のM307号墓の遺物である。この種の

第137図　灰釉陶器　西周時代、1罍、2尊、3・4簋、5・6甕、7・8豆　（洛陽龐家溝西周墓出土）

灰釉陶器豆は出土例が多く、北窯西周墓では総数133点の出土があった。豆の類はほかの遺跡からの出土も多く濬県辛村の西周墓をはじめとして、陝西省宝鶏市強国墓地、北京市房山区琉璃河遺跡西周墓などからも出土例が知られ、華北の西周墓からは多くの灰釉陶器の豆が出土している。

洛陽地区の西周墓から出土している灰釉陶器の器形は、豆が圧倒的に多く、ほかに罐・簋・罍・尊の器形が見られ、基本的な組合せは簋・豆・罍または尊とみられ、龐家溝M54号墓やM202号墓に見られる簋・豆・罍からなる組合せが一般的で、基本でもある。灰釉陶器を副葬陶器に使用する場合の簋・豆・罍または尊の組合せは、灰陶の副葬陶器の鬲・罐・簋の組合せとは異なる。西周文化の青銅器の組合せは複雑であるが、鼎・簋・尊・卣・爵などからなり、灰陶や青銅器の場合は、三足の鬲や鼎が組合せの中心となっている。これに対して、灰釉陶器の組合せには三足器がなく、灰釉陶器の器形自体に三足器を見ない。

これら洛陽地区出土の灰釉陶器の器形には、一部に青銅器の器形を移したと思われる器形が存在する。第137図の1の灰釉陶器罍は、青銅罍の器形をうつしていて、また2の有肩尊は西周青銅器の器形を真似ているとみてよいであろう。灰陶や青銅器の器形を模倣しているにもかかわらず、西周禮制上、禮制陶器や青銅器の中で最も重んじられる三足器が、灰釉陶器の中に存在しないのはいかなる理由によるのであろうか。灰釉陶器の器形は、基本的に青銅器の器形をうつしていて、そのために鬲が見られないのであろう。灰釉陶器の器形に鼎が存在しないのは華北の灰釉陶器の発見例がまだ少ないことによるもので、澧西張家坡遺跡M202号墓の灰陶列鼎の例から考えて灰釉陶器の鼎が存在しても不思議ではないと思われ、おそらく今後発見されると考えておいてよいであろう。

以上の洛陽地区出土の灰釉陶器は、華北で生産された遺物と考えてよいであろう。洛陽地区の灰釉陶器は一般に胎土が硬く、釉のかかりが均一で、陶器の表面がよくしまり、無紋に近い遺物が多い。このような灰釉陶器は、河北省・陝西省・甘粛省の地域からも発見されている。とくに龐家溝M202号墓・河南省襄県霍荘・北京市房山区琉璃河M52号墓の3カ所の遺跡から発見された灰釉罍の類似性は、万人の認めるところと思われ、長江流域には見られない器形でもある。

また洛陽地区出土の灰釉陶器は当然のこととして、鄭州・洛陽地区の殷代灰釉陶器の伝統を受け継いでいるものと推定される。殷墟文化の灰釉陶器の器形としては、豆・壺（有肩尊）などの器形が知られるが、洛陽地区の灰釉陶器の器形である豆・有肩尊は殷墟文化の灰釉陶器器形の伝統を守っていると見てよいであろう。

これに対して、長江流域以南の安徽省屯溪土墩墓や江蘇省浮山果園土墩墓などから出土した灰釉陶器の器形には、罐・豆・尊・盂・盃・碗などの器形が見られる。安徽省屯溪遺跡出土の灰釉陶器は、胎土が軟らかく、釉のかかりが不均一で釉が脆く腐っているものが多く、また、紋様に沈線平行紋・沈線方格紋・櫛目紋を多用した遺物が見られるなど、この地方の特色が認められる。

長江流域以南の灰釉陶器の器形は、やはり豆が圧倒的に多いが、黄河流域の華北にあまり見られない盂・盃・碗・盤が比較的多く、華北との違いを際立たせている。組合せは、罐・豆・盂の組合せ、あるいは罐・盂・盤の組合せが基本と思われるが、豆のみのものも多く、また印紋硬陶が含まれる場合も多い。長江流域以南の灰釉陶器は、組合せの面から見ても黄河流域の河南省洛陽市龐家溝遺跡・濬県辛村遺跡の西周墓、北京市房山区琉璃河遺跡の西周墓などの灰釉陶器とは異なってい

る。

　洛陽地区出土の灰釉陶器の産地に関しては、結論を短絡的に出すことはできないが、灰釉陶器の器形と組合せを見ると、長江流域の灰釉陶器とは組合せと器形が異なり、華北で生産されたものと推定するのが自然であろう。殷文化中に見られる灰釉陶器生産技術が、殷遺民の雒邑（洛陽）への移住とともに雒邑の地にもたらされたと考えても不合理なことではない。

註

（１）　338 蘇秉琦、1948、『鬪鶏台溝東区墓葬』（『国立北平研究院史学研究所陝西考古発掘報告』第一種第一号）。
（２）　353 中国科学院考古研究所、1962、『澧西発掘報告』（『中国田野考古報告集』考古学専刊丁種第十二号）。
（３）　270 石璋如、1949、「伝説中周都的実地考察」（『国立中央研究院歴史語言研究所集刊』第二十本下冊）。
（４）　19 島武次、1992、「西周土器の編年研究——豐鎬地区の土器」（『駒沢史学』第 44 号）。21 飯島武次、1992、「洛陽付近出土西周土器の編年研究」（『東京大学文学部考古学研究室研究紀要』第 11 号、東京大学文学部考古学研究室）。
（５）　497 西江清高、1993、「西周式土器成立の背景（上）」（『東洋文化研究所紀要』第 121 冊）。498 西江清高、1994、「西周式土器成立の背景（下）」（『東洋文化研究所紀要』第 123 冊）。
（６）　322 陝西省文物管理委員会、1957、「長安普渡村西周墓的発掘」（『考古学報』1957 年第 1 期）。
（７）　268 石興邦、1954、「長安普渡村西周墓葬発掘記」（『考古学報』第八冊）。
（８）　349 中国科学院考古研究所、1959、『上村嶺虢国墓地』（『中国田野考古報告集』考古学専刊丁種第十号）。
（９）　420 中国社会科学院考古研究所澧西発掘隊、1980、「1967 年長安張家坡西周墓葬的発掘」（『考古学報』1980 年第 4 期）。
（10）　601 李峰、1988、「黄河流域西周墓出土青銅禮器的分期与年代」（『考古学報』1988 年第 4 期）。
（11）　24 飯島武次、1998、『中国周文化考古学研究』（同成社、東京）。
（12）　311 陝西省考古研究所・陝西省文物管理委員会・陝西省博物館、1979、『陝西出土商周青銅器（一）』（文物出版社、北京）。
（13）　509 林巳奈夫、1984、『殷周時代青銅器の研究——殷周青銅器綜覧一』（吉川弘文館、東京）。
（14）　297 陝西周原考古隊、1980、「扶風雲塘西周墓」（『文物』1980 年第 4 期）。
（15）　322 陝西省文物管理委員会、1957、「長安普渡村西周墓的発掘」（『考古学報』1957 年第 1 期）。
（16）　324 陝西省文物管理委員会、1960、「陝西岐山・扶風周墓清理記」（『考古』1960 年第 8 期）。
（17）　422 中国社会科学院考古研究所澧西発掘隊、1986、「1979〜1981 年長安澧西・澧東発掘簡報」（『考古』1986 年第 3 期）。
（18）　311 陝西省考古研究所・陝西省文物管理委員会・陝西省博物館、1979、『陝西出土商周青銅器（一）』（文物出版社、北京）。
（19）　574 洛陽市文物工作隊、1999、『洛陽北窑西周墓』（文物出版社、北京）。
（20）　2 安徽省文化局文物工作隊、1959、「安徽屯溪西周墓葬発掘報告」（『考古学報』1959 年第 4 期）。
（21）　452 鎮江市博物館浮山果園古墓発掘組、1979、「江蘇句容浮山果園土墩墓」（『考古』1979 年第 2 期）。
（22）　577 洛陽博物館、1972、「洛陽龐家溝五座西周墓的清理」（『文物』1972 年第 10 期）。

第5節　西周青銅器

(1)　西周青銅器

　殷後期から西周期にかけての青銅器は、その鋳造技術と器種の多様性と紋様の特異性において世界史的にみてもまれな発展をとげた。西周時代の青銅器の多くは、墓の副葬品として出土するが、関中においては窖蔵と呼ばれる一種の貯蔵穴から出土する例も多く、窖蔵は洛陽地区や遼寧省においても知られる。近年における西周時代の青銅禮器と青銅楽器の発見例はきわめて多く、1980年代には銘文のあるものだけでも600点から700点あるといわれていたが、現在は不完全な統計ではあるが1000点をこえるものと推定される。銘文のある青銅器の多くは関中から出土しているが、山西省南部からの出土遺物も知られる。長文の銘をもつ青銅器は、関中の中でも当時の政治の中心であった周原・豊鎬地区から発見される遺物が多い。周原一帯では、過去に大豊簋・盂鼎・毛公鼎・史墻盤など長文の銘文をもつ著名な青銅器が発見されている。

　中国青銅器文化の中心的時代は殷代と周代で、西周時代初頭にその頂点に達している。西周時代に鋳造された青銅器の類には、一般的な道具としての工具や武器も多く含まれているが、鼎・方鼎・鬲・甗・簋・盨・豆・罍・盉・爵・角・尊・方尊・獣尊・觚・觶・卣・方彝・兕觥・壺・罍・盤・匜などと呼ばれる容器の類と、鐘・鎛・鐃などの楽器の類が存在する。これらの青銅容器と楽器は、宗廟で用いる禮楽の器としての禮制の道具で、宗廟に常に備え置く道具として彝器とも呼ばれている。また禮器や彝器としての青銅器のほかに、実用具としての青銅器があり、それらには戈・矛・刀・鉞・鏃・兜などの武器・武具、斧・鏟・錛・鑿などの工具、軎・轄・鑣・衡・鼻梁飾・馬冠・鑾・鈴などの車馬具がある。

　西周時代の禮の制度を一口で説明するのはむずかしいが、それは、国家の法制であり、祖先に対する占いと儀式・葬儀であり、貴賤上下の区別であり、身を修める作法でもあった。この時代の禮制は、西周時代・東周時代と体系化され、中国思想の一翼を担う儒教思想へと発展している。西周青銅器は、その禮制の道具としてつくられた器物で、そこに中国史上の重要な意味がある。

(2)　西周第1・2期の青銅器

　西周初期の青銅器の器形は、殷後期の青銅器の器形を基本的には受け継いでいる。また紋様の面においても殷後期に見られた各種紋様が採用され、したがって殷末周初の青銅器に関しては時代の判別がむずかしい。この時期の青銅器は、西周王朝の本拠地であった周原の陝西省岐山県の賀家村遺跡[1]、扶風県の荘白遺跡[2]、周の都であった豊京の地にあたる陝西省西安市長安県の張家坡遺跡[3]などからの出土が知られる。このほか陝西省宝鶏市の紙坊頭遺跡・竹園溝遺跡[4]、西安市臨潼区の零口遺跡[5]など周の領域やその周辺からの出土がめだつが、周の本拠地から遠い河南省鹿邑県太清宮長子口墓[6]、北京市房山区の琉璃河遺跡[7]、遼寧省喀左県の北洞村・山湾子村遺跡[8]、四川省彭県の竹瓦街遺跡[9]などからもすぐれた青銅禮器が多数出土している。

西周第1期の最も早い時期の青銅器を出土した遺跡としては、太清宮長子口墓がある。この墓の青銅器は殷末周初に属し、被葬者は殷末に活躍し、西周時代に入ってから埋葬されたと考えられている。まさに西周武王期にあたる墓である。この墓からは235点の青銅器が出土し、その内訳は禮器85点、車馬具78点、兵器46点、工具14点であった。禮器・楽器には、鼎13点、方鼎11点、鬲2点、甗2点、簋3点、觚8点、尊5点、角2点、爵4点、斝3点、罍3点、壘2点、卣6点、觶5点、壺2点、斗4点、盤1点、盉1点、鐃6点があった。武器には、刀2点、鉞1点、戈5点、鏃32点があった。大円鼎（M1:9）は通高50.8cm、口径38cmの大きさで、3本の脚は柱状で、口縁下に6枚の扉稜が付き、脚にも扉稜が付き、口縁下と脚には饕餮紋が施されている。器腹内からは牛の大腿骨が発見されている。長子口附耳帯蓋円鼎（M1:194）は、通高33cm、口径20.5cmの円鼎であるが、特徴のある平らな蓋を有している。蓋と口縁には雷紋を地紋として円渦紋と四弁花紋が施される。蓋の中央には半環形の鈕が付き、三方に夔龍の浮彫が立つ。器蓋の内側には「長子口」3字の銘がある。扁足円鼎5点にも「長子口」の銘が見られる。通高19.2〜19.8cmほどの有蓋の方鼎5点が出土しているが、これらは饕餮紋が施され、いずれにも「長子口」の銘があった。鬲・簋・甗・爵・斝・尊・觚・卣・觶・壘にも「長子口」の銘をもつ遺物が多数含まれていた。報告書によると「長」は国名、「子」は身分、「口」は私名であるという。つまりこの墓は長の国君の墓と解釈されている。

宝鶏市の紙坊頭M1号墓出土の青銅器も、西周武王・成王期の遺物と考えられている。この墓から出土した青銅禮器には、鼎4点、甗1点、簋5点、鬲2点、壘1点、觶1点があった。円鼎（M1:1）は、通高40.2cm、口径32cmほどの大きさで、口縁がややしぼみ、下腹部がふくらみ、脚は柱状で、平らな蓋を有す。口縁下・脚・蓋には饕餮紋が施され、腹部下半には蕉葉紋が施される。蓋には中央の鈕と3本の夔龍の浮彫が立っている。饕餮紋のある方鼎（M1:4）は、通高24cmほどの大きさであるが、器身の内壁に「伯作宝」の3字の銘がある。彊伯四耳方座簋（M1:6）は通高38.7cmの大きさで、蓋と方座を有している。蓋と器身には円渦紋と縦位置の夔龍紋が施され、圏足部と方座には饕餮紋が施されている。器蓋の内壁には「彊伯作宝噂簋」の銘文が存在する。彊伯双耳方座簋（M1:7）は、通高31cmほどの遺物であるが同じく「彊伯作宝噂簋」の銘文が存在する。

1976年に陝西省西安市臨潼区の窖蔵から5点の禮器が出土したが、そのうちの1点は利簋と呼ばれる青銅器であった（第138図の1）。利簋は深腹で方台を有し、大きな双耳が付く。この青銅器には4行32文字の銘文があり、武王が殷を滅ぼしたことが述べられ、年代的にも武王の時代からそう離れない、成王期の青銅器と考えられている。利簋は、銘文が歴史的事実に結びつく西周第1期青銅器の一例である。1963年に陝西省宝鶏市で発見された何尊と呼ばれる尊の内低には12行119字の銘文があった（第139図の1）。成王が成周の造営を開始した後のある時期の青銅器と考えられている。第139図の2は上海博物館に収蔵されている觶で、向き合う夔鳳が特徴的で、清麗な夔鳳の図案はこの觶が周の領域から出土した可能性を暗示してくれる。内底には「父庚」の銘がある。細長い器形の觶は西周時代の早い時期の特色で、この觶の年代は、西周第1期ないしは第2期前半に属するであろう。

渭河流域では、先の利簋や何尊以外にも多くの青銅器が窖蔵や西周墓から発見されている。第

第 138 図　青銅簋　1 利簋、2 宜侯夨簋

第 139 図　西周青銅器　1 何尊、2 父庚觶

　140 図の 1 は、周城の地である陝西省岐山県賀家村から出土した鬲鼎である。腹部に大胆な饕餮紋が施され、器身内に尹丞の銘が見られる。西周第 1・2 期の好資料である。第 140 図の 2 は、豊京の地域内に比定される西安市長安県新旺村出土の雷紋鼎で、これも西周王朝の本拠地から出土した西周第 1・2 期の好資料である。第 141 図の青銅鼎は、西周の鎬京の地に比定される西安市長安県普渡村の長由墓と呼ばれる西周墓から出土した遺物で、西周第 2 期後半の基準となる青銅器である。

　1954 年に江蘇省丹徒県で発見された青銅器群には、宜侯夨簋と呼ばれる成王・康王時代に属する青銅簋が含まれていた（第 138 図の 2）。宜侯夨簋の銘文は、西周時代前期の封建された諸侯が周王から土地と人民を与えられた情況を説明するものであった。この青銅器は、周の力が長江下流域にまで達していたことを物語っている。宜侯夨簋も西周第 1 期の好資料である。

第140図　青銅鼎　1尹丞鼎、2雷紋鼎、3趙曹鼎、4大克鼎　　1│3
　　　　　　　　　　　　　　　　　　　　　　　　　　　　2│4

　四川省彭県竹瓦街で1959年に発見された罍などの青銅器にも注目すべき遺物がある(16)。ここでは大罍1点、罍4点、尊1点、觚2点の禮器が発見されているが、三星堆遺跡と同じく、鼎や簋の出土はなかった。竹瓦街遺跡から出土した罍の器形は、基本的には中原青銅器の罍の形であるが、きわめて濃厚な地方色を認めざるをえない。年代的には西周第1期に属する遺物であろう。

　このような西周青銅器がどこでどのような技術で鋳造されたのかは、たいへん興味のある問題である。洛陽市洛陽東駅の北側の北窯遺跡においては、西周初年から西周中期に至る青銅器の鋳造遺跡が発見されている。ここは西周王朝の王室の青銅鋳造工房があったところと推定され、鼎・卣・簋・尊・爵・觚・罍・車具などを鋳造した陶質の鋳型である陶范が一万点以上発見され、またそれらの陶范を焼成したと推定される窯跡も多数発見されている(17)（第142図）。第142図の1の陶范は、

第141図　青銅鼎　長由墓出土

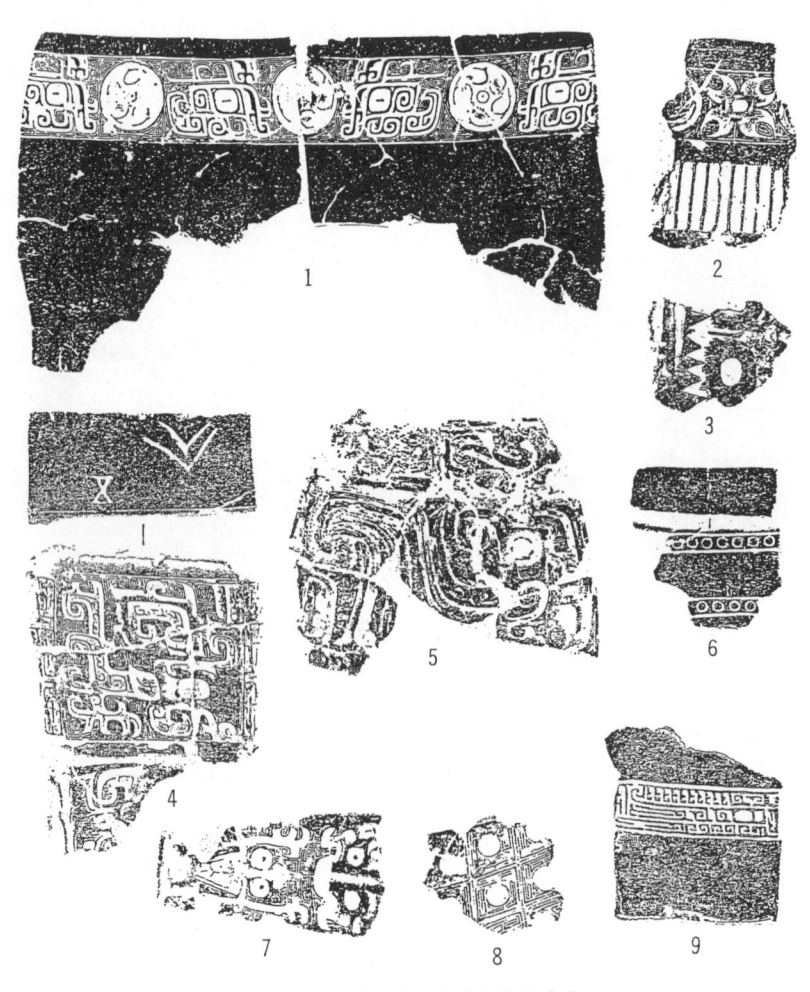

第142図　陶范　洛陽市北窯鋳銅遺跡

饕餮紋・円渦紋・雷紋からなる円鼎の外笵で、陝西省宝鶏市の強国墓地竹園溝の M4・M7・M13 号墓では、このような円鼎の陶笵から鋳造されたであろう西周第1・2期に属する青銅円鼎が出土している。この円鼎外笵に見られる円渦紋は殷墟文化にも好んで用いられ、殷墟遺跡の苗圃北地からは円渦紋のある小型円鼎の外笵が出土している（第115図）。第142図の2の陶笵の器形は定かでないが、口縁部の外笵で四弁花紋と円渦紋がならんでいる。強国墓地竹園溝 M7 号墓からは、この陶笵のように円渦紋と四弁花紋が配列す西周時代の円鼎が出土している。また第142図の4は方鼎の外笵で、饕餮紋の右側半分が残っている。この方鼎外笵の器形と饕餮紋は、上海博物館蔵の西周第1期の或父癸方鼎の饕餮紋を思わせる。第142図の8は乳釘紋簋の陶笵であるが、このような乳釘紋は殷墟第4期から西周第1期によく見られる紋様である。第142図の7の蝉紋の付いた外笵の器形は不明であるが、殷墟文化の青銅簋や扁脚鼎にしばしば見られる紋様である。青銅器陶笵の器形・紋様や西周青銅器の出土遺跡の分布から見ても西周前期に西周王朝の版図が、殷代に比較して相当広い地域に及んでいたことが推定される。

　西周時代に属する陶笵としては、例外的に陝西省長安県馬王村出土の簋外笵の例などがあるが、北窰鋳銅遺跡のように多数の陶笵や炉壁・木炭・銅粒が出土している例はない。精巧な陶笵を多数出土した北窰鋳銅遺跡は、その規模から考えて西周王室直属の鋳銅工房の可能性が高い。また北窰鋳銅遺跡および洛陽地区で発見される陶笵は、器形・紋様から見てもそれらは周原荘白遺跡出土の青銅器や、収蔵品として伝わるすぐれた西周青銅器につらなる遺物で、雒邑に西周王室の鋳銅工房が存在したことを示している。また龐家溝西周墓地における中字形墓の存在や、老城内・林業学校敷地内における車馬坑の発見は、近くに西周貴族の居住区が存在するであろうことを暗示している。西周の鋳銅技術を遺跡・遺物の上から考えると、先記したように渭水盆地においては先周時代に属する鋳銅遺跡はいまだ発見例がなく、青銅遺物も決して多くはない。ところが克殷後の西周墓からは突如として大量の青銅器の副葬が開始され、また、突如として殷の鋳造技術を受け継いでいると見られる洛陽市の北窰鋳銅遺跡が現れる。瀍河東岸の腰坑を有する殷人墓は、西周王朝の体制に組み込まれた殷の鋳銅技術集団の墓と推定したい。それらの殷人墓には甲字形墓や青銅器が副葬されている墓もあり、鋳銅技術集団の中核をなす殷人は、西周王朝下においても一定の身分が認められていたと推定される。このような情況は、西周時代における青銅器の鋳造が、西周貴族の支配下にあった旧殷人貴族と殷人貴族にともなわれた配下の工人の手によったであろうことを推測させる。洛陽市における西周第1・2期の西周貴族墓地・鋳銅遺跡・殷人墓の関係は、『史記』や『漢書』に見られる「遷殷遺民」の記事に符合し、鋳銅技術を管理していた旧殷人貴族と奴隷的工人が大邑商から西周東都雒邑へ移住させられたことを物語っている。

　また、洛陽北窰鋳銅遺跡の陶笵の器形・紋様と中国各地から出土する西周青銅器の器形・紋様を比較し、それらの西周青銅器の出土遺跡の分布を見ても、西周前期に西周王朝の版図が、殷代に比較して相当広い地域に及んでいたことが推定される。

(3) 西周第3・4・5期の青銅器

　西周時代の第3・4・5期に入ると、出土する青銅器の器形に変化が出てくる。鼎と簋の数が被葬

者の身分を示すなど、鼎と簋が青銅器禮器の中でとくに重要な意味をもっていたことに変わりはないが、それまで、温酒器として重要な意味のあった爵・斝は西周第2期後半になるとしだいに見られなくなり、西周後半にはまったく姿を消している。飲酒器としての觚も西周第3期以降には見られなくなる。一方、盨・簠や豆の器形は、西周第2期末から第3・4・5期に出現してくる器形である。西周第2期末から第3・4・5期に入ると青銅器の紋様にも変化が見られる。饕餮紋の類は、西周第1・2期と同じく好んで用いられたが、その正面からの顔はしだいに変則的な顔立ちに変わってゆく。従来見られた牛顔に近い饕餮紋はしだいに姿を消し、夔龍・夔鳳や鳥の姿を左右に配しその巨眼を饕餮に見立てた紋様が増加する。また、新たに竊曲紋・環帯紋・鱗紋・重環紋・蟠螭紋・弦紋などの紋様が好んで用いられるようになる。金文においては、この時期に長文のものがめだち、台湾故宮博物院に収蔵されている散氏盤や毛公鼎はたいへん有名である。西周第3・4期青銅器の代表的器である散氏盤は、清の康熙年間に陝西省鳳翔県から出土した青銅器といわれている。この青銅盤は、高い圏足を有し、器腹に夔紋が、圏足には饕餮紋が施され、盤内に19行350字の長い銘文をもっている。内容は、矢が散氏の田土を侵した代償に矢の領土の一部を分譲することを記し、西周第3・4期の遺物と考えられている。また毛公鼎は、清の道光年間に陝西省岐山県より出土したと伝えられ、半球形の器身には重環紋が施され、この器身内に32行499字の現存する青銅器銘文としては最長の銘文をもつが、通高は53.8cmと比較的小型の青銅鼎である。西周第5期に属する遺物である。上海博物館にも多くの西周青銅器が収蔵されているが、第140図の3は、趞曹鼎と呼ばれる青銅鼎で、「十五年……共王……趞曹」の銘があって、共王年間の西周第3期の遺物と考えられている。

　新中国が成立して以来ことに近年、西周第3・4・5期の青銅器を出土する遺跡が多数知られるようになった。犧尊と呼ばれる青銅器は、牛・羊・馬・象などの動物をかたどった尊であるが、第143図は西周第3期の犧尊の類である。1は、1956年に陝西省眉県李村から出土した盠駒尊と呼ばれる犧尊で、また2は1984年に陝西省長安県張家坡M163号墓出土の鄧仲犧尊と呼ばれる遺物である。[18][19]この鄧仲犧尊が出土したM163号墓は、張家坡遺跡の井叔一族の墓地と考えられる地点に存在する西周墓で、懿王・孝王時期にあたると推定されている。1976年に扶風県の荘白1号窖蔵から103点の青銅器が発見され、その中の74点に銘文があった。[20] 103点の青銅器には殷末周初から西周後期までの遺物が含まれ、窖蔵の埋蔵年代は周末と推定される。出土した青銅器には、大壺・觚・爵・鬲・編鐘・簠・盨・尊・卣などがあり、坑内は草木灰によって青銅器を埋めていた。それらの青銅器中には、新中国建国以来最長の284字の銘文をもつ史墻盤が含まれていた（第23図、第144図の1）。この盤の銘文の前半では文王・武王・成王・康王・昭王・穆王らの功績を述べ、後段では史墻がみずから家の歴史を述べている。西周第3期の好資料である。第144図の2の豊尊も荘白1号窖蔵から出土した青銅器である。口縁部・肩部・腹部の三段に向かい合う夔鳳紋が見られ、同じ窖蔵から出土した豊卣にも類似した夔鳳紋が施され、豊尊と同じ銘が見られた。

　また、西周王朝が成王の弟の唐叔虞を封建したことに始まる晋国の墓地が、山西省曲沃・翼城県の天馬曲村遺跡で発見されているが、そこでは北趙晋侯墓地とよばれる晋の侯墓群（王侯墓群）が発見されている。この天馬曲村西周墓群および北趙晋侯墓地では、西周第2期から第5期に至る18

基の大型西周墓と 1000 基に近い小型墓が発掘されており、多くの西周青銅器が発見され、西周中期から後期に至る青銅器を年代をおって見ることができる。とくに重要なことは出土した青銅器の金文により、たとえば M8 号墓は晋献侯の墓、M93 号墓は晋文侯の墓である可能性があり、被葬者の晋侯の実名を推定することが可能なことで、このような考古資料は、殷墓・西周墓に関しては過去にその発見例がきわめてまれであった。

河南省三門峡市の虢国墓地においては西周第5期に前後する国君の墓がいくつか発掘されている。その中で 1990 年に発掘された遺跡の北区西側に位置する M2001 号墓（虢季墓）からは、2487点にも及ぶ青銅器が出土した。青銅器の多くは、槨と外棺の間に詰め込むように置かれていた。青銅禮器には、鼎 10 点、鬲 8 点、甗 1 点、簋 9 点、盨 4 点、簠 2 点、豆 2 点、壺 4 点、盤 4 点、盉 3 点、方彝 3 点、尊 3 点、爵 3 点、觶 2 点などがあったが、鼎・盤・盉・方彝・尊・爵・觶には明器と呼ばれる副葬用の小型青銅器が含まれている。楽器には編鐘 8 点、鐃 1 点が、また武器には戈 15 点、矛 5 点、鏃 255 点が、工具には斧 1 点、錛 1 点、鑿 2 点などが、また車馬具類 74 点もあった。虢季列鼎は、器形・紋様・銘文が同一の大小 7 点の鼎から構成されていた。いずれも半球形の鼎で、口縁は外折し、方形の双耳と獣蹄足が付く。口縁下には竊曲紋が施され、腹部には三段の垂鱗紋が見られる。最大のものは通高 39.8cm、最小のものは通高 25.4cm の大きさである。器身内壁には、「虢

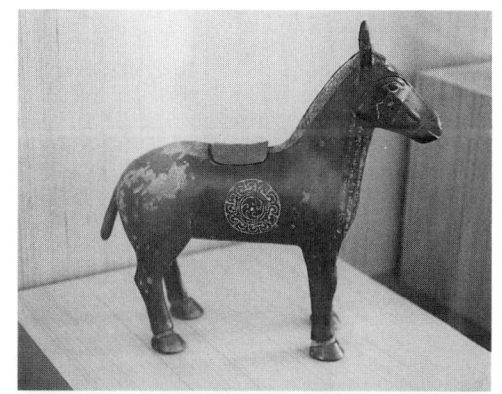

第143図　犠尊　1盠駒尊　2鄧仲犠尊

第144図　西周青銅器　1史墻盤　2豊尊

季作宝鼎、季氏其萬年子々孫々永宝用言」の銘文がある。虢季盨は8点の同型の器形からなり、夔龍紋の紋様と器の大きさには多少の差があるがほとんど同一で、大きさの範囲は、通高13.5〜12.5cmの間である。銘文は口縁部内側に横向きに書かれ、「虢季作宝盨、季氏其萬年子々孫々永宝用言」とある。虢季簋は6点から構成され、大きさはほとんど同一で、通高23.5cm前後であるが、紋様、銘文には若干の差がある。すべて有蓋の簋で、蓋と器身口縁に竊曲紋が施されている。「虢季作旅簋、永宝用」あるいは「虢季作宝簋、永宝用」と銘がある。甗・簠・豆・壺・盤にも器形名称のほかは、ほとんど同一の銘が見られる。虢季編鐘は8点が発見されている。甲組と呼ばれる4点は、通高58.7〜51.7cmの大きさで、低音域を奏でる1組である。舞部と鉦部には、竊曲紋が施され、鉦部と鼓部に51字からなる「隹十月初吉丁亥、虢季作為……」の銘文がある。乙組と呼ばれる四点は、通高38.5〜22.7cmの大きさで、高音域を奏でる1組である。同じく舞部と鉦部には竊曲紋が施され、鉦部に8字ないしは4字からなる「虢季作宝」などの銘文がある。この虢国墓地M2001号墓出土の青銅器は、西周時代宣王・幽王期の代表的な遺物としてこの時期の標準となりうるものである。

北京と台北の故宮博物院に収蔵された西周中・後期の青銅器は多い。先に紹介した毛公鼎・散氏盤を初めとして、師旅鼎、克鼎、頌鼎などはすべてこの時期の遺物である。上海博物館の大克鼎は、清の光緒年間に陝西省扶風県法門寺より出土した青銅器である（第140図の4）。法門寺は周原周城の地である。紋様は口縁部下に竊曲紋、腹部に環帯紋が施されている。器壁内には8行72文字の銘文があり、王が宗周にあって善夫克に成周におもむき八師を視察し軍規を正すよう命じたことが記載されている。年代は西周第4期に前後する遺物である。

(4) おわりに

青銅器を出土した西周時期の墓の発掘報告としては、古くに1932・1933年に行われた河南省濬県辛村の衛侯墓の発掘報告があり[22]、新中国成立後に調査が行われた洛陽中州路や澧西の発掘調査報告[23]の中にも青銅器出土の発掘報告はあるものの、長らく本格的な西周墓の発掘報告書は刊行され[24]なかった。まとまった青銅器出土墓の報告書としては、1988年の陝西省宝鶏市の㢴国墓地に関する『宝鶏㢴国墓地』が最初といっても過言ではない[25]。その後近年になって北京市房山区の琉璃河燕国墓[26]、陝西省西安市長安県の張家坡西周墓[27]、洛陽北窰西周墓[28]、河南省三門峡市の虢国墓[29]、山西省曲沃県の天馬曲村晋国墓[30]、河南省鹿邑県の長子口墓[31]など西周時期の青銅器出土墓の発掘報告書が相次いで刊行されている。

西周時代は中国青銅器文化の最盛期である。その時代に鋳造された青銅器は、禮制の道具として宗廟で用いられたと推定される禮器の類が多いが、実用の武器や工具、車馬具の出土もある。今日考古学的に発掘される多くの青銅器は、墓の中から副葬品として出土してくるが、時には窖穴や祭祀坑から出土する場合もある。墓中に青銅器類を埋納する位置は、墓の規模、地域、時代などによって若干異なるが、禮器や武器類は棺と槨の間の空間に置かれることが多く、また車馬具の類は槨の上や墓道あるいは墓外に設けられた車馬坑に納められている。窖蔵は一種の貯蔵穴で、西周時代に周の本拠地であった陝西省扶風県・岐山県付近では、青銅器の窖蔵からの出土例が多く、それらは

窖蔵青銅器とも呼ばれている。

　われわれが今日、博物館の陳列棚の中に見る青銅器は、多くが器形の整った完形品で、表面の色彩は緑青色をなすものが大部分である。しかし、考古学の発掘で出土する青銅彝器は、厚い緑青（銅銹）に覆われ、墓室の崩壊と土圧によって破損し、折れ曲がり、時にはひとつの個体がいくつかに割れていることも多い。博物館において展示する場合には、それらの青銅器をていねいに補修し、補修部分を彩色し、厚い銹を落として展示している。北京の故宮博物院、台北の故宮博物院、そして上海博物館には多数の青銅器が収蔵されているが、それらの博物館に収蔵されている青銅器の多くも、地中から出土した後に、たびたび補修の加えられている遺物が多い。さらに、青銅器は銅と錫の合金で、本来は金色を呈している金属である。古代において青銅彝器が鋳造された直後は、金色の金属色の道具であったわけで、今日、われわれが目にしている緑青色あるいは黒青色の青銅器とはまったく色彩の異なる道具であったことも忘れてはならない。エジプト文明や西アジア文明に比較して、中国においては黄金遺物の出土例は少ない。もちろん殷周時代に黄金遺物の出土例がないわけではないが、金文や古典に「金」と記載された場合は、青銅を意味している。金文に見られる「金」の記述は、金色に輝く青銅器が黄金に準じる金属として珍重されたことを意味していると思われる。

註

（1）　319 陝西省博物館・陝西省文物管理委員会、1976、「陝西岐山賀家村西周墓葬」（『考古』1976 年第 1 期）。

（2）　293 陝西周原考古隊、1978、「陝西扶風荘白一号西周青銅器窖蔵発掘簡報」（『文物』1978 年第 3 期）。

（3）　392 中国社会科学院考古研究所、1999、『張家坡西周墓地』（『中国田野考古報告集』考古学専刊丁種第五十七号）。

（4）　617 盧連成・胡智生、1988、『宝鶏強国墓地』（文物出版社、北京）。

（5）　615 臨潼県文化館、1977、「陝西臨潼発現武王征商簋」（『文物』1977 年第 8 期）。

（6）　85 河南省文物考古研究所・周口市文化局、2000、『鹿邑太清宮長子口墓』（中州古籍出版社、鄭州）。

（7）　533 北京市文物研究所、1995、『琉璃河西周燕国墓地』（文物出版社、北京）。

（8）　50 喀左県文化館・朝陽地区博物館・遼寧省博物館北洞文物発掘小組、1974、「遼寧省喀左県北洞村出土殷周青銅器」（『考古』1974 年第 6 期）。49 喀左県文化館・朝陽地区博物館・遼寧省博物館、1977、「遼寧省喀左県山湾子出土殷周青銅器」（『文物』1977 年第 12 期）。

（9）　37 王家祐、1961、「記四川彭県竹瓦街出土的銅器」（『文物』1961 年第 11 期）。

（10）　615 臨潼県文化館、1977、「陝西臨潼発現武王征商簋」（『文物』1977 年第 8 期）。

（11）　483 唐蘭、1976、「何尊銘文解釋」（『文物』1976 年第 1 期）。

（12）　445 長水　1972、「岐山賀家村出土的西周青銅器」（『文物』1972 年第 6 期）。

（13）　257 西安市文物管理處、1974、「陝西長安新旺村・馬王村出土的西周銅器」（『考古』1974 年第 1 期）。

（14）　322 陝西省文物管理委員会、1957、「長安普渡村西周墓的発掘」（『考古学報』1957 年第 1 期）。

（15）　142 江蘇省文物管理委員会、1955、「江蘇丹徒県煙墩山出土的古代青銅器」（『文物参考資料』1955 年第 5 期）。

（16）　37 王家祐、1961、「記四川彭県竹瓦街出土的青銅器」（『文物』1961 年第 11 期）。

(17)　569 洛陽市文物工作隊、1983、「1975～1979 年洛陽北窯西周鋳銅遺址的発掘」(『考古』1983 年第 5 期)。
(18)　313 陝西省考古研究所・陝西省文物管理委員会・陝西省博物館、1980、『陝西出土商周青銅器 (三)』(文物出版社、北京)。
(19)　392 中国社会科学院考古研究所、1999、『張家坡西周墓地』(『中国田野考古報告集』考古学専刊丁種第五十七号)。
(20)　293 陝西周原考古隊、1978、「陝西扶風荘白一号西周青銅器窖蔵発掘簡報」(『文物』1978 年第 3 期)。
(21)　84 河南省文物考古研究所・三門峡市文物工作隊、1999、『三門峡虢国墓 (第一巻)』(文物出版社、北京)。
(22)　56 郭宝鈞、1964、『濬県辛村』(『考古学専刊』乙種第十三号)。
(23)　348 中国科学院考古研究所、1959、『洛陽中州路』(『中国田野考古報告集』考古学専刊丁種第四号)。
(24)　353 中国科学院考古研究所、1962、『灃西発掘報告』(『中国田野考古報告集』考古学専刊丁種第十二号)。
(25)　617 盧連成・胡智生、1988、『宝鶏強国墓地』(文物出版社、北京)。
(26)　533 北京市文物研究所、1995、『琉璃河西周燕国墓地』(文物出版社、北京)。
(27)　392 中国社会科学院考古研究所、1999、『張家坡西周墓地』(『中国田野考古報告集』考古学専刊丁種第五十七号)。
(28)　574 洛陽市文物工作隊、1999、『洛陽北窯西周墓』(文物出版社、北京)。
(29)　84 河南省文物考古研究所・三門峡市文物工作隊、1999、『三門峡虢国墓 (第一巻)』(文物出版社、北京)。
(30)　538 北京大学考古系商周組・山西省考古研究所、2000、『天馬—曲村　1980-1989』(科学出版社、北京)。
(31)　85 河南省文物考古研究所・周口市文化局、2000、『鹿邑太清宮長子口墓』(中州古籍出版社、鄭州)。

第 6 節　西周考古学のまとめ

　解放後の西周遺跡調査は、まず西周の本拠地である灃西・灃東の遺跡に対する研究調査からはじまったといってもよい。西周の本拠地である豊京・鎬京地区の調査は、1953 年から 1957 年にかけての当時の中国科学院考古研究所 (現在の中国社会科学院考古研究所) によって、陝西省長安県の灃河両岸の普渡村・客省荘・張家坡の一帯で、基礎的な発掘調査が行われた。その後も、同考古研究所による灃河西岸の張家坡付近の考古調査と陝西省考古研究所による灃河東岸の調査が継続して行われ今日に至っている。張家坡遺跡・客省荘遺跡の中型・小型の西周墓に副葬されていた西周土器の編年が組み立てられ、西周土器編年の基礎ができあがっている。
　河南省洛陽市付近の殷周文化の考古学的な堆積は標準的である。龍山文化から西周前期に至る文化変遷は、おおむね歴史的変遷に対応して考古学的文化層を確認することができ、河南龍山文化 (王湾類型・后岡類型)、二里頭文化、二里岡文化、殷墟文化、西周文化、東周文化と順次たどることができ、その文化連続の中で西周文化はとらえられている。しかし、陝西省地区においては、河南省地区における殷代相当の文化が欠如しているのである。この欠如部分に、1970 年代以降、先周文化の設定が行われている。

周の発祥地と考えられる陝西省周原地区における先周文化遺跡に対する研究は、近年、北京大学考古文博学院と陝西省考古研究所による調査によって著しい進歩を見ている。克殷前の周の文化を「先周文化」の名称で呼ぶようになったのは、1970年代に入ってからである。周城の地と推定される陝西省岐山県鳳雛村においては1976年以来たびたび発掘調査が行われ、1979年には、甲組建築址と同建築址から出土した西周甲骨の発掘報告が発表されている。また扶風県の召陳村においては1976年以来、大型建築址が発掘されているし、雲塘村では1999・2000年の調査において大型建築址の基壇・散水遺構が発見されている。西周の都としての鎬京や成周の姿が不明の中で、周の本拠地であった周城の姿が近年の発掘調査によってしだいに明らかになりつつある。

陝西省宝鶏市における考古調査も研究史の上で重要な意味をもっている。1974年以来進められた宝鶏市茹家荘西周墓および1976年以来進められた宝鶏市竹園溝西周墓の発掘調査は、盧連成・胡智生の2名によって『宝鶏強国墓地』として1988年に報告書が出版された。『宝鶏強国墓地』の報告内容は、発掘を経た各墓ごとに記載され、青銅器を出土した西周墓に関する初めての本格的発掘報告といえる内容であった。(1) その後、北京市房山区の琉璃河燕国墓、陝西省西安市長安県の張家坡西周墓、洛陽市北窯西周墓、河南省三門峡市の虢国墓、山西省曲沃県の天馬曲村晋国墓など西周時期の青銅器出土墓の発掘報告が相次いでいる。

近年、西周時代の虢国・燕国・晋国など周王朝に直結する王室一族を封建した地域に対する発掘調査研究が進んでいる。研究史的に見ると、この種の調査は、解放前の濬県辛村の衛国墓地の調査にはじまるといえる。成王の弟・唐叔虞にはじまる晋国関係の調査は北京大学考古文博学院・山西省考古研究所によって、1980年以来山西省曲沃県から翼城県にかかる天馬曲村遺跡において、とくに1992年から2000年にかけては北趙村の晋侯墓地の発掘調査が行われ、18基の西周墓に関してその被葬者を特定するなど顕著な成果をあげている。また、西周燕国は、『史記』燕世家によれば武王が殷を滅ぼした後、武王の弟・召公奭が封ぜられた国であるが、考古学的には長くその実体は不明であった。1963年に発見された琉璃河劉李店遺跡は、1973年に至って中国社会科学院考古研究所の手によって本格的な発掘調査が行われ、西周燕国の墓地と考えられるようになった。竪穴墓中には中字形墓も含まれ、燕侯の墓地である可能性が考えられるに至っている。

西周時代の中心地である豊鎬地区の土器に関しては、西周王朝存続期間のおよそ250年間を、5時期に分けて、土器の編年を行った。その結果、西周第1期を武王末年・成王・康王の時代、西周第2期を昭王・穆王の時代、西周第3期を共王・懿王・孝王の時代、西周第4期を夷王・厲王と共和の時代、西周第5期を宣王・幽王の時代とし、各時期の時間的長さの平均化をはかった。先記したように東洋史の面から考えるとあるいはこのような時代区分は意味がないといわれるかもしれないが、年代区分をおおむね40年から60年に平均化することで、型式学的に区分された遺物の存続年数的な意味が出てくるものと考えた。豊鎬地区の西周土器の年代を5時期に分けて考えるにあたっては、伴出した青銅器の年代を参考としている。銘文から得られる青銅器の年代は、土器の漠然とした年代観よりは、はるかに確実な年代を示すものといえる。銘文のない青銅器に関しては、型式論的な作業による年代しか示すことはできず、この意味においては土器と変わりない。しかし、年代を示す銘文のある青銅器と銘文のない青銅器が型式的に同一である場合は、土器にくらべはる

かに確実な年代がわかると見てよいであろう。

　西周時代の諸遺跡からは、たびたび灰釉陶器の類が発見されるが、西周墓に副葬品として納められたものが多い。この種の陶器は原料に白陶土（高嶺土）を用い、高温焼成に耐え（1200度前後）、器表には青灰色の釉が掛かり、このような理由から中国において原始瓷器の名称でも呼ばれている。洛陽地区の西周墓からは、多くの灰釉陶器が副葬品として発見されている。それらの灰釉陶器の器形は、豆が圧倒的に多く、ほかに罐・簋・罍・尊の器形が見られ、基本的な組合せは簋・豆・罍または尊である。灰釉陶器を副葬陶器に使用する場合の簋・豆・罍または尊の組合せは、灰陶の副葬陶器の鬲・罐・簋の組合せとは異なる。西周文化の青銅器の組合せは複雑であるが、鼎・簋・尊・卣・爵などからなり、灰陶や青銅器の場合は、三足の鬲や鼎が組合せの中心となっている。これに対して灰釉陶器の組合せには三足器がなく、灰釉陶器の器形自体に三足器を見ない。

　西周時代の青銅器は、殷後期とならんで最も青銅器文化が高揚した時代の遺物である。中国における西周青銅器発見の歴史は古く、周原を中心とした渭河の流域においては、清朝から民国時代にかけて相当数の青銅器の出土があり、盂鼎・大克鼎などの発見が知られる。解放後も周原を中心とした渭河流域においてたびたび窖蔵や西周墓からきわめて多数の青銅器が発見され、それらの青銅器が青銅器研究と金文研究を著しく飛躍させた。1976年には陝西省扶風県荘白村の1号窖蔵から103点の西周青銅器が出土し、74点の青銅器に銘文があった。その中の史墻盤と呼ばれる青銅器には284字が鋳造され、これは1949年以降発見された金文としては最長のものであった。同じ1976年に陝西省西安市臨潼区においては西周武王の功績を鋳造した利簋が発見されている。

　西周時代遺跡から出土した木炭に対する年代測定の結果は、陝西省岐山県鳳雛村の甲組建築址の木炭（BK76018）が前1040年±90年（経樹輪校正、前1263-前992年）、陝西省西安市長安県張家坡遺跡の西周中期のM170号墓出土の木材（BK2022）が前900年±70年（経樹輪校正、前1033-前838年）、陝西省西安市長安県斗門鎮の西周後期（西周第3・4・5期）の木炭（BK85048）が前775年±80年（経樹輪校正、前896-前791年）の数値を出している。C14年代測定数値、樹輪校正年代ともおおむね想定される西周時代の実年代に一致している。

　最後に西周文化のすぐれた研究として林巳奈夫氏の業績を紹介しておく必要がある。林巳奈夫氏が『殷周時代青銅器の研究——殷周青銅器綜覧一』『殷周時代青銅器紋様の研究——殷周青銅器綜覧二』に発表された一連の青銅器研究は、殷周青銅器研究の上で忘れることのできない業績である。[2]これらの研究は外国から見た中国遺物の研究で、20世紀における最も高い業績と評価してよいであろう。

　　註
（1）　617 盧連成・胡智生、1988、『宝鶏𢐗国墓地』（文物出版社、北京）。
（2）　509 林巳奈夫、1984、『殷周時代青銅器の研究——殷周青銅器綜覧一』（吉川弘文館、東京）。510 林巳奈夫、1986、『殷周時代青銅器紋様の研究——殷周青銅器綜覧二』（吉川弘文館、東京）。

第6章　青銅器時代Ⅲ（春秋時代）から鉄器時代Ⅰ（戦国時代）へ

第1節　春秋戦国時代（東周時代）の考古学的時代区分

　春秋戦国時代を東周時代の別名称で呼ぶのは、犬戎の鎬京への侵入によって西周の幽王が驪山の麓で殺され、息子の周平王が、前770年に鎬京から東の雒邑王城に遷都し、以後、周の都が東の雒邑の地に置かれたことによっている。周王室の滅亡は、厳密にいえば前256（赧王五十九）年であるが、一般的には秦による中国統一の前221年までを東周時代と呼び、またこの東周時代を春秋戦国時代とも呼んでいる。この前770年から前221年に至る550年間を、考古学では6時期に分けて、それぞれの時期を春秋前期・春秋中期・春秋後期・戦国前期・戦国中期・戦国後期の名称で呼ぶことがある。しかしこの呼び方は、実年代の方ではきわめて曖昧である。

　春秋時代と戦国時代の境の年代に関しては、代表的な4説がある。春秋時代の末年を、『春秋』に記載されている最後の年である前481（魯哀公十四）年とする説。『史記』十二諸侯年表の最後の年である前477（敬王三十三）年までを春秋時代とし、六国年表の最初の年である前476（元王元）年からを戦国時代とする説。晋が韓・魏・趙の三晋に分裂した前453年以降を戦国時代とする説。韓・魏・趙の三晋が諸侯と認められた前403年以降を戦国時代とする司馬光の『資治通鑑』にしたがう説などがある。

　今日の中国では、春秋時代を前770年から前477年まで、戦国時代を前476年から前221年までとする考えが主流となっている。考古学的には前5世紀の前半から中葉にかけて東周時代出土遺物の変化が著しく認められ、その意味においては、前476年あるいは前453年付近を考古学的な意味における戦国時代の開始とするのが妥当である。本書においては、春秋前期・春秋中期・春秋後期・戦国前期・戦国中期・戦国後期の実年代として、おおむね次のような年代観を時期区分の背後においている。しかし、右側の括弧内の実年代は絶対的な数値ではなく、一応の目安である。

　　春秋前期　前8世紀前葉〜前7世紀初葉（前770〜前681年）
　　春秋中期　前7世紀前葉〜前6世紀初葉（前680〜前581年）
　　春秋後期　前6世紀前葉〜前5世紀初葉（前580〜前477年）
　　戦国前期　前5世紀前葉〜前5世紀末葉（前476〜前401年）
　　戦国中期　前4世紀初葉〜前4世紀末葉（前400〜前301年）
　　戦国後期　前3世紀初葉〜前3世紀後葉（前300〜前221年）

　上記のように前5世紀の前葉に春秋時代と戦国時代の境を設定したが、考古学的にはこの時期を

前後して利器の材質が一部変化している。つまり春秋時代における青銅器の時代から、戦国時代における鉄使用の時代への変化が認められる。中国における鉄の出現は古く、殷末西周初頭に鉄の存在が確認されているが、この鉄は自然界の隕鉄を利用しているので、ここでは議論から外しておく。精錬炉によって人工的に鉄が生産された最初の時期は、ことによると春秋時代中期頃かもしれない。しかし確かな確証はなく、考古学的な遺構・遺物の研究の上から、人工的な鉄遺物の存在が認められるのは春秋後期のことである。そして鉄の生産があいでで増加したのは戦国中期に入ってからのことと考えられている。斧・鋤・鍬などの鉄製農工具は、戦国時代に多くの遺物が存在するが、剣・戈・矛などの鉄製武器類は、戦国時代にも存在するものの、その数量は決して多くはない。秦始皇帝の時代に至っても青銅の武器が用いられていたようで、鉄製の武器が広くゆきわたるのは統一秦から前漢に入ってからのことと考えられる。そのような情況のため、すべての利器が鉄でつくられた完全な意味での鉄器時代に移行したのは前漢に入ってからともいえる。

いつの時期から鉄器時代と呼ぶのが合理的であるかの判断は、むずかしい問題があるが、戦国時代に入ると黄河流域の魏・燕、あるいは長江流域の楚の国においては、相当多くの生産用具が鉄でつくられていたことは明らかで、したがって考古学的な利器の材質による時代区分の上では戦国時代以降を鉄器時代と呼ぶのが一般的である。

第2節　東周都城研究

(1)　はじめに

　春秋時代の都城遺跡に関しても、西周時代の都城址の場合と同じく考古学的に確認された遺跡の数は決して多くない。われわれが知りうる東周時代の都城址の多くは、じつのところ考古学的に見ると戦国時代に属する遺構であったり、戦国時代に属する遺物を出土している場合が多い。文献史学としての中国史の上で春秋時代の都城址とされる遺跡も、考古学的な調査からは戦国漢代の遺構と判断される遺跡が大半である。殷・西周時代の都城遺跡を、都市国家との関連において考えることが可能ならば、春秋戦国時代の都城址もとうぜん都市国家との関連において考える必要がある。一般的には、戦国時代の諸国は領土国家で、都市国家より歴史的に一歩発展した社会組織と考えられているが、考古学的な見地からは戦国時代の都城も都市国家的な要素を濃厚に有していたと考えられる。ここで述べる都城とは、一国の首都としての城郭機能をもった都市で、単なる城郭や市街遺跡ではない。

(2)　春秋時代の都城

洛陽王城

　周平王が前770年に東遷し、以後周の都となった場所は雒邑の西周王城の旧地といわれている。東周時代約550年間のうち、周王13世代の約300年間は洛陽王城の地に周の都が定められていたという。

　洛陽王城は、河南省洛陽市内の西より、澗河の東岸を主地域として、一部西岸にも遺構を残して

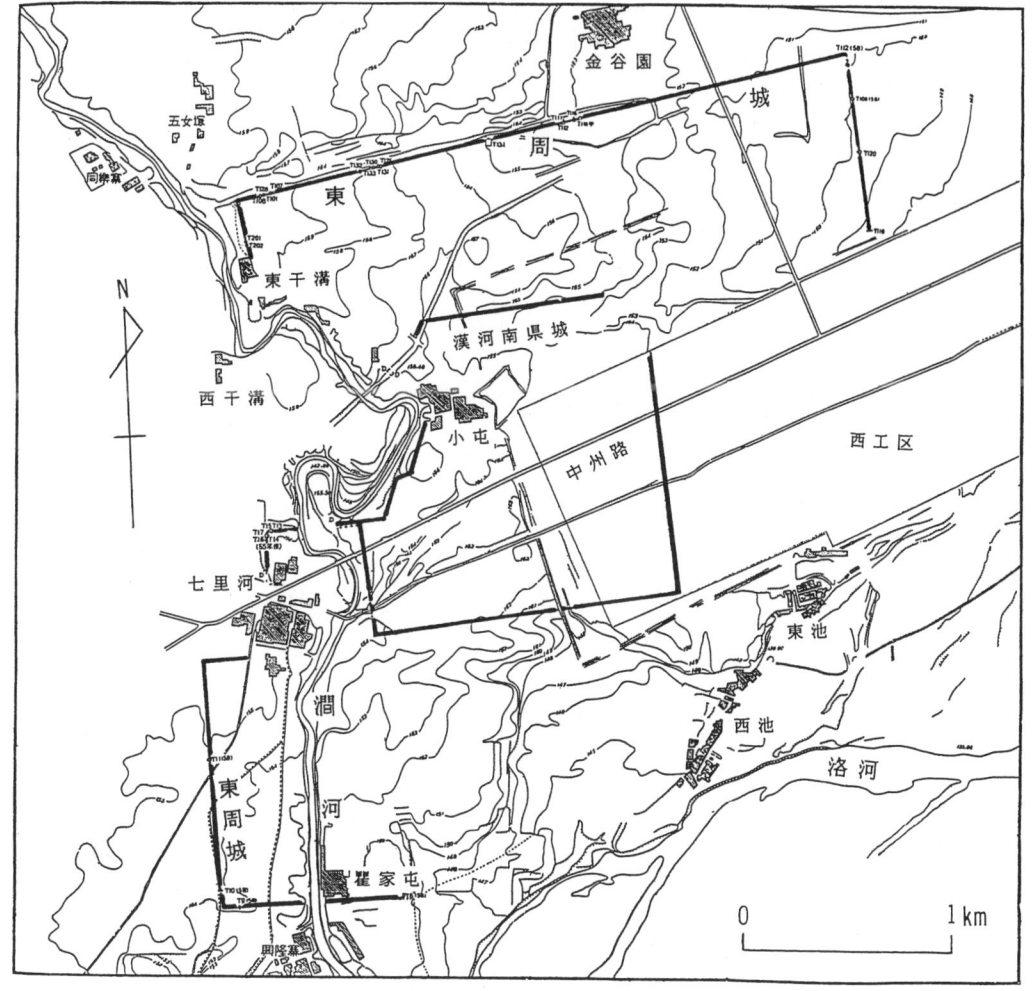

第 145 図　洛陽東周王城・漢河南県城

　いる。中国科学院考古研究所の 1954 年から 1958 年に至る調査によって、洛陽市の西部地区にあたる小屯・七里河・瞿家屯・金谷園南側・東干溝の範囲で、内外二重に重なる 2 つの城址が発見されている。小屯を中心として澗河の東岸に存在する内側の小城は漢河南県城の跡と考えられ、また、外側の大城は周平王が前 770 年に遷都した王城つまり東周故城と推定されている（第 145・146 図）。

　『史記』周本紀には、

　　遂殺幽王驪山下……而共立故幽王太子宜臼、是為平王、以奉周祀。平王立、東遷于雒邑。

とあり、その『正義』に、

　　即王城也、平王以前號東都、至敬王以後及戦国為西周。

とある王城は、第 145 図に示した外側の大城のことと推定されるに至っている。この王城の名称が、最初に見られるのは『春秋左傳』の荘公二十一（前 673）年の記事で、

　　春胥命于弭、夏同伐王城。

とある。その後、襄公二十四（前 549）年には、

第146図　東周王城城壁版築　洛陽市

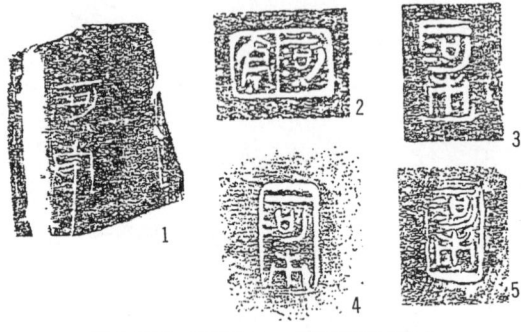

第147図　陶文拓本　漢河南県城出土

齊人城郊。

とあって、その杜預注に、

　　郊王城也、於是穀雒鬪毀王宮、齊叛
　　晉欲求媚於天子、故為王城之。

と見られ、穀水と洛河が王城を破壊した
ことと、その修理が行われたことが述べ
られている。

　王城と漢河南城県の関係について、
『漢書』地理志・河南郡河南県の下注に
は、

　　故郊鄏地、周武王遷九鼎、周公致太
　　平、営以為都、是為王城、至平王居
　　之。

とあって、河南県が周の王城の地である
と述べている。『詩經』王城譜の鄭玄注に
は、

　　召公所卜處、名曰王城、今河南県是
　　也。

とある。また、『春秋左傳』昭公二十二
（前520）年の経に、

　　秋、劉子単子以王孟、入于王城。

とあって、その杜注に、

　　王城、郊鄏、今河南県也。

と見られる。『後漢書』郡国志の河南の条にも、

　　河南、周公時所城雒邑也、春秋時謂之王城。

とある。また時代は下るが、『括地志』には、

　　故王城一名河南城、本郊鄏、周公所築……自平王以下十二王皆都此城、至敬王乃遷都成周、至
　　赧王又居王城。

と見られる。いずれも、漢河南県が、周の王城の地にあたることを述べている。周王城および漢河
南県の位置については、総合的な判断によることになるが、『水経注』洛水の記載順序から見ると、

　　又東北出散関南。

　　　（枝瀆）又東北逕三王陵、……三王或言周景王悼王定王也。……枝瀆東北歴制郷、逕河南県王
　　　城西、歴郊鄏陌、杜預釋地曰、県西有郊鄏陌謂此也。枝瀆又北入穀。……洛水自枝瀆又東出
　　　関……甘水発于東麓、北流注于洛水也。

　　又東北過河南県南。

　　　……南有甘洛城、郡国志所謂甘城也、地記曰洛水東北、過五零陪尾北、與澗瀍合、是二水東

入千金渠故瀆存焉。

とあって、つまり河南県城は、洛河の支流（枝瀆）が周の三陵と出会った後まもなく河南県王城の西に達している。この周の三陵は、今日の洛陽市三山村に存在する周三王陵のことに間違いない。また、洛水に甘水が合流すると、洛水はまもなく河南県城の南をすぎ、その南には甘洛城がある。今日の洛陽市古城付近のことであろう。つまり、三山村の周三王陵の東北、洛陽市古城の北方の洛陽市小屯を取り囲む故城が、河南県城として有力になってくる。

　漢河南県の位置については、古くから、今の澗河の東岸、洛陽市小屯付近と考えられていたが、1950年代なかばに漢河南県城と考えられる地域の中央を東西に貫く洛陽中州路の建設工事が行われ、それにともなって1954年秋から1955年春にかけて中州路の発掘調査が行われた。[3] 中州路の予備調査およびこの中州路の本調査で、漢代の陶文（第147図）が発見されている。それらの陶文には、河南県を示す「河南」のほか、河南県との関連を示す「河亭」「河市」が含まれていた。「河南」「河亭」「河市」の陶文の発見は、出土した中州路の地が、漢河南県城の位置にあたることを示す資料と考えられている。中国科学院考古研究所の中州路の発掘によって、漢河南県城の位置は、ほぼ確証が得られている。さらに、平王が東遷した王城つまり東周故城は、古典文献の検討から、漢河南県城に重なるものと推定される。中国科学院考古研究所洛陽発掘隊による1954年から1958年にかけての発掘調査で、先記したように内側に存在する小城と外側の大城の存在が明らかになっている。

　内側の小城（第145図）は、小屯村を取り巻く形で存在し、周囲総長約5400mで、南北両壁の距離は約1410mほどである。西壁は澗河に沿って折曲し、北・東・南の3壁はほぼ直線である。版築で築かれた城壁の土壁中には漢代の遺物が含まれている。城壁下には戦国時代の墓が埋まり、城壁上には後漢の初平（190～193年）年間の墓が重なっていた。したがって、この内側の小城の造営年代は、漢代と考えられ、漢河南県城に比定されている。

　外側の大城（第145図）は、小屯・七里河・瞿家屯・西池・東池・金谷園南側の範囲に、澗河の東岸に接して存在する。この故城の平面形は、漢河南県城と相似形を呈し、漢河南県城の4倍以上の面積を有している。北城壁は全長2890mである。北城壁の西部分の56LGST101トレンチの堆積情況を見ると、最下層は砂土層の地山で、その上に殷・西周時代の文化層があり、殷周の文化層上に版築の城壁が構築されている。城壁の残高は0.9m、残存する幅は7mほどで、版築土層中には殷末から春秋時代の土器が含まれるが春秋時代より遅い土器は含まれていない。この北城壁以南には、東周文化層および戦国・漢代文化層が存在する。この東周文化層は城壁の構築後に堆積した層である。57LST130トレンチでは、城壁は地山上に建設され、城壁の構築層上に、春秋時代後期の陶盆・罐・瓦當を含む東周時代の遺物が乗っていた。この東周文化層において春秋時代の土坑が発見され、鬲・盆・罐・豆などの土器類が出土している。城壁築造の年代を考える上で有力な手がかりとなる資料である。東城壁は残存部分の長さ約800mで、推定全長にして約3700mと考えられる。58LWT120トレンチ部分での城壁幅は15m、残高1.5mであった。西城壁は澗河に沿って折曲し、当初の構築と後の修復の関係が複雑である。西城壁は、第145図から計測すると東干溝以北に約250m、七里河付近、澗河の西岸にL字形を呈して約300m、七里河以南に約1300mが残っている。

西城壁中央部のT203トレンチにおいて、城壁下から西周時代のM3号墓が発見され、西周第4期に属する甗・罐・鬲などの土器が出土している。[4]南城壁は、澗河の西岸に約400m、東岸に約350m残っているが、推定全長は約3400mであったと考えられる。澗河東岸の58LWT5トレンチでは、旧城壁と補修城壁がひとつに重なって発見されている。補修城壁下からは戦国時代の半瓦當が出土し、補修城壁に被さる土層中からは、平底盆・盆・小口平底罐・盤豆などの土器が発見され、この部分の城壁の補修が戦国時代に行われたことを示している。漢河南県城の周囲を取りまく外側大城の築造年代は、出土した土器などの遺物によって、春秋時代中期以前と推定され、戦国時代から秦統一時代にしばしば補修が加えられ、前漢以降しだいに荒廃したと考えられている。

第175図に示した半瓦當は、東周時代の周室の都の半瓦當である。したがって春秋戦国時代瓦當研究の基礎となる資料と解釈される。第175図の饕餮紋系の紋様から雲紋瓦當が出現してくる過程を示すものでもある。『洛陽中州路』によれば、中州路西側の1～6調査区（七里河村付近）に東周遺物が多く、また11～14調査区（小屯の南付近）では戦国時代の瓦當が多く発見されているという。小屯から小屯の南付近を中心に戦国時代の宮殿区が形成されていた可能性が高い。

外側大城の地理的位置と大城の築造年代から考えると、この故城が、平王が東遷によってうつった東周故城つまり王城である可能性がきわめて高い。かりに西周王城の遺構が、この大城と別の遺構として、この故城の下層に存在したとしても、あるいはまったく別の位置に存在したとしても、東周時代にこの位置が周室の本拠地であったことは確かである。すでに紹介したところであるが、洛陽市の東北郊の龐家溝遺跡では貴族墓を多数含む西周墓地が発見され、[5]また、洛陽市東北郊の北窯村遺跡における調査では大規模な西周鋳銅遺跡が発見されている。[6]これらの西周遺構も、澗河の東岸、瀍河の西岸の地域に周の本拠地が存在していたことを示している。漢河南県城の周囲に存在する大城が東周故城であることは、すでに1950年代のおわりに一応の結論が出ている。ここであらためて、この大城が東周王城であることを紹介した。

魯国故城

春秋戦国時代の魯国故城は、山東省曲阜県に位置している。魯国故城は、洙河と沂河の間に位置し、城壁の残りはよく、とくに城の東南では高さ10mの版築城壁が今日も見られるが、地上に城壁を残さない場所もある。魯国故城の平面形は、東西に長い隅丸の長方形を呈し、周長11771m、東城壁長2531m、南城壁長3250m、西城壁長2430m、北城壁長3560mの大きさを有している。城内の西南部、面積にして魯国故城の約2分の1には漢代の城址が重なり、この漢代城址は東西2500m、南北1500mの面積を有している[7]（第148図）。

魯国故城内の大型建築址は、魯国故城の中部および中南部の周公廟村から周公廟付近に分布すると考えられ、この付近では大型の版築基壇が発見されている。また魯国故城内東側に位置する古城村の西方においてもいくつかの版築建築址が発見されている。故城の中心の周公廟村から周公廟付近に存在する大型版築建築址は、東西約550m、南北約500m、高さ約10mの大きさである。ここでは、1942・1943年に駒井和愛らが漢代の霊光殿址の調査を行っているが、[8]付近には春秋戦国時代の建築遺構も多いと推定される。ちなみに『文選』巻十一の「王文考魯霊光殿賦」によると、漢代霊光殿址は春秋時代に魯の僖公が宗廟を治めた旧基につくられたという意味のことが述べられている。

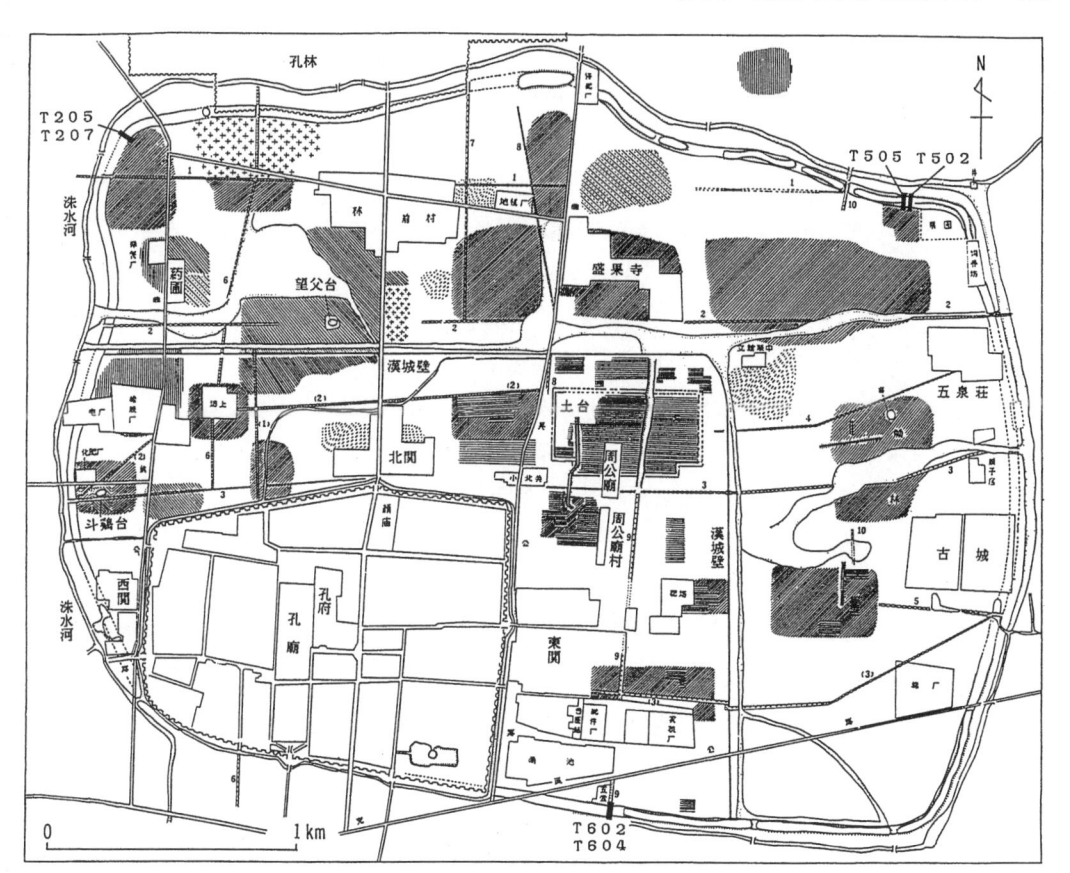

第6章　青銅器時代Ⅲから鉄器時代Ⅰへ　291

第148図　曲阜魯国故城

　『曲阜魯国故城』には、魯城西北角居住址以下11カ所の居住址が報告されている。これらの居住址を中心に故城内の各種遺構において西周・春秋・戦国時期の土器が発見されている。西周前期・中期、春秋時代の生活土器の出土は、ここが以前からの西周・春秋時代の遺跡であった可能性をも示すもので、西周前・中期、春秋時代土器の出土が直接的に故城の年代を示すわけではない。曲阜魯国故城内および付近で春秋前期にさかのぼる墓が発見され、その時代の青銅器が出土していることは、この地にそれらの青銅器を所有していた被葬者が居住していたであろうことを示すが、これらの遺構・遺物は直接的に都市の存在と年代を示すものではない。『曲阜魯国故城』に示された都城に関係すると思われる瓦類は、すべて戦国後期末から漢代の遺物である。したがって魯国故城に関しては、都城遺跡の遺物として西周・春秋時代にさかのぼれる遺構・遺物が明確になってはじめて、古典文献にいう周公旦の子・伯禽が封ぜられた西周前期の魯国の都城あるいは魯国第4代の煬公がうつったといわれる西周・春秋時代の魯国都城との関係が具体的になるはずである。

秦雍城

　秦は建国当初、その領土的基盤を今の甘粛省天水市から禮県付近においていた。秦文公の時に汧渭の会（陝西省宝鶏市の東、宝鶏県の西）付近に邑を営み、寧公二（前714）年には平陽城にうつっている。禮県では秦文公・寧公時代に比定される秦公の大墓と想定される墓も発見されてはいるが、秦の邑遺跡に関してはまったく不明である。また、平陽城に関しても都市遺構は未発見である。

秦はその後、徳公元（前677）年に雍城へ遷都を行い、雍城は献公二（前383）年に至るまで秦の都であった。その雍城の故城遺跡は、陝西省鳳翔県の南に残っている。『史記』秦本紀には、

　　徳公元年、初居雍城大鄭宮。以犠三百牢、祠鄜畤。卜居雍、後子孫飲馬於河。

とあって、徳公の元（前677）年に初めて雍城の大鄭宮に居住し、三百牢の犠牲を用いて鄜畤で祭祠を執り行い、雍に都することを卜したところ、占辞には、「雍に都した後、子孫は強大になり、東方に広がり、龍門で馬に水を飲ませるようになる」と答えが出たという。雍城はその後、秦献公二（前383）年に陝西省西安市臨潼区武家屯付近の櫟陽城に遷都するまで、秦の都であったとする説が一般的である。さらに雍城については、『漢書』地理志に、

　　雍（秦恵公都之……棫泉宮孝公起、祈年宮恵公起、棫楊宮昭王起）。

と見られ、棫泉宮・蘄年宮については『三輔黄図』に、

　　棫泉宮皇覧曰、秦穆公冢在棫泉宮祈観下……蘄年宮、穆公所造、廟記曰、蘄年宮在城外。秦始皇本紀蘄年宮在雍。

とある。

　陝西省鳳翔県付近は、従来からも秦雍城の地と考えられてきたが、1962年に鳳翔県南故城村の東側で、「年宮」「棫」字のある漢代の文字円瓦當が発見されるに及んで、それらの文字が、秦都雍城に存在した蘄年宮の「年宮」や棫楊宮の「棫」を示すものと解釈され、鳳翔県城南一帯の豆付村付近を雍城の地に比定することが可能になった（第149図）。さらに「蘄年宮當」（第150図）や「棫陽」の文字が描かれた文字円瓦當の発見報告もある。そこに示された文字の名称は、文献史料によって戦国時代以前に秦雍城に存在したことが知られる秦の宮殿名である。以上のことがらは、秦都雍城が今日の陝西省鳳翔県の南一帯であることを証明している。[10]

　秦都雍城の遺跡は雍水河の北岸に位置し、その全体的な平面形はいまだ不明の箇所が多いが、ボーリング調査と試掘によって確認されている故城址の平面形は、一辺約3000数100mの不規則な方形と推定される（第149図）。残存する西城壁の長さ3200m、幅4.3～15m、高さ1.65～2.05mで、西城壁の北側外周部分には濠が掘られている。確認された南城壁の長さ3300m、残存する城壁は幅4～4.75m、高さ2～7.35mほどの大きさである。東城壁は東風水庫の北側に残存するのみであるが、幅7.5～8.25m、残高3.75mほどが残っている。北城壁は鳳翔県の市街地下に埋没し、ボーリング調査も困難であったが、全長450mほどが発見されている。

　鳳翔県南の馬家荘は、秦雍城遺跡の中央部に位置する小村であるが、ここで2組の大型建築址が発見されている。1号建築址群は東西160m、南北90mほどの面積を占めている。[11] 1号建築址群は、大門・中庭・朝寝（祖廟）・東西廂（昭廟・穆廟）・亭台とそれらを取り囲む壁などからなる（第151図）。大門の東西幅は18.8mで南半分は欠損している。大門の中央を南北に門道が通る。中庭は南北34.5m、東西30mの面積を占め、北に朝寝、東西にそれぞれ東廂・西廂が位置している。朝寝は東西20.8m、南北13.9mの大きさで、平面長方形の散水面に囲まれた版築土壁は逆「凹」の字形を呈し、南面している。西廂は東面し、東廂は西面するが、それぞれ面積と平面形は、朝寝とほぼ同じである。朝寝、東廂、西廂、大門それぞれの散水面石敷と版築土壁の間には、散水面の内側にそって回廊の遺構と推定される柱穴や礎石が残っている。

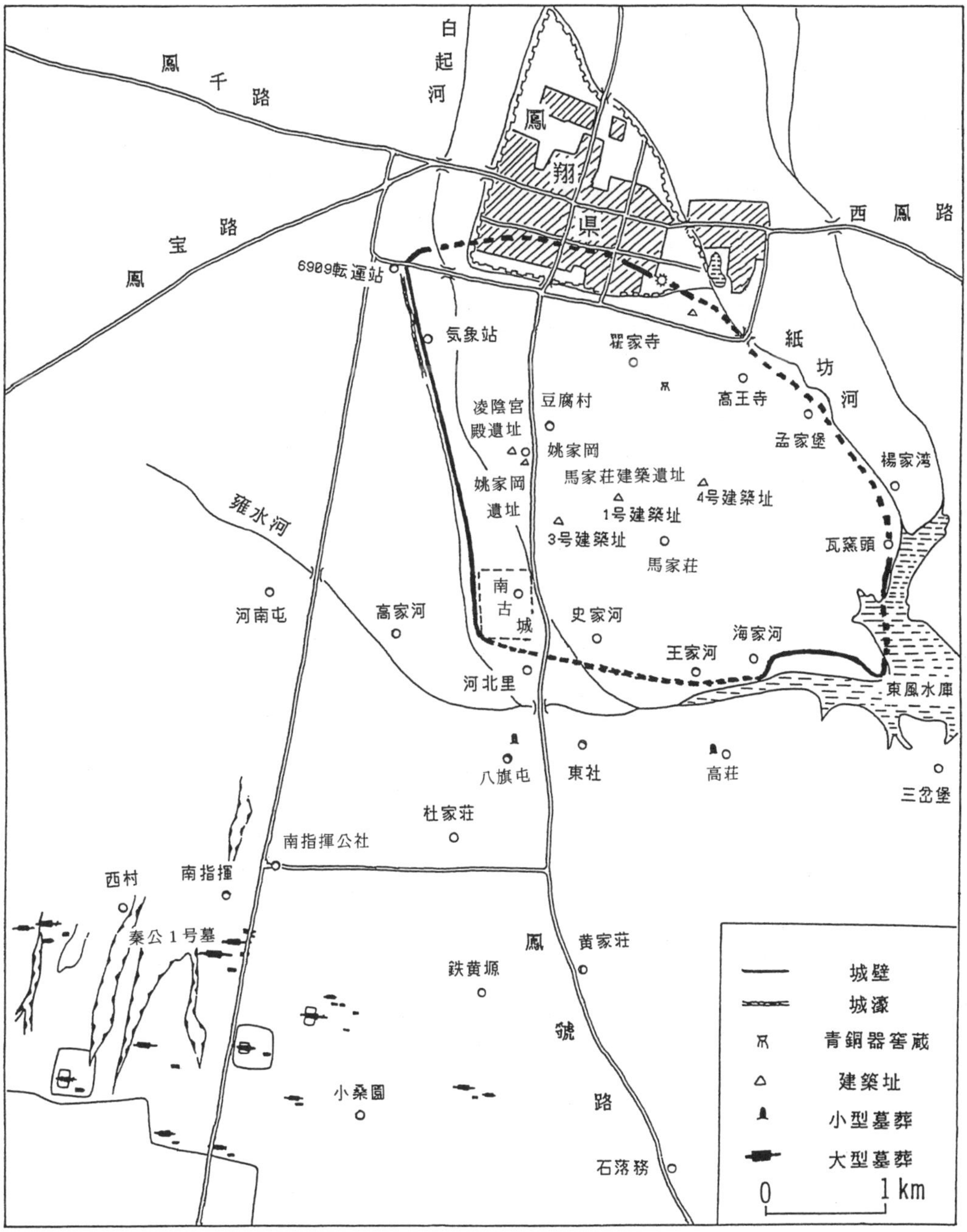

第149図　秦雍城

　中庭を中心に181基の祭祀坑が発見されている。坑内からは、牛・羊・人などの犠牲と車坑が発見されている。最も多いのは牛坑で80坑、ついで羊坑の55坑、空坑の28坑、人坑の8坑、車坑2坑、その他であった。1号建築址の築造年代は、出土している丸瓦・縄紋半瓦當の年代から、私見では前7世紀後半から前6世紀と推定されるが、報告書は建築址を戦国期前期の祭祀坑が破壊していることから、1号建築址の廃棄は春秋後期、造営は春秋中期と述べている。この「品」字形に配列された建築群は、中央の南面する建物が秦の建国の祖である襄公を祭る祖廟、東の建物が祖父を祭る

昭廟、西の建物が父を祭る穆廟で、昭穆制の宗廟配置と解釈されている。

鄭韓故城

鄭韓故城と呼ばれている遺跡は、河南省新鄭県に存在する。故城は、双洎河と黄水河の2つの河川の合流点の北西に位置している。ここは本来、春秋時代鄭国の都城で、前375年に韓の哀侯が鄭を滅ぼし、ここに遷都して韓国の都城とした遺跡と考えられている。『水経注』洧水によると、

洧水又東逕新鄭故城中。……今洧水自鄭城西北入而東南流、逕鄭城南城之南門内。……洧水又東与黄水合。

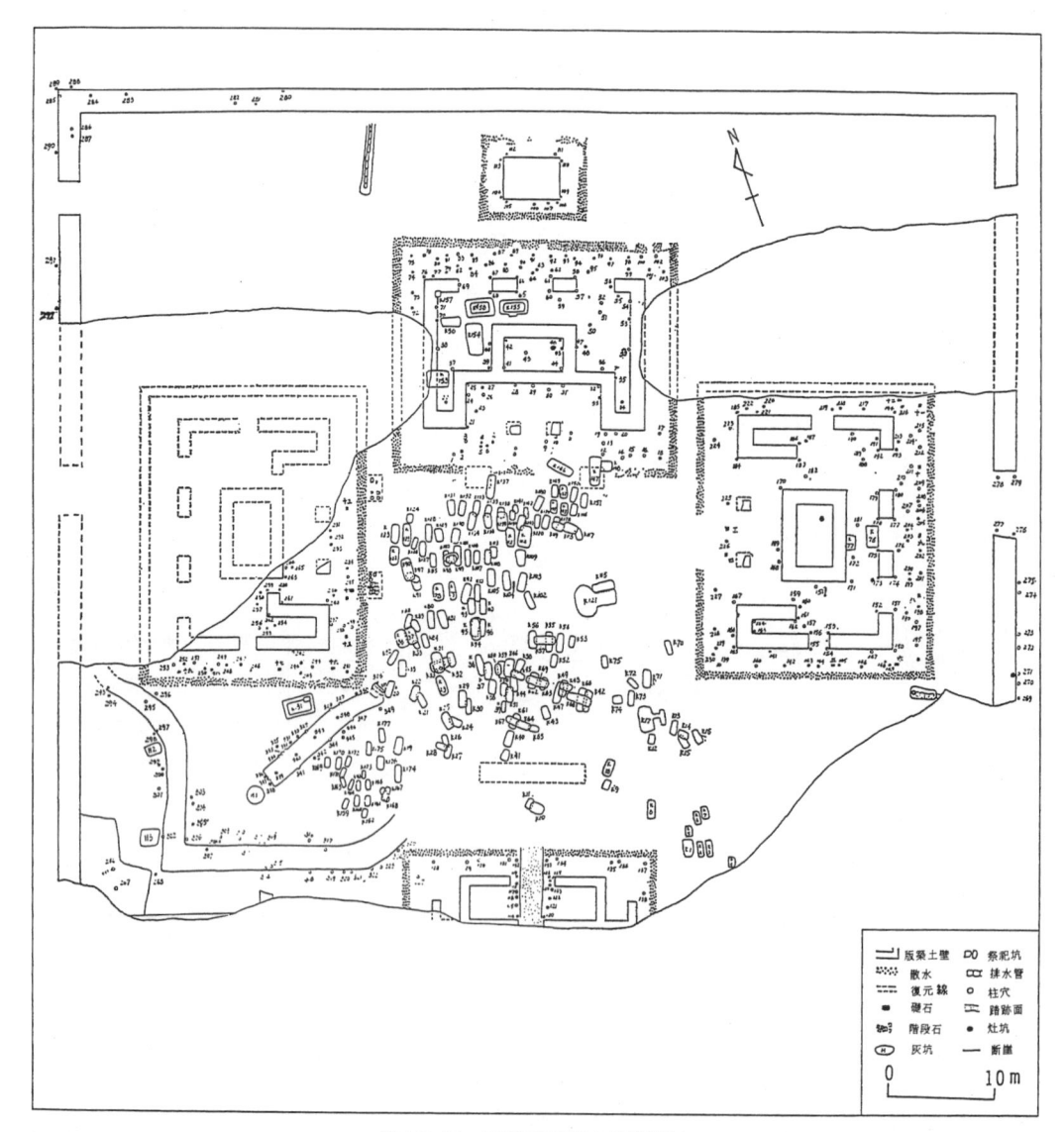

第150図　蘄年宮當瓦當

第151図　雍城馬家荘1号建築址

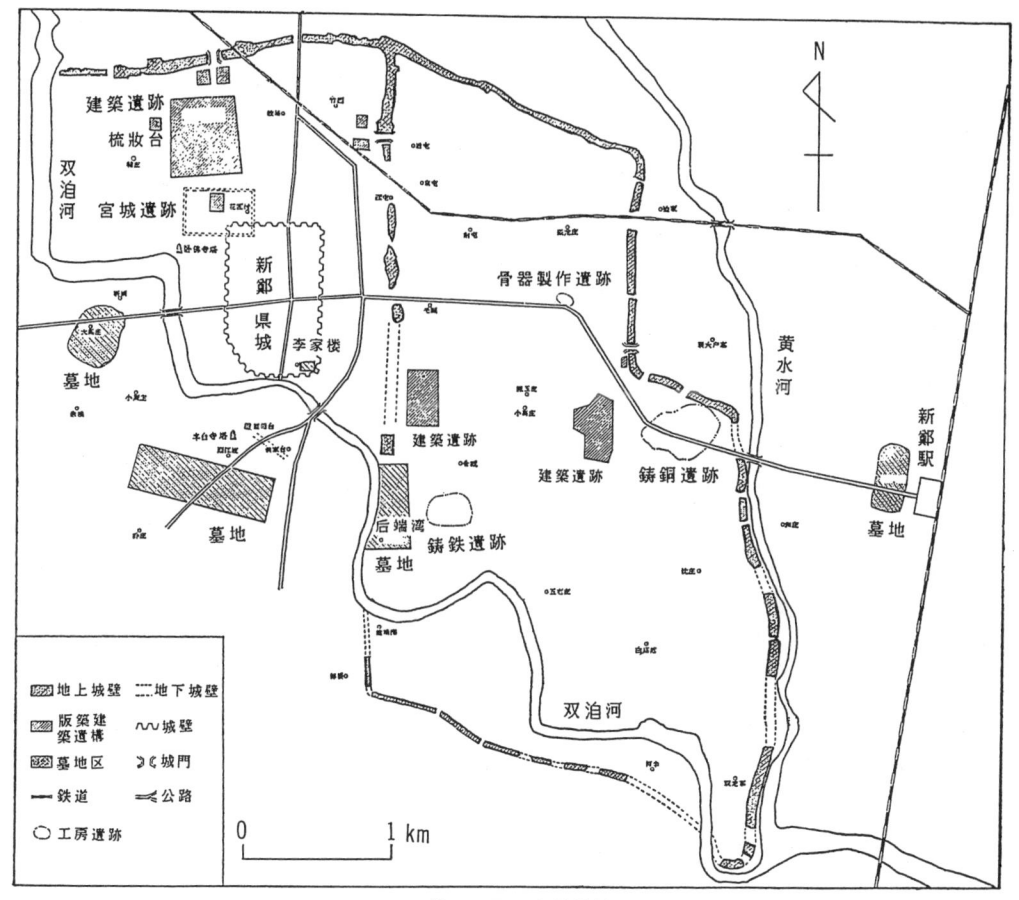

第152図　鄭韓故城

とある。洧水は双自河で、鄭韓故城は『水経注』に記載された新鄭故城・鄭城の位置に合う。

　鄭韓故城の現存する城壁は、南北4500m、東西5000mにわたって不規則な平面逆L字形を呈している(12)（第152図）。故城址の中心の南北線上には、南北に走る隔壁が存在し、この故城址を東城と西城に分けている。西城はやや小さく、不規則な方形を呈し、今日の新鄭県城の北には宮城遺跡や建築遺跡が集中する。宮城遺跡は東西500m、南北320mほどの大きさで、ボーリング調査によれば宮城壁の幅は10mないし13mほどで、宮城遺跡の中央北側に大型の建築遺構が確認されている。西城の西北隅には、長さ130m、幅90m、高さ7mほどの「梳妝台」が存在する。東城は、曲尺形を呈し、面積は西城の倍ほどで、城内からは鋳銅遺跡・鋳鉄遺跡・骨器製作遺跡などの各種の手工業遺跡が発見されている。鄭韓故城の内外からは、多数の春秋戦国時代の墓が発見されている。「新鄭彝器」が出土した西城の李家楼一帯、東城の后端湾一帯では春秋時代の貴族墓が発見されている。(13)

　現存する鄭韓故城の築造年代に関して、考古学的な遺構の切り合い、包含された遺物の年代観によって最終的な結論を出すべきであるが、今のところ資料に限りがあり、遺構としての鄭韓故城の造営年代に結論を出すことは残念ながら時期尚早である。報告されている故城にともなう遺物の多くは戦国時代の遺物であるが、戦国期の文化層の下には春秋期の厚い文化層が認められ、また春秋時代貴族墓の存在によっても、鄭韓故城が春秋時代にさかのぼることは間違いのないものと推定さ

れるが、春秋時代に属すると確認された都城遺構そのものはいまだ発見されていない。

臨淄齊国故城

　齊国故城は、山東省臨博市臨淄区に存在する。遺跡は、現在の臨淄城の北西部に広がり、東は臨河に臨み、西は俗に泥河と呼ばれる水系に臨んでいる。『史記』齊太公世家によれば、

　　武王已平商、而王天下、封師尚父於齊営邱、……献公元年、尽遂胡公子、因徙薄姑都、治臨菑。

と見られ、つまり齊国の第7代の献公が前9世紀の中葉に薄姑から臨淄に都を遷したという。以後、臨淄は齊が前221年に秦によって亡ぼされるまで、姜齊および田齊の都として630年間あまりの間栄えたと伝えられている。

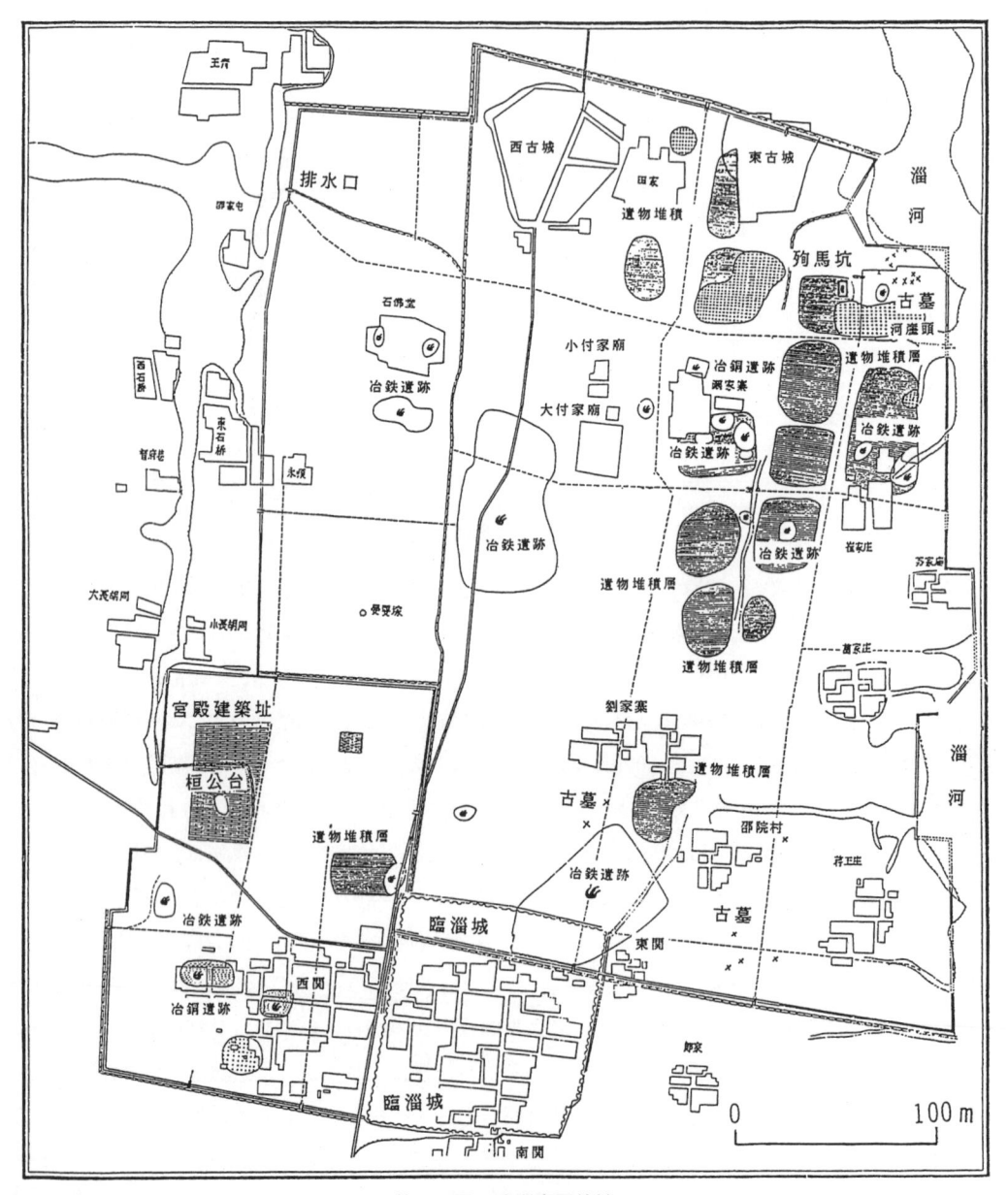

第153図　臨淄齊国故城

第6章 青銅器時代Ⅲから鉄器時代Ⅰへ 297

　臨淄齊国故城に対しての初期の調査例として、1940年の関野雄氏による調査と研究があるが、新中国成立後は山東省文物管理處を中心とした調査が行われている。臨淄齊国故城は大城と小城からなる。遺跡の西南角に位置する小城は、東壁長2195m、南壁長1402m、西壁長2274m、北壁長1404mの大きさである。大城は、西壁長2812m、北壁長3316m、東壁長5209m、南壁長2821mの大きさを有している（第153図）。小城の北西部に「桓公台」と呼ばれる南北86m、高さ14mほどの平面楕円形の土台がある。桓公台の周囲には版築の土面が確認され、付近一帯に大型建築が存在していたと推定される。大城内においては2カ所で墓地が発見されている。1カ所は河崖頭村付近で、別の1カ所は邵院村付近である。河崖頭村一帯では、大型・中型の20基余りの墓が発見され、南北に墓道をもつ大墓も発見されている。河崖頭村西の中字形石槨大墓は、周囲に1456匹の馬を埋葬した大規模な殉馬坑をもっている。この墓の年代はかならずしも明確ではないが、周囲の墓の年代からは春秋時代以前に属するのではないかと推定されている。また劉家寨付近で調査された1基の墓は春秋時代に属した。故城内では製鉄遺構・銅遺構・鋳銭遺構・骨器製作工房などの手工業遺跡が発見されているが、製鉄関係の遺構が最も多い。製鉄遺構の年代は、戦国時代から漢代にかかるものと推定される。小城の南部と大城の東北部において鋳銅遺跡が発見されている。大城東北部の鋳銅遺跡の範囲は不明であるが、文化層は4層に分かれ、第2・3層中では、銅渣・炉壁・焼土などが発見され、第3層は春秋時代前期に属している。なお齊国故城の東北角の河崖頭村では、1965年に盂・簠・鐘などの西周青銅器が発見されている。大城西北部の城壁を横切る戦国時代の大規模な石組排水溝なども発見されている（図版25-1）。臨淄齊故城では多数の土器・青銅器・半瓦當（第176図の7・8）・塼・陶文・封泥が発見されている。封泥は漢代の遺物が多いが、土器や半瓦當は戦国時代の遺物を中心に一部春秋時代の遺物も含まれると推定される。臨淄齊国故城が、前8世紀中葉の春秋時代初頭に存在していたであろうことは、古典文献の上から明らかなので春秋時代の都城として取り扱ったが、現在までに発見されている都城址関係の春秋時代に属する遺構・遺物はきわめて少ない。

晋国新田故城

　山西省侯馬市の一帯では、晋の後期の都であった新田の跡と推定される故城群が発見されている。汾河と澮河に挟まれた侯馬市の西北地域には、平望故城・牛村故城・白店故城・台神故城の4つの城が残り、さらに平望故城の東には馬荘故城が残り、牛村故城の東には程王故城が残る（第154図）。白店故城は比較的古く、新田以前の城跡と推定されている。平望故城は北側に、神台故城は南西側に、牛村故城は南東側に位置して「品の字」形に配列され、平望故城と牛村故城の中央部には、版築の建築基壇が残り、宮殿の跡と推定されている。これら3つの城跡は、南北約2000m、東西2500mの範囲に広がり、馬荘故城と程王故城は、一辺300～500mの大きさで、宗廟の跡ともいわれている。これらの城址から澮河にかけての範囲には、鋳銅遺跡・製陶遺跡・骨器製作所など手工業関係の遺構が点在する。とくに牛村故城の南城外、白点故城の東側で発見された鋳銅遺跡は、南北500m、東西700mにわたる規模の大きな遺跡である。この範囲の16カ所以上で発掘が行われ、住居址・窖穴・井戸・灰坑・陶笵窯・陶窯・道路などの遺構が発見されている。住居址には、平面方形・円形・呂字形があり、すべて竪穴住居址である。この地区では、2万点を越える多数の鋳銅炉体破片が出土し、炉体破片には、炉盆・炉口・炉壁・鞴口（送風管）などがあった。炉盆は溶炉底部

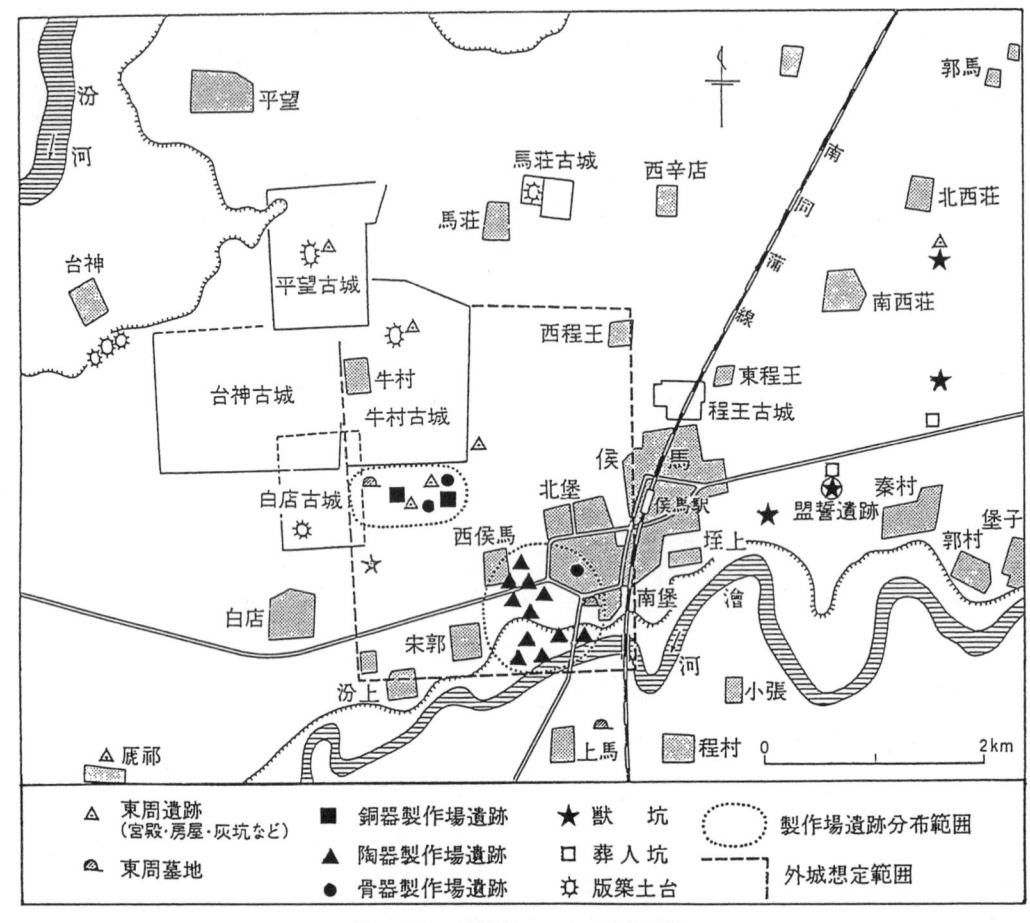

第154図 晋国新田 山西省侯馬市

で坩堝形を呈し、鞴口が装着される。また、5万点を越える多数の鋳銅用の鋳型が発見されている。それらには钁・鏟・剣・矛・戈・空首布・鼎・鬲・簠・豆・壺・匜・鑑などの陶范があった。また侯馬市の東側、秦村の西では、盟誓遺跡が発見され、盟書や犠牲を入れた坑が発見されている。[18] 盟書は春秋戦国時代の列国間の盟約書で、玉や石に朱書されている。さらに侯馬市の南、澮河の南岸の上馬村一帯や、侯馬市の東、澮河北岸の喬村には東周時代の古墓群が存在している。[19] 上馬村では、春秋時代に属する墓を中心に1373基の竪穴土壙墓が発掘されている。これらの諸遺跡は、前6世紀から前3世紀初頭の晋都新田に関係する遺跡と考えられている。

虢都上陽城

　2001年になって虢国の都である上陽城の発見が伝えられた。[20] この遺跡は、河南省三門峡市李家窰に存在する。発見された遺構としては、城壁・環濠・宮殿・穀物倉庫・鋳銅遺跡・陶器工房・骨角器工房などが伝えられている。城の平面形は長方形に近く、東西1050m、南北600mほどの大きさと報道されている。城の年代に関しては、西周末から春秋時代中期と伝えられている。もし確実にこの時期の都城であるとすれば、数少ない春秋初期の都城の発見として考古学的に重要な意味をもってくる。

春秋時代の都城

　中国における春秋時代都城の姿は、春秋時代に属する都城遺跡の発見が少ないことによって、今日においても明確な姿となっていない。東周時代は、春秋戦国時代と一括して呼ばれる場合が多く、また戦国時代に属する都城遺跡の発見例が多いこともあって、春秋時代都城遺跡の発見例がきわめて少ない事実を忘れていることが多い。考古学的に春秋時代に属する都城に関係する遺構・遺物が確かに発見されている遺跡は、洛陽王城・秦雍城・晋都新田故城の3カ所のみといっても過言ではない。もし虢都上陽城が春秋時代初期の都城であれば第4例目となってくる。ここで取り上げた魯国故城・臨淄齊国故城・鄭韓故城は、古典文献の上から歴史地理学的にそこが魯の故城であり、齊の故城であり、鄭の故城であると考えられるためにここで取り上げたのである。この3つの故城に関しては、考古学的な遺跡・遺物の上での実証が行われているわけではない。しかし、今後の発掘調査が進むにしたがい春秋時代に属する都城遺跡の確認例が増加することは確かである。

(3) 戦国時代の都城

　戦国時代に属すると認められる都城址の遺構は少なくない。すでに紹介した春秋時代に関係する都城址の多くは、戦国時代にも引きつづいて都城の役目を果たしていた。また戦国時代に属すると推定される都城のいくつかは、文献史料のうえからは春秋時代以前にすでに造営が開始されていたことにもなっている。戦国都城址の代表的な遺跡のいくつかを紹介する。

趙国邯鄲故城

　邯鄲趙城は、河北省邯鄲市に位置し、戦国時代趙国の都が存在した所である。邯鄲趙城は、南西に位置する従来から知られた趙王城と1970年代の調査で明らかになった北東部の大北城（趙郎城）からなる(21)（第155図）。邯鄲の名が歴史上に現れるのは、『春秋左傳』定公十（前500）年に、

　　晋趙鞅圍衛、報夷儀也、初衛侯伐邯鄲午於寒氏、城其西北而守之。

と記載されているのが古い。邯鄲は春秋時代に衛国の邑で、後に晋に属しているが、戦国時代に入り、趙敬侯元（前386）年に趙が都を邯鄲に遷している。つまり『史記』「趙世家」には、

　　敬侯元年、……趙始都邯鄲。

とある。趙国は、晋が三晋（韓・魏・趙）に分かれてできたその趙国で、はじめ晋陽（山西省太原付近）や中牟（河南省湯陰県付近）を本拠地としていたが、前386年に邯鄲へ遷都した。したがって邯鄲市における春秋時代以前の遺構・遺物も期待されるが、今日趙国の邯鄲故城と推定されている城址は、基本的には前4世紀初頭以降の戦国時代の遺構である。

　趙王城は、西南に位置する正方形の本城（主郭）と東の東郭、北の北郭からなっている。本城の大きさは、東壁と北壁が1475m、西壁が1456m、南壁が1387mの長さを有している。東郭の西壁は、本城の東壁である。東郭の南壁は875m、残存する北壁は600mほどで、残存する東壁は500mほどである。本城北壁から北に延びる北郭の西城壁は520mほどが残っている。本城の中心線に沿って4つの基壇が存在し、東郭内にも南北に2基の大形基壇が存在し、さらに北郭内にも1基の大形基壇が存在するなど、城内を中心に城の内外に合計13基の基壇が確認されている。本城内の南側の基壇は龍台と呼ばれ、最大の大きさで東西210m、南北288m、高さ13.5mほどである（図版25

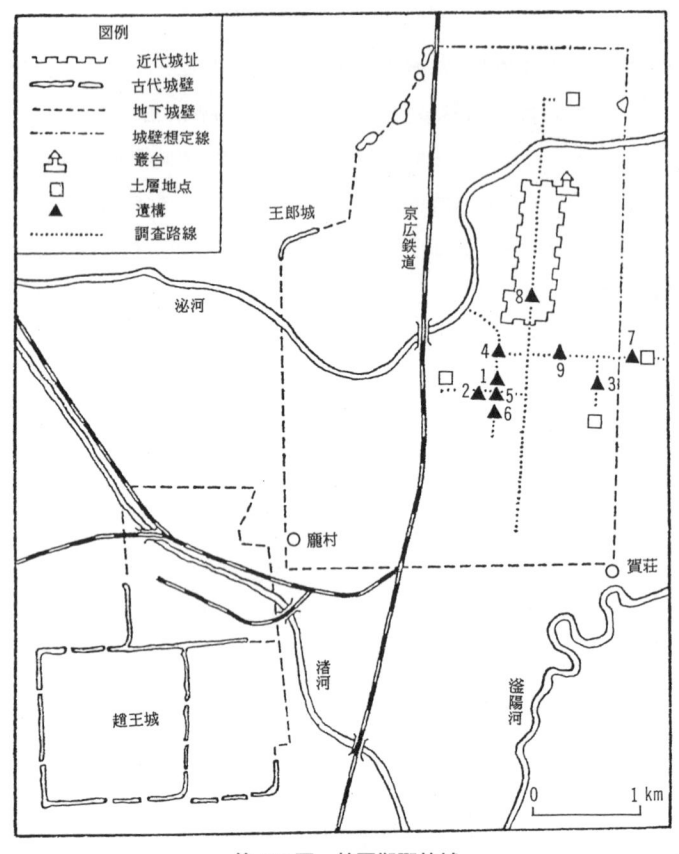

-2)。この龍台の性格が不明であるが、ほかの主要な9基の基壇は表面に瓦塼が散布し、建築の基壇跡と考えられる。

この邯鄲趙王城からは、戦国時代に属する瓦当・丸瓦・平瓦・土器・刀銭・銅鏃などの遺物が発見され、戦国時代の都城址と考えられている。

1972年に河北省文物管理局の手によって行われたボーリング調査により邯鄲趙王城の東北部、現在の邯鄲市の周囲地下に広がる大北城の存在が明らかとなっている。この大北城は南北に長い不規則な長方形を呈し、東西幅約3000m、南北約4800mの大きさを有している。この大北城内では、製鉄遺跡・陶窯・石器製作工房・骨器製作工房など遺構が発見され、また戦国時代から漢代に至る土器・瓦の類が発見されている。大北城は戦国趙城の一部と推定され、趙王城部分は戦国趙王城の宮殿区であったと推定されている。

燕下都

燕下都は河北省易県の東南に存在する戦国時代の都城址で、『水経注』易水に、

　　易水又東逕武陽南、……故燕之下都、……武陽、蓋燕昭王之所城也、東西二十里、南北十七里。

とある場所である。この都城址は現在の北易水と中易水の間に位置している。この下都について、一般的には燕昭王の時（前311年）に造営された都城で、燕の上都であった薊（北京）の副都として作られたと考えられている。燕下都に対しては、1930年に北平研究院・馬衡らによる調査と老姥台の発掘が行われたのを最初として、1957年の謝錫益らの調査、1958年の河北省文管会の調査など、今日に至るまでたびたび調査が行われてきた。

燕下都は、平面が磬形を呈し、東西長さ約8km、南北幅約4kmほどの大きさである（第156図）。中央を南北に走る古運河と隔城壁によって、東城と西城に分けられ、東城の北よりの武陽台の北には東城を南北に仕切る東西方向の隔壁が存在する。[22]

東城は、平面形が正方形に近く、南北東西が城壁で囲まれているほか、北の古河道、東の城濠、南の中易水、西の古運粮河によっても取り囲まれている。東城の造営年代に関しては、先記した戦国中期の昭王時代と推定されている。東城の南城壁は残存部分2210m、東城壁全長3980m、北城壁

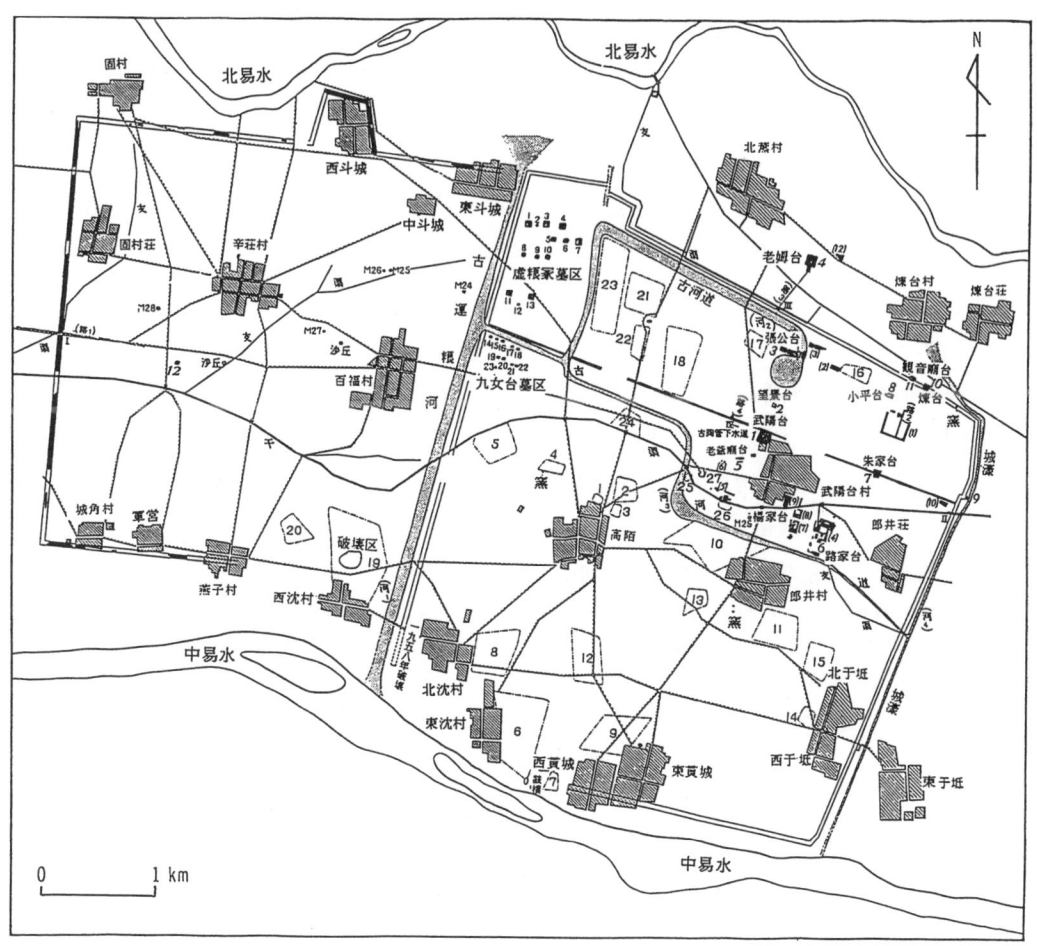

第 156 図　燕国下都

　全長 4594m、西城壁つまり東西の隔城壁の全長 4630m が計測され、武陽台北側の隔壁の全長は 4460m である。東城内は、一定の区画があると理解される。東城の北東 4 分の 1 には、数多くの版築基壇が残り、その一部は北壁外に出ている。それらの建築基壇の中で、武陽台と老姆台は高さが 11m をこえ、燕下都では最大級の建築基壇である。武陽台周辺の建築基壇は、その付近に燕下都の宮殿区が存在していたであろうことを示している。また、手工業の諸工房は東城の北半分ほどに分布し、その範囲はおおむね西が虚粮冢墓地、東が郎井村、北が北城壁、南が高陌村に至っている。鋳鉄工房としては第 156 図の 5・21・23 番、兵器工房としては 13・18・23 番、鋳銭工房としては 4 番、骨器製作工房としては 22 番などが知られる。武陽台村西北の 23 番工房遺址からは 108 点の戦国時代後期の青銅戈が発見されている。燕下都における墓区は東城西北角に集中し、虚粮冢墓区と九女台墓区に分けられている。この 2 つの墓区内においては 23 基の墳丘が確認されている。これらの墓区は、城内に取り囲まれた形を呈し、この点いささか特色があるといえる。このほか武陽台の西の 5 号版築付近においても M44 号墓が発見されている。

　西城も平面正方形に近いが、北壁中央部の西斗城付近が北に突出している。西城の南城壁は 1755m、北城壁 4452m、西城壁 3717m の長さである。西城は東城といささかようすが異なり、宮殿区は

発見されず、若干の建築址と墓が発見されているだけである。

　燕の上都・薊（北京）が、後の都市造営のために初期の姿を残していないのに対し、燕下都は戦国時代の都城の姿を比較的よく残している遺跡である。しかし西城からの遺構の発見は少なく、西城の機能はかならずしも明確ではない。燕の領域からは、饕餮紋状の紋様を施した特徴のある半瓦当が出土する（第175図の1〜6）。第175図の1・3・5は燕下都からの出土品である。1996年に刊行された『燕下都』（引用文献目録 No.97）は、春秋戦国時代の都城址に対しての最もまとまった考古調査報告書で、大部ではあるが一読の価値はある。

楚紀南城

　湖北省荆州市江陵にある紀南城は、楚国の都であった郢都故城である。遺跡は紀山の南、江陵の北8km位置している。江陵の北東5kmには、一回り小さい郢城と呼ばれる故城址が残るが、この方は漢代の城址で戦国楚の郢都ではないとされる。紀南城の平面形は、おおむね正方形に近く、東西4.45km、南北3.588kmの大きさを有し、城壁の保存状態はきわめてよく、地上に3.9mから8mの高さを保ち、基底の幅は30mないし40mを残し、城壁の外周には濠が取りまいている（第157図）。『史記』楚世家によれば、

　　文王熊貲立、始都郢。

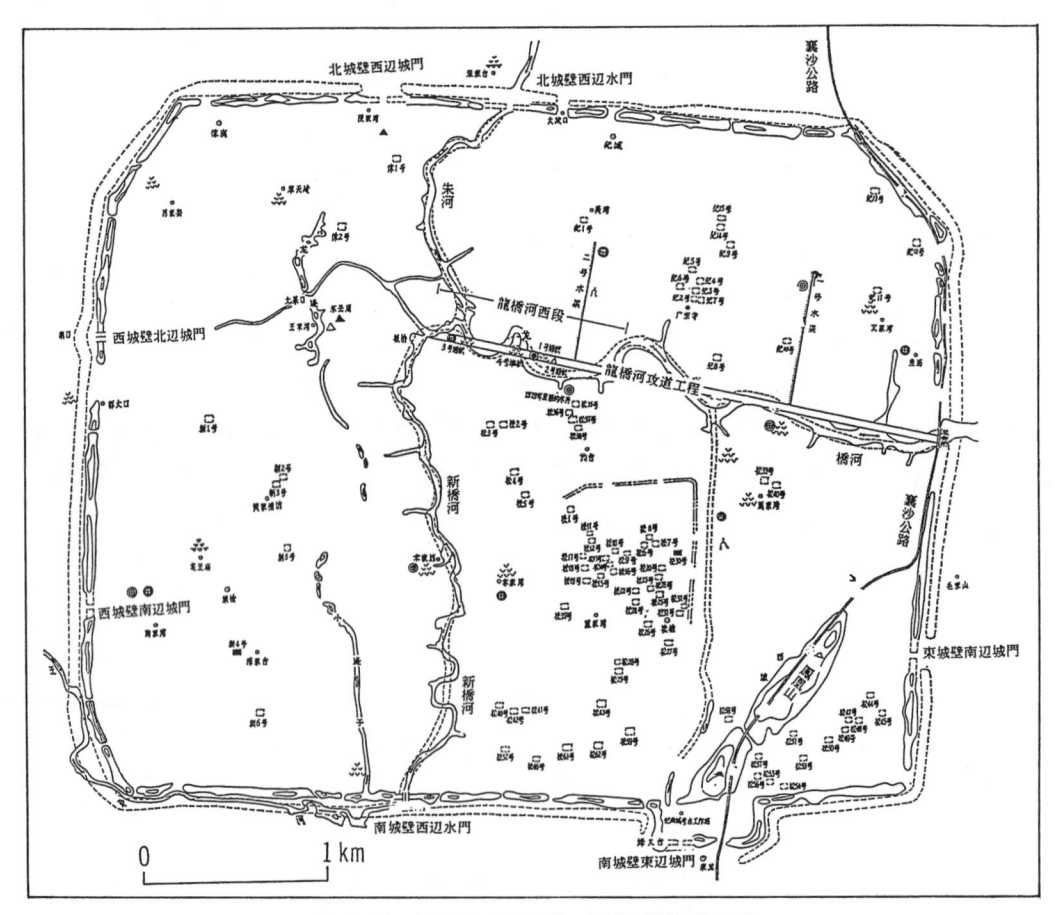

第157図　紀南城（楚郢都）　湖北省荆州市江陵

また『史記』貨殖列伝には、

　　江陵故郢都、西通巫巴、東有雲夢之饒。

『漢書』地理志・南郡江陵県の下注には、

　　江陵、故楚郢都、楚文王自丹陽徙此。

『漢書』地理志に関係して、『水経注』河水では、

　　江陵西北有紀南城、楚文王自丹陽徙此、平王城之、班固言楚之郢都也。

　これら古典の記載によって、紀南城が楚の郢都の跡と考えられている。

　この紀南城遺跡では、7つの城門が見つかっているが、5カ所の城門は陸路の門で、2カ所の城門は水路の門である。西城壁の北辺城門は3つの門道を有し、中央の門道が最も広く、門の両側には建築址が残っていた。南城壁の西辺水路門は、4列にならぶ木柱列によって構成され3本の水門道がつくられていた。水門道の幅は、3.3mから3.4mで春秋戦国時代の木船が通過するのに十分の幅を有していたと推定されている。紀南城の城内には100基を越えると推定される版築建築基壇の存在が確認されている。城の東南部分は、宮殿区であったと推定され城内の版築基壇の半数以上が密集している。宮殿区の外周の北側と東側には隔壁と濠が取り巻いている。城の東北部と西南部は、手工業区である。土器製作遺構や鋳銅遺構が発見されている。また城内からは戦国時代に属する墓も発見されている。

（4）　東周時代都城遺跡に関する考察

　春秋時代と戦国時代の代表的な都城址を紹介してきた。中国の都城を考える時、すぐに頭に浮かんでくるのは、版築の城壁や塼積の城壁に囲まれた都城址である。そのような都城址は、一般的には春秋時代にも盛んに造営されたと思われている。しかし、東周時代の都城址の中で、考古学的に遺構と遺物の上で春秋時代の都市遺構が確認されている遺跡はきわめて少ない。春秋時代に属する遺構と遺物の発見から、間違いなく春秋時代に属する都城遺跡と考えられるのは、秦都雍城と晋新田の諸城址のみといっても過言ではない。洛陽東周故城においては、春秋時代に属すると考えられる半瓦当は発見されているが、春秋時代建築址の報告を知らない。魯国故城においては、西周・春秋時代の墓の発見はあるが、春秋時代建築址や建築部材などの遺構・遺物の発見を聞いていない。文献史料の研究から考えて、洛陽東周故城や魯国故城が春秋時代の都城遺構を含むであろうことは、今後の考古学的な発見を待つまでもなく間違いはないと推定しているが、春秋時代都城遺構の発見という最後の決め手を欠いていることは事実である。春秋時代は都市国家の時代といわれながらじつのところ発見されている都市遺構はごく限られているのが現状である。以上の点をあらためて認識しておく必要がある。

　春秋時代の都城は、殷代・西周時代と同じく宗廟を中心に造営されていたと考えられる。そのようすは秦都雍城に顕著に見られる。

　戦国時代は、しばしば領土国家の時代といわれる。春秋時代に存在した数多くの諸都市国家はお互いに力を争い、強国が弱国を支配し、または同盟・連合するなかで一国の支配権が強まるなどして、広大な領土を有する領土国家が誕生していったという。戦国時代の七雄などがまさにそれにあ

たるが、秦と六国の都城は遺跡としての残りがたいへんよい。先に紹介した趙国の邯鄲趙王城、韓国の鄭韓故城、燕国の下都、齊国の臨淄故城、そして楚国の紀南城などが、戦国時代の代表的都城遺跡である。山西省夏県の魏安邑城址(24)、陝西省咸陽市窰店の秦咸陽城址(25)なども戦国時代の都城址である。また春秋時代の都城址として検討した洛陽東周故城・曲阜魯国故城・秦雍城においても春秋時代の文化堆積の上には厚い戦国時代・漢代の文化堆積が認められ、多数の戦国・漢代の遺構・遺物が残っているのが一般的な遺跡の情況である。

歴史学的な論理からいうと春秋時代までが都市国家の時代で、戦国時代は領土国家の時代であるかもしれないが、考古学的な遺構の面から見ると、春秋時代以前の都城址遺跡は数と文化堆積の上から見て限られた数にとどまり、文化堆積も比較的薄い。戦国時代に入ると都城址の数は増大し、文化堆積も厚くなってくる。戦国時代に入って後に都城の造営が著しくなったことが理解される。このような考古学的事実からいうと戦国時代の遺構に最も都市国家らしい遺構を認めることができるのである。したがって考古学的に考えると、都市国家の時代として最も典型的な時代は、殷・西周時代よりは戦国時代を中心とした東周時代と見ることもできる。

註

（１）　378 中国社会科学院考古研究所、1989、『洛陽発掘報告――1955～1960 年洛陽澗濱考古発掘資料』（『中国田野考古報告集』考古学専刊丁種第三十八号）。

（２）　129 考古研究所洛陽発掘隊、1959、「洛陽澗濱東周城址発掘報告」（『考古学報』1959 年第 2 期）。

（３）　348 中国科学院考古研究所、1959、『洛陽中州路』（『中国田野考古報告集』考古学専刊丁種第四号）。

（４）　378 中国社会科学院考古研究所、1989、『洛陽発掘報告――1955～1960 年洛陽澗濱考古発掘資料』（『中国田野考古報告集』考古学専刊丁種第三十八号）。

（５）　574 洛陽市文物工作隊、1999、『洛陽北窰西周墓』（文物出版社、北京）。

（６）　569 洛陽市文物工作隊、1983、「1975～1979 年洛陽北窰西周鋳銅遺址的発掘」（『考古』1983 年第 5 期）。

（７）　217 山東省文物考古研究所・山東省博物館・済寧地区文物組・曲阜県文管会、1982、『曲阜魯国故城』（斉魯書社、済南）。

（８）　192 駒井和愛、1950、『曲阜魯城の遺跡』（『考古学研究』第二冊、東京大学文学部）。

（９）　344 戴春陽、2000、「禮県大堡子山秦公墓地及有関問題」（『文物』2000 年第 5 期）。

（10）　317 陝西省社会科学院考古研究所鳳翔隊、1963、「秦都雍城遺址勘査」（『考古』1963 年第 8 期）。333 陝西省雍城考古隊、1984、「一九八二年鳳翔雍城秦漢遺址調査簡報」（『考古与文物』1984 年第 2 期）。335 陝西省雍城考古隊、1985、「秦都雍城鉆探試掘簡報」（『考古与文物』1985 年第 2 期）。

（11）　332 陝西省雍城考古隊、1982、「鳳翔馬家荘春秋秦一号建築遺址第一次発掘簡報」（『考古与文物』1982 年第 5 期）。334 陝西省雍城考古隊、1985、「鳳翔馬家荘一号建築群遺址発掘簡報」（『文物』1985 年第 2 期）。

（12）　68 河南省博物館新鄭工作站・新鄭県文化館、1980、「河南新鄭鄭韓故城的鉆探和試掘」（『文物資料叢刊』第 3 冊）。

（13）　1923 年に新鄭県城南東隅の李家楼付近の古墓から井戸の掘削中に春秋時代の青銅器が多数出土し、最終的には 100 余点の青銅器が得られたと伝えられている。

（14）　279 関野雄、1956、『中国考古学研究』（東京大学出版会、東京）。

(15) 214 山東省文物管理處、1961、「山東臨淄齊故城試掘簡報」(『考古』1961 年第 6 期)。124 群力、1972、「臨淄齊国故城勘探紀要」(『文物』1972 年第 5 期)。
(16) 147 侯馬市考古発掘委員会、1962、「侯馬牛村古城南東周遺址発掘簡報」(『考古』1962 年第 2 期)。
(17) 195 山西省考古研究所、1993、『侯馬鋳銅遺址』(文物出版社、北京)。
(18) 203 山西省文物工作委員会、1976、『侯馬盟書』(文物出版社、北京)。
(19) 196 山西省考古研究所、1994、『上馬墓地』(文物出版社、北京)。
(20) 584 李家窰遺址考古発掘隊、2001、「三門峽発現虢都上陽城」(『中国文物報』総第 875 期)。
(21) 474 東亜考古学会、1954、『邯鄲』(『東方考古学叢刊』乙種第七冊)。113 邯鄲市文物保管所、1980、「河北邯鄲市区古遺址調査簡報」(『考古』1980 年第 2 期)。
(22) 87 河北省文化局文物工作隊、1965、「河北易県燕下都故城勘察和試掘」(『考古学報』1965 年第 1 期)。97 河北省文物研究所、1996、『燕下都』(文物出版社、北京)。
(23) 181 湖北省博物館、1982、「楚都紀南城的勘査与発掘(上)」(『考古学報』1982 年第 3 期)。182 湖北省博物館、1982、「楚都紀南城的勘査与発掘(下)」(『考古学報』1982 年第 4 期)。
(24) 361 中国科学院考古研究所山西工作隊、1963、「山西夏県禹王城調査」(『考古』1963 年第 9 期)。
(25) 316 陝西省社会科学院考古研究所渭水隊、1962、「秦都咸陽故城遺址的調査和試掘」(『考古』1962 年第 6 期)。

第 3 節　東周墓研究

(1)　東周時代の墳墓

　東周時代の墓も、長方形竪穴墓を基本とし、中型・小型の墓は墓道をもたない長方形の土壙墓である。大型の墓は、墓室に下る墓道を有し、墓口の平面形において亜字形・中字形・甲字形などを呈している。小型の墓は竪穴内に直接木棺を埋設しているが、戦国後期の秦においては洞室墓と呼ばれる地下式の横穴墓が出現している。東周時代の大型墓の墓室内には、木槨が構築され、木槨内に木棺が納められるのが一般的であるが、時には漆塗りの木棺を納めている。遺跡の現状としては、竪穴墓の上に遺構がなにもなく、平坦で、その場所が墳墓であるとの確認ができない遺構が多いが、墳丘をともなう墓もある。墳丘のない墓でも墓の造営時においては、そこが祖先の墓であることを明示する何らかの施設が設けられていたと考えるのが合理的であろう。
　東周時代の墓上施設としての遺構には、墓上建築と墳丘がある。墓上建築は、墓室の上に造営された寝殿などの建築物で、その建物自体も地下の墓室と合わさって墓の一部を構成していたと考えられている。また墳丘は、墓室の上に人工的に積み上げた丘である。自然丘陵の頂上に竪穴墓を造営した例もあるが、外見は墳丘と同じ景観を呈したと推定される。
　東周時代の墳墓に関係する文献資料も知られる。『禮記』檀弓上には、

　　吾聞之、古也墓而不墳、今丘也、東西南北之人也不可以弗識也、於是封之崇四尺。

とか、あるいは曲禮上に、

　　適墓不登壟。

また檀弓上に、墓上建築に関する記載と思われる、

  吾見封之若堂者焉。

の史料を見ることができる。以下、『呂氏春秋』第十巻、孟冬紀、第十安死には、

  世之為丘壟也、其高大若山、其樹之若林、其設闕庭、為宮室造賓阼也、若都邑。

また『戦国策』一巻、東周策には、

  不顧其先君之丘墓。

また『墨子』節葬篇には、

  今雖母法執厚葬久喪者言……曰、棺椁必重、葬埋必厚、衣衾必多、文繡必繁、丘隴必巨、……
  今王公大人為葬埋、……曰、必捶垙差通、壟雖凡山陵。

また『史記』秦始皇本紀の末尾には、

  恵文王饗国二十七年、葬公陵。生悼武王。悼武王享国四年、葬永陵。……孝文王享国一年、葬寿陵。

さらに『前漢書』巻三十六、劉向伝には、

  秦恵文武昭厳襄五王、皆大作丘隴、多其瘞蔵。

とあるが、これらの史料はいずれも春秋戦国時代の墳丘に関しての記載である。これらの史料をただちに春秋戦国時代の墳丘や墓上の建築物に結びつけて議論することはむずかしいが、これらの史料からは、戦国時代に入ると地域によってはかなり巨大な墳丘が造営されていた可能性を想像することができる。また、先記した『禮記』の「吾見封之若堂者焉」は、戦国時代以前の墓上建築の姿を述べた記載として重要な意味をもっている。

 東周時代の墓上施設に関して筆者は、地域性と墓の構造によって3つの地域に分けて考えている。第一の地域は黄河の中流域で河南省中部・北部、山西省南部、陝西省中部、河北省南部の地域で、東周・魏・韓・趙・秦・中山諸国の領域内と推定される地域に分布する墓である。この地域の春秋戦国墓は長方形竪穴墓で、規模の大きな墓は木棺と木槨をもっていたと推定されるが、墳丘の存在はほとんど確認されない。ただ陝西省鳳翔県の秦公1号墓(1)、河南省輝県固囲村の三大墓(2)、河北省平山県の中山王墓(3)などでは、墓上に建てられた大型墓上建築が発見されている。第二の区域は長江の中流域、河南省南部、安徽省、湖北省、湖南省など、春秋戦国時代の楚および楚の隣接国の領域に分布する墓である。この地域に分布する春秋戦国墓は、基本的には長方形竪穴墓で、多くの墓が立派な木槨・木棺を有し、大墓では漆塗りの木棺が納められ、一般的に墓上建築や墳丘をもたないが、少数の墓には墳丘の存在が認められ、この地域の墓制を特色づけている。第三の区域は、河北省を中心とした燕・齊などの領域で、長方形竪穴墓の墓上に墳丘を有する墓も少なくなく、土を積み上げた墳丘のほか積石の墳丘も存在する。また、この地域の墓には墓室の焼けた墓や、貝殻層・木炭層・礫層をともなう墓が存在し、周・秦・魏・韓・中山国の墓制や、楚の墓制とは異なった性格を示している。

 これら3つの地域の墓は、長方形竪穴木槨墓という主体部の共通性と、青銅器と副葬陶器における共通性を有してはいるが、墓上施設の面では、黄河流域の王墓のみに大型の墓上建築が存在する。

(2) 黄河流域の東周時代墓

　春秋時代の墓で、発掘調査の行われた資料はかならずしも多くはない。春秋時代初頭の墓で発掘調査の行われた代表的な例としては、河南省三門峡市の虢国墓地の例が知られる。これらの虢国の墓は、西周時代の前9世紀から春秋時代前期の前7世紀中葉に属するが、いずれも長方形竪穴木槨墓で、墓道をもたない。また現状で確認されるかぎりにおいて、基本的に墓上に墳丘や建造物は存在しない。虢国墓地の墓は、西周時代の墓の伝統を色濃く残している。三門峡市上村嶺の虢国墓地のM1052号墓は、長さ5.2m、幅4.25m、深さ2mの長方形竪穴木槨墓で、比較的多くの青銅礼器・武器・車馬具が副葬されていた。その中には「虢大子元徒戈」銘のある青銅戈が存在し、このM1052号墓の被葬者は虢国太子である可能性も高く、またこの墓地は虢国貴族の墓地と考えられている。

　甘粛省禮県の大堡子山墓地では、春秋時代前期の東西に墓道をもつ2基の竪穴墓が発見され、秦建国まもない時期の大墓と考えられている。M2号墓は全長88mの中字形墓で、またM3号墓も全長115mの中字形墓であった。これらの墓は盗掘を受けたが、M3号墓から出土したとされる青銅簋・青銅鼎には、「秦公作鋳」の銘文があり、これらの墓の被葬者が秦公である可能性が推定されていると同時に、甘粛省天水市・禮県付近が秦発祥の地である可能性を示している。大堡子山墓地の報告によると秦陵の特色として、墓上に墳丘のあること、中字形墓であることを指摘している。以上の2基の墓より若干時代の下がる秦墓として、陝西省鳳翔県で発見された秦公1号墓があり、この墓は秦の西陵に位置している。秦の西陵は、春秋時代秦の都であった雍城の南6km付近に東西7km、南北3kmにわたって広がり、西陵群は8つほどの小陵園から形成されている。秦公1号墓は1号陵園の南辺に位置する。この墓の平面形は、中字形を呈し全長約300mあり、東墓道長さ156.1m、西墓道長さ84.5mの規模であった。中央の墓壙の壁は、三段の階段状を呈し、各階段の幅は2～6mで、墓室の東西の長さ59.4m、南北幅38.8m、深さ24mであった（図版26-1、第158・159図）。この墓は、これまでに発見された秦墓の中でも最大級の規模に属する。墓壙の底部は鉤形に掘られ、そこに主室と副室からなる墓室が築造されていた。主室（主槨）は、東西14.4m、南北5.6m、高さ5.6mの大きさで、主室内は前室と後室に分かれる。主室の壁は、柏あるいは松の角材を木口積みにしたいわゆる黄腸題湊である。

　黄腸題湊は、皇帝や王の墓のみに許された墓室の構築方法で、柏の角材を木口積み（小口積み）にするものである。「柏」は日本語読みすると「かしわ」であるが、中国では、桧あるいは高野槙に類した樹木を柏の名称で呼び、この木材はしばしば棺槨の材料に用いられ、とくに黄腸題湊を造営するときには不可欠の木材であった。黄腸題湊の名称は、おおむね漢代の文献と考えられる『呂氏春秋』『禮記』『漢書』などの諸書籍中に見られ、『呂氏春秋』節喪篇には、

　　国弥大、家弥富、葬弥厚、……題湊之室、棺槨数襲。

とあり、また『禮記』檀弓上には、

　　柏椁以端、長六尺。

鄭玄注に「以端、題湊也、其方蓋一尺」とある。

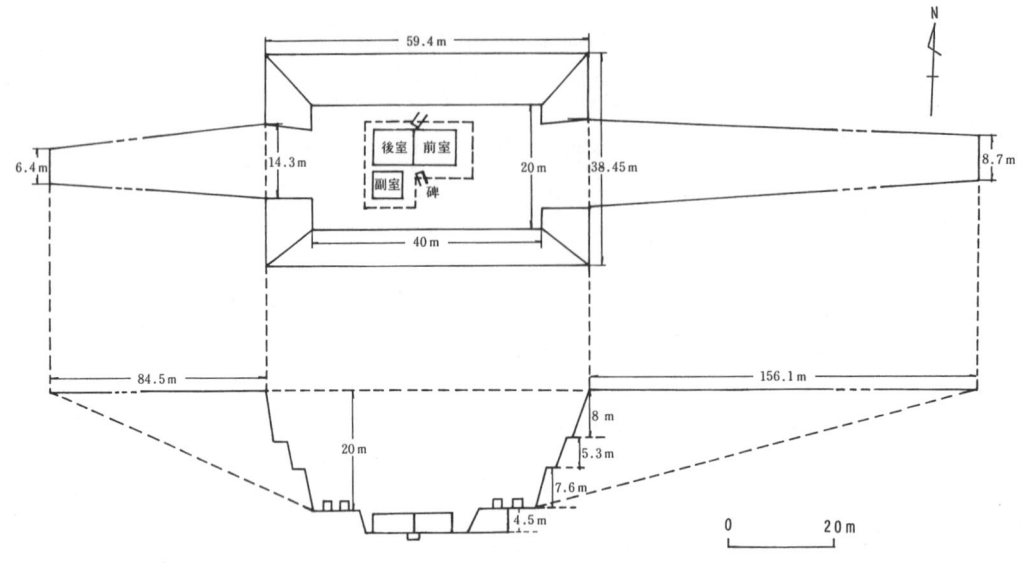

第158図　秦公1号墓平面図　陝西省宝鶏市鳳翔県

第159図　秦公1号墓　陝西省宝鶏市鳳翔県

『漢書』霍光伝には、
　　賜……便房黄腸題湊各一具。
注に「蘇林曰、以柏木黄心、致累棺外、故曰黄腸、木頭皆向内、故曰題湊」とある。このことから、木材を木口積みにした墓室の構築方法を黄腸題湊と呼んでいる。

副室も角材を積み上げた墓室で、長さ6.8m、幅4.9m、高さ2.9mの大きさであった。

秦公1号墓の主室・副室などの墓室を埋めた埋土中からは、犠牲として埋葬されたと推定される人骨が20体分発見されている。また鉤形に掘られた墓底坑の周りからは槨に入れられた殉葬者72体の存在が確認されている。この72体の遺骸の外周で墓壁に近いところに粗末な棺に納められた94体の殉葬者がならべてあった。

　また、秦公1号墓の地表面には、柱穴や平瓦の堆積、排水管の設置など、大建築物の痕跡が残っていたという。この建築物を、陵の享堂とする考えが存在しているが、いかがなものであろうか。筆者としてはこの建築物を、寝殿など墓の一部と考えたい。この秦公1号墓の被葬者を秦景公（前577〜537年在位）とする説もあるが、ここでは前6世紀のいずれかの秦公の大墓としておく。

　『漢書』地理志には、
　　雍（秦徳公都之、……橐泉宮孝公起、祈年宮恵公起）。
『水経注』の渭水注には、
　　雍水……南流逕胡城東、俗名也、蓋秦恵公之故居、所謂祈年宮也、孝公又謂之為橐泉宮。按地

理志曰、在雍、崔駰曰、穆公冢在橐泉宮祈年觀下、皇覽亦言、是矣。……余謂、崔駰及皇覽、謬志也、惠公・孝公竝是穆公之後、縱世之君矣。子孫無由起宮于祖宗之墳陵矣。

などと見られ、『漢書』の記述に驪道元は疑いをもってはいたが、これらの古典文献の記載は、秦国の墓上に建物が存在したであろうことを示す内容である。

秦公1号墓に代表される大墓とは別に秦国において中・小型墓がつくられていたのは当然である。陝西省鳳翔県、秦都雍城の南の八旗屯や高荘においては、多数の東周時代の小型墓が発見されている。また宝鶏市から千河を北に上がった隴県店子においても秦国の春秋中期から統一秦に至る時代の224基の竪穴土壙墓と洞室墓が発見されている。店子秦墓においては224基中の194基に屈葬が認められたが、これは洞室墓の存在とならんで秦国の葬俗である。

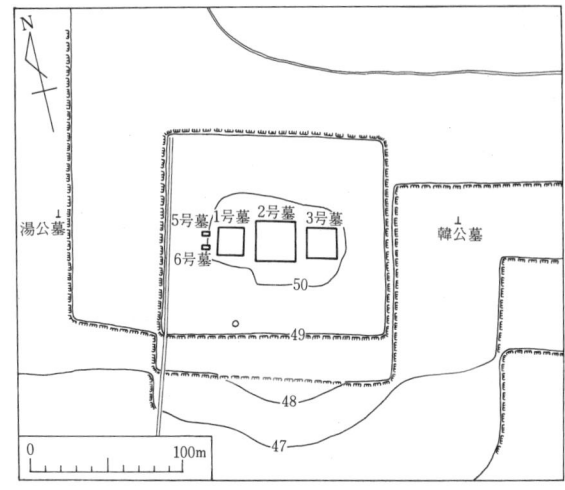

第160図　輝県固囲村戦国墓分布図

河南省輝県固囲村で、1950年から1952年に調査された5基の戦国墓は、長方形の墓域内に造営された墓で、その中の3基の大墓には墓上建築址の遺構が存在した。墓は、東西約150m、南北125mほどの長方形の陵園ともいうべき崖に囲まれた「城上」と呼ばれる台地上に存在する（第160図）。台地は49mの等高線に囲まれ、台地の中央部は周辺の土地より2mあまり高出している。場所によっては版築の痕跡も認められ、城址のように見えるが、人工的な加工を加えて築造した方形の陵園である。3基の大墓は陵園の中心にあって、東西にならんでいる。すべての大墓は、礫あるいは板石で囲まれた方形の墓口を有し、その下に墓室が存在する。中央の墓が最も大きく、建築遺構の基礎の最大幅は南北27.5m、東西幅27.5mである。西の墓が最も小さく、南北長18.8m、東西幅17.7mで、東の墓は南北長19m、東西幅も19mの大きさであった。3基の大墓の造営順序は、西から東へ西墓・中墓・東墓の順に造営されたと考えられている。3基の大墓は、西から順に1号墓・2号墓・3号墓の名称で呼ばれている。また1号墓の西壁から西へ5mのところで、同時代の小型墓である5号墓と6号墓が南北にならんで発見されている。

1号墓は、墓室・南墓道・北墓道からなる。墓室は、墓口で南北長18.8m、東西幅17.7mあって、槨は南北長10.7m、東西幅9.6m、墓口から墓底までの深さは17.4mである。南墓道の長さは125m、北墓道の長さは47m以上ある。この墓は盗掘を受けていたが、版築で固められた墓室内には、外槨と内槨がもうけられ、みごとな漆棺の残片が残っていた。副葬品としては、鑑・壺・盤・匜・簋・罍・鼎などの土器類、鏃・戈を含む若干の青銅器、象嵌のある轅首金具などの各種車馬具が出土し、また、祭祀坑からは、玉簡册・圭・璜・大璜・環などの玉器が発見されている。墓壙上には、建築物の遺構が存在する。墓壙埋土上を平らに構築して、墓壙と相似形に南北18.8m、東西17.7mにわたって、小板石破片を敷き詰めた幅約1mの石敷面をつくっている。小板石は叩いて加工し面

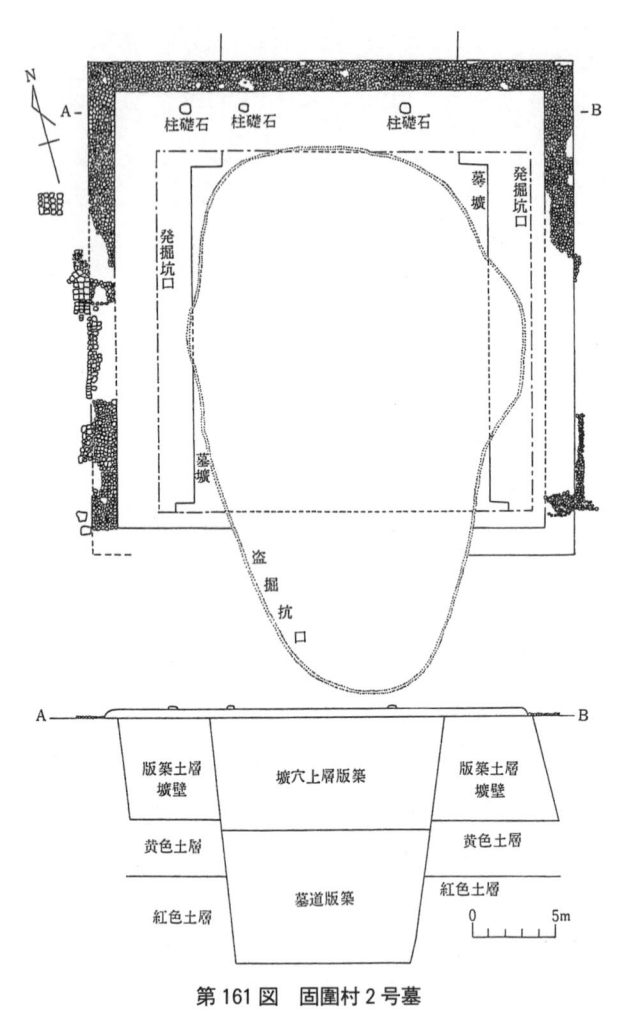

を平らにしているが、縁辺がそろっている石と不正形の石が存在する。墓壙南面の石敷中央には、幅2.6mの門道が南に向かって凸出している。東壁中央にも幅4mの凹み部分があるが、これは門道ではない。また、北面にも石敷の欠けるところがあるが、盗掘による破壊で、門道ではない。この石敷は、墓上建築の基壇外側の雨落ちに敷かれた石敷と考えられる。石敷の内側には礎石11塊が存在する。礎石は同一平面に位置し、礎石間の距離もほぼ等しい。敷石の内側0.5mの所に、各辺に沿って6カ所ずつ、20カ所の礎石が存在したと考えられるが、今残るものは東側の10カ所と、東南隅の1カ所で、あとはすでに破壊を受けている。礎石の大きさは0.4mないし0.5mである。墓上建築はもちろん残っていないが、板瓦・丸瓦・瓦当などが墓の東北部に大量に残り、墓上の建築物が瓦葺きであったことを知ることができる。板瓦は長さ60cm、幅47cmから43.6cm、厚さ1.5cmほどの大きさが一般的で、瓦の凸面には縄紋が、凸面には籃紋が施されている。丸瓦は長さ56cm、径15.5cmほどで、瓦当も存在する。このほか三角形の陶製管も発見されているが、下水管と考えられている。以上の遺構と遺物から考えると、1号墓の墓上に寝殿と呼ぶべき礎石を有した20本の柱の立つ桁行き5間の建物が建っていたと結論づけられる。

　2号墓（第161図）は、1号墓と同じく、南北に墓道をもつ長方形竪穴墓である。実測図から計算すると、墓室は墓口で南北長さ約19.5m、東西幅約17.7m、深さ約14mの大きさで、南墓道は長さ約110m、北墓道は約67mの巨大な墓であった。墓底から板石を垂直に積んで、南壁と北壁をつくり、その中に木材を積み上げて槨室の四壁が組まれている。槨室内の大きさは、南北9m、東西8.4mほどである。槨室内には内槨が納められ、槨室壁と内槨の間には木炭が詰め込まれていた。内槨は南北長さ3.9mないし4m、東西幅2.6m、高さ2.1mほどの大きさであった。内槨は木材を組み上げて構築され、東西壁ではそれぞれ7本、南北壁では4本ないし5本の木材が組み上げられていた。また槨蓋には12本、槨底には10本の角材を用いていた。内槨の外側には黒漆が、内側には朱漆が塗られていた。ひどい盗掘のために副葬品はほとんど残っていなかったが、この墓からは、钁・鋤・鎌・刀・

第161図　固圍村2号墓

第 6 章　青銅器時代Ⅲから鉄器時代Ⅰへ　311

犂鏵・釘などの鉄器、布銭・鏃・器蓋・鋪首・環・管・ボタンなどの青銅器、瑗・璜などの玉器が出土している。墓壙上には、一辺約 25m ないし 26m、高さ 0.5m の版築基壇が築かれていて墓上建築が存在したことを示している。基壇の版築は 4 層で、墓壙と相似形の方形を呈す。基壇上面は地表面に近く、礎石の多くは失われていたが、基壇の北辺に沿って 3 カ所に礎石あるいは礎石の痕跡が残っていた。礎石の残っていたのは 1 カ所で、礎石の痕跡の認められたのは 2 カ所である。これら 3 カ所の礎石の原位置を根拠に推定すると、北辺に沿って 1 列に 8 本の柱が立っていたと推定される。北側の 8 本の柱列を基礎に考えると、残りの東・西・南辺にも 8 本の柱が立っていたと考えられ、合計 28 本の柱と礎石が配列さ

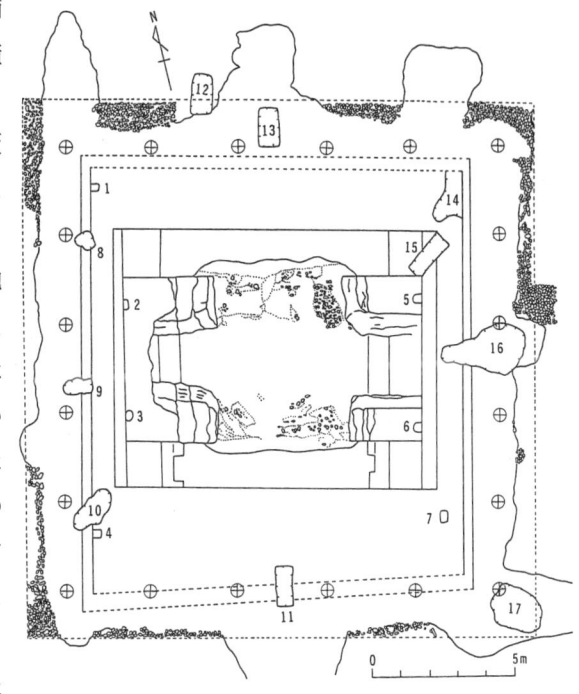

第 162 図　固圍村 3 号墓

れていたと推定される。基壇の周囲には、雨落の敷石面が存在したと考えられ、北側・東側・西側の基壇縁辺に沿って石敷面が残っていた。北・東・西の石敷の長さは 29m、北と東側の石敷の幅は 1.7m、西側の幅は 1.5m であった。南側の石敷は盗掘の破壊によって失われていたが北・東・西側の石敷に準ずるものであったと思われる。基壇の縁と石敷面上には、厚さ 20cm から 30cm の瓦の堆積が存在し、完全な板瓦・丸瓦・円瓦当などが認められた。2 号墓の西側石敷面の西縁には、1 号墓の板石面が接し、2 号墓の東側石敷面の東縁には、3 号墓の石敷面が接していた。1 号墓と 2 号墓、2 号墓と 3 号墓の石敷面の切り合いと堆積関係から、1 号墓、2 号墓、3 号墓の順で墓が造営されたことが明らかになっている。以上の発掘資料によって、2 号墓上にも墓上施設が存在していたことが判明した。2 号墓の墓上建築は、基壇上に建てられたもので、基壇辺縁には雨落の石敷がめぐっていた。建物は礎石上にたつ 28 本の柱を有す桁行き 7 間の瓦葺きの建造物であったと考えられている。

　3 号墓（第 162 図）も南北に墓道をもつ長方形竪穴墓である。1937 年に試掘が行われているが、その後の盗掘のために著しく破壊されていた。墓壙は中心部で幅約 23.5m、深さ約 15.5m ほどの大きさであったと思われる。墓壙中央部にある方坑の南辺から南墓道の南端まで約 89m、方坑の北辺から北墓道の北端まで約 53m、南墓道・墓壙・北墓道を含む 3 号墓の南北全長は、約 149m であった。墓壙の中央下部は南北長さ 7.7m、東西幅 6.9m の方壙となっている。方壙の中央部には槨室がもうけられ、槨室の面積は約 27m² ほどである。槨室の東西両面と方壙の東西両壁の間は 0.7m ほど隔たり、槨室の南北両面と墓壙の南北両壁との間は約 1m ほど隔たり、これらの空間には砂が詰まっていた。槨室外部の東・西・南・北角には版築の土柱が立ち、槨室の南・北外側には二層台が存在する。槨室は木板を用いて構築され、南北 5.5m、東西 4.7m、高さ 5m ほどの槨室が想定さ

れる。槨室の中央には木棺が置かれていたと思われるが、盗掘のためか、木棺の痕跡はほとんど残っていなかったようである。ひどい盗掘のため副葬品はほとんど残っていなかったが、壺・鼎・盤・簋などの土器、金飾・金ボタン・銀ボタン・青銅ボタン・青銅鋪首・青銅飾・青銅蓋などの金属器が出土している。この3号墓の墓上にも建築址の遺構が存在したが、残りはよくなかった。墓口の四周には、雨落ちの石敷と思われる玉石の面が部分的に認められ、墓口の周囲には、本来、1辺18mほどの口字形の石敷が存在していたと思われる。北側石敷面上には瓦破片の堆積が認められた。3号墓上には建物の礎石は認められなかったが、石敷の形態が1号墓・2号墓とほぼ同じであった点から、3号墓上にも建物の礎石が存在していたのではないかと思われる。石敷の規模は1号墓と同じで、したがって、各辺6カ所、合計20カ所の礎石が想定され、その上には、桁行き5間の建物が建っていたと推定される。

　輝県固囲村の三大墓の被葬者が何者であるかに関して報告書は明確な記述をしていない。固囲村三大墓の被葬者が、魏の哀王・昭王・安釐王いずれかの王とその配偶者である可能性が高い。しかし、魏王名のある遺物などの出土がなく、最終的な決め手に欠けるうらみがある。

　魏王の墓と推定される固囲村の三大墓は、墓上に寝殿と考えられる墓上建築をもっていた。いずれも正方形に近い平面形を呈し、瓦葺きの周囲に雨落の石敷をもつ建物であった。これら3軒の寝殿は、周囲の土地より2m余り高出した東西150m、南北125mの長方形の陵園上に存在し、3軒の建築は並列してならび、中央の寝殿はとくに規模が大きく、高出する基壇上に立っていたことがわかった。これらの建物は3軒がならんではじめて形をなすもので、1号墓の築造当時から2号墓・3号墓の造営計画をもっていたと考えられる。固囲村大墓の寝殿は、臺榭建築ではなく単層の平面的な建物とする考えがあるが、戦国期のこの種の寝殿は、臺榭建築が一般的と考えられる。各建築址の中央部が盗掘によって失われているため、基壇のようすが明確でなく、単層の平面的な建物か、臺榭建築かの結論はだせない。

　戦国時代の魏国の王陵が、墓上建築としての寝殿と、長方形の陵園を有し、しかも3軒の建物が陵園内に計画的に築造されていたことが判明した。

　輝県固囲村の墓上建築に類似した遺構には、河北省平山県三汲公社において発見された中山王礜墓がある。三汲公社付近のM1号墓は、調査された墓のなかで最も大きな墓のひとつである。封土は平面が方形を呈し、平台と三段に積み上がった壇からなっていた。封土下に存在した墓壙は、中字形を呈し、南北全長110m、墓室の長さと幅はそれぞれ約29m、深さ5.7mで、室壁は4段の階段状に築造されていた。墓は、南墓道・北墓道・墓室・槨室・東庫・東北庫・西庫からなっている。南墓道は、墓室の南面中央から南に向かって延び、北墓道は、墓室の北面中央から北に向かって延びている。槨室は墓室の中央に位置し、方形を呈している。槨室の南北長は14.9m、東西幅は13.5m、深さは8.2mで、室内はひどい盗掘を受け、盗掘後に火災を受けていた。棺槨は攪乱を受けていたが、当金や鋪首の配列から見ると2槨2棺の主体部であったと考えられる。棺槨内の遺物には、金製の匕・飾、銀製の帯鈎・貝、青銅製の戈・剣・削・鏡・鈴・板、各種の玉器、大量の土器などがあった。青銅板は火熱で変形していたが、長さ94cm、幅48cm、厚さ1cmの大きさで、片面には一対の鋪首があり、別面には、金銀象嵌による兆域図が描かれていた。兆域図は墓域の平面図で、

堂・宮・宮垣の位置と名称、さらに中山王の詔書が示されていた。東庫は墓室の東側にあって、南北長さ 11.7m、東西幅 3.2m、深さ 3.1m の大きさで、木槨が存在した。庫内からは、鼎・壺・盒・箱などの漆器、盆・甗・扁壺・方壺・円壺・鼎・盃・盤・匜・洗・方案・各種神獣・各種動物などの青銅器、釜・碗・匜などの土器が出土している。東北庫は、墓室の東北に位置し、東西長さ 6.52m、南北幅 4.6m、深さ 2.15m の大きさで、木槨の主体をもっていた。副葬品は発見されていない。西庫は墓室の西南部に位置し、南北長さ 6.35m、東西幅 4.7m、深さ約 3m の大きさで木槨の主体をもっていた。庫内からは、鼎・方座豆・盤豆・方壺・円壺・簋・鬲・勺・匕・刀・編鐘・神獣などの青銅器、鼎・有蓋豆・円壺・鴨形尊・碗・甗・盤・匜などの土器、磬・砥石・各種玉器などの玉石器が副葬品として出土している。

　M1 号墓の墓上に存在した方形 3 段の封土は、現存する高さが約 15m、底辺の東西の長さが約 29m、南北の長さが約 110m の大きさであった。墓の南には南に延びる平台が存在する。封土と平台は版築による築造である。第 1 段の版築は厚く、第 2 段・第 3 段の版築層は薄く、かたい。第 2 段の壇上には、回廊建築の遺構が残り、第 1 段の壇上には、雨落ちの石敷面が存在した。第 2 段の回廊遺構は大部分が破壊されていたが、南面・東面・西面に回廊の遺構の一部を認めることができた。回廊の後壁は、封土の立面で、立面には草泥と白粘土を一層ずつ塗り、白色に化粧塗りをしていた。回廊の東西側面は水平で、回廊の棟は、側柱と軒柱によって支えられていたと思われる。側柱の位置には長方形の柱穴があり、柱穴底部には不規則な礎石が置かれていた。東西両面の側柱穴の中間距離は 3.6m、南面の側柱の中間距離は 3.34m である。側柱の礎石に対照する外側には、軒柱の礎石があった。礎石は未加工の天然石で、石の中間距離は 3m である。側柱の礎石と軒柱の礎石はいずれも地下 20cm に据えられていた。軒下の雨落石敷面と軒柱の礎石の距離は約 1m ほどである。雨落ちの石敷は礫による構築で、石敷は回廊の地面より 1.3m ほど低く、幅は 1.1m 前後で、外に向かって若干傾斜していた。この建築址の上には、瓦の破片が散乱し、ことに西側では、魚鱗状に堆積する瓦の集積が認められたが、これは屋根に用いていた瓦が崩れ落ちて、そのままの形で堆積したものと思われる。瓦には縄紋のある平瓦と丸瓦の 2 種類が存在する。

　西庫から出土した大鼎には、「惟十四年中山王䰠作鼎……」の銘が、また方壺には「惟十四年中山王䰠命相邦……」の銘が見られ、この M1 号墓の被葬者は、中山王䰠と考えられ、埋葬の時期は、前 310 年前後と推定されている。槨室内から出土した金銀象嵌が施された青銅盤の「兆域図」は、中山王䰠墓（1 号墓）を中心とした墓域設計図と考えられている（第 163 図）。兆域図の中心には、方 200 尺の王堂が図示されているが、王堂は䰠王墓の寝殿にあたるものと思われる。王䰠墓にともなって発見された回廊や石敷は、この寝殿つまり王堂が残した遺構である。王堂の左には、方 200 尺の哀后堂が図示されている。M1 号墓の東に並列して存在する M2 号墓の建築址は、哀后堂にあたるものと思われる。哀后堂の左には、方 150 尺の夫人堂が図示されている。また、王堂の右には、方 200 尺の王后堂が、さらに王后堂の右には方 150 尺の堂が存在する。これらの 5 つの寝殿（堂）を取り囲んで内宮垣があり、5 つの寝殿（堂）の下には、方 100 尺の 4 つの小宮がならび、内宮垣の外周 150 尺には、中宮垣が図示されている（第 164 図）。遺構として残る M1 号墓・M2 号墓の封土の状況から考えると、M1 号墓・M2 号墓の墓上に建っていた殿堂は臺榭建築であったと思われる。残る

第163図　中山王嚳墓兆域図青銅板

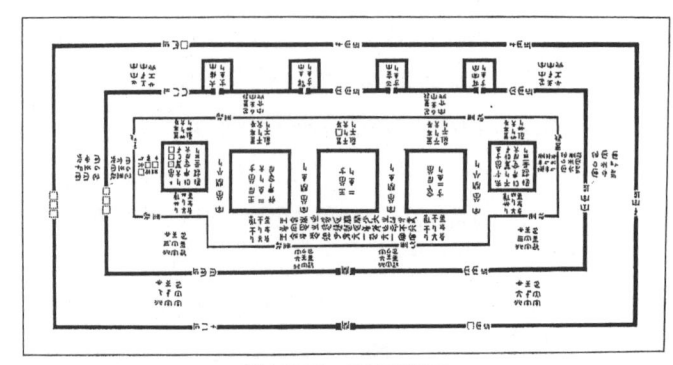

第164図　兆域図模写

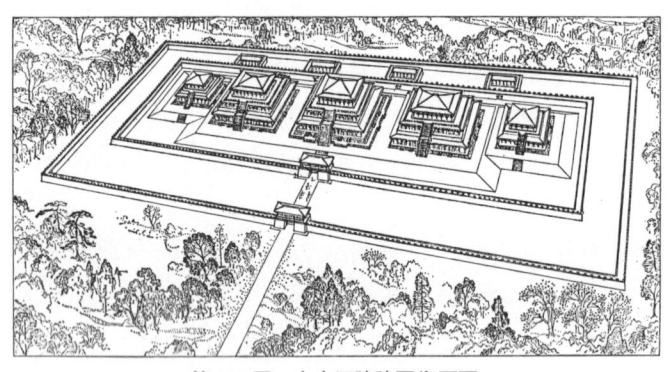

第165図　中山王陵陵園復原図

建築址はM1号墓とM2号墓だけで、嚳王の生前においては、5基の墓と墓上に建築すべき5軒の寝殿が計画されたと思われるが、趙国が中山国を亡ぼすに及んで、当初の計画は達成されないままに終わってしまったと推定される。王堂・王后堂・哀后堂・夫人堂などの名称は、これらの建物が、中山王嚳とその配偶者の寝殿であることを示している。この兆域図の示すところから考えると、先に紹介した輝県固囲村の3大墓も、中央の2号墓が哀王・昭王・安釐王などの魏王のうち、いずれか1人の墓で、左右の1号墓と3号墓はその王の配偶者の墓である可能性が強いのではないかと考えている。第165図に傅熹年の中山王陵陵園復元図を示しておく。(9)

単独の報告書は刊行されてはいないが、河北省邯鄲市および永年県の5ヵ所において、輝県固囲村の三大墓に類似した戦国時代趙国の王陵と推定される遺構が、発見されている。(10)その中の1ヵ所である周窯村付近の陵墓基壇は比較的小さく、長さ181m、幅85mで、周囲で陵垣の遺構が発見され、その範囲は約500m²である。この陵墓基壇の中央に1基の墳丘が存在し、さらに後方に2基の墳丘が南北に対峙し、ほかに墳丘を失ったいくつかの小型墓が存在する。陵墓基壇西北にある墓を発掘したところ、墳丘から多くの平瓦や丸瓦が出土し、墓上に寝殿などの建造物が存在していたことが知られた。墓室は長さ14.5m、幅12.5mで、東西に墓道があり、全長77mの中字形を呈していると考えられる。墓室内は盗掘にあっていたが、東墓道内には車馬坑があり、西墓道内には殉葬坑があった。

春秋時代末あるいは戦国時代初頭の晋国趙卿の墓とされている山西省太原市で発掘されたM251号墓は、積石積木炭の木槨墓で、1402点の青銅器を出土した大型墓であったが、墓道も墓上施設も

もたない。黄河中流域において、春秋戦国時代の墓は相当に大型の墓であっても、今日墓上に墳丘や建築址などの遺構を残していない例が大多数である。しかし、黄河中流域の中原地区においては、春秋戦国時代の一部の王陵においては墓上に建築遺構が残っている。戦国時代には、輝県固囲村の3大墓や、中山王墓の兆域図に見られる寝殿としての墓上建築が立てられている。春秋戦国時代の墓で、墓上建築を有する墓は、中国全体でも7基しか確認されていないが、この時代の中原の帝陵や王陵にかぎればかならずしも特異な例ではなく、王陵の墓上に寝殿を建造する葬俗はかなり定着していたとも考えられる。年代的には開きがあるが、春秋戦国時代の墓上建築は、殷代に出現した墓上建築の伝統を受け継ぐ遺構と考えてよいであろう。

春秋戦国時代の北方草原地域には、匈奴や東胡などの少数民族が活躍していたが、これらの民族と国境を接して、中国東北地方には燕の領域が存在した。東周時代の燕の墓は、河北省易県に存在する燕下都付近にも見られ、それらの墓は墳丘をもっている。燕下都の東城内の東北角には、23基の墳丘墓が確認されている。これら23基の墓は虚粮冢墓区の13基と九女台墓区の10基に分かれる（図版26-2）。また、燕下都西城内には、5基の墳丘が確認されている。墳丘のあるものは、すでに破壊をうけ、現状がかならずしも当初の規模を示すものではないが、虚粮冢墓区の中で規模の大きな墳丘には、4号墓の南北55m、東西55m、高さ11.4mや、13号墓の南北54m、東西51m、高さ15mがある。規模の小さな墳丘としては、2号墓の南北4.5m、東西9m、高さ3mなどがある。これらの墳丘のほとんどは正方形に近い方墳で、地表面下に墳丘面積より広い版築の広がりを有している。この版築の広がりが、本来の墳丘の平面形であると断定はできないが、現存する墳丘よりは大きな面積を有していた可能性が強いと考えられている。これらの墳丘に対してはボーリング調査が試みられている。虚粮冢墓区の3・5・6・10号墓には、堅い紅焼土層があり、最も厚い焼土は2mに達しているが、これらの焼土は後述する16号墓に見られる焼土層と同一性格のものと考えられている。6・8号墓には木炭の存在が、2・9号墓には青灰土の存在が確認されている。8・11号墓からは紅漆が、12号墓からは漆皮が検出され、これらの資料は、虚粮冢墓区に存在する13基の墳丘を戦国時代の墳丘に比定する有力な根拠となっている。九女台墓区の10基の墳丘や西城の5基の墳丘も規模の点では、虚粮冢墓区のものと大差はなく、虚粮冢墓区の最大と最小規模の中間に入る大きさである。九女台墓区の墳丘は、虚粮冢墓区の墳丘と同じく、墳丘周囲の地下に版築の広がりをもつ。墳頂部中央から行ったボーリングによって、17・19号墓には硬い紅焼土層が確認され、17・18・20号墓からはカラス貝の貝殻が発見され、18・20号墓からは木炭層が検出され、21号墓からは鶏の腿骨が発見されている。

虚粮冢墓区の2号墓に対しては細かなボーリング調査が行われ、また、九女台墓区の16号墓に対しては発掘調査が行われている。

2号墓は燕下都の残存する墳丘の中で最も規模の小さな墓で、大きさは先述したとおりである。墳丘周囲の地表下には南北46m、東西40m、厚さ2mの版築部分が広範囲に広がっている。墓室の範囲は南北長さ23m、東西幅18mで、墓室南側には長さ56m以上、幅7mの傾斜墓道が確認されている。

16号墓は九女台墓区の北側中央に位置し、1964年に発掘が行われている。16号墓の墳丘は発掘

によって現在大半が失われているが、本来は版築によって築造された墳丘が存在していた。墳丘の平面形は隅丸の長方形で、各辺が若干外弧していた（第166図）。大きさは、南北38.5m、東西32m、高さ7.6mで、版築各層の厚さは、8〜20cmであった。墳丘下には墳丘よりはるかに面積の広い版築部分が存在する。この地下の版築は、墳丘の各辺から北へ2.5m、南へ16m、東へ15.5m、西へ5m広がり、版築の厚さは0.8〜3.5mである。墳丘の発掘過程で、墓壙の南と北に、墓壙の主軸方向に沿ってのびる「坑道」が発見されている。坑道は墓道とは別の遺構で、いかなる役割を果たした施設か今のところ不明である。墳頂下5mに墓壙が存在する。墓壙は長方形竪穴で、大きさは南北10.4m、東西7.7m、深さ7.6mである。版築で固められた墓壙壁の上部は焼けて固く締まり、東西壁と南壁の下部は石灰とカラス貝の貝殻を突き固めた二層台となっていた。北壁下部は焼土壁で、副葬陶器を置く平台がつくられていた。この平台と二層台が連なって、長方形の墓口を形成する。墓室の大きさは、長さ6.6m、幅5.25、深さ2.6mで、墓底には木炭が敷かれていた。16号墓からは青銅器を模倣した土器類など多くの副葬品が出土している。

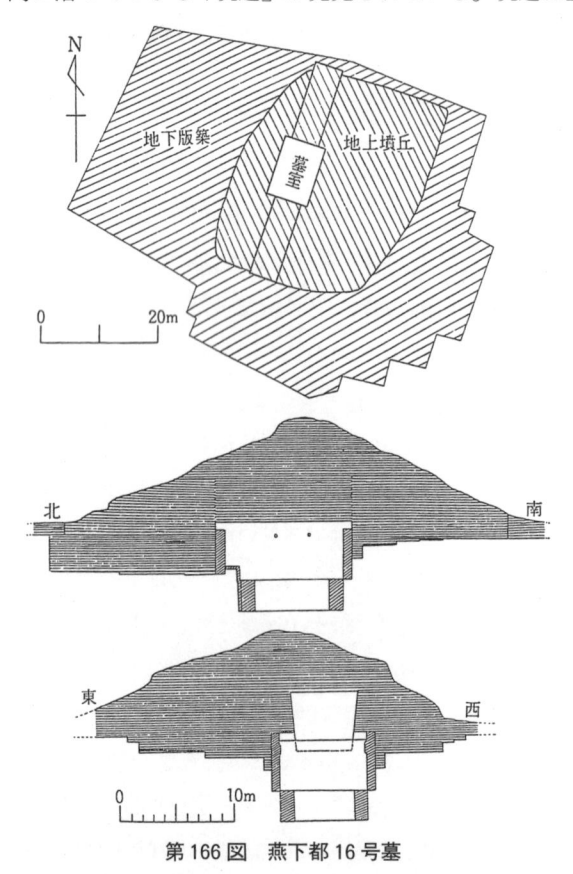

戦国時代の燕国においては確かに墳丘が造営されているが、ほかに齊国の墳墓にも巨大な墳丘が確認される。山東省臨博市の臨淄齊国故城の南東には、戦国時代の田齊の王陵と称される四王冢などの巨大な墳丘

第166図　燕下都16号墓

第167図　齊四王冢　山東省臨博市

墓が存在するが、考古学的な解明はまだなく実体は不明である（第167図）。今のところその実体の分かる燕国の墳丘は方形のものが多く、高さも比較的高く、版築で築造されている。燕の墳丘に関しては、シベリアのクルガン（Kurgan）などに見られる墳丘との関係を考えておく必要があるかもしれない。

（3）　長江流域の墳丘を有する墳墓

　長江中・下流域、淮河流域における春秋戦国時代の墓上の構築物は、黄河流域の中原地域の墓の構築物とは若干異なるようである。長江中・下流域を中心としたこの地方でも東周時代を通して竪穴木槨墓がつくられ、春秋時代後期に入ると確かに墳丘をもった墓が出現してくる。一方、鳳翔県の秦公1号墓、輝県の魏王墓、平山県の中山王墓で見られた墓上建築と同一の遺構は、まだ発見されていない。逆に中原地区においては、この時期の墓で墳丘をもつ遺構の例は、ほとんど知られていない。中原的な竪穴木槨墓とは別に、江蘇省太湖畔や浙江省には烽燧墩と呼ばれる石室をともなう土墩が存在する。印紋硬陶や灰釉陶器を出土し、西周時代の土墩の流れをくむ遺構と推定される。この地区の墳丘に関する報告は、残念ながら断片的な情報が多いが、報告された代表的な資料例を紹介してみる。

　浙江省紹興市の西南13kmの三亭鎮でL字形の4つの周濠に囲まれた墳丘墓である印山越王陵が発掘されている(14)。4つのL字形周濠からなる墓域は南北320m、東西265mの面積を有し、この周濠の中心部に東西72m、南北36m、高さ9.8mの墳丘が存在する。墳丘中央下に存在する竪穴墓壙は東西に長い不規則な長方形で地山の岩盤に彫り込まれている。墓壙は長さ46m、最大幅19m、深さ12.4mの巨大な坑である。墓壙内に存在する木槨の墓室は甲字形で、東に墓道が延びている。墓室と墓道の全長は54mあり、墓室は東西長さ33.4m、幅4.98mで、墓室は160m²以上の面積を有している。墓室内は横断面三角形を呈する大木槨である。この大木槨の大きさは墓室内の面積に相当し、横断面三角形の1辺は約6.7mあり、墓室内の高さは約5mであった。墓室は後室・中室・前室からなり、中室の中央に木棺が置かれている。盗掘が激しく副葬品の多くは失われていたが、玉鎮・玉鉤・石矛などの発見があった。この墓は春秋時代後期の越国の王陵と推定され、報告書では被葬者として、越王允常（前497年没）の名を上げている。東周時代の墓としては、きわめてまれな構造で、ほかに類例を見ないが、この墓の大型墳丘と断面三角形の大木槨の墓室に注意したい。

　安徽省寿県に淮南市八公山区蔡家岡で、春秋戦国時代の墳丘が発見されている(15)。ここには、200mの間をおいて2つの大封土があって、いずれも趙家孤堆と呼ばれ、南の封土をM1号墓、北の封土をM2号墓としている。M1号墓は、高さ4m、直径24mである。すでに墳丘は破壊され、詳しい報告はないが、「直径」の用語で墳丘の大きさを表現している点から考えると、もとは円形に近い形の墳丘であったと思われる。墓室は墓道のある長方形竪穴墓で、墓口の大きさは、長さ5.05m、幅4.25m、深さ3.7mで、深さ0.7mの所に二層台がある。矛・鏃・削・鈴などの青銅器と玉璧が副葬品として出土している。M2号墓は、厚さ1mないし2.4mの封土をもつと報告されているが、細かな記載はない。墓室は傾斜墓道のある長方形竪穴墓である。墓室の大きさは長さ5m、幅4.13m、深さ3.1mで、深さ0.7mの所に二層台がある。青銅製の剣・戈・矛・匕首・鏃などの兵器、鑷・削

などの工具、車馬具が遺物として出土している。これらの青銅遺物には、「蔡侯産之用剣」「攻敔王夫差自作其用戈」など、蔡国や呉国の銘のある剣や戈が含まれている。この地が蔡の都である「州来」に近い点から、M2号墓は蔡声侯産（前471～前457年）の墓と考えられている。したがってこの墓の築造年代は前457年かそれ以降のあまり時間を経ていない春秋時代後期または戦国時代前期と考えられ、M2号墓は淮河流域における比較的古い墳丘の資料例となっている。

多くの漆器を出土したことで有名な曾侯乙墓は、湖北省随州市の西北郊外の擂鼓墩付近に位置する。(16) この墓は、軍隊が軍営を建てるために東団坡と呼ばれる山を削平した時に発見されている。この山は、長径120m、短径100mほどの楕円形の丘陵で、平坦面から15mほどの高さを有し、曾侯乙墓はその頂上部分に位置していた。この東団坡山自体は、自然の丘陵であるが、造営当初は墳丘のごとく見えたのではないかと推定される。曾侯乙墓の西側約100mには、擂鼓墩M2号墓が存在するが、この墓も直径50m、高さ10mほどの丘陵の頂上に存在している。曾侯乙墓や擂鼓墩M2号墓は、人工的な墳丘をもたないが、墓室の位置は、自然の丘によって人工的な墳丘以上に明確なものであったと考えられる。曾侯乙墓の主体部は、岩盤に掘り込まれた竪穴木槨墓である。墓壙は不規則な多角形で、墓口の大きさはおおよそ東西21m、南北16.5mで、本来の深さは13mあったと考えられている。墓底には、171本の木材を用いた木槨が存在する。木槨は東・中・北・西の4室に分かれている。東室には、墓主の外棺・内棺、陪葬棺8個、殉葬された犬の棺1個と、漆器・金器・玉器・青銅雑器があった。中室には65点からなる大型編鐘のほか、鼎9点、簋8点を中心とする禮器が置かれ、北室には車馬具・武器・竹簡・大尊缶などが置かれていた。西室には陪葬棺13個があった。東西室の漆棺内の人骨は、すべて13～26歳と推定される女性のものであった。曾侯乙墓からは多くの文字資料が出土しているが、出土した竹簡は240枚あり、これは今のところ中国最古の竹簡である。この墓の副葬品には「曾侯乙」の銘が208ヵ所見られ、墓主は曾侯乙と推定され、また鐘の銘文に楚の恵王の名前が見られ、このことからこの墓の年代的な上限は、前433年と考えられている。

春秋戦国時代の楚国においては墳丘を造営していたらしい。長江の中流域の湖北省荊州市江陵にある紀南城は春秋戦国時代の楚国郢都の遺跡で、城の周囲には多数の楚墓群が存在し、紀山西山麓と八嶺山東山麓の一帯で多数の墳丘のある大型・中型墓が発見されている。紀南城の西北約7kmにある望山1号墓は、直径18m、残高2.8mの封土をもっている。(17) 墓室は傾斜墓道をもつ長方形竪穴墓で、5段の土階がある。大きさは、墓口で東西16.1m、南北13.6m、深さ7.78mが計測される。2重の木槨と単棺を有し、鼎・敦・壺・鐎壺・罍・鑑・匜・勺・剣・戈・矛・鏃などの青銅器、鼎・敦・簠・鬲・瓿・方尊・豆・鑑・罐・匜・勺などの土器、彩漆彫座屏・鎮墓獣・耳杯などの漆木器など各種の副葬品が出土している。出土した青銅剣の中に「越王鳩浅自作用剣」の鳥書（鳥篆）の銘のあるものが含まれ、この「越王鳩浅」は、越王勾践（前490～前465年）を示すものと考えられている。この望山1号墓の上限年代は、越王勾践銘のある剣の出土によって、前496年以降であることは間違いなく、年代の下限に関しては決め手を欠くが、墓の年代としては前5世紀中葉頃と推定される。この時期の楚国においては、墓上に墳丘が築造されていたことが知られる。

望山2号墓の墳丘は、直径17m、残高2mの大きさで、墓室は傾斜墓道をもつ長方形竪穴墓で、

3段の土階をもっていた。墓の大きさは、墓口で東西11.84m、南北9.4m、深さ6.5mが計測されている。2重の槨と2重の棺が納められていたが、ひどい盗掘のため副葬品の発見は多くなかった。しかしながら、鼎・敦・壺・盫・尊・剣・鏃・車馬具などの青銅器、鼎・簠・壺・鉢・盤などの土器、漆木器、玉器、その他の副葬品が発見されている。出土した副葬品から、この望山2号墓の年代は、1号墓と同時代ないしは若干時代が下がる前5世紀中葉から前5世紀後半の年代が考えられている。江陵紀南城の北西7kmにある沙冢1号墓の墳丘は、直径15m、残高2mの大きさである。[18] 東側に墓道をもつ長方形竪穴墓で、3段の土階がある。墓の大きさは、墓口で東西9.96m、南北7.8m、深さ5.68mが計測されている。墓室内には槨と2重の棺が納められていたが、盗掘のため副葬品の出土は少なかった。鏡・鏃などの青銅製品、鼎・簠・壺・豆・罍などの土器、漆木器類が遺物として出土している。沙冢1号墓の造営年代に関しては、年代を決定する決め手を欠くが、望山1・2号墓に近い年代が考えられている。

　湖北省荊州市江陵望山1・2号墓、沙冢1号墓などの例によって、楚国においては、戦国時代に墓上に墳丘を造営した例が存在することが明らかになっている。楚における墳丘の出現時期に関してはいまだ確定的なことはいえないが、今日知られる最も古い墳丘は望山1号墓などで春秋後期から戦国前期の墓と推定されている。長江・淮河中下流域における楚国などにおける墳丘の出現時期は、春秋時代後期以前にさかのぼると推定される。前漢の湖南省の墓に円墳が存在する点から、楚地域の墳丘の多くは円墳であったと推定される。

（4）東周時代墳墓のまとめ

　春秋戦国時代の墓は、長方形竪穴墓を基本とし、大型墓は墓道と木槨木棺を有している。一般的にこの時代の中型・小型墓は、墓上に遺構を残していないが、一部の大型墓には、墓上建築や墳丘をもつものが存在する。春秋戦国時代大型墓の墓上施設は、黄河中・下流域と、淮河および長江中・下流域の地方差が認められる。また、北方草原地区に隣接する華北の北辺地域の墓上施設の姿は、前者二地域とまた異なっている。

　黄河中・下流域の春秋時代の墓では、一般的に墳丘などの墓上施設は発見されていないが、春秋時代秦国の大墓には、墓上建築をもつ墓が存在する。戦国時代に入ると、黄河中流域の魏国の王陵、中山国の王陵、趙国の大墓において墓上に建造された寝殿あるいは享堂などの墓上建築が発見されている。この地域の王陵に限って見るのであれば、これらの墓上建築を造営する習慣は比較的普遍的なものであった可能性が高い。墓の上に建物を建てる墓上建築の伝統は、すでに殷墟遺跡の婦好墓や西周前期初頭の鹿邑県の長子口墓に認められており、春秋戦国時代の墓上建築は、殷・西周時代の墓上建築の伝統を受け継いだものかもしれない。

　淮河・長江中・下流域の春秋戦国時代の楚国の墓も小型の墓は一般的に墓上に墳丘などの施設をもたないが、少数の大墓には墳丘が存在している。残存している墳丘を見るかぎりにおいては、墳丘は円形で高さに対して直径が大きく、偏平な円墳が一般的である。楚墓や蔡墓の墳丘と同地域の西周・春秋前期の土墩との関係は定かでない。

　河北省以北の北辺に存在する燕国の墓上には、版築の巨大な墳丘が存在し、内部主体は焼土・石

灰・カラス貝などを用いた特異な施設である。戦国時代の燕国の大墓に限ってみると墓上に墳丘を造営する風習は比較的一般的なものであったと考えられる。

註

（1）　373 中国社会科学院考古研究所、1984、『新中国的考古発現和研究』（『考古学専刊』甲種第十七号）。
（2）　346 中国科学院考古研究所、1956、『輝県発掘報告』（『中国田野考古報告集』第一号）。
（3）　96 河北省文物研究所、1996、『䲭墓——戦国中山国国王之墓』（文物出版社、北京）。
（4）　349 中国科学院考古研究所、1959、『上村嶺虢国墓地』（『中国田野考古報告集』考古学専刊丁種第十号）。84 河南省文物考古研究所・三門峡市文物工作隊、1999、『三門峡虢国墓（第一巻）』（文物出版社、北京）。
（5）　344 戴春楊、2000、「禮県大堡子山秦公墓地及有関問題」（『文物』2000年第5期）。
（6）　104 韓偉、1989、「秦の雍城遺址と秦公一号大墓」（『東アジア文明の源流展』富山市）。
（7）　331 陝西省雍城考古工作隊・呉鎮烽・尚志儒、1980、「陝西鳳翔八旗屯秦国墓葬発掘簡報」（『文物資料叢刊』第3集）。563 雍城考古隊・呉鎮烽・尚志儒、1981、「陝西鳳翔高荘秦墓地発掘簡報」（『考古与文物』1981年第1期）。
（8）　304 陝西省考古研究所、1998、『隴県店子秦墓』（三秦出版社、西安）。
（9）　520 傅熹年、1980、「戦国中山王䲭墓出土的兆域図及其陵園規制的研究」（『考古学報』1980年第1期）。
（10）　373 中国社会科学院考古研究所、1984、『新中国的考古発現和研究』（『考古学専刊』甲種第十七号）。
（11）　197 山西省考古研究所・太原市文物管理委員会・陶正剛・侯毅・渠川福、1996、『太原晋国趙卿墓』（文物出版社、北京）。
（12）　87 河北省文化局文物工作隊、1965、「河北易県燕下都故城勘察和試掘」（『考古学報』1965年第1期）。
（13）　89 河北省文化局文物工作隊、1965、「河北易県燕下都第十六号墓発掘」（『考古学報』1965年第2期）。97 河北省文物研究所、1996、『燕下都』（文物出版社、北京）。
（14）　290 浙江省文物考古研究所・紹興県文物保護管理所、2002、『印山越王陵』（文物出版社、北京）。
（15）　3 安徽省文化局文物工作隊、1963、「安徽淮南市蔡家岡趙家孤堆戦国墓」（『考古』1963年第4期）。
（16）　183 湖北省博物館、1989、『曾侯乙墓』（『中国田野考古報告集』考古学専刊丁種第三十七号）。
（17）　187 湖北省文物考古研究所、1996、『江陵望山沙冢楚墓』（文物出版社、北京）。
（18）　187 同上。

第4節　春秋戦国時代の土器・陶器

(1)　はじめに

　考古学的な発掘調査によって出土している春秋戦国時代の土器は、墓に納められた明器としての副葬陶器の類と、生活遺跡から出土する実用の土器に大別されるが、考古資料として得られている春秋戦国時代の土器の大部分は副葬陶器の類である。したがって、春秋戦国時代の土器・陶器の研究は実質的には副葬陶器の研究を意味してくる。ここで取り扱う土器・陶器の類も大部分が墓から出土した副葬陶器で、つまり古代人によって、御霊が黄泉の国で用いるために用意された道具である。これら

の副葬陶器の類を、土器・陶器の胎土と紋様の種別から分類すると、灰陶類・彩絵陶類・黒陶類・灰釉陶類・印紋陶類に大別することが可能である。また春秋戦国時代は、数多くの有力諸侯が覇権を争った時代であるが、それぞれの諸侯国で生産され、そして使用されたであろう土器・陶器の器形はそれぞに特色があり、それぞれの諸侯国・地方、また時代によって相当な差が認められる。

　わが国の考古学研究においては、素焼きの吸水性の高い焼き物を「土器」と呼び、胎土に若干の吸水性が残り釉薬が施され透光性のない焼き物を「陶器」と呼び、胎土が磁気化し吸水性がなく釉薬がかかりわずかに透光性のある焼き物を「磁器」と呼ぶ。このように焼き物の類を大きく3つに大別している。しかし中国の考古学用語においては、土器の単語はなく、わが国でいうところの土器と陶器をおおむね「陶器」と呼び、磁器をおおむね「瓷器」と称している。本書では、わが国の考古学用語としての「土器」と「陶器」の呼び名を用いているが、春秋戦国時代の焼き物の多くは、土器か陶器で、まれには磁器の類も存在する。中国語の「副葬陶器」に関しては、これを「副葬陶器」あるいは「陶製禮器」と訳しておく。「副葬陶器」という呼び名は、日本考古学においてはなじみの薄い用語ではあるが、中国語の用法をそのまま用いて、副葬陶器の用語を用いておく。

（2）洛陽・三晋地区の土器

　春秋戦国時代の土器・陶器を見るにあたっては、まず周室の本拠地、つまり東周時代の政治・文化の中心であった洛陽（雒邑）の土器・陶器を理解しておく必要がある。河南省の洛陽市では、1953年に洛陽市北側の焼溝村において59基の戦国墓が発掘され、さらに1954年から1955年にかけて、洛陽市を東西に貫く中州路の建設にともなって260基の春秋戦国墓が発掘された。これらの墓はいずれも小型ないしは中型の墓で、比較的規模の小さなものである。洛陽焼溝村[1]および中州路[2]の春秋戦国墓より出土した1106点余りの土器の研究は、その後の春秋戦国土器研究の基礎となる研究であった。洛陽焼溝村および中州路出土の東周時代土器を編年したのが第168図である。

　前8世紀から前7世紀初葉の春秋前期における洛陽地区の副葬陶器は、その組合せの基本が鬲・盆・罐の器形からなっている。西周後期から春秋時代初頭の墓に見られる禮器としての青銅器の副葬は、鼎・簋・壺が中心で、それを小型墓においては、青銅鼎・簋・壺に類似した器形の土器としての鬲・盆・罐で代用したと考えられる。鬲は穀類を煮る三足の煮沸用具であるが、口縁は外折し、脚は短袋足あるいは短実足のものが一般的である。罐と盆も実用の土器の器形である。これらの土器の器形と組合せは、西周の都のあった豊鎬地区や洛陽地区の西周時代後期土器の器形と組合せの伝統を引き継ぐもので、洛陽が成周・王城の地として西周王朝の東の本拠地であり、かつ前770年の周平王の東遷以降も、周の本拠地であったことを土器が示していると解釈してよいであろう。

　洛陽地区では、前7世紀前葉から前6世紀初葉の春秋中期に入っても、鬲・盆・罐の組合せが基本であるが、有蓋の簋と称される器形や無蓋の豆も存在する。無蓋豆は普遍的に見られる器形であるが、有蓋の簋は、洛陽地区においては春秋中期に多い器形である。簋の名称を与えてはいるが、この種の土器器形は、盆や罐から独自の発展をとげた土器で、この時代の青銅簋の器形を模倣した土器ではない。

　前6世紀前葉から前5世紀初葉の春秋時代後期に入ると、洛陽地区における周の副葬陶器の姿が

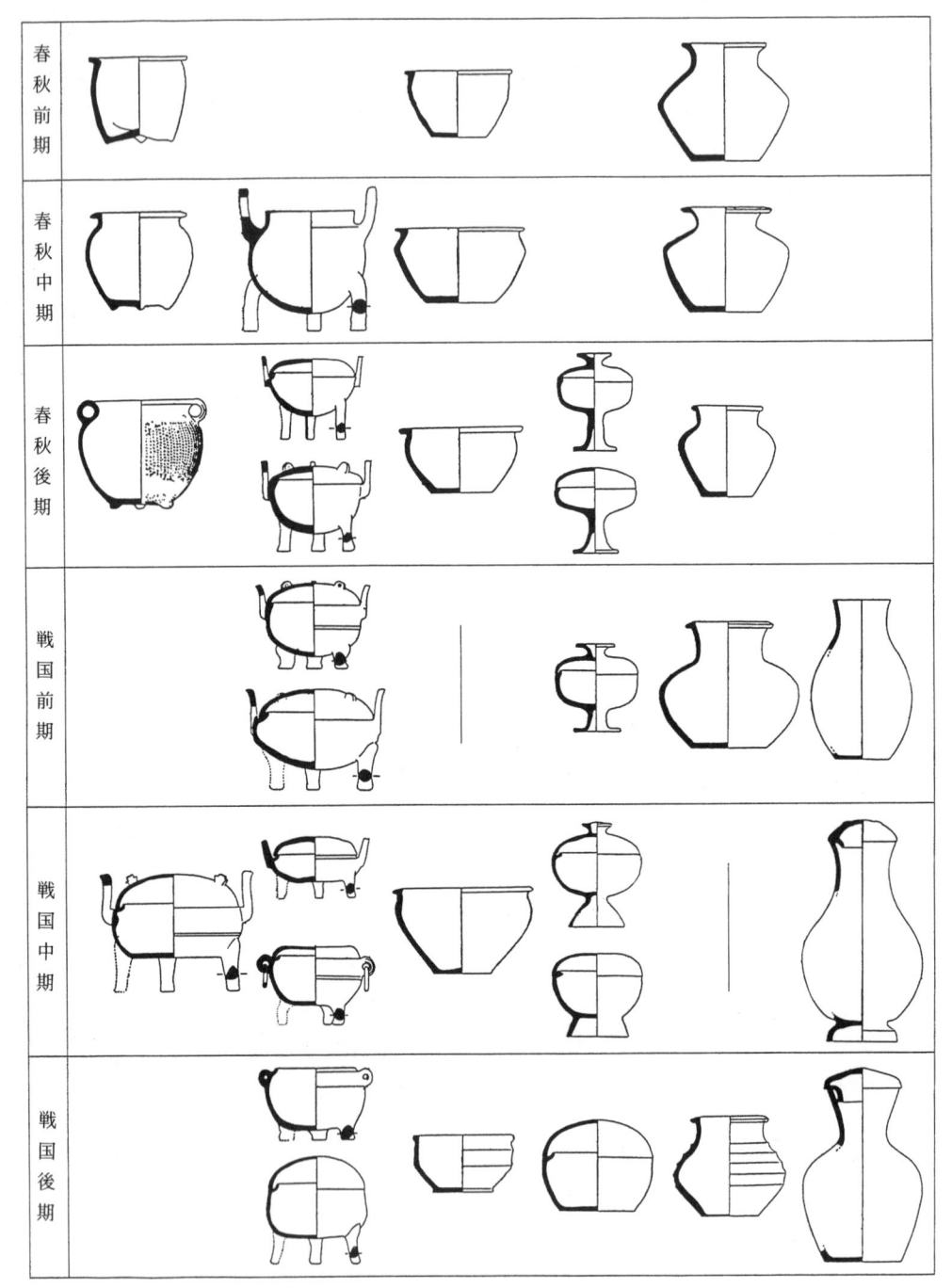

第168図　東周時代土器編年図　洛陽市

大きく変化をしはじめる。この時期の副葬陶器の基本的な組合せは、鼎・豆・罐からなる。陶鼎と陶豆は青銅の鼎と青銅の有蓋豆の器形を模倣したもので、従来の鬲の代わりに三足の陶鼎が出現し、盆の代わりに陶豆が出現してくる。

前5世紀前葉から前5世紀末葉の戦国前期に入ると罐に変わって壺が出現し、副葬陶器としての鼎・豆・壺の組合せが定着する。これら青銅器を模倣した土器には、暗紋や彩絵と称される施紋技

法で紋様が描かれている。暗紋と呼ばれる施紋技法は、粘土から土器を形づくる過程で、粘土がまだ半乾きの時に、先の丸い棒状の細い道具で、土器の表面に圧力を加えながら押し描いて紋様を描く方法である。圧力の加わった部分の粘土表面の密度が増大して、焼成した後に描いた紋様が光沢をもって見えてくるもので、弦紋・櫛歯紋・網形紋・鋸歯紋・山形紋・螺旋紋などの紋様がある。彩絵と称される技法は、泥質灰陶の表面に顔料で、弦紋・雷紋・渦紋・円圏紋・三角紋・櫛歯紋・爪形紋などの彩色紋様を施したものである。この彩絵は豆や壺に多く見られ白色・紅色・黒色などの顔料が用いられている。

前4世紀を中心とした戦国中期に入っても、鼎・豆・壺の組合せに変化はない。この時期の洛陽地区の副葬陶器には、鼎や壺に青銅器を精巧に模倣した遺物が見られる。とくに洛陽の焼溝村からは、壺の器身上に茶色の顔料を用いて鋪首や羽紋様を精緻に描いた遺物が出土している（第169図の1〜4）。

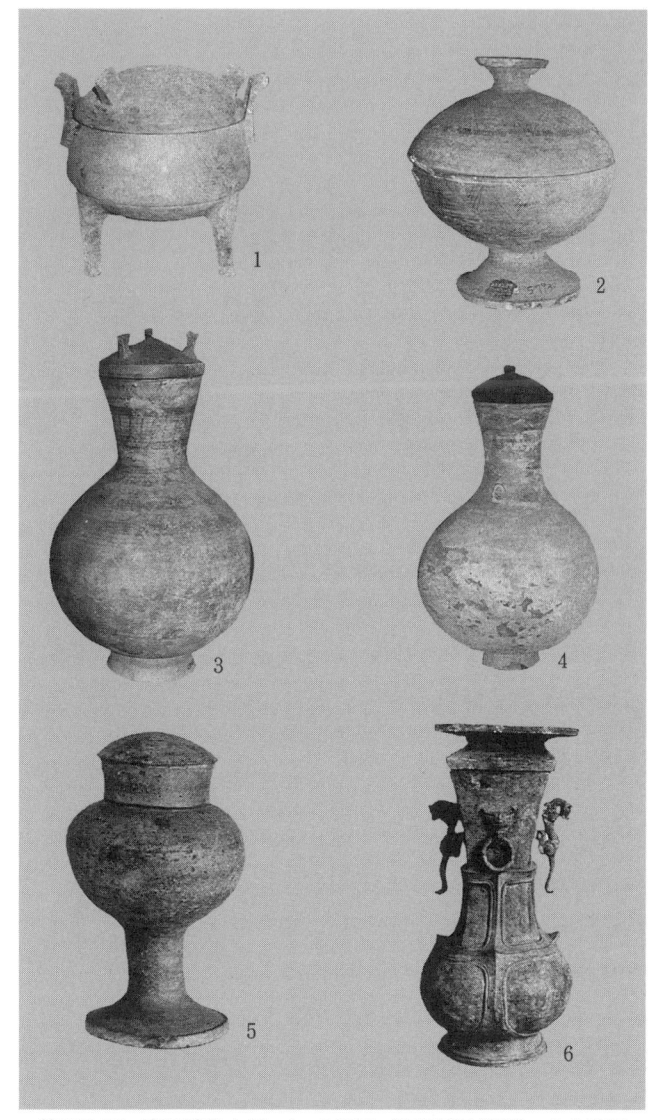

第169図　東周時代土器　1〜4 周国（洛陽博物館蔵）、5・6 燕国
（5 東京大学文学部蔵、6 中国歴史博物館蔵）

前3世紀を中心とした戦国後期に入ると鼎の耳がしだいに退化して、方形から環形の耳に変化し、あるいは耳のない鼎が出現してくる。また豆の圏足と陶蓋の鈕も退化し、豆の器身部分だけの器形である盒が出現する。したがって組合せとしては、鼎・盒・壺が一般的となる。

周室の滅亡後、秦代を経て漢代に入ると洛陽地区においても禮制用具の基本となる青銅禮器は衰退し、同時に副葬陶器の上にも大きな変化がでてくる。副葬陶器に鼎・盒・壺は相変わらず用いられたものの、灶・倉・囷・井戸・楼閣・人物・犬・鶏などの実生活と関係のある明器が急激に増加してくる。

周の副葬陶器に比較的近い遺物は、韓・魏・趙の三晋地域からも出土がある。河北省邯鄲市の百家村遺跡の戦国墓から出土した灰陶彩絵壺は趙国に属すると推定される遺物である。現在、北京大

学賽克勒考古与芸術博物館に収蔵されているこの彩絵壺は、鼓腹の器身で低い高台を有し、5つの蓮弁をもつ半球状の蓋を有している(3)（第170図の1）。高さ53.2cmほどの大型の遺物である。肩部には粘土を貼り付けたハート形の鋪首があり、器身と蓋には朱紅色の彩絵が施されている。器身の彩絵は6段に分けて施され、巻雲紋や龍紋が認められる。同じく百家村出土の豆は高さ18cmほどの大きさで、有蓋である（第170図の2）。器身に壺と同じく朱紅色の巻雲紋や龍紋が認められる。河南省輝県の魏国に属すると推定される固圍村戦国墓や趙固戦国墓からは彩絵のある灰陶や黒陶の副葬陶器が発見されている。(4)

第170図　彩絵陶　邯鄲百家村

（3）　中山王𧊒墓の黒陶

　大量の黒陶系副葬陶器が出土したことで注目されるのは中山王𧊒墓である(5)。中山王𧊒墓主墳からは、鼎5点、甗1点、有蓋豆4点、碗4点、壺4点、圏足付小壺2点、鴨形尊2点、盤2点、匜2点、筒形器1点、鳥柱盤1点の暗紋磨光黒陶が発見されている（第171図）。また陪葬墓からも主墳に準じた暗紋磨光黒陶の組合せが発見されている。たとえば1号陪葬墓からは、鼎1点、甗1点、無蓋豆5点、碗1点、壺2点、圏足付小壺2点、鴨形尊1点、盤1点、匜1点、筒形器1点、鳥柱盤1点の暗紋磨光黒陶が出土し、2・3・4・5号陪葬墓から出土した暗紋磨光黒陶の組合せも、主墳や1号陪葬墓出土の暗紋磨光黒陶の組合せに準じる内容であった。さらに6号陪葬墓からは、釜3点、無蓋豆8点、碗16点、罐5点、圏足付小壺1点の灰陶の土器類が発見されている。中山王𧊒墓の主墳および1・2・3・4・5号陪葬墓から出土した暗紋磨光黒陶と灰陶の器形と組合せは、鼎・甗・有蓋豆・無蓋豆・碗・壺・圏足付小壺・鴨形尊・盤・匜・筒形器・鳥柱盤を基本としている。これらの器形と組合せが、前4世紀後半の中山国の陶製禮器の制度を反映していることは明らかである。

　中山王𧊒墓の主墳・1・2・3・4・5号陪葬墓発見の黒陶類の胎土は、黒褐色を呈し、比較的軟らかく、焼成温度はそれほど高くないと推定される。主墳出土の黒陶は光沢があり紋様も精緻であるが、陪葬墓出土の土器は泥質黒陶で紋様も多少簡略である。中山王𧊒墓出土のこれらの黒陶類は、器形においては明らかに青銅器のそれを模倣しているが、暗紋の図案は青銅器の紋様とは別の独自の構成となっている。暗紋の技法で描かれた紋様の図案には巻雲紋・S字紋・三角紋・鋸歯紋・獣形紋・波折紋・横線紋・弦紋などがある。すでに述べたが、暗紋は土器が乾くか乾かないうちに、図案にしたがって先端の滑らかな竹や木の施紋具で土器の表面に押しつけたり擦ったりして描いて

いる。この種の黒陶は、河南省輝県固囲村戦国墓からも出土していて、黄河中流域の大型・中型の戦国墓には比較的多く副葬品として用いられたと推定されるが、中山王譽墓のごとく多量に出土した調査例はない。

(4) 燕・齊の土器

春秋戦国時代の彩絵土器の最も完成した遺物は、戦国時代燕国の墓から副葬陶器として出土している。一般的に燕の副葬陶器は、青銅禮器の器形と紋様をていねいに模倣したものが多い。河北省易県の燕下都16号墓からは、鼎11点、豆26点、壺11点、盤2点、匜2点、罐5点、鑑4点、簋12点、尊1点、甗2点、盉1点、小鼎14点、小方鼎4点、杯1点、編鐘35点からなる副葬陶器が出土している。

第171図 黒陶 中山王譽墓出土 1|2 / 3|4

これらの副葬陶器のなかで鼎や鑑には青銅器の紋様をうつした刻画による飛獣紋・饕餮紋・綱紋・三角紋などが描かれ、方壺・壺・豆・罐には同じく青銅器の紋様をうつした彩絵による巻雲紋・雷紋・鱗紋・三角紋が施されている。燕下都辛荘頭村の30号墓からも灰陶に朱紅色の彩色を施した方鼎・簋・壺・盤・盤豆などの彩絵陶が出土している。北京市の中国歴史博物館に展示されている北京市昌平県松園村2号墓出土の朱彩陶方壺は、春秋後期から戦国前期の青銅方壺の器形を忠実に模倣した彩絵陶である(第169図の6)。このような朱彩陶方壺のもとになったであろう青銅方壺の類は、湖北省淅川県下寺M1号墓出土の青銅龍耳虎足方壺や山西省太原市金勝村M251号墓出土の青銅龍耳方壺の類などであろう。松園村の朱彩陶方壺は、腹部が大きく膨らみ、方形の頸部は長く、頸部には対の鋪首と対の虎形把手が付き、口唇部上には大きな方形の蓋が乗っている。この方壺の蓋の側面には雷紋が施され、器身の頸部には巻雲紋が、腹部には唐草紋状の雷紋が、圏足部には弦紋が施されている。把手の虎も彩色によって虎の縞模様・顔面・尾が表現されているが、青銅器の場合は、虎のほか龍の把手が多い。このように戦国時代の燕国では、青銅禮器と紋様を丁寧に模倣した刻画紋土器や彩絵土器が多数見られる。また第169図の5に示した灰陶豆は、有蓋で高い圏足を有する燕独特の器形で、類似した器形の豆が燕領内で多数発見されている。

(5) 秦の土器

西方の雄である秦の副葬陶器の内容は、これまで紹介した周・三晋・燕の土器・陶器の内容と著

しく異なる。まず秦の春秋戦国時代の土器は、圧倒的に灰陶と灰陶に彩絵を施した遺物が多く、黒陶類はほとんど存在しない。つぎに、秦においては土器による青銅禮器の模倣が春秋時代の早い時期から行われ、周・三晋・燕などに比較して早くに陶製禮器つまり青銅器を模倣した副葬陶器が出現している。前8世紀から前7世紀初葉の春秋前期に青銅器を模倣した鼎・甗・簋・方壺が副葬陶器として出現し、このことは秦においてこの時期に青銅禮器の権威がすでに若干なりとも衰退していたことを意味していると思われる。

春秋前期頃の秦の都であった平陽城とあまり離れていないと思われる陝西省宝鶏市の福臨堡遺跡の秦墓では、鼎・甗・簋・無蓋豆・方壺の見事な副葬陶器の組合せが存在する。(9)甗・方壺・無蓋豆には、雷紋・鋸歯紋等の彩絵を施したものが存在する。秦の特色を示す遺物に甗がある

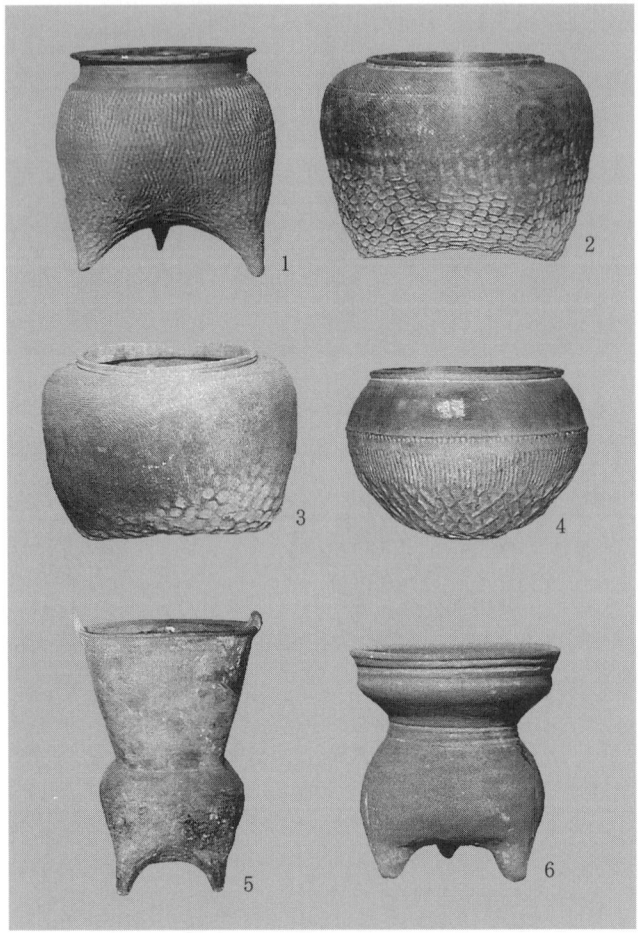

第172図　東周時代土器　秦国（1・6 早稲田大学文学部蔵、2・4・5 咸陽博物館蔵、3 秦咸陽宮博物館蔵）

（172図の5・6）。甗は、本来穀物を蒸す煮沸器で秦以外の国では副葬陶器にあまり用いられない器形である。甗には、器身全体に縄紋を施した実用陶器的な遺物と、青銅器の甗を模倣したと推定される素紋ないしは弦紋が施された明器的な遺物がある。福臨堡遺跡の甗は三足であるが、福臨堡遺跡とおおむね同時代の陝西省宝鶏県の西高泉遺跡の春秋時代秦墓からは四足の甗も出土している。(10)陝西省鳳翔県は秦の雍城が置かれた所であるが、ここの八旗屯遺跡や高荘遺跡では、前7世紀前葉の春秋中期から前3世紀の戦国後期に至る多数の秦墓が発掘され、多くの副葬陶器が出土している。ここでも方壺・簋・有蓋豆などに彩絵が認められるが、細かな雷紋が特徴的である。高荘遺跡の春秋後期の秦墓からは、陶囷が発見されている。(12)陶囷は当時の穀物倉を明器にうつした遺物で、建造物の明器としてはきわめて古い例で、周室があった洛陽市の春秋戦国墓では、戦国後期に至るまで建造物の明器は出現していない。秦においても、戦国時代の前期から中期には、鼎・豆・壺の副葬陶器の組合せが確立するが、秦の統一とともに鼎・豆・壺の副葬陶器は急激に減少し、鬲・釜・盆・罐・繭形壺などの実用陶器が多く副葬されるようになり（第172図の1～4）、あわせて甗（第172図の5・6）の小型模型や陶囷や灶などの具象的明器が増加する。秦の統一は、政治的な現象

第173図　東周時代土器　楚国（北京大学賽克勒考古与芸術博物館蔵）　1|2|3

にとどまらず、副葬陶器と明器の型式まで新しい変化をもたらし、結果的には古典的な陶製禮器・副葬陶器の体系を完全に崩壊に導き、新しい漢代明器の出現を生むきっかけとなっている。

（6）楚の土器・陶器

　楚の副葬陶器を中心とした土器類も、周や三晋の土器とはいささか異っている。春秋時代から戦国前期にかけての楚国の副葬陶器は、鬲を中心に円底壺・盆からなる組合せであった。鬲は偏平な円底形の器身に実足の三脚のついた器形で、楚独特の鬲器形である。壺は直立する高い頸部を有し、円底の器身には縄紋が施され、楚独特の器形で他地域には見られない土器である。楚では、戦国前期・中期以降に、鼎・敦・壺の組合せが一般的になり、敦とあわせて簠も比較的広く用いられている（第173図）。楚における鼎の出現は秦・三晋地域よりは遅く、細くかつ高い脚を有する鼎の器形に特色がある。また有蓋豆の出土はきわめて少なく、かわりに多くの敦や簠が副葬されている。敦は半球形の器身と蓋からなる盛器で、器身には三足が、蓋には足と同形の三鈕が付く。簠は敦の器身と蓋を方形にした器形で、器身と蓋は、それぞれ四足と四鈕を有する同形である。青銅の敦や簠の出土は、楚の領域に限られないが、陶敦と陶簠の出土は大部分が楚の領域からである。楚の陶器・土器は、鼎・壺の器形に周・三晋地域との強い結びつきを感じるが、同時に敦や簠の使用など楚独特の器形と組合せをもっている。また、壺や敦・簠の表面には白色の塗料を塗り、黒色・紅色の菱形紋の彩絵を施した土器も多い。楚の副葬陶器の代表的な資料例には、湖北省当陽県趙家湖の238基の楚墓から出土した1230点の土器、[13]江陵九店の544基の楚墓から出土した2601点の土器、[14]江陵雨台山の462基の楚墓から出土した2455点の土器などがある。[15]春秋戦国時代楚国の土器・陶器資料は近年になって膨大な量が知られるようになり、当陽県趙家湖楚墓の土器に対して行われた編年研究などを代表例として、楚の土器に対する研究は著しい進歩がある。第173図の鼎・簠・壺からなる副葬陶器は、北京大学賽克勒考古与芸術博物館に展示されている湖北省荊州市江陵劉家湾の楚墓から出土した遺物で、戦国前・中期の典型的な楚の土器である。

（7）呉・越の土器・陶器

　江蘇省・浙江省の春秋戦国時代の呉越に属する領域内の墓から出土する土器・陶器は、周・三

晋・秦・楚それぞれの領域内から発見されている土器・陶器とはかなり違った内容をもつ。呉越の領域内で発見されている長方形竪穴墓で、木槨を有し青銅器を出土する墓は春秋戦国時代の中原諸国や楚の文化からの強い影響を受けていると考えられるが、青銅器の副葬がなく灰釉陶器と印紋陶系土器が副葬されている土墩墓と呼ばれる墓は、西周時代以来この地に見られる伝統的な墓と考えられる。この地の副葬陶器は、土墩墓にともなう灰釉陶器と印紋陶類が圧倒的に多く、青銅器を出土する墓の副葬陶器も多くは、灰釉陶器と印紋陶系の土器・陶器類である。

　呉の副葬陶器として比較的古い遺物は、江蘇省六合県程橋M1号墓から出土した灰陶の鬲・罐と印紋硬陶である。鬲は口縁が直立し頸部は短く、足の袋部は浅く下部は実足となっている。この鬲に類似した遺物は楚墓からの出土例が多い。印紋硬陶罐は表面が浅灰色で、胎土は暗紅色である。口縁部は直立し肩が張り平底で、表面には小方格紋が施されている。この印紋硬陶罐に類似した遺物は、土墩墓系の墓からの出土例がある。これらの土器・陶器は、伴出した青銅器の年代から前6世紀末から前5世紀初頭に属する遺物と推定されている。江蘇省呉県の何山東周墓から出土した灰釉陶碗・印紋硬陶罐も、伴出した蟠螭紋のある青銅鼎・盉・簠などの年代から、前6世紀末から前5世紀初頭に属する遺物と推定される。灰釉陶碗は直径10.2cmほどの大きさで、器壁が直立し、平底である。器の内壁には轆轤回転の輪施紋があり、浅黄色の釉がかかっている。呉の副葬陶器には、呉の年代がおおよそ春秋中期・後期にあたることもあって、陶製禮器としての鼎・豆・壺の器形と組合せを見ない。ただし副葬陶器の一部に鼎が存在し、その器形は、呉越の地で流行した越式鼎と呼ばれる無蓋、平底、偏平細身の脚を有する青銅鼎を模倣した土器である。秦や中原諸国の副葬陶器には灰陶に彩絵した遺物が多数見られるが、呉の副葬陶器にはそのような遺物はなく、代わりに印紋硬陶や灰釉陶が多数含まれている。

　越国の副葬陶器としては、浙江省紹興県のM306号墓から出土した陶豆と陶罐が年代的に比較的古い土器資料である。豆は灰陶の類と思われるが、無蓋で豆盤が比較的大きく、圏足下部が大きく開く器形で、通高13.4cmほどの大きさである。陶罐は泥質灰陶の印紋軟陶である。この灰陶豆と印紋軟陶罐の年代は、ともに出土した蟠螭紋のある青銅の鼎や盉の年代から前6世紀中期から後期の遺物と推定されている。浙江省紹興県鳳凰山の2基の木槨墓からは、黒陶の有蓋鼎・獣頭鼎・越式鼎・盉・壺・盆・豆・匜・甗・敦・罐・甑が、また印紋陶の小罐・四耳罐が出土している。これらの黒陶の器形は青銅器の器形を模倣したもので、戦国中期の前4世紀頃の遺物と推定されるが、前4世紀に越国においても禮制にもとづく副葬陶器が確立していたことを示し、鼎・敦・壺の組合せは、明らかに楚文化の影響と考えられる。しかし、鳳凰山木槨墓出土の副葬陶器の獣頭鼎・越式鼎・壺などの器形には、越国独自の特色が濃厚に見られる。

　浙江省紹興県内出土の戦国時代の陶器には灰釉陶器が存在するが、その灰釉陶器の器形には、獣頭鼎・有蓋鼎・越式鼎・盉・碗などが存在する。これら青銅器の器形を模倣した灰釉陶器は、越文化の特色を強くもつ陶器と考えて差し支えないであろう。また、浙江省の杭州湾南岸の地は、後に越州窯を中心とした青磁生産の中心地となるところで、その地の副葬陶器に多くの灰釉陶器が存在するのは当然のことかもしれない。秦・韓・魏・趙・齊・燕・中山など華北の戦国時代の諸国においては、鼎・豆・壺などの禮制にもとづく器形の灰釉副葬陶器は、ほとんど存在していない。

呉越の副葬陶器の情況は、関中の秦、中原の周・韓・魏、北の趙・燕、東の齊・魯、南の楚などの副葬陶器の情況とは、かなり異なっているといえる。長江下流域の江蘇省・浙江省の地域においては、中原の西周時代から東周時代の同時代に属する土墩墓の存在と、それに副葬された灰釉陶器・印紋陶系土器の存在が知られている。この地の一部の春秋戦国時代墓からは、中原的な青銅器も出土しているが、副葬された土器・陶器に関しては、春秋時代から戦国時代の終わりまで、灰釉陶器と印紋陶系土器および、黒陶の器形において呉越文化の地方的特色を崩していない。

　上海博物館には、第174図に示した鼎・獣頭鼎・盃などの灰釉陶器が収蔵されている。第174図に示した灰釉陶器の出土地点は明らかでないが、浙江省紹興市付近で出土する遺物にたいへんよく似ている。第174図のいずれの遺物も紹興市付近出土の可能性が高く、前4世紀から前3世紀前半の越国の遺物と考えてよいであろう。

（8）春秋戦国時代の土器・陶器の性格

　春秋戦国時代の土器・陶器の多くは、墓から出土する副葬陶器であるが、そこには中国の春秋戦国時代の歴史的変遷が投影されている。西周時代後期から春秋時代は、周室の力が衰え、諸侯の力がしだいに強固になっていく時代である。春秋時代から戦国時代には諸侯も「王」を称し、それぞれの国が独立色を強めている。始皇帝の統一秦から前漢の武帝に至る前3世紀末葉から前2世紀中葉の時代は、中国が古代帝国として

第174図　東周時代灰釉陶器　呉越
（上海博物館蔵）

統一された時代である。諸国間の土器の特色は別として全体的に見ると、春秋前・中期の副葬陶器は、秦を例外としてほかの諸国では禮制から外れた実用陶器を用いた例が多い。これは周室を中心とした禮制の権威が保たれ、青銅禮器を土器・陶器に模倣することを安易に許していなかったことを意味しているものと考えられる。春秋後期から戦国時代に入ると、いずれの諸国においても時期の早い遅いはあるが、青銅禮器を模倣した陶製禮器をつくり、それを副葬陶器として墓に納めるようになる。この現象は、周室の権威が衰え、諸侯が王を称したのと同じ現象で、青銅器のもつ禮制上の権威が衰え、青銅禮器の器形を土器・陶器においても使用するようになったことを意味している。陶製禮器の使用は、王侯貴族などの上層階級にかぎらず、中・下層の人びとにまで行き渡った

と推定される。統一秦から前漢武帝に至る時代に、禮制にもとづく鼎・豆・壺の組合せが崩壊して、漢代明器としての倉・灶・鼎・鍾・鈁などが見られるようになるが、これらの現象は旧体制が完全に崩壊し、新たな統一国家である漢帝国の出現という社会変化と無縁の現象ではない。

現在までの春秋戦国時代の土器研究は、主として墓から出土した副葬陶器に対する研究であった。今のところ資料に限りがあるものの、今後は生活址から出土する実用の土器に対する研究が期待される。

註

（1） 40 王仲殊、1954、「洛陽焼溝付近的戦国墓葬」（『考古学報』第八冊）。
（2） 348 中国科学院考古研究所、1959、『洛陽中州路』（『中国田野考古報告集』考古学専刊丁種第四号）。
（3） 534 北京大学・河北省文化局邯鄲考古発掘隊、1959、「1957年邯鄲発掘簡報」（『考古』1959年第10期）。545 北京大学賽克勒考古与芸術博物館、1992、『燕園聚珍』（文物出版社、北京）。
（4） 346 中国科学院考古研究所、1956、『輝県発掘報告』（『中国田野考古報告集』第一号）。
（5） 96 河北省文物研究所、1996、『響墓——戦国中山国国王之墓』（文物出版社、北京）。
（6） 89 河北省文化局文物工作隊、1965、「河北易県燕下都第十六号墓発掘」（『考古学報』1965年第2期）。
（7） 337 蘇天鈞、1959、「北京昌平区松園村戦国墓葬発掘記略」（『文物』1959年第9期）。
（8） 76 河南省文物研究所・河南省丹江庫区考古発掘隊・淅川県博物館、1991、『淅川下寺春秋楚墓』（文物出版社、北京）。197 山西省考古研究所・太原市文物管理委員会・陶正剛・侯毅・渠川福、1996、『太原晋国趙卿墓』（文物出版社、北京）。
（9） 364 中国科学院考古研究所宝鶏発掘隊、1963、「陝西宝鶏福臨堡東周墓葬発掘記」（『考古』1963年第10期）。
（10） 549 宝鶏市博物館・宝鶏県図書館、1980、「宝鶏県西高泉村春秋秦墓発掘記」（『文物』1980年第9期）。
（11） 331 陝西省雍城考古工作隊・呉鎮烽・尚志儒、1980、「陝西鳳翔八旗屯秦国墓葬発掘簡報」（『文物資料叢刊』第3集）。
（12） 562 雍城考古工作隊、1980、「鳳翔県高荘戦国秦墓発掘簡報」（『文物』1980年第9期）。563 雍城考古隊・呉鎮烽・尚志儒、1981、「陝西鳳翔高荘秦墓地発掘簡報」（『考古与文物』1981年第1期）。
（13） 172 湖北省宜昌地区博物館・北京大学考古系、1992、『当陽趙家湖楚墓』（文物出版社、北京）。
（14） 185 湖北省文物考古研究所、1995、『江陵九店東周墓』（科学出版社、北京）。
（15） 175 湖北省荊州地区博物館、1984、『江陵雨台山楚墓』（『中国田野考古報告集』考古学専刊丁種第二十七号）。
（16） 144 江蘇省文物管理委員会・南京博物院、1965、「江蘇六合程橋東周墓」（『考古』1965年第3期）。
（17） 151 呉県文物管理委員会、1984、「江蘇呉県何山東周墓」（『文物』1984年第5期）。
（18） 287 浙江省文物管理委員会・浙江省文物考古所・紹興地区文化局・紹興市文管会、1984、「紹興306号戦国墓発掘簡報」（『文物』1984年第1期）。
（19） 238 紹興県文物管理委員会、1976、「紹興鳳凰山木椁墓」（『考古』1976年第6期）。

第6章 青銅器時代Ⅲから鉄器時代Ⅰへ 331

第5節　春秋戦国時代の瓦当

(1) はじめに

　窯で粘土を焼成した窯業生産遺物としては、土器・陶器のほかに瓦や陶范の類がある。西周時代に出現した瓦は、春秋戦国時代に入ると、周・秦・燕・齊の領域で広く用いられるようになる。とくに戦国時代に入ると、各諸侯国の都市遺跡から多種の半瓦当が出土するようになる。かつて関野雄氏は、1940・1950年代に燕・齊の半瓦当に関して優れた研究を行っているが、今日では周や秦の半瓦当資料も増加している。春秋戦国時代の瓦類には、軒瓦としての半瓦当・円瓦当のほか、平瓦・丸瓦・瓦釘形器などがある。春秋前期の瓦の葺き方に関してはほとんど不明で、想定される屋根の面積に対して出土する瓦の量は比較的少ない。戦国中・後期の遺跡からは、瓦が鱗状に重なって出土する例もあり、本瓦葺きに近い方法で葺かれていたと想定される。ここでは、いくつかの都市遺跡から出土した半瓦当の内容と研究現状を簡単に紹介してみる。

(2) 洛陽地区の半瓦当

　洛陽市の中央を東西に貫く中州路の建設にあたって行われた事前調査では、多数の春秋戦国時代の半瓦当が出土している（第175図）。春秋時代の瓦の焼成温度は比較的低く、瓦質は柔らかなものが多く、灰褐色あるいは黒灰色を呈している。戦国時代の瓦の焼成温度は比較的高く、瓦質は堅く、青灰色を呈するものも含まれている。第175図の半瓦当は東周時代の周室が存在した雒邑遺跡から出土した半瓦当である。半瓦当の直径は13〜15cmで、厚さは1cm前後である。1・2は雲文状の紋様ではあるが、饕餮紋状の巨眼が表され、春秋時代の遺物と推定される。この時代すでに青銅器においては饕餮紋が廃れていて、この半瓦当の巨眼を饕餮紋の巨眼と直接結びつけるのは正しくはないが、一般にこの種の半瓦当の紋様も饕餮の名称で呼ばれることが多い。3・4・5は唐草状の紋様が施されているが、先の饕餮紋からの変化とも思われる。6・7のV字形紋も先の饕餮紋からの変化であることは明らかである。6のV字形紋の年代は戦国後期まで下ると中州路の発掘報告書は述べる。8〜10は雲紋半瓦当であるが、この種の雲紋の円瓦当が統一秦時代および前漢時代に存在する点から、おおむね同時期の半瓦当と考えてよいであろう。

(3) 燕・齊の半瓦当

　燕の領域からは、特色のある半瓦当が出土する（第176図の1〜6）。一般に燕の半瓦当は重厚な遺物が多く、河北省易県燕下都や北京市内からの出土が伝えられる。燕下都の調査報告書には、饕餮紋・双龍饕餮紋・双龍紋・山雲紋・樹木巻雲紋などの紋様が瓦当面に施された多数の半瓦当が図示されているほか、中国歴史博物館などにも少なからず燕国の領域から出土した瓦当の展示が見られる。第176図の1〜3は饕餮紋と称される対になる巨眼をもつ半瓦当で、戦国時代の遺物である。1は中国歴史博物館収蔵の半瓦当で直径15cmほどの大きさである。胎土の色は紅褐色を呈し、瓦質

第175図　半瓦當　東周時代（洛陽東周故城出土）

第 6 章 青銅器時代Ⅲから鉄器時代Ⅰへ 333

第 176 図　半瓦當　戦国時代、1〜6 燕、7・8 齊

は比較的柔らかい。瓦面の紋様は対照となる巨眼とその上部の小型の饕餮紋を主紋として周囲に雲気紋を配している。2 は東京大学収蔵の半瓦當で、同じく直径 15cm の大きさである。巨眼の上部には退化してはいるが小饕餮紋が配され、周囲を雲気紋ないし蕨手紋が取り巻いている。3 は筆者が燕下都で採集し北京大学考古文博学院に渡した半瓦當で、想定直径 15cm ほどの大きさである。対になる巨眼の中央上部に小饕餮紋がある。4 は 2 匹の動物（虎か犬）が対照的にならぶ図案で、東京大学文学部が収蔵し、直径 15cm ほどの大きさである。5 は 2 匹の龍または馬などの動物が向かい

334

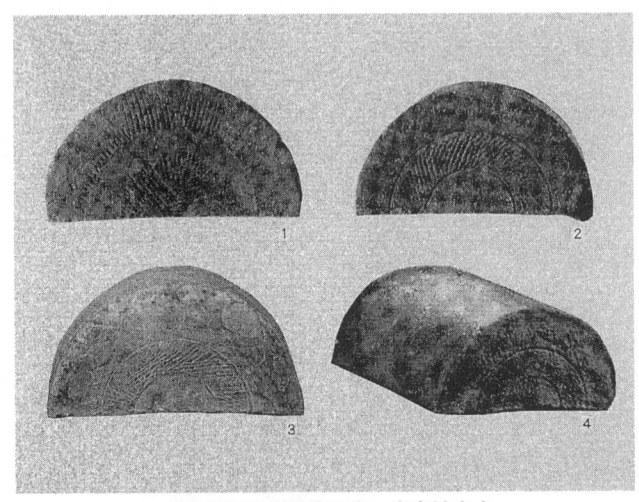

第177図　縄紋半瓦當　秦雍城出土

合う図案の半瓦當である。中国歴史博物館に収蔵され、直径15cm ほどの大きさの半瓦當である。6は山雲紋（山字紋・凸字紋）が三重に重なる図案で、この種の図案も燕の領域では好んで描かれている。東京大学文学部収蔵の半瓦當で直径15cm ほどの大きさである。燕の半瓦當の紋様としては、饕餮紋・双龍饕餮紋・山雲紋の類が圧倒的に多い。

齊の領域からも特徴のある半瓦當が出土し、多くは戦国時代の遺物である（第175図の7・8）。7は樹木を中心として、左右に騎馬が描かれている。東京大学収蔵の半瓦當で、直径15cm の大きさである。8も中心にあるのは一種の樹木と考えられ、左右に目と草が描かれている。東京大学収蔵の半瓦當で、直径15cm の大きさである。関野雄氏は、7・8の中央の樹木紋を齊における樹木信仰の表現であると述べている(4)。

(4)　東周時代秦の瓦當

陝西省鳳翔県の豆腐村を中心とした地域からは、「蘄年宮當」「年宮」「棫」などの文字が書かれた瓦當が出土し、ここが秦都雍城の跡であることは明らかとなっている(5)（第150図）。鳳翔県の地が秦雍城の跡であれば、出土している瓦當の中に前7・6・5・4世紀の秦国の瓦當が含まれている可能性が強い。秦雍城出土の瓦當類には、半瓦當と円瓦當がある。半瓦當には磨消縄紋・饕餮紋が見られ、円瓦當には鹿紋・虎紋・双獣紋・四獣紋・夔鳳紋・輻射紋・葉紋・雲紋などが施されている。この中で半瓦當の類は、形態的には西周半瓦當の伝統を受け継ぎ、秦以外の列強の場合も半瓦當が円瓦當に先行して出現していると考えられる点から、雍城の半瓦當の場合も古手の瓦當が含まれると推定してよいであろう。注目されるのは磨消縄紋のある縄紋半瓦當で、一般的に大きさは直径11〜15cm である（第177図）。第177図の1の半瓦當は、縄紋が瓦當面の中心から放射状に施され、縄紋を磨り消して、周縁と同心円状に寛帯を設け、さらに周縁部においても磨消を試みている。2も同じような磨消縄紋のある縄紋半瓦當で、寛帯部分に縄紋を残し、寛帯の両縁を半円形に縁取っている。3は旧陝西省博物館に展示されていた雍城出土の縄紋半瓦當で、直径約13cm ほどの遺物である。寛帯部分に縄紋を残し、筒部分の背面にも縄紋が見られる。4は1974年にT1秦宮殿より出土した縄紋半瓦當とその筒部分である。半瓦當面は、寛帯部分に縄紋を残し、沈線によって縁取りしている。このような縄紋半瓦當の大部分は雍城遺跡から出土し、雍城内の凌陰遺跡からの出土例なども知られるが、雍城遺跡以外からの出土例をほとんど知らない。たとえば櫟陽城や咸陽城の調査報告にも縄紋半瓦當は示されていない。したがって縄紋半瓦當は、秦の中心が雍城にあった前7世紀から前5世紀の間に流行して、秦の中心が櫟陽城や咸陽城にうつった頃には廃れていった遺物と推定される。

姚家岡のT1秦宮殿址では、縄紋半瓦當が、第2層あるいは敷石面下の整地土層から出土している。この第2層からは、玉玦・石圭などの玉石器が出土しているが、これらの形態は、春秋前・中期の秦国の墓である宝鶏市福臨堡M1号墓出土の石玦・石圭に類似している。したがって、第2層出土の縄紋半瓦當も春秋前・中期に属する可能性を考えることができる。姚家岡からは、64点の青銅建築部材（建築構件）が出土しているが、出土地層の層位関係からみて、縄文半瓦當は青銅建築部材と同時代と考えられ、春秋中期後半をその年代の目安とすることができる。なお、第178図の1に拓本を示した饕餮紋半瓦當も、秦雍城遺跡からの出土遺物で、前5世紀以降の戦国前期に属する遺物と考えられている。[6]

鳳翔県南一帯の秦雍城址からは、各種の円瓦當が出土している。雍城出土の円瓦當には、鹿紋瓦當・虎紋瓦當・双獣紋瓦當・四獣紋瓦當・夔鳳紋瓦當・葵紋瓦當・輻射紋瓦當・葉紋瓦當・雲紋瓦當などがあり、大きさは直径11〜17cmである。鹿紋・虎紋・双獣紋・四獣紋・夔鳳紋などの鳥獣紋瓦當と葵紋瓦當の時期については、戦国時代後期から統一秦時代に属する遺物と考えられている。

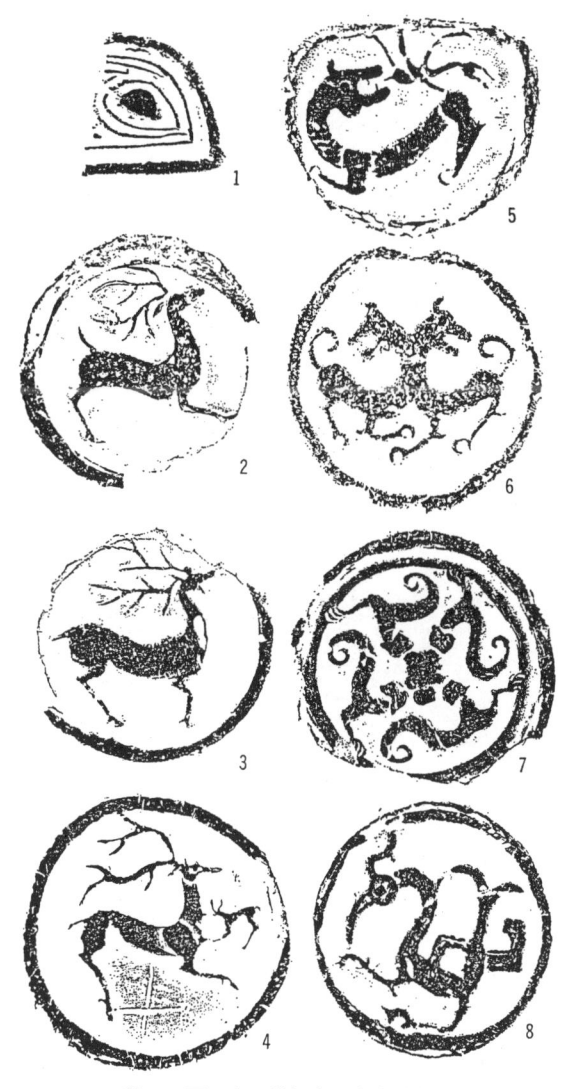

第178図　秦瓦當拓本　秦雍城出土

第178図の2〜8に示した鳥獣紋瓦當は、雍城出土と伝えられる鳥獣紋瓦當類である。第178図の2・3・4は、鳳翔県蘄年宮址出土と伝えられ、旧陝西省博物館に収蔵されていた鹿紋瓦當である。第178図に示した鹿紋瓦當はすべて鳳翔県雍城遺跡出土と伝えられる遺物であるが、科学的に発掘された遺物ではない。しかし、秦都雍城の正式の調査報告中にこの種の鹿紋瓦當を見いだすことができ、[7]この種の鹿紋瓦當の多くが雍城の遺物であることを確認することができる。また今後の科学的発掘によって、雍城以外の櫟陽城や咸陽城などの秦国領域からの鹿紋瓦當の出土資料が加わる可能性も考えられるが、今日もちうる認識では、鹿紋瓦當はたぶんに地域的・年代的性格の強い瓦當と見ることができる。5は直径14.8cmの虎紋瓦當で、鳳翔県出土と伝えられる。瓦當面の中央には、虎と思われる左向きの動物が顔を反転して、大きく口を開き自分の尾を嚙もうとしている。首は長く、腰を高く上げ、尾を顔面に向けて振り上げている。尾の後方には1羽の鳥が飛んでいる。6は、鳳翔県大鄭宮址

第179図　秦葵紋瓦當

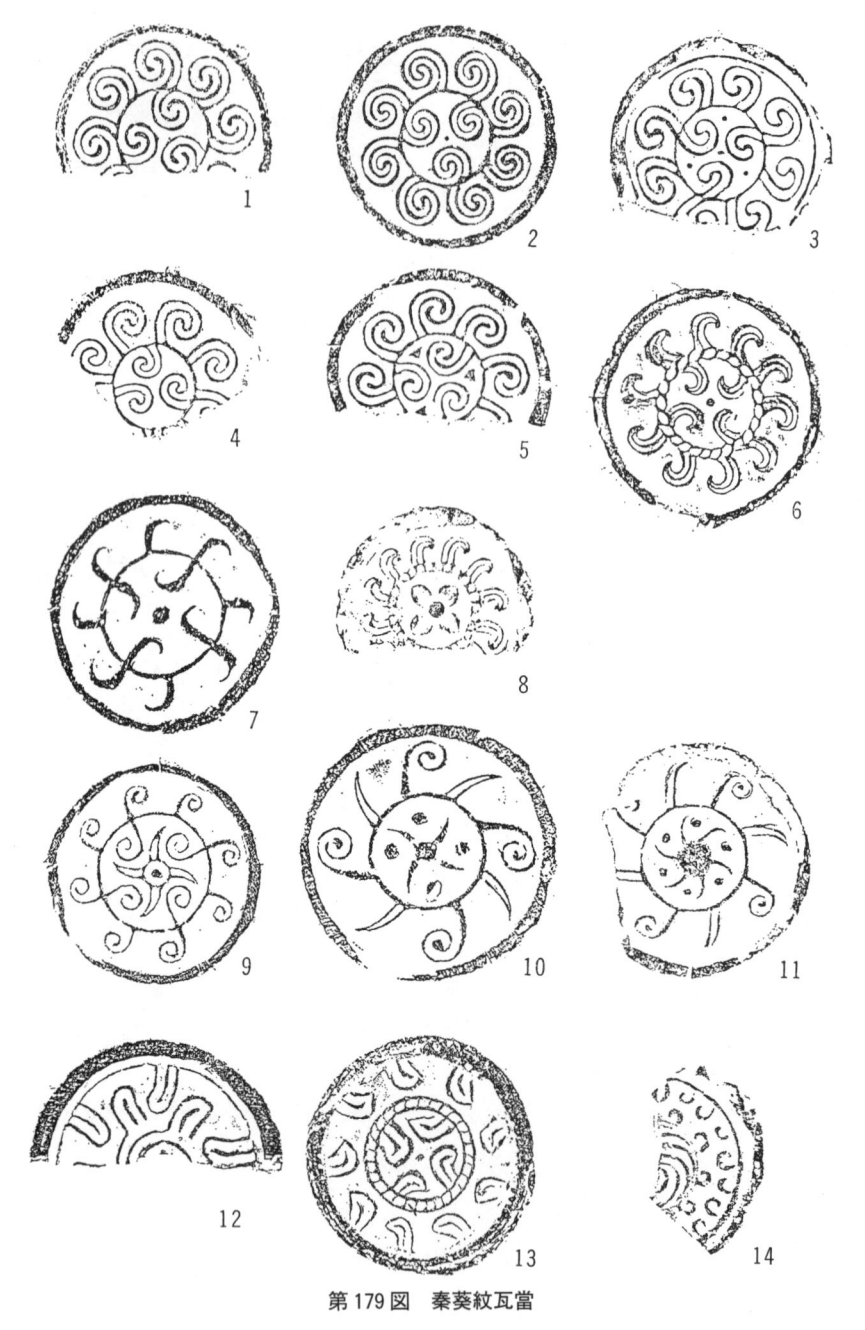

出土と伝えられる直径15.6cmほどの双獣紋瓦當である。首を伸ばして吠える2匹の犬または狼を、首部で重ねて描いている。雍城からは、これと同紋様と思われる円瓦當の破片がいくつか出土している。6の円瓦當は2匹の動物を描いているが、この動物の首を反転させると5の動物の図案になる。その首を反転させた動物図案を、後ろ合わせにした図案が先に紹介した燕の双獣紋半瓦當にあたる。したがって6は、燕の双獣紋半瓦當に比較的近い年代の遺物である可能性があり、同じ戦国時代かやや年代の下がる時代に属する遺物と考えてよいであろう。7も鳳翔県大鄭宮址出土と伝えられる直径13.8cmほどの四獣紋瓦當である。中房状の中央の隆起を取り囲んで4匹の動物が走り回っている。

動物は頭・首・前足・胴・尾からなり後足はなく、尾を下方に巻き込んでいる。四獣紋瓦当の図案は、戦国時代の前4世紀中葉・後半の各遺物に見られる四獣紋や三獣紋の図案から生まれたものと思われる。したがって四獣紋瓦当の年代を前4世紀後半・前3世紀前半に考えたい。8の夔鳳紋瓦当は、瓦当面の周囲を細い周縁が周り、中央に夔鳳が描かれている。夔鳳は、長い嘴、冠を有し、尾は二股に分かれ、翼は後方に延びている。両足の表現は、双獣紋瓦当の表現方法と同じである。この夔鳳紋は、春秋戦国時代から秦・漢時代にかけての各種の器物に見られる。夔鳳紋瓦当の年代は、前4世紀が推定される。

秦都櫟陽を中心とした陝西省内に存在する戦国時代秦国の遺跡と統一秦時代の遺跡からは、葵紋瓦当（第179図）と呼ばれる円瓦当が出土している。葵紋瓦当には、内区と外区に複線葵紋を配する1型（第179の1～6）と、内区に剣紋、外区に単線葵紋と剣紋を配する2型（第179図の9～11）と、さらに周縁から外区内側に凸出葵紋を有する3型（第179図の12～14）の3型式に大別される。葵紋瓦当を出土する代表的な遺跡としては、雍城・櫟陽城・咸陽城・阿房宮址などの各遺跡が存在する。陝西省西安市臨潼区の櫟陽城は、葵紋瓦当を出土する最も代表的な遺跡である。臨潼区武家屯の北東に存在する故城は、秦献公二（前383）年から孝公十二（前350）年に至る秦都櫟陽城である可能性が強いが、もし秦の国都でなかったとしても、「櫟市」銘の陶文の出土などから考えて、秦献公二（前383）年に造営された秦の城のひとつとしての櫟陽城であることに間違いはないと考えられている。葵紋瓦当は、櫟陽城が造営された前4世紀に出現し、櫟陽城の造営にあたっては多くの葵紋瓦当が使用されたと考えられる。前4世紀の中葉に咸陽城への遷都が行われるが、咸陽遷都後の前3世紀にも必要に応じて葵紋瓦当が作製されていると考えられ、咸陽宮遺跡や阿房宮址からの出土も伝えられている。

秦咸陽城遺跡や始皇陵からは、雲紋瓦当が出土している（図版31）。咸陽は戦国時代の前350年以降、統一秦が滅びる前206年まで、秦の都であった。咸陽宮遺跡出土の雲紋瓦当の古い遺物は、戦国時代末期までさかのぼる可能性もある。始皇陵の寝殿や便殿付近からは雲紋瓦当が出土している。始皇陵は、始皇帝が即位した翌年（前245年）から造営が開始されたという。始皇陵出土の瓦にも戦国時代の遺物が含まれている可能性は高い。

(5) まとめ

春秋戦国時代に入ると、西周時代と比較してより広く瓦が建築部材として用いられたことは疑いのない事実である。しかし、今日のところ春秋時代の瓦当に関していえば、確かな資料が多少なりともあるのは、洛陽市の東周故城の瓦と、秦の雍城の瓦ぐらいである。今後、晋・鄭・齊・魯国などの領域から春秋時代に属する瓦資料が出土することが期待される。戦国時代の瓦資料は、春秋時代の瓦遺物に比較すると格段に多いが、調査報告のある瓦資料には地域的な限りがある。その地域は、燕・齊地域と戦国秦の地域と東周故城に代表される周地域である。半瓦当に関してみれば、燕の饕餮紋半瓦当や齊の樹木信仰・思想を表現した半瓦当が戦国時代半瓦当を代表している。樹木信仰と関係があると思われる半瓦当は、秦の領域にもあるといわれているが、出土資料として確かな遺物の存在を確認していない。秦の戦国時代瓦当には、鳥獣紋円瓦当や葵紋瓦当があり、これらは

秦独特の円瓦当と見ることもできる。戦国時代末から統一時代に出現した雲紋円瓦当は秦の瓦当の特色を示す遺物で、前漢時代の雲紋瓦当の紋様の祖形となっている。雲紋は洛陽市の東周故城の半瓦当にも見られるが、漢代雲紋瓦当の起源は秦の瓦当にあると考えてよいであろう。

註

（1）　278 関野雄、1952、『半瓦当の研究』（岩波書店、東京）。
（2）　348 中国科学院考古研究所、1959、『洛陽中州路』（『中国田野考古報告集』考古学専刊丁種第四号）。
（3）　97 河北省文物研究所、1996、『燕下都』（文物出版社、北京）。
（4）　278 関野雄、1952、『半瓦当の研究』（岩波書店、東京）。
（5）　317 陝西省社会科学院考古研究所鳳翔隊、1963、「秦都雍城遺址勘査」（『考古』1963 年第 8 期）。333 陝西省雍城考古隊、1984、「一九八二年鳳翔雍城秦漢遺址調査簡報」（『考古与文物』1984 年第 2 期）。
（6）　24 飯島武次、1998、『中国周文化考古学研究』（同成社、東京）368 頁。
（7）　333 陝西省雍城考古隊、1984、「一九八二年鳳翔雍城秦漢遺址調査簡報」（『考古与文物』1984 年第 2 期）。
（8）　328 陝西省文物管理委員会、1966、「秦都櫟陽遺址初歩勘探記」（『文物』1966 年第 1 期）。425 中国社会科学院考古研究所櫟陽発掘隊、1985、「秦漢櫟陽城遺址的勘探和試掘」（『考古学報』1985 年第 3 期）。
（9）　245 秦都咸陽考古工作站、1976、「秦都咸陽第一号宮殿建築遺址簡報」（『文物』1976 年第 11 期）。246 秦都咸陽考古工作站・馬建熙、1976、「秦都咸陽瓦当」（『文物』1976 年第 11 期）。436 張旭、1982、「秦瓦当芸術」（『考古与文物』1982 年第 2 期）。
（10）　336 陝西省臨潼県文化館、1974、「秦始皇陵新出土的瓦当」（『文物』1974 年第 12 期）。249 秦俑坑考古隊、1979、「秦始皇陵北二・三・四号建築遺迹」（『文物』1979 年第 12 期）。

第 6 節　春秋戦国時代の青銅器

（1）　春秋時代と戦国時代の青銅器

　春秋時代から戦国時代にかけては、周王室の力が衰え、諸侯の力がしだいに強力になっていった時代で、禮制の道具としての青銅器にも、そのような傾向を読みとることができる。諸侯国において生産された青銅器はそれぞれの諸侯国の特色を示す。北の黄河流域に存在した諸侯国の特徴的な遺物としては、周室の後ろ盾となった虢国の青銅器、春秋時代の強国であった晋国の青銅器、西方の強国であった秦の青銅器、戦国時代の多くの遺物を出土した中山王墓出土の青銅器などが知られる。また南の楚の青銅器を見ると、楚の青銅器が北の周・晋あるいは三晋の青銅器とはかなり異なった器形と紋様をもち、独自の発展を遂げていたことが知られる。楚においては、春秋時代の早い時期に武王通（前741～前670年）が自ら「王」を称し、周室に対抗しはじめているが、楚の青銅器にはそのような風格を感じさせる遺物が多く、曽侯乙墓出土の青銅器なども楚国系の青銅器と見ることができる。
　春秋時代前期の青銅器の組合せは、西周後期末と大きな変化はなく、やはり鼎と簋を中心とした

組合せからなっている。春秋時代全体を通じて青銅器の器形を見ると、禮器の中心となる鼎と簋のほかに、これに甗・方壺・壺・罍・簠・豆・盃・匜・盤・鑑・編鐘・鎛・錞などの器形が加わる。春秋中期から後期には、敦・有蓋豆の器形が出現する。春秋時代の諸侯国の青銅器はそれぞれの地域的特色をもっているが、ここでは中原地区の春秋時代青銅器を標準的な参考資料として示しておく。

中原地区の春秋前期の青銅器としては、虢国の墓から出土した青銅器や晋国の青銅器が代表例として知られる。虢国墓地は、河南省三門峡市上村嶺にあり、多くの青銅器を出土している。上村嶺出土の青銅器のあるものは西周時代の厲王・宣王期に属するが、M1052・M1810・M1820・M2001・M1704・M1705・M1706号墓などは、春秋前期の墓と考えられる。上村嶺M1052号墓の、いわゆる虢国太子墓からは、鼎7、鬲6、甗1、簋6、鋪（豆）1、方壺2、盤1、盃1、罐1点の青銅器が出土している（第180図）。鼎は7点からなる列鼎で、最大のものは高さ36cm、最小のものは高さ24cmで、口縁には竊曲紋が、胴部には蟠螭紋が

第180図　青銅器　春秋前期、1鼎、2簋、3豆、4獣形豆
（虢国墓地出土、1〜3.M1052号墓、4.M1704号墓）

第181図　秦公鎛・秦公鐘

施されている。簋は通高 22cm ほどの大きさと思われ、身と蓋にも竊曲紋が認められる。豆の盤の直径は 24cm ほどで、圏足には鼎や簋に類似した紋様が施されている。第 180 図の 4 の獣形豆は上村嶺虢墓地の M1704 号墓から出土した遺物である。全長 31.5cm の大きさで身全体に雷紋が施され、豆盤には竊曲紋が施されている。1978 年に陝西省宝鶏市宝鶏県陽家溝太公廟村の窖蔵から発見された 3 点の秦公鎛と 5 点の秦公鐘は、前 714 年に造営された秦都平陽との関係が考えられる遺物で、春秋時代前期の青銅楽器の標準となる遺物である(2)（第 181 図）。3 点の鎛の中で最大のものは、通高 75.1cm の大きさがあった。鎛器身の四方には飛龍と鳳凰の透かし彫りの扉棱が付き、舞部中央に半環形の鈕が付いている。鎛の鼓と呼ばれる下半分には、3 点とも同文の銘文 135 字が書かれ、秦文公・秦静公・秦憲公・秦武公について述べている。鐘は二組に分かれ、それぞれの組の銘文を連続させて組み合わせると鎛の銘文と同じになる。

　春秋中期の青銅器を出土している墓の代表例としては侯馬市上馬村の M13 号墓を取り上げることができる(3)。M13 号墓からは、鼎 7、鬲 2、甗 1、簋 2、敦 1、方壺 2、盤 1、匜 1、鑑 1 点、編鐘 9 点 1 組の青銅器が出土している。7 点の鼎の形と大きさは統一されていないが、いずれも円鼎、深腹で、この時代の特色を示す蟠螭紋が施されている。河南省博物館収蔵の河南省新鄭県城李家楼出土の蟠螭紋蓮鶴方壺（第 182 図の 1）や虎耳銅罍（第 182 図の 2）および甘粛省天水県出土といわれる秦公簋（第 182 図の 4）もこの時期を代表する遺物である。

　春秋後期の資料としては、洛陽中州路の M2729 号墓の青銅器を取り上げることができる(4)。中州路 M2729 号墓からは、鼎 2、豆 2、罍 2、舟 1、盤 1、匜 1 の青銅禮器が出土している。寿県蔡侯墓の青銅器（第 182 図の 3）なども春秋後期のこの時期に属すると考えてよいであろう(5)。蔡侯墓からは、486 点の青銅器が発見され、その器形には鼎・鬲・簋・簠・敦・豆・盤豆・方壺・尊・盉・瓿・鑑・罐・盤・鐘・鎛・鉦・錞・戈・矛・剣などがあった。

　戦国時代には、壺と類似した器形の扁壺・鍾・鈁・蒜頭壺のほか鑢・灯などが出現する。また秦の領域を中心として釜としての鍪が広く用いられているが、実用性の高い容器である。鍪は円底で頸部が大きく括れ、対になる環状の把手が付く。紋様の面では、春秋前期に西周以来の竊曲紋・環帯紋・重環紋が比較的多く用いられるが、中期から後期に入るにしたがい、蟠螭紋が増加してくる。戦国時代に入ると、蟠螭紋とならんで羽状紋を好んで用いるようになる。また戦国時代の青銅器には、金銀の象嵌を施したものが存在し、また青銅壺や豆のいくつかには戦闘・車馬・怪獣・狩猟場面・祭祀場面を描いた画紋が見られる。

　戦国時代前期の好資料としては、洛陽中州路 M2717 号墓出土の一群の青銅器が知られる。M2717 号墓からは、鼎 5、甗 1、豆 4、壺 7、舟 1、盤 1、匜 2 点の青銅禮器が発見されている。曽侯乙墓の有蓋豆・尊盤そして編鐘も戦国前期と考えてよい青銅器である（第 182 図の 5・6、第 183 図）。曽侯乙墓は前 433〜前 400 年の間に埋葬されたと推定される戦国時代前期の墓である(6)。この墓からは 134 点の青銅器が出土し、点数としてはかならずしも多くはないが、その重量は 10 トンを越えている。出土した青銅器の器形には、鼎・鬲・甗・炉盤・簋・簠・豆・盒・尊缶・大壺・提鏈壺・鑑・尊盤・罐・匜鼎・匜・盤・斗・編鐘・鎛などがあった。曽侯乙墓の青銅器は、器形・紋様の基本は中原地区と同じであるが、紋様が煩雑で細かく、細かな蟠螭紋に特色がある。さらに曽侯乙墓から

第182図 青銅器 東周時代、1方壺、2罍、3鼎、4簋、5豆、6尊盤、7鼎、8器座
（1・2新鄭、3寿県、4天水、5・6随州、7・8平山県出土）

出土した大量の編鐘はこの墓の青銅器の特色を示している（第183図）。曽侯乙墓から出土した青銅器の中にはきわめて複雑な浮彫手法の蟠螭形の飾を有する尊盤などの遺物が含まれ、相当に発展した失蠟法の技術（蠟型を用いた鋳銅技術）が存在していたと推定されている。また青銅部品の接合には蠟付け技術を用い、紅銅紋様を象嵌する鋳造技術なども認められる。曽国は文献に著わされていない東周時代の国であるが、楚文化に近い文化内容を有する国と考えられ、曽侯乙墓から出土した青銅器は、戦国前期を代表する青銅器であることに間違いはない。

　戦国中・後期の資料としては、山西省長治市分水嶺のM25号墓出土の青銅器がある[7]。分水嶺M25号墓からは、鼎6、鬲3、敦2、壺2、舟1、匜1、鑑1点の青銅器が出土している（第184図）。この時期の中山王䜭墓からも、鼎・鬲・甗・円壺・方壺・扁壺・豆・簠・盤・盉・盒・碗・鉢・盤・灯・鐘・鈴・有柄箕・方案・山字形器・神獣・台座・兆域図青銅板（第163図）・鉞・戈・剣・鏃・弩・帯鉤・鏡など多くの青銅器が出土し、戦国中・後期の青銅器の性格を示している。第182図の7に示した青銅鼎は通高51mの大型の遺物で、中山王䜭墓出土の青銅器を代表する遺物である。この鼎は、器身と蓋は青銅製であるが、三足には鉄を用い、蓋と器身に77行、469字の銘文がある。第182図の8に示した金銀象嵌青銅屏座は長さ51cm、高さ21cmの大きさで鹿を咬む虎を表現した屏風の台座で、金と銀の象嵌がみごとである[8]。中山国は、戦国時代の小国であるが、その王墓からのこのようにほかに類を見ない多数の精緻な青銅器の出土は驚きであった。戦国中・後期の青銅器の特色のひとつに器形・器具の多様化がある。春秋時代から戦国前期までの青銅器の器形は、禮器と武器を主体としたものであったが、この時期に入ると各種の器具が青銅器でつくられ、時にはそれらが墓に副葬されている。中山王䜭墓に副葬された青銅器でそれらを見ると、たとえば5点の山字形器がある。高さ1.19mの山字形の青銅器が何に用いられたかは不明であるが、特異な遺物である。また長さ96cm、幅48cmの大きさをもつ墓の設計図である兆域図青銅板（第163図）も特異な遺物である。有柄箕・筒形器・灯・蝶番はほかに類例もあるが、この時期に出現してくる新しい器具で、禮器の類ではない。金銀象嵌のある四龍の方案・金銀象嵌神獣・金銀象嵌双翼神獣・金銀象嵌青銅屏座・金銀象嵌青銅犀屏座・金銀象嵌青銅牛屏座や金銀象嵌のある各種青銅金具は、青銅の用途がきわめて広がっていることと、象嵌造形技術の発展を示している。

　このほかに春秋時代青銅器を出土している遺跡としては、河南省淅川県下寺の楚墓群があり、鼎・簠・缶・方壺・匜・盉・盤・盞・禁などの青銅器が発見されている[9]。また春秋時代から戦国時代にかかる時代の青銅器出土墓としては、山西省太原市の晋国趙卿墓から鼎・鬲・甗・豆・簠・方壺・壺・鳥尊・鑑・罍・匜・盤・舟など多くの青銅器が発見されている[10]。戦国時代の墓としては湖北省荊州市の望山1号墓からも越王勾践銘のある銅剣をはじめとして、鼎・敦・缶・壺・盉・盤・匜・炉など29点の青銅器が発見されている[11]。越王勾践剣は全長55.6cmほどの大きさで、いわゆる桃氏剣の形を呈し、剣身の両側面には黒色の菱形花紋が施され、剣身の元に鳥書で「越王勾践自作用剣」と銘がある。このように春秋戦国時代の青銅器も大部分は墓の副葬品として出土している。

　戦国時代の青銅遺物としては、先記した禮器類のほかに鏡や貨幣がある。青銅鏡の出現は、殷代までさかのぼるが、比較的多くの遺物が残るのは戦国時代以降で、この時期の鏡は戦国鏡あるいは先秦鏡の名称で呼ばれている。一般に戦国鏡は、薄くて平直な鏡胎で、七縁と小さな半環形の鈕を

第 6 章　青銅器時代Ⅲから鉄器時代Ⅰへ　343

第 183 図　編鐘　曽侯乙墓出土

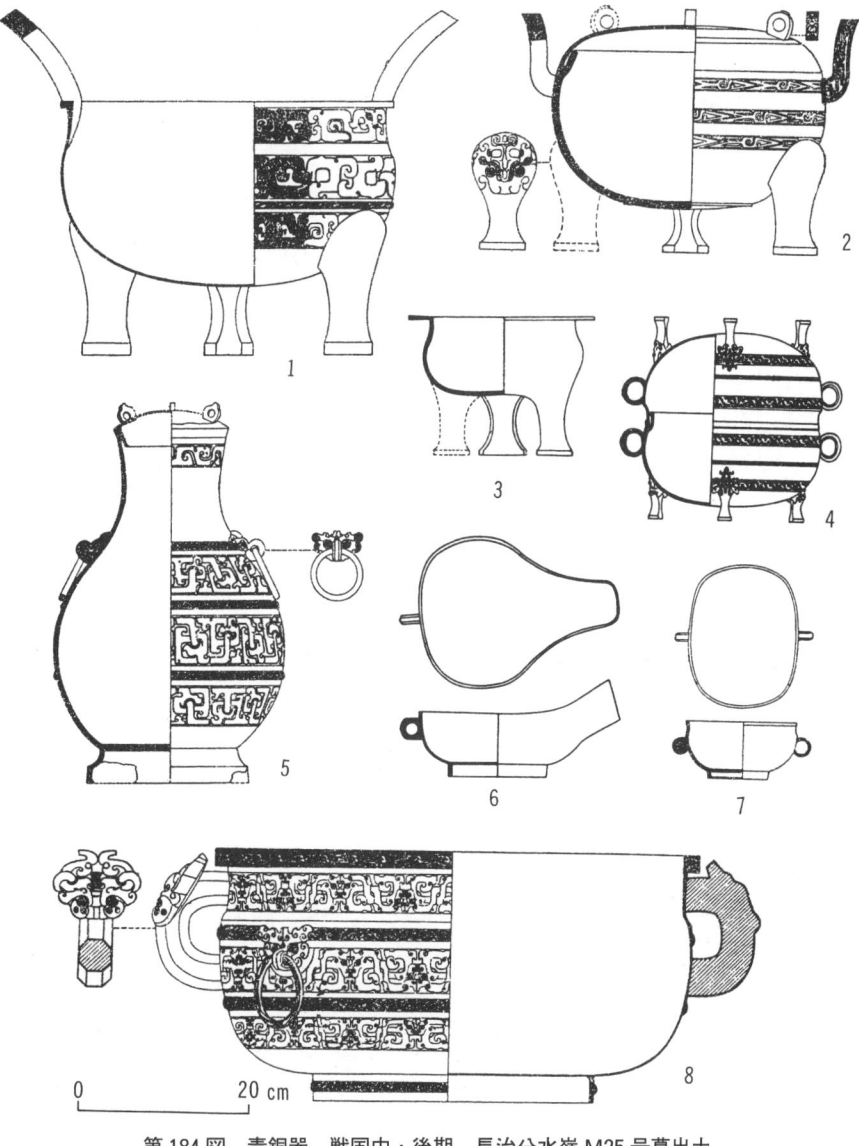

第 184 図　青銅器　戦国中・後期、長治分水嶺 M25 号墓出土

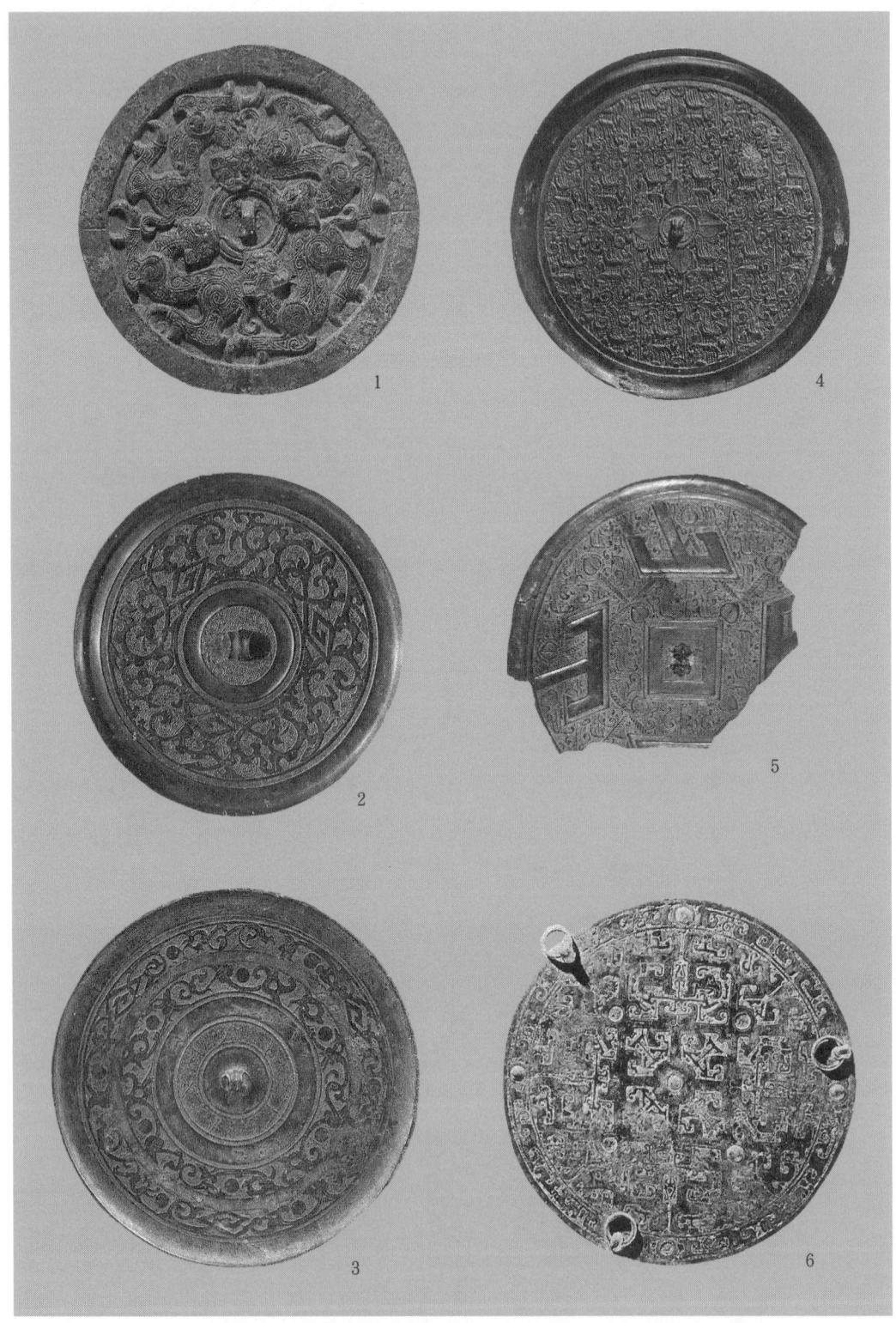

第185図 戦国鏡 1四虎紋鏡、2三龍紋鏡、3蟠螭紋鏡、4羽状紋鏡、5四山紋鏡、6金銀緑松石象嵌銅鏡

もつが、複数の環鈕を有し金銀緑松石の象嵌のあるものなどもある（第185図）。戦国鏡は、禽獣紋・蟠螭紋・山字紋・花菱紋などの紋様が浅細で、銅質がよく黒色の銹色を呈しているものが多い。第185図の1は、上海博物館蔵の四虎紋鏡である。4匹の虎が横向きにならび、中央の環を衝え、直径12.2cmの大きさである。2は上海博物館収蔵の蟠螭菱紋鏡である。直径16.4cmの大きさで、中央に三弦鈕が付く典型的な戦国鏡である。主紋は3つの蟠螭紋で浅い浮き彫り状に鋳造され、蟠螭龍体の間には雷紋と細点が地紋として埋められている。1948年に洛陽市金村で出土したと伝えられるが、類似した遺物は湖南省長沙市の楚墓からも出土し、戦国中・後期の遺物と考えられている。3は咸陽博物館蔵の蟠螭紋鏡で、直径は21.8cmある。蟠螭紋は二重に描かれ、外帯は龍の角が菱形の蟠螭菱紋として描かれている。戦国後期から統一秦時代の遺物である。4は上海博物館蔵の羽状地紋鏡で、直径は12cmあり、戦国後期の遺物である。5は駒澤大学収蔵の四山紋鏡で、推定直径は約14cmである。4つの花弁紋と地紋の羽状紋が見られる。四山紋鏡の多くは戦国期の楚墓から出土しているが、山地紋鏡の類は、四川・陝西・河南・安徽・江蘇・山東・湖南・湖北・広東などの各省からも出土し、河北省易県では、山地紋鏡の鏡范が発見されている。6は山東省淄博市の臨淄齊故城で発見された金銀緑松石象嵌銅鏡である。直径29.8cmと大型の青銅鏡で、3カ所に環鈕が付く。金・銀・緑松石を用いて四等分された雲紋を描いている。細かな年代は不詳であるが紋様は戦国期の青銅器に見られるもので戦国時代に属する遺物であることは間違いない。

　春秋戦国時代の青銅貨幣としては、貝貨・布銭・刀銭・円銭・蟻鼻銭などがある。布銭は春秋戦国時代に最も流通した青銅貨幣で、種類も多く、流通地域も広かったと推定される。布銭の起源は、その形状から青銅の鋤・鍬にあると考えられる。布銭の類は春秋前期には鋳造されていたとするのが一般的な考え方である。図版27の1に示した斜肩弯足空首布は、長さ8.3cm、幅4.7cmほどの大きさで、上部の銎が空洞となっていて、両足は弧形を呈し、表には大きく「武」の一字が見られる。春秋時代の空首布としては、尖肩尖足空首布と呼ばれる古い型式の青銅貨幣も存在するが、斜肩弯足空首布の類は、おおむね戦国時代の周を中心に流通した貨幣と考えられる。図版27の2に示した円肩方足布は、長さ6.5cm、幅4.5cmほどの大きさで、表には「安邑二釿」、裏には「安」とあり、戦国後期の魏の貨幣である。刀銭は、青銅製の刀子の類をその起源とする青銅貨幣で、齊・燕・趙の領域で流通している。図版27の3は齊刀で、長さ17.5cmの大きさがあり、表に「齊之法化」、裏に「上」とある。一般に古銭学関係の書籍では、この種の齊刀を春秋時代の遺物としているが、齊刀の多くは戦国時代に属するようである。『中国銭幣大辞典』では、この齊之法化を齊刀の中で古く取り扱い、春秋中期から戦国前期の遺物としている。図版27の4は長さ15cmほどの尖首刀で、先端が著しく尖っているため「超尖首型」あるいは「針首刀」と呼ばれることもある。過去には戦国燕の青銅貨幣ともいわれていたが、最近の研究では春秋後期以後の山戎・燕の領域で鋳造・流通した青銅貨幣とする説が強くなっている。図版27の5は明刀銭第3種と呼ばれる青銅貨幣で、長さ13.5cmの大きさである。戦国後期の燕の領域で鋳造され、三晋地域においても流通した。以上の布銭や刀銭のほか、楚を除く大部分の地域で戦国後期に円銭が流通している。第186図の1・3は戦国時代の魏で鋳造された「垣」字円銭と「共」字円銭で、前者は直径4cm、後者は直径4.3cmほどの大きさで、いずれも主として三晋地域で流通した。第186図の2の円銭には、「安臧」とあり

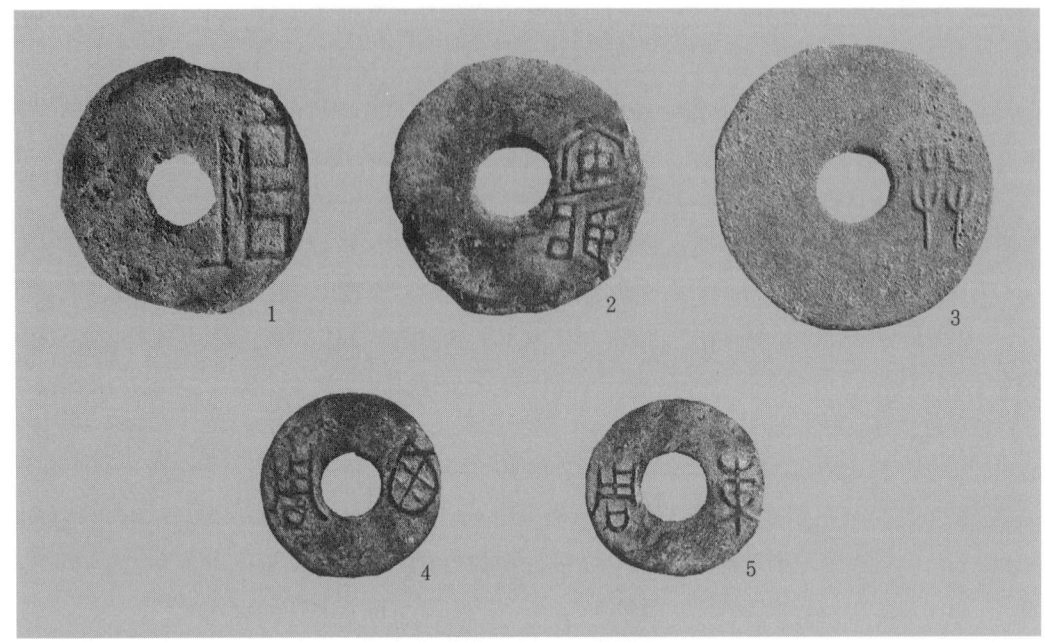

第186図　円銭　戦国時代

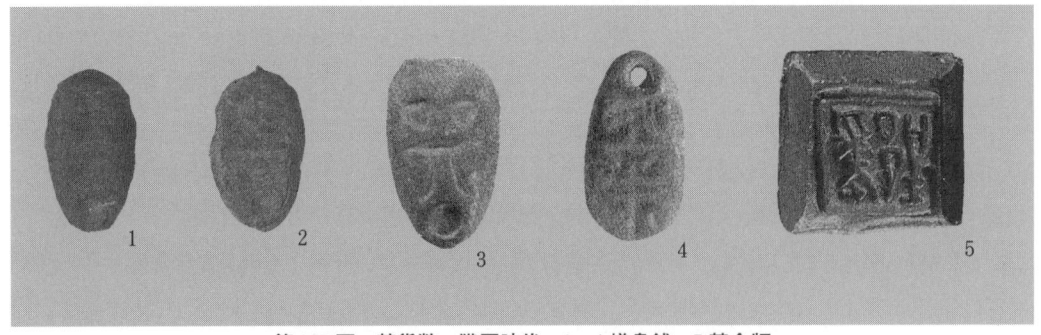

第187図　楚貨幣　戦国時代、1〜4 蟻鼻銭、5 楚金版

直径約4cmの大きさである。第186図の4・5には、それぞれ「西周」「東周」とあり、直径2.5〜2.6cmの大きさがある。始皇帝以前の戦国秦においても、円体方孔の半両銭が鋳造されている。戦国時代の楚では蟻鼻銭と呼ばれる青銅貨幣が流通した。第187図の1〜4は蟻鼻銭で長径が1.9cm〜2cmほどの大きさでたいへん小さい。青銅製品ではないが、そのほかの貨幣として楚金版を紹介しておく。楚金版は楚で流通した方形の黄金貨幣で、表に「郢爰」あるいは「陳爰」と刻まれ、一辺1.8cm〜2cmほどの大きさである（第187図の5）。楚金版は、今日の切手状に連なったものを切って使用したといわれている。

　これらの青銅器の生産に関係する遺跡もいくつか知られているが、山西省侯馬市においては、春秋時代晋国の鋳銅遺跡が発見され、ここでは、5万点に及ぶ鋳銅用の陶范が発見されている。[13] それらには剣・戈・矛などの武器、鼎・壺・匜などの禮器の陶范があった。また湖北省大冶県の銅緑山遺跡では、春秋時代から戦国時代に至る坑道などの銅鉱山の遺構が見つかり、春秋戦国時代の青銅器生産のようすがしだいに明らかになっている。[14] 第188図には、東京大学文学部で収蔵している齊刀

第188図　齊刀陶范　戦国時代　（東京大学文学部蔵）

陶范の写真を示しておく。いずれも破片ではあるが、残存する大きさは、7〜5cm ほどで、厚さは 2.8cm ある。2 からは「齊法化」の文字が読みとれる。

（2）　青銅器文化の終焉とその意味

　前5世紀の中頃を境として、青銅器文化の様相が大きく変わる。戦国時代に入ると墓の副葬品に占める青銅器の割合が減少して、陶器や漆器の副葬が増加してくる。しかし、戦国時代に入り鉄製農工具や鉄製武器が出現し、考古学的な時代区分の上で鉄器時代に入っても、青銅器は金属材料の中心的な役割を果たしていたと考えられ、青銅器文化の伝統は戦国時代にも継承されている。

　前221年に秦始皇帝が中国を統一して戦国時代は終了し、やがて前漢の武帝が出現してくるが、青銅器文化の完全な終了はこの秦漢時代まで待つ必要がある。秦はそれまでの諸侯や諸王が各地を支配し、多くの国が乱立する制度を廃止し、郡国制を定め、法家の思想を採用し、貨幣や度量衡などの統一を行った。これは、西周・春秋時代の諸侯が周王室を宗室にあおぐ禮制制度下の政治を完全に否定し、秦の皇帝支配による中央集権的古代帝国の成立をめざしたことを意味している。このような政治的・思想的変化は、それまでの禮制の道具としての禮器の姿を消滅させる要因となり、ここに青銅禮器の時代が終了する。また冶金技術の面においても、春秋後期頃から使用された鉄の生産量はしだいに増加し、農工具においては、石器・骨角器・青銅器から鉄器の使用に変わっていった。始皇帝の時代を境にして、前漢時代に入ると戦闘用の武器も、全面的に青銅から鉄に変わり、青銅器時代はここに終了することとなる。

　約1800年間から約1500年間にわたってつづいた中国青銅器文化の特色は、第一に青銅器鋳造技

術が世界にもまれな高い水準に達した点である。殷後期の大型方鼎の類はもとより四川省三星堆遺跡出土の大型仮面や人頭像、湖北省曽侯乙墓から出土した尊盤や方鑑缶を見ると、その鋳造技術が世界に例のない高い水準にあったことを実感する。とくに曽侯乙墓の尊盤や淅川下寺楚墓出土の禁は、春秋時代から戦国時代にかかる時期に高水準の蠟型法による青銅鋳造が行われていたことを示している。第二に青銅器遺物の出土量がきわめて多い点も、中国青銅器文化の特色である。青銅器時代の遺物の中心が青銅器にあるのは当然であるが、それにしても、中国の場合は青銅遺物の量が多い。古代中国においても黄金は貴重な特別の金属で、黄金の量に限りがあったためなのかもしれないが、黄金に変わって世界の歴史に例がないほど好んで青銅を用いており、禮器・武器を製作している。第三に中国青銅器の大部分が禮楽の器で、実用の工具や農具がきわめて少ないことも重要な特色である。考古学においては、その時代に用いられた刃物の原料をもって、石器時代・青銅器・鉄器時代などの時代名を与えている。その意味において、青銅器時代は青銅の刃物が多用されたことになるが、中国においては世界の青銅器文化の基準から見ると、例外的に器（禮器）と楽器が多い。もちろん刃物である戈・戟・剣・鈹・鏃などの武器も少なくはないが、鋤・鍬・鎌などの農具の出土例はまれである。中国古代青銅器が禮制国家の祖先に対する祭りの道具として、つまり神権国家において祖先神の啓示を受ける道具として重要視されていたことを意味しているのである。

註

（1）　349 中国科学院考古研究所、1959、『上村嶺虢国墓地』（『中国田野考古報告集』考古学専刊丁種第十号）。84 河南省文物考古研究所・三門峡市文物工作隊、1999、『三門峡虢国墓（第一巻）』（文物出版社、北京）。

（2）　550 宝鶏市博物館・盧連成、宝鶏市文化館・楊満倉、1978、「陝西宝鶏県太公廟村発現秦公鐘・秦公鎛」（『文物』1978年第11期）。

（3）　201 山西省文物管理委員会侯馬工作站、1963、「山西侯馬上馬村東周墓葬」（『考古』1963年第5期）。

（4）　348 中国科学院考古研究所、1959、『洛陽中州路』（『中国田野考古報告集』考古学専刊丁種第四号）。

（5）　4 安徽省文物管理委員会・安徽省博物館、1956、『寿県蔡侯墓出土遺物』（『考古学専刊』乙種第五号）。

（6）　183 湖北省博物館、1989、『曽侯乙墓』（『中国田野考古報告集』考古学専刊丁種第三十七号）。

（7）　202 山西省文物管理委員会・山西省考古研究所、1964、「山西長治分水嶺戦国墓第二次発掘」（『考古』1964年第3期）。

（8）　96 河北省文物研究所、1995、『䨲墓——戦国中山国国王之墓』（文物出版社、北京）。

（9）　76 河南省文物研究所・河南省丹江庫区考古発掘隊・淅川県博物館、1991、『淅川下寺春秋楚墓』（文物出版社、北京）。

（10）　197 山西省考古研究所・太原市文物管理委員会・陶正剛・侯毅・渠川福、1996、『太原晋国趙卿墓』（文物出版社、北京）。

（11）　187 湖北省文物考古研究所、1996、『江陵望山沙冢楚墓』（文物出版社、北京）。

（12）　430 中国銭幣大辞典編纂委員会、1995、『中国銭幣大辞典』（中華書局、北京）。

（13）　195 山西省考古研究所、1993、『侯馬鋳銅遺址』（文物出版社、北京）。

（14）　140 黄石市博物館、1999、『銅緑山古礦冶遺址』（文物出版社、北京）。

第6章　青銅器時代Ⅲから鉄器時代Ⅰへ　349

第7節　春秋戦国時代の鉄器

(1)　はじめに

　春秋時代から戦国時代にかかる時期に、新たに鉄製品が普及しはじめる。鉄そのものは殷後期・西周時代の鉄刃銅鉞や鉄刃銅剣の刃部に認められるが、これら刃部の鉄は自然の隕鉄を利用した遺物と考えられている。中国において鉄の生産が開始された時期は、鉄製遺物の出土する遺構と伴出する遺物から、遅くとも春秋後期のことと推定されている。

　鉄の元素記号は、Fe で表され、比重 7.58、融点 1535 度の金属である。炭素の含有量が 1.7～4.0% の鉄を銑鉄と呼び、この鉄は鋳型に流し込み、鋳物をつくるのに用いられ、融点は 1150～1250 度である。銑鉄は堅くてもろく、鍛錬することはできず、一般的には刃物に用いることはできない。炭素含有量が 0.2～1.7% の鉄を鋼または鋼鉄と呼び、鋼は銑鉄にくらべ融点が高く、1300～1400 度である。鋼は鍛造によって刃物をつくるのに適していて、焼き入れ、焼き戻し、焼きなましができる。炭素の含有量が 0.2% 以下の鉄を錬鉄と呼ぶが、焼き入れ効果はなく、融点は約 1500 度と高い。鉄の原鉱石は地球上にきわめて広く分布し、磁鉄鉱・赤鉄鉱・褐鉄鉱・硫化鉄鉱などがある。考古学的に鉄生産を考えるにあたっては、鉄鉱石を溶解して鉄の地金を生産した製鉄遺跡、地金の鉄から剣や鋤を生産した鍛冶遺跡、そして生産され使用された鉄製遺物に関する研究が必要になってくる。中国の初期鉄器に関する研究はきわめて少なく、これからの研究が待たれるが、潮見浩氏の『東アジア初期鉄器文化』が比較的よく春秋戦国時代の鉄製品を考古学的にまとめている。[1]

(2)　春秋時代の鉄器

　現在発見されている考古資料から見ると、春秋時代後期には鉄の製錬技術が確立していて、一般的な意味において鉄器が使用されていたことは明らかである。江蘇省六合県程橋遺跡、湖南省長沙市龍洞坡遺跡、湖北省常徳県徳山遺跡などからは人工的に精錬された鉄から製作された鉄削、鉄錘、鉄鋳などの遺物が発見され、最初の人工的な鉄の精錬は楚国で始まった可能性が高いといわれている。[2] 程橋 M1 号墓の鉄はその形が定かではないが、鉄遺物と認識され、その時代は前 500 年前後と考えられている。[3] また程橋 M2 号墓からは春秋後期に属する鍛造の鉄条が出土している。[4] 龍洞坡の楚墓からは春秋時代とされる長さ 19.3cm ほどの鉄製匕首が発見されているが、報告書に写真・図はなく詳細は不明である。[5] 徳山遺跡の春秋時代後期とされる楚墓からは鉄削が出土している。[6] しかしながら中国における鉄の生産が楚国より開始されたと断定するにはいまだ資料が不足しているといってもよく、その可能性が高いにしてもいっそうの研究が必要である。また報告書の内容から考えるに龍洞坡遺跡や常山遺跡の鉄匕首や鉄削を出土した楚墓が春秋時代後期までさかのぼるかの確証も今のところ不確実に思える。

　中国における出現期の鉄の多くは鋳鉄であるが、長沙市楊家山の楚墓から出土した鉄剣は鋼鉄製で、鉄鼎は鋳鉄で、ほかに鉄削が出土している。[7] 鉄剣は、鍛造されたもので長さ 38.4cm の大きさで

ある。鉄鼎は残高6.9cmで、白口鋳鉄であった。一般的に中国における鉄生産は鋳鉄の鋳造が鋼鉄の鍛造に先行して生産されたと考えられてはいるが、この件に関しても長沙市楊家山の資料などを参考にするといまだ断定的にはいえない。

潮見浩氏の『東アジアの初期鉄器文化』では、ここで取り上げた春秋時代後期の鉄器以外に、春秋末・戦国早期の鉄器としていくつかの資料を取り上げているが、それらの多くは戦国時代前期の遺物と考えられる。

(3) 戦国時代の鉄器

戦国時代に入ると中国の鉄生産技術は飛躍的に発展したと考えられるが、戦国時代前期に属する鉄製遺物の発見例も少ない。また、金属器の多くは青銅を用いており、武器を含めた本格的な鉄器時代に入るのは、秦漢時代に至ってからである。春秋後期においては、楚国の領域からの鉄製遺物の出土が多かったが、戦国時代に入っても楚の領域における鉄製遺物の出土は春秋時代後期と同じく顕著である。

戦国中・後期に属する鉄製遺物を出土する範囲は、齊・燕・秦・韓・趙・魏・楚国などの領域に及び、それらの領域の鉄製遺物には、斧・錛・鑿・刀・削・錐・犁・钁・鋤・鍬・鎌・剣・戟・矛・鏃・鼎・盤などがあり、生産工具・武器・生活用具に至るまで鉄でつくられるようになってはいる（図版28）。しかし、鉄製品の中では依然として農具が多く、鉄製農具が各地に浸透していった状態をうかがうことができるが、武器遺物の発見例は相対的に少ない。

湖南省長沙の戦国楚墓からは、比較的多くの鉄製遺物が出土している(8)。楚国の鉄器としてめだつのは鉄製の鼎で、白口鋳鉄で鋳造されている。農工具としては、鋤・鍬があり、工具としては斧・斤・刀子類・鑿などがあり、武器としては剣、戈、戟などがある。長沙市の楚関係の遺跡から出土している鍬や鋤と同型の鍬や鋤が、戦国時代魏国の遺跡から出土している（図版28の2〜4）。楚国で見られる鍬や鋤と同型の遺物が華北から華南まで存在し、華北から華南まで類似した鉄製農工具が行き渡っていたことが知られる。兵器としては、剣と戟が出土している。『長沙楚墓』によると鉄剣35本が報告されているが、後述する燕国の例を除いてこれほどの戦国期鉄剣の出土例を知らない。これらの鉄剣は、鋼鉄を用いて鍛造で製作され、焼き入れ、焼きなましも行われ、長いものは通長99cmある。楚の鉄生産が盛んで、しかも鍛造技術の水準が高かったことを物語っていると思われる（第189図）。

河南省輝県の固囲村からは比較的多くの魏国の遺物と推定される鉄器が出土している(9)。図版28の1は犁鏵で最長幅23.5cmほどの大きさで、戦国時代の典型的な犁の形をしている。牛耕犁鏵の先端部の刃として用いられた。2は長沙出土の鍬で楚国の遺物であろう。3〜8は輝県出土の遺物で魏国の鉄器と考えられるが、3・4は鋤で、5は鏟と呼ばれる土掘り具で、6・7は钁で、8は錏と呼ばれる鋤の刃部である。9の鎌は韓国の城跡である鄭韓故城出土の遺物である。1〜9の鉄製農工具は、魏・韓・楚など異なる地域の遺物であるが、いずれも戦国後期を代表する鉄器の器形を呈している。輝県固囲村M5・M1号墓などから出土した鉄鏟・鉄削・鉄刀・鉄斧・鉄鋤に対する冶金学的研究では、それらが固体還元法（早期冶煉法）で製造されていると報告している(10)。固体還元法と

は、原始的な炉の中で鉄鉱石を還元して固体状の鉄である鉧塊をつくり、これをさらに鍛造して製品を生産する方法と理解してよいであろう。しかし、戦国時代後期には、後述する河北省石家荘市趙国遺跡出土の鉄斧など高温液体還元法で製作されている遺物があることも確認されている。したがって、この時期の個体還元法は、より古い時代の原始的な鉄生産技術が残存していたことを意味していると思われる。

河北省易県の戦国後期から末年と推定される燕下都44号墓からは、大量の鉄製武器が出土していることから、戦国時代の終わりには鉄製の武器が地方によっては広く用いられていたことも事実である[11]。44号墓は南北長さ7.8m、東西幅1.6m、現存する深さ0.9mほどの長方形竪穴坑で一種の叢葬坑と推定されている。この叢葬坑からは冑1点、剣15点、矛19点、戟12点、刀1点、石突11点、匕首4点の鉄製武器と、鋤1点、钁4点の鉄製穴掘具が出土している。ひとつの

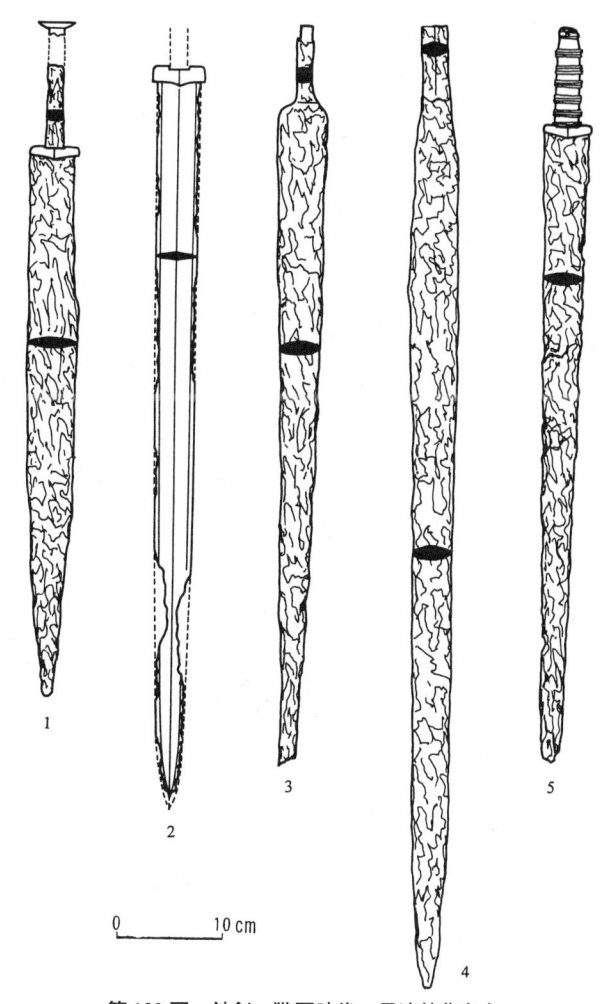

第189図　鉄剣　戦国時代、長沙楚墓出土

坑から出土した戦国時代の鉄器の数量としてはきわめて異例で、しかも剣・矛・戟などの武器は鋼で作成され、戦国時代後期には北方の燕国においても、鉄製武器が普及していたことを如実に示している。

鉄製品を生産した戦国時代に属する鋳鉄遺跡は、河南省新鄭県の鄭韓故城内や登封県の韓陽城で発見されている[12][13]。鄭韓故城の鋳造遺跡からは、送風管、スラグ、木炭、鏟・刀・钁などの陶范が発見され、韓国の陽城の鋳鉄遺跡は、陽城の南城壁外150mのところに位置し、遺跡の範囲は約23000 m^2 に及び、年代的には戦国前期から後期に至っている。遺跡からは、遺構としての鉄溶炉・灰坑・盆池や、遺物としての鉄炉壁残骸・送風管や钁・鋤・鎌・刀・戈・矛・帯鉤などの陶范が発見されている。

1953年に河北省興隆県の古洞溝付近一帯の燕国の遺跡から発見された鉄范は40対87点あり钁范・鍬范・鎌范・鑿范・車具范などがあった[14]。钁范は外范と内范からなり、外范の長さは一般に26cmほどである。鎌范は長さ31.5cmほどの大きさで、車具范は通長25.1cmほどの大きさで、車の軸頭范と推定されている。鍬范は2枚の范が双合するもので通長18.6cm、下幅23cmほどの大き

第190図　鉄范　1钁范、2鎌范、3車具范、4鍬范、河北省興隆県出土

さである（第190図の1～4）。これらの鋳型は鋳鉄でつくられた鉄范で、それに鋳鉄を流し込んで鉄製工具を鋳造している。この種の范は連続使用に耐え、生産効率がよく、脱炭が容易で、鋳造された器物にあまり二次加工する必要もなく、すぐれた鋳造技術を示している。しかしながら、古洞溝遺跡においては鎌までが、鍛造ではなく鋳造で生産されていて、このことは鉄製品生産の常識からは驚きであった。

　銑鉄は鋳型に流し込むことによって複雑な形をつくることも可能であるなど、すぐれた点を有しているが、破壊しやすい点があり、刃物などに用いるのには適していない。河北省石家庄市の趙国遺跡出土の戦国時代後期に属する2点の鉄斧は、その中心部は鋳鉄の白口組織で、縁辺層は柔化処理が施され、炭素の含有量が少なかった。この鉄斧は、鋳鉄の鋳型を用いて鋳型を加熱して高温にし、鋳型の表面を鼓動したり、あるいは反復して鍛打して、含炭素量と金属組織を変化させたものと考えられている。(15) この鋳鉄に対する柔化処理の技術は、鋳鉄の弱点を補い、鋳鉄の使用範囲を拡大したと推定される。興隆県出土の鉄范や石家庄市趙国遺跡出土の鉄斧は、この時期に鉄生産において高温液体還元法が一般化していたことを証明した。高温液体還元法は、石組や粘土で構築した炉の中で、木炭を用いて鉄鉱石を溶解し還元して、液体銑鉄から鉄製品を鋳造する方法である。銑鉄による鉄器鋳造は、鍛造による鉄器生産にくらべ飛躍的に大量生産が可能になったと考えられ、また器物の形も複雑な形の物の生産を可能にしたと推定される。

（4）まとめ

　春秋後期から戦国時代の鉄生産技術の発展は、当時の社会経済の発展に大きく寄与したと推定されるが、かならずしも普遍的なものではなかった。春秋時代の鉄生産と鉄器に関しては考古資料がきわめて少なく、大規模な生産体制と生産技術は確立していなかったと推定される。銑鉄鋳造の農具の類は、考古資料から考えると、春秋後期に出現したと推定するのが合理的である。鉄生産の技術は戦国時代の 200 年間から 250 年間の間に著しい発展をとげたと推定される。戦国時代に入ると、鉄製農具や工具の出土が増加し、鉄製品の普及が比較的顕著になっていたと考えられる。しかし鉄製の剣・戈・矛・鏃などの武器は比較的少なく、秦国などにおいては青銅製品が圧倒的に多い。犂鏵・鋤・钁などの鉄製農具の出土が多く、中でも鉄製犂鏵の出現は、牛耕を広め、農業生産の発展に役立ったと考えられる。殷周時代から隕鉄を鍛造する技術は存在し、楚の領域では春秋後期に鍛造の剣が出土しているが、鋼を人工的に生産し、鍛造によって刃物を生産し、そのことによって鋼鉄製の各種利器が青銅の各種利器を圧倒するのは、秦漢時代に入ってからである。戦国時代の鉄器生産において、鋼と刃物の作成は今日想像する以上に技術的な難題が存在していたのかもしれない。鉄製武器の出現からその普及までは、300 年間と相当の時間を要している。考古学的に戦国時代の青銅遺物と鉄遺物の数量を見るかぎりにおいては、青銅遺物の優位性を認めざるをえないが、しかし一般的には戦国時代以降を鉄器時代と呼んでいる。

註

（1）　222 潮見浩、1982、『東アジアの初期鉄器文化』（吉川弘文館、東京）。
（2）　373 中国社会科学院考古研究所、1984、『新中国的考古発現和研究』（『考古学専刊』甲種第十七号）。
（3）　144 江蘇省文物管理委員会・南京博物院、1965、「江蘇六合程橋東周墓」（『考古』1965 年第 3 期）。
（4）　489 南京博物院、1974、「江蘇六合程橋二号東周墓」（『考古』1974 年第 2 期）。
（5）　161 顧鉄符、1954、「長沙 52・826 号墓在考古上諸問題」（『文物参考資料』1954 年第 10 期）。
（6）　164 湖南省博物館、1963、「湖南常徳徳山楚墓発掘報告」（『考古』1963 年第 9 期）。
（7）　442 長沙鉄路車站建設工程文物発掘隊、1978、「長沙新発現春秋晩期的鋼剣和鉄器」（『文物』1978 年第 10 期）。
（8）　166 湖南省博物館・湖南省文物考古研究所・長沙市博物館・長沙市文物考古研究所、2000、『長沙楚墓 上・下』（文物出版社、北京）。
（9）　346 中国科学院考古研究所、1956、『輝県発掘報告』（『中国田野考古報告集』第一号）。
（10）　342 孫廷烈、1956、「輝県出土的幾件鉄器底金相学考察」（『考古学報』1956 年第 2 期）。
（11）　91 河北省文物管理処、1975、「河北易県燕下都 44 号墓発掘報告」（『考古』1975 年第 4 期）。
（12）　607 劉東亜、1962、「河南新鄭倉城発現戦国鋳鉄器泥范」（『考古』1962 年第 3 期）。
（13）　79 河南省文物研究所・中国歴史博物館考古部、1992、『登封王城岡与陽城』（文物出版社、北京）。
（14）　463 鄭紹宗、1956、「熱河興隆発現的戦国生産工具鋳范」（『考古通訊』1956 年第 1 期）。
（15）　48 華覚明・楊根・劉恩珠、1960、「戦国両漢鉄器的金相学考査初歩報告」（『考古学報』1960 年第 1 期）。

第8節　戦国時代の漆器

　漆の木は、傷をつけると灰白乳状の樹液を分泌する。採集した灰白乳状液を生漆と呼び、乾くと硬くなり、水を通さず、酸やアルカリに強く、古来、接着剤や塗料として用いられてきた。生漆の水分を除去した後に油煙を混ぜると黒漆となり、辰砂を加えると朱漆となる。中国における漆の使用は新石器時代前期にさかのぼると考えられ、殷代・西周時代の遺物も知られる。河北省藁城県の台西遺跡の殷墓からは4点の漆器の報告があり、雷紋や巨眼が描かれている。また湖北省圻春県の西周時代の毛家嘴遺跡からも漆杯の出土が報告されている。しかし零細であっても一定の技術水準に達した漆器生産手工業が存在したのは、春秋時代後期以降と推定される。中国における漆製品の出土範囲は比較的広く、長江流域から黄河流域に及んではいるが、戦国時代の出土漆器資料は圧倒的に長江流域の遺物が多い。これは、植生上の漆木の分布と生産技術に関係があるものと考えられる。戦国時代の漆器に関する古典的な研究としては、主として文献の上から漆器生産を研究した佐藤武敏氏の「中国古代の漆器工業」が知られる。

　春秋時代前期の漆製品は、墓から出土する木棺の類が主である。春秋時代中期・後期に入ると食器・楽器・武器に漆製品が出現し、そして戦国時代に入ると漆器生産は高度な技術水準に達し、本格的な手工業生産に発展していったものと考えられている。

　近年、河南省信陽市、湖北省荊州市・随州市、湖南省長沙市、四川省成都市で発見された食器・生活家具・葬具などの漆器類は、長江流域以南の地域において、副葬品として、また生活活動の各方面に広く漆器が用いられていたことを物語っている。なかでも戦国時代の楚国墓や曽国墓からは、副葬品として多くの漆器が出土している。とくに湖北省随州市の曽侯乙墓、荊州市の望山1号墓、湖南省長沙市の楚墓からは多くの漆器が出土している。

　1957～1958年に河南省信陽市長台関のM1・M2号墓から出土した多くの漆器は、戦国時代前期の高度な漆器技術の水準を示している。漆器の器や皿は、木胎で表面に漆を塗っている。この段階では、木工と漆工が分業していないといわれている。戦国時代前期にあたる曽侯乙墓からは大量の漆製品が出土していて、当時の漆製品の概要を知ることができる。曽侯乙墓の漆製品には、外棺・内棺のほか、箱・盒・豆・杯・桶・勺・台・椅子・まな板・櫛・甲冑・盾・戟柄・太鼓・琴・瑟・簫・木鹿などがあった。第191図の1は曽侯乙墓出土の彩漆天文図衣装箱である。長さ71cmほどの大きさで、黒漆を塗った上に朱漆で紋様を描いている。蓋の中央には「斗」の字を描き、その周囲に二十八宿の名称を書いている。第191図の2も曽侯乙墓からの出土品で、長さ20.4cmほどの彩漆鴛鴦形盒である。この遺物は木胎で、黒漆を地とし、朱漆で紋様を描き、おし鳥の姿をよく表している。

　戦国時代中期に入ると木工と漆工が分業となり、漆器製作の技術が向上し生産量も飛躍的に増大する。戦国時代中期段階の長沙楚墓出土の漆盒と漆奩はきわめて軽いもので、薄板胎と夾紵胎を用いている。夾紵胎とは、漆の芯に布を貼り重ねてつくった漆器である。戦国時代中期に属する漆器類は、楚の都である郢都のあった湖北省荊州市江陵付近の楚墓からも多数出土している。第191図の3は、荊州市望山1号墓から出土した彩漆木彫小座屏で、長さ51.8cmほどの大きさである。こ

第191図　漆器　1箱、2盒、3座屏、4耳杯、5・6豆、7・8奩（1・2曽侯乙墓、3望山1号墓、4望山2号墓、5包山2号墓、6雨台山18号墓、7長沙、8睡虎地7号墓出土、1〜7戦国、8秦）

こに彫られた鳳凰・鳥・鹿・蛇の図案は戦国時代の楚文化において好んで用いられた動物図案である。この小座屏を片側面から見ると、4匹の鳳凰、2匹の鳥、4匹の鹿、4匹の蛇からなる透かし彫りが彫られ、その上に彩色の漆を塗っている。4は荊州市望山2号墓から出土した彩漆耳杯で、長径17.2cmの大きさである。内側に朱漆を、外側には黒漆を塗り、外側後円部に朱漆で紋様を描いている。望山2号墓からは36点の耳杯が出土している。5は、湖北省荊州市包山の戦国楚墓M2号墓から出土した彩漆帯流豆で、最大口径19.3cmの大きさで、豆杯の平面形はハート形を呈している。内側は朱漆で、外側は黒漆で地を塗り、さらにその上からは朱漆で鳥と羽の紋様を描いている。包山M2号墓の埋葬年代として前316年の実年代が与えられている。6は湖北省荊州市雨台山M264号墓出土の漆木豆で、口径15.3cmの大きさで、盤の外側と圏足に朱漆と黒漆で蟠螭紋・籃紋などの紋様を描いている。雨台山M264号墓は、報告書で第4期つまり戦国時代中期として扱われている。7は湖北省長沙市の楚墓から出土した彩漆樽で、高さ17.4cmほどの大きさで、上海博物館に収蔵されている遺物である。長沙市の楚墓からは類似した戦国時代後期の彩漆樽が比較的多く出土している。

秦は、前4世紀の末に巴蜀を攻略し（前316年）、さらに前3世紀の前半に楚の郢都を陥落させる（前278年）。このことによって秦は漆器製作手工業の技術を手に入れたと推定されるが、この時期も漆器の圧倒的多数が、湖北省から出土している。木胎漆や薄板胎が多く、夾紵胎の漆器は減少する。湖北省雲夢県睡虎地では戦国時代後期から秦代の墓が発見され、この時期の秦国の漆器が多数出土している。睡虎地の漆器には、盒・盂・奩・勺・扁壺・樽・耳杯・杖などがあり、時代的には戦国時代の秦から統一秦を経て前漢初頭に至る遺物が含まれている可能性がある。8は睡虎地M7号墓から出土した奩で、黒漆の地に朱漆で雲気紋が描かれ、蓋の直径は16.5cmある。

中国における漆器の生産は、戦国時代に入ると増加するが、とくに戦国時代中期以降に飛躍的に生産量が伸びたと考えられる。技術的にも戦国時代中期以降の漆器に精巧な遺物が多い。戦国時代の漆器遺物は、湖北・湖南省の楚国の領域および楚国に隷属していた諸侯国領域から出土する遺物が圧倒的に多く、楚においていかに漆器の生産が盛んであったかを示している。秦が楚の郢都を手に入れたことにより、漆器が秦の領域に広く流通するようになったことも推定されるが、それ以前の春秋戦国時代に属する華北の遺跡からも、漆器を副葬した痕跡が認められている。前漢後期に入ると漆器の生産量もより増加したと考えられ、その結果漆器遺物は、湖北・湖南省を中心に、河北・山東・江蘇・浙江・四川省および楽浪郡遺跡などのきわめて広い範囲で確認されている。

註

（1）　95 河北省文物研究所、1985、『藁城台西商代遺跡』（文物出版社、北京）。
（2）　360 中国科学院考古研究所湖北発掘隊、1962、「湖北圻春毛家嘴西周木構建築」（『考古』1962年第1期）。
（3）　194 佐藤武敏、1962、「中国古代の漆器工業」（『中国古代工業史の研究』　吉川弘文館、東京）。
（4）　183 湖北省博物館、1989、『曽侯乙墓』（『中国田野考古報告集』考古学専刊丁種第三十七号）。
（5）　187 湖北省文物考古研究所、1996、『江陵望山沙冢楚墓』（文物出版社、北京）。

（6） 166 湖南省博物館・湖南省文物考古研究所・長沙市博物館・長沙市文物考古研究所、2000、『長沙楚墓 上・下』（文物出版社、北京）。
（7） 74 河南省文物研究所、1986、『信陽楚墓』（『中国田野考古報告集』考古学専刊丁種第三十号）。
（8） 163 湖南省博物館、1959、「長沙楚墓」（『考古学報』1959年第1期）。166 湖南省博物館・湖南省文物考古研究所・長沙市博物館・長沙市文物考古研究所、2000、『長沙楚墓 上・下』（文物出版社、北京）。74 河南省文物研究所、1986、『信陽楚墓』（『中国田野考古報告集』考古学専刊丁種第三十号）。
（9） 187 湖北省文物考古研究所,1996、『江陵望山沙冢楚墓』（文物出版社、北京）。
（10） 174 湖北省荊沙鉄路考古隊、1991、『包山楚墓』（文物出版社、北京）。
（11） 175 湖北省荊州地区博物館、1984、『江陵雨台山楚墓』（『中国田野考古報告集』考古学専刊丁種第二十七号）。
（12） 29 雲夢睡虎地秦墓編写組、1981、『雲夢睡虎地秦墓』（文物出版社、北京）。

第9節　春秋戦国時代考古学のまとめ

　一般的に東洋史においては、春秋時代の開始を前770年とし、戦国時代の終わりを前221年としているが、本書もそれにしたがった。春秋時代と戦国時代の切れ目を前477年と前476年の間に求める説にしたがったが、考古学的にも前5世紀前半には、青銅禮器が減少し、陶製禮器が増加し、漆器が増加し、鉄器が出現してくるなど、文化的な大きな転換期をむかえている。
　東周時代の遺跡数は、殷代・西周時代の遺跡数に比較するとはるかに増加し、とくに戦国時代に入ると遺跡の数は飛躍的に増え、遺構の内容も複雑になっている。また出土する遺物も、土器・青銅器・玉石器に加えて、鉄器・漆器・木器・織物類など種類が増加する。さらに青銅器の種類も従来の禮器（容器）・武器・楽器などに加えて建築部材・各種器具・鏡・貨幣などが加わってくる。その結果研究すべき遺物の内容はきわめて多く複雑になってくる。残念ながら、第6章においては、玉器・織物などについては触れなかった。また青銅鏡・青銅貨幣についても詳しく述べることはできなかったが、これらの遺物も春秋戦国時代文物の中で重要な位置を占めていることに変わりはない。
　春秋時代の初めに諸侯の数は100余りであったというが、その中の大きな諸侯は、秦・晋・齊・楚・魯・燕・曹・宋・蔡・鄭・呉・越などであった。春秋時代の都城遺跡の考古学的研究は進んでいない。周の東周王城、秦の雍城、晋の新田故城を除いて、春秋時代都城とされている遺跡でもじつのところ発見されている遺構は戦国時代のそれである場合が多い。戦国時代には、秦・韓・魏・趙・燕・齊・楚などの国が覇権を争った。これら戦国時代の諸侯国の都城遺跡に対しての考古学調査は春秋時代のそれにくらべれば大きく進んでいる。戦国時代に入ってからの都城遺跡のいくつかは、遺跡としてよく残っている。秦の櫟陽城・咸陽城、韓の鄭韓故城（第152図）、齊の臨淄故城（図版25-1、第153図）、魯の曲阜魯城、魏の安邑故城、趙の邯鄲故城（図版25-2、第155図）、燕の下都（第156図）、楚の郢都（第157図）などがそれである。
　中国の戦国時代を、都市国家と古代帝国の中間的な領土国家の時代と考える理論が存在する。しかし考古学的には、都市国家の象徴ともいうべき都城址の大多数は、戦国時代の都城遺跡である。また戦国時代にも、覇権を争った七雄のほか多くの小国が存在していたし、経済的にも都市が貨幣

を発行している事例も多い。先秦時代の貨幣には、安邑・平陽・安陽・晋陽・甘丹・開封・鄎など都市名を鋳造したものも多い。つまり、多くの国において都市が、その国の経済圏を掌握していたと考えられる。一般に領土国家の時代とされる戦国時代も都市を中心とした国家であったと推定される。したがって本書においては、戦国時代も都市国家の時代と結論づけた。

　春秋戦国時代の墳墓の主体部は、長方形竪穴土壙墓を基本とし、大型墓は1本ないしは2本、まれに4本の墓道を有し、中型・大型の墓では一般的に木槨木棺の存在が認められる。陝西省宝鶏市鳳翔県で発見された秦公1号墓は、東西に墓道をもつ中字形墓で、墓室の竪穴覆土上に建築基壇をもっていた。基壇周辺からは瓦の出土もあり、墓上に寝殿などの建築が建っていたことは明らかである。類似した墓上建築遺構の例は、河南省輝県の固囲村3大墓や河北省平山県の中山王墓、河北省邯鄲市の趙王墓においても発見されている。戦国時代の中原諸国の王陵においては墓上に寝殿などの建築物を造営する習慣は比較的一般的なものであったと考えられる。河北以北の北辺に存在する燕国の墓も比較的大きな墳丘を有し、焼土・石灰・カラス貝などを構築材料とした特異な主体部を有している。長江流域の楚墓においては、墓上建築の発見例はないが、大型の墳丘が認められ、大きな木材を用いた木棺木槨が顕著で、湖北省荊州市や湖南省長沙市における楚墓の数は膨大なもので、楚の国力の強さを如実に示している。

　洛陽出土の副葬陶器に関しては、6期に分ける編年が行われているが、本書の東周時代を春秋前・中・後期、戦国前・中・後期の6時期に分ける考えにも対応する編年である。近年、楚墓から出土した副葬陶器の報告例が多く、楚の副葬陶器に対する研究が期待される。戦国時代墓の副葬品としては、湖北省随州市の曽侯乙墓、荊州市の望山1号墓、湖南省長沙市の楚墓からは多くの青銅器や鉄器や漆器が出土している。また燕下都の戦国墓からは多くの土器や鉄器が出土している。戦国時代の考古学研究においては、殷代や西周時代の青銅器を中心とした研究から一歩進んで、青銅器だけではなく鉄器や漆器の研究も重要な研究課題となってくる。

　戦国時代の開始は、歴史の上で多くの新しい変革の開始を考古学的に意味している。先記したように遺跡の上では都市遺跡が増加し、墳墓の数も飛躍的に増加している。高い鋳造技術を誇った中国青銅器時代の終焉の開始は、春秋時代の最末期から戦国時代の開始時期に重なると考えられるが、金銀の象嵌を施した各種の青銅器具が出現してくるのは戦国時代中・後期である。戦国時代は一般的には鉄器時代に入っていると認識され、戦国時代中・後期には飛躍的に鉄の生産量が伸びたと推定されるが、戦国時代においても青銅遺物は鉄器をしのいでいて、青銅器文化の完全な終焉は戦国時代が終わってからである。戦国時代は、完全な青銅器文化時代である春秋時代と、名実ともに鉄器時代である秦漢時代との間の過渡的な時代と認識される。

　また戦国時代に入ると楚の領域における漆器生産が飛躍的に増大している。前4世紀末の秦の侵攻とともに漆器の生産体制は秦に管理されるようになったと考えられる。布銭や刀銭などの青銅貨幣の出現は春秋時代にさかのぼるが、それらの貨幣が広く流通したと考えられるのは、遺物の数量の上からも戦国時代に入ってからである。鉄製農工具の出現、青銅貨幣の流通などが社会に与えた影響は大きく、このことが都市の拡大や増加、そして墳墓の増加をもたらしたとも推定される。

　戦国時代の考古学研究においては、発掘調査で得られる出土文字資料が多い。出土文字資料およ

び古典文献と遺跡・遺物の考古資料を結びつけた研究が必要となってくる。とくに楚の領域の江陵付近の包山 M2 号墓や望山 M2 号墓、随州市の曽侯乙墓などからは多くの戦国時代の竹簡が出土し、また中山王譽墓からは青銅鼎や方壺の長文の金文が出土している[1]。出土文字資料に対しては、東洋史や古文字学の立場から多くの研究成果が発表されているが、考古学の立場からの研究は少ない。戦国時代の考古学研究においては、出土文字資料の研究がきわめて大切である。考古学研究者が戦国時代古文字学の素養を身につけることが必要である。

註

（1）　174 湖北省荊沙鉄路考古隊、1991、『包山楚墓』（文物出版社、北京）。187 湖北省文物考古研究所、1996、『江陵望山沙冢楚墓』（文物出版社、北京）。183 湖北省博物館、1989、『曽侯乙墓』（『中国田野考古報告集』考古学専刊丁種第三十七号）。96 河北省文物研究所、1996、『譽墓──戦国中山国国王之墓』（文物出版社、北京）。

第7章　鉄器時代Ⅱ（秦漢時代）

第1節　黄河長江文明の終焉と秦漢時代の到来

　中国の古代文明は、夏・殷王朝の成立とともに開始され、西周時代を経て、春秋戦国時代に至っている。その時代は、中国における都市国家の時代でもあり、またその大部分の時間帯は青銅器時代でもある。秦漢時代に入ると中国古代文明は終焉をむかえ、中国古代文明は、新たな歴史段階に入り、統一国家・古代中央集権国家の時代に入る。本概論において取り扱う時代も、中国文明の終了時期までと考えている。この章で取り扱っている秦漢時代は、黄河長江文明が終焉し、制度的にも整った古代中央集権国家の時代に入った時期である。殷代から戦国時代までの時代と、その後の秦漢帝国の時代を比較することによって、中国の古代文明を歴史学的により深く理解することができると思う。

　秦漢時代に先行した東周時代は、都城内に居住する諸侯が都城の周囲を支配し、諸侯どうしが覇権を争い、諸国間において異なった多種の貨幣・度量衡・法律などが用いられ、文字の字体も国によって異なり、思想的にも百家争鳴の時代であった。秦始皇帝の出現によって、前221年には中国に統一国家が出現し、文字・貨幣・度量衡・法律などの統一が行われた。前206年に秦は滅ぶが、まもなく、前202年に前漢王朝が成立し、前141年には武帝が帝位に就く。この大漢帝国の出現によって統一国家による統一した文化が不動のものとなる。この秦漢統一文化の出現によって、都市国家に根ざしていた中国古代文明が終了したと考えることができる。

　この秦漢時代に関しては、秦代と漢代を分けて記述している歴史書が多いが、考古学的に見て統一秦の前221～前206年のわずか15年間の遺跡・遺物を、その後の前漢の遺跡・遺物と明瞭に区分することは、型式学的には無理である。したがってここでは、秦漢時代として一括して記述していくこととする。

　始皇帝の二六（前221）年の秦統一以降の咸陽城は、実態として前221年以前も以後も変わりないとしても、歴史的意味あいにおいて、都市国家としての秦都咸陽城ではなく、統一国家である中国の首都としての役割をもつようになったといわざるをえない。都市の出現を古代文明の指標のひとつにあげてきたが、統一秦の咸陽城を都市国家と見なすことができないのは当然である。さらに前漢に入ると国都としての漢長安城が新たに造営された。漢の長安城は、都市国家としての都城を統一国家の首都とした咸陽城とはまったく異なり、漢高祖の意志にもとづき、大漢帝国の国都としてそのために造営された都城である。漢長安城は、遺跡調査によって周長25.1kmほどの城壁に囲ま

れた内部のほとんどが宮殿区・皇城区であったことが判明している。漢の長安城は、中央集権国家の権力の象徴として計画的に造営された都城で、自然発生的に生まれた都市国家としての都市ではなかった。漢長安城の姿は、これまで述べてきた古代文明の要素としての都市とはその姿を異にするものに変化している。

　始皇帝は皇帝を称し、巨大な陵墓を造営したが、始皇陵の規劃は、その後の中国皇帝陵の範となるもので、広大な陵区内に、巨大な墳丘・広い陵園・多数の俑坑を有していた。始皇陵は、殷代以降戦国までの竪穴木槨墓を主体とした王墓とはその姿を異にする。秦始皇陵の造営の伝統は、前漢の帝陵群に引き継がれ、ある意味では清朝までつづいたといえる。戦国時代後期から副葬品における禮制の伝統はすでに崩れだしていたが、前漢の景帝・武帝時代以降の副葬陶器を見ると、それまでの陶鼎・陶壺・陶盒に加えて、灶・倉・建物・井戸・家畜小屋・豚・犬・馬・鶏など当時の生活と関係のある明器が多数見られるようになる。殷周時代の副葬品の基本が禮制の器具にあったとすれば、秦漢以降の副葬品の基本は生活用品を明器にしたものにあるといえる。

　始皇帝の篆書への文字の統一は、文明の指標としての文字使用が、大きく変化したことを意味し、秦の篆書から漢の隷書を経て今日の漢字への変化の出発点となっている。発掘出土文字資料を見ると、始皇帝以前の文字資料は甲骨文や金文に代表されるように宗教的な占い、あるいは祖先の偉業の記録などを記載したものが多いが、始皇帝以降の文字は国家統治のための法律・思想・記録に用いられ、文字の使用目的が大きく変化している。始皇帝時代に文字の統一が行われ、篆書として定められるが、その文字の普及は統一秦王朝の15年間では時間的に十分でなかったと思われる。前漢は、初年から武帝の統治に至るまででも50年間以上あり、全期間で210年つづいている。この間に文字の学習が行われ、文字を通して法律や諸制度の学習が行われたはずである。前漢武帝の時代に『史記』が編纂され、以後、中国の正史が残るようになる。また出土文字資料も増加し、湖南省長沙馬王堆漢墓出土の葬送に用いた竹簡、山東省臨沂県銀雀山出土の孫子兵法・孫臏兵法などの竹簡、滇王金印・南越王金印の印章類など無数の文字資料が知られる。さらに後漢に出現したといわれていた紙は、すでに前漢には存在していたと考えられ、紙の使用とあいまって文字の使用は、前漢武帝時代以降きわめてひろく普及したと考えられる。古代文明時代の甲骨文・金文・竹簡などの文字使用例とは比較にならないほど前漢に至って文字の使用が一般化したと推定される。

　始皇帝は貨幣の統一を行い、戦国時代に各国で流通していた刀銭・布銭・各種円銭の類を廃止し、半両銭（第221図）を流通させた。半両銭は、円体方孔の青銅銭で表に半両の2字があり、重さ約8gで実体貨幣であったといわれている。前漢の前186年に発行された八銖半両や前175年以降発行された四銖半両は、秦の半両銭より小型で名目貨幣であるともいわれる。前漢の武帝は、前119年に五銖銭（第224図）を発行しているが、これは完全な名目貨幣で漢王朝の経済的信用を裏づけとしていた。漢王朝がとった名目貨幣を発行する経済政策は、漢王朝が発行貨幣に見合う実質的な富を有していなくとも貨幣の発行が可能な革命的な経済政策であった。筆者は、始皇帝が、各国で流通していた各種貨幣の流通を禁じ、秦発行の貨幣のみを流通させたことは、漢代に入って全国同一の名目貨幣が流通する布石になったと考えている。また、統一秦の時代の半両銭も、始皇帝が名目貨幣を流通させる経済政策の布石として企画したのではないかと密かに考えているが確証はな

い。いずれにしろ春秋戦国時代を通して長く採用されてきた実体貨幣の政策が、漢時代に至って漢半両・五銖銭という名目貨幣に変化したことは事実である。名目貨幣の出現も、青銅貨幣という考古学的遺物の上に現れた古代文明の終了を示す現象としてとらえることができる。

　戦国時代は、鉄器時代に入ったとすでに述べたが、依然として青銅の使用も多く、すべての利器が鉄を用いて生産されたわけではなかった。たとえば始皇陵にともなう兵馬俑坑出土の実用武器は基本的に青銅製である。鉄が青銅器に完全に取って代わるのは前漢に入ってからである。人工的な鉄の生産開始は、春秋時代の後期頃と推定され、戦国時代には相当の鉄製農工具が使用されるようになってはいたが、春秋戦国時代を通じて青銅の使用も盛んであった。関中は鉄使用において比較的先進的な地域ではあったが、鉄製武器の使用が普遍化するのは前漢に入ってからである。前漢の武帝時代に入ると鉄製農工具と武器の著しい増産が開始される。戦国時代の冶鉄業では比較的多くの農工具を生産し、少量の鉄製武器を生産した。漢初に入ると鉄製の長剣・長矛・環首大刀が青銅剣・青銅鏃・青銅戈と伴出し、鉄製武器がしだいに青銅武器にとって変わっている。鉄の出現は春秋時代までさかのぼるが、古代文明の要素のひとつとした青銅の利器が、完全に鉄製の利器に変わるのは、本質的な意味においては前漢に入ってからである。漢代に冶鉄遺跡の規模が拡大する傾向は多くの遺跡で確認され、また漢代の鉄生産技術が、鍛造のほか鋳造においてすぐれた技術を有していたことも知られいる。漢代の鉄に関係する遺跡・遺物は、漢代が本格的な鉄の時代に入っていたことを明確に示している。武帝の時代に入ると考古学的時代決定の指標としての意味あいでは青銅から鉄に完全に入れ替わったといってもよいであろう。

　鉄や漆器・陶製明器・銅鏡・青銅貨幣など、考古遺物の上で漢様式と言い切れる遺物が普遍化するのは前2世紀中頃、つまり漢武帝の出現を待ってからである。漢武帝の出現をもって黄河長江文明の終了つまり中国古代文明の終了を宣言したい。秦始皇帝の出現は、中国古代文明終了の序曲であり漢武帝の出現は中国古代文明の閉幕である。秦始皇帝以後は、古代中央集権国家の開幕といえ、漢武帝の出現は古代中央集権国家の完成をもたらしたといえる。古代文明の要素は、都市・青銅器・文字・大型墓をその指標とし、二里頭文化をして中国における古代文明の開始とした。殷墟期・西周・春秋時代はじつのところ、中国古代文明の中心的な最も典型的な時代であるが、それらの文明は、秦始皇帝と漢武帝の中国の統一によって完全に終了したといえる。

第2節　秦咸陽城と漢長安城

(1)　秦咸陽城

　秦都咸陽故城の遺跡は、陝西省咸陽市に存在する。咸陽城に関しては、『史記』秦本紀に、
　　秦孝公……十二年、作為咸陽、築冀闕、秦徙都之。
とあり、この秦の孝公十二 (前350) 年に造営が開始された秦都咸陽城の場所は、今日の陝西省咸陽市の東と考えられている。この咸陽城は、始皇帝の前221年の中国統一以降も修復拡張を重ね、国都としての機能を果たしたと考えられる。咸陽故城で発見されてる遺構・遺物には、始皇帝時代の

ものと思われるものも多く見受けられる。

　秦咸陽故城の城壁の平面形は定かではないが、宮殿区の保存状態は比較的よい。咸陽故城の占める範囲については、概略しか判明していないが、その位置は、陝西省西安市西北の漢長安城の北側、渭河北岸の咸陽市窯店鎮を中心とした東西約7km、南北約7kmの範囲と推定され、東は柏家嘴から西は毛王溝、北は高幹渠から南は渭河南岸の西安市草灘農場の各地点を含むものと推定されているが、外城壁の輪郭は今ひとつ定かでない。渭河北岸の咸陽市窯店鎮付近から東の劉家溝村にかけては多くの大型建築址が発見され、宮殿区に相当するものと考えられている。渭河の沖積面から窯店鎮の黄土台地に上がる切り通しの両側には、建物基壇の版築土層、瓦堆積層、切断された各種陶製下水管などの露出を見ることができる。すでに調査された建築址には、窯店鎮牛羊村の1号建築址（図版29-1、第192図）、3号建築址などがあり、いずれも版築の建築基壇が発見されている。また、宮殿区付近からは、鋳鉄工房・鋳銅工房・陶器製作工房などの跡も確認されている。

　秦咸陽故城と推定される地域からは、戦国時代から統一時代の秦に属すると思われる多くの遺物が発見されている。それらには、葵紋瓦当・雲紋瓦当・板瓦・塼・陶製水道管・陶製井戸枠・壁画残片・蝶番などの建築材料、鬲・罐・釜・壺・盆などの土器、鑑・盆・釜などの青銅器、戈・矛・鏃などの青銅武器、半両銭・金餅などの貨幣など多種多様の遺物が含まれている。

　咸陽市窯店鎮を中心としたこの一帯を秦咸陽故城と推定するひとつの手がかりは、多量に出土する陶文である。それらの陶文には、この地域が咸陽であることを示す「咸陽」「咸原」「咸邑」「咸亭」などの文字が見られる（第193図）。第193図の1〜5は、咸陽市窯店鎮牛羊村の咸陽1号宮殿址出土の陶文であるが、4は板瓦に、5は塼に刻されたものである。6〜10は咸陽市灘毛村の南の窯址群出土の陶文である。11・12は1959年から1961年にかけての咸陽故城の調査時に、咸陽灘毛村から劉家溝村にかけての一帯で発見された陶文である。それぞれ、「咸陽成申」「咸里芮喜」「咸原小嬰」「咸邑如頃」「秦」「咸里郿駔」「咸亭陽安駻器」「咸里郿赾」「咸里□貝」「咸小郿有」「咸亭沙寿□器」「咸陽巨亭」（第193図の1〜12）とある。まさに咸陽市窯店鎮を中心とした灘毛村・牛羊村・劉家溝村の一帯が、戦国時代中・後期から統一秦時代の都であった咸陽城であることを示す好資料と見てよいであろう。

　秦始皇帝が、孝公以来の咸陽城を拡大修復して造営した都城の理念は、皇帝が居住することを目的とした唯一の都であったと考えられる。戦国時代から統一秦時代にかかる咸陽城遺跡に対しての調査は、順次行われていると推定されるが、遺跡の実体に関してはまだまだ不明のことが多い。1995年9月に窯店鎮に「秦咸陽宮博物館」が建てられた。展示室内には、咸陽城の模型と咸陽宮遺跡公園の模型が展示されている。秦咸陽城の城壁や宮殿の配置を示した模型を見ると、未発表ではあるが、秦咸陽城に対するかなりの調査が進んでいるのではないかと想像できる。また、秦咸陽宮博物館の説明文によれば、秦咸陽城内は、宮殿・邸宅区・手工業区・商業区・居民区・陵墓区などに分かれるという。その範囲は周囲83.5kmに及ぶ広大な都である。とくに宮殿区は東西6km、南北2kmの大きさで、その宮殿区の西部分は宮殿城壁に囲まれ、東壁436m、西壁580m、南城壁910m、北城壁860m、基底部の城壁幅7〜19mの大きさを有している。そこは先に記載した咸陽市窯店鎮牛羊村付近にあたり、咸陽1号宮殿址、同じく2・3・4号宮殿址と呼ばれる建築遺構が発見され、

それらの遺構の一部が残っている。咸陽城の宮殿区は、始皇帝の思想によって、皇帝の居住空間としての体裁が整えられたと考えられるが、咸陽城自体は、戦国時代の都城としての性格を濃厚に残していたと考えられる。秦咸陽宮博物館には、咸陽城の宮殿区から出土した瓦当類が展示されている（図版31の1〜6）。390頁で詳しく紹介するが、これらの円瓦当は直径11〜12cmの大きさで同類の瓦当は秦始皇陵からも出土している。咸陽宮出土の瓦・塼には「左司空」「右司空」などの陶文が見られ、官営の窯で焼成されている。図版31の1は内区に葵紋瓦当に見られるものと同じ輻射紋が見られ、外区は四分割されて蕨手紋が施され、統一秦時代の瓦としても古手と考えられる。2

第192図　咸陽1号宮殿址模型

第193図　陶文　秦咸陽故城出土

は雲紋の祖形ではないかと思われる茸形の紋様が外区を四分割している。3は内区に花弁紋が施され、外区は四方にのびる平行線で四分割され、雲紋状の茸形紋様が描かれている。4は内区に四弁の花弁紋が施され、外区は四方にのびる平行線で四分割され、それぞれの区分に雲紋が描かれている。5は内区に9点の蓮子紋が施され、外区は四方にのびる平行線で四分割され、それぞれの区分に雲紋が描かれている。6は大ぶりの瓦当で、内区には三角紋が施され、外区は四方にのびる平行線で四分割され、それぞれの区分に雲紋が描かれる典型的な秦代瓦当である。

　始皇帝は、咸陽宮を狭く感じたために、三十五（前212）年に渭河の南岸に東西五百歩、南北五十丈と伝えられる阿房宮の造営にかかったといわれている。この建物は、一万人を収容できたというが、項羽によって焼かれている。陝西省西安市三橋古城村には阿房宮前殿の東西500m、南北420mの版築基壇が残っている（図版29-2、第194図）。第194図の写真は、阿房宮前殿の版築のようすであるが、土柱状に版築の単位が残り、一本一本の土中には横帯として版築土層が見られる。土柱の幅は1〜1.3m、版築土層の厚さは13〜18cmである。阿房宮前殿の版築は、秦漢時代における建築基壇の版築を理解する上での好資料である。

　西安市咸陽区の塔児坡で戦国後期から統一秦時代の墓が381基発掘されているが、これらの墓は秦都が咸陽に置かれていた時代の遺跡である[3]。塔児坡の秦墓には、100基の長方形竪穴墓と281基の洞室墓があった。また267基の墓が屈葬であった。洞室墓と屈葬は、戦国後期から統一秦時代の秦の葬俗を示すものである。副葬品の絶対多数は、鼎・盒・壺・罐・盆などの副葬陶器で、これらの墓の被葬者に関しては、推定の域を出ないが、秦都咸陽およびその近郊に在住していた中・下級官吏、工師工官、商人、諸市民と考えられる。

（2）漢長安城

　漢長安城は、いうまでもなく前漢の首都としての長安であるが、ここで漢の長安城を紹介する意味は、漢長安城が殷周時代を通じて造営された多数の都市とはまったく違った意味をもっていることを理解してもらうことにある[4]。『史記』高祖本紀によれば、

　　七年、二月……離陽至長安、長楽宮成。丞相已下徙治長安。

とあり、『漢書』高帝紀には、

　　五年……後九月徙諸侯子関中、治長楽宮……七年……二月……自櫟陽、徙都長安。

とあり、漢の七年は前200年に比定され、この年に正式に長安が前漢の都に定められたと推定される。おそらく漢の四・五年に長安を漢の都とすることを定め造営を開始し、七年に遷都が行われたと考えられる。

　この漢長安城は西安市の北西郊外10kmほどのところに遺跡を残している（図版32-1、第195〜198図）。漢長安城の平面形は、一見不正形であるがその形は、正方形を基本とし、東壁・南壁・西壁は東西南北方向に走っている。城壁は黄土を版築する工法で造営されていて、南壁と東壁の残りが比較的よい。南城壁は安門を中心に南に凸出し、東城壁は直線で北上し、西城壁は直城門付近で折曲し、北城壁は浪河に沿って曲折しながら西南方向から東北方向に走っているが、北城壁の屈折を北斗七星になぞらえて、漢長安城は斗城とも呼ばれている。長安城の周囲の長さは25700mあり、

第194図　阿房宮前殿版築基壇　西安市三橋古城村

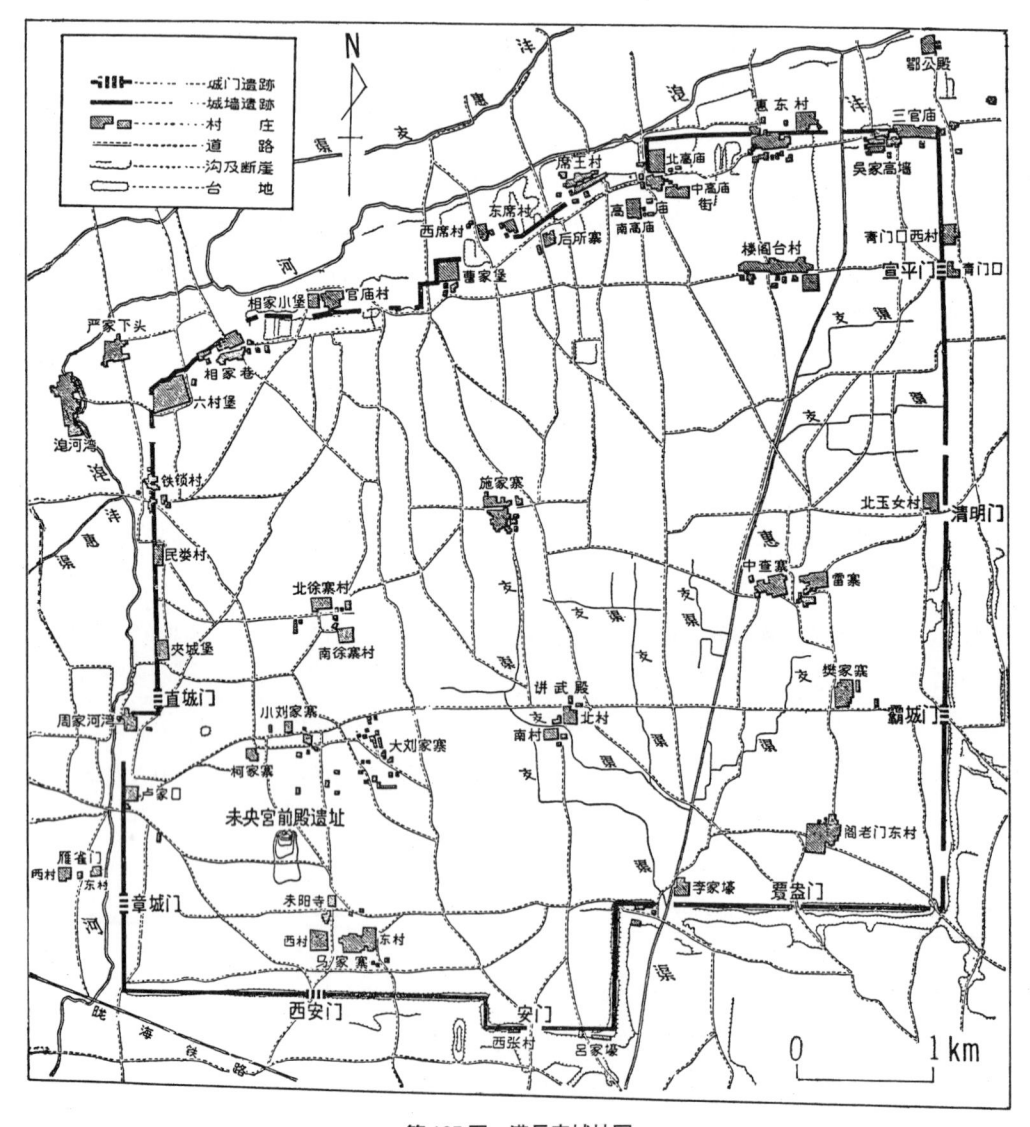

第195図　漢長安城址図

それは漢代の約六十二里強にあたる。それぞれの城壁の長さは、東城壁5940m、南城壁6250m、西城壁4550m、北城壁5950mである。文献資料からの考証によれば、東西南北のそれぞれの城壁には各面3つの城門があったという。東城壁には宣平門・清明門・霸城門が、南城壁には覆盎門・安門・西安門が、西城壁には章城門・直城門・雍門が、北城壁には横門・厨城門・洛城門が存在したという。これらの城壁のうち、宣平門・霸城門・西安門・直城門に関しては、発掘調査により正確な位置が確認されている。城門には各3つの門道があり、ひとつの門道の幅は約6mである。城門からは平行する3本の道路1組からなる大街が東西南北方向に延び、城内の宮城に達していたと考えられるが、安門大街は5500mの長さを有していた。各大街の幅はおおむね同じで、幅約40mの大街は幅約90cm、深さ約45cmの2本の溝によって3分割されていた。中央が皇帝専用の道路である馳道で幅20mあった。馳道の両側の道路は官吏と平民の通る道路で幅は約12mであった。城内南西には未央宮が、南東には長楽宮が、北東には明光宮が、城内西よりの未央宮の北には北宮と桂宮があったという。さらに長安城東城外長には建章宮があった。楽宮・未央宮・桂宮に対しては調査が行われている。長楽宮は平面不正形で、宮は基底部の幅20mの土壁で囲まれている。未央宮は平面長方形で東西2250m、南北2150mの面積を有し、中央に前殿が位置する（第196〜198図）。

漢長安城城外の南と東では禮制建築が10数カ所発見されている。また長安城城外西側には、建章宮が建てられていた。さら

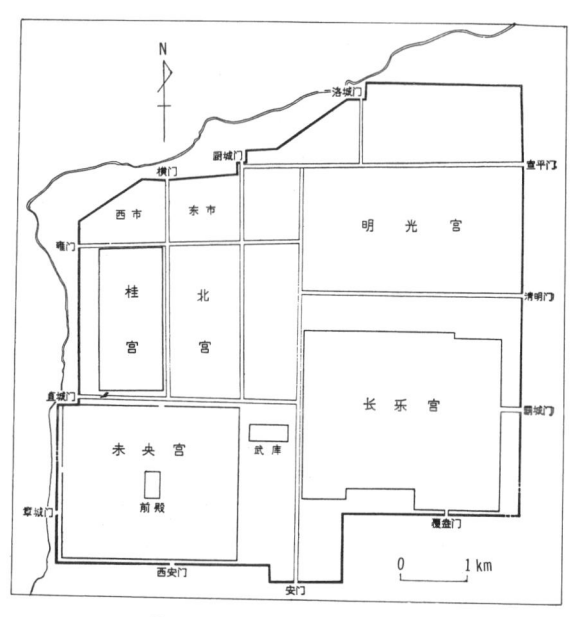

第196図　漢長安城宮殿位置図

第197図　漢長安城南壁版築

第198図　未央宮前殿址　漢長安城

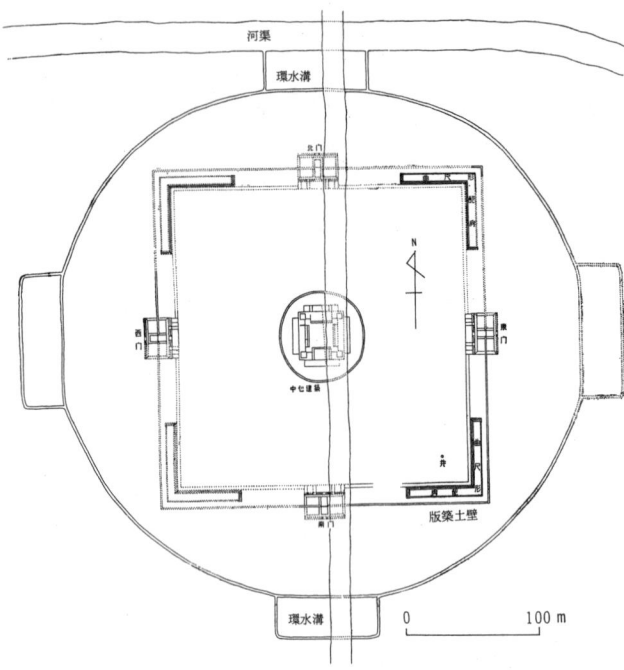

第 199 図　漢代辟雍建築址　西安市

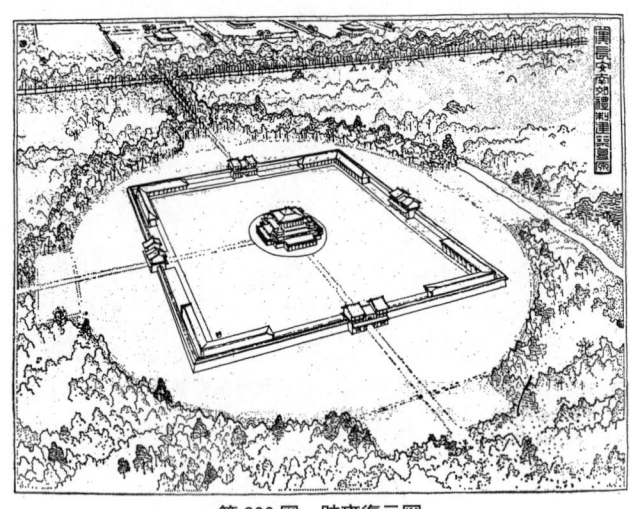

第 200 図　辟雍復元図

に西には離宮としての上林苑が造営された。発掘された禮制建築には、秦の旧址に建てられたものと前漢末年に新たに建てられたものがある。禮制建築の中でとくに注意すべきものは、長安城の南にあった辟雍遺跡である。辟雍遺跡は現在の西安市大土門に位置している。辟雍は皇帝が城外に設けた大学である。辟雍遺跡は中心建築、囲壁・四門・曲尺形部屋、水溝の三部分からなっている（第199・200図）。この漢代辟雍と推定される建築址は、幅約2mの水溝によって区画された直径約360mの大円圏とその中央に区画された一辺235mの正方形の版築土壁による大庭院とその中央の直径60mの円形大基とその上に立てられた平面亜字形の建物からなっている。

漢長安城内は、多くの宮殿が造営されていて、城内に宮殿以外の多くの建造物を造営することは不可能であったと推定される。そのような漢長安城の情況から考えると、長安城はいわゆる都城というよりは、宮城・皇城的な性格が強く、宮城を本拠とする皇帝の生活活動と政務・行政活動以外の都市機能は城壁外にあったと推定される。戦国時代の都城が、城壁内に政治機能のみならず、生産や市など経済機能や官吏・市民の居住機能まで取り込んでいたのと、漢長安城は大きく異なっていると考えてよいであろう。漢長安城の東南城外の西安市龍首村・范南村・棗園村・方新村付近では、多数の前漢に属する小型墓が発見されている。墓には長方形堅穴墓と堅穴墓道の洞室墓があり、遺骸は木棺に納められていたが、墓によっては槨をもつものもあった。副葬品は副葬陶器・明器の類が圧倒的に多いが、若干の青銅鏡や青銅印などもある。これらの墓の被葬者に関して、報告書は中・下層官吏、大夫・士と述べているが、被葬者は漢長安城の城外、近郊に居住していた中・下級官吏、工師工官・商人などを含む諸市民と考えてよいと思われる。

漢長安城は、古代中央集権国家としての漢帝国の皇帝が指令を発する政務と居住のための都城であった。春秋戦国時代の都市は、王と官吏・市民の総合的な社会活動（政治・経済・生産・軍事・防衛・要塞など）の場としての都市機能をもっていたが、漢の長安城は、中央集権国家の権力の頂点に座った皇帝のために造営された都城といえる。城外の龍首原に分布する前漢墓は、市民が城外に居住していたことを直接的に証明する遺構ではないが、これらの墓の被葬者である下級官吏や工師工官、商人などの庶民は城外に住んでいたと推定して間違いはない。

註
（1）　247 秦都咸陽考古工作隊・劉慶柱、1976、「秦都咸陽幾个問題的初探」（『文物』1976 年第 11 期）。
（2）　316 陝西省社会科学院考古研究所渭水隊、1962、「秦都咸陽故城遺址的調査和試掘」（『考古』1962 年第 6 期）。320 陝西省博物館・文管会勘査小組、1976、「秦都咸陽故城遺址発現的窯址和銅器」（『考古』1974 年第 1 期）。245 秦都咸陽考古工作站、1976、「秦都咸陽第一号宮殿建築遺址簡報」（『文物』1976 年第 11 期）。
（3）　117 咸陽市文物考古研究所、1998、『塔児坡秦墓』（三秦出版社、西安）。
（4）　43 王仲殊、1984、『漢代考古学概論』（『考古学専刊』甲種第十六号）。
（5）　387 中国社会科学院考古研究所、1996、『漢長安城未央宮』（『中国田野考古報告集』考古学専刊丁種第五十号）。
（6）　258 西安市文物保護考古所、1999、『西安龍首原漢墓』（西北大学出版社、西安）。

第 3 節　秦始皇陵と兵馬俑坑

　秦始皇陵は、春秋戦国時代以前の墳墓造営の伝統を受け継ぎながらも、まったく新しい皇帝陵墓企画の理念のもとに造営された陵墓である。それは中国にただ一人存在する皇帝の権威と力を内外に誇示するものであった。この陵墓造営の理念と企画は、秦以降漢王朝に引き継がれて、皇帝支配の中国に長く根づいたのである。
　秦始皇帝を埋葬した始皇陵は、陝西省西安市臨潼区の東 5km の驪山の北麓に存在する。始皇陵は、始皇帝が 13 歳で前 246 年に即位し、その翌年から造営が開始されたという。このように生前に造営しておく墓を寿陵と呼ぶことがある。始皇陵の造営に関して、『史記』秦始皇本紀には、

　　始皇初即位、穿治驪山、及并天下、天下徒送詣七十余万人、穿三泉、下銅而致椁。宮観百官奇
　　器珍怪徙蔵満之。令匠作機弩矢、有所穿近者輒射之。以水銀為百川江河大海……。

とある。これは、始皇陵の造営が終了し、約 100 年後に書かれた記述である。この記述には誇張があるものの、比較的事実を伝えてるとも思われる。始皇陵造営開始の時、始皇帝はわずか 14 歳の秦王である。14 歳の少年が自ら巨大陵墓の造営を希望し、それを臣下に命令したとも思えず、秦の官僚たちが、王の権力と秦の国力を誇示するために、秦の厚葬の伝統のもとに陵墓造営の事業を進めたと考えられる。
　始皇陵は東西数 km の陵区を有し、陵区内に墳丘・陵園・寝殿・便殿・陪葬区・兵馬俑坑・各種陪葬坑が造営されている。陵は正方形の二重の方錐台形と推定される墳丘で、墳丘は内城・外城の

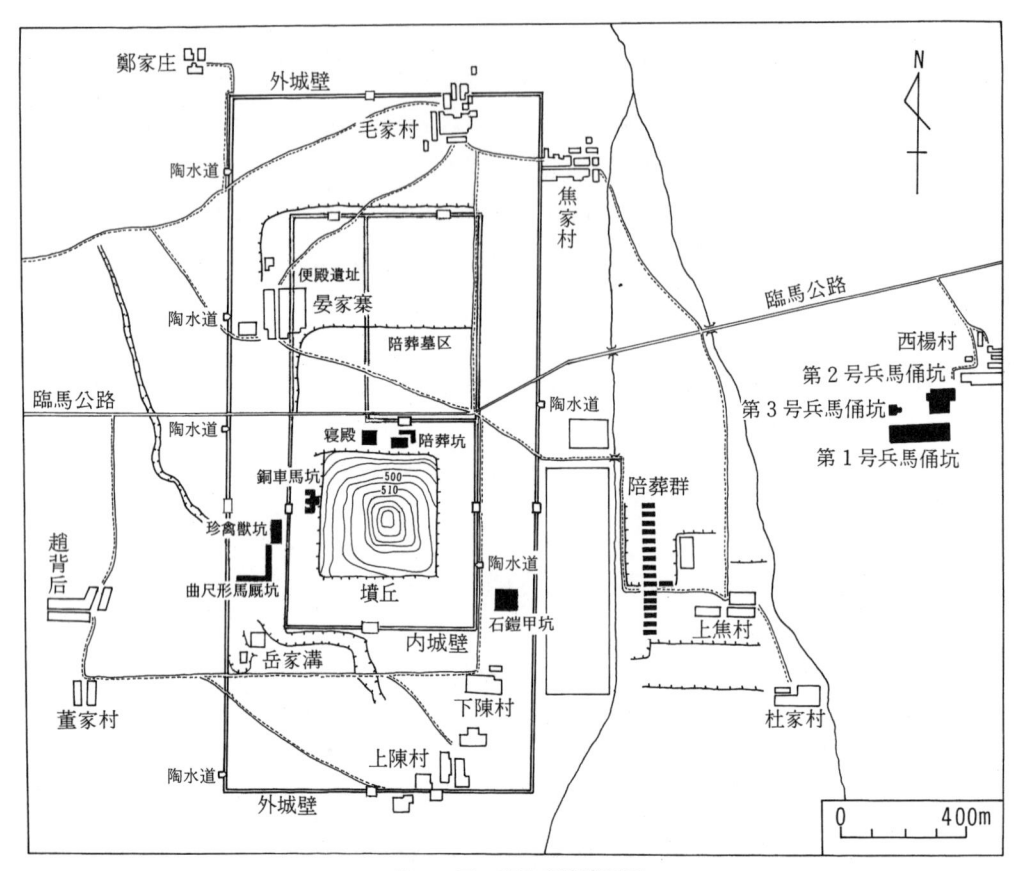

第 201 図　秦始皇陵陵区図

第 202 図　秦始皇陵墳丘　西安市臨潼区

二重の城壁（城垣・墻垣）に囲まれ、城内外からは多くの建築址や副葬品を埋納した叢葬坑（陪葬坑）が多数確認され、とくに外城の東方では多数の陪葬と3基の兵馬俑坑が発見されている（第201図）。外城は南北に長い長方形で、東西974.2m、南北2173m、周囲の全長6294mの巨大な面積を占めている。内城は外城と相似形の長方形を呈し、東西578m、南北1368m、周囲の全長3800mの大きさで、内城の墳丘を取り巻く南半分の大きさは、南北684.5m、東西578mの範囲を占めている。内城南側に位置する墳丘の平面的な大きさは東西345m、南北350mである。墳丘が南に高く北に低い斜面に位置するため高さは一定でなく、35.5m～41.5mが計測される（図版30-1、第202図）。『秦始皇帝陵園考古報告（1999）』（引用文献目録No.309）によれば20世紀初頭の墳丘基底部の大きさは、東西515m、南北485m

あったというが信じがたい。墳丘下の墓壙底部には、地宮つまり墓室が存在すると推定される。墓壙は四方に墓道をもつ亜字形墓と推定され、墓室は黄腸題湊の可能性が高い。墳丘東側の3カ所で地下門道が発見されている。墳丘北側下部からは塼築の護壁が発見され、その中央には地下入り口と羨道がある。西側にも羨道がある。

1980年に西側羨道付近の大陪葬坑の中央部南側において銅車馬坑の試掘が行われ、ここから彩色を施した2台の銅車馬が見つかっている。(2)ここで発掘された2号銅車馬は、長さ317cm、高さ106cmの大きさで、実物の2分の1の模型と考えられる。この馬車は4頭立ての2輪車で、1本の輈(車を引く中心の長柄)が衡とT字形に交わり、輿は長方形の部屋で亀甲形の屋根がつく。このほか内城内からは、多くの大型建築址が発見され、墳丘北側の内城内の墳丘北側に隣接して発見された建築址は、御霊が政務と生活をするために建てられた寝殿と推定されている。寝殿は黄泉の大朝である。戦国時代の王陵の例では、寝殿は墳墓の墳頂に建てられるが、始皇陵の場合は寝殿が墳墓上から平坦面に降りている。寝殿を墳丘下の平坦面に造営する割付は、この後、前漢帝陵の寝殿の基本的な割付となる。寝殿の東には陪葬坑群がある。始皇陵の陵園内には各種の建造物が建てられていたため、この地域からの瓦塼類の出土も多い。内城北西側半分は便殿などの建物が存在していた可能性が高い。『秦始皇帝陵園考古報告(1999)』(引用文献目録 No.309)によれば、内城北西側半分は、便殿遺址となっている。この地域で1970年代に4室が東西にならぶ建築址が3組発見され、1995年にもその南で四合院建築址などが発見されている。ここでは石灰岩敷石・青石板・青石柱礎・鉄鋪首・夔紋瓦当・雲紋瓦当・鴟尾・五角形水道管などの遺物が発見されている。便殿は、陵で用いる葬儀道具の倉庫、寝殿で用いる食事の厨房、葬儀・祭祀時の休憩所、陵の事務室などのある場所である。漢の帝陵では、便殿は寝殿の脇に設けられている例がある。始皇陵の場合は、寝殿と便殿の間に若干の距離がある。内城北東側の半分は、陪葬墓区と考えられている。また墳丘南西角と内城城壁の間で2000年に発見された俑坑からは、等身大の文官俑が出土している。

墳丘の南東側の東内城壁と東外城壁に挟まれた地点では石製の甲冑を埋設したK9801坑(石鎧甲坑)が発見されている。K9801坑は、東西130m、南北100mの大きさで、坑の南西部の試掘が行われている。K9801坑の試掘坑から89体の石小札の鎧と43点の石小札兜が、発見されている。(3)K9801坑の南側のK9901坑からは高さ61cmほどの青銅鼎、11体ほどの立人陶俑などが発見されている。西側の内城と外城の間からは、動物骨の出土する坑が発見されているが、珍獣や珍禽が埋設されていたと推定されている。また曲尺形の坑から馬の骨と陶俑が発見されているが馬厩坑と考えられている。

有名な始皇陵の兵馬俑坑は、東外城壁の東方1225m付近に存在する。(4)1号兵馬俑坑は、平面長方形で、東西の長さ約230m、南北の幅約62m、深さ4.5〜6.5m、面積14260m²の大きさを有していて、陶俑と陶馬約6000体が長方形の陣形を形づくって納められていると推定されている(図版30-2、第203・204図)。坑の四方には、それぞれ5本の傾斜門道が取り付けてある。発掘は坑の東側部分から行われている。坑内には、墻壁があり、床面には塼が敷き詰められ、両側には柱が立てられ、上に梁と桁が渡され、洞となっている。坑内には、火災にあった木造枠組みが存在する。坑東側の門道内には1列72体からなる3列横隊、216体の武人陶俑が東を向いてならんでいた。この武人陶俑

第203図　1号兵馬俑坑　西安市臨潼区秦始皇陵

第204図　兵士俑　始皇陵1号兵馬俑坑

の背後西側には、さらに武人陶俑と戦車を引く陶馬が存在し、314体以上の武人陶俑と24匹以上の陶馬が発見されている。2号兵馬俑坑は、平面形が曲尺形を呈し、俑坑の東西最大長は96m、南北最大幅は84m、面積約6000m²の大きさである。試掘坑内の木造枠組み内には木質戦車11両、車士陶俑28体、将軍陶俑1体、引戦車陶馬67体、騎兵陶俑32体、鞍陶馬29体、歩兵陶俑163体の発見があり、いずれの陶俑も東を向いていた。3号兵馬俑坑は「凹」字形を呈し、東西17.6m、南北21.4m、深さ5.2m、面積約520m²の大きさであった。構内には木造枠組みが存在し、東を向く木質戦車と68体の武人陶俑がおかれていた。1・2・3号兵馬俑坑に埋納されたこれらの陶俑は、始皇帝の近衛兵軍団を表現したものかもしれない。

　始皇陵外城の東約350mにある上焦村付近で、陪葬墓あるいは殉葬墓と考えられる17基以上の竪穴墓と洞室墓が発見され、1976年に発掘されている。これらの竪穴墓と洞室墓の大部分は東に墓道をもつ墓で、一槨一棺を基本としている。秦においては戦国後期から竪穴墓に変わって洞室墓が出現、増加してくる。ここで発掘された人骨は、被葬者が同一時期に射殺、解体された可能性を物語っているという。出土した遺物は、始皇陵陵区内のほかの遺構から出土する遺物に一致し、これらの墓は、外城の東壁に平行して南北にならび、始皇陵の主軸基本線に符合している。したがって、これらの墓は始皇陵に付随する遺構と考えられている。

　秦始皇陵は、戦国時代以前の墓には見られなかった数々の新しい計画にもとづいて造営され、始皇陵の出現によって、中国古代の王陵や皇帝陵の形式は大きな転換をむかえたといえる。墓の上に墳丘を盛る造営方法は、春秋時代の終わり頃から開始されたと推定されるが、墳丘が方錐台形を呈し、陵園を形成する城壁が墳丘を取り囲む陵墓は、始皇陵が最初で、戦国時代の王陵には見られない構造である。始皇陵が採用した方錐台形の墳丘と陵園を取り囲む城壁のある陵墓の制度は、次の時代である前漢の帝陵に引き継がれ、以後長く中国の帝陵の制度として採用される。内城と外城か

らなる陵園には、寝殿が造営され御霊が生活する空間を形成し、あわせて便殿を造営している。また陵区内の多くの陪葬坑内には御霊が必要とする器物・動物や人物俑が埋設されていた。兵馬俑坑に埋納された陶俑は、始皇帝の軍隊を表現していることは明らかである。陶俑を大量に副葬する葬俗は、始皇陵以前の遺跡に類例はなく、始皇陵に始まり、漢高祖長陵の楊家湾遺跡出土の陶俑に引き継がれていくと見ることができる。始皇陵造営の基本思想には、皇帝の御霊が生前と同様に生活し政務を司ることのできる空間を形成する観念が存在してたと見ることができる。

註
（１）　325 陝西省文物管理委員会、1962、「秦始皇陵調査簡報」（『考古』1962 年第 8 期）。309 陝西省考古研究所・秦始皇兵馬俑博物館、2000、『秦始皇帝陵園考古報告（1999）』（科学出版社、北京）。
（２）　244 秦始皇兵馬俑博物館・陝西省考古研究所、1998、『秦始皇陵銅車馬発掘報告』（文物出版社、北京）。243 秦始皇兵馬俑博物館、1998、『秦始皇陵銅車馬修復報告』（文物出版社、北京）。
（３）　309 陝西省考古研究所・秦始皇兵馬俑博物館、2000、『秦始皇帝陵園考古報告（1999）』（科学出版社、北京）。
（４）　223 始皇陵秦俑坑考古発掘隊、1975、「臨潼県秦俑坑試掘第一号簡報」（『文物』1975 年第 11 期）。224 始皇陵秦俑坑考古発掘隊、1978、「秦始皇陵東側第二号兵馬俑坑鉆探試掘簡報」（『文物』1978 年第 5 期）。248 秦俑坑考古隊、1979、「秦始皇陵東側第三号兵馬俑坑清理簡報」（『文物』1979 年第 12 期）。308 陝西省考古研究所・始皇陵秦俑坑考古発掘隊、1988、『秦始皇陵兵馬俑坑一号坑発掘報告』（文物出版社、北京）。
（５）　250 秦俑考古隊、1982、「臨潼上焦村秦墓清理簡報」（『考古与文物』1980 年第 2 期）。

第 4 節　漢の王陵

　前漢王朝の 11 基の皇帝陵のうち 9 基の王陵は、西安市北方の渭河北岸の台地である咸陽原上に、あるものは皇后陵をともなって累々とならび、別に 2 基の王陵は西安市の東南に造営されている。つまり、咸陽原上には、高祖長陵・恵帝安陵・景帝陽陵・武帝茂陵・昭帝平陵・元帝渭陵・成帝延陵・哀帝義陵・平帝康陵の 9 陵がある。また、漢長安城南東の白鹿原には文帝覇陵が、杜東原には宣帝杜陵が造営されている。咸陽原の 9 陵のうち、長陵・安陵・陽陵・茂陵・平陵の 5 つの陵には近くに陵邑が造営され、覇陵・杜陵の北にも陵邑が営まれている。このほか前漢王朝に隷属する諸王や丞相一族の墓としては、武帝の孫となる広陽国（燕国）頃王劉建の墓と推定されている北京大葆台漢墓、武帝の腹違いの兄である中山国王劉勝の墓と推定されている満城 1 号漢墓、長沙国王の墓と推定される象鼻嘴 1 号漢墓、長沙国丞相軑侯利蒼とその一族の墓と推定されている馬王堆漢墓などが、大型漢墓の好資料としてよく知られている。

　秦始皇陵の造営の後、王朝が前漢に交代してその後に造営された最初の皇帝陵は、漢高祖劉邦の長陵である(1)（第 205 図）。前漢の高祖劉邦は、前 202 年に項羽を破り、漢の帝位に就き、前 195 年に長安城長楽宮で没し、長陵に葬られた。長陵は、陝西省咸陽市秦都区窯店の東側に位置し、ここには方錐台形の墳丘が 2 基存在し、付近からは「長陵東當」「長陵西當」など瓦當面に文字のある前漢瓦

當が出土し、ここの2基のいずれかが劉邦の長陵であることを示している。一般に西側の墳丘が高祖劉邦の長陵と考えられ、東の墳丘は呂后陵と考えられている(2)。長陵は東西長165m、南北幅145m、高さ約30mの大きさで、さらに2つの墳丘を取り巻く南北1000m、東西960mの陵区と、その北側に広大な長陵陵邑城を有している。陵邑の東には陪葬区が存在し、また、咸陽市楊家湾の長陵陪葬墓にともなう陪葬坑からは、3000点に前後する多数の騎兵陶俑・歩兵陶俑が出土している。長陵を初めとして前漢の帝陵は皇后陵をともなっているが、長陵の墳墓造営の基本的な思想は、秦始皇陵の造営思想を受け継ぎ、さらに前漢帝陵造営の範になっているといってよいであろう。

前漢4(6)代目の景帝は、前156年から前141年まで帝位にあったが、死後は陽陵に埋葬された。景帝の陽陵とその陵区は、前漢の帝陵群の中で一番東の陝西省咸陽市秦都区から高陵県に広がる台地

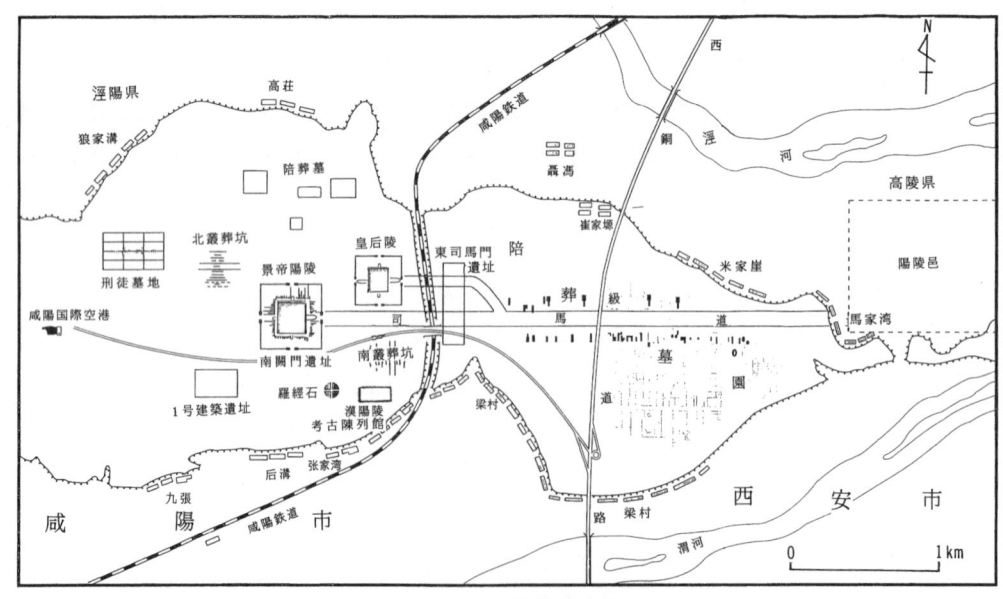

第205図 劉邦長陵 陝西省咸陽市

第206図 景帝陽陵 陝西省咸陽市

第207図 漢陽陵陵区平面図

上に位置し、南に渭河が、北には涇河が流れている（第206図）。1990年代に入ってから継続して行われた陽陵の調査によって前漢帝陵における基本的な割付が明確になってきた[(3)]（第207図）。景帝の陽陵の陵区域は、約東西5km、南北3kmに及ぶ広大な面積を占めている。陽陵の墳丘は、方錐台形で底部における各辺長は160m、高さ31.8mの大きさで、平面正方形の城壁（城垣）に囲まれた陵園の中心に位置している。陵園は一辺410mほどで、東西南北の四方に闕門遺構を残し、闕門遺構には塼敷面、卵石散水面の露出が認められ、瓦・塼など建築材料の堆積が認められる。陽陵の東北後方には王皇后陵が存在し、陽陵からは東に向かって約4kmの司馬道が伸びている。景帝陽陵の東、王皇后陵の南には24基の陪葬坑（叢葬坑）群が存在し、17・20・21号陪葬坑などからは多数の彩絵裸体武人陶俑や武人陶俑が発見されているほか、車馬・倉庫・食料・家畜などの明器も多数発見されてい

第208図　羅經石（禮制建築中心礎石）　陽陵

第209図　武帝茂陵と李夫人墓　陝西省興平県

る。陽陵の南には、回廊に囲まれた羅經石や禮制建築群遺構が存在し、この付近に寝殿が造営されていた可能性が高い（第208図）。羅經石は陽陵造営の測量基点ともいわれているが、大型建築の礎石である可能性も高い。司馬道の東端北側には、広大な陽陵邑が存在し、司馬道の南北には陪葬墓園が広がっている。陽陵邑では、建物・排水溝・貯蔵穴・灶・道路など市街遺跡にともなう各種の遺構が発掘され、漢代市街地遺構のまれな資料となっている。前漢王陵の陵区の典型的な割付を理解する上では、陽陵の陵区調査は意義が深い。

　前漢5(7)代目の武帝が埋葬されている茂陵は、陝西省興平県の東北約9kmの渭河北岸の台地上に存在する。[(4)] 茂陵は、東西の幅231m、南北の長さ234m、高さ46.5mの方錐台形状の大墳丘を有している（図版32-2）。墳丘を取り囲む陵園も方形を呈し、東西幅430m、南北長さ414mの面積を有し、東、西、北の三方には土盛状の闕門址が存在する。それぞれの闕門の大きさは、長さ38m、幅9m、高さ3mほどで、闕門の周囲には、瓦・塼・焼土などの建築堆積物が認められる。茂陵の西北約500mには、武帝の正室であった李夫人の墓が存在する。李夫人墓も茂陵と同じ方錐台形である。

茂陵の東闕門からは、東に延びる司馬道が設置され、茂陵から 1000〜2500m の司馬道の両側には、霍去病墓や霍光墓などをはじめとした陪葬墓が累々とならんでいる（第 209 図）。茂陵は陽陵と同じく巨大な方錐台形を呈し、城壁（城垣）・闕門を有し、後方に夫人墓を従え、東方に陪葬墓をもつ、典型的な前漢帝陵の割り付けをもっている。

　前漢 8（9）代の宣帝劉詢が埋葬されている杜陵は、陝西省西安市雁塔区曲郷三兆村の南にある[(5)]。陵区は、東西 3km、南北 4km に及んでいる。墳丘は方錐台形で底部の 1 辺は 175m、高さは 29m である。陵の四方では中央の地宮に向かう羨道の存在が確認されている。杜陵陵園の平面形は正方形で、1 辺 430m の面積を有している。陵園を囲む四方の城壁の中央には闕門が存在する。王皇后陵は、杜陵の東南 574m にある。墳丘は同じく方錐台形で、1 辺 145m、高さは 24m である。陵園の平面形は正方形で、1 辺 330m の面積を有している。杜陵においては、寝園の発掘調査が行われている。寝園は、杜陵の南陵園城壁の東半分に接して陵園外に存在する。寝園の周囲は、幅 1.3〜1.6m の壁で囲われ、東西 173.8m、南北 120m の範囲を占め、南に 3 門が開けられている。寝園内の西側に寝殿が、東側に便殿が存在する。寝殿は皇帝陵の正殿で、生前の大朝にあたり、帝陵の重要な祭祀儀礼が行われた建物と考えられている。便殿は寝殿の傍らに建てられた休息・閑宴の場所で、葬儀に用いた器物が置かれ、寝殿で挙行される儀式の準備・休息の場所で、また寝園の事務室でもあったと考えられている。杜陵の寝殿は大型の宮殿建築で、東西 51.2m、南北 29.6m、残高 0.25m の版築基壇の上に建てられていた。杜陵の便殿は、複数の建物と部屋から構成され、多機能をもった場所であった。殿堂は便殿の西南部にあり、大殿と中庭をもつ建物からなっていた便殿の東南には多数の部屋が存在し、倉庫・事務室・厨房などに用いられていたと推定される。

　秦始皇陵に始まる帝陵の割付は、景帝の陽陵、武帝の茂陵に至って完成したと見ることができる。皇帝陵を中心として、北側に寄せて皇后陵を配置し、皇帝陵を城壁で取り囲み、東西南北の四方に闕門をつくり、東闕門から東に向かう司馬道を設置している。皇帝陵の城壁外の陵区には、禮制建築（寝園・廟園）、陪葬坑（叢葬坑）が造営されている。また司馬道の南北の陵区内には、陪葬坑（叢葬坑）と陪葬墓が配置され、また前漢の 7 基の皇帝陵は広大な陵邑を造営している。これらの帝陵にみられる諸施設の配置が、前漢皇帝陵の基本的な割付といってよいであろう。

　前漢の帝陵で主体部を発掘した例はないが、前漢武帝時代の内藩の諸王や丞相一族の墓の主体部は、墓壙内に巨大な木槨や黄腸題湊を築造している遺構が一般的である。したがって、これまでに紹介した長陵・陽陵・茂陵・杜陵などの前漢陵墓の主体部も黄腸題湊であろうと推定される。黄腸題湊は、皇帝や王の墓にのみ許された墓の構築方法で、木角材を木口積みにして墓室を建造している。黄腸題湊を採用した主体部の古い例は、陝西省鳳翔県で発掘された春秋時代に属する秦公 1 号墓にその例が知られる（第 158・159 図）。すでに紹介したところであるが、黄腸題湊の名称は、『呂氏春秋』『禮記』『漢書』などの中に見られ、『呂氏春秋』節喪篇には、

　　国弥大、家弥富、葬弥厚、……題湊之室、棺槨数襲。

とあり、また『禮記』檀弓上には、

　　柏椁以端、長六尺。

鄭玄注に「以端、題湊也、其方蓋一尺」とある。

『漢書』霍光伝には、

　　賜……便房黄腸題湊各一具。

注に「蘇林曰、以柏木黄心、致累棺外、故曰黄腸、木頭皆向内、故曰題湊」とある。このことから、柏などの木材を木口積みにした墓室の構築方法を黄腸題湊と呼んでいる。前漢時代に属する黄腸題湊の好例は、北京市豊台区で発見された大葆台1号漢墓や湖南省長沙市で発見された象鼻嘴1号漢墓で、これらの墓の主体部には、柏木などの角材を木口積みにした墓室が存在した。大葆台1号漢墓は、武帝の孫である広陽国（燕国）頃王劉建の墓である。また長沙の象鼻嘴1号漢墓は長沙王の墓と推定され、武帝の兄・劉発が被葬者ともいわれている。

　大葆台1号漢墓は、高さ8m、東西50.7m、南北90mの墳丘を有し、墓壙は平面中字形を呈し、東西の通長は77.6mほどあった。墓壙は、墓口で南北26.8m、東西21.2m、墓底で南北23m、東西18.3mの大きさで、深さは4.7mほどであった。墓壙内には、木材で構築された二重の回廊の内側に槨となる墓室が黄腸題湊で構築されていた（図版33-1、第210・211図、第214図の5）。墓室は南に口を開く甲字形を呈していた。大保台1号漢墓の黄腸題湊に用いた木材も、柏木の角材で、一般に長さ0.9m、幅10m、厚さ10mの大きさである。この黄腸題湊の大きさは南北15.7m、東西10.8m、高さ2.7mほどで、この内側に内回廊が存在する。内回廊の内側が棺室で、二重の木槨の中に三重の木棺が納められ、その

第210図　大葆台1号漢墓　北京市

第211図　黄腸題湊　大葆台1号漢墓

第212図　象鼻嘴1号漢墓墓壙　湖南省長沙市

第213図　馬王堆1号漢墓墳丘　湖南省長沙市

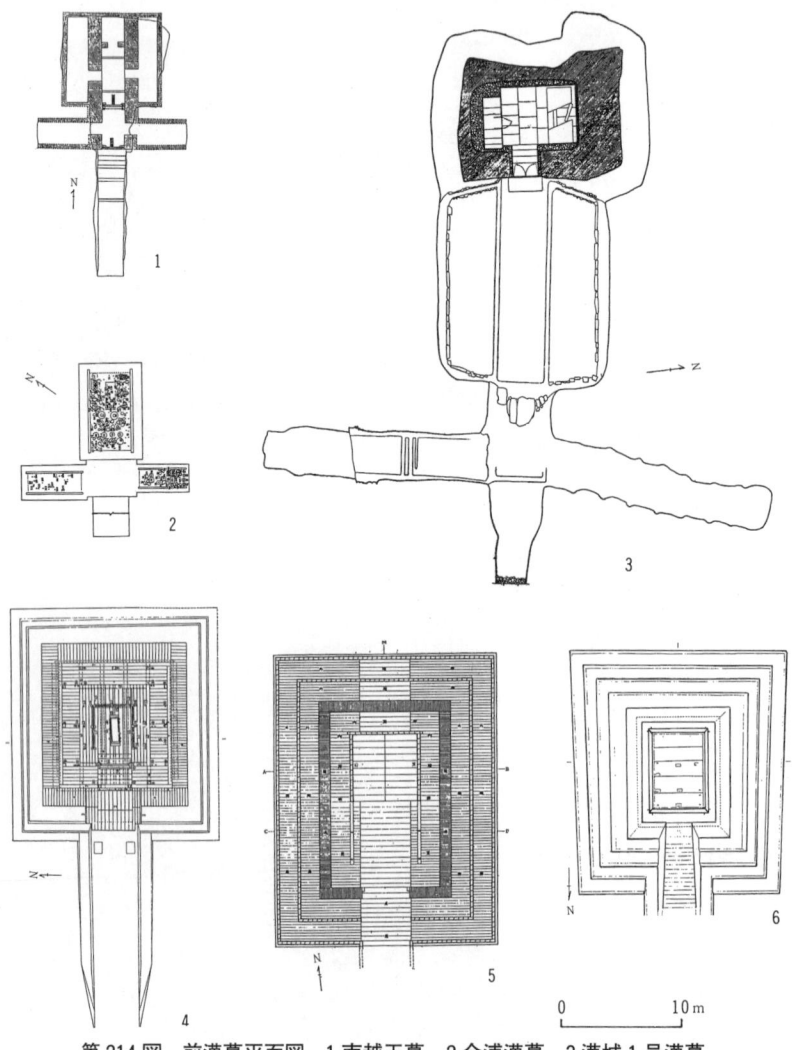

第214図　前漢墓平面図　1南越王墓、2合浦漢墓、3満城1号漢墓、
4象鼻嘴1号漢墓、5大葆台1号漢墓、6馬王堆1号漢墓

内部に遺体が納められていた。「槨」と呼ばれる遺構は、棺を納める外周施設で、その施設が木組みであれば木槨の名称で呼ばれている。

長沙市象鼻嘴1号漢墓は、象鼻嘴山の山頂に長さ20m、幅約19m、深さ7.9mの墓壙を掘り、長さ18.75mの墓道を設け、墓壙は「甲」字形を呈していた。その底に黄腸題湊による墓室を設け、題湊内に二重の木槨と三重の木棺を有していた(7)（第212図、第214図の4）。副葬品としては、鼎・盒・壺・鈁・罐・甕・盃・杯・香炉などの副葬陶器や泥郢版が出土している（図版33-2）。泥郢版は楚で用いられていた黄金貨幣である楚金版を模して墓の副葬品として土でつくったものである。

前漢の王陵では、その構造が立派なことから黄腸題湊の墓がめだつが、一般の大墓ではいわゆる木槨内に木棺を納めた墓が一般的である。湖南省長沙市の馬王堆1号漢墓は、長沙国丞相軑侯利蒼の妻の墓といわれているが、この漢墓は自然の丘陵を利用してそこに7〜8mの土盛りをしている。1号漢墓の墳丘は、基底部の直径約50〜60m、高さ約16mで、墳頂には直径約30mほどの平坦面がつくられ、その頂上に竪穴墓室を掘り込んでいる（第213図）。墓室は、南北19.5m、東西17.8m、深さ約15mの巨大な竪穴で、その底に主体部がおかれていた（第214図の6）。主体部は、二重の木槨と四重の木棺から構成されていた(8)。槨は巨大な木材を「井」形に組み、大きさは一番上の蓋板で長さ6.73m、幅4.81m、側面での槨の高さ2.8mであった。槨に用いられた最大の木材は側面に用いられたもので、長さ4.84m、幅1.52m、厚さ0.26mの巨大な板であった。槨の中央には、すきまなく重なり合う四重の木棺が納められていた。いちばん外側は黒漆塗りで紋様のない棺、二重目は黒漆の地に彩絵を描いた棺、三重目は朱漆の地に龍などの彩絵を描いた棺、四重目は黒漆の地に絹や羽を貼り付けて錦のように飾りたてた棺が重なり、その中に遺骸が納められていた。その被葬者は高齢の夫人で、遺骸は「湿屍」と呼ばれる特異な状態に変化して良好な保存状態であったことはあまりにも有名である。

自然の岩山に巨大な横穴を掘削して墓とした例としては、河北省満城県の西郊で発見された前漢に属する満城1・2号漢墓がある(9)。満城1号漢墓は、前漢武帝の庶兄である中山靖王劉勝（前113年没）の墓と考えられ、また2号漢墓は劉勝の妻・竇綰の墓と考えられている。これらの墓は、陵山と呼ばれる高さ180mほどの山の東斜面の岩盤を掘削して構築した横穴である。墓の平面形は「早」字形を呈し、墓道・甬道・北耳室・南耳室・中室・主室（主棺室・後室）・側室・回廊からなる（第214図の3）。1号墓は、全長51.7m、最大幅37.5m、高さ6.8mの巨大な墓で、主棺室は、いちばん奥の中心に存在し、主棺室を取り巻いて側室・後室あるいは回廊が存在する。満城1・2号墓の墓道を除く各室には大量の副葬品が納められていた。それぞれの主棺室からは被葬者の遺体にあわせて綴り合わせた金縷玉衣が発見され、1号漢墓の玉衣は、全長1.88mで、2498片の玉片を約1100gの金縷で綴っていた（第215図）。甬道と南耳室には実際に使用された車馬が納められていた。2号墓出土の長信宮灯（第216図）、1号墓出土の金銀象嵌博山炉・金銀象嵌鳥篆紋壺・鍍金銀蟠龍紋壺・鍍金銀象嵌乳釘紋壺（第217図）などは漢代芸術の絶品といえる。長信宮灯の袖・灯壁外面・灯基盤・圏足・裾端には、「陽信家」「今内者臥」などの銘文が彫られている。

満城漢墓は、陵山の山頂付近に掘削された横穴式の墓であるが、このように自然の山を掘ってそこに横穴式の石室を構築した前漢墓が江蘇省徐州市北洞山においても発見されている。北洞山前漢

墓は、山を掘り下げそこに8層から時には17層の石材を積み上げて墓室の壁を構築し、天井には巨大な石材を両側からもたせかけて家形の天井を形成している。北洞山前漢墓の平面形は複雑で、19室の石室が数えられ、墓道と墓室の南北全長は70m、東西幅は25mを越える大きさが推定されている。北洞山前漢墓からは玉衣の一部も発見され、被葬者は前2世紀の武帝と同時代の楚王と推定されている。墓の規模・構造と玉衣の使用などにおいて北洞山前漢墓は、満城漢墓に共通する要素が認められる。

広州市で1983年に発掘された南越王墓の被葬者は、南越国第2代の趙胡・文帝と考えられている。この墓は、広州市内の象崗山と呼ばれる花崗岩の小山に墓壙を掘り、その中に砂岩の切石を積み上げて、平面「早」字形の墓室を築造していた（第214図の1）。墓全体の構造は、基本的に墓道と7つの墓室からなっていた。墓室全体は、南北全長10.68m、東西幅12.24mの大きさを有し、墓道の長さは10.46mであった。墓門の前面には外蔵槨がつくられ、墓門の奥の墓室群は、前室とその東西の東耳室・西耳室、前室の奥に連なる主棺室と後蔵室、主棺室の東西の東側室・西側室から構成されていた。南越王墓で注目されるのは副葬されていた各種の遺物と殉葬者で、とくに主棺室から出土した「文帝行璽」と刻まれた金印は、この墓が南越国王・趙胡の墓であることを意味する遺物であった（第219図）。主棺室の中央には、漆塗りの槨と漆塗りの棺が置かれた痕跡が残っていた。棺内には絲縷玉衣をまとった被葬者が納められ、棺槨の内部と周辺には、戈・弩・鏃などの青銅武器、剣・矛・戟などの鉄製武器、璧・帯鉤・印などの玉

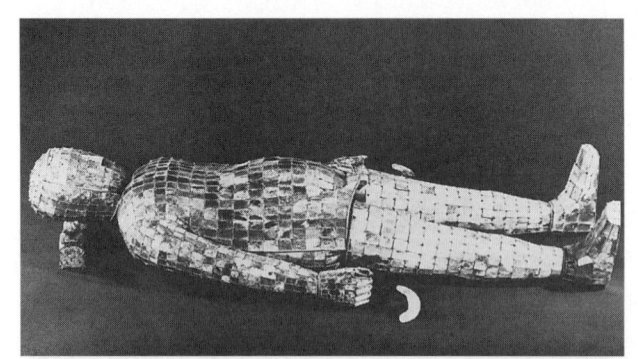

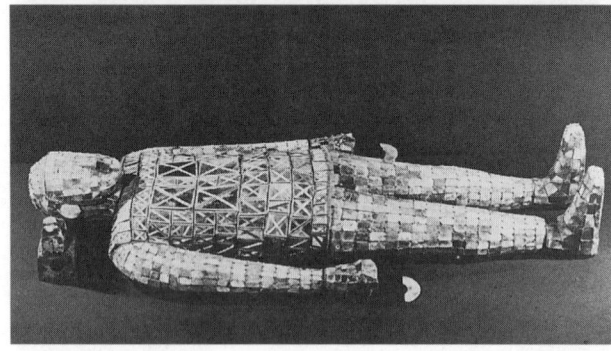

第215図　金縷玉衣　上．満城1号漢墓、下．満城2号漢墓

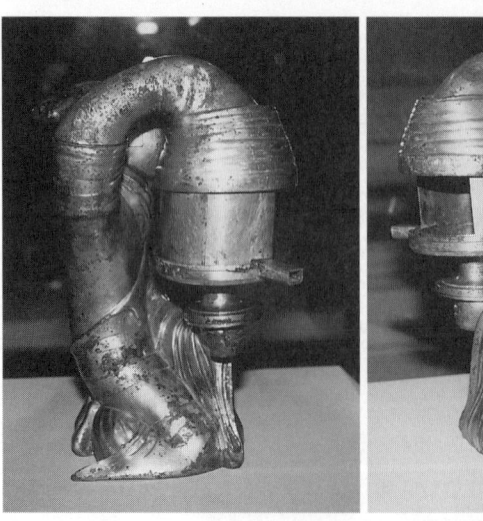

第216図　長信宮灯　満城2号漢墓

器が納められ、文帝行璽金印は被葬者の胸部玉衣上に、「泰子」と刻まれた金印は腹部玉衣上に置かれていた。東側室には、南越王の4人の夫人が殉葬され、4つの夫人印が発見され、そのひとつは「右夫人璽」と刻まれた金印であった。南越国は、秦滅亡後の前203年から93年間にわたり広東・広西両地区・ヴェトナム北部に存在した越人の国で、南越王墓の発見された今の広州（番禺）に都を置いていた。南越国は、漢と越の融合した文化をもち、時には前漢帝国と友好関係を維持し、時には緊張した外交関係を展開していたが、漢の武帝は、元鼎五（前112）年の秋、大規模な討伐軍を南越国に向かわせ、前111年に漢王朝の大軍が番禺に押し寄せ、番禺は陥落し、南越国は滅びた。

広州に近い広西の合浦前漢墓（第214図の2）や貴県羅泊湾漢墓(13)は、中原の漢墓に多く見られる木槨

第217図　金鍍金青銅壺　満城1号漢墓

を採用した主体部を有しているが、南越王墓は、7つの部屋からなる石室を墓壙内に構築していた。前漢のこの時代、中原において石室の巨大墓は決して多くはなく、むしろまれで、南越王墓はその意味においてやや特異な墓といえる。

　漢王朝の皇帝の帝陵で主体部が発掘された墓は、まだ存在しない。しかし郡国制度下における諸国の王一族の墓や、国の長官である丞相一族の墓では、考古学的に発掘調査された遺跡が知られる。北京市大葆台漢墓は漢代燕王の墓といわれ、長沙市の象鼻嘴1号漢墓は長沙王の墓といわれ、また南越王墓は外藩の王の墓ではあるが、漢王朝諸国の王や丞相一族の墓に比較される規模と内容をもった墓である。これら諸王の墓を参照することで、漢代の皇帝陵の姿を想像することができる。

　前漢代の諸王の墓を、墳丘・主体部・玉衣の面から比較してみる。渭河北岸の咸陽原上にある前漢皇帝の9陵は、いずれも大型の方錐台形の墳丘をもっているが、漢代の墓にはいろいろな形状の墓があり、墳丘の存在が明らかでない墓もある。漢文帝の覇陵や満城漢墓は、自然の山を利用して陵とした墳墓と見てよいであろう。長安城から遠く離れた王陵にも、中原の皇帝陵・王陵の影響・模倣も認められ、大型の墳丘を有するものも少なくないが、自然の山を利用した墓も多々ある。

　黄腸題湊は、今のところ春秋時代の秦王の墓にその初源を見ることができる。したがって黄腸題湊の伝統は、秦から漢の皇帝陵・王陵に引き継がれたと推定される。馬王堆漢墓の木槨木棺は、殷周時代以来の伝統的な墓室の造営方法であるが、満城漢墓や北洞山前漢墓の横穴式の墓室は、戦国時代の秦の比較的小型の墓つまり洞室墓に見られる形で、当時は秦の新しい埋葬方式であったと考えられる。その洞室墓系の墓が漢代に入って、王墓に採用されていることは興味深い。大葆台1号漢墓や象鼻嘴1号漢墓の黄腸題湊は竪穴墓壙内につくられたものであるが、横穴のように横から入るようになっている。横穴あるいは洞室墓からの影響と思われるこの現象は、竪穴墓を基本とした

殷周型の墓を利用して、横穴・洞室墓系の墓を造営するという秦漢時代の特色を示している。

　玉衣は、漢代皇帝や王・高級貴族の葬服で、玉片を金縷・銀縷・銅縷・絲縷などで綴ったものである。漢代の文献には、遺骸に玉衣をまとわせることで、遺骸の腐敗を防げると信じていた記述が見られる。遺体を玉で覆った情況は、西周時代の北趙村晋侯墓にも見られ、玉が遺骸の腐食を防ぐとする思想が中国古代に根づいていたことを物語る。近年になって多数の玉衣が、諸地域の漢墓より発見されている。玉衣の発見はその残片の発見も加えると40例を越え、漢代に広く葬服として玉衣が用いられていたことが知られる。典型的な遺物は満城1号漢墓で発見された金縷玉衣である。玉衣の外形は身体の形を呈し、一般に頭部・上着・ズボン・手袋・靴などの部分から構成されている。おおむね完全な形で玉衣が発見されている例は、満城1号漢墓のほか、満城2号漢墓、河北省定州市40号漢墓・定州市北荘漢墓・定州市43号漢墓、安徽省亳県董園村1号漢墓、江蘇省徐州市獅子山漢墓、広州市南越王墓などの例が知られる。おそらく偶然とは思うが、河北省定州市付近に存在した漢代中山国関係の漢墓発見の玉衣が多い。興味を引く事実である。

註

（1）　321 陝西省文管会・陝西省博物館・咸陽市博物館・楊家湾漢墓発掘小組、1977、「咸陽楊家湾漢墓発掘簡報」（『文物』1977年第10期）。269 石興邦・馬建熙・孫徳潤、「長陵建制及有関問題——漢劉邦長陵勘査記存」（『考古与文物』1984年第2期）。

（2）　605 劉慶柱・李毓芳著、来村多加史訳、1991、『前漢皇帝陵の研究』（学生社、東京）。

（3）　305 陝西省考古研究所漢陵考古隊、1992、「漢景帝陽陵南区叢葬坑発掘第一号簡報」（『文物』1992年第4期）。307 陝西省考古研究所漢陵考古隊、1994、「漢景帝陽陵南区叢葬坑発掘第二号簡報」（『文物』1994年第6期）。239 焦南峰・王保平、2001、「前漢帝陵の構造——景帝『陽陵』の発掘から」（『古代文化』第53巻第11号）。

（4）　327 陝西省文物管理委員会、1964、「陝西興平県茂陵勘査」（『考古』1964年第2期）。

（5）　605 劉慶柱・李毓芳著、来村多加史訳、1991、『前漢皇帝陵の研究』（学生社、東京）。381 中国社会科学院考古研究所、1993、『漢杜陵陵園遺址』（『中国田野考古報告集』考古学専刊丁種第四十一号）。

（6）　345 大葆台漢墓発掘組・中国社会科学院考古研究所、1989、『北京大葆台漢墓』（『中国田野考古報告集』考古学専刊丁種第三十五号）。

（7）　165 湖南省博物館、1981、「長沙象鼻嘴一号西漢墓」（『考古学報』1981年第1期）。

（8）　167 湖南省博物館・中国科学院考古研究所、1973、『長沙馬王堆一号漢墓』（文物出版社、北京）。

（9）　401 中国社会科学院考古研究所・河北省文物管理處、1980、『満城漢墓発掘報告』（『中国田野考古報告集』考古学専刊丁種第二十号）。

（10）　242 徐州博物館・南京大学歴史系考古専業、1988、「徐州北洞山西漢墓発掘簡報」（『文物』1988年第2期）。

（11）　131 広州市文物管理委員会・中国社会科学院考古研究所・広東省博物館、1991、『西漢南越王墓』（『中国田野考古報告集』考古学専刊丁種第四十三号）。

（12）　139 広西壮族自治区文物考古写作小組、1972、「広西合浦西漢木椁墓」（『考古』1972年第5期）。

（13）　138 広西壮族自治区博物館、1988、『広西貴県羅泊湾漢墓』（文物出版社、北京）。

第5節　秦漢時代の遺物・文化・考古学

（1）はじめに

　中国の古代文明の終焉は、秦漢帝国の出現、つまり秦始皇帝と前漢武帝という非凡な専制君主の出現によってもたらされたといえる。これは歴史的必然であるが、同時に新しい時代つまり古代中央集権国家と、それを引き継ぎ現代に至る中国文化の誕生でもあった。夏殷時代に開始され、西周時代を経て、春秋戦国時代に至った都市国家時代の終焉は、秦漢帝国・古代中央集権国家の出現を意味している。秦始皇帝の出現によって、中国国家の統一が行われ、同時に文字・貨幣・量・枡・法律などの統一も行われた。始皇帝時代の諸政策は、かならずしも成功したとは言いがたいが、やがて前漢の武帝が出現したことによって、秦においてなしえなかった諸政策が完結される。そして、統一国家による統一した文化が出現し、中国古代文明は新たな歴史段階に入っていくが、この新たな歴史段階は、中国文化・漢文化と呼ぶのにふさわしい文化内容をもっていた。

　中国の歴史が春秋戦国時代に入ると考古学的に取り扱うべき遺物が、それ以前の時代に比較して相当に増大したことはすでに述べたが、秦漢時代に入ると考古学的に取り扱うべき遺跡・遺物は、さらに飛躍的に増大する。遺物の面では、戦国時代以来の伝統を受け継いでいるものの、青銅器・鉄器・土器・瓦・玉器・漆器・木器・織物・自然遺物など遺物の内容が多種、多角化してくる。青銅器においては、若干の禮器のほか、容器・武器・車馬具・建築部材・俑・貨幣・鏡・印章などがみられる。窯業遺物には、明器のほか、多くの実用の土器が知られ、塼・瓦・陶俑・各種明器や封泥がある。漆器の類には食器のほか、調度品・棺・武器・武具がある。鉄器の使用が普遍化し、農工具のみでなく武器にまで行き渡る。西域や中国各地からは、木器・織物・自然遺物の出土も伝えられている。墳墓から出土する動物・鳥の骨・果実の種・穀物などの自然遺物は、漢代の食生活を再構築させてくれる。

　統一秦・漢代の遺跡に対する考古学研究は、1950年代以降に始まったといっても過言ではない。1940年代以前の秦漢歴史研究は、考古学的な研究ではなく、まず文字の史料研究からはじまったのである。歴史史料として利用される最初の正史が編纂されたのは、前漢の武帝の時代である。司馬遷が編纂した正史としての『史記』の完成した年代は、明らかではないが、前1世紀の初頭であることは間違いない。もちろん漢以前の考古資料にも文字資料は含まれ、殷後期には甲骨文があり、西周・東周時代には金文や竹簡などの文字資料がある。これらは占卜・冊命・葬送などに関するものが主体で、歴史そのものを歴史として取り扱った出土文字資料は今のところきわめてまれである。たとえ文字資料があったとしても占いに関係する甲骨文などかぎられた資料のみの時代と、前漢以後の正史が編纂されそれが残っている時代とでは、文字資料に対する考古学的研究方法の対応がまったく異なってくる。秦漢時代以降は典型的な古典考古学の時代といってよいであろう。

（2）文字資料

　始皇帝の篆書への文字の統一は、漢の隷書を経て今日用いている漢字字形の出発点となっている。

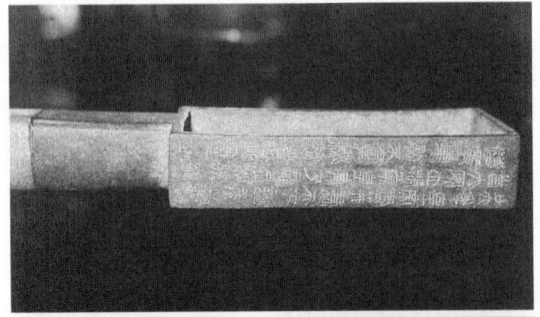

第218図　方枡と権　上．秦始皇帝廿六（前221）年枡、下．秦二世元（前209）年権

第219図　文帝行璽金印　南越王墓出土

第220図　封泥　南越王墓出土

また始皇帝の文字の統一は、当然のこととして全国で同一の文字を用いることになり、中央の決済事項・中央の意志が全国の末端にまで届くようになったことを意味しているが、このことは中央集権国家として必要欠くべからざる事柄であった。言い換えると中央の文化が地方へ浸透するのが容易になったともいえる。

発掘出土文字資料を見るかぎり、始皇帝以前の文字資料は甲骨文や金文に代表され、宗教的な占い、あるいは祖先の偉業の記録などを記載したものが多い。始皇帝の時代を前後して、文字は国家統治のための法律・思想・記録（歴史・日記）・暦・行政通達文・印章に用いられ、文字の使用目的が、殷・西周・春秋時代とは大きく変化している。これも古代文明の終了を意味する変化であろう。秦漢時代の考古学的な文字資料の圧倒的多数は、竹簡・木簡の類であるが、ほかに金文・石刻・印章・封泥・陶文・帛書などがある。

有名な雲夢秦簡は、湖北省雲夢県の睡虎地M11号墓から発見されている。その秦簡から被葬者は秦の官吏で秦始皇三十（前217）年になくなっている可能性が考えられている。[1]これらの竹簡は1100枚以上あり、出土時には八束に分かれ、保存状態はよかった。竹簡の長さは23.1〜27.8cm、幅0.5〜0.8cmの大きさであった。文字は秦の篆書を墨書で書いていた。竹簡は、上段・中段・下段の3カ所で紐によって縛られていたと考えられるが、出土の時には紐は朽ちていた。M11号墓出土の竹簡は、「編年紀」「語書」「秦律十八種」「効律」「秦律雑抄」「法律答問」「封診式」「日書」の9種である。「編年紀」は秦昭王元年から始皇三十年までの歴史資料書である。「語書」は行政通達文書の類である。「秦律十八種」「効律」「秦律雑抄」「法律答問」「封診式」は、す

べて秦法律文書である。これらの法律
は基本的には戦国時代秦の法律であるが、始皇帝の中国統一以後も戦国時代の法律を用いているので、M11号墓出土の秦法律文書は統一秦の法律と解釈してもよく、その内容は、刑法・訴訟法・民法・軍法・行政法・経済法などに及んでいる。「日書」は吉凶・占卜に関する書である。これらの文字資料の出土により、秦の暦法・法律制度・占いのようすが明らかとなった。

第218図上段に示した始皇帝廿六年方枡の側面に見られる文字も、まさに秦の李斯によって統一された文字といってよいであろう。文字資料としては印章の類がある。印章の有名な遺物には、前漢武帝が滇族に与えたともいわれている「滇王之印」金印や、南越王趙胡の「文帝行璽」金印（第219図）がある。これらの漢代の印章は紙に捺印したのではなく、竹簡・木簡を束ねて紐で縛り、それを粘土で封印して、その粘土に捺印したのである。このように粘土に捺印した遺物を封泥と呼んでいる（第220図）。第220図の封泥は南越王墓出土の遺物であるが、左の封泥には「秦官」、右の封泥には「帝印」とある。

(3) 貨　幣

第221図　半両銭　統一秦（直径3.4cm、重8g）

第222図　四銖半両　前漢文帝

第223図　漢鋳大型半両銭　前漢（直径4.55cm、重18.1g）

秦の始皇帝によって貨幣の統一が行われ、それまで六国で流通していた布銭・刀銭・各種円銭の類は禁止され、戦国時代以来秦が発行していた半両銭が改めて鋳造され、全国に流通するようになった。第221図は統一秦時代の半両銭で、直径3.4cm、重さ8gの大きさで、始皇帝の半両銭は、その青銅の重さをその貨幣の価値、つまり半両とする実体貨幣であったといわれている。半両銭は、戦国時代の秦孝公から恵王の時代に鋳造が開始されたと推定され、統一秦を経て前漢時代にも鋳造されている。時代と地域によって大きさや字体の異なる各種の遺物がある。第222図は前漢文帝の前175年に鋳造を開始した四銖半両と呼ばれる半両銭

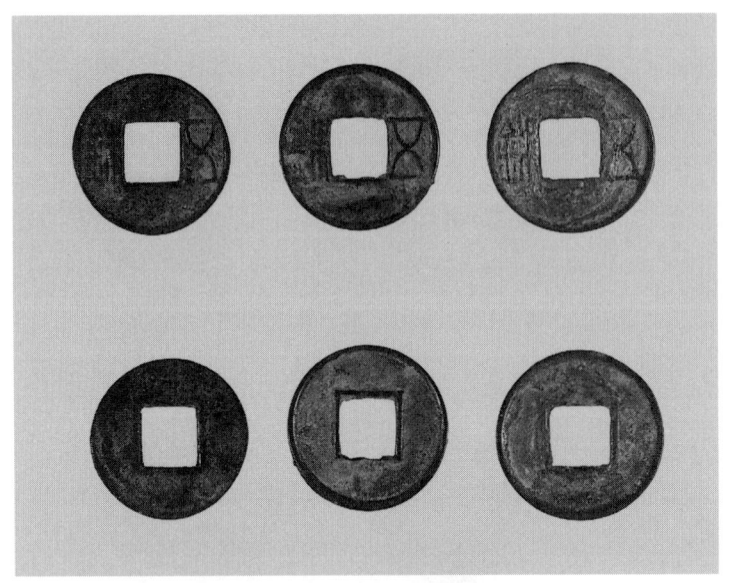

第224図　五銖銭　前漢武帝

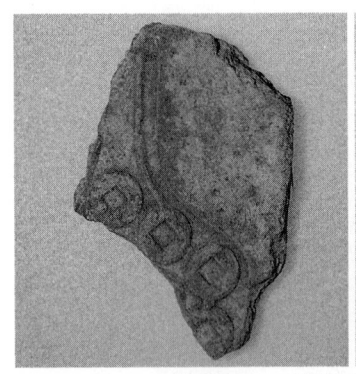

第225図　五銖銭母范（東京大学文学部蔵）

で、これは名目貨幣であったといわれている。第223図は、漢鋳大型半両銭と呼ばれる青銅貨幣で、直径4.55cm、重さ18.1gある。同じ半両銭でありながら四銖半両の六倍の大きさである。第224図は前漢の五銖銭で、直径2.4cm、重さ約3.3gある。五銖銭は前漢武帝の前119年から鋳造が開始され、その後約700年間にわたって隋朝の時まで各種の五銖銭が発行された。前漢武帝の五銖銭は完全な名目貨幣で、五銖銭の経済的裏づけは、漢王朝の経済的な信用であった。

青銅貨幣と関連する遺物に、銭范がある。第225図には東京大学文学部に収蔵されている五銖銭の母范を示した。この母范は、五銖銭の鋳型を鋳造するための鋳型破片で、残長16cm（左）と13cm（右）、厚さは3cmほどの大きさである。この母范に青銅を流し込み、五銖銭の青銅鋳型を鋳造した。このほか、漢代の貨幣に関係する遺物には、泥郢がある。図版32-2は、湖南省長沙市象鼻嘴M1号墓出土の泥郢版である。戦国楚国では、第187図の5に示した楚金版が貨幣として流通していたが、墓の副葬品として楚金版に似せて泥でつくったのが漢代の泥郢版で、中には本物の楚金版を母范にして泥郢をつくっている遺物もあり、冥銭である。

（4）量権

権は、物を計る秤の分銅である。秦漢時代の権の単位は、銖・両・斤・鈞・石で、24銖が1両、16両が1斤、30斤が1鈞、4斤が1石である。統一秦・前漢時代の1両は約16g、1斤は約256gといわれ、統一秦から前漢にかけてはおおむねこの値に前後していたと推定される。物の体積を測ることを量といい、その計量具が枡である。漢代の体積の計量単位は、龠・合・升・斗・斛があげられ、2龠が1合、10合が1升、10升が1斗、10斗が1斛である。統一秦時代から前漢の1升は約

200ml（cc）といわれている。始皇帝が度量衡の統一を行ったことは有名であるが、戦国時代の秦においてはすでに度量の統一に向けての政策が採られていた。第218図上に示した上海博物館蔵の方枡の側面には、秦始皇帝二十六（前221）年に出された度量衡統一の詔書が刻まれている。詔書の内容は、「始皇帝の二十六年、皇帝は天下の諸侯をすべて併合し、人民も大いに安定し、号を立てて、皇帝となった。丞相の塊状と王綰に、法律と度量衡が統一されていないと疑念が生じるのですべてを明確にし、これを一単位とするように勅を下した」とある。1982年に陝西省禮泉県で出土した両詔青銅楕量には、「半一斗」と記されていたが、この枡の容積は980ccであった。[5] この枡の容積から秦の1斗を換算すると1960ccとおおむね2000ccに近い値になる。第218図の下は同じく上海博物館蔵の青銅権で、2つの詔書が書かれている。詔書の内容は、始皇帝が二十六年に出した度量衡統一の詔書と二世皇帝がその元（前207）年に出した詔書の全文が書かれている。同型の両詔青銅権が1978年に秦始皇陵の陵区内から出土し秦始皇帝兵馬俑博物館に収蔵されているが、その遺物は高さ6.85cm、重さ254.6gで、秦の1斤にあたると考えられる。[6] 中国歴史博物館には秦始皇帝廿六年詔「八斤」青銅権が収蔵されているが、この権は高さ5.5cm、底径9.8cm、重さ2063.5gで、この重さから秦の1斤を換算すると257.9gになる。[7]

景帝陽陵の叢葬坑からは、5種類で1組になる樽形の青銅枡が出土している。前漢時代の量制は、先記した龠・合・升・斗・斛を単位としているが、この単位と陽陵の枡の関係は不明である。陽陵の叢葬坑からは、銅権の出土も伝えられている。

(5) 鉄器

先に述べたように中国における鉄の使用開始は、春秋時代の後期頃と推定され、戦国時代には相当量の鉄器が使用されていたことが知られる。しかし、同時に春秋戦国時代を通じて青銅の使用が盛んであったことも出土遺物によって確認される。関中は鉄使用において比較的先進的な地域ではあったが、鉄製農工具の使用が普遍化するのは、じつのところ前漢に入ってからである。前漢の武帝時代である前2世紀後半に入ると鉄製農工具の著しい増産が確認される。戦国時代の冶鉄業では一般に少量の農工具を生産し、鉄製武器の生産はまれであったが、漢初に入ると鉄製の長剣・長矛・環首大刀が青銅剣・青銅鏃・青銅戈と伴出し、鉄製武器が、しだいに青銅武器にとって変わっている。鉄製の利器が普遍的に用いられるようになるのは、本質的な意味においては前漢に入ってからである。山東省に残る臨淄故城における漢代の冶鉄遺跡の面積は400000m²以上で、これは同じ遺跡の下層に残る戦国時代の臨淄齊国故城における冶鉄遺跡面積の8～10倍にあたる。[8] このように漢代に冶鉄遺跡の規模が拡大する傾向は多くの遺跡で確認されている。河南省鞏県で発見された鉄生溝製鉄遺跡は、20000m²の面積を有し、鉱石加工場、冶煉炉・鋳造炉・住居址などの遺構が発見されている。[9] また、漢代の鉄生産技術が、鍛造のほか鋳造においてすぐれた技術を有していたことも知られている。漢代の文化層から発見される遺構・遺物は、漢代が本格的な鉄の時代に入っていたことを明確に示している。武帝の時代に入って、中国古代文明の指標としての意味をもつ青銅から、次の時代の考古学的指標である鉄の時代に完全に入ったといってよいであろう。

図版34に中国各地から出土した中国歴史博物館収蔵の鉄製農具を示した。1から6までは、前漢

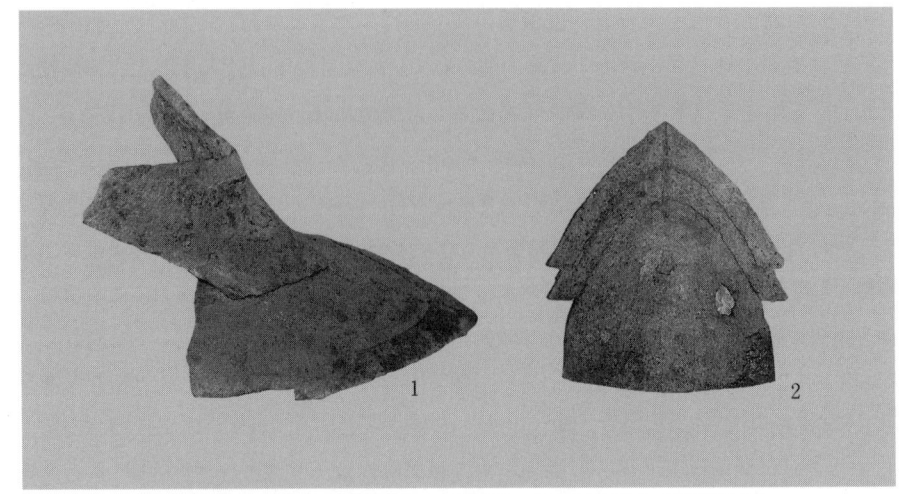

第 226 図　犂鏵　1 禮泉県出土（後漢）、2 咸陽市出土（前漢時代）

第 227 図　画像石牛耕図　後漢

の遺物で、7・8 は後漢の遺物である。1 は四川省成都市出土の鉄鍤で、長さ約 11cm の大きさである。2 は遼寧省遼陽市三道壕遺跡出土の鉄鍤で、幅約 12cm の大きさである。3 も遼寧省遼陽市三道壕遺跡出土の遺物で、これは鉄鍬とされ、長さ約 12cm の大きさである。4 は陝西省宝鶏市闘鶏台遺跡出土の鉄犂で、幅約 13cm と鉄犂としては小型である。5 は山東省淄博市臨淄故城出土の鉄犂で、幅約 25cm と大型で、戦国時代の遺物と同形である。6 は陝西省宝鶏市闘鶏台遺跡出土の鉄鎌で、長さ約 25cm ある。7 は山東省滕県出土の大型鉄犂で、長さ約 50cm の大きさである。8 は四川省出土と伝えられる鉄鍤で、幅約 10cm の大きさで、左右に四川を表す「蜀郡」の 4 字が鋳造されている。鉄犂は戦国時代に出現し、前漢を経て後漢には中国全土で広く用いられたと考えられる。鉄犂は牛耕のための農耕具であるが、尖端の犂（犂冠）と中間の鏵と後部の犂鏡（犂鏵）が組合わさった犂鏵も出土している（第 226 図）。また後漢時代の画像石には、犂鏵を用いた牛耕のようすが描かれているが、第 227 図は、江蘇省徐州市が所蔵する画像石に描かれた犂鏵を用いた牛耕の図で、類似した犂鏵の類は現在の華北においても用いられている。

第 228 図　瓦當　秦始皇陵出土

（6）瓦　當

　図版31に統一秦時代の瓦當を示した。東周時代に引きつづいて秦漢時代にも半瓦當が用いられているが、その数量は減少する。変わって円瓦當が普及する。図版31の1は秦咸陽宮博物館に陳列されていた直径約12cmほどの瓦當で、咸陽宮からの出土と推定される遺物である。瓦當の中央には渦紋があり、それを中心に十字形に四分割され、それぞれの区割りには対の蕨手紋が描かれている。2は咸陽城内出土の瓦當で、直径は11cmほどである。2の瓦當の紋様は茸形の雲紋が四方に凸出した図案で、統一秦時代の典型的な雲紋瓦當の紋様とは異なる。雲紋瓦當の祖形となる紋様かもしれない。3の瓦當は咸陽宮出土で直径11cmほどの大きさである。内区に六弁の花紋を配置し四方に茸形の雲紋を凸出させている。4は咸陽宮出土の雲紋瓦當で直径11cmほどの大きさである。内区に四弁の花紋を配置し、外区を四分して雲紋を配置している。この瓦當は巻雲紋瓦當と呼んでもよいであろう。5も咸陽宮出土の雲紋瓦當で同じく直径11cmほどの大きさである。内区に9点の小乳を配置し、外区を四分し雲紋を配置している。この瓦當も巻雲紋瓦當と呼べる。6も咸陽宮出土のやや大型の雲紋瓦當で直径12cmほどの大きさである。内区に三角格子紋を配置し、外区を四分して雲紋を配置している。7は陝西省西安市臨潼区秦始皇陵陵園内出土の瓦當で、直径は12cmほどである。典型的な統一秦時代の雲紋瓦當で、内区から十字形に分割線を凸出させ、その先端に雲紋を配置している。この図案を基本とする円瓦當は、始皇陵陵区からの出土

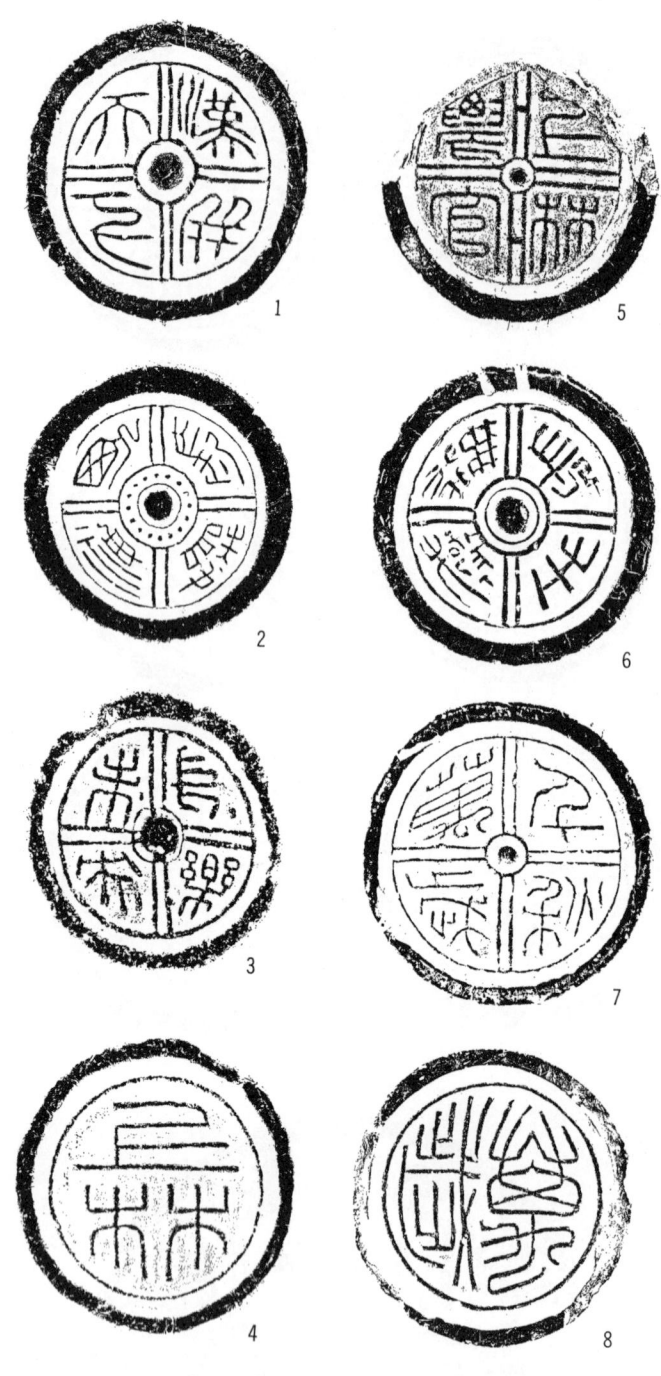

第229図　文字瓦當　前漢　（陝西歴史博物館）

第230図　瓦當　前漢、1・2出土地不詳、3・4曲阜魯国故城（東京大学蔵）

が多く、始皇陵からの出土によって、この時代の標準遺物となりうる遺物である。8も始皇陵陵園出土の大瓦當で、瓦當面に夔紋が描かれ、下辺の幅が38cmある。類似した夔紋大瓦當は、遼寧省綏中県の秦代建築址からも出土している。図版31の7・8のほか、秦始皇陵陵区からは多数の秦代瓦當が出土している（第228図）。

　漢代には、秦代に出現した雲紋円瓦當が全国的に流行するが、同じ雲紋瓦當にもそれぞれの地方的な特色が認められる。漢代の瓦當には、雲紋瓦當が多数あるほか、文字瓦當も多い。漢の文字瓦當には、漢の偉業を讃える「惟漢三年大并天下」「漢并天下」（第229図の1）の文字瓦當、宮殿名・苑名・陵名を示す「長楽未央」（第229図の3）「甘泉」「上林」（第229図の4）「長陵東當」「長陵西神」（第229図の2）などの文字瓦當、吉兆を願う「長生無極」（第229図の6）「千秋萬歳」（第229図の7）「萬歳」（第229図の8）などの文字瓦當がある。漢代の瓦當は、長安城遺跡や洛陽城遺跡を中心に膨大な量の出土があるが、第230図に東京大学蔵の前漢の雲紋瓦當を示した。1と2は出土

地不明で直径 15.6cm ほど、3 と 4 は山東省の曲阜魯国故城出土で直径 16cm ほどの大きさである。

(7) 陶　俑

　始皇陵の陵区および陵園からは等身大の武人や文人の陶俑が多数発見されている。とくに始皇陵の東、1225m 付近の兵馬俑坑からは多数の武士俑が出土している[10]（図版 30-2、第 203・204 図）。1号兵馬俑坑・2号兵馬俑坑・3号兵馬俑坑それぞれ出土している武人俑には特色があるが、立俑は高さ 180〜200cm あり、跪俑は高さ 120cm 前後である。出土時の陶俑の色は、灰褐色を呈しているものが多いが、本来は彩絵が施してあるものであった。武人俑の大きさは、等身大よりは若干大きな感じがするが、始皇帝直属の師団の兵として大柄な武人を選別してそろえていたのかもしれない。兵馬俑坑の陶俑の種類には、武将俑（将軍俑）・鎧甲武士俑・戦袍武士俑・牽馬武士俑（騎兵俑）・鎧甲御者俑・立射俑・跪射俑・軍吏俑・騎兵鞍馬俑・馬車馬俑などがある。武将俑と称されている俑にも複数の種類があるが、体格が大きく立派で、武官の象徴である冠を被り、鎧を着ている。牽馬武士俑は騎兵の俑であるが、2号兵馬俑坑からは、多数の騎兵俑が出土している。頭に円形の頭巾を被り、上半身は細い袖の上着を着てその上に鎧を着用している。下半身はすそのしまったズボンを着用し靴を履いている。騎兵鞍馬俑は、鞍と手綱の付いた騎馬である。本格的な騎兵軍団は始皇帝の時代に出現したと推定され、この騎兵俑と騎兵鞍馬俑はその騎兵軍団を表したものであろう。鎧甲武士俑は鎧を着用した重装備の歩兵である。戦袍武士俑は秦軍における軽装歩兵と考えられる。立射俑・跪射俑とも弩弓を用いる射撃専門の兵士である。立射俑は戦袍（戦闘用の長袖上着）を着用し、跪射俑は鎧を着用している。軍吏は陸軍の会計・事務官である。軍吏俑は、事務官であったと同時に戦闘員でもあった秦軍の軍吏を表している。

　前漢に入ると陶俑は小型化する。陝西省咸陽市にある長陵の陪葬墓にともなう楊家湾遺跡の陪葬坑からは、3000点に前後する陶俑が出土している。楊家湾の武人俑は 50cm から 55cm で、また騎兵俑は 68cm の大きさで、始皇陵の兵馬俑に比較するときわめて小型であった[11]（第 231・232 図）。楊家湾の陶俑には、騎兵と歩兵が見られるが、秦始皇陵兵馬俑坑に見られた戦車・御者俑は見られない。戦車から騎兵への戦術の変化を意味しているのであろう。前漢王朝が騎馬民族の匈奴に苦しめられたことが歴史上よく語られるが、終局的には前漢の騎兵隊が匈奴を蒙古および河西回廊から西へ追い払っているのであるから、楊家湾の陶騎兵俑は漢王室の世界最強の騎兵軍団を表していると見てよいであろう。同じく咸陽市の陽陵の叢葬坑からも小型の陶俑がきわめて多数出土している[12]。陽陵の陶俑は、一般に高さ 62cm ほどで、腕のない裸体である。もとは木製の腕が肩に差し込まれて、衣類を着ていたが、木製の腕と布製の衣類は朽ちてなくなっている。裸体の陶俑は彩色され、皮膚の色は赤黄色で、眉や瞳などは黒色である。陽陵からは、羊・豚・牛・犬・鶏などの陶俑も出土している。宣帝杜陵の1号陪葬坑からも、高さ 55〜65cm ほどの裸体で腕を欠く陶俑が出土している。前漢後期から後漢に入ると陶俑は大型墓ばかりでなく、比較的小型の墓からも出土するようになる。小型陶俑の一般化は、陶俑が明器として市販されていた可能性をも示している。第 233 図の陶俑は、後漢時代に属する華南方面の遺物であるがこのような陶俑が多数市販されていたと考えてよいであろう。

第 231 図　騎兵俑　楊家湾出土

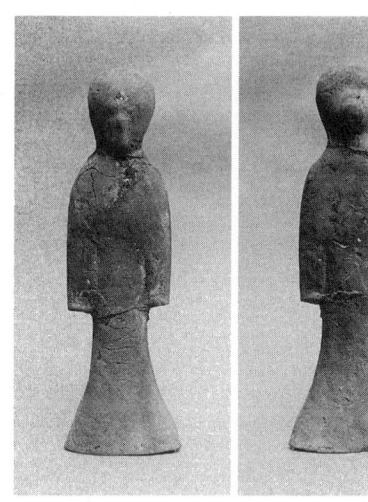

第 233 図　陶俑　後漢

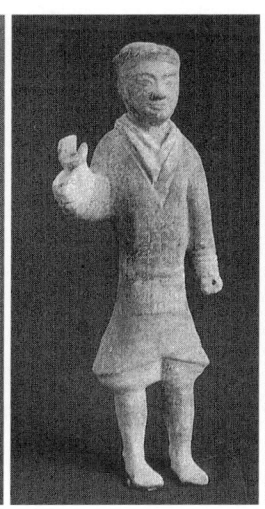

第 232 図　武人俑　楊家湾出土

（8）土　器

　　膨大な数量の秦漢時代の土器・陶器が、出土している。しかし、われわれが報告書や博物館で目にする土器の多くは、墓から出土した副葬陶器つまり明器の類である。この時代の生活址から出土する実用陶器・土器に関しては、まだ不明のことがらが多い。湖南省長沙市の馬王堆１号漢墓からは泥質灰陶に彩絵した美しい副葬陶器が出土している[13]。馬王堆１号漢墓から出土した土器は、51点あるが、その器形には、鼎・盒・壺・鍾・鈁・瓿・豆・鐎壺・熏炉・甑・釜・罐など12種があった。鼎・盒・鈁は灰陶で、器身に黒色の粉を塗り、器蓋には黒褐色の漆を塗り、その上から、黄・緑・銀灰色ので雲紋や鳥紋を描いている。罐の類は23点出土し、ことごとく印紋硬陶で大口罐には釉がかかっていた。陝西省西安市高陵県の陽陵邑遺跡の発掘においては市街地遺構から前漢時代に属する灰陶の甑・罐・盆などの日常雑器が出土している。鉄器時代に入っているとはいえ、それら

を見るかぎりにおいては、庶民の日常の煮炊は土器で行われていた可能性が高く、鉄の鍋釜を見ない。灶に水の入った罐を乗せ、その上に粟や大豆などの穀類の入った甑をおいて蒸したのであろう。

第234図に示した副葬陶器は、山西省曲沃県曲村の前漢時代に属するM6505号墓から出土し、現在北京大学賽克勒考古与芸術博物館に展示されている土器である。鼎・盒・壺を基本とする副葬陶器の組合せは、戦国時代後期末の組合せを継承している。鼎の獣蹄足は退化し、蓋に鈕はない。彩絵陶の盒は、身・蓋とも圏足を有し、洛陽あたりで見られるものに類似する。繭形の壺は圏足を有する彩絵陶である。繭形壺は戦国後期の秦において流行した器形であるが、秦の繭形壺は圏足をもたない。洛陽市焼溝の漢墓の調査報告は、前漢・後漢の副葬陶器の編年を行っている。洛陽焼溝遺跡土器編年の第1期・第2期・第3期前半が漢武帝以後の前漢時代に比定されているが、この時期の副葬陶器には、罐・壺・甕・倉・鼎・盒などの器形があり、釉陶や彩絵陶が多数含まれる（第235図）。

（9）漆　器

湖北省雲夢県の睡虎地と大墳頭の漢墓からは前漢前期の漆器が大量に出土している。大多数は完形で、色彩も豊かであった。それらの器形には、盒・奩・盂・壺・扁壺・盤・樽・耳杯・卮（櫃形器）・勺などがあった。秦漢墓出土の漆器は飲食器と化粧道具入器が

第234図　副葬陶器　前漢、曲村出土

第235図　副葬陶器　前漢、洛陽焼溝出土

第236図　漆器　前漢、1・2盤、3匜、4耳杯、5盒と耳杯、6奩、馬王堆1漢墓出土

主となり、薄板を曲げた木胎、あるいは夾紵胎の漆器が多くなっている。紋様は雲気紋・円点紋・波折紋・幾何学勾連紋が多い。戦国楚墓に副葬された虎座鳳鳥懸鼓・鎮墓獣・高柄豆などは、秦漢の漆器にはほとんど見られない。漆壺・漆平盤は、この地方では漢代に出現する器形である。戦国楚の漆器と、秦漢の漆器の間には、生産技術的な伝統が認められると同時に、器形などにおいては新しい器形が出現するなど、大きな転換がある。睡虎地出土の秦時代に属するいくつかの漆器には、「咸亭」「咸亭上」などの烙印文字がみられ、これらの漆器は秦都咸陽で生産されたものと考えられているが、咸陽所管の工房を意味しているのかもしれない。

　湖北省荊州市江陵鳳凰山の秦漢墓からも、文帝・景帝時代の漆器が多数出土している。[16]鳳凰山M168号漢墓は1槨2棺の主体部をもつ竪穴墓で、遺体の残りもきわめてよかった。[17]副葬品として160

点を超える漆器が出土している。漆器の器形には、耳杯・盤・盂・壺・扁壺・盒・樽・奩・匣・案・勺などがあり、とくに耳杯の100点、盤の26点が点数の多い器形であった。漆器はすべて木胎で、内側を朱漆で、外側を黒漆で塗っているものが多い。黒漆を地塗りとした場合には、朱色・褐色・黄金色で雲気紋・雲龍紋・魚紋・豹紋・点紋などを描いており、保存状態はきわめてよかった。これらの漆器には「成市草」「成市飽」などの文字が書かれている遺物が見出されるが、「草」は「造」、「飽」は「総」と解釈され、成都官府所管の工房で作製されたことを示している。

　湖南省長沙市馬王堆の3基の前漢墓からは700点以上の漆器が出土している[18]（第236図）。主要な漆器器形には、鼎・盒・壺・鈁・耳杯・巵（櫃形器）・盤・匣・奩・案・勺などがあった。ここでも耳杯と盤が多かったが、多くの漆器の保存状態はきわめて良好であった。漆器の大部分は木胎でつくられていたが、少数の巵や奩は夾紵胎であった。漆器の紋様には、雲気紋・雲龍紋・菱形紋・環形紋・幾何学紋などが多く、少数の花草紋や動物紋もあった。馬王堆漢墓出土の漆器も、記載された表記から前漢蜀郡成都官府の管理下で生産されたものであるという。

　前漢時代の漆器は、湖北省・湖南省・四川省などの江南地域だけでなく、北の河北省満城県の劉勝夫婦の満城漢墓、北京市の大葆台漢墓、河北省定州市の中山王墓（M40号墓）[19]などからの出土が知られ、前漢時代には、漆器が広く流通して、華北にまで行き渡っていたことが出土遺物から知られる。また、鳳凰山漢墓や馬王堆漢墓出土漆器上の記載のほか、貴州省清鎮や楽浪漢墓出土の漆器上の記載[20]から、前漢・後漢の相当量の漆器が、蜀郡・広漢郡の工官によって生産、管理されていたことが明らかになっている。

（10）　漢代の食生活

　前漢時代の考古資料には、当時の農業作物と食生活を示す資料も含まれている。とくに湖南省長沙市五里牌外の馬王堆1号漢墓からは、多くの食物遺物と葬送儀礼に用意された献立を記入した多数の竹簡が出土している[21]。この墓の被葬者は、軑侯利蒼の妻と考えられ、ここで発見された食物と献立は、前漢時代（前2世紀中葉）の太守・宰相階級の葬送儀礼にともなう特殊なもので、漢代の庶民の食生活を反映したものではないが、しかし、前2世紀における華南地方の食物事情を示した一級の資料でもある。

　馬王堆1号漢墓の漆器・竹行李・土器の中からは食物が発見されている。漆器の鼎からは、蓮根を輪切りにしたものが、盆からは穀物の粉を練って焼いた餅状の食物が、小盤からは牛・雉の肉や麺類が、また奩の中からも餅状の食物が発見されている。竹行李からは多くの動物・鳥類の骨が発見され、肉食品が納められていたと考えられている。それらの肉類には、羊・牛・豚・犬・鹿・兎・鶴・鶏・雉・雀・鳥卵があった。竹行李につけられた木札と出土した竹簡の記載をあわせて検討すると、これらの肉類が、炙（セキ・串焼き）、熬（ゴウ・火で乾かした乾物、煎った肉）、脯（ホ・細かく裂いた干し肉）、臘（セキ・小動物の丸ごとの干し肉）などに調理されていたことがわかる。食肉類のほか竹行李には、穀物・野菜のほか梨・梅などの果実も納められていた。いくつかの副葬陶器の中にも各種の食物が納められていた。陶鼎からは鴨・雁・鶏が、陶盆からは粟粉を捏ねて焼いた食物が、陶罐からは浜納豆・ニラ・豆・山桃・瓜・梅・麺類・牛骨・鹿骨・魚骨などが発見さ

れている。これら馬王堆1号漢墓から出土した食物に関して、科学的な鑑定結果が発表されている。[22]それによると、穀類や豆類には、稲・小麦・大麦・黍・粟・大豆・小豆・麻実があった。稲には、籼稲と粳稲が存在し、粳米と糯米があり、長粒・中粒・短粒が併存し、前漢初期の稲の種類が豊富であったことを示している。馬王堆1号漢墓からの小麦・大麦の出土によって、前漢初頭に華南においても麦の栽培が行われていた可能性があるとの見解が示されている。瓜・果実類には、真桑瓜・棗・梨・梅・山桃があった。被葬者の腸・胃・食道からは、138粒の瓜の種が発見されているが、この瓜の種は現存する栽培瓜の種に似ているという。野菜類には、葵・芥子・生姜・蓮根などがあった。

馬王堆1号漢墓から出土した竹簡には、葬送儀礼の献立と思われる料理名が記載されていた。興味あるいくつかの事例を示すと、それらには、「調味料や野菜を入れない牛の頭のスープ」「鹿の肉と里芋の米入りスープ」「スミレの葉入りの子犬のスープ」「牛の細かく裂いた干し肉」「豚肉の串焼き」「飴玉」「浜納豆」「蜂蜜で粉をねったビスケット」「米のご飯」「粟のご飯」「麦ご飯」などがあった。竹簡に記載された調味料には、水飴・蜂蜜・酢・塩・麹があり、酒類には、濁酒・甘酒・清酒などがあった。

馬王堆1号漢墓から出土した食物と竹簡の記載によって、前漢時代の食生活をかなり具体的に知ることができた。

（11） 漢代の農業技術

漢代の豊かな食生活のかなりの部分は、漢代の農業技術によって支えられていた。漢代に入って農作物の生産量が増大した要因には、一般的な農業技術の進歩はもちろんのこと、先に述べた多量の鉄製農具の使用が可能になったことがある。それらの鉄製農具には、犂鏵・锸（日本のスキ）・耒・鏟・钁・鋤（日本のクワ）・鎌などがある。

鉄製農具の中でとくに重要なものに鉄製犂鏵の大量使用とその改良がある。鉄製犂鏵の多くは、前漢中期以降の遺跡から発見され、この前漢中期以前の出土は陝西省の関中付近に集中している。この現象は、戦国時代以来使用されていたＶ形鉄冠木犂鏵の構造が複雑になり、前漢中期の関中地区においてＶ形鉄冠鉄犂鏵（鉄製犂鏵）へと発展し、その後、全国的に普遍化したことを示していると考えられる。前漢時代の鉄製犂鏵は、陝西省内の西安市・咸陽市・禮泉県・興平県・藍田県・富平県・隴県などからの出土が報告されている（図版34）。1975年に西安市の西郊外上林苑の範囲で発見された貯蔵穴から85点の鉄犂・犂鏡が出土した。[23]これらの農具には、長さ30cmほどの大鏵と、長さ10.8〜17.5cmほどの小鏵があった。大鏵と小鏵はしばしば共存するので、それらに使用上の区別があったと推定される。Ｖ形鏵冠の多くは、大鏵とともに出土し、あるものは大鏵の刃部に被さっている。Ｖ形鏵冠の取り付けは犂鏵の保護にあると推定され、犂鏵の使用期間を長くするものであったと考えられる。また、各種の犂鏡の発見は、耕作目的に応じて犂鏡を変えて使用していたことを示している。しかし、前漢時代において、このような高水準の犂鏵を用いていたのは、今日の陝西省内の関中地域に限られると推定される。

漢代の収穫用具は、鉄製の鎌が一般的で、鉄鎌には、鉤鎌・矩鎌・鐁鎌（大鎌）があり、まれに

銍（爪鎌）もある。鉤鎌は多くの地区の漢墓から発見されているが、それらは戦国時代の矩鎌よりも稲や麦の収穫に適した形で、漢代の穀物収穫の作業効率を上げたものと思われる。そして、後漢時代には鏺鎌（大鎌）が出現する。

　穀物加工の道具として、考古学資料となる主要なものには、杵・臼・踏碓・磨碓などの類があるが、これらには、実物のほかに明器として製作されたものもある。河北省満城1号漢墓では、大型の磨碓が発見されている。(24) この磨碓は、上下2枚の石磨盤からなり、直径54cm、通高18cmの大きさを有するものであった。磨盤の中央には鉄軸があり、磨盤は漏斗形銅器内に入り込んでいた。漏斗形銅器は、口径94.5cm、高さ34cmの大きさで、本来、2枚の石磨盤は漏斗形銅器の支架に組まれた十字形の木架の上に存在していたと推定されている。磨碓で加工された穀類の粉は漏斗形銅器を通って、さらに下の容器で受けたものと考えられる。満城1号漢墓の磨碓のそばには、馬の遺骸が存在し、磨碓の回転のために馬力を用いたことも判明している。

　前漢の武帝時代にはすでに家畜の力を利用した大型磨碓が存在していたことは疑いない。このように武帝時代以降の農業技術は、ここまで述べたこと以外にも、灌漑・肥料・貯蔵などの技術において飛躍的な進歩をとげたと考えられる。

(12) 秦漢の文化と考古学

　古代文明の要素は、都市・青銅器・文字・大型墓をその指標としたが、その要素の中に含まれる青銅は、夏殷時代以降東周時代まで広く利器の材料として用いられた。青銅時代の終了を春秋時代終了までとするのか、戦国時代終了までとするのか、統一秦の滅亡までとするのか、地域によっても異なり、学説の分かれるところである。筆者はこの問題の答えとして、年代区分上、青銅器時代を春秋時代までとし、戦国時代から鉄器時代とした。しかし、戦国時代にも多くの青銅利器が存在し、完全な意味で鉄器時代に入ったのは秦始皇帝と漢武帝の時代以降といえる。秦漢時代の考古学的基準遺物は鉄器である。本書においては、鉄器時代の開始を戦国時代とし、そのことに誤りはないが、秦漢時代を前の時代と区分する考古学的基準の最も重要な事柄は、戦国時代以上に限りなく普及した鉄製利器の使用にあるといえる。

　旧石器文化に対する考古学的な研究方法は別としても、新石器時代の遺跡・遺物に対する考古学研究と、殷周青銅器時代の遺跡・遺物に対する考古学研究と、秦漢鉄器時代に入ってからの遺跡・遺物に対する考古学研究は、それぞれ方法論的にかなりの差がある。新石器時代考古学の年代決定のよりどころは、型式学と層位学にあるといっても過言ではない。殷周青銅器時代に入ると若干の古典史料が残り、甲骨金文などの出土文字資料も出現し、実年代が問題となってくる。殷周青銅器時代の考古学研究においても新石器時代と同じく型式学と層位学はきわめて重要であるが、同時に文献考古学的研究方法も重要になってくる。秦漢時代以降の考古学においても、新石器時代以来の型式学と層位学の研究方法は重要な意味をもっているが、それ以上に古典文献からの考古学的接近が必要となってくる。実年代に対する考証はもとより、遺跡・遺物に関しては、歴史上に名を残す個人の問題も研究の対象となってくる。秦漢時代から隋唐時代にかけての考古学は典型的な古典考古学の範疇に入ってくる。

秦漢時代以降の遺物や遺構には、そこに書かれた紀年銘によって実年代が判明するものも少なくない。相対的な層位上の年代が実年代と矛盾することはまれとしても、型式学的な年代観が、出土した文字資料によって確定される遺物の実年代と矛盾することはたびたびありえることである。秦漢時代の遺物に対してC14年代測定や樹輪校正年代がまったく意味をもたないわけではないが、発表されている秦漢時代の測定数値は殷周時代以前にくらべると圧倒的に少ない。年代決定の方法論において、新石器時代・殷周時代の考古学的方法論と、秦漢時代以降の考古学的方法論とには相当の違いがあるといえる。

秦漢時代の考古学研究においては、研究対象となる地域が相対的に広がってくる。漢王朝の勢力拡大にともなって、漢文化の著しい影響を受けた漢の領域外の考古学も重要な研究課題となってくる。地域の拡大と経済活動の発展にともなって取り扱うべき遺物の種類も多様化してくる。ここでは、関中の咸陽城や長安城、始皇陵や前漢の帝陵のみを紹介したが、秦漢時代の遺跡は西域を含む中国全土から、中国に隣接する朝鮮半島やベトナムにまで広がっている。南越国は、秦の滅亡後「番禺」（広東省広州市）を都として前111年までつづいた国である。南越国が残した遺跡としては、第2代の文王（趙胡）の墓と推定される南越王墓や番禺の都市遺跡がある。雲南省晋寧県の石寨山墓地からは、「滇王之印」と刻まれた金印が出土し、『史記』西南夷傳に記載された武帝が滇王に与えた金印ではないかともいわれている。また河西回廊の居延などの漢代遺跡も重要である。また武帝は前108年に朝鮮半島に出兵し楽浪郡をおいたが、平壌付近には楽浪郡の一部と推定される楽浪土城が残り、多くの漢墓も発見されている。このように殷周時代の考古学と比較するとより広い周辺地域の考古学研究が重要な意味をもってくるのも秦漢時代の新しい特徴でもある。中国的な文化遺跡が、現在の中国国内にとどまらずより広く分布する傾向は、青銅器時代にはほとんど認められなかった傾向で、この点も秦漢時代の歴史がまったく新しい段階に入ったことを考古学的に意味している。

註

（１）　29 雲夢睡虎地秦墓編写組、1981、『雲夢睡虎地秦墓』（文物出版社、北京）。
（２）　27 雲南省博物館、1959、『雲南晋寧石寨山古墓群発掘報告』（文物出版社、北京）。
（３）　131 広州市文物管理委員会・中国社会科学院考古研究所・広州市博物館、1991、『西漢南越王墓』（『中国田野考古報告集』考古学専刊丁種第四十三号）。
（４）　165 湖南省博物館、1981、「長沙象鼻嘴一号西漢墓」（『考古学報』1981年第1期）。
（５）　516 樋口隆康、1994、『秦の始皇帝とその時代展』（日本放送協会、東京）。
（６）　516 同上。
（７）　516 同上。
（８）　124 群力、1972、「臨淄齊国故城勘探紀要」（『文物』1972年第5期）。373 中国社会科学院考古研究所、1984、『新中国的考古発現和研究』（『考古学専刊』甲種第十七号）。
（９）　71 河南省文化局文物工作隊、1962、『鞏県鉄生溝』（『中国田野考古報告集』考古学専刊丁種第十三号）。
（10）　308 陝西省考古研究所・始皇陵秦俑坑考古発掘隊、1988、『秦始皇陵兵馬俑坑一号坑発掘報告』（文物出版社、北京）。33 袁仲一、1990、『秦始皇陵兵馬俑研究』（文物出版社、北京）。

(11)　321 陝西省文管会・陝西省博物館・咸陽市博物館・楊家湾漢墓発掘小組、1977、「咸陽楊家湾漢墓発掘簡報」(『文物』1977年第10期)。

(12)　306 陝西省考古研究所漢陵考古隊、1992、『中国漢陽陵彩俑』(陝西旅游出版社、西安)。

(13)　167 湖南省博物館・中国科学院考古研究所、1973、『長沙馬王堆一号漢墓』(文物出版社、北京)。

(14)　351 中国科学院考古研究所、1959、『洛陽焼溝漢墓』(『中国田野考古報告集』考古学専刊丁種第六号)。

(15)　29 雲夢睡虎地秦墓編写組、1981、『雲夢睡虎地秦墓』(文物出版社、北京)。28 雲夢県文物工作組、1981、「湖北雲夢睡虎地秦漢墓発掘簡報」(『考古』1981年第1期)。180 湖北省博物館、1981、「雲夢大墳頭一号漢墓」(『文物資料叢刊』4、文物出版社)。

(16)　188 湖北省文物考古研究所、1999、「五十年来湖北省文物考古工作」(『新中国考古五十年』文物出版社、北京)。

(17)　120 紀南城鳳凰山一六八号漢墓発掘整理組、1975、「湖北江陵鳳凰山一六八号漢墓発掘簡報」(『文物』1975年第9期)。

(18)　167 湖南省博物館・中国科学院考古研究所、1973、『長沙馬王堆一号漢墓』(文物出版社、北京)。168 湖南省博物館・中国科学院考古研究所、1974、「長沙馬王堆二・三号漢墓発掘簡報」(『文物』1974年第7期)。

(19)　94 河北省文物研究所、1981、「河北定県40号漢墓発掘簡報」(『文物』1981年第8期)。

(20)　119 貴州省博物館、1959、「貴州清鎮平壩漢墓発掘報告」(『考古学報』1959年第1期)。

(21)　167 湖南省博物館・中国科学院考古研究所、1973、『長沙馬王堆一号漢墓』(文物出版社、北京)。

(22)　171 湖南農学院・中国科学院植物研究所他、1978、『長沙馬王堆一号漢墓出土植物標本研究』(文物出版社、北京)。

(23)　329 陝西省文物管理委員会、1979、「建国以来陝西省文物考古的収獲」(『文物考古工作三十年』文物出版社)。

(24)　401 中国社会科学院考古研究所・河北省文物管理處、1980、『満城漢墓発掘報告』(『中国田野考古報告集』考古学専刊丁種第二十号)。

(25)　131 広州市文物管理委員会・中国社会科学院考古研究所・広州市博物館、1991、『西漢南越王墓』(『中国田野考古報告集』考古学専刊丁種第四十三号)。

(26)　27 雲南省博物館、1959、『雲南晋寧石寨山古墓群発掘報告』(文物出版社、北京)。

(27)　476 東京大学考古学研究室、1965、『楽浪郡治址』(『考古学研究』第3冊)。

第8章　中国考古学のまとめ

第1節　旧石器文化・新石器文化のまとめ

　中国の旧石器時代は、考古学的に前期・中期・後期の3時期に分けて研究されている。この区分は考古学的な区分で、地質学的には、旧石器前期は更新世前期・中期に、旧石器中期は更新世後期前半に、旧石器後期は更新世後期後半におおむね比定される。

　旧石器時代前期に活動を開始した最初の人類は猿人と呼ばれ、雲南省元謀県で発見された170万年前の元謀人や四川省重慶市巫山県で発見された180万年以前の巫山人が知られる[1]。より古い年代に属する猿人化石が順次発見され、現時点では猿人化石の年代が170万年前から180万年前にさかのぼっているが、今後さらに古い猿人化石が発見される可能性も高い。

　いずれの猿人も打製石器を用いていたことが知られ、それらの石器のあるものは尖頭器や削器の名称で呼ばれているが、十分に定型化した石器ではない。これらの猿人の時代はおおむね更新世前期以前に属している。また山西省芮城県で発見された更新世前期に属する石器には、石核・削器・礫器の類があり、製作技法に一定の法則性が認められる[2]。

　更新世中期の原人としては、陝西省藍田県で発見された藍田原人や北京市房山区周口店遺跡で発掘された北京原人が代表的なものである[3]。これらの原人は火を使い、言語をもっていたともいわれている。藍田原人が使用した石器は、直接打法によるもので、礫器・大尖頭器・削器・石核・石球などをもっている。北京原人の石器は、直接打法と両端打法を用いていて、多くは剥片石器で、二次加工は背面加工を主としている。石器には、削器・尖頭器・礫器・彫刻器・石錐などがある。藍田原人・北京原人の時代は相当長時間にわたったと推定され、大姑氷河期と廬山氷河期の間の約70万年前から15万年前と推定されている。

　旧石器時代中期に活躍したのは旧人であるが、良好な化石人骨の発見例は少ない。山西省襄汾県の丁村遺跡で発見された頭蓋骨は12歳前後の子供と2歳前後の幼児のものである[4]。広東省韶関市曲江県馬壩鎮で発見された馬壩人は、中年男性の頭蓋から眼孔上部にかけての骨で、更新世中期末から更新世後期前半のネアンデルタール段階の化石人骨と考えられている[5]。この時期の石器は丁村遺跡の大型石器類と、山西省陽高県許家窯遺跡の小型石器類によって代表される。丁村遺跡の石器には、礫器・石球・三稜大型尖頭器・鶴嘴形尖頭器・小型尖頭器・削器などがある。許家窯遺跡の石器は直接打法でつくられているが、原始的な柱状石核もある。石器の種類には、石核・剥片・削器・尖頭器・彫刻器・小型礫器などがあり、概していずれも小型である。旧石器時代中期は先に述

べたように、地質学的には更新世後期の前半に相当し、廬山氷河期と大理氷河期の中間期の比較的温暖な時期に相当する。年代的には、15万年前から7万年前にあたると考えられている。

　旧石器時代後期に活躍したのは現在のわれわれにきわめて近い新人である。この時期の良好な化石人骨としては、周口店遺跡の山頂洞で発見された山頂洞人が代表的な資料で、人骨は7体分出土し、完全な頭蓋骨が3個含まれている。石器出土遺跡としては、河南省安陽県の小南海洞穴や山西省沁水県の下川遺跡、朔県の峙峪遺跡などが知られる。小南海洞穴の石器は小型のものが多く、方塊状石核・三角錐状石核・柱状石核などの石核類、長条形剝片、尖頭器、各種の削器などがある。下川遺跡では、日本のナイフ形石器に類似した石器が多数出土している。峙峪遺跡の石器も小型で、尖頭器・削器・彫刻器・扇形石核・石鏃などが出土している。旧石器時代後期は、地質学的には更新世後期の後半にあたり、大理氷河期に相当し、比較的寒冷であったと推定されている。この時期は、7万年から1万年前にあたると想定される。

　元謀猿人や巫山猿人の発見は、東アジアにも人類発祥時期の化石人類が存在していたことを物語り、また、旧石器文化と新石器文化をつなぐ前10000年から前8000年付近の考古資料もしだいに明らかになりつつある。しかし、中国の旧石器文化研究は、1920年代以来の長い歴史をもっているが、広大な地域の、長い年月にわたる考古学的課題であり、すべてはこれからの研究に待たざるをえないのが現状である。

　磨製石器の出現をもって新石器文化の開始時期とする定義は明解である。むろん中国においてもこの新石器時代に対する定義はあてはまる。しかしながら磨製石器の使用以上に、穀物栽培農耕の開始が、人類社会に大きな変化を与えたと考えられ、また土器の使用が穀類の煮沸を可能にし、人類の健康とその後の発展に大きな利点となったことも事実である。したがって、新石器時代を人類の文化面から考える時には、磨製石器の出現という新石器文化の指標のみを問題にするのではなく、穀物農耕の存在、土器の存在など複合的な文化要素を重要視して考えるべきである。

　中国新石器時代前期の開始時期は、おおよそ前9000年頃と推定され、この年代は大理氷河期終了直後にあたると考えられ、このころの山西省懐仁県の鵝毛口遺跡や江西省万年県の仙人洞遺跡などいくつかの遺跡で磨製石器が確認されてる。中国新石器時代前期の年代範囲は、前9000年から前5000年に至ると考えられる。新石器時代前期の後半には、すでに農耕技術水準の比較的高い穀物栽培が行われていた。また、豚の飼育も行われている。この時代の遺跡は、河北省武安県の磁山遺跡・河南省新鄭県の裴李崗遺跡などに代表される。長江中流域の湖南省澧県の彭頭山遺跡や湖北省宜都県の枝城北遺跡では、植物遺体としての稲の籾殻が発見されている。彭頭山遺跡や枝城北遺跡の稲籾は、栽培稲であったとしても、その農耕栽培の水準はまだ原始的であったと推定される。中国における新石器時代の農耕文化は、黄河流域の粟栽培文化と長江流域以南を中心とした稲栽培文化に大別される。この2つの栽培農耕文化の枠組みは、新石器時代前期の後半にはすでに確立・形成されていたと考えてよいであろう。粟栽培文化と稲栽培文化は、それぞれ独自の起源をもち、それぞれの発展過程をとげているが、これら2つの穀物栽培農耕文化の間には、相当に密接な関係があった可能性が高い。

　新石器時代の土器の出現に関しては、これを粒食との関係で考えることができる。土器を使用す

ることで人類は、粟・稲などの穀類を粒のまま煮沸して食べることが可能となった。華南における土器の出現は相当に早く、彭頭山文化や皂市下層文化よりさかのぼることは明らかである。江西省の仙人洞遺跡や広西壮族自治区桂林市の甑皮岩遺跡のように前9000年にさかのぼるC14年代測定の結果も出ている。

　新石器時代中期文化は、土器の上で彩陶を指標とすることができる。彩陶の出土量あるいは器形、紋様などは、仰韶文化・大汶口文化・馬家浜文化・大溪文化において、それぞれ異なるが、この時代の土器には、かならず一定量の彩陶の類が含まれている。この彩陶によって代表される新石器時代中期は、おおむね前5000年から前3000年と考えられている。

　黄河中流域で、新石器時代中期を代表する文化は仰韶文化であるが、この文化は紅陶と比較的多くの彩陶を出土し、大集落を形成することを特色としている。仰韶文化は、粟栽培を中心とした農耕文化で、豚の飼育もきわめて盛んであった。仰韶文化は、地域と年代によっていくつかの類型に分類されている。陝西省から河南省西部・山西省南部にかけては、半坡類型から廟底溝類型へ、さらに西王村類型への変遷が認められる。黄上流域の新石器時代中期文化は、甘粛仰韶文化で、石嶺下類型・馬家窯類型・半山類型・馬廠類型の4類型に編年されている。石嶺下類型は、廟底溝類型と馬家窯類型の間をつなぐ過渡的な役割をはたしている(10)。

　黄河下流域における新石器時代中期文化は、大汶口文化である(11)。この大汶口文化は、新石器時代前期文化である北辛文化を母体として生まれた文化で、大汶口文化前・中・後期に分けられている。発見された大汶口文化の遺跡の多くは墓で、同時期の他の文化の墓にくらべ、土器や豚の下顎骨などの副葬品が多く、時には木槨を有する墓も存在する。大汶口文化の土器は、紅陶・灰陶が主で、比較的多くの彩陶も見られ、器形では高い足をもつ鼎、鏤孔のある豆などがめだつ。大汶口文化の主要な生業は農業で、三里河遺跡からは多量の粟が発見され、主要な穀類が粟であったことが知られている。大汶口文化は、長江下流域の馬家浜文化・青蓮岡文化・北陰陽営文化と類似した要素を有し、抜歯習俗、埋葬方法、土器の器形・紋様などにおいて、共通する要素が認められる。したがって大汶口文化と馬家浜文化の区分は、なかなか困難であるが、山東省・江蘇省・浙江省にかけての黄海、東支那海（東海）沿岸における南北の交流を濃厚に物語っている。

　長江中・下流の新石器時代中期文化は、馬家浜文化、北陰陽営文化、大溪文化、屈家嶺文化によって代表される。いずれも水稲栽培を主たる生業とし、量の多い少ないはあるが彩陶を有する新石器時代文化である。長江下流域の馬家浜文化は、馬家浜類型と崧澤類型に細分される。馬家浜類型の土器には、夾砂紅陶と泥質紅陶があり、彩陶も見られる。崧澤類型の土器には夾砂紅陶・泥質紅陶のほか泥質黒皮陶や泥質灰陶が見られる。北陰陽営文化の遺跡からは、副葬品としての多孔石刀・石鉞が多数出土し、この文化の特色を示している。大溪文化と屈家嶺文化は、長江中流域の彩陶文化ともいえる文化で、やはり稲栽培を重要な経済活動としている。屈家嶺文化は、黄河流域の最初の龍山文化である廟底溝第2期文化に併存する文化である。その意味においては、年代的に新石器時代後期文化として取り扱うべき文化かもしれないが、屈家嶺文化には後述する龍山文化の共通的要素はあまり認められない(12)。

　新石器時代中期の長江流域では、前期に中・下流域で開始された水稲農耕文化が、長江をさかの

ぼって湖北省と四川省の境界に達している。長江中流域においては、本来的に新石器時代前期に原始的な稲作栽培が行われていたと推定されるが、中期に入って急激に稲作栽培技術が向上している。この水準の高い稲作栽培技術は下流域から新たに波及したものと推定される。また、籼稲のほかに寒冷に強い粳稲が出現・増加し、水稲農耕は淮河の北岸にも波及していく。

新石器時代後期に入ると黄河流域から長江中・下流域にかけて共通性のきわめて強い文化内容をもった龍山文化と呼ばれる文化が出現してくる。この文化の共通要素としては、土器胎土における泥質灰陶・夾砂灰陶・卵殻黒陶・泥質黒陶の存在、土器地紋の籃紋・方格紋の普遍化、轆轤あるいは回転台の出現、圏足・三足器の増加、磨製石器・貝器の増加、卜骨の流行、少量の銅・青銅など金属の出現、集落を取り囲む土塁・土壁など隔壁の出現などが指摘できる。新石器時代後期の年代として、黄河流域では前3000～前2000年の年代が考えられるが、その中心的な年代は前2500～前2000年である。また長江流域の良渚文化の年代も前3000～前2000年が想定される。

龍山文化後半の時代は、黄河流域の諸地域において少量の紅銅・黄銅・青銅などの金属器が発見されるため、この時代をすでに新石器文化が終了し、金石器併用時代あるいは金属器時代に入っているとする説が存在する。しかし、この考えには賛成しがたい。金属器時代の指標は、金属利器の使用であり、この時代は、基本的な生産工具としての金属利器が広く使用されたわけではない。河南龍山文化・山西龍山文化・陝西龍山文化における金属の使用量は、同じ文化における石器・骨角器の使用量にくらべてきわめて微量で、零に近いといっても過言ではない。ごく微量の金属器が社会、経済に与えた影響はほとんどなかったと推定される。

黄河中流域においては、最古の龍山文化として廟底溝第2期文化が存在する。廟底溝第2期文化の土器には、鼎や斝の器形が見られ、これらは龍山文化の指標となる器形である。農具としては半月形の石刀と、石鎌や貝鎌が出現し、これらも龍山文化の特色を示す遺物である。やがて廟底溝第2期文化から河南龍山文化が出現してくる。河南龍山文化は、地域性、土器型式によって王湾類型・后岡類型・王油坊類型・三里橋類型・下王岡類型などの諸類型に細分されている。河南龍山文化王湾類型と山西龍山文化陶寺類型は、先夏文化および夏文化との関係において、重要な意味をもつ文化である。これらの龍山文化の後半の年代は、おおむね前2500～前2000年の間に位置し、この年代は夏王朝に先行する先夏文化の年代に一致する。

長江流域では、新石器時代後期に良渚文化と石家河文化（青龍泉第3期文化・湖北龍山文化）が出現する。この2つの文化は、長江中・下流域に連なる文化で、水稲栽培を生業の柱とする農業活動を行っていたが、灰陶・黒陶、土器器形の鬹・盉の存在など黄河流域の龍山文化と共通の文化内容を有し、年代的にも同時代に併存して栄えた文化である。良渚文化の石器には、石犂・破土器など水田耕作に用いたと推定される石器や、収穫具として多くの石刀が存在している。史書の記載によると、長江流域からは初期の古代王朝が出現していないが、良渚文化の伝統の中から黄河流域の夏文化・殷文化が受けた影響は大きかった。良渚文化には、玉璧・玉琮・玉鉞などの特異な玉器が見られ、これらの玉器の器形と紋様が、中原の夏文化・殷文化に受け継がれていく。殷・周王朝における王権の象徴としての璧・琮などの玉器あるいは饕餮紋などの紋様は、良渚文化の玉器からもたらされた可能性が強い。一方、長江流域の新石器末の遺物には、中原の青銅器文化の影響を受け

た形跡が認められ、一部の石戈や石鑿の形が、青銅の戈や鑿を模倣している可能性がある。

　良渚文化は、伝播力の強い文化であった。先記したように先夏文化・夏文化・殷文化に影響を与えただけでなく、東支那海（東海）沿岸から、黄海沿岸、南支那海（南海）沿岸の新石器時代後期文化に強い影響を与えている。広東省に分布する石峡文化の遺跡からは、良渚文化に顕著に見られる琮・璧・璜・鉞などの玉石器が発見され、良渚文化の波及を物語っている。(13)

　中国における新石器文化は、決して黄河・長江流域のみを中心に展開したものではなく、北の黒龍江流域には、細石器と土器をもった文化が広がり、中国東北地方から内蒙古自治区にかけての地域には紅山文化がある。とくに紅山文化の玉器類は精緻な遺物が多く、青銅器時代に入って後の夏文化・殷文化・西周文化の玉器との関係が注目を集めている。

註

（1）　241 徐自強、1998、「巫山龍骨坡遺址発掘研究綜述」（『中国文物報』総第 594 期）。
（2）　100 賈蘭坡・王建、1978、『西侯度』（文物出版社、北京）。
（3）　11 飯島武次、1976、「日本周辺の旧石器文化・中国」（『日本の旧石器文化』雄山閣出版、東京）。502 裴文中・張森水、1985、『中国猿人石器研究』（『中国古生物志』新丁種第 12 号）。
（4）　500 裴文中、1958、『山西襄汾県丁村旧石器時代遺址発掘報告』（『甲種専刊』第二号、中国科学院古脊椎動物研究所）。
（5）　115 広東省博物館・曲江県博物館、1988、『紀念馬壩人化石発現三十周年文集』（文物出版社、北京）。
（6）　8 安志敏、1965、「河南安陽小南海旧石器時代洞穴堆積的試掘」（『考古学報』1965 年第 1 期）。38 王建・王向前・陳哲英、1978、「下川文化——山西下川遺址調査報告」（『考古学報』1978 年第 3 期）。102 賈蘭坡・蓋培・尤玉柱、1972、「山西峙峪旧石器時代遺址発掘報告」（『考古学報』1972 年第 1 期）。
（7）　18 飯島武次、1991、『中国新石器文化研究』（山川出版社、東京）。
（8）　103 賈蘭坡・尤玉柱、1973、「山西懐仁鵝毛口石器制造場遺址」（『考古学報』1973 年第 2 期）。132 江西省博物館、1976、「江西万年大源仙人洞洞穴遺址第二次発掘報告」（『文物』1976 年第 12 期）。
（9）　93 河北省文物管理処・邯鄲市文物保管所、1981、「河北武安磁山遺址」（『考古学報』1981 年第 3 期）。395 中国社会科学院考古研究所河南一隊、1984、「1979 年裴李崗遺址発掘報告」（『考古学報』1984 年第 1 期）。
（10）　373 中国社会科学院考古研究所、1984、『新中国的考古発現和研究』（『考古学専刊』甲種第十七号）。
（11）　215 山東省文物管理処・済南市博物館、1974、『大汶口』（文物出版社、北京）。
（12）　373 中国社会科学院考古研究所、1984、『新中国的考古発現和研究』（『考古学専刊』甲種第十七号）。
（13）　18 飯島武次、1991、『中国新石器文化研究』（山川出版社、東京）。

第 2 節　中国古代文明

　ある国の歴史記述において、その国の古代国家成立時期の歴史は重要な特別の意味をもって記述されることが多い。中国の歴史の流れの中でも、古代国家の成立時期は、考古学的・歴史的に重要な意味をもち、国家成立の歴史と中国文明に関する議論が盛んに行われている。古代国家の成立期は、黄河・長江流域に早くに起こった原始文化（新石器時代農耕文化）から古代文明への転換期で

もある。そこには、考古学的視点で見た時に、原始文化と古代文明の明確な区分が存在する。農耕の開始から新石器時代後期終了までの原始文化の時代は、約7000年間と長い時間が経過するが、黄河・長江流域に成熟した文明を出現させる培養期間とも理解できる。古代国家つまり夏殷文化の出現をもって中国に本格的な古代文明が出現し、文明と呼ばれる人類の活動が開始されたと見てよいであろう。

　U. G. チャイルドは都市が文明の基本的な要素であることを力説し、都市革命（The Urban Revolution）の用語を用い、都市は文明を表示するだけでなく、文明をつくりだす要素との考えを出現させた。中国社会科学院考古研究所の所長であった夏鼐は、「文明」という言葉はひとつの社会が氏族制度の解体を経て国家組織をもつ階級社会に入った段階を呼ぶと述べ、文明のもつ最も重要な指標は「文字」であると述べている。中国における古代国家成立時期つまり夏殷時代へ、また換言すれば新石器時代から青銅器時代への転換期には、いくつもの特筆すべき歴史的事項が存在する。第1には、宮殿をともなう都市が出現し、版築城壁と大型建築物の造営が開始される。第2には、青銅器の使用が開始される。第3には、文字の使用が開始される。第4には、王陵の造営が開始される。これら4つの事項は、すべて古代文明の指標にもなることがらである。

　ここで述べた4つの文明の指標は、汎世界的に古代国家成立期あるいは都市国家成立期に見られる。中国の夏殷周時代の文化内容は、南メソポタミアの古代文明に比較してみると、ウバイド（Ubaid）期、ウルク（Uruk）期、ジェムデド゠ナスル（Jemdet-Nasr）期、シュメール（Sumer）のウル（Ur）第1王朝に至る文明に比較されるもので、文明と呼ぶにふさわしい文化である。ウバイド期には神殿を中心とした町邑が出現し、金属器の使用が開始された。ウルク期には、ウルの白神殿やエリドゥの神殿など比較的規模の大きな神殿がつくられ、ジェムデド゠ナスル期には、神殿を中心とした都市文明が確立している。この時期には、経済的な記録と思われる粘土板文書が存在し、銅製や銀製の容器も知られる。シュメールの都市国家で初期王朝として確実なものは、ウル第1王朝といわれているが、シュメールの初期王朝の文化は、楔形文字を用い、神殿やジグラッド形の聖塔を発展させ、殉葬をともなう矩形の大墓を造営している。多くの銅・青銅・銀・黄金製品が見られ、また、ラピス゠ラズリ・瑪瑙・方解石などの玉石器も多い。これらの遺構・遺物の研究によって、前2500年ごろのシュメールの都市国家は、祭司をかねた王である僧王によって支配される神権政治の国家であったと考えられている。シュメール人の文化は楔形文字を発明し、王墓を造営し、また多くの青銅器を残した。この文化内容は、まさに中国の夏殷周文化の甲骨文字・王陵・青銅器に比較されるべき内容をもっているといえる。

　中国における古代文明の出現時期は、おおむね古代国家の出現時期に一致する。またおおむね文字の出現時期に一致し、あわせて青銅器時代の開始時期に一致する。したがって、古代文明出現期の考古学研究は、新石器時代後期末から初期青銅器時代が研究の対象となってくる。その主たる時代は、いわゆる夏殷時代である。

　中国の夏殷周時代文化が残した都邑・宮殿・墓・青銅器・玉器・陶器・甲骨文・金文などの文化内容を大局的にみると、先に述べたように南メソポタミアの都市国家成立期の文化内容と類似する点が数多く見出される。中国の殷周文化においては、文明の指標として最も重要な意味をもつ文字

として甲骨文字と金文が存在し、これらの文字が現代漢字の起源となっている。また殷周時代には世界的にもまれな青銅鋳造技術の発展があった。また中国人民は城郭の民と呼ばれるが、原始・古代においても城郭造営の技術を著しく発展させた。さらに殷周時代には王による巨大陵墓の造営が行われている。これらの文化内容は、黄河・長江流域に出現した古代文化を黄河・長江文明の名称で呼ぶのにふさわしい内容を有している。

考古学は遺跡と遺物を研究する学問で、かならずしも古代文明あるいは古代国家の構成要素をひとつひとつ証明し、古代国家の成立や都市国家の存在を直接的に証明してくれる学問ではない。しかし発掘された古代都市や大型建築物・宮殿は、古代都市や大型建築を建てるにたる造営技術・建築技術・経済力・組織力、そしてそれらをまとめる権力の存在を証明してくれる。大型の墓は、大型墓に埋葬されたであろう指導者・族長・支配者の存在を暗示してくれる。青銅や玉製の禮器の出現と数量の増大は、宗教的権威の存在とその確立を提示してくれる。多くの青銅武器や戦車の存在は軍隊の存在を暗示し、文字の出現は、文字を用いての宗教的記録・経済活動記録・政治活動記録を残してくれた。大型建築・大型墓・宗教的権威の存在・軍隊・文字などの存在は、古代における主権・統治権の確立つまり古代国家の出現と解釈することができる。

次に、文明出現期と想定されるいくつかの文化に関して順次検討を加え、中国の文明の開始時期を特定し、さらに中国古代文明の歴史的変遷とその終わりに関して考えてみたい。

最近は一部の学説に、長江下流域に出現した新石器時代後期の良渚文化をして、古代国家あるいは都市国家の成立段階に達していたとする説が存在する[3]。福泉山遺跡[4]・反山遺跡[5]・瑤山遺跡[6]など良渚文化に存在する墳丘墓あるいは大型建築と称する遺構は、かならずしも単独の大型遺構ではないし、また建築址に関しては今ひとつ明らかではない。したがって、これらの遺構を都市国家の遺構と見ることはできないし、また文明のいちばん重要な指標である文字の存在も認められず、良渚文化を文明段階に入った文化と見ることはできない。

山西省南部に分布する山西龍山文化陶寺類型は、先夏文化あるいは夏文化となんらかの関係をもつであろう古代国家・古代文明出現直前の文化と見ることができる。陶寺類型は、山西省襄汾県にある陶寺遺跡を標準とする[7]。この山西龍山文化陶寺類型は、河南龍山文化の特徴を兼ね合わせた独特の文化的特色をもつ汾河下流域の龍山文化である（第76・77図）。陶寺遺跡の遺構の中でとくに注目されるのは、墓とその副葬品である。大型墓のM3015号墓からは178点の副葬品が出土し、それらには14点の土器、23点の木器、130点の玉石器、11点の骨器が含まれていた。M3002・M3015・M3072号墓などの6基の大墓からは、彩色を施した木棺が発見され、彩絵蟠龍紋陶盤・彩絵陶壺・土鼓・石磬・鼉鼓・大型石製庖丁・木豆・木俎（まないた）・豚骨がつねに出土している。中型墓のM3296号墓からは紅銅の銅鈴が出土し、山西龍山文化陶寺類型がすでに若干の金属器を有していたことを示している。中国の一部の研究者によれば、彩絵蟠龍紋陶盤の龍は王の権威を示すものといい、石磬や鼉鼓も宮室や宗廟の道具と考え、また陶寺類型を夏以前の中国の伝承と結びつける考えを耳にすることもある。陶寺遺跡の年代は、C14年代測定によると陶寺類型前期の木炭（ZK-682）が前2390±90年（経樹輪校正、前2917-前2629年）、陶寺類型後期の年代の木炭（ZK-681）が前2040±80年（経樹輪校正、前2471-前2209年）である。陶寺類型の年代は、良渚文化の

年代より相対的に下ってはいるが、陶寺類型には文明の要素としての都市や文字は存在せず、陶寺類型文化を古代文明の範疇に含み込むことはできない。山西龍山文化陶寺類型中の彩絵土器に龍の紋様があることを理由に王の存在、つまり王権の存在を仮定する考えに同意することはできないし、またこの文化を中国の伝承である五帝の堯・舜の時代に結びつけるのも、いささか無謀である。しかし、出土遺物から見て、前2400～前2000年頃、山西省南部の黄河中流域、汾河中・下流域の地域が、古代国家誕生直前の先夏文化の姿、あるいは古代文明出現直前の姿にあったことを山西龍山文化陶寺類型の内容はわれわれに示してくれる。

　河南省登封県告成鎮で発見された王城岡遺跡では、王城岡第2期(王湾Ⅲの第3期)に属する城壁と称する土塁が発見されている[8]（第89図）。この土塁は東西に連続する2つの遺構からなっている。西土塁の大きさは、西壁92m、南壁82.4m、北壁と東壁は一部は水流で破壊されているが、部分的に29mほどが残っている。東土塁の大きさは、南壁残長約30m、西壁残長65mで、東土塁の西壁が西土塁の東壁となっている。この城壁と称される土塁囲いは、比較的規模が小さいが、この場所を古典文献に記載された夏の禹王の陽城に比定する説が存在するため多くの注目を集めた。この時期つまり王城岡第2期に属する奠基坑から出土した木炭（ZK-581）のC14年代測定の結果は前2050±65年（経樹輪校正、前2469-前2291年）であった。王城岡遺跡の第4期に属するH617灰坑からは、残存幅6.5cm、残存長5.7cm、厚さ0.2cmの青銅破片が発見されている。報告によるとこの遺物は、銅・錫・鉛からなる青銅であるという。王城岡遺跡の河南龍山文化王湾類型の文化内容は、この時期に黄河中流域の河南省西北部が先夏文化の文化段階に達していたことをわれわれに示してくれている。

　今日のところ、龍山文化あるいは龍山文化に併存する時代の遺跡で初期の金属器を出土する遺跡は、40カ所ほどが知られている[9]（第3表）。初期金属器を出土する遺跡は、まんべんなく中国全土に分布するわけでなく、黄河流域の一部の地域に集中的に分布する傾向が認められる（第93図）。このように龍山時代には少数の小型金属器をともなう文化が存在するが、古代文明の要素としての大型の青銅容器や多数の武器の出現は、殷代二里岡文化以降の現象で、龍山時代には認められない。

　龍山文化の遺物の中に、文明指標の重要な要素である文字と断定できる遺物資料は発見されていない。たしかに山東省鄒平県の丁公遺跡などにおいて文字に類似した文字状の線刻記号の発見はいくつかあるが[10]、確かな文字は殷代後期の殷墟文化まで待たなければ出現してこない。

　龍山文化時代後期の遺跡・遺物にあっては、都城（都市）・金属器・文字という文明の要素は、いずれも確固たる姿とはなっていない。龍山文化時代は、おおむね前3000～前2000年にあたり、とくに後半の前2500～前2000年は夏王朝に先行する「先夏文化」の時代に相当するが、いまだ基本的には古代文明以前の部族国家的原始社会と見てよいであろう。

　龍山文化につづく二里頭文化時代に入ると、古代国家の出現が想定され、筆者はかつてこの時代を殷王朝の初頭と考えてきたが[11]、二里頭文化を夏王朝の文化と関連づける考えに変わった。二里頭文化は、河南省偃師県の二里頭遺跡を標準とする[12]。二里頭遺跡においては、まだ城壁を有する都城址は発見されていない。また同時代の諸遺跡においても都城址の発見は、今後発見される可能性は捨てきれないものの、現時点ではない。

二里頭遺跡の東西2.5km、南北1.5kmの範囲内からは、2基の宮殿址をはじめとして多数の版築の建築址が発見されている（第94〜96図）。二里頭遺跡で発掘された1号・2号宮殿址の平面形は、回廊が取り巻き、その中央北側に正殿が位置するが、このレイアウトは後の西周時期における陝西省岐山県鳳雛村発見の宗廟の形に類似している。二里頭遺跡を夏の都城あるいは首都と確定する根拠はいまのところない。しかし二里頭遺跡は、比較的規模の大きな邑であったことは確かで、村落的な集落が、都市機能をもちだした時代の都邑遺跡と推定される。

　二里頭遺跡からは、中国最古の多くの青銅器が出土している。それらには、爵・斝・盉・鼎などの容器、戈・戚・鏃などの武器、小刀・錛・鑿・錐などの工具、鈴・円形青銅器・獣面飾などの楽器・飾金具がある（第100図）。これらの青銅器には、小刀・錛・鑿・錐・戈・戚などの利器・刃物が多数含まれ、二里頭文化が青銅器時代に属することを示している。青銅の鼎・爵・斝・盉は、いずれも禮楽器で、殷代の二里岡文化・殷墟文化や周代に禮の道具として用いられた容器と基本的に連続する器形である。これら青銅禮器は、古代権力による宗教活動を示す遺物で、文明成立の一翼を示す遺物と見てよいであろう。

　二里頭文化中期の土器には図象記号と呼ばれる記号状の紋様が存在している。これらの記号は文字とは呼べないが、殷後期の甲骨文につながる図象記号である。これら二里頭文化の図象記号は、その形状からより早い大汶口文化の図画紋と殷墟文化の甲骨文字をつなぐ中間的な存在と考えられる。

　二里頭文化は、宮殿址を有する邑をもち、青銅利器・容器を有し、図象記号も存在する。土器の器形・紋様は基本的に殷墟文化の土器器形・紋様に連続するもので、また青銅器の器形も殷代二里岡文化につながる器形である。したがって二里頭文化を殷前期の文化と考えることもできるが、二里頭文化層出土の木炭に対するC14年代測定数値を補正した樹輪校正年代の数値は、夏文化の時代に相当する年代を示している。文明の指標である文字・都市・青銅器の条件から二里頭文化を見ると、宮殿（都邑）・青銅器・図象記号などの実体は、文字の存在が明確でない点はあるものの、この時期をして古代文明と古代国家出現期の可能性を示してくれている。古代文明が出現し古代国家成立の段階に達していた蓋然性はきわめて高いといえる。文明の成立は一日でなるものではなく、漸次発展的に成立していくもので、殷墟文化期に向かって文明の第一歩が始まったといえる。二里頭文化は古代文明の揺籃期である。

　二里頭遺跡出土の木炭や獣骨に対しては多くのC14年代測定結果がでている。たとえば二里頭類型第2期に属する獣骨（ZK-764）は前1495±95年（経樹輪校正、前1748-前1522年）、また二里頭類型第3期に属する木炭（ZK-1078）は前1450±75年（経樹輪校正、前1684-前1515年）、また二里頭類型第4期に属する木炭（ZK-286）は前1385±85年（経樹輪校正、前1625-前1430年）の値を示している。これらのC14年代測定そのままの数値は殷前期の絶対年代として妥当な年代を示すが、補正後の樹輪校正年代は夏文化の絶対年代としてきわめて妥当な数値を示している。C14年代測定値の誤差を考えると、より実年代に近い樹輪校正年代を採用して、二里頭文化を夏王朝時代の文化と考えるのが合理的である。

　河南省鄭州市二里岡遺跡を標準とする二里岡文化は、二里頭文化に引きつづく文化内容をもって

いるが、二里岡文化の木炭に対しての樹輪校正年代から考えると殷前期の文化と考えるのが妥当である。鄭州市では、二里岡文化の版築の城壁が発見されている(14)（第101図）。一辺1.7kmほどの城壁に囲まれた区画内からは、宮殿と呼ばれている版築の大型建築址が多数発見されている。城の内外からは、墓・鋳銅遺跡・骨角器製作遺跡なども発見され、中国最古の都城と呼ぶことのできる遺跡である。二里岡文化の城郭址は、湖北省黄陂県の盤龍城などにおいても発見されている。とくに、河南省偃師県で発見された偃師殷故城は、二里岡文化の城郭址で、『漢書』地理志や『括地志』の記載によって殷湯王の都城であった「亳」の可能性をもつ遺跡である(16)（第102図）。

二里岡文化では、宮殿や宗廟と推定される大型建築址を取り囲む城壁をもつ都市の建設が一般化している。しかし、これらの城郭のすべてを都市あるいは都城と規定するにはいまだ資料が不足している。また発掘された遺跡の実体も、あるものは城壁の1辺が300m以下ときわめて規模が小さく都市国家とはとても呼べない遺跡も含まれている。

二里岡文化に入ると、青銅遺物の量が一気に増加する。鄭州殷故城の内外に存在する白家荘遺跡・銘功路遺跡などの墓から多くの青銅器が出土しているほか、張寨南街出土の方鼎なども知られる。二里頭文化においては、青銅器を出土する遺跡が二里頭遺跡に限られ、また青銅器の出土量も多くはなかったが、二里岡文化に入ると出土地域も黄河流域のみならず長江流域にも拡大し、湖北省や場合よっては江西省においても多量に青銅器を出土する遺跡が発見されている。たとえば湖北省黄陂県盤龍城遺跡出土の青銅器は二里岡文化を代表する遺物で（図版16）、また江西省新干県大洋洲遺跡においても二里岡上層文化に属する青銅器が発見されている。

文明の要素となる二里岡文化の都城・青銅器を見ると、二里頭文化にくらべ大いなる発展が認められ、古代文明の育成が認められる。しかし、二里岡文化に至っても今日のところ文字は発見されていない。青銅罍の肩部などに見られる族記号や一、二の甲骨文字の存在が伝えられるが、文字の存在が確実になるのは殷墟文化に入ってからである。偃師殷故城出土の二里岡下層文化の木炭（ZK-1372）のC14年代測定の値は、前1405±100年（経樹輪校正、前1680-前1430年）で、鄭州市CET7発掘区の第3層の二里岡文化の木炭（ZK-177）のC14年代測定の値は、前1360±95年（経樹輪校正、前1618-前1417年）である。これらの樹輪校正年代は、殷の初年として妥当な年代を示している。

河南省安陽市の殷墟遺跡を標準とする殷墟文化は、殷後期の文化で、一般には19代盤庚から30代帝辛の時代に比定されている。この時代は中国に古代文明が確立した時代である。この古代文明の確立の標準となる遺構・遺物は、都市・青銅器・文字のほか大型墓によっても捉えられる。

殷墟遺跡は、安陽市西北の洹河両岸に24km²にわたって広がっているが、従来の殷墟遺跡の北側においても近年、遺跡が発見されている。洹河北岸の花園荘から飛行場にかけての一帯で方2000mほどの城跡と回字形の建築址が発見され、盤庚から武丁に至る間の都城址の可能性も推定されている。また洹河南岸の花園荘付近でも多くの青銅器を出土した大墓の発見が伝えられている。

洹河南岸の小屯村付近の甲組・乙組・丙組と呼ばれる各区画からは多数の宮殿址と呼ばれている版築基壇の大型建築址が発見されている（第112図）。これらの建築址が、都城としてのいかなる位置を占めているかは不明であるが、宮殿とされる大建築が特定の地区に密集していることは確かで

ある。ことに甲組（地点名称）の甲八・甲九・甲七・甲六・甲四・甲五・甲一・甲二・甲三・甲一一・甲一二・甲一三の一群の建造物は、大門・土壁・殿堂・宗廟・明堂などの宮城内の建築群を形成していたのではないかと推定される。小屯付近では、これらの建築群に付随して乙区北組・中組（地点名称）で、奠基坑・あるいは祭祀坑と呼ばれるきわめて多数の犠牲を埋設した坑が発見されている。
(20)
(21)

　安陽市洹河の北岸の侯家荘・武官村の遺跡は、王陵とその周囲に存在する1000基以上の多数の犠牲坑からなり、そこは陵園と祭祀の場であったと推定される（第111図）。大型墓には、それ以前の時代に見られなかった亜字形墓・甲字形墓が存在し、とくに侯家荘の亜字形墓7（8）基と武官村の亜字形墓1基、中字形墓3基、甲字形墓1基の合計12（13）基の大型墓に関しては、あるいは盤庚から帝辛に至る殷王の墓ではないかとの説も存在する。このような大墓の存在も古代文明の要素として捉えることができる。

　殷墟遺跡は、行政・経済の中心としての現代的な都市とはまったく異なるもので、殷墟は王権と祭祀の中心地で、祖先に対する祭祀を執り行う場所であったと推定される。そして殷墟遺跡の小屯村付近を取り囲む城壁の存在はいまだ確認されていないが、王陵・祭祀坑と宗廟を含む大型建築のならぶ殷墟の遺跡こそ、神権政治の行われた殷の都市と断定でき、甲骨文によれば殷の民も自ら殷墟の地を「大邑商」と呼んでいた。

　殷墟文化の青銅器文化は、中国の歴史の中で西周時代とならんで最も成熟した時代である。侯家荘M1004号墓出土の鹿方鼎・牛方鼎、M1001号墓出土の饕餮紋方盉、武官村出土の司母戊鼎などを代表として、各種の容器・武器が出土している（図版19）。とくに1976年に小屯村で発掘調査された婦好墓からは、468点もの青銅器が出土し殷墟第2期の標準遺物となっている。多くの青銅利器の出土は、まさに青銅器文化の名にふさわしい。殷墟遺跡の小屯の東南1kmの苗圃北地では大規模な鋳銅遺跡が発見されている。千点以上の鼎や戈など青銅器の陶范と坩堝の出土が報告され、そこが殷王室の青銅工房であったことが推測される（第115図）。殷墟遺跡の孝民屯においても青銅工房が発見されている。これらの鋳銅遺跡は、文明の指標としての青銅器の製作を明らかにしていることのみならず、殷墟という祭祀的都市が同時に王室の鋳銅工房を有する手工業の中心でもあったことを意味している。
(22)

　殷墟遺跡のみならず青銅器の分布は、黄河・長江流域に広く及んでいる。江西省新干県の大洋洲殷墓からは殷墟第1期以前にさかのぼる青銅器が発見されているほか（第120図）、四川省広漢県の三星堆遺跡からも特殊な人面青銅器を含む青銅遺物が多数発見されている（第119図）。黄河中・下流域の青銅器文化と密接な関係をもって長江流域にも発達した青銅器文化が存在していた。殷墟文化および併存期の青銅器は、黄河の中・下流域から長江流域に及び青銅器文化として完成した姿を有し、古代文明の要素として条件を満たしている。
(23)
(24)

　殷後期の殷墟文化には、甲骨文と呼ばれる文字が存在する（第117・118図）。甲骨文が出現するのは、殷墟第2期の22代武丁時代以降である。甲骨文は、殷墟第2・3・4期と存在し、甲骨文は、占いの記録と推定され、法律文書や経済文書ではないが、文章を構成している文字である。殷墟文化には甲骨文のほか、青銅器に文字を鋳造した金文も出現する。族記号的な絵文字をのぞけば、文

章としての金文の出現は、殷墟第4期からである。殷墟文化の文字資料には、甲骨文・金文のほか、陶文・玉石文字などがある。いずれにしろ殷墟文化には、文明の指標となる文字が甲骨文その他として存在している。中国の古代文明を考える上で、殷墟文化における文字の出現は特筆すべきことがらで、古代文明の要素として最も重要な指標である。

多数の青銅利器・容器の存在、甲骨文・金文など文字の存在は、古代文明の要素を十分に満たし、それらに加えて大型墓・王陵の存在は、殷墟文化をして文明の要素すべてを満足させる時期と見ることができる。中国における古代文明の開始は二里頭文化に求められるが、それが育ち、成熟した古代文明の姿になるのは、殷墟文化に入ってからである。小屯M5号墓（婦好墓）の棺槨木板（ZK-881）に対してのC14年代測定の結果は前1205±140年（経樹輪校正、前1510-前1131年）、また洹河北岸の武官村出土の木炭（ZK-5）に対してのC14年代測定の結果は前1085±100年（経樹輪校正、前1376-前1010年）である。後者は、C14年代測定の数値も樹輪校正年代の数値も、殷末の年代として妥当な値である。殷墟文化のC14年代測定の数値と樹輪校正年代の数値は比較的近い数を示し、C14年代測定の数値が樹輪校正年代の許容範囲に入っている場合が多い。

西周時代・春秋戦国時代の主役である周王朝の文化は、都市・青銅器・文字の文明の要素を十分に有し、また中国古代文明の指標としての大墓も存在する。周は、殷後期末に渭水盆地から起こった国であるが、周の文化が考古学的に多少とも明らかになるのは、周の古公亶父の時代からで、おおむね殷後期の後半にあたる。

周の古公亶父が、豳からうつったといわれている周原の周城は、現在の陝西省扶風県と岐山県の県境に位置し、岐山県の京当喬家・鳳雛・賀家・禮村・王家、扶風県の強家・斉鎮・斉家・劉家・召陳・任家・康家・雲塘などの村落を包括する方4kmほどの範囲と推定される（第121図）。この範囲内の岐山県鳳雛村や扶風県召陳村・雲塘村では、西周時代に属する大型の建築址や瓦が発見されている（第122・123図）。また、周城付近で発見される多くの窖蔵からは、漢代以来たびたび数多くの西周青銅器が発見されている。さらに、岐山県の鳳翔村甲組建築址の2号室の貯蔵穴内からは、西周甲骨文も発見されている。また、西周初代の武王に先んじる先周時代の墓も扶風県劉家遺跡などにおいて発見されている。周城は周の重要な都市であったと考えられるが、古公亶父から文王に至る時代の遺構は、かならずしも都市遺跡として明確ではなく、発見されている宮殿址や瓦は、西周時代に入ってからの遺構・遺物が主体であるが、鳳雛村の北では東西に延びる版築の城壁も発見されている。周城は、西周時代に周の聖地として機能していたものと推定される。

文王の豊京も先周時代の周の都で、その位置は西安市の西南約14kmの灃河西岸の西安市長安県客省荘・馬王村・張家坡・西王村の一帯と考えられている。付近からは版築基壇や瓦の発見が伝えられているが、考古学的な発掘調査による都市遺構の発見が乏しい。武王の鎬京、成王の雒邑に関しても、状況は類似している。鎬京は、灃河の東岸の西安市長安県の斗門鎮普渡村付近を中心とした地域と推定され、版築基壇の発見や西周瓦の出土は伝えられるが都市遺跡としての考古学的な確認はまだない。雒邑の成周・王城に関しては、現在の洛陽地区に存在したであろうことは間違いない。洛陽地区における西周墓・鋳銅遺跡・祭祀場などの位置から考え、筆者は西周の王城・成周が今日の洛陽市に重なるものと推定しているが、考古学的な都城址の遺構の発見はいまだ乏しい。し

かし、西周雒邑の成周・王城も殷墟同様、祭祀遺跡、墓のほか製作工房などを含む都市であったと推定されるが、いずれの西周の都も、殷墟遺跡のごとき宮殿・宗廟・王陵などの遺構・遺跡の発見には至っていない。

　西周王朝は、一族に封土を与える封建制度を採用した。晋は成王の弟、唐叔虞が封ぜられて起こった国である。北京大学の鄒衡氏は、山西省曲沃県の天馬曲村遺跡の調査の結果をもって、曲村付近に晋始封の地を推定している(27)。環濠に囲まれた西周時代晋国の王陵群も発見されている（第127図）。とくに1993年に発掘されたM8号墓は、甲字形を呈する竪穴墓で一槨一棺を有し、棺内の遺体は玉器に覆われていた。この墓は盗掘を受けてはいたが金帯飾15点、青銅器12点、玉器多数が発掘されている(28)。この墓の被葬者は、晋献侯である可能性が高いと報告されている（第129図）。このような晋侯墓との関係から考えても、山西省曲沃県天馬曲村付近に西周時代晋都が存在したことは間違いないであろう。

　史書によれば、魯国は武王の弟・周公旦が封ぜられ、実際には周公旦の長男・伯禽が魯侯となった国で、遺跡は山東省曲阜市の魯国故城といわれている。また齊国は呂尚（太公望）が周の初年に山東に封建され営丘に都した国といわれている。衛国は、西周武王の弟である康叔が封ぜられて建国した国である。燕は『史記』燕世家によれば武王の弟・昭公を北燕に封じたことに始まるという。これらの西周時代における都城の位置と遺跡は、かならずしも考古学的に明らかではないが、それぞれの国がその中心となる都城をもっていたと考えてよいであろう。殷代には、殷王朝の首都としての都市のほかは、限られた殷の勢力範囲をのぞいて地方における都市の存在が明確でない。しかし、西周時代に入ると古代文明の指標としての都市が封建制度のもとに全国的に広がっていく。漢民族の勢力範囲に、諸侯が存在しそれぞれ都市を造営し、都市を中心に一定の領域を支配する都市国家が形成されていたと推定される。

　西周時代は、中国の歴史の中で最も多くの青銅禮器が鋳造された時代である。陝西省の周原からは、多くの窖蔵青銅器が出土し、各地の西周墓からも多数の西周青銅器が出土している。禮制青銅器が最も充実していた時代である。西周時代の青銅器鋳造技術については、河南省洛陽市で発見された北窯鋳銅遺跡からうかがい知ることができる(29)。北窯鋳銅遺跡は、洛陽東駅の北約200mに位置している。遺構としては、建築址・灰坑・窯・墓・獣坑などが発見され、遺物としては土器のほか、大量の陶笵（10000点以上）や溶鉱炉壁残片が出土している（第142図）。出土した笵の多くは外笵で、内笵や母笵は少ない。また陶笵は禮器の笵が多く、車馬器や武器の笵は少ない。笵には、鼎・簋・卣・尊・爵・觚・觶・罍・鐘などの器形が存在する。遺跡からは直接鋳銅に関係する遺物のほか、鋳銅を開始するにあたり行われたと推定される占いの卜骨や犠牲を納めた獣坑などの遺構・遺物も発見されている。伴出した土器の年代から、この鋳銅遺跡の年代は西周第1期から西周第3期に至るものと推定されている。西周成王の時、今の洛陽地区には王城と成周が造営された。その位置に関しては諸説があるが、筆者はかつて王城は成周の一部を形成し、それらの遺跡がおおむね今日の洛陽市の市街地下に存在するであろうと推定した。北窯鋳銅遺跡の位置は、成周城の内か外かは不明であるが、成周城の北西部にあたるものと推定可能である。北窯鋳銅遺跡の報告では、この遺跡を西周宗室の鋳造作房と述べているが、遺跡の位置と年代から考えてもそのように理解してよ

いであろう。北窯西周鋳銅遺跡は、古代文明の要素としての青銅器の生産を示し、古代文明の要素としての都市機能の一部を形成する生産遺跡でもある。

　文明の要素のひとつとしての文字の存在は、先周・西周時代に入るとより普遍的になっている。周原の岐山県鳳雛村の甲組建築址で発見された西周甲骨文をはじめとして、周原では扶風県斉家村のトレンチや灰坑からも西周甲骨が発見されている。このほか西周時代の甲骨文字は、山西省洪趙県坊堆村、北京市昌平県の白浮村遺跡、房山区琉璃河遺跡などにおいても発見されている。西周甲骨文は、殷代甲骨文に比較して相対的に破片数と文字数が少ない。しかし、殷代甲骨文の出土が、基本的に河南省安陽市の殷墟遺跡に限られているのに対して、西周甲骨文の発見は陝西省の周原遺跡のほか、山西省洪趙県、北京市の昌平県・房山区など広い地域に及んでいる。西周金文は、黄河流域と長江流域の主要な各省からの出土が知られている。西周時代には、都市と青銅器以外の文明の指標である文字が、甲骨文と金文として成熟期を迎える。先記した周原付近の窖蔵からは、多数の青銅器が発見され、その一部の青銅器には銘文が存在し、盂鼎（285文字）・史墻盤（284文字、第23図）・毛公鼎（479文字）・散氏盤（349文字）など長文の銘文が存在する。とくに史墻盤は、西周前期の重要な史実を述べるだけでなく、文字は優美で、文章も韻を踏み、古典文学の傑作でもある。西周時代の金文は、古代文明の要素としての漢字が青銅器に鋳造され、漢字が金文という文字表現で記載された時代の成熟した姿を示している。西周甲骨文・西周金文の出土地点は、西周時期に至って文字が広い地域にもたらされていった事実を示している。文明の一要素としての文字の使用が殷代に比較してより普遍的になっていたことは明らかである。

　西周時代の遺跡・遺物に対してのC14年代測定結果としては、西安市長安県張家坡遺跡のM170号墓（井叔墓）の棺槨木材（ZK-2022）が前900±70年（経樹輪校正、前1003-前838年）、陝西省岐山県鳳雛村の建築址出土の木炭（BK-76018）が前1040±90年（経樹輪校正、前1263-前992年）などの値を示している。C14年代測定の数値も、樹輪校正年代の数値も西周王朝の年代としての許容範囲にある。

　春秋戦国時代には、多数の諸侯が立ち、やがて統合されていった。周の初め諸侯の数は、千余国と伝えられ、春秋の初めには百余りとなり、その中で比較的大きな諸侯は、秦・晋・齊・楚・魯・燕・曹・宋・蔡・鄭・呉・越などであった。戦国時代には、秦・韓・魏・趙・燕・齊・楚などの国が覇権を争った。これら春秋戦国時代の諸侯国は、諸侯・王が住む都城を中心に、周辺地域を支配する都市国家であったと考えられる。戦国時代に関しては、この時代を領土国家の時代とする考えが一般的ではあるが、後に述べるような理由で、考古学的にはやはり都市国家の時代と考えたい。

　中国の戦国時代を、都市国家と古代帝国の中間的な領土国家の時代と考える理論が存在する。しかし、考古学的には、都市国家の象徴ともいうべき都城址の大多数は、戦国時代の都城遺跡である。また戦国時代にも覇権を争った七雄のほか多くの小国が存在していたし、経済的にも都市が貨幣を発行している事例も多い。先秦時代の貨幣には、安邑・平陽・安陽・晋陽・甘丹・開封・鄴など都市名を鋳造したものも多く、多くの国において都市、つまり国が経済圏を掌握していたと考えられる。一般に領土国家の時代とされる戦国時代も都市が国家の統治権を握っていたと推定される。したがって戦国時代も都市国家の時代と定義づけておく。春秋戦国時代の都市国家の象徴ともいうべ

き都城のいくつかが遺跡として残っている。秦の雍城・櫟陽城・咸陽城、鄭・韓の鄭韓故城、齊の臨淄、魯の曲阜魯城、魏の安邑故城、趙の邯鄲、燕の下都、楚の郢都などが残っている。

春秋時代後期から戦国時代にかけては、それぞれの国あるいは都市で貨幣を発行し、統一がなかった。秦では半両銭を用い、魏では各種布銭を用い、燕や齊では各種刀銭を用い、楚では蟻鼻銭や郢爰を用いた（図版27、第186〜188図）。経済的な活動において統一がなかったといえる。また文字も諸国間の隔たりが大きかった。このような不統一こそが中国の古代文明（黄河長江文明）の姿であるといってよいであろう。多数の都市が存在し、異なった貨幣や文字が用いられ、統一国家と比較すると、いささか混沌とした多数国家（都市国家）の時代が中国の古代文明の姿と考えてよいのであろう。

西周時代から春秋時代が、じつは中国の古代文明の中心的時代にあたる。古代文明の要素としての都市・青銅器・文字のいずれもが、最も成熟した姿を示している。殷代後期の殷墟文化は古代文明が完成した時代ではあるが、黄河流域から長江流域に広く普遍的に都市が存在するようになったのは西周時代に入ってからで、都市国家としての姿を考古学的な遺構・遺物の上に多数残しているのは、春秋時代以降である。殷代甲骨文は、殷墟遺跡からのみ発見されるといっても過言ではない。考古学的な資料から見るかぎりにおいては、殷代の文字はきわめて限られた地域のみで使用されていたと推定され、出土資料の大部分は殷墟遺跡から出土した甲骨文である。しかし西周時代の甲骨文の分布は殷代甲骨文の分布よりは広く、さらに西周時代以降の金文史料は、黄河流域のみならず長江流域からも広く出土している。古代文明の最も重要な指標は文字であるが、その文字が広く使われたのは、西周時代以降である。さらに古代文明の重要な指標である都市国家としての都市遺跡が多数確認されるのは戦国時代である。もうひとつの指標である青銅器は、鉄器時代である戦国時代に入っても利器の、とくに武器においては素材の主流を占めていた。このような観点に立つと中国古代文明は、じつのところ西周・春秋時代にもその中心があり、戦国時代までつづいたと見ることができる。殷墟遺跡があまりにも衝撃的であるため、中国の古代文明は殷王朝が残した遺跡・遺物を中心に語られることが多いが、都市・青銅器・文字という文明の要素の密度と広がりを基本に考えると、時間的にも、文化内容においても中国古代文明の中心的時代は、殷代以降、西周・春秋時代を含む時代と考えてよいであろう。

秦漢時代は、中国古代文明が終結して新しい歴史段階に入った時代である。秦始皇帝と前漢武帝の中央集権国家の建国は、中国文明を統一的な漢文化に変えた。考古学的に見ても、青銅器時代から鉄器時代・鉄器文化への変換が認められる。考古学的な年代区分の上では、鉄器時代の開始を戦国時代とせざるをえないが、鉄製の農工具と武器が限りなく普及するのは秦漢時代に入ってからのことである。秦漢時代以降は、春秋戦国時代以前と比較にならないほど文献史料が残っている。ギリシャ・ローマの古典考古学に対応する中国の古典考古学の時代は秦漢時代以降の考古学といってもよいであろう。

註

（1） 623 V. Gorden Childe, 1936, "Man makes Himself".

（2） 61 夏鼐著・小南一郎訳、1984、『中国文明の起源』（日本放送出版協会、東京）。

（3） 126 厳文明著・稲畑耕一郎訳、1992、「中国における金石併用時代の考古学――その新発見からの初歩的な考察」（『日本中国考古学会会報』第 2 号）。

（4） 232 上海市文物保管委員会、1986、「上海青浦福泉山良渚文化墓地」（『文物』1986 年第 10 期）。230 上海市文物管理委員会・黄宣佩、2000、『福泉山――新石器時代遺址発掘報告』（文物出版社、北京）。

（5） 291 浙江省文物考古研究所反山考古隊、1988、「浙江余杭反山良渚墓地発掘簡報」（『文物』1988 年第 1 期）。

（6） 289 浙江省文物考古研究所、1988、「余杭瑶山良渚文化祭壇遺址発掘簡報」（『文物』1988 年第 1 期）。

（7） 405 中国社会科学院考古研究所山西工作隊・臨汾地区文化局、1980、「山西襄汾県陶寺遺址発掘簡報」（『考古』1980 年第 1 期）。

（8） 79 河南省文物研究所・中国歴史博物館考古部、1992、『登封王城岡与陽城』（文物出版社、北京）。

（9） 18 飯島武次、1991、『中国新石器文化研究』（山川出版社、東京）。

（10） 220 山東大学歴史系考古専業、1993、「山東鄒平丁公遺址第四・五次発掘簡報」（『考古』1993 年第 4 期）。

（11） 14 飯島武次、1985、『夏殷文化の考古学研究』（山川出版社、東京）。18 飯島武次、1991、『中国新石器文化研究』（山川出版社、東京）。

（12） 391 中国社会科学院考古研究所、1999、『偃師二里頭　1959 年〜1978 年考古発掘報告』（『中国田野考古報告集』考古学専刊丁種第五十九号）。

（13） 70 河南省文化局文物工作隊、1959、『鄭州二里岡』（『中国田野考古報告集』考古学専刊丁種第七号）。

（14） 75 河南省文物研究所、1993、『鄭州商城考古新発見与研究　1985-1992』（中州古籍出版社、鄭州）。

（15） 189 湖北省文物考古研究所、2001、『盤龍城――1963〜1994 年考古発掘報告』（文物出版社、北京）。

（16） 426 中國社会科学院考古研究所洛陽漢魏故城工作隊、1984、「偃師商城的初歩勘探和試掘」（『考古』1984 年第 6 期）。

（17） 86 河南文物工作隊第一隊、1955、「鄭州市白家荘商代墓葬発掘簡報」（『文物参考資料』1955 年第 10 期）。

（18） 458 鄭州市博物館、1965、「鄭州市銘功路西側的両座商代墓」（『考古』1965 年第 10 期）。

（19） 67 河南省博物館、1975、「鄭州新出土的商代前期大銅鼎」（『文物』1975 年第 6 期）。

（20） 272 石璋如、1959、『小屯・第一本・遺址的発現与発掘・乙編・殷墟建築遺存』（『中国考古報告集之二』中央研究院歴史語言研究所）。

（21） 273 石璋如、1970、『小屯・第一本・遺址的発現与発掘・丙編・殷墟墓葬之一・北組墓葬』（『中国考古報告集之二』中央研究院歴史語言研究所）。274 石璋如、1972、『小屯・第一本・遺址的発現与発掘・丙編・殷墟墓葬之二・中組墓葬』（『中国考古報告集之二』中央研究院歴史語言研究所）。

（22） 369 中国社会科学院考古研究所、1980、『殷墟婦好墓』（『中国田野考古報告集』考古学専刊丁種第二十三号）。

（23） 133 江西省博物館・江西省文物考古研究所・新干県博物館、1997、『新干商代大墓』（文物出版社、北京）。

（24） 226 四川省文物考古研究所、1999、『三星堆祭祀坑』（文物出版社、北京）。

（25） 295 陝西周原考古隊、1979、「陝西岐山鳳雛村西周建築基址発掘簡報」（『文物』1979 年第 10 期）。298 陝西周原考古隊、1981、「扶風召陳西周建築群基址発掘簡報」（『文物』1981 年第 3 期）。157 国家文物局、2001、「陝西周原西周時期考古新発現」（『1999 中国重要考古発現』文物出版社）。

(26) 24 飯島武次、1998、『中国周文化考古学研究』、(同成社、東京)。
(27) 254 鄒衡、1994、「論早期晋都」(『文物』1994年第1期)。
(28) 535 北京大学考古学系・山西省考古研究所、1994、「天馬—曲村遺址北趙晋侯墓地第二次発掘」(『文物』1994年第1期)。
(29) 569 洛陽市文物工作隊、1983、「1975〜1979年洛陽北窯西周鋳銅遺址的発掘」(『考古』1983年第5期)。
(30) 294 陝西周原考古隊、1979、「陝西岐山県鳳雛村発現周初甲骨文」(『文物』1979年第10期)。
(31) 299 陝西周原考古隊、1981、「扶風県斉家村西周甲骨発掘簡報」(『文物』1981年第9期)。
(32) 447 暢文斉・顧鉄符、1956、「山西洪趙県坊堆村出土的卜骨」(『文物参考資料』1956年第7期)。
(33) 531 北京市文物管理処、1976、「北京地区的又一重要考古収獲——昌平白浮西周木槨墓的新啓示」(『考古』1976年第4期)。
(34) 616 琉璃河遺址考古隊、1997、「北京琉璃河遺址発掘又獲重大成果」(『中国文物報』総第517期)。

第3節　中国考古学の諸問題

　この『中国考古学概論』の最後の節では、中国考古学を学問的に研究し、また学術交流を行っていく上で、これから解決しなければならない問題を順次取り上げ、その問題点を考えてみる。
　中国考古学を研究するにあたってまず問題になるのは、言語の問題である。当然中国語を学ばなければならない。かつては中国の発掘報告書を読むだけですんだ時代もあったが、今日においては、中国考古学を研究することは中国の遺跡を踏査し、中国の遺跡発掘に参加することを意味し、したがって中国語会話を学ぶことは不可欠である。中国考古学研究の入り口の問題として、中国語学習の必要性を力説しておく。また中国古典の教養も必要で、漢文の素養が求められる。甲骨文・金文・漢牘などの知識も求められる。青銅器時代以後の中国考古学を研究するにあたっては、中国古典の素養が欠かせない。これがある故にか、日本における中国考古学研究がともすると新石器時代や中原を避けた周辺部の考古学研究に傾く傾向がある。考古学の研究対象としては、どの時期も重要な意味があるし、またどの地域も研究すべき価値をもっていることは認めざるをえないが、しかし、広い中国の全時代の考古学を1人で研究することはきわめて困難である。各時代の文化的中心地を研究することによってその文化が広がる全地域を理解する方法を採用せざるをえないであろう。外国人である日本人が、中国の研究者と同等に中国の野外考古学を実践することはできない。中国古典や甲骨文・金文に関しては、中国の研究者と同等の研究を経験することも可能である。日本人にとって限られた野外考古学の経験を補う意味でも古典の知識を深めておく必要性を述べておきたい。いわゆる文献考古学あるいは古典考古学の分野において研究の醍醐味を味わうことができるはずである。
　中国における旧石器研究は、いわゆる日本でいう文系の中国社会科学院考古研究所や北京大学考古文博学院においても行われているが、理化学系の研究所である中国科学院古脊椎動物与古人類研究所での研究がより盛んで、多くの業績を上げている。日本においても古人類に関する諸研究は、国立科学博物館においても研究が行われている。このように、旧石器文化研究には、古人類に対する医学的あるいは骨格形態的な研究、また地質学的な研究などが大きな比重を占め、したがって理

化学的な色彩が濃くなってくる。したがって旧石器時代研究は、人文科学系の研究者にとっては敷居の高い入りにくい分野にも見えてくる。形態人類学・古脊椎動物学・地質学・理化学的年代測定方法などの学問分野を克服して研究に取り組む必要がある。

中国における旧石器文化研究を行うにあたっては、アフリカ、ヨーロッパの旧石器研究、とくにフランスにおける研究など広範な地域の旧石器文化を理解しておくことも必要である。中国の遺跡と遺物のみによって独走することはよろしくない。世界の旧石器関係の遺物を見ることによって、中国の周口店遺跡や丁村遺跡から出土した石器を見る目が養われると考えられる。

旧石器文化研究の中でとくに筆者が関心をもつのは、人類の発祥の問題である。猿人以前の人類の祖先を仮に「古猿人」と呼ぶことにして、この古猿人と猿人・原人の違いをいかに認識するかの問題では重大である。ひとつの問題は、形態人類学的あるいは遺伝子学的な問題で、この問題は人類学の研究者に任せるとして、もうひとつの問題は古猿人と猿人の文化的違いの問題である。この問題はきわめて人文科学的で、つまり考古学的な問題となってくる。後者の問題には、道具とはなにか、言語とはなにか、立つとはどのような行動なのか、というような問いに答えを与える必要が出てくる。

中国新石器文化の開始時期を、いかなる文化要素をもって判断するかは、じつのところ相当に難解な問題を含んでいる。たびたびいってきたように利器の面から見れば磨製石器の出現をもって新石器文化の開始と考えることができるが、近年発見の若干の資料では、この定義に矛盾する事例があるようである。従来の年代観による純然たる旧石器時代にすでに磨製の遺物が出現しているとも聞いている。

新石器時代の指標である磨製石器の使用以上に、穀物栽培農耕の開始が、人類社会に大きな変化を与えたことは疑いない。また土器の使用が穀類の煮沸を可能にし、人類の健康とその後の発展に大きな利点となったことも事実である。したがって、新石器時代を人類の文化面から考える時には、磨製石器の出現という新石器文化の指標のみを問題にするのではなく、磨製石器の存在のほか、穀物農耕の存在、土器の存在など複合的な文化要素を重要視して考えるべきである。

稲作の開始の問題は、われわれ日本人にとってたいへん関心の高い課題である。かつて、稲作は雲南高原からインドアッサム高原で始まったとする説があったが、今日この考えを支持する考古学者はいないであろう。そして、稲作が長江の中・下流域で開始されたことは、まず間違いない。しかし、前5000年なのか、前7000年なのか、あるいは前9000年までもさかのぼるのか、結論は出ていない。しだいに稲作の開始時期を古く考えるようになってきているが、理化学的なプラント・オパールや花粉の研究が、考古学にとっては補助学的な研究であることを忘れてはならない。われわれ考古学者は、考古学的な遺跡・遺物の研究を通して、稲作農耕の諸課題を研究していきたい。

中国新石器時代の各類型の年代決定の問題はきわめて複雑である。相対的な年代に関しては、型式学と層位学によって順次明らかにされていくであろう。しかし、放射性炭素を用いたC14年代測定の絶対年代に関しては年代的な矛盾が出現している。その矛盾を解決するために樹輪校正による年代の補正を行っているが、歴史的な実年代に考古学的な年代をあてはめるときには、この樹輪校正年代の数値を使用するのが妥当であろう。日本の縄紋時代の絶対年代に関しては、樹輪校正年代

（較正暦年代）を積極的に用いることが近年提唱されているが、中国においても新石器時代の絶対年代の決定に樹輪校正年代を採用するのが一般的となっている。注意すべきことは、やむをえない場合をのぞいて、一方でC14年代測定の数値を採用し、一方で樹輪校正年代の数値を採用するという方法を極力とらないことである。これをすると年代観の議論に矛盾を生じさせる。

　中国人にとって夏王朝の存在は疑う余地のない歴史的事実である。しかし、歴史上に間違いなく夏王朝が存在した証拠はまだ発見されていない。実証が必要な考古学上の大問題である。二里頭文化は、中国最古の青銅器文化である。中国の考古学者の多くは、二里頭文化を夏王朝が残した文化であると考えている。しかし、わが国の学者の多くは、この中国最古の青銅器文化を殷前期の文化と考えるのが趨勢で、夏王朝の存在を積極的には認めていない。筆者は、かつて二里頭文化の土器や青銅器と、二里岡文化・殷墟文化の土器や青銅器の連続性、さらにC14年代測定の数値から、二里頭文化を殷王朝前期の文化と考えてきた。しかし、二里頭文化に関係するC14年代測定数値を補正した樹輪校正年代の数値は、前2000年から1500年の間、つまり夏文化の年代に納まる傾向が強い。そして二里岡文化の樹輪校正年代も殷の初年にあう前1700年から前1300年の数値を示している。樹輪校正年代を採用して二里岡文化を殷前期と考えると、二里頭文化を夏王朝の残した文化と考えざるをえない。

　中国最初の青銅器文化は、中国新石器文化内部から発展した文化なのか、西から伝播した文化なのか、これもこれからの研究課題である。殷前期を二里頭文化に求めるのか、二里岡文化に求めるのか、この問題もすべてが解決しているわけではない。二里岡文化につづく、河亶甲の相、祖乙の耿、南庚・陽甲の奄などの殷都に関係する遺跡の発見も殷代考古学の大きな研究課題である。殷の都に関していえば、殷墟遺跡に関してもそれを大邑商とする考えには、若干の疑問の声がある。河南省安陽市の殷墟遺跡は殷王朝後期の都ではなく墓地あるいは聖地とする考えもある。

　殷王朝の青銅器文化の周辺に存在していた三星堆遺跡の青銅器文化や大洋洲遺跡の青銅器文化に関しても、より深い研究が必要となってきている。

　殷後期に属する甲骨文をさかのぼる文字が存在するのか否かも、大きな研究課題である。また、1977年には西周甲骨の発見もあり、西周甲骨の研究も必要となってきた。

　先周文化研究は、1980年代以降に出てきた研究課題で、今日も大きな研究課題である。西周王朝の文化に関しては、考古学的に不明な点が相変わらず多い。西周王陵の所在に関しては、21世紀考古学の最大の問題である。もし、西周王陵が発掘されたのならば、それは21世紀最大の世界的な考古学の発見となるであろう。西周の都城の所在に関しても、周城をのぞいて考古学的には相変わらず不明の点が多く、解決が待たれる。西周時代の晋始封の地に関して山西省曲沃県北趙晋侯墓地の調査は貴重な研究資料を提供したが、さらなる研究が必要である。

　春秋時代の遺跡・遺物に関しても、西周時代と同様、考古学的には不明なことが多い。春秋時代の都城に関していえば、文献史学的に確定される春秋時代の都城の数は多いが、考古学的に発掘によって春秋時代の遺構が確認されている都城は東周王城や秦雍城などごく少数に限られている。墳墓に関しても、春秋時代の墓で、墓壙・墓道や墓上施設に関して議論できる墓は、陝西省鳳翔県の秦公1号墓や甘粛省禮県の秦公墓、さらに河南省淅川県下寺の楚墓などに限られている。戦国時代

以降の墳墓資料は多いが、春秋時代の墳墓資料に関しては資料の増加が待たれる。甘粛省禮県で発見された2基の中字形の秦公墓は、建国前後の秦国研究に対して手がかりを与えてはくれたが、1992〜1993年の盗掘のため貴重な資料が散逸してしまった。盗掘も大きな問題である。

　春秋時代の遺物に関していえば、鉄器・漆器・青銅貨幣・青銅鏡などすべてが、春秋時代から存在するとされるが、検証できる遺物の数はごくまれである。鉄器・漆器・青銅貨幣などの遺物が普遍化した時期に関しては改めて検討する必要がある。

　鉄器時代の開始時期に関しても考古学的に共通の認識を確定する必要がある。本書では、一般的な説にしたがい、戦国時代開始以降（前5世紀前半中葉以降）を鉄器時代と定めたが、考古学的に出土する鉄製利器と青銅利器の関係をより的確に検証する必要がある。一般的に中国の鉄器生産は春秋時代後期には開始されていたというが、鉄器が発見されている遺跡は、江蘇省六合程橋遺跡、湖南省長沙市龍銅波遺跡、湖北省常徳県徳山遺跡など、きわめて限られ、それらの遺跡から少数の小鉄器が発見されているだけである。さらに、それらの遺跡の年代に関しても春秋時代後期までさかのぼれない可能性もある。

　戦国時代の中期以降に入ると出土遺物の種類と数量が急激に増加する。膨大な戦国出土資料に対していかに対応して研究を進めるかもむずかしい課題である。

　戦国時代の考古学研究においては、発掘調査で得られた遺構・遺物の情報と出土文字資料および古典文献を結びつけた研究が必要となってくる。とくに楚の領域の江陵付近の戦国墓や随州の曽侯乙墓などからは多くの戦国時代の竹簡が出土している。出土文字資料に対しては、東洋史や古文字学の立場から多くの研究成果が発表されているが、考古学の立場からの研究はきわめて少ない。戦国時代の考古学研究においては、出土文字資料の研究がきわめて大切である。考古学研究者が古文字研究の素養を身につけることが必要である。

　本概論では、春秋時代までを青銅器時代とし、戦国時代から後を鉄器時代とした。たしかに戦国時代中期以降、鉄器の出土量は増加するが、依然として青銅は武器を中心とした利器の重要な原材料として使用されている。始皇陵兵馬俑坑においても武器の主体は青銅器で、青銅の武器が姿を消すのは前漢時代に入ってからである。秦始皇帝の中国統一から前漢武帝の出現をもって、古代文明が終了し、中央集権国家として中国の歴史が新しい新段階に入ったと考えたが、この時期は青銅武器から鉄製武器への変換期にも重なっている。

　この『中国考古学概論』の取り扱った時代は、基本的に旧石器時代前期から前漢までである[1]。たびたび述べてきたように、秦始皇帝と前漢武帝の出現によって中国古代文明は終局し新しい歴史段階に突入したと考えられる。中国古代文明と秦漢時代の新しい歴史段階を考古学的に比較するために、第7章として「鉄器時代Ⅱ（秦漢時代）」を記述した。しかし、この『中国考古学概論』を秦漢時代で締めくくることには、別の合理的理由もある。一般的に前漢は、前202年に成立して西暦8年に滅んだとされている。したがって本書で取り扱っている時代は、まさに西暦前の中国の考古学といえる。また21世紀に入った今日からいえば、本書の内容は、2000年以前の中国のすべての歴史を考古学的に取り扱ったともいえる。

　中国と欧米と日本を中心とした諸国間には、20世紀前半の不幸な歴史があり、中国側から見れ

ば、多くの貴重な文物を略奪されたとの意識が強いのも無理はない。そのために外国人による中国国内の発掘調査に対して、中国側が注意深くなっているといわざるをえない。1949年の新中国成立以来、長く外国人による中国国内遺跡の調査と発掘は禁じられてきた。たしかに国によっては、外国の発掘調査団を相当積極的に受け入れてもいるが、翻ってわが国の場合を考えてみると、外国の調査団が日本国内の遺跡に対しての発掘届を提出して、即受理されるとも思えないので、かならずしも中国が特異であるとはいえないであろう。中国においては1988年に大学院博士課程（高級進修生）に留学している考古学専攻の外国人学生が野外考古学実習の発掘に参加することが認められるようになり、そして今日に至っている。また、日本と中国の研究機関による共同調査や発掘は、1994年および1995年から開始されているが、共同研究は別として、発掘の方は一部の共同調査をのぞいて2000・2001年度と実質的に中断している。共同調査・発掘を行うにあたっては、日本と中国の双方に納得のいかない問題が存在し、その結果、調査研究が中断しているのである。両国間に横たわる考古調査を行う上での問題点を解決することは不可能であるとは思えないが、19世紀から20世紀前半の帝国主義時代の歴史が関係しているだけに、解決には時間がかかるであろう。

　中国考古学研究において遺物の写真や実測図の利用は、われわれ外国人にとっても比較的容易である。しかし、遺跡発掘の写真や実測図の利用はきわめて困難である。原則として発掘報告の出版された遺跡発掘に関しては、考古学的な遺跡は人類共通の財産であるとの認識のもとに、発掘当事者以外の者が発掘写真を使うのも建て前の上では自由ということになっている。しかし、発掘現場の写真は、発掘を行った組織が所有しており、それを借り出して利用することは実質的に困難である。この状況は中国に限ったことではなく、日本や中国以外の外国においても同じである。注意すべきなのは、中国側と共同で行った調査や個人的に中国の発掘に参加して自らが撮影した写真の利用である。中国側での発掘報告が終了した後に、信頼関係を損なわないよう十分に留意して利用しなければならない。

註
（1）『中国考古学概論』で取り扱った時代は、基本的に前漢までであるが、記述の関係上一部、王莽新および後漢時代の遺跡・遺物も含まれている。

後　記

　駒澤大学文学部で東洋考古学の講義を担当するようになって20年以上が過ぎた。この間、毎年発表してきた論文のほか、山川出版社より1985年には『夏殷文化の考古学研究』を出版し、1991年には『中国新石器文化研究』、また同成社から1998年には『中国周文化考古学研究』を出版することができた。つまり中国の新石器時代に始まって、周代に至る間のささやかな研究内容を3冊の本にまとめる機会を過去に得たが、その後ぜひ毎年講義を行っている「考古学概説Ⅱ」(『中国考古学概論』)を一冊の著書にしてみたいと思うようになった。「序」においても述べたが、筆者は1人の著者が記述する中国考古学概論こそが、中国原始・古代史に対する歴史観を書き著すことのできる著作であると考えている。1人で中国の原始・古代の歴史のすべてを執筆することにはたいへんな醍醐味があるが、旧石器時代から秦漢時代に至るまで、取り扱うべき課題は無数にあり、手の届く範囲にはおのずと限界がある。とくに最近の中国考古学においては、各研究分野(地域的・年代的・遺物別)の専門化が著しい。研究分野がたとえ狭くとも深く研究することはきわめて大切なことである。しかし、あまりにも分野が狭く、中国考古学の限られた地域の、限られた年代の、限られた遺物のみの研究では、中国考古学の全体像は見えてこなくなってしまう。それゆえに、筆者としてはたとえ未熟であっても、中国考古学の全体像を掌握してみたくて概論の執筆に踏み切ったのであった。

　この『中国考古学概論』を執筆していく間に悩み、大きく考えの変わったことがあった。それは「夏王朝」に対しての考え方である。従来から河南龍山文化王湾類型や山西龍山文化陶寺類型のなかに夏文化的な要素を認めてはいたが、夏王朝の存在に関してはそれを肯定してはいなかった。中国の新石器文化の年代と編年は、C14年代測定の数値を補正した樹輪校正年代の年代を基本に組み立てられている。またわが国の縄紋時代の年代観も中国でいうところの樹輪校正年代を基本としている。夏王朝あるいは殷王朝の年代は、古典文献に記載された年から歴史上の実年代を試算することが可能である。夏王朝や殷王朝に関して試算された年代を東洋史の多くの学者は信用しないが、考古学者である自分にとっては、それらの王朝の存在年代のきわめて有力な手がかりであった。かつては、二里頭文化や二里岡文化の年代をC14年代数値を拠り所に考えていた。このたび『中国考古学概論』を執筆していく中で、C14年代測定や樹輪校正年代に関して自分なりに勉強をさせてもらった。そして二里頭文化の年代を前1500年を境に、古く考えるべきか、新しく考えるべきか悩んでいた。2002年の5月に駒澤大学のロビーで、非常勤講師として講義をしていただいている東京大学の今村啓爾教授と立ち話をする機会があった。この時、C14年代測定のことが話題になり、今村氏が言った「暦年代が問題となる場合は絶対樹輪校正年代を用いないとだめですよ」の一言が筆者の二里頭文化に対する年代観を決定させてくれた。二里頭文化の木炭の樹輪校正年代は、そのほとんどが前2000年から前1500年の年代を示している。殷王朝の初年はどう転んでも前1600年以前にさかのぼれないというのが筆者の持論である。そうなると二里頭文化は夏王朝の時代に組み込まれてくる。しかし、これで問題が解決したわけではない。あくまでも夏王朝が存在したと仮定したとき

に、二里頭文化がその年代に対応するということで、夏王朝の存在が実証されたわけではないのである。結局問題は先送りされたということであろう。

　1986年から1987年に駒澤大学派遣の在外研究員として北京大学考古系に席を置いたことがある。鄒衡教授のもとにおける研究課題は「周文化・秦文化の考古学研究」であった。この期間に中国の考古遺跡から受けた印象は強烈であった。これも「序」ですでに紹介したが、1986年の10月から11月に、北京大学考古系の研究旅行として山西省曲沃県の天馬曲村遺跡の発掘現場へ出かけたが、この時が筆者にとって初めての中国における発掘現場への訪問であった。しかしこの時点では、外国人の中国における考古発掘調査への参加はまだ認められていなかった。あくまでも短期間の発掘現場の見学であった。その後、1988年になると大学院博士課程留学生（考古系高級進修生）の発掘参加が中国政府によって認められるようになった。筆者は1987年に中国から帰国したが、1988年の10月から11月に再び中国に出かけ、天馬曲村遺跡の発掘調査を長期にわたり見学した。その当時はまだ外国隊の考古発掘は認められておらず、中国の発掘現場に中国の研究者とともに宿泊し、滞在できたことは大きな感激であった。その発掘調査は、北京大学考古系学生（3年生）の発掘実習として行われ、曲村の北東部の西周墓地と龍山文化包含遺跡を発掘していた。

　その後の1992年の北趙晋侯墓地の発見は、西周考古学研究に飛躍的な進展をもたらすものであった。1993年5月に北京大学賽克勒考古与芸術博物館の柿落としが行われたが、この式典に参加した後、6月になって筆者は北京大学の日本人留学生らとともに山西省曲沃県の北趙晋侯墓地の発掘現場へ出かけた。この時は、北趙晋侯墓地のM8号墓にならぶM31号墓の発掘が行われており、初めて西周時代大墓の発掘を目にした。1993年11月のM63号墓の調査、また1994年7月のM91・M92・M93・M102号墓の発掘見学と、たびたび天馬曲村遺跡の北京大学考古系の現地の工作站（作業宿舎）を訪れ、北趙晋侯墓地の発掘を見学する機会を持った。

　この天馬曲村遺跡、北趙晋侯墓地への発掘と見学は、筆者の中国考古学研究を具体的な遺跡と遺物に結びつけてくれるものであった。長年にわたりわれわれ外国人にとって、中国考古学は報告書を読むという一種の文献考古学の域をでるものではなかったが、ここにきてようやく遺跡の存在が身近なものに変わってきた。中国の遺跡と遺物が筆者にとって考古学上の調査対象としての遺跡・遺物に変わってきたその裏には、北京大学考古系の鄒衡・李伯謙両教授や劉緒・徐天進・王迅・孫華らの各助教授の筆者に対する並々ならぬ好意と協力があった。

　時代は変わってきた。2000年に陝西省考古研究所長の焦南峰氏から、咸陽の陽陵において駒澤大学文学部歴史学科考古学専攻の発掘実習を行わないかとの誘いがあった。2001年の夏には33名の学部学生・大学院学生を連れて陝西省高陵県の陽陵邑と漢墓の発掘に参加してきた。実習期間はわずか1週間であったが、学生たちは広い遺跡と出土する多くの遺物に感激し、教育効果は絶大なものがあった。中国の遺跡において授業の一環としての発掘実習を行うことなど、20年前には考えられないことであった。引きつづいて2002年度も高陵県の陽陵邑において仰韶文化堆積層と戦国墓の発掘を実習として行ったが、中国の発掘実習を経験した学生が自主的に中国の発掘現場に出向くようにもなっている。さらに大学の定年に至るまで毎年、中国での発掘実習ができることを願っている。

　また、ここ15年ほどは中国からの考古学者・研究者の来日も増えた。1991年には北京大学考古

系の徐天進助教授（当時・講師）が、日本学術振興会招聘の訪問学者としてわが駒澤大学に滞在した。天馬曲村遺跡の西周墓発掘資料である図面やスライドを携えての来日であった。1993年にも北京大学考古系の李伯謙教授が、同じく日本学術振興会招聘の訪問学者として来日し、駒澤大学に滞在した。徐天進・李伯謙両先生が滞在された竹友寮は、筆者の研究室のある第一研究館のすぐ東隣にあり、昼休みにはしばしば両先生の部屋にお邪魔し、昼食の中華料理の招待に与った。2002年には、中国社会科学院歴史研究所の王宇信教授が同じく日本学術振興会招聘の訪問学者として来日され、駒澤大学竹友寮に滞在して、日本に収蔵されている甲骨文の調査研究をされた。

　また、中国からの大学院生の来校もあった。1994年度には、中国社会科学院研究院生（大学院博士課程）の許宏君が、国際交流基金のフェローとして来日し、博士論文の準備のため私の研究室に1年間在学した。1996年5月に「先秦城市考古学研究」の題目で論文を、中国社会科学院研究院に提出し、博士号を取得している。その後、許宏君は中国社会科学院考古研究所の副研究員として二里頭遺跡の発掘隊長を務められている。許宏君が、二里頭遺址の発掘責任者に就任したことは、夏文化の考古学を重要な研究課題にしている筆者にとってこの上もなく嬉しいことで、2002年の9月には学生の発掘実習終了後、河南省偃師県の二里頭遺跡を許宏君の案内で訪れた。1995年度にも、中国社会科学院研究院生（大学院博士課程）の莨嵐君が、同じく国際交流基金のフェローとして来日し、駒澤大学に研究員の席を置き、日本出土の中国遺物の研究をし、帰国の後に博士論文を提出し、学位を取得している。この10年間、中国の考古学研究者や大学院生が、つねに学内の身近な場所にいてくれたことは、筆者の中国考古学研究にとってきわめてありがたいことであった。

　駒澤大学において筆者の演習を履修し、中国考古学関係の卒業論文を書く学生も毎年でてきた。学生からしばしば「中国考古学の概説書はありませんか」との質問をうける。中国語で書かれた北京大学の『商周考古』、山東大学の『考古学通論』、南京大学の『中国考古学通論』や中国社会科学院考古研究所の『新中国的考古発現和研究』など概説書はいくつかあるが、日本語で書かれた適当な本はない。中国考古学概説の授業を担当していることもあって、今後ぜひこの『中国考古学概論』を授業の中で利用していきたいと思っている。筆者にとって『中国考古学概論』は、単に授業用の教科書ではなく、考古資料から見た中国原始・古代史の記述でもあった。しかし、多岐にわたる中国の歴史を、考古資料を用いて記述していくことは困難な作業でもあった。思いばかり先走り、考えるところの半分も記述できなかった。

　近年の中国における発掘報告書の出版数は著しいものがある。新しい新事実が次から次と明らかになっている。本書執筆中それらの報告書に目を通すだけでも大変であったが、そのような状況は今後もつづくものと思われる。この『中国考古学概論』も5年も経過すると新しい新事実にもとづいて書き改める必要が出てくるであろう。また、本書では旧石器時代から戦国・秦漢時代までを取り扱ったが、機会を見て、後漢・南北朝時代から隋唐時代の考古学に関しても記述してみたい。

　本書の中文概要の中国訳を、先に紹介した中国社会科学院考古研究所二里頭遺跡の発掘隊長である許宏君にお願いした。また、英文概要の英語訳を、ボストン大学のデビッド・コーエン（David J. Cohen）君にお願いした。デビッド・コーエン君は、2001年に他界された張光直教授のお弟子であるが、北京大学考古学系留学中は私の友人である徐天進助教授の指導を受けた若手考古学者であ

る。お二人とも多忙であったが、快く翻訳をしてくださった。許宏君、デビッド・コーエン君の御両人に心からお礼を申しあげる。

　本書の刊行を、株式会社同成社・山脇洋亮社長にお願いしたところ、快諾し、出版の労をとってくださった。また編集にあたっては工藤龍平氏に御苦労をかけた。御両人に厚く御礼申し上げたい。

　本書の出版経費に関しては、2002年度駒澤大学特別研究出版助成金の交付を受けることができた。ここに記して駒澤大学当局に感謝の意を表したい。

　　2002年10月31日

　　　　　　　　　　　　　　　　　　　　　　　　　　　　　　　　　　　飯島武次

図版・挿図出典目録

図　版

図版1― 1　周口店鴿子堂洞　筆者写真。
　　　 2　周口店山頂洞　筆者写真。
図版2― 1　金牛山人頭骨正面　筆者写真。
　　　 2　金牛山人頭骨右側面　筆者写真。
図版3　　 石器　旧石器時代中期、1～4・9大型三稜尖頭器、5石球、6～8削器　（1～6丁村、7～9澧県）　筆者写真。
図版4　　 土器と石器　新石器時代前期、1・2三足壺、3盂、4三足盤、5五徳、6石鎌、7石皿・石棒、8石鏟　（1・2・6・7・8裴李崗遺跡出土、3・4・5磁山遺跡出土）　筆者写真。
図版5　　 土器　新石器時代前期、1罐、2罐、3壺、4釜、5灶・釜、6盆、7盆、8鉢　（1仙人洞、2・3彭頭山、4～8河姆渡）　筆者写真。
図版6― 1　骨耜　河姆渡遺跡出土　江村治樹氏撮影。
　　　 2　仰韶遺跡　河南省澠池県　筆者写真。
図版7― 1　半坡博物館　陝西省西安市　筆者写真。
　　　 2　北首嶺遺跡　陝西省宝鶏市　筆者写真。
図版8　　 仰韶文化遺物　1壺、2・3盆、4壺、5缸、6鷹鼎、7鷹面、8石皿　（1半坡、2・3半坡複製品、4北首嶺、5閻村、6太平荘、7柳子鎮、8北首嶺）　筆者写真。
図版9　　 彩陶　甘粛仰韶文化、1・3盆　購入写真。2豆、4盆、5～8壺　筆者写真。
図版10　　土器　1豚形土器、2尊、3鼎、4鬶、5鼎、6豆、7瓶、8罐（1・2大汶口遺跡出土、3・4北荘遺跡出土、5～8崧澤遺跡出土、1～4大汶口文化、5～8崧澤類型）　筆者写真。
図版11― 1　王湾遺跡　河南省洛陽市　筆者写真。
　　　 2　城子崖遺跡　山東省章丘県　筆者写真。
図版12　　土器　1灶・釜、2鼎、3把手壺、4鼎、5鬶、6盆、7甕、8壺、9豆、10鬹、11壺、12杯　（1・2廟底溝第2期文化、3～6河南龍山文化、7～9山東龍山文化、10～12良渚文化）　筆者写真。
図版13　　石斧　龍山文化時代　筆者写真。
図版14― 1　王城岡遺跡　河南省登封県　筆者写真。
　　　 2　二里頭遺跡　河南省偃師県　筆者写真。
図版15― 1　鄭州殷故城城壁断面　筆者写真。
　　　 2　溝内人頭骨　鄭州市東里路北　筆者写真。
図版16　　青銅器　二里岡文化、1鼎、2方鼎、3・4盂、5・6・7斝、8・9爵、10・11罍、11觚　（1・2・3・10・11鄭州、4・6・12北京故宮、5・7・12上海博、8東博）　筆者写真。
図版17― 1　洹河　河南省安陽市殷墟　筆者写真。
　　　 2　殷墟　河南省安陽市小屯村　筆者写真。
図版18　　土器　殷墟文化、1・2鬲、3爵、4双耳壺、5・6罐、7瓿、8壺、9尊、10・11・12豆（1～6灰陶、

7～11 白陶、12 灰釉陶、1 東博、2・3 東大、4～7・10・12 中央研究院、8・11 北京故宮、9 上海博）筆者写真。

図版19　青銅器　殷墟文化、1 三連甗、2 甗、3 方彝、4 鴞尊、5 鼎、6 尊、7 卣、8 斝、9 爵、10 觚（1～4 婦好墓、5～8 上海博、9・10 殷墟）　筆者写真。

図版20—1　周城斉家溝　陝西省扶風・岐山県　筆者写真。
　　　　2　雲塘 F1 建築址　陝西省扶風県　筆者写真。

図版21—1　青銅器　先周、1 爵、2 觚、3 杯　（1・2 岐山京当、3 美陽、周原二里岡上層・殷墟文化併存）　筆者写真。
　　　　2　灃河　西安市長安県　筆者写真。

図版22—1　車馬坑　西安市長安県張家坡　筆者写真。
　　　　2　曲村西周墓の発掘　山西省曲沃県曲村　筆者写真。

図版23　青銅器　西周、1～3 鼎、4 鬲、5・6 簋　（天馬曲村遺跡 M6195 号墓出土）　筆者写真。

図版24　土器　西周、1 鬲、2 簋、3 盂、4 罐、5 杯、6・7 罍（西周、天馬曲村遺跡 M6214 号墓出土）　筆者写真。

図版25—1　臨淄齊故城排水溝　筆者写真。
　　　　2　龍台　邯鄲趙王城　筆者写真。

図版26—1　秦公1号墓　陝西省宝鶏市鳳翔県　筆者写真。
　　　　2　燕下都九女台墓区　筆者写真。

図版27　青銅貨幣　東周、1 斜肩弯足空首布．周、2 円肩方足布．魏、3 齊之法化．齊、4 尖首刀．燕・山戎、5 明刀．燕　筆者写真。

図版28　鉄器　戦国時代、1 犂、2～4 鋤、5 鏟、6・7 钁、8 錘、9 鎌　（1・3～8 輝県、2 長沙、9 新鄭）　筆者写真。

図版29—1　咸陽1号宮殿址　筆者写真。
　　　　2　阿房宮前殿版築基壇　西安市三橋古城村　筆者写真。

図版30—1　秦始皇陵墳丘　西安市臨潼区　筆者写真。
　　　　2　1号兵馬俑坑　西安市臨潼区秦始皇陵　筆者写真。

図版31　瓦當　秦時代、1～6 咸陽宮、7・8 始皇陵　筆者写真。

図版32—1　漢長安城南城壁　筆者写真。
　　　　2　武帝茂陵　陝西省興平県　筆者写真。

図版33—1　黄腸題湊　大葆台1号漢墓　筆者写真。
　　　　2　泥郢版　象鼻嘴1号漢墓　筆者写真。

図版34　鉄製農具　1・2・8 錘、3 鍬、4・5 犂、6 鎌、7 鏵　（1～6 前漢、7・8 後漢、中国歴史博物館蔵）　筆者写真。

挿　　図

第1図　中国地図　筆者作図。
第2図　黄土台地　河南省澠池県仰韶溝　筆者写真。
第3図　運河と鵜飼　湖北省荊州市江陵付近　筆者写真。
第4図　初冬の黒龍江省の景観　寧安県東京城　筆者写真。

第 5 図　夏の内蒙古自治区　筆者写真。
第 6 図　汰（タイ）族の村　雲南省西双版納　筆者写真。
第 7 図　砂漠の遺跡　新疆維吾爾自治区吐魯番高昌故城　筆者写真。
第 8 図　『考古図』『博古図録』　筆者写真。
第 9 図　劉鉄雲　606 劉鉄雲、1903、『鉄雲蔵亀』（芸文印書館、台北）による写真。
第10図　アンダーソン　280 関野雄、1963、「考古学史・東アジア」（『世界考古学大系 16』平凡社、東京）による写真。
第11図　李済　441 張光直・李光謨、1990、『李済考古学論文選集』（文物出版社、北京）による写真。
第12図　夏鼐　筆者写真。
第13図　蘇秉琦　339 蘇秉琦、1984、『蘇秉琦考古学論述選集』（文物出版社、北京）による写真。
第14図　浜田耕作　古代学協会蔵写真。
第15図　原田淑人　東京大学文学部蔵写真。
第16図　駒井和愛　東京大学文学部蔵写真。
第17図　中国社会科学院考古研究所　筆者写真。
第18図　北京大学考古文博学院の校友大会　筆者写真。
第19図　中央研究院歴史語言研究所　台北　筆者写真。
第20図　青銅器の器形名称（1〜3）　筆者割付。
第21図　青銅武器名称　筆者割付。
第22図　青銅器の紋様（1・2）　筆者割付。
第23図　金文　史墻盤銘文拓本　筆者購入拓本。
第24図　玉器の器形名称　筆者割付。
第25図　土器の器形名称（1・2）　筆者割付。
第26図　土器の紋様　筆者割付。
第27図　炭化遺物　雲南省元謀遺跡出土　筆者写真。
第28図　左．藍田原人頭骨（複製）、右．石球（藍田遺跡）　筆者写真。
第29図　石器　藍田遺跡出土　373 中国社会科学院考古研究所、1984、『新中国的考古発現和研究』（『考古学専刊』甲種第十七号）。
第30図　周口店遺跡　北京市房山区　筆者写真。
第31図　第 1 地点（猿人洞）　北京市房山区周口店　筆者写真。
第32図　北京原人 5 号頭蓋骨　122 邱中郎・顧玉民・張銀運・張森水、1973、「周口店新発現的北京猿人化石及文化遺物」（『古脊椎動物与古人類』第 11 巻第 2 期）。
第33図　石器　周口店第 1 地点出土　122 同上。
第34図　大荔人頭骨（複製）　筆者写真。
第35図　丁村遺跡　山西省襄汾県　筆者写真。
第36図　石器　丁村遺跡出土　500 裴文中、1958、『山西襄汾県丁村旧石器時代遺址発掘報告』（『甲種専刊』第二号、中国科学院古脊椎動物研究所）。
第37図　石器　許家窯遺跡出土　99 賈蘭坡・衛奇、1976、「陽高許家窯旧石器時代文化遺址」（『考古学報』1976 年第 2 期）。
第38図　石器　峙峪遺跡出土　102 賈蘭坡・蓋培・尤玉柱、1972、「山西峙峪旧石器時代遺址発掘報告」（『考古学報』1972 年第 1 期）。

第39図　石器　小南海洞穴出土　8 安志敏、1965、「河南安陽小南海旧石器時代洞穴堆積的試掘」(『考古学報』1965年第1期)。

第40図　遺物　山頂洞出土　499 裴文中、1955、「中国旧石器時代的文化」(『中国人類化石的発現与研究』科学出版社、北京)。

第41図　石器　下川文化　38 王建・王向前・陳哲英、1978、「下川文化——山西下川遺址調査報告」(『考古学報』1978年第3期)。

第42図　水洞溝遺跡　寧夏回族自治区霊武県　大島誠一氏写真。

第43図　土器片　仙人洞洞穴出土　筆者写真。

第44図　土器　磁山遺跡出土　93 河北省文物管理處・邯鄲市文物保管所、1981、「河北武安磁山遺址」(『考古学報』1981年第3期)。

第45図　土器　裴李崗遺跡出土　395 中国社会科学院考古研究所河南一隊、1984、「1979年裴李崗遺址発掘報告」(『考古学報』1984年第1期)。

第46図　土器　彭頭山遺跡出土　169 湖南省文物考古研究所・湖南省澧県博物館、1989、「湖南省澧県新石器時代早期遺址調査報告」(『考古』1989年第10期)。

第47図　石磨盤・磨棒　賈湖遺跡出土　82 河南省文物考古研究所、1999、『舞陽賈湖』(科学出版社、北京)。

第48図　骨鏟・石鎌　賈湖遺跡出土　82 同上。

第49図　骨耜・叉形骨器　賈湖遺跡出土　82 同上。

第50図　骨笛　賈湖遺跡出土　82 同上。

第51図　亀甲と小石　賈湖遺跡出土　82 同上。

第52図　土器　河姆渡遺跡第4層出土　286 浙江省文物管理委員会・浙江省博物館、1978、「河姆渡遺址第一期発掘報告」(『考古学報』1978年第1期)。

第53図　半坡集落模型　中国歴史博物館　筆者写真。

第54図　22号平地住居址　半坡遺跡　363 中国科学院考古研究所・陝西省西安市半坡博物館、1963、『西安半坡』(『中国田野考古報告集』考古学専刊丁種第十四号)。

第55図　22号平地住居址復元図　半坡遺跡　363 同上。

第56図　土器　半坡類型前期、半坡遺跡出土　363 同上。

第57図　土器　半坡類型後期、半坡遺跡出土　363 同上。

第58図　集落址　姜寨遺跡(半坡類型)　261 西安半坡博物館・陝西省考古研究所・臨潼県博物館、1988、『姜寨』(文物出版社、北京)。

第59図　墓地　半坡類型、元君廟遺跡 M441号墓　546 北京大学歴史系考古教研室、1983、『元君廟仰韶墓地』(『中国田野考古報告集』考古学専刊丁種第二十四号)。

第60図　土器　廟底溝類型、廟底溝遺跡出土　352 中国科学院考古研究所、1959、『廟底溝与三里橋』(『中国田野考古報告集』考古学専刊丁種第九号)。

第61図　土器　大汶口文化、大汶口遺跡出土　215 山東省文物管理處・済南市博物館、1974、『大汶口』(文物出版社、北京)。

第62図　象牙製品　左. 櫛、右. 筒形器、大汶口遺跡出土　筆者写真。

第63図　図画紋(図象記号)　大汶口文化、1〜4・6 陵陽河、5 前寨　215 山東省文物管理處・済南市博物館、1974、『大汶口』(文物出版社、北京)。

第64図　土器　馬家浜類型、1〜7 草鞋山遺跡、8・10・11 圩墩遺跡、9 崧澤遺跡　373 中国社会科学院考古研究所、1984、『新中国的考古発現和研究』(『考古学専刊』甲種第十七号)。

第65図　土器　崧澤類型、1〜14 崧澤遺跡、15 草鞋山遺跡　1〜4・10〜13.233 上海市文物保管委員会、1987、『崧澤──新石器時代遺址発掘報告』(文物出版社、北京)。5〜9・14.141 黄宣佩・張陰華、1980、「青浦県崧澤遺址第二次発掘」(『考古学報』1980年第1期)。15.373 中国社会科学院考古研究所、1984、『新中国的考古発現和研究』(『考古学専刊』甲種第十七号)。

第66図　石鉞　薛家岡遺跡出土　5 安徽省文物工作隊、1982、「潜山薛家岡新石器時代遺址」(『考古学報』1982年第3期)。

第67図　土器　大溪文化　関廟山遺跡出土、A 第1期、B 第2期、C 第3期、D 第4期　403 中国社会科学院考古研究所湖北工作隊、1983、「湖北枝江関廟山遺址第二次発掘」(『考古』1983年第1期)。

第68図　土器　屈家嶺文化　屈家嶺遺跡出土　373 中国社会科学院考古研究所、1984、『新中国的考古発現和研究』(『考古学専刊』甲種第十七号)。

第69図　住居址実測図　廟底溝第2期文化 551号住居址　352 中国科学院考古研究所、1959、『廟底溝与三里橋』(『中国田野考古報告集』考古学専刊丁種第九号)。

第70図　住居址復原図　廟底溝第2期文化 551号住居址　352 同上。

第71図　灰坑　扶風県案板下河遺跡　筆者写真。

第72図　土器　廟底溝第2期文化、1〜11 廟底溝遺跡、12〜23 大河村遺跡　352 同上。373 中国社会科学院考古研究所、1984、『新中国的考古発現和研究』(『考古学専刊』甲種第十七号)。

第73図　土器　王湾類型第2・3期(煤山遺跡第2期)、煤山遺跡出土　397 中国社会科学院考古研究所河南二隊、1982、「河南臨汝煤山遺址発掘報告」(『考古学報』1982年第4期)。

第74図　白灰面　西安市臨潼区康家遺跡　筆者写真。

第75図　土器　陝西龍山文化　客省荘遺跡出土　353 中国科学院考古研究所、1962、『澧西発掘報告』(『中国田野考古報告集』考古学専刊丁種第十二号)。

第76図　土器　山西龍山文化陶寺類型前期　405 中国社会科学院考古研究所山西工作隊・臨汾地区文化局、1980，「山西襄汾県陶寺遺址発掘簡報」(『考古』1980年第1期)。 406 中国社会科学院考古研究所山西工作隊・臨汾地区文化局、1983、「1978〜1980年山西襄汾陶寺墓地発掘簡報」(『考古』1983年第1期)。

第77図　土器　山西龍山文化陶寺類型後期　405 中国社会科学院考古研究所山西工作隊・臨汾地区文化局、1980，「山西襄汾県陶寺遺址発掘簡報」(『考古』1980年第1期)。

第78図　紋様　1・2 石錛、3 黒陶片、両城鎮遺跡出土　608 劉敦愿、1972、「記両城鎮遺址発現的両件石器」(『考古』1972年第4期)。213 山東省文物管理處、1960、「山東日照両城鎮遺址勘察紀要」(『考古』1960年第9期)。

第79図　土器　山東龍山文化　1〜3.237 昌潍地区文物管理組・諸城県博物館、1980、「山東諸城呈子遺址発掘報告」(『考古学報』1980年第3期)。4〜15.376 中国社会科学院考古研究所、1988、『膠県三里河』(『中国田野考古報告集』考古学専刊丁種第三十二号)。

第80図　土器　斉家文化　1〜14.359 中国科学院考古研究所甘粛工作隊、1975、「甘粛永靖秦魏家斉家文化墓地」(『考古学報』1975年第2期)。15〜17.373 中国社会科学院考古研究所、1984、『新中国的考古発現和研究』(『考古学専刊』甲種第十七号)。

第81図　玉斂葬　寺墩M3号墓　495 南京博物院、1984、「1982年江蘇常州武進寺墩遺址的発掘」(『考古』1984年第2期)。

第82図　土器　良渚文化前期、張陵山遺跡出土　492 南京博物院、1982、「江蘇呉県張陵山遺址発掘簡報」(『文物資料叢刊』第6期)。

第83図　土器　良渚文化後期、馬橋遺跡　228 上海市文物管理委員会、1978、「上海馬橋遺址第一・二次発掘」

(『考古学報』1978 年第 1 期)。

第84図　玉琮　草鞋山 M198 号墓出土　筆者写真。

第85図　土器　石家河文化　肖家屋脊遺跡出土　177 湖北省荊州博物館・湖北省文物考古研究所・北京大学考古学系石家河考古隊、1999、『肖家屋脊』(『天門石家河考古発掘報告之一』文物出版社)。

第86図　土器　石峡遺跡出土　116 広東省博物館・曲江県文化局石峡発掘小組、1978、「広東曲江石峡墓葬発掘簡報」(『文物』1978 年第 7 期)。

第87図　土器　曇石山遺跡出土　526 福建省博物館、1976、「閩侯県曇石山遺址第六次発掘報告」(『考古学報』1976 年第 1 期)。

第88図　王城岡遺跡遠景　筆者写真。

第89図　王城岡土塁遺跡　河南省登封県告成鎮　79 河南省文物研究所・中国歴史博物館考古部、1992、『登封王城岡与陽城』(文物出版社、北京)。

第90図　陶寺遺跡　山西省襄汾県　筆者写真。

第91図　頭骨　山西省襄汾県陶寺遺跡　筆者写真。

第92図　草創期の金属器　1 王城岡遺跡出土、2 下王岡遺跡出土、1.79 河南省文物研究所・中国歴史博物館考古部、1992,『登封王城岡与陽城』(文物出版社、北京)。2. 筆者写真。

第93図　初期金属器出土遺跡分布図　筆者作図。

第94図　1 号宮殿址　二里頭遺跡　391 中国社会科学院考古研究所、1999、『偃師二里頭　1959 年〜1978 年考古発掘報告』(『中国田野考古報告集』考古学専刊丁種第五十九号)。

第95図　二里頭遺跡 1 号宮殿址模型　二里頭文化　筆者写真。

第96図　2 号宮殿址　二里頭遺跡　391 中国社会科学院考古研究所、1999、『偃師二里頭　1959 年〜1978 年考古発掘報告』(『中国田野考古報告集』考古学専刊丁種第五十九号)。

第97図　土器　二里頭類型前期 (二里頭類型第 2 期)　二里頭遺跡出土　391 同上。366 中国科学院考古研究所洛陽発掘隊、1965、「河南偃師二里頭遺址発掘簡報」(『考古』1965 年第 5 期)。

第98図　土器　二里頭類型中期 (二里頭類型第 3 期)　二里頭遺跡・煤山遺跡出土　391 同上。397 中国社会科学院考古研究所河南二隊、1982、「河南臨汝煤山遺址発掘報告」(『考古学報』1982 年第 4 期)。

第99図　土器　二里頭類型後期 (二里頭類型第 4 期)　二里頭遺跡出土　414 中国社会科学院考古研究所二里頭工作隊、1984、「偃師二里頭 1980〜1981 年Ⅲ区発掘簡報」(『考古』1984 年第 7 期)。416 中国社会科学院考古研究所二里頭工作隊、1986、「1984 年秋河南偃師二里頭遺址発現的幾座墓葬」(『考古』1986 年第 4 期)。

第100図　青銅器　二里頭遺跡出土　1・2・7〜10.65 河南出土商周青銅器編輯組、1981、『河南出土商周青銅器 (一)』(文物出版社、北京)。4.413 中国社会科学院考古研究所二里頭工作隊、1984、「1981 年河南偃師二里頭墓葬発掘簡報」(『考古』1984 年第 1 期)。5・6.418 中国社会科学院考古研究所二里頭工作隊・鄭光、1991、「河南偃師二里頭遺址発現新的銅器」(『考古』1991 年第 12 期)。3.417 中国社会科学院考古研究所二里頭工作隊、1992、「1987 年偃師二里頭遺址墓葬発掘簡報」(『考古』1992 年第 4 期)。

第101図　鄭州殷故城平面図　75 河南省文物研究所、1993、『鄭州商城考古新発現与研究　1985〜1992』(中州古籍出版社、鄭州)。

第102図　偃師殷故城平面図　400 中国社会科学院考古研究所河南二隊、2000、「河南偃師商城宮城北部"大灰溝"発掘簡報」(『考古』2000 年第 7 期)。

第103図　盤龍城 F1 大型建築址復元図　561 楊鴻勛、1976、「従盤龍城商代宮殿遺址談中国宮廷建築発展的幾個的問題」(『文物』1976 年第 2 期)。

図版・挿図出典目録　433

第104図　土器　二里岡文化、1〜8下層、9〜16上層　354 中国科学院考古研究所、1962、『新中国的考古収穫』（『考古学専刊』甲種第六号）。

第105図　陶器　1 灰釉陶器大口尊、2 灰釉陶器大口尊、3 黒陶罍　1・3. 筆者写真。　2.12 飯島武次、1982、「殷周戦国の土器と陶器」（『世界陶磁器全集10』小学館）。

第106図　二里岡文化青銅器編年図　筆者作図。

第107図　殷墟遺跡地図　河南省安陽市　602 劉一曼、1993、「殷墟と中国古代文化」（『夏殷周を探る』読売新聞社）。

第108図　殷墟　河南省安陽市小屯　筆者写真。

第109図　小屯発掘景観　筆者写真。

第110図　車馬　孝民屯出土　筆者写真。

第111図　安陽市西北岡大墓と祭祀坑平面図　373 中国社会科学院考古研究所、1984、『新中国的考古発現和研究』（『考古学専刊』甲種第十七号）。

第112図　甲組建築址群　殷墟小屯　272 石璋如、1959、『小屯・第一本・遺址的発現与発掘・乙編・殷墟建築遺存』（『中国考古報告集之二』中央研究院歴史語言研究所）。

第113図　土器　殷墟文化（殷後期）　587 李済、1956、『小屯・第三本・殷墟器物：甲編、陶器：上輯』（『中国考古報告集之二』）より、筆者作図。

第114図　白陶　殷墟文化　筆者写真。

第115図　陶范　河南省安陽市苗圃北地遺跡　筆者写真。

第116図　玉器・石器　殷墟 M5 号墓　筆者写真。

第117図　獣骨　殷墟文化　筆者写真。

第118図　甲骨文拓本　乙867　小屯 YH127 坑出土　480 董作賓、1949-1953、『小屯・第二本・殷墟文字・乙編』（『中国考古報告集之二』中央研究院歴史語言研究所）。

第119図　青銅仮面　三星堆遺跡　226 四川省文物考古研究所、1999、『三星堆祭祀坑』（文物出版社、北京）。

第120図　青銅器　1 人頭形青銅器、2 鎛、大洋洲遺跡　133 江西省博物館・江西省文物考古研究所・新干県博物館、1997、『新干商代大墓』（文物出版社、北京）。

第121図　扶風・岐山県遺跡分布図　326 陝西省文物管理委員会、1963、「陝西扶風・岐山周代遺址和墓葬調査発掘報告」（『考古』1963年第12期）より筆者作図。

第122図　甲組建築址　陝西省岐山県鳳雛村　295 陝西周原考古隊、1979、「陝西岐山鳳雛村西周建築基址発掘簡報」（『文物』1979年第10期）。

第123図　召陳建築址　陝西省扶風県　筆者写真。

第124図　土器散布　西安市長安県張家坡遺跡　筆者写真。

第125図　洛陽市付近西周時代遺跡分布図　筆者作図。

第126図　琉璃河遺跡　北京市房山区　筆者写真。

第127図　晋侯墓分布図　山西省曲沃県北趙　536 北京大学考古学系・山西省考古研究所、1995、「天馬─曲村遺址北趙晋侯墓地第五次発掘」（『文物』1995年第7期）より筆者作図。

第128図　西周晋侯墓地　山西省曲沃県北趙村　筆者写真。

第129図　M8号墓　晋侯墓地　535 北京大学考古学系・山西省考古研究所、1994、「天馬─曲村遺址北趙晋侯墓地第二次発掘」（『文物』1994年第1期）。

第130図　晋侯蘇鼎　筆者写真。

第131図　晋侯蘇鼎図・拓本　535 北京大学考古学系・山西省考古研究所、1994、「天馬─曲村遺址北趙晋侯墓地

第二次発掘」(『文物』1994 年第 1 期)。

第132図　金帯金具　晋侯墓地 M8 号墓　筆者写真。

第133図　M93 号墓　晋侯墓地　536 北京大学考古学系・山西省考古研究所、1995、「天馬一曲村遺址北趙晋侯墓地第五次発掘」(『文物』1995 年第 7 期)。

第134図　玉覆面　晋侯墓地 M93 号墓　536 同上。

第135図　西周時代大墓　1.56 郭宝鈞、1964、『濬県辛村』(『考古学専刊』乙種第十三号)。2.421 中国社会科学院考古研究所灃西発掘隊、1986、「長安張家坡西周井叔墓発掘簡報」(『考古』1986 年第 1 期)。3.533 北京市文物研究所、1995、『琉璃河西周燕国墓地』(文物出版社、北京)。4.419 中国社会科学院考古研究所・北京市文物研究所琉璃河考古隊、1990、「北京琉璃河 1193 号大墓発掘簡報」(『考古』1990 年第 1 期)。

第136図　西周土器編年図　豊鎬地区　筆者作図。

第137図　灰釉陶器　西周時代、洛陽龐家溝遺跡　筆者写真。

第138図　青銅簋　1 利簋、2 宜侯夨簋　1. 筆者写真。2. 購入写真。

第139図　西周青銅器　1 何尊、2 父庚觶　購入写真。

第140図　青銅鼎　1 尹丞鼎、2 雷紋鼎、3 趙曹鼎　4 大克鼎　1.311 陝西省考古研究所・陝西省文物管理委員会・陝西省博物館、1979、『陝西出土商周青銅器 (一)』(文物出版社、北京)。2. 購入写真。3. 筆者写真。4. 購入写真。

第141図　青銅鼎　長由墓出土　筆者写真。

第142図　陶范　洛陽市北窯鋳銅遺跡　569 洛陽市文物工作隊、1983、「1975〜1979 年洛陽北窯西周鋳銅遺址的発掘」(『考古』1983 年第 5 期)。

第143図　犠尊　1 盠駒尊　2 鄧仲犠尊　筆者写真。

第144図　西周青銅器　1 史墻盤　2 豊尊　筆者写真。

第145図　洛陽東周王城・漢河南県城　129 考古研究所洛陽発掘隊、1959、「洛陽澗濱東周城址発掘報告」(『考古学報』1959 年第 2 期)。

第146図　東周王城城壁版築　洛陽市　筆者写真。

第147図　陶文拓本　漢河南県城出土　1〜3.348 中国科学院考古研究所、1959、『洛陽中州路』(『中国田野考古報告集』考古学専刊丁種第四号)。3・5.53 郭宝鈞、1955、「洛陽古城勘査簡報」(『考古通訊』1955 年創刊号)。

第148図　曲阜魯国故城　217 山東省文物考古研究所・山東省博物館・済寧地区文物組・曲阜県文管会、1982、『曲阜魯国故城』(齊魯書社、済南)。

第149図　秦雍城　335 陝西省雍城考古隊、1985、「秦都雍城鉆探試掘簡報」(『考古与文物』1985 年第 2 期)。

第150図　蘄年宮當瓦當　104 韓偉、1989、「秦の雍城遺址と秦公一号大墓」(『東アジア文明の源流展』富山市)。

第151図　雍城馬家荘 1 号建築址　332 陝西省雍城考古隊、1982、「鳳翔馬家荘春秋秦一号建築遺址第一次発掘簡報」(『考古与文物』1982 年第 5 期)。

第152図　鄭韓故城　68 河南省博物館新鄭工作站・新鄭県文化館、1980、「河南新鄭鄭韓故城的鉆探和試掘」(『文物資料叢刊』第 3 期)。

第153図　臨淄齊国故城　124 群力、1972、「臨淄齊国故城勘探紀要」(『文物』1972 年第 5 期)。

第154図　晋国新田　山西省侯馬市　31 江村治樹、1978、「侯馬盟書考」(『内田吟風博士頌寿記念東洋史論集』)。

第155図　趙国邯鄲故城　113 邯鄲市文物保管所、1980、「河北邯鄲市区古遺址調査簡報」(『考古』1980 年第 2 期)。

第156図　燕国下都　87 河北省文化局文物工作隊、1965、「河北易県燕下都故城勘察和試掘」(『考古学報』1965年第1期)。

第157図　紀南城（楚郢都）　湖北省荊州市江陵　181 湖北省博物館、1982、「楚都紀南城的勘査与発掘（上）」(『考古学報』1982年第3期)。

第158図　秦公1号墓平面図　陝西省宝鶏市鳳翔県　104 韓偉、1989、「秦の雍城遺址と秦公一号大墓」(『東アジア文明の源流展』富山市)。

第159図　秦公1号墓　陝西省宝鶏市鳳翔県　筆者写真。

第160図　輝県固囲村戦国墓分布図　346 中国科学院考古研究所、1956、『輝県発掘報告』(『中国田野考古報告集』第一号)。

第161図　固囲村2号墓　346 同上。

第162図　固囲村3号墓　346 同上。

第163図　中山王䜣墓兆域図青銅板　96 河北省文物研究所、1996、『䜣墓——戦国中山国国王之墓』(文物出版社、北京)。

第164図　兆域図模写　96 同上。

第165図　中山王陵陵園復原図　520 傅熹年、1980、「戦国中山王䜣墓出土的兆域図及其陵園規制的研究」(『考古学報』1980年第1期)。

第166図　燕下都16号墓　89 河北省文化局文物工作隊、1965、「河北易県燕下都第十六号墓発掘」(『考古学報』1965年第2期)。

第167図　齊四王冢　山東省臨博市　筆者写真。

第168図　東周時代土器編年図　洛陽市　筆者作図。

第169図　東周時代土器　1～4周国（洛陽博物館蔵）、5・6燕国（5東京大学文学部蔵、6中国歴史博物館蔵）筆者写真。

第170図　彩絵陶　邯鄲百家村　筆者写真。

第171図　黒陶　中山王䜣墓出土　購入写真。

第172図　東周時代土器　秦国（1・6早稲田大学文学部蔵、2・4・5咸陽博物館蔵、3秦咸陽宮博物館蔵）　筆者写真。

第173図　東周時代土器　楚国（北京大学賽克勒考古与芸術博物館蔵）筆者写真。

第174図　東周時代灰釉陶器　呉越（上海博物館蔵）　筆者写真。

第175図　半瓦當　東周時代、洛陽東周故城　348 中国科学院考古研究所、1959、『洛陽中州路』(『中国田野考古報告集』考古学専刊丁種第四号)。

第176図　半瓦當　戦国時代、1～6燕、7・8齊　筆者写真。

第177図　縄紋半瓦當　秦雍城出土　1・2.317 陝西省社会科学院考古研究所鳳翔隊、1963、「秦都雍城遺址勘査」(『考古』1963年第8期)。3・筆者写真。4.551 鳳翔県文化館・陝西省文管会、1976、「鳳翔先秦宮殿試掘及其銅質建築構件」(『考古』1976年第2期)。

第178図　秦瓦當拓本　秦雍城出土　1.310 陝西省考古研究所・秦晋、1980、「鳳翔南古城址遺址的鉆探和試掘」(『考古与文物』1980年第4期)。2～8.318 陝西省博物館、1965、『秦漢瓦當』(文物出版社、北京)。

第179図　秦葵紋瓦當　1・2・3・4・5・7.318 陝西省博物館、1965、『秦漢瓦當』(文物出版社、北京)。　8・11.436 張旭、1982、「秦瓦當芸術」(『考古与文物』1982年第2期)。　6・9・10 筆者蔵拓本。

第180図　青銅器　1鼎、2簋、3豆、4獣形豆（虢国墓地出土、1～3.M1052号墓、4.M1704号墓、春秋前期）。1～3.349 中国科学院考古研究所、1959、『上村嶺虢国墓地』(『中国田野考古報告集』考古学専刊丁種第

十号)、4購入写真。

第181図　秦公鎛・秦公鐘　550 宝鶏市博物館・盧連成、宝鶏市文化館・楊満倉、1978、「陝西宝鶏県太公廟村発現秦公鐘・秦公鎛」(『文物』1978年第11期)。

第182図　青銅器　東周時代、1方壺、2罍、3鼎、4簋、5豆、6尊盤、7鼎、8器座　(1・2新鄭、3寿県、4天水、5・6随州、7・8平山県出土)　購入写真。

第183図　編鐘　曽侯乙墓出土　購入写真。

第184図　青銅器　戦国中・後期、長治分水嶺M25号墓出土　202 山西省文物管理委員会・山西省考古研究所、1964、「山西長治分水嶺戦国墓第二次発掘」(『考古』1964年第3期)。

第185図　戦国鏡　1四虎紋鏡、2三龍紋鏡、3蟠螭紋鏡、4羽状紋鏡、5四山紋鏡、6金銀緑松石象嵌銅鏡　1・2・4.453 陳佩芬、『上海博物館蔵青銅鏡』(上海書畫出版社、上海)。3・6購入写真。5筆者写真。

第186図　円銭　戦国時代　368 中国人民銀行歴代貨幣編輯組、1982、『中国歴代貨幣』(新華出版社、北京)。

第187図　楚貨幣　戦国時代、1〜4蟻鼻銭、5楚金版　1・2.筆者写真。3・4・5.368 中国人民銀行歴代貨幣編輯組、1982、『中国歴代貨幣』(新華出版社、北京)。

第188図　齊刀陶范　戦国時代、(東京大学文学部蔵)　筆者写真。

第189図　鉄剣　戦国時代、長沙楚墓出土　166 湖南省博物館・湖南省文物考古研究所・長沙市博物館・長沙市文物考古研究所、2000、『長沙楚墓　上・下』(文物出版社、北京)。

第190図　鉄范　1钁范、2鎌范、3車具范、4鍬范　河北省興隆県出土　筆者写真。

第191図　漆器　1箱、2盒、3座屏、4耳杯、5・6豆、7・8奩 (1・2曽侯乙墓、3望山1号墓、4望山2号墓、5包山2号墓、6雨台山18号墓、7長沙、8睡虎地7号墓出土、1〜7戦国、8秦)　1〜6筆者写真。7・8購入写真。

第192図　咸陽1号宮殿址模型　筆者写真。

第193図　陶文　秦咸陽故城出土　1〜5・245 秦都咸陽考古工作站、1976、「秦都咸陽第一号宮殿建築遺址簡報」(『文物』1976年第11期)。6〜10.320 陝西省博物館・文管会勘査小組、1976、「秦都咸陽故城遺址発現的窯址和銅器」(『考古』1974年第1期)。11・12.316 陝西省社会科学院考古研究所渭水隊、1962、「秦都咸陽故城遺址的調査和試掘」(『考古』1962年第6期)。

第194図　阿房宮前殿版築基壇　西安市三橋古城村　筆者写真。

第195図　漢長安城址図　354 中国科学院考古研究所、1962、『新中国的考古収獲』(『考古学専刊』甲種第六号)。

第196図　漢長安城宮殿位置図　373 中国社会科学院考古研究所、1984、『新中国的考古発現和研究』(『考古学専刊』甲種第十七号)。

第197図　漢長安城南壁版築　筆者写真。

第198図　未央宮前殿址　漢長安城　筆者写真。

第199図　漢代辟雍建築址　西安市　477 唐金裕、1959、「西安西郊漢代建築址発掘報告」(『考古学報』1959年第2期)。

第200図　辟雍復元図　43 王仲殊、1984、『漢代考古学概論』(『考古学専刊』甲種第十六号)。

第201図　秦始皇陵区図　筆者作図。

第202図　秦始皇陵墳丘　西安市臨潼区　筆者写真。

第203図　1号兵馬俑坑　西安市臨潼区秦始皇陵　筆者写真。

第204図　兵士俑　始皇陵1号兵馬俑坑　筆者写真。

第205図　劉邦長陵　陝西省咸陽市　筆者写真。

第206図　景帝陽陵　陝西省咸陽市　筆者写真。

第207図	漢陽陵陵区平面図　「漢陽陵導覧図」（西安地図出版社）より筆者作図。	
第208図	羅經石（禮制建築中心礎石）　筆者写真。	
第209図	武帝茂陵と李夫人墓　陝西省興平県　筆者写真。	
第210図	大葆台1号漢墓　北京市　373 中国社会科学院考古研究所、1984、『新中国的考古発現和研究』（『考古学専刊』甲種第十七号）。	
第211図	黄腸題湊　大葆台1号漢墓　筆者写真。	
第212図	象鼻嘴1号漢墓墓壙　湖南省長沙市　筆者写真。	
第213図	馬王堆1号漢墓墳丘　湖南省長沙市　筆者写真。	
第214図	前漢墓平面図　1 南越王墓　2 合浦漢墓　3 満城1号漢墓　4 象鼻嘴1号漢墓　5 大葆台1号漢墓　6 馬王堆1号漢墓　1.131 広州市文物管理委員会・中国社会科学院考古研究所・広州市博物館、1991、『西漢南越王墓』（『中国田野考古報告集』考古学専刊丁種第四十三号）。2.139 広西壮族自治区文物考古写作小組、1972、「広西合浦西漢木槨墓」（『考古』1972年第5期）。3.401 中国社会科学院考古研究所・河北省文物管理處、1980、『満城漢墓発掘報告』（『中国田野考古報告集』考古学専刊丁種第二十号）。4.165 湖南省博物館、1981、「長沙象鼻嘴一号西漢墓」（『考古学報』1981年第1期）。5.345 大葆台漢墓発掘組・中国社会科学院考古研究所、1989、『北京大葆台漢墓』（『中国田野考古報告集』考古学専刊丁種第三十五号）。6.167 湖南省博物館・中国科学院考古研究所、1973、『長沙馬王堆一号漢墓』（文物出版社、北京）。	
第215図	金縷玉衣　上.満城1号漢墓、下.満城2号漢墓　401 中国社会科学院考古研究所・河北省文物管理處、1980、『満城漢墓発掘報告』（『中国田野考古報告集』考古学専刊丁種第二十号）。	
第216図	長信宮灯　満城2号漢墓　筆者写真。	
第217図	金鍍金青銅壺　満城1号漢墓　401 中国社会科学院考古研究所・河北省文物管理處、1980、『満城漢墓発掘報告』（『中国田野考古報告集』考古学専刊丁種第二十号）。	
第218図	方枡と権　上.秦始皇帝廿六（前221）年枡、下.秦二世元（前209）年権　筆者写真。	
第219図	文帝行璽金印　南越王墓出土　23 飯島武次、1996、『中国・南越王の至宝』（毎日新聞社、東京）。	
第220図	封泥　南越王墓出土　23 同上。	
第221図	半両銭　統一秦、（直径3.4cm、重8g）　筆者写真。	
第222図	四銖半両　前漢文帝　筆者写真。	
第223図	漢鋳大型半両銭　前漢（直径4.55cm、重18.1g）　筆者写真。	
第224図	五銖銭　前漢武帝　筆者写真。	
第225図	五銖銭母笵　（東京大学文学部蔵）　筆者写真。	
第226図	犂鏵　1 禮泉県出土（後漢）、2 咸陽市出土（前漢時代）　筆者写真。	
第227図	画像石牛耕図　後漢　143 江蘇省文物管理委員会、1959、『江蘇徐州漢画象石』（『考古学専刊』乙種第十号）。	
第228図	瓦当　秦始皇陵出土　1～9.336 陝西省臨潼県文化館、1974、「秦始皇陵新出土的瓦當」（『文物』1974年第12期）。249 秦俑坑考古隊、1979、「秦始皇陵北二・三・四号建築遺迹」（『文物』1979年第12期）。	
第229図	文字瓦当　（前漢時代、陝西歴史博物館）　318 陝西省博物館、1965、『秦漢瓦當』（文物出版社、北京）。	
第230図	瓦当　前漢、1・2 出土地不詳、3・4 曲阜魯国故城、（東京大学蔵）　筆者写真。	
第231図	騎兵俑　楊家湾出土　購入写真。	
第232図	武人俑　楊家湾出土　購入写真。	
第233図	陶俑　後漢　筆者写真。	

第234図　副葬陶器　前漢、曲村出土　筆者写真。
第235図　副葬陶器　前漢、洛陽市焼溝出土　筆者写真。
第236図　漆器　前漢、馬王堆1号漢墓出土　1〜4. 購入写真、5・6.167 湖南省博物館・中国科学院考古研究所、1973、『長沙馬王堆一号漢墓』（文物出版社、北京）。

引用文献目録

　この文献目録に取り上げた文献は、原則として本書に引用した文献である。また本書に引用する機会のなかった文献でも、中国考古学研究で重要な意味を持つと思われる文献に関しては、あわせて掲載した。

1．足立喜六、1933、『長安史跡の研究』(『東洋文庫論叢』二十之一、東京)
2．安徽省文化局文物工作隊、1959、「安徽屯渓西周墓葬発掘報告」(『考古学報』1959 年第 4 期)
3．安徽省文化局文物工作隊、1963、「安徽淮南市蔡家岡趙家孤堆戦国墓」(『考古』1963 年第 4 期)
4．安徽省文物管理委員会・安徽省博物館、1956、『寿県蔡侯墓出土遺物』(『考古学専刊』乙種第五号)
5．安徽省文物工作隊、1982、「潜山薛家岡新石器時代遺址」(『考古学報』1982 年第 3 期)
6．安金槐、1961、「試論鄭州商代城址——隞都」(『文物』1961 年第 4・5 期)
7．安志敏、1954、「一九五二年秋季鄭州二里岡発掘記」(『考古学報』1954 年第 8 冊)
8．安志敏、1965、「河南安陽小南海旧石器時代洞穴堆積的試掘」(『考古学報』1965 年第 1 期)
9．安志敏、1981、「中国早期銅器的幾個問題」(『考古学報』1981 年第 3 期)
10．飯島武次、1971、「考古学の歴史・東アジア」(『新版考古学講座』第 10 巻、雄山閣)
11．飯島武次、1976、「日本周辺の旧石器文化・中国」(『日本の旧石器文化』雄山閣出版、東京)
12．飯島武次、1982、「殷周戦国の土器と陶器」(『世界陶磁器全集10』小学館)
13．飯島武次、1983、「秦葵紋瓦当考」(『東京大学考古学研究室研究紀要』第 2 号)
14．飯島武次、1985、『夏殷文化の考古学研究』(山川出版社、東京)
15．飯島武次、1985、「東周時代周室と秦の副葬陶器」(『三上次男博士喜寿記念論文集考古編』)
16．飯島武次、1988、「先周文化陶器の研究——劉家遺跡出土陶器の検討」(『考古学雑誌』第 74 巻第 1 号)
17．飯島武次、1990、「二里岡上層青銅器対先周文化的影響」(『中原文物』1990 年第 3 期)
18．飯島武次、1991、『中国新石器文化研究』(山川出版社、東京)
19．飯島武次、1992、「西周土器の編年研究——豊鎬地区の土器」(『駒沢史学』第 44 号)
20．飯島武次、1992、「先周文化陶器研究——試論周原出土陶器的性格」(『考古学研究』第 1 期、北京大学考古系)
21．飯島武次、1992、「洛陽付近出土西周土器の編年研究」(『東京大学文学部考古学研究室研究紀要』第 11 号、東京大学文学部考古学研究室)
22．飯島武次、1995、「北京大学"天馬曲村遺跡"発掘の意義」(『中国の考古学展』出光美術館)
23．飯島武次、1996、『中国・南越王の至宝』(毎日新聞社、東京)
24．飯島武次、1998、『中国周文化考古学研究』(同成社、東京)
25．飯島武次、1998、「中国古代における青銅器の世界」(『故宮博物院——青銅器』第 12 巻、日本放送出版協会)
26．内蒙古自治区文物考古研究所・鄂爾多斯博物館、2000、『朱開溝——青銅器時代早期遺址発掘報告』(文物出版社、北京)
27．雲南省博物館、1959、『雲南晋寧石寨山古墓群発掘報告』(文物出版社、北京)
28．雲夢県文物工作組、1981、「湖北雲夢睡虎地秦漢墓発掘簡報」(『考古』1981 年第 1 期)
29．雲夢睡虎地秦墓編写組、1981、『雲夢睡虎地秦墓』(文物出版社、北京)

30. 衛聚賢、1967、『中国考古学史』(『中国文化史叢書』台北)
31. 江村治樹、1978、「侯馬盟書考」(『内田吟風博士頌寿記念東洋史論集』)
32. 袁広闊・秦小麗、2000、「河南焦作府城遺址発掘報告」(『考古学報』2000年第4期)
33. 袁仲一、1990、『秦始皇陵兵馬俑研究』(文物出版社、北京)
34. 王宇信、1989、『甲骨学通論』(中国社会科学院出版社、北京)
35. 王学理、1995、「秦咸陽―― 一座跨時代・超規模的歴史名都」(『涇渭稽古』1995年第2期)
36. 王学理、1999、『咸陽帝都記』(三秦出版社、西安)
37. 王家祐、1961、「記四川彭県竹瓦街出土的銅器」(『文物』1961年第11期)
38. 王建・王向前・陳哲英、1978、「下川文化――山西下川遺址調査報告」(『考古学報』1978年第3期)
39. 王国維、1940、『観堂集林』(『民国叢書』)
40. 王仲殊、1954、「洛陽焼溝付近的戦国墓葬」(『考古学報』第八冊)
41. 王仲殊、1957、「漢長安城考古工作的初歩収穫」(『考古通訊』1957年第5期)
42. 王仲殊、1958、「漢長安城考古工作収穫続記」(『考古通訊』1958年第4期)
43. 王仲殊、1984、『漢代考古学概論』(『考古学専刊』甲種第十六号)
44. 大貫静夫、1998、『東北アジアの考古学』(『世界の考古学9』同成社)
45. 小川誠、2000、『中国古代王朝成立期の考古学研究』(鹿島出版会、東京)
46. 小澤正人・谷豊信・西江清高、1999、『中国の考古学』(『世界の考古学7』同成社)
47. 貝塚茂樹、1946、『中国古代史学の発展』(弘文堂書房、東京)
48. 華覚明・楊根・劉恩珠、1960、「戦国両漢鉄器的金相学考査初歩報告」(『考古学報』1960年第1期)
49. 喀左県文化館・朝陽地区博物館・遼寧省博物館、1977、「遼寧省喀左県山湾子出土殷周青銅器」(『文物』1977年第12期)
50. 喀左県文化館・朝陽地区博物館・遼寧省博物館北洞文物発掘小組、1974、「遼寧省喀左県北洞村出土殷周青銅器」(『考古』1974年第6期)
51. 郭宝鈞、1936、「濬県辛村古残墓之清理」(『田野考古報告』第一冊)
52. 郭宝鈞、1951、「一九五〇年春殷墟発掘報告」(『中国考古学報』第五冊)
53. 郭宝鈞、1955、「洛陽古城勘査簡報」(『考古通訊』1955年創刊号)
54. 郭宝鈞、1956、「洛陽澗濱古文化遺址及漢墓」(『考古学報』1956年第1期)
55. 郭宝鈞、1959、『山彪鎮与琉璃閣』(『考古学専刊』乙種第十一号)
56. 郭宝鈞、1964、『濬県辛村』(『考古学専刊』乙種第十三号)
57. 郭宝鈞・林寿晋、1955、「一九五二年秋季洛陽東郊発掘報告」(『考古学報』第九冊)
58. 夏商周断代工程専家組、2000、『夏商周断代工程1996-2000年階段成果報告』(世界図書出版、北京)
59. 夏商周断代工程専家組、2000、「夏商周断代工程1996-2000年階段成果概要」(『文物』2000年第12期)
60. 夏鼐、1948、「斉家期墓葬的新発現及其年代的改訂」(『中国考古学報』第三冊)
61. 夏鼐著・小南一郎訳、1984、『中国文明の起源』(日本放送出版協会、東京)
62. 加藤真二、2000、『中国北部の旧石器文化』(同成社、東京)
63. 華東文物工作隊福建組・福建省文物管理委員会、1955、「閩侯曇石山新石器時代遺址探掘報告」(『考古学報』第10冊)
64. 何徳亮、1986、「論山東地区新石器時代的養猪業」(『農業考古』1986年第1期)
65. 河南出土商周青銅器編輯組、1981、『河南出土商周青銅器(一)』(文物出版社、北京)
66. 河南省商丘市文物管理委員会・河南省文物考古研究所・河南省永城市文物管理委員会、『芒碭山西漢梁王

墓地」(文物出版社、北京)

67. 河南省博物館、1975、「鄭州新出土的商代前期大銅鼎」(『文物』1975年第6期)
68. 河南省博物館新鄭工作站・新鄭県文化館、1980、「河南新鄭鄭韓故城的鉆探和試掘」(『文物資料叢刊』第3期)
69. 河南省博物館・鄭州市博物館、1977、「鄭州商代城址試掘簡報」(『文物』1977年第1期)
70. 河南省文化局文物工作隊、1959、『鄭州二里岡』(『中国田野考古報告集』考古学専刊丁種第七号)
71. 河南省文化局文物工作隊、1962、『鞏県鉄生溝』(『中国田野考古報告集』考古学専刊丁種第十三号)
72. 河南省文化局文物工作隊第一隊、1957、「鄭州商代遺址の発掘」(『考古学報』1957年第1期)
73. 河南省文物研究所、1983、「鄭州商代城内宮殿遺址区第一次発掘報告」(『文物』1983年第4期)
74. 河南省文物研究所、1986、『信陽楚墓』(『中国田野考古報告集』考古学専刊丁種第三十号)
75. 河南省文物研究所、1993、『鄭州商城考古新発現与研究 1985-1992』(中州古籍出版社、鄭州)
76. 河南省文物研究所・河南省丹江庫区考古発掘隊・淅川県博物館、1991、『淅川下寺春秋楚墓』(文物出版社、北京)
77. 河南省文物研究所・周口地区文化局文物科、1983、「河南淮陽平粮台龍山文化城址試掘簡報」(『文物』1983年第3期)
78. 河南省文物研究所・中国歴史博物館考古部、1983、「登封王城岡遺址的発掘」(『文物』1983年第3期)
79. 河南省文物研究所・中国歴史博物館考古部、1992、『登封王城岡与陽城』(文物出版社、北京)
80. 河南省文物研究所・長江流域規劃辨公室考古隊河南分隊、1989、『淅川下王岡』(文物出版社、北京)
81. 河南省文物考古研究所、1998、『永城西漢梁国王陵与寝園』(中州古籍出版社、鄭州)
82. 河南省文物考古研究所、1999、『舞陽賈湖』(科学出版社、北京)
83. 河南省文物考古研究所、2001、『鄭州商城——1953〜1985年発掘報告』(文物出版社、北京)
84. 河南省文物考古研究所・三門峡市文物工作隊、1999、『三門峡虢国墓(第一巻)』(文物出版社、北京)
85. 河南省文物考古研究所・周口市文化局、2000、『鹿邑太清宮長子口墓』(中州古籍出版社、鄭州)
86. 河南文物工作隊第一隊、1955、「鄭州市白家荘商代墓葬発掘簡報」(『文物参考資料』1955年第10期)
87. 河北省文化局文物工作隊、1965、「河北易県燕下都故城勘察和試掘」(『考古学報』1965年第1期)
88. 河北省文化局文物工作隊、1965、「1964〜1965年燕下都墓葬発掘報告」(『考古』1965年第11期)
89. 河北省文化局文物工作隊、1965、「河北易県燕下都第十六号墓発掘」(『考古学報』1965年第2期)
90. 河北省文物管理委員会、1959、「河北省唐山市大城山遺址発掘報告」(『考古学報』1959年第3期)
91. 河北省文物管理處、1975、「河北易県燕下都44号墓発掘報告」(『考古』1975年第4期)
92. 河北省文物管理處、1979、「河北省平山県戦国時期中山国墓葬発掘簡報」(『文物』1979年第1期)
93. 河北省文物管理處・邯鄲市文物保管所、1981、「河北武安磁山遺址」(『考古学報』1981年第3期)
94. 河北省文物研究所、1981、「河北定県40号漢墓発掘簡報」(『文物』1981年第8期)
95. 河北省文物研究所、1985、『藁城台西商代遺跡』(文物出版社、北京)
96. 河北省文物研究所、1996、『礜墓——戦国中山国王之墓』(文物出版社、北京)
97. 河北省文物研究所、1996、『燕下都』(文物出版社、北京)
98. 河姆渡遺址考古隊、1980、「浙江河姆渡遺址第二期発掘的主要収獲」(『文物』1980年第5期)
99. 賈蘭坡・衛奇、1976、「陽高許家窰旧石器時代文化遺址」(『考古学報』1976年第2期)
100. 賈蘭坡・王建、1978、『西侯度』(文物出版社、北京)
101. 賈蘭坡・王擇義・王建、1962、『匼河——山西西南部旧石器時代初期文化遺址』(科学出版社、北京)
102. 賈蘭坡・蓋培・尤玉柱、1972、「山西峙峪旧石器時代遺址発掘報告」(『考古学報』1972年第1期)

103. 賈蘭坡・衛奇、1973、「山西懐仁鵝毛口石器制造場遺址」（『考古学報』1973 年第 2 期）
104. 韓偉、1989、「秦の雍城遺址と秦公一号大墓」（『東アジア文明の源流展』富山市）
105. 甘粛省博物館、1960、「甘粛武威皇娘娘台遺址発掘報告」（『考古学報』1960 年第 2 期）
106. 甘粛省博物館、1973、「蘭州曹家嘴遺址的試掘」（『考古』1973 年第 3 期）
107. 甘粛省博物館、1978、「武威皇娘娘台遺址第四次発掘」（『考古学報』1978 年第 4 期）
108. 甘粛省博物館、1979、「甘粛省文物考古工作三十年」（『文物考古工作三十年』文物出版社、北京）
109. 甘粛省博物館・秦安県文化館・大地湾発掘小組、1981、「甘粛秦安大地湾新石器時代早期遺存」（『文物』1981 年第 4 期）
110. 甘粛省博物館文物工作隊、1978、「広河地巴坪半山類型墓地」（『考古学報』1978 年第 2 期）
111. 甘粛省博物館文物工作隊・武威地区文物普査隊、1974、「永昌鴛鴦池新石器時代墓地的発掘」（『考古』1974 年第 5 期）
112. 甘粛省博物館・蘭州市文化館・蘭州市七里河区文化館、1980、「蘭州花寨子半山類型墓葬」（『考古学報』1980 年第 2 期）
113. 邯鄲市文物保管所、1980、「河北邯鄲市区古遺址調査簡報」（『考古』1980 年第 2 期）
114. 関東庁博物館、1934、『営城子』（『東方考古学叢刊』甲種第四冊）
115. 広東省博物館・曲江県博物館、1988、『紀念馬壩人化石発現三十周年文集』（文物出版社、北京）
116. 広東省博物館・曲江県文化局石峡発掘小組、1978、「広東曲江石峡墓葬発掘簡報」（『文物』1978 年第 7 期）
117. 咸陽市文物考古研究所、1998、『塔児坡秦墓』（三秦出版社、西安）
118. 岐山県文化館・陝西省文管会等、1976、「陝西省岐山県董家村西周銅器窖穴発掘簡報」（『文物』1976 年第 5 期）
119. 貴州省博物館、1959、「貴州清鎮平壩漢墓発掘報告」（『考古学報』1959 年第 1 期）
120. 紀南城鳳凰山一六八号漢墓発掘整理組、1975、「湖北江陵鳳凰山一六八号漢墓発掘簡報」（『文物』1975 年第 9 期）
121. 裘錫圭、1988、『文字学概要』（商務印書館、北京）
122. 邱中郎・顧玉民・張銀運・張森水、1973、「周口店新発現的北京猿人化石及文化遺物」（『古脊椎動物与古人類』第 11 巻第 2 期）
123. 許宏、2000、『先秦城市考古学研究』（北京燕山出版社、北京）
124. 群力、1972、「臨淄齊国故城勘探紀要」（『文物』1972 年第 5 期）
125. 厳文明、1984、「論中国的銅石併用時代」（『史前研究』1984 年第 1 期）
126. 厳文明著・稲畑耕一郎訳、1992、「中国における金石併用時代の考古学――その新発見からの初歩的な考察」（『日本中国考古学会会報』第 2 号）
127. 黄慰文著・佐川正敏訳、1999、「原人からのメッセージ――中国前期・中期旧石器時代研究の現状」（『日本考古学協会第 65 回総会研究発表要旨』日本考古学協会）
128. 黄岡市博物館・湖北省文物考古研究所・湖北省京九鉄路考古隊、2000、『羅州城与漢墓』（科学出版、北京）
129. 考古研究所洛陽発掘隊、1959、「洛陽澗濱東周城址発掘報告」（『考古学報』1959 年第 2 期）
130. 広州市文物管理委員会・広州市博物館、1981、『広州漢墓』（『中国田野考古報告集』考古学専刊丁種第二十一号）
131. 広州市文物管理委員会・中国社会科学院考古研究所・広東省博物館、1991、『西漢南越王墓』（『中国田野考古報告集』考古学専刊丁種第四十三号）
132. 江西省博物館、1976、「江西万年大源仙人洞洞穴遺址第二次発掘報告」（『文物』1976 年第 12 期）

引用文献目録 443

133. 江西省博物館・江西省文物考古研究所・新干県博物館、1997、『新干商代大墓』（文物出版社、北京）
134. 江西省博物館・清江博物館、1978、「江西清江呉城商代遺址第四次発掘的主要収穫」（『文物資料叢刊』第2期、文物出版社）
135. 江西省博物館・清江県博物館・北京大学歴史系考古専業、1975、「江西清江呉城商代遺址発掘簡報」（『文物』1975年第7期）
136. 江西省文物管理委員会、1963、「江西万年大源仙人洞洞穴遺址試掘」（『考古学報』1963年第1期）
137. 江西省文物考古研究所・江西省新干県博物館、1991、「江西新干大洋洲商墓発掘簡報」（『文物』1991年第10期）
138. 広西壮族自治区博物館、1988、『広西貴県羅泊湾漢墓』（文物出版社、北京）
139. 広西壮族自治区文物考古写作小組、1972、「広西合浦西漢木槨墓」（『考古』1972年第5期）
140. 黄石市博物館、1999、『銅緑山古礦冶遺址』（文物出版社、北京）
141. 黄宣佩・張陰華、1980、「青浦県崧澤遺址第二次発掘」（『考古学報』1980年第1期）
142. 江蘇省文物管理委員会、1955、「江蘇丹徒県煙墩山出土的古代青銅器」（『文物参考資料』1955年第5期）
143. 江蘇省文物管理委員会、1959、『江蘇徐州漢画象石』（『考古学専刊』乙種第十号）
144. 江蘇省文物管理委員会・南京博物院、1965、「江蘇六合程橋東周墓」（『考古』1965年第3期）
145. 江蘇省文物工作隊、1962、「江蘇邳県劉林新石器時代遺址第一次発掘」（『考古学報』1962年第1期）
146. 江蘇省文物工作隊、1963、「江蘇呉江梅堰新石器時代遺址」（『考古』1963年第6期）
147. 侯馬市考古発掘委員会、1962、「侯馬牛村古城南東周遺址発掘簡報」（『考古』1962年第2期）
148. 高明、1987、『中国古文字学通論』（文物出版社、北京）。
149. 甲元眞之、2001、『中国新石器時代の生業と文化』（中国書店、福岡市）
150. 黒龍江省文物考古工作隊、1979、「密山県新開流遺址」（『考古学報』1979年第4期）
151. 呉県文物管理委員会、1984、「江蘇呉県何山東周墓」（『文物』1984年第5期）
152. 呉新智・憂玉柱、1980、「大茘人及其文化」（『考古与文物』1980年第1期）
153. 呉汝康、1964、「陝西藍田発現的猿人下頜骨化石」（『古脊椎動物与古人類』第8巻第1期）
154. 呉汝康、1966、「陝西藍田発現的猿人頭骨化石」（『古脊椎動物与古人類』第10巻第1号）
155. 呉汝康、1973、「藍田猿人」（『文物』1973年第6期）
156. 国家文物局、1989、『中国古銭譜』（文物出版社、北京）
157. 国家文物局、2001、「陝西周原西周時期考古新発現」（『1999中国重要考古発現』文物出版社）
158. 国家文物局考古領隊培訓班、1990、『兗州西呉寺』（文物出版社、北京）
159. 国家文物局考古領隊培訓班、1999、『兗州六里井』（科学出版社、北京）
160. 国家文物局三峡考古隊、2001、『朝天嘴与中堡島』（文物出版社、北京）
161. 顧鉄符、1954、「長沙52・826号墓在考古上諸問題」（『文物参考資料』1954年第10期）
162. 後藤均平、1960、「成周と王城」（『和田博士古稀記念東洋史論叢』講談社）
163. 湖南省博物館、1959、「長沙楚墓」（『考古学報』1959年第1期）
164. 湖南省博物館、1963、「湖南常徳徳山楚墓発掘報告」（『考古』1963年第9期）。
165. 湖南省博物館、1981、「長沙象鼻嘴一号西漢墓」（『考古学報』1981年第1期）
166. 湖南省博物館・湖南省文物考古研究所・長沙市博物館・長沙市文物考古研究所、2000、『長沙楚墓　上・下』（文物出版社、北京）
167. 湖南省博物館・中国科学院考古研究所、1973、『長沙馬王堆一号漢墓』（文物出版社、北京）
168. 湖南省博物館・中国科学院考古研究所、1974、「長沙馬王堆二・三号漢墓発掘簡報」（『文物』1974年第7期）

169. 湖南省文物考古研究所・湖南省澧県博物館、1989、「湖南省澧県新石器時代早期遺址調査報告」(『考古』1989年第10期)
170. 湖南省文物考古研究所・澧県文物管理處、1990、「湖南澧県彭頭山新石器時代早期遺址発掘簡報」(『文物』1990年第8期)
171. 湖南農学院・中国科学院植物研究所他、1978、『長沙馬王堆一号漢墓出土植物標本研究』(文物出版社、北京)
172. 湖北省宜昌地区博物館・北京大学考古系、1992、『当陽趙家湖楚墓』(文物出版社、北京)
173. 湖北省京九鉄路考古隊・湖北省文物考古研究所、2001、『武穴鼓山——新石器時代墓地発掘報告』(科学出版社、北京)
174. 湖北省荊沙鉄路考古隊、1991、『包山楚墓』(文物出版社、北京)
175. 湖北省荊州地区博物館、1984、『江陵雨台山楚墓』(『中国田野考古報告集』考古学専刊丁種第二十七号)
176. 湖北省荊州博物館、2000、『荊州高台秦漢墓』(『宜黄公路荊州段田野考古報告之一』科学出版社)
177. 湖北省荊州博物館・湖北省文物考古研究所・北京大学考古学系石家河考古隊、1999、『肖家屋脊』(『天門石家河考古発掘報告之一』文物出版社)
178. 湖北省博物館、1976、「一九六三年湖北黄陂盤龍城商代遺址的発掘」(『文物』1976年第1期)。
179. 湖北省博物館 1976、「盤龍城商代二里岡期的青銅器」(『文物』1976年第2期)
180. 湖北省博物館、1981、「雲夢大墳頭一号漢墓」(『文物資料叢刊』4、文物出版社)
181. 湖北省博物館、1982、「楚都紀南城的勘査与発掘(上)」(『考古学報』1982年第3期)
182. 湖北省博物館、1982、「楚都紀南城的勘査与発掘(下)」(『考古学報』1982年第4期)
183. 湖北省博物館、1989、『曽侯乙墓』(『中国田野考古報告集』考古学専刊丁種第三十七号)
184. 湖北省博物館・北京大学考古専業・盤龍城発掘隊、1976、「盤龍城一九七四年度田野考古紀要」(『文物』1976年第2期)
185. 湖北省文物考古研究所、1995、『江陵九店東周墓』(科学出版社、北京)
186. 湖北省文物考古研究所、1995、「紀南城新橋遺址」(『考古学報』1995年第4期)
187. 湖北省文物考古研究所、1996、『江陵望山沙塚楚墓』(文物出版社、北京)
188. 湖北省文物考古研究所、1999、「五十年来湖北省文物考古工作」(『新中国考古五十年』文物出版社、北京)
189. 湖北省文物考古研究所、2001、『盤龍城——1963〜1994年考古発掘報告』(文物出版社、北京)
190. 湖北省文物考古研究所、2001、『宜都城背渓』(文物出版社、北京)
191. 湖北省文物考古研究所・黄岡市博物館・黄州博物館、2001、「湖北黄州楚墓」(『考古学報』2001年第2期)
192. 駒井和愛、1950、『曲阜魯城の遺跡』(『考古学研究』第二冊、東京大学文学部)
193. 蔡鳳書・宋百川、1988、『考古学通論』(山東大学出版社、済南)
194. 佐藤武敏、1962、「中国古代の漆器工業」(『中国古代工業史の研究』吉川弘文館、東京)
195. 山西省考古研究所、1993、『侯馬鋳銅遺址』(文物出版社、北京)
196. 山西省考古研究所、1994、『上馬墓地』(文物出版社、北京)
197. 山西省考古研究所・太原市文物管理委員会・陶正剛・侯毅・渠川福、1996、『太原晋国趙卿墓』(文物出版社、北京)
198. 山西省考古研究所・北京大学考古学系、1994、「天馬—曲村遺址北趙晋侯墓地第四次発掘」(『文物』1994年第8期)
199. 山西省考古研究所・北京大学考古学系、1994、「天馬—曲村遺址北趙晋侯墓地第三次発掘」(『文物』1994年第8期)

200. 山西省文物管理委員会、1957、「山西長治市分水嶺古墓的清理」『考古学報』1957年第1期）
201. 山西省文物管理委員会侯馬工作站、1963、「山西侯馬上馬村東周墓葬」『考古』1963年第5期）
202. 山西省文物管理委員会・山西省考古研究所、1964、「山西長治分水嶺戦国墓第二次発掘」『考古』1964年第3期）
203. 山西省文物工作委員会、1976、『侯馬盟書』（文物出版社、北京）
204. 山西省文物工作委員会晋東南工作組・山西省長治市博物館、1974、「長治分水嶺269・270号東周墓」『考古学報』1974年第2期）
205. 山東省兗石鉄路文物考古工作隊、1988、『臨沂鳳凰嶺東周墓』（齊魯書社、済南）
206. 山東省考古所・山東省博物館・莒県文管所・王樹明、1987、「山東莒県陵陽河大汶口文化墓葬発掘簡報」『史前研究』1987年第3期）
207. 山東省済寧市文物管理局、1991、「薛国故城勘査和墓葬発掘報告」『考古学報』1991年第4期）
208. 山東省博物館、1963、「山東濰坊姚官荘遺址発掘簡報」『考古』1963年第7期）
209. 山東省博物館、1972、「山東益都蘇埠屯第一号墓奴隷殉葬墓」『文物』1972年第8期）
210. 山東省博物館・山東省文物考古研究所、1985、『鄒県野店』（文物出版社、北京）
211. 山東省博物館・日照県文化館・東海峪発掘小組、1976、「一九七五年東海峪遺址的発掘」『考古』1976年第6期）
212. 山東省博物館・聯城地区文化局・茌平県文化館、1978、「山東省茌平県尚荘遺址第一次発掘簡報」『文物』1978年第4期）
213. 山東省文物管理處、1960、「山東日照両城鎮遺址勘察紀要」『考古』1960年第9期）
214. 山東省文物管理處、1961、「山東臨淄齊故城試掘簡報」『考古』1961年第6期）
215. 山東省文物管理處・済南市博物館、1974、『大汶口』（文物出版社、北京）
216. 山東省文物考古研究所、1997、『大汶口続集——大汶口遺址第二・三次発掘報告』（科学出版社、北京）
217. 山東省文物考古研究所・山東省博物館・済寧地区文物組・曲阜県文管会、1982、『曲阜魯国故城』（齊魯書社、済南）
218. 山東省文物考古研究所・棗荘市文化局、1996、『棗荘建新——新石器時代遺址発掘報告』（科学出版社、北京）
219. 山東省文物考古研究所・北京大学考古実習隊、1984、「山東栖霞楊家圏遺址発掘簡報」『史前研究』1984年第3期）
220. 山東大学歴史系考古専業、1993、「山東鄒平丁公遺址第四・五次発掘簡報」『考古』1993年第4期）
221. 山東大学歴史系考古専業教研室、1990、『泗水尹家城』（文物出版社、北京）
222. 潮見浩、1982、『東アジアの初期鉄器文化』（吉川弘文館、東京）
223. 始皇陵秦俑坑考古発掘隊、1975、「臨潼県秦俑坑試掘第一号簡報」『文物』1975年第11期）
224. 始皇陵秦俑坑考古発掘隊、1978、「秦始皇陵東側第二号兵馬俑坑鉆探試掘簡報」『文物』1978年第5期）
225. 四川省博物館、1981、「巫山大溪遺址第三次発掘」『考古学報』1981年第4期）
226. 四川省文物考古研究所、1999、『三星堆祭祀坑』（文物出版社、北京）
227. 謝端琚、1981、「論石嶺下類型的文化性質」『文物』1981年第4期）
228. 上海市文物管理委員会、1978、「上海馬橋遺址第一・二次発掘」『考古学報』1978年第1期）
229. 上海市文物管理委員会、1990、「青浦福泉山遺址崧澤文化遺存」『考古学報』1990年第3期）
230. 上海市文物管理委員会・黄宣佩、2000、『福泉山——新石器時代遺址発掘報告』（文物出版社、北京）
231. 上海市文物保管委員会、1984、「上海福泉山良渚文化墓葬」『文物』第1984年第2期）

232. 上海市文物保管委員会、1986、「上海青浦福泉山良渚文化墓地」(『文物』1986 年第 10 期)
233. 上海市文物保管委員会、1987、『崧澤——新石器時代遺址発掘報告』(文物出版社、北京)
234. 周国興・張興永、1984、『元謀人』(雲南人民出版社、雲南省)
235. 朱剣心、1970、『金石学』(香港)
236. 朱鳳瀚、1995、『古代中国青銅器』(南開大学出版社、天津)
237. 昌潍地区文物管理組・諸城県博物館、1980、「山東諸城呈子遺址発掘報告」(『考古学報』1980 年第 3 期)
238. 紹興県文物管理委員会、1976、「紹興鳳凰山木槨墓」(『考古』1976 年第 6 期)
239. 焦南峰・王保平、2001、「前漢皇帝陵の構造——景帝『陽陵』の発掘から」(『古代文化』第 53 巻第 11 号)
240. 徐旭生、1959、「1959 年夏豫西調査"夏墟"的初歩報告」(『考古』1959 年第 11 期)
241. 徐自強、1998、「巫山龍骨坡遺址発掘研究綜述」(『中国文物報』総第 594 期)
242. 徐州博物館・南京大学歴史系考古専業、1988、「徐州北洞山西漢墓発掘簡報」(『文物』1988 年第 2 期)
243. 秦始皇兵馬俑博物館、1998、『秦始皇陵銅車馬修復報告』(文物出版社、北京)
244. 秦始皇兵馬俑博物館・陝西省考古研究所、1998、『秦始皇陵銅車馬発掘報告』(文物出版社、北京)
245. 秦都咸陽考古工作站、1976、「秦都咸陽第一号宮殿建築遺址簡報」(『文物』1976 年第 11 期)
246. 秦都咸陽考古工作站・馬建熙、1976、「秦都咸陽瓦當」(『文物』1976 年第 11 期)
247. 秦都咸陽考古工作站・劉慶柱、1976、「秦都咸陽幾個問題的初探」(『文物』1976 年第 11 号)
248. 秦俑坑考古隊、1979、「秦始皇陵東側第三号兵馬俑坑清理簡報」(『文物』1979 年第 12 期)
249. 秦俑坑考古隊、1979、「秦始皇陵北二・三・四号建築遺迹」(『文物』1979 年第 12 期)
250. 秦俑考古隊、1982、「臨潼上焦村秦墓清理簡報」(『考古与文物』1980 年第 2 期)
251. 鄒衡、1978、「鄭州商城即湯都亳説」(『文物』1978 年第 2 期)
252. 鄒衡、1980、『夏商周考古学論文集』(文物出版社、北京)
253. 鄒衡、1984、「偃師商城即太甲桐宮説」(『北京大学学報』1984 年第 4 期)
254. 鄒衡、1994、「論早期晋都」(『文物』1994 年第 1 期)
255. 鄒衡、1998、『夏商周考古学論文集(続編)』(科学出版社、北京)
256. 斉文涛、1972、「概述近年来山東出土的商周青銅器」(『文物』1972 年第 5 期)
257. 西安市文物管理處、1974、「陝西長安新旺村・馬王村出土的西周銅器」(『考古』1974 年第 1 期)
258. 西安市文物保護考古所、1999、『西安龍首原漢墓』(西北大学出版社、西安)
259. 西安半坡博物館、1985、「陝西臨潼康家遺址第一・二次発掘簡報」(『史前研究』1985 年第 1 期)
260. 西安半坡博物館・渭南県文化館、1978、「陝西渭南史家新石器時代遺址」(『考古』1978 年第 1 期)
261. 西安半坡博物館・陝西省考古研究所・臨潼県博物館、1988、『姜寨』(文物出版社、北京)
262. 青海省文物管理處考古隊、1978、「青海大通県上孫家寨出土的舞踊紋彩陶盆」(『文物』1978 年第 3 期)
263. 青海省文物管理處考古隊、1979、「青海省文物考古工作三十年」(『文物考古工作三十年』文物出版社、北京)
264. 青海省文物管理處考古隊・中国社会科学院考古研究所、1984、『青海柳湾』(『中国田野考古報告集』考古学専刊丁種第二十八号)
265. 成都地質学院第四紀科研組、1974、「資陽人化石地層時代問題的商榷」(『考古学報』1974 年第 2 期)
266. 西北大学文博学院考古専業、2000、『扶風案板遺址発掘報告』(科学出版社、北京)
267. 西北大学歴史系考古専業実習隊、1988、「陝西扶風県案板遺址第三・四次発掘」(『考古与文物』1988 年第 5・6 期)
268. 石興邦、1954、「長安普渡村西周墓葬発掘記」(『考古学報』第八冊)
269. 石興邦・馬建熙・孫徳潤、「長陵建制及有関問題——漢劉邦長陵勘査記存」(『考古与文物』1984 年第 2 期)

270. 石璋如、1949、「伝説中周都的実地考察」(『国立中央研究院歴史語言研究所集刊』第二十本下冊)
271. 石璋如、1954、「殷代地上建築復原之一例（考工記夏后氏世室的討論）」(『国立中央研究院院刊』第一輯、台北)
272. 石璋如、1959、『小屯・第一本・遺址的発現与発掘・乙編・殷墟建築遺存』(『中国考古報告集之二』中央研究院歴史語言研究所)
273. 石璋如、1970、『小屯・第一本・遺址的発現与発掘・丙編・殷墟墓葬之一・北組墓葬』(『中国考古報告集之二』中央研究院歴史語言研究所)
274. 石璋如、1972、『小屯・第一本・遺址的発現与発掘・丙編・殷墟墓葬之二・中組墓葬』(『中国考古報告集之二』中央研究院歴史語言研究所)
275. 石璋如、1973、『小屯・第一本・遺址的発現与発掘・丙編・殷墟墓葬之三・南組墓葬附北組墓葬補遺』(『中国考古報告集之二』中央研究院歴史語言研究所)
276. 石璋如、1976、『小屯・第一本・遺址的発現与発掘・丙編・殷墟墓葬之四・乙区基址上下的墓葬』(『中国考古報告集之二』中央研究院歴史語言研究所)
277. 石璋如、1980、『小屯・第一本・遺址的発現与発掘・丙編・殷墟墓葬之五・丙区墓葬』(『中国考古報告集之二』中央研究院歴史語言研究所)
278. 関野雄、1952、『半瓦當の研究』(岩波書店、東京)
279. 関野雄、1956、『中国考古学研究』(東京大学出版会、東京)
280. 関野雄、1963、「考古学史・東アジア」(『世界考古学大系16』平凡社、東京)
281. 浙江嘉興県博物館・展覧館、1974、「浙江嘉興雀幕発現一批黒陶」(『考古』1974年第4期)
282. 浙江省博物館自然組、1978、「河姆渡遺址動植物遺存的鑑定研究」(『考古学報』1978年第1期)
283. 浙江省文物管理委員会、1960、「杭州水田畈遺址発掘報告」(『考古学報』1960年第2期)
284. 浙江省文物管理委員会、1960、「呉興銭山漾遺址第一・二次発掘報告」(『考古学報』1960年第2期)
285. 浙江省文物管理委員会、1961、「浙江嘉興馬家浜新石器時代遺址的発掘」(『考古』1961年第1期)
286. 浙江省文物管理委員会・浙江省博物館、1978、「河姆渡遺址第一期発掘報告」(『考古学報』1978年第1期)
287. 浙江省文物管理委員会・浙江省文物考古所・紹興地区文化局・紹興市文管会、1984、「紹興306号戦国墓発掘簡報」(『文物』1984年第1期)
288. 浙江省文物管理委員会・浙江博物館、1958、『浙江新石器時代文物図録』(浙江人民出版社、杭州)
289. 浙江省文物考古研究所、1988、「余杭瑤山良渚文化祭壇遺址発掘簡報」(『文物』1988年第1期)
290. 浙江省文物考古研究所・紹興県文物保護管理所、2002、『印山越王陵』(文物出版社、北京)
291. 浙江省文物考古研究所反山考古隊、1988、「浙江余杭反山良渚墓地発掘簡報」(『文物』1988年第1期)
292. 陝西考古所涇水隊、1960、「陝西邠県下孟村遺址発掘簡報」(『考古』1960年第1期)。
293. 陝西周原考古隊、1978、「陝西扶風荘白一号西周青銅器窖蔵発掘簡報」(『文物』1978年第3期)
294. 陝西周原考古隊、1979、「陝西岐山県鳳雛村発現周初甲骨文」(『文物』1979年第10期)
295. 陝西周原考古隊、1979、「陝西岐山鳳雛村西周建築基址発掘簡報」(『文物』1979年第10期)
296. 陝西周原考古隊、1979、「陝西岐山鳳雛村西周青銅器窖蔵簡報」(『文物』1979年第11期)
297. 陝西周原考古隊、1980、「扶風雲塘西周墓」(『文物』1980年第4期)
298. 陝西周原考古隊、1981、「扶風召陳西周建築群基址発掘簡報」(『文物』1981年第3期)
299. 陝西周原考古隊、1981、「扶風県斉家村西周甲骨発掘簡報」(『文物』1981年第9期)
300. 陝西周原考古隊、1984、「扶風劉家姜戎墓葬発掘簡報」(『文物』1984年第7期)
301. 陝西省考古研究所、1990、『龍岡寺——新石器時代遺址発掘報告』(文物出版社、北京)

302. 陝西省考古研究所、1990、『西漢京師倉』（文物出版社、北京）
303. 陝西省考古研究所、1995、『高家堡戈国墓』（『中国田野考古報告集』西安）
304. 陝西省考古研究所、1998、『隴県店子秦墓』（三秦出版社、西安）
305. 陝西省考古研究所漢陵考古隊、1992、「漢景帝陽陵南区叢葬坑発掘第一号簡報」（『文物』1992 年第 4 期）
306. 陝西省考古研究所漢陵考古隊、1992、『中国漢陽陵彩俑』（陝西旅游出版社、西安）
307. 陝西省考古研究所漢陵考古隊、1994、「漢景帝陽陵南区叢葬坑発掘第二号簡報」（『文物』1994 年第 6 期）
308. 陝西省考古研究所・始皇陵秦俑坑考古発掘隊、1988、『秦始皇陵兵馬俑坑一号坑発掘報告』（文物出版社、北京）
309. 陝西省考古研究所・秦始皇兵馬俑博物館、2000、『秦始皇帝陵園考古報告（1999）』（科学出版社、北京）
310. 陝西省考古研究所・秦晋、1980、「鳳翔南古城址遺址的鉆探和試掘」（『考古与文物』1980 年第 4 期）
311. 陝西省考古研究所・陝西省文物管理委員会・陝西省博物館、1979、『陝西出土商周青銅器（一）』（文物出版社、北京）
312. 陝西省考古研究所・陝西省文物管理委員会・陝西省博物館、1980、『陝西出土商周青銅器（二）』（文物出版社、北京）
313. 陝西省考古研究所・陝西省文物管理委員会・陝西省博物館、1980、『陝西出土商周青銅器（三）』（文物出版社、北京）
314. 陝西省考古研究所・陝西省文物管理委員会・陝西省博物館、1984、『陝西出土商周青銅器（四）』（文物出版社、北京）
315. 陝西省考古研究所・大荔県文物管理委員会、1996、『大荔――蒲城旧石器』（文物出版社、北京）
316. 陝西省社会科学院考古研究所渭水隊、1962、「秦都咸陽故城遺址的調査和試掘」（『考古』1962 年第 6 期）
317. 陝西省社会科学院考古研究所鳳翔隊、1963、「秦都雍城遺址勘査」（『考古』1963 年第 8 期）
318. 陝西省博物館、1965、『秦漢瓦當』（文物出版社、北京）
319. 陝西省博物館・陝西省文物管理委員会、1976、「陝西岐山賀家村西周墓葬」（『考古』1976 年第 1 期）
320. 陝西省博物館・文管会勘査小組、1976、「秦都咸陽故城遺址発現的窯址和銅器」（『考古』1974 年第 1 期）
321. 陝西省文管会・陝西省博物館・咸陽市博物館・楊家湾漢墓発掘小組、1977.「咸陽楊家湾漢墓発掘簡報」（『文物』1977 年第 10 期）
322. 陝西省文物管理委員会、1957、「長安普渡村西周墓的発掘」（『考古学報』1957 年第 1 期）
323. 陝西省文物管理委員会、1958、「唐長安城地基初歩探測」（『考古学報』1958 年第 3 期）
324. 陝西省文物管理委員会、1960、「陝西岐山・扶風周墓清理記」（『考古』1960 年第 8 期）
325. 陝西省文物管理委員会、1962、「秦始皇陵調査簡報」（『考古』1962 年第 8 期）
326. 陝西省文物管理委員会、1963、「陝西扶風・岐山周代遺址和墓葬調査発掘報告」（『考古』1963 年第 12 期）
327. 陝西省文物管理委員会、1964、「陝西興平県茂陵勘査」（『考古』1964 年第 2 期）
328. 陝西省文物管理委員会、1966、「秦都櫟陽遺址初歩勘探記」（『文物』1966 年第 1 期）
329. 陝西省文物管理委員会、1979、「建国以来陝西省文物考古的収獲」（『文物考古工作三十年』文物出版社）
330. 陝西省文物管理委員会・咸陽市博物館、1966、「陝西省咸陽市楊家湾出土大批西漢彩絵陶俑」（『文物』1963 年第 3 期）
331. 陝西省雍城考古工作隊・呉鎮烽・尚志儒、1980、「陝西鳳翔八旗屯秦国墓葬発掘簡報」（『文物資料叢刊』第 3 集）
332. 陝西省雍城考古隊、1982、「鳳翔馬家荘春秋秦一号建築遺址第一次発掘簡報」（『考古与文物』1982 年第 5 期）

333. 陝西省雍城考古隊、1984、「一九八二年鳳翔雍城秦漢遺址調査簡報」(『考古与文物』1984 年第 2 期)
334. 陝西省雍城考古隊、1985、「鳳翔馬家荘一号建築群遺址発掘簡報」(『文物』1985 年第 2 期)
335. 陝西省雍城考古隊、1985、「秦都雍城鉆探試掘簡報」(『考古与文物』1985 年第 2 期)
336. 陝西省臨潼県文化館、1974、「秦始皇陵新出土的瓦當」(『文物』1974 年第 12 期)
337. 蘇天鈞、1959、「北京昌平区松園村戦国墓葬発掘記略」(『文物』1959 年第 9 期)
338. 蘇秉琦、1948、『鬪鶏台溝東区墓葬』(『国立北平研究院歴史学研究所陝西考古発掘報告』第一種第一号)
339. 蘇秉琦、1984、『蘇秉琦考古学論述選集』(文物出版社、北京)
340. 蘇秉琦・殷瑋璋、1981、「関于考古学文化的区系類型問題」(『文物』1981 年第 5 期)
341. 孫詒讓、1904、『契文舉例』(『吉石盦叢書』1917 年)
342. 孫廷烈、1956、「輝県出土的幾件鉄器底金相学考察」(『考古学報』1956 年第 2 期)
343. 戴爾俊・許春華、1973、「藍田旧石器的新材料和藍田猿人文化」(『考古学報』1973 年第 2 期)
344. 戴春楊、2000、「禮県大堡子山秦公墓地及有関問題」(『文物』2000 年第 5 期)
345. 大葆台漢墓発掘組・中国社会科学院考古研究所、1989、『北京大葆台漢墓』(『中国田野考古報告集』考古学専刊丁種第三十五号)
346. 中国科学院考古研究所、1956、『輝県発掘報告』(『中国田野考古報告集』第一号)
347. 中国科学院考古研究所、1957、『長沙発掘報告』(『中国田野考古報告集』考古学専刊丁種第二号)
348. 中国科学院考古研究所、1959、『洛陽中州路』(『中国田野考古報告集』考古学専刊丁種第四号)
349. 中国科学院考古研究所、1959、『上村嶺虢国墓地』(『中国田野考古報告集』考古学専刊丁種第十号)
350. 中国科学院考古研究所、1959、『唐長安大明宮』(『中国田野考古報告集』考古学専刊丁種第十一号)
351. 中国科学院考古研究所、1959、『洛陽焼溝漢墓』(『中国田野考古報告集』考古学専刊丁種第六号)
352. 中国科学院考古研究所、1959、『廟底溝与三里橋』(『中国田野考古報告集』考古学専刊丁種第九号)
353. 中国科学院考古研究所、1962、『灃西発掘報告』(『中国田野考古報告集』考古学専刊丁種第十二号)
354. 中国科学院考古研究所、1962、『新中国的考古収穫』(『考古学専刊』甲種第六号)
355. 中国科学院考古研究所、1965、『長安張家坡西周銅器群』(『考古学専刊』乙種第十五号)
356. 中国科学院考古研究所、1965、『京山屈家嶺』(『中国田野考古報告集』考古学専刊丁種第十七号)
357. 中国科学院考古研究所内蒙古発掘隊、1961、「内蒙古赤峰药王廟・夏家店遺址試掘簡報」(『考古』1961 年第 2 期)
358. 中国科学院考古研究所甘粛工作隊、1974、「甘粛永靖大何荘遺址発掘報告」(『考古学報』1974 年第 2 期)
359. 中国科学院考古研究所甘粛工作隊、1975、「甘粛永靖秦魏家斉家文化墓地」(『考古学報』1975 年第 2 期)
360. 中国科学院考古研究所湖北発掘隊、1962、「湖北圻春毛家嘴西周木構建築」(『考古』1962 年第 1 期)
361. 中国科学院考古研究所山西工作隊、1963、「山西夏県禹王城調査」(『考古』1963 年第 9 期)
362. 中国科学院考古研究所山西工作隊、1973、「山西芮城東荘村和西王村遺址的発掘」(『考古学報』1973 年第 1 期)
363. 中国科学院考古研究所・陝西省西安市半坡博物館、1963、『西安半坡』(『中国田野考古報告集』考古学専刊丁種第十四号)
364. 中国科学院考古研究所宝鶏発掘隊、1963、「陝西宝鶏福臨堡東周墓葬発掘記」(『考古』1963 年第 10 期)
365. 中国科学院考古研究所洛陽発掘隊、1961、「1959 年河南偃師二里頭試掘簡報」(『考古』1961 年第 2 期)
366. 中国科学院考古研究所洛陽発掘隊、1965、「河南偃師二里頭遺址発掘簡報」(『考古』1965 年第 5 期)
367. 中国科学院考古研究所洛陽発掘隊、1973、「漢魏洛陽城初歩勘査」(『考古』1973 年第 4 期)
368. 中国人民銀行歴代貨幣編輯組、1982、『中国歴代貨幣』(新華出版社、北京)

369. 中国社会科学院考古研究所、1980、『殷墟婦好墓』(『中国田野考古報告集』考古学専刊丁種第二十三号)
370. 中国社会科学院考古研究所、1982、『考古工作手冊』(文物出版社、北京)
371. 中国社会科学院考古研究所、1983、『宝鶏北首嶺』(『中国田野考古報告集』考古学専刊丁種第二十六号)
372. 中国社会科学院考古研究所、1983、『中国考古学中碳十四年代数据集 1965-1981』(『考古学専刊』乙種第二十一号)
373. 中国社会科学院考古研究所、1984、『新中国的考古発現和研究』(『考古学専刊』甲種第十七号)
374. 中国社会科学院考古研究所、1985、『殷墟青銅器』(『考古学専刊』乙種第二十四号)
375. 中国社会科学院考古研究所、1987、『殷墟発掘報告』(『中国田野考古報告集』考古学専刊丁種第三十一号)
376. 中国社会科学院考古研究所、1988、『膠県三里河』(『中国田野考古報告集』考古学専刊丁種第三十二号)
377. 中国社会科学院考古研究所、1988、『武功発掘報告——滸西荘与趙家来遺址』(『中国田野考古報告集』考古学専刊丁種第三十三号)
378. 中国社会科学院考古研究所、1989、『洛陽発掘報告——1955〜1960年洛陽澗濱考古発掘資料』(『中国田野考古報告集』考古学専刊丁種第三十八号)
379. 中国社会科学院考古研究所、1991、『青龍泉与大寺』(『中国田野考古報告集』考古学専刊丁種第四十号)
380. 中国社会科学院考古研究所、1991、『中国考古学中碳十四年代数据集 1965-1991』(『考古学専刊』乙種第二十八号)
381. 中国社会科学院考古研究所、1993、『漢杜陵陵園遺址』(『中国田野考古報告集』考古学専刊丁種第四十一号)
382. 中国社会科学院考古研究所、1994、『臨潼県白家村』(『中国田野考古報告集』考古学専刊丁種第四十四号)
383. 中国社会科学院考古研究所、1994、『陝県東周秦漢墓』(『中国田野考古報告集』考古学専刊丁種第四十二号)
384. 中国社会科学院考古研究所、1995、『二里頭陶器集粋』(『考古学専刊』乙種第三十号)
385. 中国社会科学院考古研究所、1996、『大甸子』(『中国田野考古報告集』考古学専刊丁種第四十八号)
386. 中国社会科学院考古研究所、1996、『双砣子与岡上——遼東史前文化的発掘和研究』(『中国田野考古報告集』考古学専刊丁種第四十九号)
387. 中国社会科学院考古研究所、1996、『漢長安城未央宮』(『中国田野考古報告集』考古学専刊丁種第五十号)
388. 中国社会科学院考古研究所、1997、『敖漢趙宝溝——新石器時代聚落』(『中国田野考古報告集』考古学専刊丁種第五十二号)
389. 中国社会科学院考古研究所、1998、『安陽殷墟郭家荘商代墓葬』(『中国田野考古報告集』考古学専刊丁種第六十号)
390. 中国社会科学院考古研究所、1999、『師趙村与西山坪』(『中国田野考古報告集』考古学専刊丁種第五十三号)
391. 中国社会科学院考古研究所、1999、『偃師二里頭 1959年〜1978年考古発掘報告』(『中国田野考古報告集』考古学専刊丁種第五十九号)
392. 中国社会科学院考古研究所、1999、『張家坡西周墓地』(『中国田野考古報告集』考古学専刊丁種第五十七号)
393. 中国社会科学院考古研究所、2001、『蒙城尉遅寺——皖北新石器時代聚落遺存的発掘与研究』(『中国田野考古報告集』考古学専刊丁種第六十五号)
394. 中国社会科学院考古研究所安陽工作隊、1977、「安陽殷墟五号墓的発掘」(『考古学報』1977年第2期)
395. 中国社会科学院考古研究所河南一隊、1984、「1979年裴李崗遺址発掘報告」(『考古学報』1984年第1期)
396. 中国社会科学院考古研究所河南第二工作隊、1995、「偃師商城第Ⅱ号建築群遺址発掘簡報」(『考古』1995年第11期)

397. 中国社会科学院考古研究所河南二隊、1982、「河南臨汝煤山遺址発掘報告」(『考古学報』1982 年第 4 期)
398. 中国社会科学院考古研究所河南二隊、1984、「1983 年秋季河南偃師商城発掘簡報」(『考古』1984 年第 10 期)
399. 中国社会科学院考古研究所河南二隊、1985、「1984 年春偃師尸郷溝商城宮殿遺址発掘簡報」(『考古』1985 年第 4 期)
400. 中国社会科学院考古研究所河南二隊、2000、「河南偃師商城宮城北部"大灰溝"発掘簡報」(『考古』2000 年第 7 期)
401. 中国社会科学院考古研究所・河北省文物管理處、1980、『満城漢墓発掘報告』(『中国田野考古報告集』考古学専刊丁種第二十号)
402. 中国社会科学院考古研究所甘粛工作隊、1980、「甘粛永靖張家嘴与姫家川遺址的発掘」(『考古学報』1980 年第 2 期)
403. 中国社会科学院考古研究所湖北工作隊、1983、「湖北枝江関廟山遺址第二次発掘」(『考古』1983 年第 1 期)
404. 中国社会科学院考古研究所山西工作隊・山西省臨汾地区文化局、1986、「陶寺遺址 1983～1984 年Ⅲ区居住址発掘的主要収獲」(『考古』1986 年第 9 期)
405. 中国社会科学院考古研究所山西工作隊・臨汾地区文化局、1980、「山西襄汾県陶寺遺址発掘簡報」(『考古』1980 年第 1 期)
406. 中国社会科学院考古研究所山西工作隊・臨汾地区文化局、1983、「1978～1980 年山西襄汾陶寺墓地発掘簡報」(『考古』1983 年第 1 期)
407. 中国社会科学院考古研究所山東工作隊・済寧地区文化局、1979、「山東兗州王因新石器時代遺址発掘簡報」(『考古』1979 年第 1 期)
408. 中国社会科学院考古研究所山東隊・山東省滕県博物館、1984、「山東滕県北辛遺址発掘報告」(『考古学報』1984 年第 2 期)
409. 中国社会科学院考古研究所資料室、1978、『中国考古学文献目録　1949-1966』(文物出版社、北京)
410. 中国社会科学院考古研究所資料信息中心、1998、『中国考古学文献目録　1971-1982』(文物出版社、北京)
411. 中国社会科学院考古研究所資料信息中心、2001、『中国考古学文献目録　1983-1990』(文物出版社、北京)
412. 中国社会科学院考古研究所・中国歴史博物館・山西省考古研究所、1988、『夏県東下馮』(『中国田野考古学報告集』考古学専刊丁種第三十五号)
413. 中国社会科学院考古研究所二里頭工作隊、1984、「1981 年河南偃師二里頭墓葬発掘簡報」(『考古』1984 年第 1 期)
414. 中国社会科学院考古研究所二里頭工作隊、1984、「偃師二里頭 1980～1981 年Ⅲ区発掘簡報」(『考古』1984 年第 7 期)
415. 中国社会科学院考古研究所二里頭工作隊、1985、「1982 年秋偃師二里頭遺址九区発掘簡報」(『考古』1985 年第 12 期)
416. 中国社会科学院考古研究所二里頭工作隊、1986、「1984 年秋河南偃師二里頭遺址発現的幾座墓葬」(『考古』1986 年第 4 期)
417. 中国社会科学院考古研究所二里頭工作隊、1992、「1987 年偃師二里頭遺址墓葬発掘簡報」(『考古』1992 年第 4 期)
418. 中国社会科学院考古研究所二里頭工作隊・鄭光、1991、「河南偃師二里頭遺址発現新的銅器」(『考古』1991 年第 12 期)
419. 中国社会科学院考古研究所・北京市文物研究所琉璃河考古隊、1990、「北京琉璃河 1193 号大墓発掘簡報」(『考古』1990 年第 1 期)

420. 中国社会科学院考古研究所澧西発掘隊、1980、「1967年長安張家坡西周墓葬的発掘」(『考古学報』1980年第4期)

421. 中国社会科学院考古研究所澧西発掘隊、1986、「長安張家坡西周井叔墓発掘簡報」(『考古』1986年第1期)

422. 中国社会科学院考古研究所澧西発掘隊、1986、「1979〜1981年長安澧西・澧東発掘簡報」(『考古』1986年第3期)

423. 中国社会科学院考古研究所澧西発掘隊、1988、「1984年長安普渡村西周墓葬発掘簡報」(『考古』1988年第9期)

424. 中国社会科学院考古研究所澧西発掘隊、1990、「陝西長安張家坡M170号井叔墓発掘簡報」(『考古』1990年第6期)

425. 中国社会科学院考古研究所櫟陽発掘隊、1985、「秦漢櫟陽城遺址的勘探和試掘」(『考古学報』1985年第3期)

426. 中国社会科学院考古研究所洛陽漢魏故城工作隊、1984、「偃師商城的初歩勘探和試掘」(『考古』1984年第6期)

427. 中国社会科学院考古研究所洛陽漢魏故城隊、1999、「漢魏洛陽故城金墉城址発掘簡報」(『考古』1999年第3期)

428. 中国社会科学院考古研究所洛陽漢魏城隊、1998、「漢魏洛陽故城城垣試掘」(『考古学報』1998年第3期)

429. 中国社会科学院考古研究所洛陽唐城隊、1988、「洛陽老城発現四座西周車馬坑」(『考古』1988年第1期)

430. 中国銭幣大辞典編纂委員会、1995、『中国銭幣大辞典』(中華書局、北京)

431. 中国歴史博物館考古組、1962、「燕下都城址調査報告」(『考古』1962年第1期)

432. 中国歴史博物館考古調査組・河南省博物館登封工作站・河南省登封県文物保管所、1977、「河南登封陽城遺址的調査与鋳鉄遺址的試掘」(『文物』1977年第12期)

433. 中国歴史博物館考古部・山西省考古研究所・垣曲県博物館、1996、『垣曲商城(一) 1985〜1986年度勘査報告』(科学出版社、北京)

434. 中国歴史博物館考古部・山西省考古研究所・垣曲県博物館、2001、『垣曲古城東関』(科学出版社、北京)

435. 張維華、1986、「古気候与中国智人文化」(『論仰韶文化』中原文物1986年特刊総5号)

436. 張旭、1982、「秦瓦當芸術」(『考古与文物』1982年第2期)

437. 張剣、1996、「洛陽両周考古概述」(『洛陽考古四十年』科学出版社、北京)

438. 張剣・蔡運章、1998、「洛陽白馬寺三座西周晩期墓」(『文物』1998年第10期)

439. 張剣・蔡運章、1998、「洛陽東郊13号西周墓的発掘」(『文物』1998年第10期)

440. 張光直著・量博満訳、1980、『考古学よりみた中国古代』(雄山閣出版、東京)

441. 張光直・李光謨、1990、『李済考古学論文選集』(文物出版社、北京)

442. 長沙鉄路車站建設工程文物発掘隊、1978、「長沙新発現春秋晩期的鋼剣和鉄器」(『文物』1978年第10期)

443. 張之恒、1991、『中国考古学通論』(南京大学出版社、南京)

444. 趙振華、1985、「洛陽両周卜用甲骨的初歩考察」(『考古』1985年第4期)

445. 長水、1972、「岐山賀家村出土的西周青銅器」(『文物』1972年第6期)

446. 張忠培・喬梁、1992、「后岡一期文化研究」(『考古学報』1992年第3期)

447. 暢文斉・顧鉄符、1956、「山西洪趙県坊堆村出土的卜骨」(『文物参考資料』1956年第7期)

448. 張秉権、1957-1972、『小屯・第二本・殷墟文字・丙編』(『中国考古報告集之二』中央研究院歴史語言研究所)

449. 長辨文物考古隊直属工作隊、1961、「一九五八至一九六一年湖北鄖県和均県発掘簡報」(『考古』1961年第10

期）

450. 陳賢一、1980、「江陵張陵山遺址的試掘与探索」（『江漢考古』1980 年第 2 期）
451. 鎮江市博物館・金壇県文化館、1978、「江蘇金壇鼈墩西周墓」（『考古』1978 年第 3 期）
452. 鎮江市博物館浮山果園古墓発掘組、1979、「江蘇句容浮山果園土墩墓」（『考古』1979 年第 2 期）
453. 陳佩芬、『上海博物館蔵青銅鏡』（上海書畫出版社、上海）
454. 陳夢家、1955、「西周銅器断代（二）」（『考古学報』第十冊）
455. 陳夢家、1956、『殷墟卜辞綜述』（『考古学専刊』甲種第二号）
456. 角田文衞、1954、『古代学序説』（山川出版社、東京）
457. 鄭洪春・穆海亭、1992、「鎬京西周五号大型宮室建築基址発掘簡報」（『文博』1992 年第 4 期）
458. 鄭州市博物館、1965、「鄭州市銘功路西側的両座商代墓」（『考古』1965 年第 10 期）
459. 鄭州市博物館、1979、「鄭州大河村遺址発掘報告」（『考古学報』1979 年第 3 期）
460. 鄭州市文物考古研究所、2001、『鄭州大河村』（科学出版社、北京）
461. 鄭州市文物工作隊・鄭州市大河村遺址博物館、1996、「鄭州大河村遺址 1983・1987 年発掘報告」（『考古学報』1996 年第 1 期）
462. 鄭州大学文博学院・開封市文物工作隊、2000、『豫東杞県発掘報告』（科学出版社、北京）
463. 鄭紹宗、1956、「熱河興隆発現的戦国生産工具鋳範」（『考古通訊』1956 年第 1 期）
464. 鄭徳坤著・松崎寿和訳、1979、『中国考古学体系 1・2・3』（雄山閣出版、東京）
465. 天津市文化局考古発掘隊、1966、「河北大廠回族自治県大坨頭遺址試掘簡報」（『考古』1966 年第 1 期）
466. 天津市文物管理處、1977、「天津薊県張家園遺址試掘簡報」（『文物資料叢刊』1）
467. 東亜考古学会、1931、『牧羊城』（『東方考古学叢刊』甲種第二冊）
468. 東亜考古学会、1933、『南山裡』（『東方考古学叢刊』甲種第三冊）
469. 東亜考古学会、1935、『内蒙古・長城地帯』（『東方考古学叢刊』乙種第一冊）
470. 東亜考古学会、1938、『赤峰紅山後』（『東方考古学叢刊』甲種第六冊）
471. 東亜考古学会、1941、『上都』（『東方考古学叢刊』乙種第二冊）
472. 東亜考古学会、1943、『羊頭窪』（『東方考古学叢刊』乙種第三冊）
473. 東亜考古学会、1946、『萬安北沙城』（『東方考古学叢刊』乙種第五冊）
474. 東亜考古学会、1954、『邯鄲』（『東方考古学叢刊』乙種第七冊）
475. 東亜考古学会・浜田耕作、1929、『貔子窩』（『東方考古学叢刊』甲種第一冊）
476. 東京大学考古学研究室、1965、『楽浪郡治址』（『考古学研究』第 3 冊）
477. 唐金裕、1959、「西安西郊漢代建築址発掘報告」（『考古学報』1959 年第 2 期）
478. 董作賓、1933、「甲骨文断代研究例」（『慶祝蔡元培先生六十五歳論文集・上』）
479. 董作賓、1948、『小屯・第二本・殷墟文字・甲編』（『中国考古報告集之二』中央研究院歴史語言研究所）
480. 董作賓、1949-1953、『小屯・第二本・殷墟文字・乙編』（『中国考古報告集之二』中央研究院歴史語言研究所）
481. 董作賓、1965、「甲骨文断代研究例」（『中央研究院歴史語言研究所専刊之五十附冊』）
482. 佟柱臣、1998、『中国新石器研究』（巴蜀書社出版、成都）
483. 唐蘭、1976、「何尊銘文解釋」（『文物』1976 年第 1 期）
484. 東方考古学会、1990、『陽高古城堡』（『東方考古学叢刊』乙種第八冊）
485. 中村慎一、1989、「中国新石器時代の玉琮」（『東京大学文学部考古学研究室紀要』第 8 号）
486. 南京市博物館・北京大学考古学系湯山考古発掘隊、1996、『南京人化石地点』（文物出版社、北京）

487. 南京博物院、1964、「江蘇邳県四戸鎮大墩子遺址探掘報告」(『考古学報』1964 年第 2 期)
488. 南京博物院、1965、「江蘇邳県劉林新石器時代遺址第二次発掘」(『考古学報』1965 年第 2 期)
489. 南京博物院、1974、「江蘇六合程橋二号東周墓」(『考古』1974 年第 2 期)
490. 南京博物院、1980、「江蘇呉県草鞋山遺址」(『文物資料叢刊』第 3 期)
491. 南京博物院、1981、「江蘇武進寺墩遺址的試掘」(『考古』1981 年第 3 期)
492. 南京博物院、1982、「江蘇呉県張陵山遺址発掘簡報」(『文物資料叢刊』第 6 期)
493. 南京博物院、1982、「江蘇越城遺址的発掘」(『考古』1982 年第 5 期)
494. 南京博物院、1983、「江蘇海安青墩遺址」(『考古学報』1983 年第 2 期)
495. 南京博物院、1984、「1982 年江蘇常州武進寺墩遺址的発掘」(『考古』1984 年第 2 期)
496. 南京博物院、1993、『北陰陽営──新石器時代及商周時期遺址発掘報告』(文物出版社、北京)
497. 西江清高、1993、「西周式土器成立の背景(上)」(『東洋文化研究所紀要』第 121 冊)
498. 西江清高、1994、「西周式土器成立の背景(下)」(『東洋文化研究所紀要』第 123 冊)
499. 裴文中、1955、「中国旧石器時代的文化」(『中国人類化石的発現与研究』科学出版社、北京)
500. 裴文中、1958、『山西襄汾県丁村旧石器時代遺址発掘報告』(『甲種専刊』第二号、中国科学院古脊椎動物研究所)
501. 裴文中・呉汝康、1957、『資陽人』(『甲種専刊』第一号、中国科学院古脊椎動物研究所)
502. 裴文中・張森水、1985、『中国猿人石器研究』(『中国古生物志』新丁種第 12 号)
503. 馬得志、1959、「唐大明宮発掘簡報」(『考古』1959 年第 6 期)
504. 馬得志、1961、「1959～1960 年唐大明宮発掘簡報」(『考古』1961 年第 7 期)
505. 浜田耕作(青陵)、1927、「東方考古学協会と東亜考古学会のこと」(『民族』第 2 巻第 4 号)
506. 浜田耕作、1943、『東亜考古学研究』(荻原星文館、東京)
507. 林泰輔、1909、「清国河南省湯陰県発見の亀甲獣骨に就きて」(『史学雑誌』第 29 巻第 8・9・10 号)
508. 林巳奈夫、1969、「中国古代の祭玉・瑞玉」(『東方学報』第 40 冊)
509. 林巳奈夫、1984、『殷周時代青銅器の研究──殷周青銅器綜覧一』(吉川弘文館、東京)
510. 林巳奈夫、1986、『殷周時代青銅器紋様の研究──殷周青銅器綜覧二』(吉川弘文館、東京)
511. 林巳奈夫、1989、『春秋戦国時代青銅器の研究──殷周青銅器綜覧三』(吉川弘文館、東京)
512. 林巳奈夫、1992、『中国古代の生活史』(吉川弘文館、東京)
513. 林巳奈夫、1995、『中国文明の誕生』(吉川弘文館、東京)
514. 原田淑人、1930、『楽浪』(東京)
515. 原田淑人・駒井和愛、1939、『東京城──渤海国上京龍泉府址の発掘調査』(『東方考古学叢刊』甲種第五冊、東亜考古学会)
516. 樋口隆康、1994、『秦の始皇帝とその時代展』(日本放送協会、東京)
517. 樋口隆康・徐苹芳、1993、『中国王朝の誕生』(読売新聞社、大阪)
518. 平勢隆郎、1996、『中国古代紀年の研究──天文と暦の検討から』(『東京大学東洋文化研究所報告』)
519. 平勢隆郎、2001、『よみがえる文字と呪術の世界』(『中公新書』中央公論新社、東京)
520. 傅熹年、1980、「戦国中山王礜墓出土的兆域図及其陵園規制的研究」(『考古学報』1980 年第 1 期)
521. 傅熹年、1981、「陝西岐山鳳雛西周建築遺址初探──周原西周建築遺址研究之一」(『文物』1981 年第 1 期)
522. 傅熹年、1981、「陝西扶風召陳西周建築遺址初探──周原西周建築遺址研究之二」(『文物』1981 年第 3 期)
523. 藤本強、1983、「石皿・磨石・石臼・石杵・磨臼(Ⅰ)──序論・旧石器時代・中国新石器時代」(『東京大学文学部考古学研究室研究紀要』第 2 号)

524. 傅振倫、1932、「燕下都発掘報告」(『国学季刊』第3巻第1期)
525. 傅振倫、1955、「燕下都発掘品的初歩整理与研究」(『考古通訊』1955年第4期)
526. 福建省博物館、1976、「閩侯県曇石山遺址第六次発掘報告」(『考古学報』1976年第1期)
527. 文物参考資料編輯委員会、1956、「鄭州金水河南岸工地発現許多帯字的戦国陶片」(『文物参考資料』1956年第3期)
528. 文物出版社、1999、『新中国考古五十年』(文物出版社、北京)
529. 文物編輯委員会、1979、『文物考古工作三十年』(文物出版社、北京)
530. 北京鋼鉄学院冶金史組、1981、「中国早期銅器的初歩研究」(『考古学報』1981年第3期)
531. 北京市文物管理處、1976、「北京地区的又一重要考古収獲——昌平白浮西周木槨墓的新啓示」(『考古』1976年第4期)
532. 北京市文物管理處・中国科学院考古研究所・房山県文教局琉璃河考古工作隊、1976、「北京琉璃河夏家店下層文化墓葬」(『考古』1976年第1期)
533. 北京市文物研究所、1995、『琉璃河西周燕国墓地』(文物出版社、北京)
534. 北京大学・河北省文化局邯鄲考古発掘隊、1959、「1957年邯鄲発掘簡報」(『考古』1959年第10期)
535. 北京大学考古学系・山西省考古研究所、1994、「天馬—曲村遺址北趙晋侯墓地第二次発掘」(『文物』1994年第1期)
536. 北京大学考古学系・山西省考古研究所、1995、「天馬—曲村遺址北趙晋侯墓地第五次発掘」(『文物』1995年第7期)
537. 北京大学考古学系・山西省考古研究所、1998、「天馬—曲村遺址J6・J7区周代遺址発掘簡報」(『文物』1998年第11期)
538. 北京大学考古学系商周組・山西省考古研究所、2000、『天馬—曲村 1980-1989』(科学出版社、北京)
539. 北京大学考古学系・駐馬店市文物保護管理所、1998、『駐馬店楊荘——中全新世淮河上游的文化遺存与環境信息』(科学出版社、北京)
540. 北京大学考古系・山西省考古研究所、1993、「1992年春天馬—曲村遺址墓葬発掘報告」(『文物』1993年第3期)
541. 北京大学考古系・山西省考古研究所天馬曲村遺址考古隊、1994、「天馬—曲村遺址晋侯墓地及相関問題」(『三晋考古』第一輯)
542. 北京大学考古系資料室、1991、『中国考古学文献目録 1900-1949』(文物出版社、北京)
543. 北京大学考古実習隊、1961、「洛陽王湾遺址発掘簡報」(『考古』1961年第4期)
544. 北京大学考古文博院・山西省考古研究所、2001、「天馬—曲村遺址北趙晋侯墓地第六次発掘」(『文物』2001年第8期)
545. 北京大学賽克勒考古与芸術博物館、1992、『燕園聚珍』(文物出版社、北京)
546. 北京大学歴史系考古教研室、1983、『元君廟仰韶墓地』(『中国田野考古報告集』考古学専刊丁種第二十四号)
547. 北京大学歴史系考古教研室商周組、1979、『商周考古』(文物出版社、北京)
548. 宝鶏市考古工作隊・陝西省考古研究所宝鶏工作站、1993、『宝鶏福臨堡——新石器時代遺址発掘報告』(文物出版社、北京)
549. 宝鶏市博物館・宝鶏県図書館、1980、「宝鶏県西高泉村春秋秦墓発掘記」(『文物』1980年第9期)
550. 宝鶏市博物館・盧連成、宝鶏県文化館・楊満倉、1978、「陝西宝鶏県太公廟村発現秦公鐘・秦公鎛」(『文物』1978年第11期)
551. 鳳翔県文化館・陝西省文管会、1976、「鳳翔先秦宮殿試掘及其銅質建築構件」(『考古』1976年第2期)。

552. 保定地区文物管理所・徐水県文物管理所・北京大学考古系、1992、「河北徐水県南荘頭遺址試掘簡報」(『考古』1992年第11期)
553. 松崎寿和、1974、『中国考古学概説』(学生社、東京)
554. 水野清一、1948、『東亜考古学の発達』(『古文化叢書』7、京都)
555. 宮崎市定、1933、「中国城郭の起源異説」(『歴史と地理』第32巻第3号)
556. 宮本一夫、1990、「戦国鏡編年」(『古代文化』第42巻第4・6号)
557. 宮本一夫、2000、『中国古代北疆史の考古学研究』(中国書店、福岡市)
558. 楊育彬・趙霊芝・孫建国・郭培育、1981、「近幾年来鄭州新発現的商代青銅器」(『中原文物』1981年第2期)
559. 楊寛、1987、『中国都城の起源と発展』(学生社、東京)
560. 容庚、1941、『商周彝器通考』(『燕京学報専号之十七』北京)
561. 楊鴻勛、1976、「従盤龍城商代宮殿遺址談中国宮廷建築発展的幾个的問題」(『文物』1976年第2期)。
562. 雍城考古工作隊、1980、「鳳翔県高荘戦国秦墓発掘簡報」(『文物』1980年第9期)
563. 雍城考古隊・呉鎮烽・尚志儒、1981、「陝西鳳翔高荘秦墓地発掘簡報」(『考古与文物』1981年第1期)
564. 葉万松・張剣・李徳方、1991、「西周洛邑城址考」(『華夏考古』1991年第2期)
565. 羅家角考古隊、1981、「桐郷県羅家角遺址発掘報告」(『浙江省文物考古所学刊』文物出版社、北京)
566. 洛陽市第一文物工作隊、1988、「洛陽瀍水東岸西周窯址清理簡報」(『中原文物』1988年第2期)
567. 洛陽市第二文物工作隊、1997、「洛陽五女冢西周墓発掘簡報」(『文物』1997年第9期)
568. 洛陽市第二文物工作隊、2000、「洛陽五女冢西周早期墓葬発掘簡報」(『文物』2000年第10期)
569. 洛陽市文物工作隊、1983、「1975～1979年洛陽北窯西周鋳銅遺址的発掘」(『考古』1983年第5期)
570. 洛陽市文物工作隊、1984、「洛陽東関五座西周墓的清理」(『中原文物』1984年第3期)
571. 洛陽市文物工作隊、1989、「1984年洛陽出土卜骨的特征与時代」(『考古与文物』1989年第4期)
572. 洛陽市文物工作隊、1995、「洛陽東郊C5M906号西周墓」(『考古』1995年第9期)
573. 洛陽市文物工作隊、1996、『洛陽考古四十年』(科学出版社、北京)
574. 洛陽市文物工作隊、1999、『洛陽北窯西周墓』(文物出版社、北京)
575. 洛陽市文物工作隊、1999、「洛陽東郊西周墓」(『文物』1999年第9期)
576. 洛陽博物館、1972、「洛陽北窯西周墓清理記」(『考古』1972年第2期)
577. 洛陽博物館、1972、「洛陽龐家溝五座西周墓的清理」(『文物』1972年第10期)
578. 洛陽博物館、1975、「河南臨汝煤山遺址調査与試掘」(『考古』1975年第5期)
579. 洛陽博物館、1978、「洛陽矬李遺址試掘簡報」(『考古』1978年第1期)
580. 洛陽博物館、1978、「洛陽東馬溝二里頭類型墓葬」(『考古』1978年第1期)
581. 洛陽博物館、1981、「洛陽北窯村西周遺址1974年度発掘簡報」(『文物』1981年第7期)
582. 羅振玉、1910、『殷墟貞卜文字巧』(北京)
583. 李炎賢・文本享、1986、『観音洞──貴州黔西旧石器時代初期遺址』(文物出版社、北京)
584. 李家窯遺址考古発掘隊、2001、「三門峡発現虢都上陽城」(『中国文物報』総第875期)
585. 李景聃、1936、「寿県楚墓調査報告」(『田野考古報告』第一冊)
586. 李済、1934、『城子崖』(『中国考古報告集之一』)
587. 李済、1956、『小屯・第三本・殷墟器物：甲編、陶器：上輯』(『中国考古報告集之二』中央研究院歴史語言研究所)
588. 李済、1962、『侯家荘・第二本・1001号大墓』(『中国考古報告集之三』中央研究院歴史語言研究所)

589. 李済、1965、『侯家荘・第三本・1002号大墓』(『中国考古報告集之三』中央研究院歴史語言研究所)
590. 李済、1967、『侯家荘・第四本・1003号大墓』(『中国考古報告集之三』中央研究院歴史語言研究所)
591. 李済、1968、『侯家荘・第六本・1217号大墓』(『中国考古報告集之三』中央研究院歴史語言研究所)
592. 李済、1970、『侯家荘・第五本・1004号大墓』(『中国考古報告集之三』中央研究院歴史語言研究所)
593. 李済、1974、『侯家荘・第七本・1500号大墓』(『中国考古報告集之三』中央研究院歴史語言研究所)
594. 李済、1976、『侯家荘・第八本・1550号大墓』(『中国考古報告集之三』中央研究院歴史語言研究所)
595. 李濟著・国分直一訳、1982、『安陽発掘』(新日本教育図書、山口)
596. 李水城、1993、「四壩文化研究」(『考古学文化論集3』文物出版社、北京)
597. 李水城、1998、『半山与馬廠彩陶研究』(科学出版社、北京)
598. 李天元・馮小波、2001、『鄖県人』(湖北科学技術出版社、武漢)
599. 李伯謙、1994、「天馬・曲村西周晋国遺跡発掘の意義」(『駒沢史学』第47号)
600. 李伯謙、1998、『中国青銅文化結構体系研究』(科学出版社、北京)
601. 李峰、1988、「黄河流域西周墓出土青銅禮器的分期与年代」(『考古学報』1988年第4期)
602. 劉一曼、1993、「殷墟と中国古代文化」(『夏殷周を探る』読売新聞社)
603. 龍虬荘遺址考古隊、1999、『龍虬荘——江淮東部新石器時代遺址発掘報告』(科学出版社、北京)
604. 劉慶柱、2000、『古代都城与帝陵考古学研究』(科学出版社、北京)
605. 劉慶柱・李毓芳著・来村多加史訳、1991、『前漢皇帝陵の研究』(学生社、東京)
606. 劉鉄雲、1903、『鉄雲蔵亀』(北京)(芸文印書館、台北)
607. 劉東亜、1962、「河南新鄭倉城発現戦国鋳鉄器泥范」(『考古』1962年第3期)
608. 劉敦愿、1972、「記両城鎮遺址発現的両件石器」(『考古』1972年第4期)
609. 梁思永、1959、「后岡発掘小記」(『梁思永考古論文集』『考古学専刊』甲種第五号)
610. 梁思永、1959、「小屯龍山与仰韶」(『梁思永考古論文集』『考古学専刊』甲種第五号)
611. 梁暁景・馬三鴻、1999、「洛陽澗濱AM21西周墓」(『文物』1999年第9期)
612. 遼寧省博物館・本溪市博物館、1986、『廟后山——遼寧省本溪市旧石器文化遺址』(文物出版社、北京)
613. 遼寧省文物考古研究所、1986、「遼寧牛河梁紅山文化"女神廟"与積石冢群発掘簡報」(『文物』1986年第8期)
614. 遼寧省文物考古研究所・赤峰市博物館、1998、『大南溝——后紅山文化墓地発掘報告』(科学出版社、北京)
615. 臨潼県文化館、1977、「陝西臨潼発現武王征商簋」(『文物』1977年第8期)
616. 琉璃河遺址考古隊、1997、「北京琉璃河遺址発掘又獲重大成果」(『中国文物報』総第517期)
617. 盧連成・胡智生、1988、『宝鶏強国墓地』(文物出版社、北京)
618. J. G. Andersson, 1925, Preliminary Report on Archaeological Reserch in Kansu, "Memoirs of the Geological Survey of Chaina"
619. J. G. Andersson, 1925、「甘粛考古記」(『地質専報』甲種第五号)
620. Pei Wenchung, 1939, THe Upper Cave Industry of Choukoutien. "Paleontologia Sinica" New Series D. No. 9 (裴文中、1939、「周口店山頂洞之文化」『中国古生物志』 新丁種第九号)
621. Zhang Guangzhi (張光直), 1977, "The Archaeology of Ancient China" Third Editinon
622. Zheng Dekun (鄭徳坤), 1964, "New Light on Ancient China" Antiquity Vol. 38.
623. V. Gorden Childe, 1936, "Man Makes Himself"

追加文献目録

624. 中国社会科学院考古研究所考古科技実験研究中心碳十四実験室、2002、「放射性碳素測定年代報告（二八）」（『考古』2002 年第 7 期）
625. 中国社会科学院考古研究所実験室、1992、「放射性碳素測定年代報告（一九）」（『考古』1992 年第 7 期）
626. 王学栄、1996、「河南偃師商城遺址的考古発掘与研究述評」（『考古求知集』中国社会科学出版社）

索 引

あ

握斧（アクフ） 57,80
亜字形墓（アジケイボ） 208,247,253
足立喜六（アダチキロク） 17
阿房宮（アボウキュウ） 337,365
粟（アワ） 77,82,84,93,96,103,108,130
匼河（アンガ） 64
アンダーソン 13,24,56,60,92,129
案板下河（アンバンカカ） 118
案板第3期文化（アンバンダイサンキブンカ） 118
暗紋（アンモン） 322,323
安邑（アンユウ） 156,159

い

匜（イ） 35
伊河（イガ） 169,174
渭河（イガ） 222,363,373
彝器（イキ） 28,272
石鎌（イシガマ） 80,82,84
石鍬（イシグワ） 80
稲作農耕（イナサクノウコウ） 77,78,85,134
稲（イネ） 77,85,89,111,134,145
稲籾（イネモミ） 85,86,90,115,140
伊洛（イラク） 157,169
殷王朝（インオウチョウ） 12,190,192,227
殷墟（インキョ） 12,14,190,206,207,210
殷墟文化（インキョブンカ） 191,206,208,211,213,
    216,230,411
印山越王陵（インザンエツオウリョウ） 317
印章（インショウ） 42,384,385
印紋（インモン） 47,48,142,181
印紋硬陶（インモンコウトウ） 47,317,328
印紋陶（インモントウ） 48,321,328

う

盂（ウ） 33
禹（ウ） 156,158
禹王城（ウオウジョウ） 156,169
羽状紋（ウジョウモン） 40,345
雨台山（ウダイサン） 327,356
盂鼎（ウテイ） 234,272

鄖県原人（ウンケンゲンジン） 63
雲塘（ウントウ） 226,266
雲紋瓦當（ウンモンガトウ） 337,338,390

え

郢（エイ） 302,318,356
衛（エイ） 232,234,241
穎河（エイガ） 123,158
営城子（エイジョウシ） 18
『営造方式』（エイゾウホウシキ） 10
鉞（エツ） 36,185,209
越式鼎（エツシキテイ） 328
エミール=リサン 13,56
燕（エン） 234,315,335
洹河（エンガ） 14,15,191,206,230
燕下都（エンカト） 16,300,315,325,331,351
円瓦當（エンガトウ） 335,336
円渦紋（エンカモン） 41,213,277
垣曲（エンキョク） 73,198,229
円圏紋（エンケンモン） 54,213
偃師殷故城（エンシインコジョウ） 21,193,194,196,
    199,410
猿人（エンジン） 58,59,401
猿人洞（エンジンドウ） 56
円銭（エンセン） 345
洹北殷故城（エンホクインコジョウ） 208,230

お

押圧剝離（オウアツハクリ） 57,73,75
王懿栄（オウイエイ） 11,190
王国維（オウコクイ） 12,190
王城（オウジョウ） 237,238,244,285,288
王城岡（オウジョウコウ） 122,123,158,162
王湾（オウワン） 101,119,121
王湾類型（オウワンルイケイ） 121,157
鄂爾多斯・オルドス 13,56

か

戈（カ） 35,187
盉（カ） 34,52,181,185
斝（カ） 34,49,124,185
灰坑（カイコウ） 82,84,93,123,167

灰陶（カイトウ） 14,46,118,122,201,211,321
灰釉陶器（カイユウトウキ） 201,211,213,222,241,
　257,267,270,321,328
下王岡（カオウコウ） 124,165
夏王朝（カオウチョウ） 21,152,153,154,175,228,
　419
夏家店（カカテン） 167,170
夏墟（カキョ） 156,158,169,174,248
槨（カク） 247,250,379
角（カク） 34
虢（カク） 298
虢国墓（カクコクボ） 246,247,279,307,329
虢都上陽城（カクトジョウヨウジョウ） 298
郭宝鈞（カクホウキン） 14,15,25
加彩陶（カサイトウ） 48
下寺（カジ） 325,342
牙璋（ガショウ） 45
火焼溝（カショウコウ） 162,167,170
下川（カセン） 73
何尊（カソン） 238,268,273
夏甬（カダイ） 15,19,22,25,129
合葬（ガッソウ） 98,106
『括地志』（カッチシ） 9,193,196,204,288
河套（カトウ） 74
瓦當（ガトウ） 289,331,337,390
蝌蚪紋（カトモン） 182,212
河南龍山文化（カナンリュウザンブンカ） 120
邪馬台（ガバダイ） 129,130,170
夏文化（カブンカ） 121,152,153,227,409
貨幣（カヘイ） 345,346,357,358,361,386
河姆渡（カボト） 88,90,110,111,146
鵝毛口（ガモウコウ） 80,146
下孟村（カモウソン） 102
画紋（ガモン） 182
賈蘭坡（カランハ） 76
罐（カン） 52,86,94,268,394
鑑（カン） 35
澗河（カンガ） 237,286,287
漢河南県（カンカナンケン） 238,244,287
漢魏洛陽故城（カンギラクヨウコジョウ） 243,245
元君廟（ガンクンビョウ） 97,98,99
干骨崖（カンコツガイ） 166,171
甘粛仰韶文化（カンシュクギョウショウブンカ）
　102,103,147
甘粛六期編年（カンシュクロッキヘンネン） 13,24
『漢書』（カンジョ） 155,192,239

環状土塁（カンジョウドルイ） 118,123
完新世（カンシンセイ） 77
間接打法（カンセツダホウ） 73,75
環帯紋（カンタイモン） 40
邯鄲（カンタン） 18,299,323,314
漢長安城（カンチョウアンジョウ） 17,21,360,365
咸陽（カンヨウ） 335,360,362,369
干欄式建築（カンランシキケンチク） 88

き

箕（キ） 33,53,268,273
鬻（キ） 51
幾何学印紋硬陶（キカガクインモンコウトウ） 47,
　258
輝県（キケン） 201,312
宜侯矢箕（ギコウソクキ） 234,274
岐山（キザン） 197,223,224,272
亀室（キシツ） 197
枝城北（ギジョウホク） 85
犠牲（ギセイ） 293,308
犠尊（ギソン） 278
紀南城（キナンジョウ） 302,317
蘄年宮（キネングウ） 292,334,335
蟻鼻銭（ギビセン） 346
夔鳳紋（キホウモン） 40,213
葵紋（キモン） 335,337,363
虺紋（キモン） 41,213
夔紋（キモン） 182,266
客省荘（キャクショウソウ） 20,21,118,123,233,
　260
九女台（キュウジョダイ） 315
旧人（キュウジン） 64,65,401
旧石器（キュウセッキ） 56,401
姜寨（キョウサイ） 97,98
仰韶遺跡（ギョウショウイセキ） 5,13,92
仰韶文化（ギョウショウブンカ） 13,20,48,92,147,
　403
夾炭黒陶（キョウタンコクトウ） 89
夾紵胎（キョウチョウタイ） 354,395
許家窯（キョカヨウ） 67,69
巨眼（キョガン） 37,182,200
玉衣（ギョクイ） 251,379
玉鉞（ギョクエツ） 43
玉戈（ギョクカ） 45
玉蟾岩（ギョクセンガン） 81
曲村（キョクソン） 248,394

玉刀（ギョクトウ）45
曲阜（キョクフ）290,291
玉斧（ギョクフ）43
玉覆面（ギョクフクメン）251
玉斂葬（ギョクレンソウ）134
璵国（ギョコク）233,246,277
玉器（ギョッキ）43,214
虚糧冢（キョリョウチョウ）300,315
夔龍紋（キリュウモン）10,37,213,220
金牛山原人（キンギュウザンゲンジン）64
銀雀山（ギンジャクザン）361
金石学（キンセキガク）9,11,
金石併用時代（キンセキヘイヨウジダイ）118,148,152
金村（キンソン）15,345
金文（キンブン）9,41,213,278
金文学（キンブンガク）10,41

く

瞿家屯（クカトン）241,287
区系類型論（クケイルイケイロン）79
屈家嶺（クッカレイ）115,116,147
屈葬（クッソウ）115,309,365
クルガン（Kurgan）317

け

圭（ケイ）43
戟（ゲキ）36
闕門（ケツモン）375
剣（ケン）36
甗（ゲン）28,52,209,214,325
巻雲紋（ケンウンモン）390
繭形壺（ケンガタコ）394
原始瓷器（ゲンシジキ）47,201,222,268
原始青瓷（ゲンシセイジ）→原始瓷器（ゲンシジキ）
原人（ゲンジン）59
元謀（ゲンボウ）56
元謀人（ゲンボウジン）59
弦紋（ゲンモン）55

こ

鼓（コ）35
觚（コ）34,214
壺（コ）33,52
固圍村（コイソン）21,309,312,350
粳（コウ）111,112

璜（コウ）43
缸（コウ）52
罍（ゴウ）188,203
陕（ゴウ）188,194,196,203
公王嶺（コウオウレイ）60
高温液体還元法（コウオンエキタイカンゲンホウ）381,352
黄河（コウガ）3,4,48,75,77,81,102,145
侯家荘（コウカソウ）14,15,191,208
黄河長江文明（コウガチョウコウブンメイ）360,362,415
鎬京（コウケイ）21,223,233,237
『考古』（コウコ）20,23
『考古学報』（コウコガクホウ）20,23
后岡（コウコウ）15,20,120,208
考工記（コウコウキ）36,45
『考古図』（コウコズ）10
甲骨（コウコツ）216,225
甲骨学（コウコツガク）10,11,42
甲骨文（コウコツブン）10,11,190,216,225
紅山（コウザン）18
紅山文化（コウザンブンカ）43,149
緱氏（コウシ）157,169
甲字形墓（コウジケイボ）208,253
考証学（コウショウガク）10
皇娘娘台（コウジョジョダイ）129,130,166
更新世（コウシンセイ）57,58,59,62,65,401
洪積世（コウセキセイ）57
高荘（コウソウ）309,326
窖蔵（コウゾウ）37,196,224,234,272,278
黄腸題湊（コウチョウダイソウ）307,308,371,376,377,379,381
鋼鉄（コウテツ）349
黄土（コウド）4,66
紅陶（コウトウ）45,82,101
硬陶（コウトウ）47,201
紅銅（コウドウ）28,126,130,161
黄銅（コウドウ）156
黄土高原（コウドコウゲン）4,5,8,102
侯馬（コウバ）297,298,346
黄文弼（コウブンヒツ）16,25
高領乳状袋足分襠鬲（コウレイニュウジョウタイソクブントウレキ）227,232
『古玉図』（コギョクズ）10
黒陶（コクトウ）14,46,135,321,324
黒皮陶（コクヒトウ）134,135

賈湖（ココ）　85, 146
湖熟（コジュク）　49
五銖銭（ゴシュセン）　386
古城堡（コジョウホ）　18
古脊椎動物与古人類研究所（コセキツイドウブツトコジンルイケンキュウジョ）　16, 20
固体還元法（コタイカンゲンホウ）　350
古代文明（コダイブンメイ）　231, 383, 405
国家文物局（コッカブンブツキョク）　19, 20
骨耜（コッシ）　89, 90
骨笛（コツブエ）　86
古洞溝（コドウコウ）　351
駒井和愛（コマイカズチカ）　18, 26
古文字（コモンジ）　9, 10, 42

さ

彩絵（サイカイ）　126, 322, 323, 325, 326, 393
彩絵陶（サイカイトウ）　48, 321, 394
祭祀坑（サイシコウ）　123, 208, 218, 248, 293, 309
細石器（サイセッキ）　69, 70, 71, 73
細石刃（サイセキジン）　69, 73, 103
細泥陶（サイデイトウ）　47
彩陶（サイトウ）　13, 15, 45, 48, 92, 94, 100, 101, 107, 115, 146, 403
沙鍋屯（サカトン）　13
削器（サクキ）　59, 60, 63, 71
沙冢（サチョウ）　319
鏟（サン）　82, 124
散氏盤（サンシバン）　278
三星堆（サンセイダイ）　214, 218, 219, 231
山西龍山文化（サンセイリュウザンブンカ）　125
山頂洞（サンチョウドウ）　56, 69, 70, 71
山頂洞人（サンチョウドウジン）　76
蒜頭壺（サントウコ）　324
山東龍山文化（サントウリュウザンブンカ）　46, 127
山彪鎮（サンビョウチン）　16
三里河（サンリガ）　107, 127, 166
三稜尖頭器（サンリョウセントウキ）　64
三稜大型尖頭器（サンリョウオオガタセントウキ）　66, 69
『三禮図』（サンレイズ）　10

し

鍉（シ）　34, 273
C14年代測定（シイジュウヨンネンダイソクテイ）　22, 171, 191, 185, 227, 418
四王冢（シオウチョウ）　316
『史記』（シキ）　153, 155, 190, 206, 251, 285, 383
瓷器・磁器（ジキ）　321
『詩經』（シキョウ）　237, 288
尸郷（シゴウ）　192, 193
觚（ジコウ）　34, 209
始皇陵（シコウリョウ）　337, 361, 369
磁山（ジザン）　81, 146
史墻盤（シショウバン）　42, 234, 278
漆棺（シッカン）　309, 318
漆器（シッキ）　250, 254, 318, 354, 394
失蠟法（シツロウホウ）　342
寺墩（ジトン）　135
司馬遷（シバセン）　153, 190, 383
四壩文化（シハブンカ）　162, 167, 171
四弁花紋（シベンカモン）　40, 277
爵（シャク）　34, 181, 184, 185
車馬具（シャバグ）　272, 307
車馬坑（シャバコウ）　241, 250
シャラ・オソ・ゴル　13, 56, 74
盨（シュ）　33
父（シュ）　36
周王朝（シュウオウチョウ）　222
周原（シュウゲン）　223, 233, 272
周城（シュウジョウ）　223, 233, 283, 412
重環紋（ジュウカンモン）　40
周口店（シュウコウテン）　13, 16, 56, 60, 62, 69
獣頭鼎（ジュウトウテイ）　328, 329
獣面紋（ジュウメンモン）　37, 135, 187
朱開溝（シュカイコウ）　167
朱家集（シュカシュウ）　16
『周禮』（シュライ）　45, 134, 136, 178
樹輪校正年代（ジュリンコウセイネンダイ）　23, 145, 149, 171, 173, 189, 191, 227, 418
錞（ジュン）　35
『春秋左傳』（シュンジュウサデン）　37, 156, 238, 287, 299
春秋時代（シュンジュウジダイ）　285
殉葬（ジュンソウ）　209, 247, 308
純銅（ジュンドウ）　152
鐘（ショウ）　35, 340
鍾（ショウ）　34
鉦（ショウ）　35
璋（ショウ）　43
商（ショウ）　192
肖家屋脊（ショウカオクセキ）　115, 138, 140

上京龍泉府（ジョウキョウリュウセンフ）　18
焼溝（ショウコウ）　21,321
紹興（ショウコウ）　328
城子崖（ジョウシガイ）　14,20,117,127
城子崖類型（ジョウシガイルイケイ）　127
『尚書』（ショウショ）　192,238
資陽人（シヨウジン）　75
縄蓆紋土器（ジョウセキモンドキ）　48
上都（ジョウト）　18
小屯（ショウトン）　11,191,206,207,210
小南海（ショウナンカイ）　70,71
城背溪（ジョウハイケイ）　91,146
上馬村（ジョウバソン）　297,340
昭穆制（ショウボクセイ）　294
縄紋（ジョウモン）　53
縄紋土器（ジョウモンドキ）　48
縄紋半瓦當（ジョウモンハンガトウ）　334
上陽城（ジョウヨウジョウ）　298
徐旭生（ジョキョクセイ）　15,174
峙峪（ジヨク）　70
新開流（シンカイリュウ）　149
秦漢時代（シンカンジダイ）　360,382
秦魏家（シンギカ）　129,130,166,170
秦公1号墓（シンコウイチゴウボ）　307,308
晋侯墓（シンコウボ）　234,248,249,254
人字洞（ジンジドウ）　59
新人（シンジン）　71,402
新石器（シンセッキ）　77
辛村（シンソン）　14,15,232,247
新鄭彝器（シンテイイキ）　295
寝殿（シンデン）　209,305,308,315,337,371,376
新田（シンデン）　297
人民公園（ジンミンコウエン）　21,191
秦嶺（シンレイ）　4,5

す

水洞溝（スイドウコウ）　13,56
『水経注』（スイケイチュウ）　9,288,294
睡虎地（スイコチ）　356,384,395
嵩山（スウザン）　157,169,174
崧澤（スウタク）　91,111,147
図画紋（ズガモン）　108,216,409
図象記号（ズショウキゴウ）　108,109,216,409
図象銘（ズショウメイ）　41,213,266
錫（スズ）　161

せ

齊（セイ）　325
西陰村（セイインソン）　14
西王村（セイオウソン）　101,119
西王村類型（セイオウソンルイケイ）　101,102
斉家文化（セイカブンカ）　15,129,166
斉家坪（セイカヘイ）　20,129
西侯度（セイコウド）　56,59
西呉寺（セイゴジ）　47,127
西周（セイシュウ）　232,237
成周（セイシュウ）　237,238,244
西周文化（セイシュウブンカ）　232
『西清古鑑』（セイシンコカン）　11
齊刀（セイトウ）　346
青銅（セイドウ）　27,152,161,184,338
青銅器時代（セイドウキジダイ）　152,184,272,347
青銅器文化（セイドウキブンカ）　152,347,348
青銅鋳造工房（セイドウチュウゾウコウボウ）　208,275
西亳（セイハク）　193,204
西北大学（セイホクダイガク）　20,23
青龍泉（セイリュウセン）　138
青蓮岡（セイレンコウ）　109,147
石鉞（セキエツ）　113
石鏟（セキサン）　82,101
石璋如（セキショウジョウ）　14,15,232
石錐（セキスイ）　63
石刀（セキトウ）　96,101,110,113
関廟山（セキビョウザン）　115
石斧（セキフ）　80,111
石犂（セキリ）　137,138
石嶺下（セキレイカ）　103
石家河文化（セッカガブンカ）　138
石核（セッカク）　59,60,66,80
薛家岡（セッカコウ）　112,114
石球（セッキュウ）　60,63,64,66
石峡文化（セッキョウブンカ）　140
竊曲紋（セッキョクモン）　40,340
折曲紋（セッキョクモン）　54
塼（セン）　180,363,371
洗（セン）　35
籼（セン）　90,111,142
先夏（センカ）　122,126,160
戦国鏡（センゴクキョウ）　342,345
戦国時代（センゴクジダイ）　285,338

銭山漾（センザンヨウ）134,135
先周（センシュウ）222,227,233
先秦鏡（センシンキョウ）342
鮮新世（センシンセイ）57,58
仙人洞（センジンドウ）80,81,146
陝西龍山文化（センセイリュウザンブンカ）123
尖底瓶（センテイビン）52
銑鉄（センテツ）349
尖頭器（セントウキ）59,60,63,71,73
蟬紋（ゼンモン）41,212,213,277

そ

楚（ソ）302,318,327,337,356
琮（ソウ）43,113,135,136
甑（ソウ）52,394
草鞋山（ソウアイザン）91,111,134,136
象嵌・象眼（ゾウガン）187,309,312,342
象牙（ゾウゲ）107,209,218
曽侯乙墓（ソウコウイツボ）318,340,354
双耳罐（ソウジカン）123,130
宗周（ソウシュウ）237
叢葬坑（ソウソウコウ）351,370,375
荘白（ソウハク）234,278
甑皮岩（ソウヒガン）45,146,403
象鼻嘴（ゾウビシ）373,377,379,381
宗廟（ソウビョウ）28,197,225,226,230,294,303
象紋（ゾウモン）41
楚金版（ソキンバン）346,386
鏃（ゾク）36,187
族記号（ゾクキゴウ）41,213,217,410
粗陶（ソトウ）47
蘇秉琦（ソヘイキ）15,25,232
尊（ソン）33,52,220
孫詒讓（ソンイジョウ）11,190

た

敦（タイ）33,327
邰（タイ）223,232
大何荘（ダイカソウ）129,130,166
大河村（ダイカソン）116,119
大溪（タイケイ）114,115,147
太行山脈（タイコウサンミャク）4,5,60,81
大口尊（ダイコウソン）52,183,200,201
大克鼎（ダイコクテイ）234
大姑氷河期（タイコヒョウガキ）57,58
臺榭建築（ダイシャケンチク）312,313
大城山（ダイジョウザン）167
大甸子（ダイデンシ）167,170
大汶口（ダイブンコウ）105,107,147,403
大堡子山（ダイホシザン）307
大葆台（ダイホダイ）373,377,381
大明宮（ダイメイグウ）21
大邑商（ダイユウショウ）190,206,230
大洋洲（タイヨウシュウ）221
第四紀（ダイヨンキ）57,77
大理氷河期（ダイリヒョウガキ）57,69,70,91
大荔（ダイレイ）56,65
鐸（タク）35
鼉鼓（ダコ）160
打製石器（ダセイセッキ）56,58,59
竪穴木槨墓（タテアナモッカクボ）208,247,306,317

ち

竹瓦街（チクガガイ）219,275
『竹書紀年』（チクショキネン）9,155
竹簡（チッカン）9,318,361,383,384,397
中央研究院歴史語言研究所（チュウオウケンキュウイ
　ンレキシゴゲンケンキュウジョ）14,15,22,190
中央集権国家（チュウオウシュウケンコッカ）360,
　362,369,420
中国科学院考古研究所（チュウゴクカガクインコウ
　コケンキュウジョ）19,21,93,233,287
中国社会科学院考古研究所（チュウゴクシャカイカ
　ガクインコウコケンキュウジョ）19,20,233
中山王䜌墓（チュウザンオウサクボ）312,324,342
中字形墓（チュウジケイボ）208,252,253,307
沖積世（チュウセキセイ）77
中州路（チュウシュウロ）21,289,321,331
鋳鉄（チュウテツ）349,352
鋳銅遺跡（チユウドウイセキ）241,244,277,297,
　346,411,413
兆域図（チョウイキズ）312,313,342
趙王城（チョウオウジョウ）18,299
趙家湖（チョウカコ）327
趙家孤堆（チョウカコタイ）317
刁家屯（チョウカトン）13,17
張家坡（チョウカハ）21,233,246,260,261,266
趙卿（チョウキョウ）314,342
長江（チョウコウ）3,5,48,77,85,110,134,145,
　259,317
彫刻器（チョウコクキ）57,63,73
趙国邯鄲故城（チョウコクカンタンコジョウ）299

索　引　465

長子口（チョウシコウ）　247, 273
鳥書（チョウショ）　42, 318, 342
長由墓（チョウフツボ）　262, 266, 274
長方形竪穴墓（チョウホウケイタテアナボ）　83, 105, 305
鳥紋（チョウモン）　41
長陵（チョウリョウ）　373, 374, 392
張陵山（チョウリョウザン）　134, 135, 136
澄濾器（チョウロキ）　53
直接打法（チョクセツダホウ）　60, 62, 67, 75
陳家窩（チンカコウ）　60
陳夢家（チンボウカ）　192, 222, 235, 237

つ

杯（ツキ）→杯（ハイ）
鶴嘴形尖頭器（ツルハシガタセントウキ）　66

て

鼎（テイ）　9, 28, 49, 185
泥郢（デイエイ）　379, 386
鄭韓故城（テイカンコジョウ）　294, 350
程橋（テイキョウ）　328, 349
鄭州殷故城（テイシュウインコジョウ）　194, 195, 199
鄭振鐸（テイシンタク）　19
泥質黒陶（デイシツコクトウ）　46
丁村（テイソン）　56, 66, 76, 401
鉄器（テッキ）　347, 349, 387
鉄器時代（テッキジダイ）　286, 350, 353
鉄剣（テッケン）　36, 350
鉄生溝（テッセイコウ）　21, 387
鉄製農工具（テッセイノウコウグ）　153, 154, 286, 350, 362, 387
鉄范（テッパン）　351
テイヤール=ド=シャルダン　13, 56
瀘河（テンガ）　239
奠基坑（デンキコウ）　123, 159
篆書（テンショ）　361, 383
天馬曲村（テンマキョクソン）　234, 248, 278, 413

と

弩（ド）　36
刀（トウ）　36, 154
豆（トウ）　34, 53, 268
鐃（ドウ）　35, 221
東亜考古学会（トウアコウコガッカイ）　13, 17, 18, 23
東下馮（トウカヒョウ）　157, 165, 198
東下馮類型（トウカヒョウルイケイ）　180
陶器（トウキ）　321, 329
東京城（トウキョウジョウ）　18
闘鶏台（トウケイダイ）　15, 232, 260
橙黄陶（トウコウトウ）　14, 47, 181
董作賓（トウサクヒン）　14, 190, 192, 216, 235
陶寺（トウジ）　125, 159, 160, 165
桃氏剣（トウシケン）　36, 342
洞室墓（ドウシツボ）　305, 309, 365, 372
陶寺類型（トウジルイケイ）　125, 157
銅車馬（ドウシャバ）　371
東周（トウシュウ）　286, 319
東周王城（トウシュウオウジョウ）　239, 290, 337, 338, 357
東周故城（トウシュウコジョウ）　287, 290, 337
刀子（トウス）　28, 130, 345, 350
陶製禮器（トウセイレイキ）　220, 324, 326, 329
東荘村（トウソウソン）　97, 102
刀銭（トウセン）　345
唐地（トウチ）　248, 254
唐長安城（トウチョウアンジョウ）　21
饕餮（トウテツ）　37
饕餮紋（トウテツモン）　10, 37, 135, 200, 212, 213, 220, 266, 277, 331, 333
陶刀（トウトウ）　96
陶范（トウハン）　184, 214, 241, 244, 275, 298, 346, 347
陶文（トウブン）　157, 159, 288, 363
東方考古学協会（トウホウコウコガクキョウカイ）　13, 17, 18
陶俑（トウヨウ）　371, 372, 374, 392
銅緑山（ドウリョクザン）　346
土器（ドキ）　45, 49, 53, 77, 80, 180, 199, 211, 260, 321, 329, 393
弩弓（ドキュウ）　37
都市（トシ）　194, 230, 231, 286, 406
都市国家（トシコッカ）　286, 303, 360, 406, 407
都城（トジョウ）　194, 237, 286, 299, 303
土墩（ドトン）　134, 257, 258, 317
土墩墓（ドトンボ）　257, 270, 305, 328, 329
鳥居龍蔵（トリイリュウゾウ）　13, 17, 24
杜陵（トリョウ）　373, 376, 392
屯溪（トンケイ）　258, 270
敦煌（トンコウ）　12
曇石山文化（ドンセキザンブンカ）　142

な

ナイフ形石器（ナイフガタセッキ）　73
南越王墓（ナンエツオウボ）　380,399
南京原人（ナンキンゲンジン）　63
南山裡（ナンザンリ）　18
南荘頭（ナンソウトウ）　80

に

二次加工（ニジカコウ）　62,73,352
二次埋葬（ニジマイソウ）　98
日本中国考古学会（ニホンチュウゴクコウコガッカイ）　23
二里岡（ニリコウ）　21,191,199
二里岡文化（ニリコウブンカ）　171,191,193,203,229,409
二里頭（ニリトウ）　21,152,157,161,173,176,180,184,228,408,409
二里頭類型（ニリトウルイケイ）　21,121,157,161,171,180,181
鶏（ニワトリ）　80,82

ね

『寧寿鑑古』（ネイジュカンコ）　11

の

農耕（ノウコウ）　77,80
鑿（ノミ）　28,187

は

杯（ハイ）　34,53
煤山（バイザン）　121,122,162
牌飾（ハイショク）　187
陪葬（バイソウ）　370,372
裴文中（ハイブンチュウ）　13,16,24,71
裴李崗（ハイリコウ）　81,83,87,146
馬家荘（バカソウ）　197,292
馬家浜（バカハン）　109,110,147
馬家窯（バカヨウ）　103
亳（ハク）　21,187,192
鎛（ハク）　35,221,340
帛書（ハクショ）　384
剝片（ハクヘン）　59,60,64,67,71
白陶（ハクトウ）　46,211
馬廠（バショウ）　103
鉢（ハツ）　53

白灰面（ハッカイメン）　123,125
白家荘（ハッカソウ）　201,202
八旗屯（ハッキトン）　309,326
『博古図録』（ハッコズロク）　10
抜歯（バッシ）　106,109
破土器（ハドキ）　138
馬壩人（バハジン）　69
浜田耕作（ハマダコウサク）　13,17,24
林泰輔（ハヤシタイスケ）　12,190
原田淑人（ハラダヨシト）　17,26
盤（バン）　35,53
半瓦當（ハンガトウ）　331
半山（ハンザン）　103
版築（ハンチク）　79,123,156,177,179,199,210,237,243,289,313,316,365
蟠螭紋（バンチモン）　40,220,339,340
半坡（ハンパ）　20,47,93,94,97
半坡類型（ハンパルイケイ）　93,98,102
盤龍（バンリュウ）　41,213
盤龍城（バンリュウジョウ）　194,197,199
蟠龍紋（バンリュウモン）　41
半両銭（ハンリョウセン）　346,361,385

ひ

貔子窩（ヒシカ）　17
畢沅（ヒツゲン）　11
廟底溝（ビョウテイコウ）　20,99,100,119
廟底溝第2期文化（ビョウテイコウダイニキブンカ）　20,46,118,119
廟底溝類型（ビョウテイコウルイケイ）　99,102
瓶（ビン）　52

ふ

釜（フ）　52,89,89,111
黼（フ）　326
封泥（フウデイ）　297,384,385
附加堆紋（フカタイモン）　54,101
武官村（ブカンソン）　208,209
福泉山（フクセンザン）　134
副葬陶器（フクソウトウキ）　306,320,325,329,393
福臨堡（フクリンホ）　326,335
婦好（フコウ）　209
浮山果園（フザンカエン）　257,270
巫山人（フザンジン）　58
府城（フジョウ）　194,197
布銭（フセン）　345

索　引　467

部族国家（ブゾクコッカ）　153,160,408
豚（ブタ）　80,82,84,89,91,97,106,108,130,140
普渡村（フトソン）　262,266,274
扶風（フフウ）　224,234,272
プラント・オパール　81,92
墳丘（フンキュウ）　306,307,317
粉食（フンショク）　84,85
分水嶺（ブンスイレイ）　342
分襠鬲（ブントウレキ）　211,227,266
『文物』（ブンブツ）　20,23
文物管理委員会（ブンブツカンリイインカイ）　20
文明（ブンメイ）　227,406

へ

柄形飾（ヘイケイショク）　45
平底爵（ヘイテイシャク）　34
兵馬俑坑（ヘイバヨウコウ）　362,369,371
平陽（ヘイヨウ）　340
平粮台（ヘイリョダイ）　164
璧（ヘキ）　43,135,137
辟雍（ヘキヨウ）　368
北京原人（ペキンゲンジン）　56,60,61,62,401
北京大学（ペキンダイガク）　17,19,23
北京大学考古系・考古学系（ペキンダイガクコウコケイ・コウコガクケイ）　20,22
北京大学考古文博学院（ペキンダイガクコウコブンパクガクイン）　20,22
北京大学歴史系考古専業（ペキンダイガクレキシケイコウコセンギョウ）　19,20,22
杙禁（ヘンキン）　12
編鐘（ヘンショウ）　35,251,313,340,342
便殿（ベンデン）　337,371,376

ほ

簠（ホ）　33,327
鈁（ホウ）　34
瓿（ホウ）　34,209
鍪（ボウ）　340
方彝（ホウイ）　33,209,241
鳳凰山（ホウオウザン）　328,395
方格紋（ホウカクモン）　53,101
龐家溝（ホウカコウ）　241,246,268
宝鶏（ホウケイ）　15,227,232,257,388
豊京（ホウケイ）　21,223,233
豊鎬（ホウコウ）　232,261,272,263
望山（ボウザン）　318,342,354

放射性炭素年代測定（ホウシャセイタンソネンダイソクテイ）　22,188
鳳翔（ホウショウ）　197,292
鳳雛（ホウスウ）　197,225
烽隧墩（ホウスイトン）　317
灃西（ホウセイ）　21,233,263
豊尊（ホウソン）　278
彭頭山（ホウトウザン）　85,146
北陰陽営（ホクインヨウエイ）　112,114,147
北首嶺（ホクシュレイ）　97
北辛（ホクシン）　84,146
北趙晋侯墓地（ホクチョウシンコウボチ）　234,248,253
北平研究院（ホクヘイケンキュウイン）　15,232,260,300
牧野（ボクヤ）　222,235
北窰（ホクヨウ）　241,275,413
牧羊城（ボクヨウジョウ）　17,18
矛（ホコ）　36
墓上建築（ボジョウケンチク）　209,305,306,309,311
錛（ホン）　113,187
盆（ボン）　52

ま

馬王堆（マオウタイ）　373,379,393,396
磨光黒陶（マコウコクトウ）　126,324
磨製石器（マセイセッキ）　77,79,81,145,402
磨盤（マバン）　82,84,87
磨棒（マボウ）　82,84,87
満城（マンジョウ）　373,379,381,398

み

未央宮（ミオウキュウ）　9,367

め

明器（メイキ）　261,393
盟書（メイショ）　298
鳴條（メイジョウ）　154,156,169

も

毛公鼎（モウコテイ）　272
『孟子』（モウシ）　156
目雲紋（モクウンモン）　41,182,200,213
木槨（モッカク）　105,208,241,251,305,317,379
木棺（モッカン）　208,305,317,354

木簡（モッカン）　36,384,386
木骨土壁（モツコツドヘキ）　93,121,178,179
茂陵（モリョウ）　373,375

や

櫟陽城（ヤクヨウジョウ）　335,337
野店（ヤテン）　107
山字形器（ヤマジガタキ）　342

ゆ

邑（ユウ）　206,291,299,406
卣（ユウ）　33
有孔石斧（ユウコウセキフ）　113

よ

甕（ヨウ）　52
楊家圏（ヨウカケン）　129,166
楊家湾（ヨウカワン）　374,392
容庚（ヨウコウ）　10,28
腰坑（ヨウコウ）　208,242
雍城（ヨウジョウ）　291,307,334
陽城（ヨウジョウ）　156,157,169,351
葉脈紋（ヨウミャクモン）　54
陽陵（ヨウリョウ）　373,374,392
陽陵邑（ヨウリョウユウ）　375

ら

罍（ライ）　33,220,268,275
擂鼓墩（ライコトン）　318
雷紋（ライモン）　10,40,181,200,212,213
羅家角（ラカカク）　91
洛河（ラクガ）　169,174,237
雒邑（ラクユウ）　237,238,243,244,277,285,331
洛陽（ラクヨウ）　238,245,268,321
洛陽王城（ラクヨウオウジョウ）　286,299,303
洛陽東周故城（ラクヨウトウシュウコジョウ）　303,332
楽浪（ラクロウ）　17,399
羅經石（ラケイセキ）　375
羅振玉（ラシンギョク）　12,190
卵殻黒陶（ランカクコクトウ）　46,127,128
藍田（ランデン）　56,60
藍田原人（ランデンゲンジン）　59,401
籃紋（ランモン）　53,101

り

犂（リ）　126,137
犂鏵（リカ）　350,353,397
利器（リキ）　56,145,152
利簋（リキ）　273
李済（リサイ）　14,22,25,117,191
李三孤堆（リサンコタイ）　16
龍山文化（リュウザンブンカ）　15,20,46,117,148
劉鉄雲（リュウテツウン）　11,190
柳湾（リュウワン）　103,129
劉李店（リュウリテン）　234
量権（リョウケン）　386
良渚（リョウショ）　134
両城鎮類型（リョウジョウチンルイケイ）　127
良渚文化（リョウショブンカ）　134
両端打法（リョウタンダホウ）　62
梁思永（リョウシエイ）　14,15,25,117,120
両尾龍紋（リョウビリュウモン）　41,182
陵邑（リョウユウ）　373,376
臨淄齊国故城（リンシセイコクコジョウ）　296,297,316
鱗紋（リンモン）　40

る

琉璃河（ルリガ）　234
琉璃閣（ルリカク）　16,201

れ

鈴（レイ）　35,160,184,187
禮器（レイキ）　28,272,329
禮制建築（レイセイケンチク）　21,267,268,375
鬲（レキ）　28,48,124,183,321
鬲鼎（レキテイ）　28,266,274
礫器（レッキ）　58,59,63,66,71
連襠鬲（レントウレキ）　266

ろ

龐家溝（ロウカコウ）→龐家溝（ホウカコウ）
魯国故城（ロコクコジョウ）　234,290
廬山氷河期（ロザンヒョウガキ）　57,69
『呂氏春秋』（ロシシュンジュウ）　37

わ

淮河（ワイガ）　3,4,85,259
碗（ワン）　53

《中国考古学概论》提要

饭岛武次

笔者在驹泽大学文学部讲授东洋考古学已历23年。本书就是将23年间每年所讲授的《中国考古学概论》集于一卷而成。其内容包括中国的人文地理、中国考古学研究史、对中国考古学专业术语的解释，以及作为主论的旧石器文化至秦汉时代的中国考古学。

中国的总面积为959万平方公里（包括台湾在内），其国土面积仅次于俄罗斯和加拿大，居世界第三位。中国的人口，据1996年的统计资料，为12.2389亿人，就一国人口而言，居世界第一位。从考古学的角度看中国文化，其大致的地理范围是：北限至黑龙江省漠河县乌苏里村附近的北纬53度左右；南境为北纬3度30分，如从考古学上看，似以海南岛南端的北纬18度左右为南限；西限在新疆维吾尔自治区喀什市以西约200公里的东经73度左右；东限则在黑龙江与乌苏里江汇合点附近的东经135度左右。即南北约4000公里，东西约5000公里，据有亚洲大陆的东南部。在这一广阔的大陆中央，分布着均发源于青海省、又都由西向东奔流的两大河流，其一为全长5464公里的黄河，其二为全长6380公里的长江。中国人文地理环境十分复杂多样，本书所涉及的地域，则限于黄河和长江流域的大部分，这是传统上所谓的汉族留传下了历史的地域。

中国现代考古学的历史有80年左右，应当说不算长，但对古物的关心却由来已久。西汉武帝时的公元前116年夏，得"鼎"于汾阴，由是该年被改为"元鼎元年"，鼎则被迎入甘泉，其后纳于长安的祖庙。类似的话题很多，如文献中还有西汉宣帝时在未央宫设四祠，以收藏宝剑、宝玉璧和周康宝鼎的记载。对这些古物的收集和收藏，是皇帝出于政治上的需要加以利用、求得吉兆，而非基于对学问的关心。在中国，这种重视古物的传统，在汉代以后直至南北朝、隋唐时代都得到了继承，到了宋代开始出现作为学问的古物研究。

在宋代，研究青铜器铭文和石刻的金石学得到显著发展。这一时期，《考古图》、《博古图录》、《续考古图》等书籍相继被编著刊印。其中，天佑七年（1092年）成书的吕大临的《考古图》，收集了宫府和个人的收藏品，共计青铜器211件、玉器13件，将其以王朝为纲作了划分，列出出土地、收藏者及示意图等，对其铭文和时代进行考证。吕大临依铭文中器物的自名对青铜器的器种加以定名，是对器形学作出了重大贡献的研究。后世容庚氏的《商周彝器通考》的分类，就基本上沿袭了吕大临的分类法。《博古图录》是继《考古图》之后的又一部青铜器图录，其收录了20类共839件器物并加以考证。据容庚氏的研究，《博古图录》为宣和五年（1123年）王黼所著。与《考古图》相比，《博古图录》除了在器形研究上有若干进步外，值得注意的是其开创了青铜器纹饰的研究。今天的中国考古学研究中所使用的纹饰名称如饕餮纹、夔龙纹、蟠夔纹、雷纹、云纹、鱼纹等考古学术语，就有很

多是源自《博古图录》的。

　　进入20世纪，中国现代考古学开始发端。20年代初期，以J.G.安特生等欧美人所进行的考古调查发掘为主；1926年，李济对山西省夏县西阴村遗址进行了发掘。就今天的知识而言，西阴村遗址是以仰韶文化为主的遗址。对该遗址的发掘以2米见方的探方为单位，用三维空间记录法来处理遗物等等，是李济运用在美国所学到的科学的考古发掘方法所进行的田野考古实践。作为新兴学科的考古学进一步展开，就有了对河南省安阳市殷墟遗址发掘的策划。1928年，中央研究院历史语言研究所成立，傅斯年任第一任所长。同年10月，史语所派董作宾开始了殷墟遗址的第一次发掘。自1929年春殷墟遗址第二次发掘始，李济作为考古组主任参加了发掘。以此为契机，进行遗迹测量和照相记录的科学发掘开始实施。在殷墟遗址共进行了15次发掘，后因1937年开始的日中战争而中断。

　　1949年10月新中国成立，自第二年开始，考古调查发掘的状况为之一变。1949年11月，文物事业管理局（现在的国家文物局）成立。此后的50年间里，虽然在组织形式上有较多的内部变化，但该局一直担负着文物行政中心的职能，在其部署指导下，众多的调查与发掘工作得以展开。另外，1950年8月，由北平研究院史学研究所和中央研究院历史语言研究所的一部分合组的中国科学院考古研究所成立，第一任所长由郑振铎担任，副所长为梁思永和夏鼐。中国科学院考古研究所自1950年以后，在中国全境展开了从旧石器时代到明清时代诸遗址的考古发掘与研究，1977年改称中国社会科学院考古研究所。北京大学1922年在国学门设置了考古学研究室，此后，致力于考古学研究与人材的培养。至新中国成立后的1952年，经大学的改组与改编，设置了北京大学历史系考古专业及考古教研室，1983年升格为北京大学考古系。1952年，中国科学院古脊椎动物研究所组成，其后于1959年改为古脊椎动物与古人类研究所。该所对以周口店遗址为首的、丁村遗址等与旧石器相关的遗存进行发掘和研究，直至今日。到1966年文化大革命开始时为止，这四个单位基本上是作为考古学研究和遗址调查发掘的核心机构而存在的。文化大革命结束后的1972年至今约30年的时间里，以上述四个单位为中心，各省、市、自治区的文物考古研究所、各重点大学的考古专业在中国全境进行考古发掘，出版了数量众多的考古发掘报告。

　　中国的旧石器时代，在考古学上可分为早、中、晚期3个时期。这一考古学分期，如与地质学分期相比照，则旧石器早期大体相当于更新世的早、中期，旧石器中期大体相当于更新世晚期前半，旧石器晚期大体相当于更新世晚期后半。

　　活动于旧石器时代早期的、最初的人类称为猿人，已知有发现于云南省元谋县的170万年前的元谋人和发现于重庆市巫山县的180万年前的巫山人。上述猿人都使用打制石器。

　　这些石器中的某些器类被称为尖头器或刮削器，尚不是十分定型化的石器。这些猿人的时代大体属更新世早期以前，这表明在一百数十万年前，东亚地区即已广泛分布着猿人阶段的化石人类。作为更新世中期的"原人"（中国学术界称猿人或直立人，下同），则以发现于陕西省蓝田县的蓝田"原人"和发掘出土于北京市房山区周口店遗址的北京"原人"为代表。这些"原人"据信已能用火，并掌握了语言。蓝田"原人"使用的石器，系直接打击法制成，有砾器、大尖头器、刮削器、石核、石球等。蓝田"原人"、北京"原人"的时代持续了相当长的时间，被推定为介于大姑冰期与庐山冰期之间，约当70万年至15万年以前。中国"原人"文化研究，是东亚旧石器早期文化研究的基础，研究日本旧石器文化时，必须予以充分的注意。活跃于旧石器时代中期的是"旧人"（中国学术界称早

期智人），保存较好的化石人骨发现尚少。山西省襄汾县丁村遗址发现的头盖骨是 12 岁左右的儿童和 2 岁左右的幼儿头骨。广东省韶关市曲江县马坝镇发现的马坝人，系中年男性的头盖骨，被认为是更新世中期末至更新世晚期前半的尼安德特阶段的化石人骨。这一时期的石器以丁村遗址的大型石器类，与山西省阳高县许家窑遗址的小型石器类为代表。丁村遗址的石器，有砾器、石球、三棱大型尖头器、鹤嘴形尖头器、小型尖头器和刮削器等；许家窑遗址的石器系以直接打击法制成，也有原始的柱状石核，石器的种类有石核、剥片、刮削器、尖头器、雕刻器、小型砾器等，总体上看均属小型器类。旧石器时代中期，相当于地质学上的更新世晚期前半，处于庐山冰期与大理冰期的中间期这一较为温暖的时期。从年代上看，一般认为约当 15 万年前至 7 万年前。

　　活跃于旧石器时代晚期的人类，是与现在的我们十分相近的"新人"（中国学术界称晚期智人）。保存较好的这一时期的化石人骨，以周口店遗址的山顶洞发现的山顶洞人最为著名。出土石器的遗址，已知有河南省安阳县小南海洞穴、山西省沁水县下川遗址和朔县峙峪遗址等。小南海洞穴的石器以小型者居多，有方块状石核、三角锥状石核、柱状石核等石核类，长条形剥片、尖头器以及各种刮削器等。下川遗址出土了众多的与日本的刀形石器类似的石器。峙峪遗址的石器也为小型器，出土有尖头器、刮削器、雕刻器、扇形石核、石镞等。旧石器时代晚期，相当于地质学上的更新世晚期后半，属较为寒冷的大理冰期，这一时期可推定为约当 7 万年前至 1 万年前。对旧石器晚期文化的研究，在探索旧石器文化如何向新石器文化转变时，是极为重要的研究课题。

　　有观点认为，新石器文化的开始时期始于磨制石器的出现。关于新石器时代的肇始，以磨制石器的出现作为新石器文化的标志这一论断本身是没有问题的，但对谷物农耕的存在及陶器的存在等多种文化要素应引起足够的重视。

　　中国新石器时代早期的开始时期，一般被推定为公元前 9000 年左右，这一年代相当于大理冰期结束之后不久。属于此期的江西省万年县仙人洞遗址等，已确认出土有早期的磨制石器和陶器。新石器时代早期已出现了农耕技术水平较高的谷物栽培，家猪饲养的分布地域也较广。这一时期黄河流域的遗址，以河北省武安县磁山遗址和河南省新郑县裴李岗遗址等为代表，石磨盘、石磨棒、石铲、石锯齿镰是极富特色的遗物，这时已有粟的栽培。同时，在长江中游的湖南省澧县彭头山遗址、湖北省宜都县枝城北遗址，还发现了属于植物遗存的稻壳。被认为属公元前 5000 年前后的浙江省余姚县河姆渡遗址，发现了大量的稻谷遗存，从而确认了当时大规模水稻栽培的存在。中国新石器时代的农耕文化，可大体上分为黄河流域的粟类栽培文化和以长江流域以南为中心的稻作栽培文化，而这种较大的差别之形成，与新石器时代的开始时间大体同时。近年，长江中下游初期稻作栽培文化的面貌逐渐明晰起来，成为探究东亚稻作起源的重要研究课题。

　　新石器时代中期文化，可以以陶器中的彩陶作为标志。彩陶的出土数量以及器形、纹饰等，在仰韶文化、大汶口文化、马家浜文化、大溪文化中虽各不相同，但在这一时期的陶器上确实都包含有一定数量的彩陶器类。新石器时代中期的年代，一般认为约当公元前 5000 年至公元前 3000 年。在黄河中游，新石器时代中期的代表性文化是仰韶文化，这一文化以出土有红陶和较多的彩陶为特色。仰韶文化，是以粟类栽培为中心的农耕文化，家猪的饲养也极为兴盛。仰韶文化，依地域与时代的不同可划分为几个类型。一般认为，由陕西省至河南省西部、山西省南部一带，经历了从半坡类型到庙底沟类型再到西王村类型的演变。黄河上游的新石器时代中期文化，即甘肃仰韶文化，被划分为时代不同

的石岭下类型、马家窑类型、半山类型、马厂类型等4个类型。黄河下游的新石器时代中期文化是大汶口文化。大汶口文化是以属于新石器时代早期文化的北辛文化为母体形成的，可分为早、中、晚期。已发现的大汶口文化遗存多为墓葬，与同时期的其他文化的墓葬相比，陶器和猪下颌骨等随葬品较多，偶见带有木椁的墓葬。大汶口文化的陶器以红陶和灰陶为主，彩陶也较多见；器形上，高足鼎、镂孔豆等都颇引人注目。大汶口文化的主要经济类型是农业，三里河遗址发现有大量的粟，可知当时主要的谷类作物是粟。大汶口文化，具有与长江下游的马家浜文化、青莲岗文化和北阴阳营文化相类似的要素，在拔齿习俗、埋葬方法、陶器器形和纹饰等方面，都有共同之处。

长江中下游的新石器时代中期文化，以马家浜文化、北阴阳营文化、大溪文化和屈家岭文化为代表，这些文化都以稻作经济为主。长江下游的马家浜文化，可细分为马家浜类型和崧泽类型。马家浜类型的陶器中有夹砂红陶和泥质红陶，也见有彩陶。崧泽类型的陶器，除夹砂红陶和泥质红陶外，还见有黑皮陶和泥质灰陶。北阴阳营文化遗址出土的随葬品中，以多孔石刀和石钺较为多见，显示出这一文化的特色。大溪文化的陶器中，存在有较多的彩陶。屈家岭文化在年代上与龙山文化早期并存，陶器中有彩陶，且较少与龙山文化相同的要素。长江流域在进入新石器时代中期后，稻作栽培技术发展迅速。这一水平较高的稻作栽培技术，很快从长江中、下游波及至长江上游和淮河流域。另外，在此前适应热带和亚热带环境的稻谷以外，还出现、增加了耐寒的稻谷种类，水稻农耕的影响从淮河流域向更北的地域推进。

进入新石器时代晚期，在黄河流域至长江中、下游，出现了文化内涵具有极强的共性、被称为龙山文化的新的考古学文化。这一文化的共同要素，一般认为包括下列内容：陶系上存在泥质灰陶、夹砂灰陶、蛋壳黑陶和泥质黑陶；陶器纹饰上篮纹、方格纹的普遍化；快轮的出现；圈足、三足器的增加，磨制石器、贝器的增加；卜骨的流行；少量红铜、青铜等金属器的出现；环绕聚落的夯土围墙和隔墙的出现等等。新石器时代晚期的年代，在黄河流域约为公元前3000年至公元前2000年，其主要年代约为公元前2500年至公元前2000年。由于在黄河流域各地龙山文化后期的遗存中，发现了少量的红铜、青铜等金属器，有学者据此认为，这一时代新石器文化已告终结，进入了铜石并用时代或金属器时代。然而，龙山文化中金属器的使用量，与石器、骨角器的使用量相比极其微弱，可以认为，如此稀少的金属器对当时社会、经济的影响几近于无。

黄河中游最早的龙山文化，是庙底沟二期文化。庙底沟二期文化的陶器，见有鼎、斝等器类，而这类器物是龙山文化的标志性器物。农具中出现了半月形石刀、石镰和贝镰，这些也是具有龙山文化特色的遗物。不久，庙底沟二期文化发展为河南龙山文化。河南龙山文化，依其地域性和陶器形制，又可细分为王湾类型、后冈类型、王油坊类型、三里桥类型和下王冈类型等不同的地方类型。河南龙山文化王湾类型和山西龙山文化陶寺类型，是与夏文化关系最为密切、在夏文化的探索中具有重要意义的考古学文化。龙山文化后期的年代，大体上处于公元前2500年至公元前2000年之间，早于夏王朝和商王朝的时代。而且，在王湾类型文化遗址及山西龙山文化遗址分布区有众多的关于"夏"的传说。据此，笔者推断，"夏"的传说极有可能产生于王湾类型文化、山西龙山文化或其后的二里头文化之中。

在长江流域，新石器时代晚期出现了良渚文化和石家河文化（青龙泉三期文化、湖北龙山文化）。这两个文化产生于长江中下游，从事以水稻栽培为主要经济支柱的农业活动，但灰陶和黑陶的存在，

陶器器类中有鬶、盉等文化内涵，又与黄河流域的龙山文化有共通之处，从年代上看，也属于与后者同时并存、兴盛发展的文化。良渚文化的石器，有石犁、破土器等推测用于水田耕作的石器，和作为收获用具的众多的石刀。同时，良渚文化中还发现有玉璧、玉琮、玉钺等特异的玉器，这些玉器的器形和纹饰，为中原夏文化和商文化所继承。作为商、周王朝王权象征的璧、琮等玉器和饕餮纹等纹饰，都极有可能源自良渚文化玉器。

在每个国家的历史上，该国的古代国家形成时期都具有重要的历史意义，这在中国也不例外。新石器时代结束，迈入青铜时代，中国出现了真正的文明，开始了以城市为中心的人类的崭新活动。在中国古代文明的出现期，存在着几个可称作特质的考古学现象。第一，伴出有宫殿的城市出现，开始营建夯土城墙与大型建筑物；第二，开始使用青铜器；第三，开始使用文字；第四，开始营建王陵。这四项，都是古代文明的标志性事件。

这些文明的标志性事件，见于世界范围内古代国家或城市国家的形成时期。中国夏商时代的文化内涵，如与南美索不达米亚对比，应相当于欧贝德（Ubaid）期、乌鲁克（Uruk）期、杰姆代特·奈斯尔（Jemdet-Nasr）期至苏美尔（Sumer）的乌尔（Ur）第一王朝这一阶段的文明。欧贝德期出现了以神殿为中心的城邑，开始使用金属器。乌鲁克期，营建了乌尔的白神殿和埃利都的神殿等规模较大的神殿；至杰姆代特·奈斯尔期，以神殿为中心的城市文明得以确立。这一时期，出现了被认为属于经济方面记录的泥板文书，以及铜制和银制的容器。一般认为，在苏美尔城市国家，可以确证其作为初期王朝而存在的是乌尔第一王朝，苏美尔的初期王朝文化，使用楔形文字，盛行神殿和金字形神塔，营建有带殉葬的长方形大墓。众多的红铜、青铜、银和黄金制品被发现，也有很多青金石、玛瑙、方解石等玉石器。依据对这些遗迹、遗物的研究，可以认为公元前 2500 年左右的苏美尔城市国家，是兼有祭司与王的职能的僧王支配下的神权政治国家。

中国古代国家出现期的都邑、宫殿、墓葬、青铜器、玉器、陶器、甲骨文、金文等文化内涵，总体上看，在许多方面与南美索不达米亚城市国家形成期的文化内涵相类似。它们各自形成了以黄河长江文明和美索不达米亚文明著称的古代文明。不惟近代国家，作为国家，古代国家也存在着领土、人民和握有统治权的王，存在着维护统治所必需的法律、行政组织、官吏、军人、神官、税金、赋役、祭司、宗教。在中国，这样的古代国家存在的诸要素在考古学上的出现，与青铜文化的开始时期基本一致。其时代相当于所谓的夏商时代。

山西省的山西龙山文化陶寺类型，可以看作是古代国家文明出现前夕的考古学文化。陶寺类型文化以山西省襄汾县陶寺遗址为典型遗址。该文化属于龙山文化，兼有河南龙山文化和陕西龙山文化的特征，同时又具有自身的文化特色。陶寺遗址中最为引人注目的是墓葬及其随葬品。属大型墓的 3015 号墓出土了 178 件随葬品，包括陶器 14 件、木器 23 件、玉石器 130 件、骨器 11 件，另有被扰乱的随葬品 30 件。在 3002、3015、3072 号墓等 6 座大墓中，发现了施彩的木棺，往往出土有彩绘蟠龙纹陶盘、彩绘陶壶、石磬、鼍鼓、大型石刀、木豆、木俎、猪骨。中型墓 3296 号墓出土了红铜铃，表明陶寺类型文化已有了若干金属器。中国的一些学者认为，彩绘蟠龙纹陶盘上的龙表现了王的权威，石磬和鼍鼓也属于宫室或宗庙用具。经碳 14 年代测定，陶寺类型文化早期的木炭（ZK682）为前 2290±90 年（经树轮校正为前 2917～前 2629 年），陶寺类型文化晚期的木炭（ZK681）为前 2040±80 年（经树轮校正为前 2471～前 2209 年）。从山西龙山文化陶寺类型晚期的出土遗物看，公元前 2300 年至公

元前 2000 年左右,黄河中游的山西省中南部一带,确已掀开了古代国家诞生前夕历史发展的新的一页。但以文明的要素而论,陶寺类型文化还没有城市和文字,因而无法将其纳入古代文明的范畴。

在河南省登封县告成镇王城岗遗址,发现了属于王城岗第二期(王湾类型一期)的、被称作城墙的土围子。土围子由东西相连的两个遗迹组成。西围子的西墙长 92 米,南墙长 82.4 米,北墙和东墙的一部分为河床破坏,残存部分长 29 米。东围子的南墙残长约 30 米,西墙残长 65 米,东围子的西墙即为西围子的东墙。这一被称为城墙的土围子,其规模虽然较小,但因该地被比附为古典文献中记载的夏之禹王的阳城而颇为引人注目。在属于王城岗遗址第四期的 617 号灰坑中,发现了残宽 6.5 厘米,残长 5.7 厘米,厚 0.2 厘米的青铜器残片。据报告介绍,该残片为含有铜、锡、铅的青铜。王城岗遗址出土木炭(ZK-943)的碳 14 测年数据为前 1910±80 年(经树轮校正为前 2300~前 2039 年)。迄止今日,在像王城岗遗址这样的龙山文化或与龙山文化同时代的遗址中,已知出土有初期金属器的遗址在中国境内有 40 处之多。出土初期金属器的遗址,并非普遍分布于中国全境,而是集中分布于黄河流域的一部分地域。龙山时代虽然存在着伴出有少量小型金属器的文化,但大型青铜容器和众多武器的出现,却是二里头文化和二里冈文化以后的现象,尚不见于龙山时代。

龙山文化的遗物中尚未发现有可确切断定为文字者。山东省邹平县丁公遗址等处虽发现有类似文字的刻划符号,但确切的文字是直到商代后期的殷墟期才出现的。如从都城(夯土墙遗迹)、初期金属、文字等文明要素来探讨龙山时代的遗迹遗物,可以认为在龙山文化阶段,较为确定的文明要素尚未确立。这一时代,大体上约当公元前 2500 年至公元前 2000 年,处于古代文明以前的部族国家阶段。

继龙山文化之后的二里头文化进入了青铜时代。进入青铜时代的这一时期,笔者认为应相当于可能存在的夏王朝时期。二里头文化,以河南省偃师县二里头遗址为典型遗址。二里头遗址虽尚未发现城垣,但在方圆约 1.8 公里的范围内,分布着众多夯土建筑基址,而以 2 座被称为宫殿址的大型建筑基址为首。1 号、2 号宫殿基址环绕以回廊,正殿位于其中部北侧,平面形制与后来西周时期的陕西省岐山县凤雏村发现的宗庙相类似。二里头遗址还不能称为城市,但确系规模较大的邑,可以认为是由村落性聚落向城市演变的过渡期的遗址。二里头遗址出土有众多的青铜器。其中有爵、斝、盉、鼎等容器,戈、戚、镞等武器,小刀、锛、凿、锥等工具,铃、圆形青铜器、兽面饰等乐器和装饰品。在这些青铜器中,包含有小刀、锛、凿、锥、戈、戚等很多利器即刃具,说明二里头文化已属于青铜器时代。青铜鼎、爵、斝、盉,均为礼器的器形,与殷墟时期及周代作为礼仪用器所使用的容器的器形基本相同。这些青铜礼器,是以古代国家权力从事宗教活动的遗物,可以看作是文明形成的一种标志。二里头文化的陶器上发现有被称为图象符号的符号状纹饰。这些符号虽不能称为文字,但可以认为它是早于殷墟时期甲骨文的、作为文字祖形的符号。二里头文化已有带宫殿址的邑、青铜利器和容器以及图象符号。其陶器的器形、纹饰基本上与殷墟文化的陶器器形和纹饰相衔接,青铜器的器形也与商代二里冈期的器形有密切的关联。然而,如依据碳 14 测年数据的树轮校正年代加以考虑,认为二里头文化是早于二里冈期、殷墟期的夏王朝的文化较为妥当。宫殿和邑、青铜器、图象符号等考古学现象,表明这一时期应相当于古代文明即城市国家出现期。

近年针对碳 14 测年所进行的树轮校正年代研究的成果,表明二里头文化可能与夏王朝有密切的关系。如将二里冈下层第一期比定为商代初年,那么二里头文化就只能被比定为夏王朝的文化。从树

轮校正年代的角度看二里头文化的年代，可知其与公元前 2000 年至前 1500 年间的夏王朝的时代大体对应。前此，笔者认为二里头第一期以前相当于夏文化，第二、三、四期则为商王朝文化，而不考虑二里头第二、三、四期为夏王朝文化的观点。但是，如果依据近年应用树轮校正年代所进行的年代学研究的成果，就不能无视二里头文化与夏王朝文化的关系。以下所示是二里头文化中有代表性的碳 14 测年结果与树轮校正年代。

二里头早期（第一期）木炭（ZK0825）的碳 14 测年数据是公元前 1605±80 年，其树轮校正年代是公元前 1886～前 1681 年。

二里头早期（第二期）木炭（ZK1079）的碳 14 测年数据是公元前 1590±70 年，其树轮校正年代是公元前 1880～前 1681 年。灰坑 H21 出土木炭（ZK1036）的年代是公元前 1430±85 年，其树轮校正年代是公元前 1680～前 1456 年。

属二里头中期（第三期）的木炭（ZK1078）的年代是公元前 1450±75 年，其树轮校正年代是 1684～前 1515 年。

作为二里头晚期（第四期）碳 14 测年的结果，木炭（ZK286）所显示的年代是公元前 1385±85 年，其树轮校正年代是 1625～前 1430 年。

这些二里头遗址出土木炭的碳 14 测年数据和树轮校正年代值，虽仅是已测定数据的一部分，但一个不争的事实是，二里头文化二里头类型第一期至第三期标本树轮校正年代数据，大多落在约公元前 2000 年至前 1500 年之间，而这正是由《竹书纪年》等古典文献推定出的夏王朝（公元前 1994～前 1523 年）的年代。

以河南省郑州市二里冈遗址为典型遗存的二里冈文化，是继二里头期之后的商前期文化。在郑州市发现的二里冈期的夯土城垣被称为郑州商城。从边长约 1.7 公里左右的城垣围起的城郭内，发现了众多的被称为宫殿的大型夯土建筑基址。郑州商城内外还发现有墓葬、铸铜遗址、骨角器制作遗址等，因此可称为都城遗址。二里冈期的夯土城垣遗迹，在河南省偃师县的偃师商城也有发现，该城极有可能是汤王所居亳都的遗迹。在湖北省黄陂县盘龙城也发现有城垣遗迹，城垣的直径约 290 米，规模较小，还称不上是带有城郭的城市。盘龙城，大概只是将宗庙围起来的城址。在二里冈文化中，普遍存在着把被推定为宫殿宗庙的大型建筑基址用城垣围起来的遗址。进入属于商代早期的二里冈期，青铜器的数量激增。从郑州商城内外分布的白家庄遗址、铭功路遗址、张寨南街遗址出土了众多的青铜器。进入二里冈上层期，青铜器的出土地域已不限于黄河流域，而扩大到了长江流域，在湖北省黄陂县盘龙城遗址和江西省境内都有青铜器发现。但迄今为止尚未发现二里冈期的文字。确凿的文字的出现，是进入殷墟期以后的事。

以河南省安阳市殷墟遗址为典型遗存的殷墟文化，系商后期的文化，一般被比定为第 19 代商王盘庚至第 30 代商王帝辛的时代。这一时代，是中国古代文明得以确立的时代。殷墟遗址位于安阳市西北洹河两岸，面积达 24 平方公里。洹河南岸的小屯村附近，发现了被称为甲组、乙组、丙组宫殿基址的众多的大型夯土建筑基址。尤其是甲组中甲八、甲九、甲七、甲六、甲四、甲五、甲一、甲二、甲三、甲一一、甲一二、甲一三等一群建筑物，被推定为由大门、夯土墙、殿堂、宗庙、明堂等组成的宫城内的建筑群。在小屯附近与这些建筑群共存的乙区北组和中组，还发现了数量极大的被称为奠基坑、祭祀坑的埋设牺牲的土坑。安阳市洹河北岸的侯家庄、武官村遗址，由王陵及其周围分布的数量

达 1000 座以上的牺牲坑组成，这一区域被推定为王陵区和祭祀场。大型墓中有亚字形墓和甲字形墓，尤其是侯家庄的 7 座（或 8 座）亚字形墓，武官村的 1 座亚字形墓、3 座中字形墓、1 座甲字形墓，合计 13（或 12）座大型墓，或认为可能属盘庚至帝辛时期的商王墓。殷墟不同于作为行政、经济中心的现代城市，它应是王权和祭祀中心，是对祖先进行祭祀的场所。目前尚未确认有将殷墟围起的城垣，王陵、祭祀坑及包含有宗庙的大型建筑并存的殷墟遗址，可以断定系实行神权政治的商代城市，商代百姓将殷墟称为"大邑商"。在洹北花园庄附近，还发现了早于殷墟期的、以边长在 2000 米左右的夯土城垣围起的城址，该城被称为洹北商城，可能是早于殷墟时期的都城。殷墟期青铜文化，与西周时代并列，处于中国历史上青铜文化发展的最成熟的阶段。殷墟期众多青铜利器的出土，恰与青铜文化名实相符。以侯家庄 1004 号墓出土的鹿方鼎、牛方鼎，1001 号墓出土的饕餮纹方盉，武官村出土的司母戊鼎等为代表，出土有各种容器和武器。尤其是 1976 年在小屯村发掘的妇好墓，出土青铜器达 468 件之多，是殷墟二期的标准器群。在殷墟遗址范围内，于小屯东南 1 公里的苗圃北地发现了大规模的铸铜遗址。据报告，出土有上千件的鼎、戈等青铜器陶范和坩埚，推测这里应是商王室的青铜器作坊。殷墟遗址内的孝民屯也发现有青铜器作坊。这些铸铜遗址，不仅表明作为文明标志的青铜器制造业的存在，还意味着殷墟遗址在作为祭祀性城市的同时，也是含有王室铸铜作坊的手工业中心。

殷墟遗址以外，青铜器的分布已从黄河流域扩展至长江流域。在江西省新干县大洋洲商墓，发现了可以上溯至殷墟文化一期以前的青铜器；四川省广汉县三星堆遗址，也发现了包括形制特异的人面青铜器在内的众多的青铜遗物。在长江流域，还存在着与商的青铜文化有密切关系的青铜文化，这些青铜文化可能源于殷墟文化。

殷墟时期存在着被称为甲骨文的文字。甲骨文自殷墟二期即 22 代商王武丁时期以后开始出现，见于殷墟第二、三、四期，一般认为属占卜记录。它不是法律文书或经济文书，但属于构成文章的文字。在殷墟时期，甲骨文以外，还出现了在青铜器上铸造的文字即金文。除了族徽性质的图画文字外，作为文章的金文的出现，始于殷墟四期。在殷墟文化的文字资料中，除甲骨文、金文之外，还有陶文和玉石文字等。总之，在殷墟时期，已存在作为文明标志的甲骨文和其他文字。在探讨中国古代文明时，殷墟期文字的出现是值得大书特书的事件，它使中国作为古代文明的要素条件得以满足。中国古代文明的开始虽可在属于夏王朝的二里头文化中探求，但它的生长壮大乃至以古代文明的姿态确立于世，则是殷墟文化出现之后的事了。

在西周时代的主角周王朝的文化中，不必说已存在着城市、青铜器、文字等文明要素，而且还有作为中国古代文明标志的大墓。周是商代末期由渭水盆地兴起的国家。从考古学的角度约略可知的周文化，始自古公亶父时代，大体上相当于商后期的后半段，这一时期的周文化被称为先周文化。传为周的古公亶父自豳迁来的周原的周城，位于现在陕西省扶风县和岐山县境内，包括岐山县京当、乔家、凤雏、贺家、礼村、王家，扶风县强家、云塘、齐镇、齐家、刘家、召陈、任家、康家等村落，面积在方圆 4 公里左右。这一范围内的岐山县凤雏村、扶风县召陈村和云塘村，发现了属于西周时代的大型建筑基址和瓦。岐山县凤雏村甲组建筑基址，回廊环绕着正殿，在 2 号室的窖穴内出土了西周甲骨文，因而被推定为周的宗庙建筑。而且，这一区域还发现了众多的被称为窖藏的贮藏坑，自古以来多次出土了大量的西周青铜器。周城应是周的重要城市，但自古公亶父至文王的先周时代的遗存，还无法确认属城市遗址。周城发现的宫殿基址和瓦，以进入西周时代以后的遗存为主，但可推定它是先周

时代至西周末年周的圣地所在。

文王的丰京也是先周时代的周都，它位于西安市西南约 14 公里的沣河西岸，现陕西省长安县客省庄、马王村、张家坡、西王村一带。虽然据报道附近发现有夯土基址和瓦，但却缺乏城市遗存的发现。武王的镐京、成王的洛邑，也有类似的状况。镐京被推定在沣河东岸、以陕西省长安县斗门镇普渡村附近为中心的地域，虽据报道有夯土基址的发现，出土有西周时期的瓦，但还未能在考古学上确认为城市遗址。西周成王建造的洛邑成周、王城，笔者推定应叠压于现洛阳市区之下，但也不足以从考古学上确认其属于都城遗址。成周和王城，也同殷墟一样，应是包含有祭祀遗址、墓葬以及手工业作坊等的城市，但尚未发现宫殿、宗庙、王陵等遗存。

西周王室的陵墓虽尚未发现，但西周时期的诸侯墓却有若干的发现。晋国是成王之弟唐叔虞受封而兴起的诸侯国。北京大学的邹衡教授，依据山西省曲沃县天马曲村遗址的调查结果，推定曲村附近应是晋的始封之地。西周时代晋国的国君墓地发现于山西省曲沃县北赵村。这里发现了 2 座一组的晋侯墓共 18 座，据报告，从 8 号墓中出土的晋侯苏鼎铭文，可知该墓极有可能是晋献侯之墓。墓葬曾遭盗掘，为甲字形竖穴墓，一椁一棺，棺内尸体上覆盖着玉器，发掘出土了金带饰 15 件、青铜器 12 件以及大量的玉器。在西周王室的陵墓尚未发现的今天，与周王室有直接联系的晋侯墓地的发现，无疑是了解西周王陵制度的重要线索。

西周时代，作为文明标志的青铜器和文字，即礼器和金文，迎来了它的成熟期。西周时代的青铜器铸造技术，可从河南省洛阳市发现的北窑铸铜遗址中窥知一二。北窑铸铜遗址，位于洛阳东站以北约 200 米处。出土遗物除陶器外，还发现了大量的陶范（10000 件以上）和熔铜炉壁残片。出土的陶范多为外范，内范或母范较少。陶范中以礼器范居多，车马器和武器范较少。陶范中有鼎、簋、卣、尊、爵、觚、觯、罍、钟等器形。遗址中除与铸铜有直接关系的遗物外，还发现有被认为是铸铜开始时占卜用的卜骨，和埋葬牺牲的兽坑等遗迹遗物。由共存陶器的年代，推定这一铸铜遗址的年代相当于西周早期至西周中期。北窑铸铜遗址的报告，认为该遗址属西周宗室的铸造作坊，从遗址的位置和年代上看，大体可信。北窑西周铸铜遗址，应是构成城市的一个组成部分的生产遗迹。

作为文明要素之一的文字的使用，进入西周时代更为普遍。从周原附近的窖藏中，发现了大量的青铜器，其中一部分青铜器上有铭文，包括盂鼎（285 字）、史墙盘（284 字）、毛公鼎（479 字）、散氏盘（349 字）等长篇铭文。尤其是史墙盘，不仅记述了西周早期的重要史实，且文字优美、文句合韵，是古典文学的杰作。西周时代盛行在青铜器上铸造汉字，迎来了金文的成熟期。继周原的岐山县凤雏村甲组建筑址发现西周甲骨文后，在周原的扶风县齐家村的灰坑中又有西周甲骨文发现。西周甲骨文和西周金文的出土地点，以黄河和长江流域为中心向更为广阔的地域扩展，从西周金文的出土地点，可知西周时代文字的使用，较之商代更为普遍。

在中国历史上，一般将春秋时代的开始定为公元前 770 年，战国时代的终结定为公元前 221 年，本书亦从此说。关于春秋时代与战国时代的分野，我们同意在公元前 477 年与 476 年之间划界的观点。从考古学上看，公元前 5 世纪前半叶，青铜礼器减少，陶制礼器和漆器增多，铁器出现，如此种种，都表明这一时期属于文化上的大的转型期。春秋战国时代遗址的数量，较之商代和西周时代显著增多，尤其是进入战国时代，遗址数量大增，遗迹的内涵也变得复杂起来。而且，从出土遗物的种类上看，在陶器、青铜器、玉器之外，又增加了铁器、漆器和木器等；青铜器中，在以往的礼器、武器、乐器

等器类之外，又出现了镜和货币等。其结果导致值得深入研究的遗物的内容极为复杂。周初诸侯的数量，据传有千余国之多，至春秋初已统合为百余国，春秋时代较大的诸侯国，有秦、晋、齐、楚、鲁、燕、曹、宋、蔡、郑、吴、越等。战国时代，秦、韩、魏、赵、燕、齐、楚等国争夺霸权。这些春秋战国时期的诸侯国，应是以诸侯或王所居都城为中心，统治着周边城市的城市国家。有一种观点认为，战国时代属于城市国家与古代帝国之间的领土国家阶段。但从考古学上看，可称为城市国家之象征的大多数都城遗址，恰恰是战国时代的都城遗址。同时，在战国时代，除争霸的七雄之外，还存在着众多的小国，且多有经济上独立、单独发行货币的事例。先秦时代的货币，有不少铸有安邑、平阳、安阳、晋阳、甘丹、开封、鄂等城市名，说明城市控制着一定的经济圈。可以认为，即使在被普遍认为属于领土国家时代的战国时代，城市还在掌握着国家的统治权。因此，战国时代应仍属城市国家时代。

作为春秋战国时代城市国家象征的若干处都城，仍有迹可寻。考古学上可确认属春秋时代的城市遗址，有洛阳东周王城、陕西省凤翔县秦雍城、山西省侯马市晋新田等，数量极少。对文献中记载的不少春秋时代的都城遗址进行发掘，但未能确认存在有春秋时代的遗迹和遗物。战国时代的都城数量较多，包括陕西省的秦栎阳城、咸阳城，河南省新郑县郑韩故城，山东省齐临淄故城、曲阜鲁城，山西省夏县魏安邑故城，河北省赵邯郸故城、燕下都，湖北省荆州市楚郢都等。

春秋战国时代坟墓的主体部分，基本上为长方形竖穴土圹墓，大型墓有1条或2条墓道，中型和大型墓一般都有木质棺椁。陕西省宝鸡市凤翔县发现的秦公1号墓，系东西墓道的中字形墓，全长约300米，竖穴墓室的填土上发现有建筑基址。基址周边出土有瓦，表明墓上原有寝殿之类的建筑。类似的墓上建筑遗迹，在河南省辉县固围村大墓、河北省平山县中山王墓和河北省邯郸市赵王墓都有发现。在王陵的墓上营建寝殿之类的建筑物，是战国时代较为普遍的现象。地处河北北部边地的燕国墓葬，都有较大的坟丘，封土中含有烧土、白灰和蚌壳层，较为特殊。长江流域的楚墓，尚未发现墓上建筑的实例，但有大型坟丘，用巨大的木材制成的木椁和木棺引人注目，湖北省荆州市江陵和湖南省长沙市发现的楚墓数量庞大，如实地反映了楚国国力的强盛。洛阳出土的东周时代的随葬陶器，被分为春秋早、中、晚期和战国早、中、晚期共六个时期。近年，有不少关于楚墓出土随葬陶器的报告刊布，有关楚墓随葬陶器的研究有望取得进展。至于战国时代墓葬的随葬品，从湖北省随州市曾侯乙墓、荆州市望山1号墓、湖南省长沙市的楚墓中都出土了众多的青铜器、铁器和漆器。燕下都的战国墓中也出土了不少陶器和铁器。在战国时代的考古学研究中，不仅是青铜器，对铁器、漆器的研究也成为重要的研究课题。

从考古学上看，战国时代的开始意味着遗迹遗物上新的变革的开始。如前所述，就发现的遗迹而言，城市遗址增多，坟墓的数量也急剧增多。以高超的铸造技术著称的中国青铜文化，终结于战国至秦代。战国时代，一般认为已进入铁器时代。然而，战国中晚期铁的生产量虽有大幅度的增长，但战国时代青铜遗物的数量仍然超过铁器，青铜器时代的完全终结，是战国时代结束之后的事。可以认为，春秋时代是典型的青铜时代，而秦汉时代已正式进入铁器时代，战国时代则是二者之间的过渡阶段。进入战国时代，在楚国境内，漆器生产飞速增长。随着公元前4世纪末秦的兼并战争，漆器的生产体制逐步纳入秦的管理范围。布币和刀币等青铜货币的出现虽可上溯至春秋时代，但从遗物的数量上看，这些货币是进入战国时代之后才广泛流通的。春秋战国时代，各国和各个城市发行货币，秦用圜钱、魏用布币、燕和齐用刀币、楚用蚁鼻钱和郢爰。从流通的货币看，可以说经济上尚未统一。不惟经济

未统一，诸国间使用的文字也有很大的差异。早于秦汉时代的东周时代，诸侯、诸王相互争霸，诸国间使用多种货币、度量衡、法律和文字，思想上处于百家争鸣的时代。但到了战国时代，兴盛的生产活动和经济活动，导致城市数量的增多和规模的扩大，走向国家统一的气氛空前高涨。

由于秦始皇的出现，至公元前221年，中国国家得以统一，同时也统一了货币、度量衡、法律和文字等。其后，西汉武帝时期，在统一国家的基础上确立了统一的文化。随着秦汉统一文化出现，植根于城市国家的中国古代文明宣告终结，中国进入古代中央集权国家的新时代。

秦咸阳城，是秦孝公十二年（公元前350年）所迁都城，被推定在以今陕西省咸阳市窑店镇为中心的、方圆7公里的范围。这一都城以咸阳宫为中心，分布着宫殿、各种生产遗址和居住区等，是典型的战国时代的都城。秦始皇二十六年（公元前221年）秦统一后的咸阳城，已不是作为城市国家的咸阳城，它是秦国都城，同时还不得不担负起作为统一国家的中国首都的职能。进入西汉时代，又营建了国都汉长安城。汉长安城，是依汉高祖的意志，从开国伊始就作为大汉帝国的国都而营建的都城。根据发掘结果，知汉长城环绕有周长25.1公里的城垣，其内部基本上是宫殿区和皇城区。汉长安城，是作为中央集权国家权力中心的城市，与作为古代文明要素之一的城市有显著的差异，发生了很大的变化。

秦始皇营建了史无前例的巨大的陵墓。始皇陵有广阔的陵域、巨大的坟丘和亚字形竖穴墓室、宽广的陵园以及大量的陪葬坑和俑坑，成为其后中国皇帝陵墓的典范。秦始皇实施的帝陵的建造，在汉王朝得到继承，相继营建了刘邦长陵、景帝的阳陵、武帝的茂陵。从某种意义上讲，可以说皇陵的传统一直持续至清朝。

秦始皇统一为篆书的文字，是经过汉的隶书演进至现在仍在使用的汉字的出发点。秦始皇以前的文字资料，以甲骨文和金文为代表，大多记载宗教的占卜或祖先伟业等内容。秦始皇以后的文字，用于以国家统治为目的的法律、思想、记录，文字的使用目的发生了很大变化。西汉武帝时代编纂了《史记》，此后，中国有了正史。秦汉时代的出土文字资料，有湖北省云梦县睡虎地出土的战国末年至秦始皇时代的竹简、湖南省长沙市马王堆汉墓出土的葬送竹简、山东省临沂县银雀山出土的孙子兵法、孙膑兵法等竹简，滇王金印、南越王金印等印章，以及各地出土的封泥等大量的文字资料。关于纸，已知西汉时即已存在，与纸的使用相关联的文字的使用，在西汉武帝时代以后得到极大的普及。秦汉时代文字使用之普及程度，是商周时代的甲骨文和金文所无法比拟的。

秦始皇统一了货币，废止了战国时代各国流通的刀币、布币及各种圜钱，使半两钱得以流通。秦半两又称大半两，其用铜量与实际价值相当，可称为实体货币。西汉在公元前186年发行的八铢半两和公元前175年以后发行的四铢半两，则可称为名义货币。西汉武帝在公元前119年发行了五铢钱，这已是地道的名义货币，是汉王朝经济信用度的佐证。汉王朝发行名义货币的经济政策，证明即便汉王朝不具有与发行货币相应的财富，这种货币发行的本身，也应是可行的、具有革命性的经济政策。总之，整个春秋战国时代长期使用的实体货币，至秦汉时代已变为名义货币，这是不争的事实。作为名义货币的青铜货币的出现，也是从考古学遗物上显现出的，昭示古代文明终结的现象。

战国时代已有相当多的铁制农具和工具投入使用，而铁制武器使用的普遍化则是进入秦和西汉之后的事。到了西汉武帝时代，铁制农具、工具和武器开始显著增产。战国时代的冶铁业已能生产出较多的农具和工具，以及少量的铁制武器。进入汉初，铁制长剑、长矛、环首大刀与青铜剑、青铜镞和

青铜戈伴出，铁制武器逐渐取代了青铜武器。铁的出现可上溯至春秋时代，而作为古代文明要素之一的青铜利器完全为铁制利器所取代，是进入西汉时期之后的事。山东省临淄故城发现的汉代冶铁遗址的面积达40万平方米以上，相当于战国时代齐国临淄故城冶铁遗址面积的8～10倍，类似的汉代冶铁遗址规模扩大的趋势在不少遗址都可得到确认。河南省巩县铁生沟制铁遗址，面积为2万平方米，发现有矿石加工场、冶炼炉、铸造炉和居住址等遗迹。汉代的铁器生产，除锻造外，在铸造上也有优良的技术。与制铁相关的遗迹、遗物的发现，确切地表明汉代已进入了真正的铁器时代。可以认为，逮至武帝时代，青铜时代向铁器时代的转换已宣告完成。

古代文明的要素，可以以城市、青铜器、文字和大型墓葬为标志，二里头文化应是中国古代文明的开始。然而古代文明的最终确立，则非殷墟文化莫属。西周时代，是古代文明的鼎盛时代。东周时代也包含在中国古代文明期之中。铁制利器的普及，考古学上可确认为汉代风格的遗物之普遍存在，则是在公元前2世纪中叶，即西汉武帝出现之后的事。武帝的出现宣告了中国古代文明的完全终结。西汉武帝以后，中国进入了新的古代中央集权国家即统一的中国文化的时代。

在驹泽大学接受笔者指导、撰写与中国考古学相关的毕业论文的学生很多。经常会有考古专业的学生询问"有没有中国考古学概论之类的书"。目前仅有用汉语写的《新中国的考古发现和研究》等书籍，但却没有用日语写的合适的概论性质的书。于是，在讲授中国考古学概论的同时，笔者决心着手编写《中国考古学概论》。对笔者来说，概论不单单是授课用的教科书，也是对考古资料所见中国古代史的记述。将头绪繁多的中国历史用考古资料加以记述是一件十分困难的工作，同时也是一个表明笔者历史观的机会。笔者多年来一直认为二里头文化属商王朝早期的文化。但近年针对二里头文化所作碳14测年和树轮校正年代数据，以及中国夏商周断代工程的成果，促使笔者改变了关于二里头文化与夏王朝关系的历史观。

（许宏　译）

The Archaeology of China: An Outline

Iijima Taketsugu

Twenty-three years have passed since I was entrusted with offering courses on East Asian archaeology in the Faculty of Letters at Komazawa University. This book brings together themes from a course entitled "An Outline of Chinese Archaeology" that I have given each of these 23 years. Its contents include China's human geography, a history of Chinese archaeological research, and explanations of specialized terminology used in Chinese archaeology, while the main discussion covers Chinese archaeology from the Palaeolithic through the Qin-Han periods.

The Palaeolithic Period

The earliest hominid activity in China begins with the so-called "ape-men" of the Early Palaeolithic period. Known examples include Yuanmou Man, dating 1.7 million years ago, discovered in Yuanmou County, Yunnan Province, and Wushan Man, dating to before 1.8 million years ago, discovered in Wushan County in Chongqing, Sichuan. All of these "ape-men" used chipped stone tools, and these tools are usually called "points" or "side scrapers," but their forms are not fully regularized. The approximate time period of these "ape-men" dates to before the Early Pleistocene, and thus it becomes clear that early fossil hominids must have already been widely distributed across East Asia well before one million years ago.

Following these early remains, the so-called "primitive men" of the Middle Pleistocene period are represented by the discoveries of Lantian Man at Lantian County, Shaanxi Province, and the Peking Man fossils from Zhoukoudian in Fangshan County, Beijing. It is said that these "primitive men" could use fire and had language capabilities. The lithics used by Lantian Man were made by direct percussion and include pebble tools, large points, side scrapers, cores, and spheroids. The stone tools of Peking Man were made using direct percussion and bipolar percussion techniques, and there was also retouching. The time period represented by Peking Man and Lantian Man is quite long and is estimated to have been from approximately 700,000 to 150,000 years ago.

Although hominids were active in the Middle Palaeolithic period, very few fossils have been discovered. Crania from the Dingcun site in Linfen County, Shanxi Province, belong to an approximately twelve-year-old child and a two-year-old infant. The Maba Man fossil, a cranium of a middle aged male found at Mabazhen in Qujiang County, Shaoguan City, Guangdong Province, is thought to be a Neanderthal fossil; it dates from the end of the Middle Pleistocene to the first half of the Late Pleistocene period. Representative of typical stone tools of the Middle Palaeolithic are the large tool forms from Dingcun and the small tool forms from the Xujiayao site in Yanggao County, Shanxi. The Dingcun lithic assemblage includes pebble tools, spheroids, triangular large points, crane's bill-shaped points, small points, and side scrapers. The Xujiayao assemblage includes lithics produced by direct percussion. There are also primitive forms of prismatic cores, and tool types include cores, flakes, side scrapers, points, gravers, and small pebble tools: generally speaking, all of these tools were small forms. The dates of the Middle Palaeolithic period are thought to have extended from 150,000 to 70,000 years ago.

The hominids active in the Late Palaeolithic period were modern *Homo sapiens* very similar to us today: the well-known Upper Cave (Shandingdong) fossils from Zhoukoudian provide a good example from this period. Other sites known to have stone tools from this period include Xiaonanhai Cave in Anyang, Henan Province, the Xiachuan site in Qinshui County, Shanxi Province, and the Shiyu site in Shuoxian County, also in Shanxi. Most of the lithics at Xiaonanhai Cave are small in form, and they include rectangular-block shaped cores, triangular conical cores, prismatic cores, as well as points, blade-like flakes, and various scraper types. Many backed blades like those found in Japan have been excavated at the Xiachuan site. The stone tools excavated at the Shiyu site are also small forms and include points, side scrapers, gravers, fan-shaped cores, and stone projectile points. The Late Palaeolithic coincides with the Dali Glacial and was a relatively cold time period thought to have lasted from 70,000 to 10,000 years ago.

The Neolithic Period

The appearance of polished stone tools is taken as the beginning of the Neolithic period, yet their appearance should not be taken as the only marker of Neolithic culture: one must consider a multitude of cultural elements—including the appearance of cereal agriculture and pottery—as also being important.

The Early Neolithic period is thought to have begun approximately 9000 BC. Early polished stone tools or pottery have been found at sites belonging to this period, such as Xianrendong Cave in Wannian County, Jiangxi Province. By the Early Neolithic period, cereal agricultural of a relatively high technological level is already being carried out, and the raising of pigs occurs over a wide area. At sites of this time period along the Yellow River, such as the Cishan site in Wuan County, Hebei Province, or the Peiligang site in Xinzheng County, Henan

Province, very characteristic artifacts are found, such as grinding stones and stone rollers, stone spades, and saw-toothed stone sickles, and millet agriculture is being carried out. At sites along the middle Yangzi River, such as Pengtoushan in Lixian County, Hunan Province, or Zhichengbei in Yidu County, Hubei Province, plant remains of rice have been discovered. The agricultural cultures of the Chinese Neolithic can be broadly classified into the millet producing cultures of the Yellow River region and the rice producing cultures of the area centered south of the middle Yangzi River, yet this division formed as early the start of the Neolithic period.

For the Middle Neolithic period, which is thought to date 5000-3000 BC, painted pottery can be used as a standard for classifying cultures. The Yangshao culture is the representative culture of the Middle Neolithic period of the middle Yellow River region. The Yangshao culture is characterized by its red pottery and the relatively large amount of painted pottery unearthed at its sites. The Yangshao culture was an agricultural culture centered on millet production, and the raising of pigs was extremely thriving; large settlements were also common. The Yangshao culture in the region from Shaanxi to western Henan and southern Shanxi is recognized as going through three regional chronological phases, the Banpo, the Miaodigou, and the Xiwangcun phases. The chronology of the Gansu Yangshao culture of the upper Yellow River region is divided into four phases, the Shilingxia, the Majiayao, the Banshan, and the Machang phases. The Middle Neolithic culture of the lower Yellow River region is known as the Dawenkou culture. Most Dawenkou sites are burial sites. Compared to burial sites of other cultures of the same time period, there are more burial goods in Dawenkou graves, such as pottery and pig mandibles, and occasionally Dawenkou graves contain wooden coffins.

The Middle Neolithic of the middle and lower Yangzi River is represented by the Majiabang, Beiyinyangying, Daxi, and Qujialing cultures, all of which were centered on the production of rice. The pottery of the Majiabang culture featured red gritty clay wares, red fine clay wares, black skinned pottery, and gray fine clay pottery, as well as painted pottery. The most characteristic elements of the Beiyinyangying culture are stone knives with multiple holes and stone axes; these frequently occur as burial goods. The Daxi and Qujialing cultures also contained a small amount of painted pottery. During the Middle Neolithic period in the Yangzi River region there was also a sudden advance in rice agricultural technology.

During the Late Neolithic period, in the broad region from the Yellow River to the middle and lower Yangzi River, a series of cultures with an extremely strong commonality of cultural elements appears; these are called the Longshan cultures. The common elements that we can find in these cultures include, in ceramics, fine clay gray wares, gritty clay gray wares, eggshell black pottery, and fine clay black wares; the regular appearance of basket impression and check-marking decoration; the appearance of the potter's wheel or turntable; and an increase in ring foot and tripod vessels. There is also an increase in polished stone tools and shell tools; the popular use of oracle bone divination; the appearance of small amounts of copper or bronze metallurgy; and the appearance of earthworks and rammed-earth walls enclosing settlements. In the Yellow River region, the Late Neolithic period can be dated to 3000–2000 BC.

As for relationships to the Xia culture—the culture of China's first dynasty—two regional Longshan cultures have particular significance: the Wangwan regional phase of the Henan Longshan culture and the Shanxi Longshan culture (also called the Taosi culture). The later half of these Longshan cultures dates to ca. 2500–2000 BC, which is the same as the time period just before the formation of the Xia dynasty. Furthermore, many of the historical traditions related to the Xia dynasty are concerned with the same geographical region as the distribution areas of sites of the Wangwan phase and the Taosi culture. Because of this, the author argues that there is a high probability that part of the Xia traditions stem from elements of the Wangwan phase, the Taosi culture, or the later Erlitou culture.

In the Yangzi River region, the Late Neolithic period marks the appearance of the Liangzhu culture and the Shijiahe cultures. These two cultures are distributed along the middle and lower Yangzi River and feature agricultural activities centered on rice production, yet they still share many common cultural elements with the Longshan cultures of the Yellow River region, such as gray pottery and black pottery and such pottery vessels as the *gui* hollow-legged pitcher and the *he* tripod pitcher. These Yangzi region Late Neolithic cultures were also contemporaneous with those of the Yellow River region.

The Bronze Age and the Xia

As the Neolithic period ended and the Bronze Age began, true civilization appeared in China. This can be understood as the start of new types of human activities centered on the city. Several archaeological matters need to be given special mention concerning this period of the origin of civilization in China. First, cities centered on palaces appear, and construction began featuring the ramming of earth within wooden frameworks and large-scale buildings. Second, the manufacture of bronze vessels started. Third, writing came into use. Fourth, royal tombs began to be constructed. All of these four items are indicators of ancient civilization. In China, these several elements indicative of the existence of ancient civilization all began to appear archaeologically at the same time period as when bronze culture started: this time period was equivalent to the Xia and Shang (or often called the Yin period in Japan) periods.

At the Wangchenggang site in Gaochengzhen, Dengfeng County, Henan, rammed-earth walls and settlement enclosures have been discovered. Two earthen enclosures were found. The western one had a 92 m long west wall and an 82.4 m long south wall, but the north and east walls were partially destroyed by a nearby river. The eastern enclosure had a partial south wall still 30 m long and a partial west wall 65 m long: the west wall was joined to the east wall of the western enclosure. Although these walls and enclosures were of relatively small scale, they still draw much scholarly attention. This is because it has been proposed that the location of the Wangchenggang site is the same as that of Yangcheng, the capital of the Xia dynasty's first king, Yu: Yangcheng is known through records of it written in the classical historical traditions. A broken piece of bronze was also recovered from ash pit H617 at Wangchenggang, dating to Period 4 at the site. This piece of bronze has a partial length of 5.7 cm, partial width of 6.5 cm, and is 0.2 cm thick: the site report says that the metal used in this piece was an alloy of copper, tin, and lead, i.e., a true bronze. At present, it is now known that early metal objects have been found at forty sites across China dating to the time period contemporaneous with the Longshan culture. These sites with early metal objects tend to be clustered in part of the Yellow River region. Although there were a few small metal objects found in cultures of the Longshan period, large-scale bronze vessels and large numbers of bronze weapons did appear until the following Erlitou and Erligang periods: such large-sized bronze objects cannot be found in the Longshan period.

The Erlitou culture, dating 2000 to 1500 BC, appeared following the Longshan cultures, and it marks the entry into the Bronze Age. The author considers this period of entry into the Bronze Age as the period of the Xia dynasty. The type site of the Erlitou culture is the Erlitou site in Yanshi County, Henan. A large number of rammed-earth structures were found in a square area of about 1.8 km on each side at the site, including two palatial foundations, Palaces 1 and 2. These palaces both featured a courtyard with a surrounding roofed, semi-enclosed corridor and a main hall placed in the central north area of the courtyard. The Erlitou site cannot properly be called a city (or *dushi* in Chinese), but it was certainly a centralized settlement of relatively large-scale (what the author refers to as an *yi* in Chinese), and thus a site representative of the transition from agricultural villages to urban settlements. Many bronzes have been unearthed at Erlitou, including such vessels as *jue* tripod beakers, *jia* tripod pitchers, *he* spouted pitchers, and *ding* tripod vessels; bronze weapons such as halberds, axes, and arrow points; bronze tools such as small knives, adzes, chisels, and awls; and musical instruments and decorative objects such as bells, discs, and animal-face plaques.

That the Erlitou culture belongs to the Bronze Age is expressed by most of the bronze items found at the site being bladed objects—objects with a cutting edge such as the small knives, adzes, chisels, awls, halberds, and axes. Also, on Erlitou pottery there are some elements that are symbol-like in appearance and can be called iconographic symbols. These symbols should not be taken to be written characters, but they can be recognized as the ancestral form of the characters appearing in the Shang oracle bone writing of the Yinxu period. Thus, in the Erlitou culture there were large settlements with palace foundations, bronze weapons, tools, and vessels, and iconographic symbols. Pottery vessel forms and decorations of the Erlitou vessels can basically be connected to those later occurring in the Yinxu culture, while the Erlitou bronze vessel forms connect to those of the following Erligang period of the Shang dynasty. Thus, if we assume that the Xia dynasty itself actually did exist, then it is appropriate to consider the Erlitou culture as the culture of the Xia dynasty and as the culture whose contents were the predecessors of the Shang culture of the Erligang and Yinxu periods. The presence of palaces and a large, centralized settlement, bronzes, and iconographic symbols all indicate that the Erlitou period was the period of the emergence of ancient civilization in China—that is, the period of the emergence of the urban-based state.

The Shang Period

The Erligang site in Zhengzhou, Henan, is the representative site of the Erligang culture, which is the culture of the early Shang period. The rammed—earth city wall discovered at Zhengzhou, dating to the Erligang period, is known as the Zhengzhou Shang city. The surrounding walls of the Zhengzhou Shang city, each of about 1.7 km in length, contained many locations where large-scale rammed-earth foundations of what are thought to be palaces have been discovered. It is common to find archaeological remains of large-scale foundations of palaces or temples surrounded by city walls in the Erligang culture: one such site, found in Yanshi County, Henan, and now called the Yanshi Shang city, is highly likely to have been the capital city Bo of Tang, the first Shang dynastic king.

Upon entry into the Erligang period, the number of bronzes found suddenly increases, with many bronzes being found within and outside the walls of the Zhengzhou Shang city from such locales as the Baijiazhuang site, the Minggonglu site, and the Zhangzhainan site. By the Upper Erligang period, bronze vessels are found across a wide area from the Yellow River to the Yangzi River, such as at the Panlongcheng site in Huangpi County, Hunan, and in Jiangxi Province.

The culture of the late Shang period is represented by the site of Yinxu in Anyang, Henan, thought to be the site of the last Shang capital of Yin, which was the Shang capital from the time of Pangeng, the nineteenth Shang king, through the reign of Dixin, the thirtieth king. The Yinxu site extends over a 24 sq. km area to the northwest of modern Anyang, on both sides of the Huan River. On the south side of the Huan River, near Xiaotun village, rammed-earth foundations of large-scale buildings were discovered. These clusters of buildings are thought to have been the great gates, walls, palaces, temples, and *mingtang* halls that composed the inner part of the palace city. Associated with these clusters of buildings were an extremely large number of pits containing objects, animals, and human victims, thought to be sacrificial pits.

The Houjiazhuang and Wuguancun sites to the north of the Huan River are thought to have been the area of the royal tombs and sacrifice sites, and the large tombs of the Shang kings and over 1000 associated pits with sacrificial victims were found there. The large tombs were cruciform in shape with ramps from four directions leading down to a large central chamber, or with two opposing ramps leading down to the central chamber. Since there were twelve such large tombs, some say that perhaps they were the tombs of the twelve Shang kings, from Pangeng to Dixin, said to have lived at Yinxu.

Yinxu was an ancient capital, and as such differed from modern capital cities, which are structured around political and economic activities. Instead, Yinxu was centered on the king's political authority and sacrifice; it was a locale presumed to be for carrying out sacrifices to the kings' ancestors. The Yinxu site, with its royal tombs, sacrificial pits, temples, and large-scale buildings, we can conclude, was the Yin capital of the Shang, where the king carried out political activities through divine authority: the people of Yin themselves called the area of Yinxu "Dayi Shang," or "Great City Shang."

The bronze culture of the Yinxu period was the peak period of bronze casting in Chinese history. The large number of bronze weapons unearthed from sites of the Yinxu period makes it very suitable to apply the term "bronze culture." Numerous types of bronze vessels and weapons have been excavated, including the representative and well-known "Lu *fangding*" and "Niu *fangding*" tetrapods from Houjiazhuang Tomb M1004, the square *he* spouted pitcher with *taotie* motifs from Houjiazhuang Tomb M1001, and the "Simu Wu *ding*" tripod vessel from Wuguancun.

Bronzes of the late Shang period can be found not only at the Yinxu site, but distributed from the Yellow River to as far as the Yangzi River. In addition to the bronzes discovered in the Dayangzhou Shang tomb in Xin'gan County, Jiangxi, which can be dated back to before Yinxu Period 1, there were also a large number of bronzes discovered at the Sanxingdui site in Guanghan County, Sichuan Province, many with unique characteristics, such as can be seen in the many bronze human masks and heads found at the site. The Yangzi River region had a close relationship with the bronze culture of Yinxu, but it is also possible to consider these Yangzi bronze cultures as branches of the Yinxu culture.

During the Yinxu period there was a writing system known as oracle bone writing. Oracle bone writing appeared from Yinxu Period 2 and the reign of the twenty-second king,

Wuding, and continued through Period 3 and 4 and the end of the Shang dynasty. Oracle bone writing recorded the divinations of the Shang kings. In addition to oracle bone writing, characters also appeared cast into Shang bronzes. Excluding clan symbols, full bronze inscriptions in complete sentence form appeared from Yinxu Period 4. In addition to bronze and oracle bone inscriptions, examples of Yin Shang writing can be found on pottery, jade, and other media as well.

The Western Zhou Period

The Western Zhou was a state that arose in the Wei River basin at the end of the Shang dynasty. Archaeologically, a Western Zhou culture begins to be visible around the late half of the late Yin Shang period, what would be equivalent to the time period of the predynastic Zhou lord Danfu. The Zhoucheng city in the Zhouyuan, to which Danfu moved the Zhou, is thought to have been located in an area of about 4 km square located between Fufeng and Qishan Counties in Shaanxi Province. Within this region, at such locales as Fengchucun in Qishan County and Zhaochencun and Yuntangcun in Fufeng County, many large-scale architectural foundations and roof tiles of the Western Zhou period have been discovered. At Fengchucun, an architectural complex was found with the first group containing a palace foundation surrounded by roofed, semi-enclosed corridor. Within a storage pit in room no. 2 of the foundation, oracle bones with writing of the Western Zhou were unearthed, and so the complex is thought to be an ancestral temple of the Zhou. In other storage pits excavated in this region, many examples of Western Zhou bronzes have been discovered. Zhoucheng is thus thought to have been an important capital city of the Zhou.

The Fengjing capital of king Wenwang, too, was a city of the predynastic Zhou period, and it is thought to have been located about 14 km southwest of Xi'an on the west bank of the Feng River in the region of Zhangjiapo and Keshengzhuang in Chang'an County, Shaanxi. The Hao capital of the Western Zhou period is thought to have been located in the region centered near Puducun in Doumenzhen, Chang'an County, Shaanxi, on the east bank of the Feng River. Although there is said to have been rammed-earth platforms and Western Zhou roof tiles found in the area, there is still no archaeological confirmation of the capital city site being here.

Although the royal tombs of the Zhou kings have not been located, several tombs of Western Zhou feudal lords have been discovered. Jin was a state that was founded by the enfeoffment of Tang Shu Yu, a younger brother of Zhou King Chengwang. The royal tombs of the state of Jin during the Western Zhou period have been discovered at Beizhaocun in Quwo County, Shanxi. Eighteen tombs of the Jin marquises, laid-out in pairs of two, were found there. One of them, tomb M8, contained the "Jin Hou Su *ding*" tripod vessel that contained an inscription that is reported to indicate that it is highly likely that the Marquis Xian of Jin was buried in the tomb. The tomb featured a ramp leading into a vertical pit chamber that contained an inner and outer coffin. The corpse within the inner coffin was covered with jades, and fifteen gold belt decorations, twelve bronzes, and many jades were excavated.

By the Western Zhou period, writing—one of the elements of civilization—appears quite regularly. A portion of the many bronzes that have been discovered in storage pits around the Zhouyuan contain lengthy inscriptions, such as the "Yu *ding*" (285 characters), the "Shi Qiang *pan*" (284 characters), the "Mao Gong *ding*" (479 characters), and the "San Shi *pan*" (349 characters). In particular, the "Shi Qiang *pan*" not only records an important historical matter from the early Western Zhou period, but the characters of the inscription are beautifully inscribed and the sentences are presented in rhyme: it is a masterpiece of classical literature. The Western Zhou period, with writing cast into bronze, was the mature period of bronze inscriptions. Oracle bone inscriptions of the Western Zhou period, too, have been discovered, including those in the Zhouyuan found in building group no. 1 at Fengchucun in Qishan County and those of the ash pit at Qijiacun in Fufeng County. Western Zhou bronze inscriptions and oracle bone inscriptions have been unearthed from a wide area centered on the Yellow and Yangzi Rivers: by comparing how wide this area is to that of the distribution of Shang inscriptions, we can see how common the use of writing had become during the Western Zhou period.

The Springs and Autumns and Warring States Periods

In Chinese historical studies, it is generally said that the Springs and Autumns period begins at 770 BC and the Warring States period ends at 221 BC: this book follows these dates as well. The dividing line between the Springs and Autumns period and the Warring States period here is said to be between the years 477 and 476 BC. The territorial states of the Springs and Autumns and Warring States periods were centered on the cities in which lived the feudal lords and kings. These cities held control over their surrounding lands and can be thought of as city-states. There is an argument that the Warring States period can be thought of as territorial states in a stage between that of the city-state and the ancient empire. However, archaeologically, the presence of many city sites must be said to be indicative of the city-state, and this is still what we see with the many city sites of the Warring States period. Furthermore, although in the Warring States period there were the Seven Hegemonic states contending for power, there were also still many other smaller states, and there were many instances in which these smaller states were economically independent and had their own currency systems in place. Therefore, we can say that in the Warring

States period, the individual cities still held the political authority of the state, and thus here we continue to define the Warring States period as also being a period of city-states.

Several examples of Springs and Autumns and Warring States periods city—states—seen archaeologically as sites of cities—still remain. For the Springs and Autumns period, these city sites include the Eastern Zhou royal city in Luoyang, the Qinyongcheng city in Fengxiang County, Shaanxi, Jin Xintian in Houma, Shanxi, and others, but there are still few examples. There are many examples of Warring States period city sites, including the Yueyang and Xianyang cities of the state of Qin in Shaanxi, the Zheng Han city in Xinzheng County, Henan, the Qi city at Linzi in Shandong, the Lu city in Qufu, Shandong, the Wei city of Anyi in Xiaxian County, Shanxi, the city of Handan of the Zhao state in Hebei, Yan Xiadu, and the Yingdu capital of Chu in Jingzhou, Hubei.

The majority of tombs of the Springs and Autumns and Warring States periods are basically rectangular, vertical pit tombs. Large-scale tombs have either one or two ramps, while large and middle-sized tombs generally have a wooden inner and outer coffin. The Qin Gong No. 1 tomb discovered in Fengxiang County, Baoji, Shaanxi, had a central chamber with a ramp in the east and in the west leading down into it, all with a total length of about 300 m; an earthen platform was built atop the fill of the vertical pit chamber. Roof tiles were unearthed from the area surrounding the platform, so it is clear that some sort of structure such as a sleeping chamber (a ceremonial hall) was built above the tomb chamber. Similar examples of structures built above tombs include those discovered at the three large tombs at Guweicun in Huixian County, Henan, the tomb of the king of Zhonghan in Pingshan County, Hebei, and the Zhao royal tomb in Handan, Hebei. The practice of building chambers above tombs becomes fairly common in the royal tombs of the Warring States period. Although no examples of above tomb structures have been found among the tombs of the state of Chu in the Yangzi River region, there have been large tomb mounds found as well as inner and outer coffins made of large timbers. There are also a huge number of Chu tombs found in Jiangling in Jingzhou, Hubei, and in Changsha, Hunan: all of these truly express the great strength of the state of Chu.

On the basis of burial goods from the Luoyang area, the Eastern Zhou period chronology can be divided into six stages: early, middle, and late Springs and Autumns, and early, middle, and late Warring States. In tombs of the Warring States period, such as the tomb of Marquis Yi of the state of Zeng in Suizhou, Hubei, Wangshan tomb no. 1 in Jingzhou, and the Changsha Chu tombs, many bronzes, iron objects, and lacquer objects have been unearthed. Furthermore, there were many ceramics and iron objects unearthed in the Warring States tombs at Yan Xiadu. It is generally recognized that the Warring States period had entered into the Iron Age, and it is assumed that there is a great jump in iron production in the middle and late Warring States periods. However, even during the Warring States period, the amount of bronze objects still exceeds the number of iron objects, so it is clear that in fact the Bronze Age does not come to a complete end until the Warring States period is over.

The Qin Unification

In 221 BC, with the appearance of Emperor Qin Shihuangdi, the Chinese state becomes unified, and this included the unification of currency, weights and measures, the written script, etc., across China. After this occurred, with the appearance of the Western Han emperor Wudi, the presence of a unified state allowed the establishment of a unified culture. With this unified culture of the Qin and Han periods, the stage of ancient Chinese civilization, which was rooted in the earlier city-states system, came to an end, and it can be said that China entered into the period of the ancient state with centralized authority.

Qin Shihuangdi constructed a grand tomb on a scale never before seen in China. The Qin tomb included a large mausoleum district, a huge burial mound, a large, cruciform burial chamber pit, and many accompanying burials and terracotta figurines: it became the model for later imperial tombs in China. The Qin emperor's tomb construction plan was followed by the Han emperors and can be seen in the Changling tomb of Liu Bang, the Yangling tomb of Jingdi, and the Maoling tomb of Wudi. It can be said that in some ways the tomb construction tradition established by Qin Shihuangdi continued through the Qing dynasty.

The Qin unification of the written script to the seal-engraving style of writing was the starting point for the scribes' style of script that appeared in the Han and that is still the common form of Chinese characters in use today. Written materials from before Qin Shihuang are mostly religious divination records or records of the great achievements of ancestors, etc., but from the time of Qin Shihuang, writing was used for the purpose of state politics, in legal texts, philosophical writings, and record keeping: the role and purpose of writing had a major change in this period. Examples of excavated written materials from the Qin-Han period include the Shuihudi bamboo slips from Yunmeng County, Hubei, that date from the end of the Warring States through the Qin Shihuangdi period, the funerary records on bamboo slips from the Han period Mawangdui tombs in Changsha, Hunan, the *Sun Zi bingfa,* and other texts on bamboo slips from Yinqueshan in Linyi County, Shandong the various seals such as the gold seals of the Dian king and the Nanyue king, as well as clay seal impressions that have been found in various locations. Paper is thought to have already existed by the Western Han dynasty, and by the time of the Western Han emperor Wudi, the combined use of writing and paper is thought to have been extremely widespread.

The Western Han Period

At the beginning of the Western Han dynasty, the Chang'an capital was constructed. Han Chang'an was built at the volition of the first Han emperor, Gaozu, and on this basis, from the start, it was constructed as the capital city of the Han empire. Excavations have shown that Han Chang'an was surrounded by a wall 25.1 km in length, with the area inside of the city wall containing mostly palace quarters. As the capital and center of political power for a state with centralized authority, the structure of the Han Chang'an capital had changed into something different from the structure of those earlier cities, whose presence had been an essential element of the earlier stage of ancient civilization.

In 119 BC, Han emperor Wudi circulated Han *wuzhu* coinage. These coins were a completely government-backed currency, and the material used in the coins themselves did not actually carry their face value: thus, they confirm a new level of economic confidence in the Han dynasty. The carrying out of this economic policy of the Han dynasty to issue such currency would have been revolutionary in that it would be possible for the Han government to issue this currency even if the dynasty actually did not hold resources of value to correspond to the face-value amount of the currency issued. In any case, the bronze currency that was used for a lengthy time period during the Springs and Autumns and Warring States period had its value based in its actual weight, but this system changed by the Qin and Han periods with this new type of currency. The appearance of this new bronze currency type is also another phenomenon that shows the end of the ancient civilization stage that could be seen earlier in archaeological remains. Also, at the time of Han Wudi, there began a remarkable increase in the production of iron weapons and agricultural tools, so one can say that the change from the Bronze Age to the Iron Age is complete by the reign of Han Wudi.

In China, the indicative elements of ancient civilization—cities, bronzes, and large-scale tombs—began in the Erlitou culture. Here I would like to propose that in China this stage of ancient civilization is completely over by the reign of Han Wudi. After Han Wudi, a new historical stage began, that of the ancient state with centralized authority: this also marked the appearance of a unified Chinese culture.

I am often asked by students who specialize in archaeology if there are any books available that can provide an outline of Chinese archaeology. Although there are books written in Chinese, such as *Xin Zhongguo de kaogu faxian he yanjiu* (Archaeological discoveries and research in New China, 1984, Wenwu Chubanshe), there were no suitable outlines written in Japanese. For this reason I began to write this book. For me, this book is written not only to be used as a textbook in classes, but also to give an account of ancient Chinese history as seen through archaeological materials. Using archaeological materials to try to give an account of ancient Chinese history with its many, many aspects is a quite difficult undertaking, but writing this book was also an opportunity for me to express some of my thoughts about China's ancient history.

(Translated by David Joel Cohen)

中国考古学概論

■著者略歴■

飯島　武次（いいじま　たけつぐ）

1943（昭和18）年　東京に生まれる。
1966（昭和41）年　駒澤大学文学部地理歴史学科卒業
1972（昭和47）年　東京大学大学院人文科学研究科博士課程考古学専攻
　　　　　　　　　単位取得満期退学
1972（昭和47）年　東京大学助手（文学部）
1976（昭和51）年　財団法人古代学協会研究員
1980（昭和55）年　駒澤大学専任講師（文学部考古学）
1986（昭和61）年　北京大学考古学系研究員
1987（昭和62）年　文学博士（東京大学）
現　在　　　　　　駒澤大学教授（文学部考古学）
著　書　　　　　　『夏殷文化の考古学研究』（山川出版社、1985年）
　　　　　　　　　『中国新石器文化研究』（山川出版社、1991年）
　　　　　　　　　『中国周文化考古学研究』（同成社、1998年）
現住所　東京都世田谷区成城1-25-19　（〒157-0066）

2003年2月28日発行

著　者　　飯　島　武　次
発行者　　山　脇　洋　亮
印　刷　　㈱熊谷印刷
発行所　　東京都千代田区飯田橋　　同　成　社
　　　　　4-4-8 東京中央ビル内
　　　　　ＴＥＬ　03-3239-1467　振替 00140-0-20618

©Iijima Taketugu 2003 Printed in Japan

ISBN4-88621-266-2 C3022